《华中学术》第 50 辑编委会

国家“双一流”建设学科“华中师范大学中国语言文学”资助项目
中文社会科学引文索引（CSSCI）来源集刊
华中师范大学文学院　主办

華中學術

Central China Humanities

第50辑

主编　汤江浩

2025/2
VOL.17 NO.2

華中師範大學出版社

新出图证(鄂)字 10 号
图书在版编目(CIP)数据
华中学术. 第 50 辑 / 汤江浩主编. -- 武汉 ：华中师范大学出版社，2025. 6.
ISBN 978-7-5769-1146-6
Ⅰ. C53
中国国家版本馆 CIP 数据核字第 2025VT8850 号

华中学术(第 50 辑)
©汤江浩 主编

责任编辑:王中宝 **责任校对**:童 雯 **封面设计**:罗明波
编 辑 室:学术出版分社 **电话**:027-67863280
出版发行:华中师范大学出版社
社址:湖北省武汉市洪山区珞喻路 152 号 **邮编**:430079
电话:027-67863426(发行部)
传真:027-67863291
网址:https://press.ccnu.edu.cn **电子邮箱**:press@mail.ccnu.edu.cn
印刷:湖北新华印务有限公司 **督印**:刘 敏
字数:512 千字
开本:787mm×1092mm 1/16 **印张**:22.75
版次:2025 年 6 月第 1 版 **印次**:2025 年 6 月第 1 次印刷
定价:80.00 元
欢迎上网查询、购书

目　录

【马克思主义文学批评经典重铸与当代拓展研究】

《道德化的批判和批判化的道德》释读
——以马克思主义文艺论著选本为方法

刘永明

（中国艺术研究院马克思主义文艺理论研究所，北京，100029）

内容摘要：《道德化的批判和批判化的道德》是马克思早期代表性的文学化论战文之一，在马克思主义文艺理论尤其是批评理论的发展中具有重要地位。但在中国马克思主义文艺论著选本史上，各种选本对该书所涉文艺理论关注点不一，对其内容的选择和阐释有较大差异。通过进出文艺论著选本的方式，结合文本自身，可以发现，除了文学化论述特点和对“粗俗文学”的论述之外，该文不仅对文学文体和历史时代、社会集团关系作了较早的马克思主义发生学结构主义阐释，而且是马克思主义文艺理论史上阶级性和人性论二元批评话语的最早结合地，是以阶级性规定阶级社会人性论的第一现场。此外，该文还提出了批评性质决定批评效果、反对“（虚假）本质的批判”等一系列批评理论，涉及艺术伦理的广泛问题。这些内容确证了该文的史论价值。

关键词：马克思主义文艺理论；文艺论著选本；《道德化的批判和批判化的道德》

从解题的角度先说两点。其一，马克思 1847 年《道德化的批判和批判化的道德（论德意志文化的历史，驳卡尔·海因岑）》一文，对题名本身并没有解释。题名虽然绕口，但其实很好理解。举个例子：某人迟到了，等候人认为某人是故意摆谱，要不破口大骂、要不怀恨在心、要不拂袖而去等等。这里等候人所做的批判就是道德化批判，所用的道德就是批判化的道德。但某人迟到的原因千差万别，存在行为人不能自主的各种主客观原因，因此等候人完全主观化的“道德化的批判和批判化的道德”都是有问题的。当然，马克思借此指责的是海因岑不能辩证理解共产主义者为什么既肯定乃至支持资产阶级革命又主张反对资产阶级的无产阶级革命，而对共产主义者进行道德批判、用仁义道德来反对科学（唯物史观）等这样一些理论事实，并不像例子这么简单。其二，汉译《道德化》，最早在《马克思恩格斯全集》中文第一版第 4 卷（1958）中译为《道德化的批评和批评化的道德》，在《马克思恩格斯选集》中文第一版第1卷(1972)中译为《道德化的批判和批判化的道德》，因此流行以后者为正式名称。

对中国马克思主义文艺理论研究者(以下称“学界”)而言，在中文语境中，《道德化的批判和批判化的道德》(以下简称“《道德化》”)主要出现在引文和选本而不是研究文献中，是个“熟悉的陌生人”。说“熟悉”，是因为《道德化》也是马克思主义辩证法尤其是马克思主义发展观的经典文献，因此，在一些“老式”的文学发展史著作中，经常见到这段话：“一切发展，不管其内容如何，都可以看做一系列不同的发展阶段，它们以一个否定另一个的方式彼此联系着。比方说，人民在自己的发展中从君主专制过渡到君主立宪，就是否定自己从前的政治存在。任何领域的发展不可能不否定自己从前的存在形式。而用道德的语言来讲，否定就是背弃。”[1]最后一句马克思还讽刺了将发展(“否定”)视为背弃的“道德化的批判”，这是《道德化》中最为文学界熟悉的一段话。但另外一面，说“不熟悉”，不仅是因为学界对《道德化》的专门研究阙如，更因为各种马克思主义文艺论著选本关注到《道德化》整个文本是很晚的事情(2000年以后)，而且在内容选择和阐释上有较大差异，所涉理论内容关注点不一，对其史论价值认识也不太充分。可以说，学界对《道德化》一直既不重视又没有形成整体认识，这和对其缺乏充分研究有一定的关系。

因此，有必要对《道德化》进行专门的研究。但选择什么研究方式方法？鉴于在中国马克思主义文艺理论体系中《道德化》主要是一种选本性的存在，因此通过进出中国马克思主义文艺论著选本史的方式，对《道德化》的文艺理论进行释读和文本研究，则不失为一种适宜的方法。它可以更好地从史论两个方面来认识《道德化》中的马克思主义文艺思想，并同时反观我们马克思主义文艺论著选本史上可能存在的一些问题，以此促进经典马克思主义文艺理论研究的发展。这即是本文的研究目的和方式方法。

一、《道德化》缘起、叙述策略和内容

卡尔·海因岑(1809—1880)是德国激进的小资产阶级政论家、共和主义者，因1844年写了《普鲁士的官僚制度》一书触怒时政当局而逃离德国，1845年来到布鲁塞尔，又到瑞士，后回国参加过巴登-普法尔茨起义(1849)，再流亡瑞士、英国，1850年定居美国。海因岑当时以庸俗激进主义的姿态出现，号召德国人民立即起义，推翻万恶之源的君主，建立超越历史发展阶段的美国式联邦共和国。海因岑与马克思、恩格斯可能算是旧识，在1842年10月马克思担任《莱茵报》编辑之前[2]，海因岑在《莱茵报》上发表过主张无党性的诗歌。

1847年6月20日，在《德意志-布鲁塞尔报》第49号，海因岑发表《德国的饥饿和德国的诸侯》。9月12日，《德意志-布鲁塞尔报》第73号刊登了一篇编辑部按语，其中说《德国的饥饿和德国的诸侯》一文带有共产主义性质，并指出该文作者是“以经常攻击共产主义而闻名的”海因岑。海因岑以反驳这篇按语为借口，写了一篇文章刊登在9月26日《德意志-布鲁塞尔报》第77号“论战”栏；编辑部在发表这篇文章时又加了按语，文章标题为《卡尔·海因岑和共产主义者》。海因岑文章除为自己辩护外，还指责共产主义者企图分裂德国革命运动，并对共产主义者的理论和主张进行了批判。

海因岑试图将自己塑造为德国一切非共产主义激进派的代表，他声称有权要求共产主义者明确他们的立场和行动，并指责共产主义者没有承担起应有的责任。

于是马克思、恩格斯不得不同海因岑展开论战。在10月3日和7日两期《德意志-布鲁塞尔报》上，恩格斯在《共产主义者和卡尔·海因岑》的总标题下发表了两篇文章，揭露了以海因岑为代表的德国小资产阶级激进派的狭隘性和不彻底的民主主义，尤其是他们对德国统一的必要性的无知。10月21日，海因岑在《德意志-布鲁塞尔报》上发表《共产主义者的"一个代表"》进行反驳，变本加厉地就共产主义者的"不坚定"和"观点摇摆"进行道德说教。恩格斯后忙于无产阶级政党事务无暇顾及，于是，马克思从10月28日至11月25日在《德意志-布鲁塞尔报》上分五期连载《道德化》一文进行回击。

和马克思这一时期的文风一致，《道德化》紧紧围绕着海因岑的文章内容和恶劣文风进行辛辣讽刺。《道德化》的叙述策略是从文学形式和文风与时代和思想的关系谈起，最后又落脚到批评问题上。《道德化》一开始就指出海因岑的文风复活了16世纪德国文化史上的粗俗文学，并说明海因岑是今日德国粗俗文学的代表。这部分内容占去全文将近三分之一的篇幅(主要是大量的引用和戏仿)。接下来，马克思分析了海因岑恶劣的批评思维方式。海因岑从道德角度，而不是像共产主义者那样从经济基础和阶级关系角度分析君主制时期的社会关系。马克思批评海因岑从历史领域逃到道德领域，从道德角度批判君主制、共产主义者的历史和主张，这种道德化批评是因果倒置。马克思从文章中前段对权力和财富的关系开始深刻分析，指出海因岑没有对政治情况和社会情况进行正确的分析(马克思甚至还为君主制的合理性和君主之下的一些社会情况的合理性进行了辩护)。而海因岑认为君主制是造成阶级关系和国家权力之间联系的根本原因(主要罪责)之后，开始抨击共产主义者从财产关系角度宣扬阶级对立，并抬出"人性"来否定阶级性。为此，在文章中后段，马克思对海因岑人性高于阶级性的观点进行了重点批判，批判了海因岑在人性论这个基础上为阶级统治制造的"合理性"，批判海因岑把阶级话语视为唆使已经在人性基础上团结的兄弟们相互反目的"反动语言"；批判了海因岑站在资产阶级立场上，看到君主制时期无产阶级就和资产阶级有斗争，就认为无产阶级和君主制是共谋("海因岑先生也硬说共产主义者同君主串通"[3])，诬陷共产主义者是反对资产阶级共和制的反动力量。马克思分析了君主制下无产阶级反资产阶级的原因，对海因岑的道德上的污蔑给予了批判，并在工具理性上论述了工人阶级支持资产阶级革命的理由，但在价值理性上分析了无产阶级和资产阶级革命目标的根本不同。到了文章后段，马克思批判了海因岑为德国草拟的最好的共和政治制度(类似革命终结论)和"伟大的卡尔·海因岑开的'使社会人道化'的药方"[4]；接着马克思又用大量篇幅和文学化的语言描述了海因岑对恩格斯否定其治世良方的气急败坏；马克思嘲讽了这个治世良方下的"哪有可以同这些极端、这些最可鄙弃的极端相容的合理的国家制度?"[5]马克思对海因岑七条制度设计的不合理性进行了分析，提供了许多历史唯物主义的分析。文章最后部分，马克思描述了海因岑通过对恩格斯共产主义者主张的后果的可怕想象而对恩格斯进行道德上的批判("道德化的疯狂非难"[6]和制造谎言)，对海因岑恶劣的批评文风("根据'一定原则'得出的'结论’”[7]）和批评性质（“作为本质的批判”[8]）进行了揭露和批判，认为批评的性质决定批评的结果[9]，反对进行虚假本质的批判。

但正如马克思在文章标题副题下加的题注那样：“我回答海因岑先生并不是为了击退他对恩格斯的进攻。海因岑先生的文章值不得回答。我之所以回答是因为海因岑宣言为分析提供了有趣的材料”[10]，实际上，马克思、恩格斯着重揭露和批判海因岑的唯心史观和小资产阶级政治观点，主要是为了阐明和维护自己这一时期已经形成了的唯物史观和对德国革命策略路线的认识[11]。此外，从辩证唯物主义来理解，《道德化》还有许多重要观点可以归纳，如本文最开始提到的发展观以及其他学科（比如财税）关注的问题等，在此不作论述。

二、中国马克思主义文艺论著选本中的《道德化》

苏联彼·费多谢耶夫等著《卡尔·马克思》一书认为，《道德化》“既是一篇揭露政治庸俗习气和市侩道德的讽刺性文章，也是一篇深刻评论各种文学现象的文学史评论；既是一篇阐述历史唯物主义重要原理的社会学理论的论文，也是一个解释共产主义者同盟纲领和策略原则的党的文件”[12]。但如此一篇重要的文艺理论著作，在中国马克思主义文艺论著选本史（这里等同于中国马克思主义文艺理论史）上不仅理论地位一直变化不居，而且在各种选本中也是时有时无。

这可能和《道德化》在马克思恩格斯著作选集中的命运有关。因为1995年《马克思恩格斯选集》中文第二版和2009年的《马克思恩格斯文集》都没有收录《道德化》一文[13]。至于《马克思恩格斯选集》第二版为什么删掉《道德化》，笔者只看到一个稍微权威的解释，即：“从选编的文章上看，《马克思恩格斯选集》第二版较之第一版有较明显的变动，增删了若干篇文章。可以看出，增删的原则在于：尽量删去一些马克思恩格斯对具体事件、问题的分析文章，增加一些涉及基本观点的文章。”因此“删去了第一版选集中选用的第四、六篇文章，《反克利盖的通告》和《道德化的批判和批判化的道德》”[14]。在此，我们自然要肯定编辑出版者增删的理由，但客观上也看到它确实影响到了《道德化》在文艺论著选本史上的地位和理论效力。

选本史上《道德化》存在三种情形：

首先，2000年以前的文本选编本中，基本没有收录《道德化》。比如北大中文系编《马克思恩格斯列宁斯大林论文艺》四个版本（1974年起，包括最早征求意见本和三个正式版本）、中国人民大学中文系编《马克思主义文艺论著选讲》六个版本（1982年起）均没有收入这篇文章（后者在对其他文本释读中有对《道德化》一文的引用）。但在主题摘编本中偶有《道德化》一文的内容摘要，如杨柄编《马克思恩格斯论文艺和美学》（1982）、陆梅林辑注《马克思恩格斯论文学与艺术》（1982）、程代熙依据苏联里夫希茨编本编的《马克思恩格斯论艺术》（1982—1985）等。

其次，2000年之后，《道德化》开始为大部分选本关注，逐渐确立了其在选本中的地位。但不同选本对《道德化》内容的关注点又有很大的不同。比如董学文主编《马克思主义文论选：导读与注释》（2003），这是第一部选录《道德化》的选本，但也只摘录了文章一开始马克思论16世纪德国“粗俗文学”这个部分，并在导读中对马克思关于“粗俗文学”的描述加以了强调：“多么精彩！多么入木三分！与现实的某些文学现象多么相似！”[15]此外，2010 年，中国作家协会、中央编译局合编《马克思恩格斯列宁斯大林论文艺》除了摘录马克思论“粗俗文学”的内容，还摘录了马克思对海因岑复活德国粗俗文学的大段讽刺。而刘方喜、陈定家、丁国旗主编的选本《马克思恩格斯列宁斯大林论文艺与文化》(2012)则较为重视《道德化》一文，不仅保留了论“粗俗文学”这个部分，还摘录了大量的马克思文学化语言和其他内容，是为目前所见对《道德化》内容摘录最丰富的选本。最近由中央党史和文献研究院编译的选本《马克思恩格斯列宁论文学艺术》(2023)有《道德化》一文，内容上也比较关注论“粗俗文学”的内容，但增加了马克思批判“道德化批判”无视历史事实或发展的内容，以及一些艺术伦理的内容。

最后，和其他领域的选本相比，文艺论著选本无一例外地“遗漏”了《道德化》中关于阶级性和人性的几段重要论述，即“海因岑先生却硬要一切阶级在‘人性’这个炽热的思想面前消失”[16]前后几段。这个现象属实不正常。一方面是因为人性和阶级性问题是马克思主义文艺理论的经典问题，也是创作实践和艺术批评中的难题之一，而且学界对此是很熟悉的[17]；另一方面是因为这段话是论人性、人道主义、异化问题各种专题选本的必选内容[18]。因此，作为马克思主义文艺论著选本，遗漏如此重要的经典论述，这说明马克思主义文艺论著选编的视野过于内向并且不完善，而且与理论研究相脱节。

三、《道德化》中的马克思主义文艺理论

我们不能完全确定，《马克思恩格斯选集》中文第二版确系因为《道德化》主要是涉及具体事件、具体问题的分析而被删掉[19]，即便如此，也正如文章副标题“论德意志文化的历史”说明的那样，《道德化》对文化、文学问题有较多涉及，而这些具体问题恰是我们学界需要重点关注和研究的内容，其中不少理论内容在马克思主义文艺理论发展史上还具有特殊意义和价值。这些问题及其理论意义和价值在选本史上也往往是被忽视的，对此我们可以从马克思主义文艺理论的视角作一些解读。

(一)《道德化》作为马克思文学化论述早期代表作之一

马克思的论战文通常思路上恣意汪洋，语言上文学色彩浓厚，非常强调理论文本与文学经典的对话，善于从文学经典中发掘理论母题来说明政治经济学、哲学问题，二者充满互文性；论证上更是善于化用文学经典或者比附文学人物形象来讽刺批判对手，同时能够把复杂的理论问题化为感性直观的文学问题，对于有相同文化背景的读者而言充满形象性、趣味性。《神圣家族》《德意志意识形态》《道德化》等著作就是这种文风的早期代表作。

正如前述彼·费多谢耶夫等著《卡尔·马克思》所说的那样，《道德化》“是一篇深刻评论各种文学现象的文学史评论”。这本书非常推崇《道德化》一文中马克思的文学化语言，“文章用富有表达力的文学形式叙述了广泛的内容，同时大量地使用了忒伦底乌斯、莎士比亚、塞万提斯、歌德、十八世纪讽刺作家让·保尔(笔名李希特尔)的著作中的文学人物来作类比”，“马克思把海因岑的文章同宗教改革时期被称作粗俗文

学的文学形式作了对比，痛斥海因岑在论战中用辱骂和‘道德愤怒’来代替论据这种手法。马克思讥讽地指出，海因岑是复活这种‘平淡无味，废话连篇，大言不惭，象伏拉松一样夸夸其谈，攻击别人时狂妄粗暴，对别人的粗暴则歇斯底里地易动感情’的文学的功臣”[20]。此外，英国柏拉威尔在名著《马克思和世界文学》中也非常推崇马克思的文学化语言和论述：“一年以后，也就是 1847 年 10 月，马克思为另外一家报纸《德意志-布鲁塞尔报》撰写了一系列文章。他在这些文章中，再一次施展他在《德意志意识形态》一书中试过的辩论技巧，其中包括大量的文学预见、对比、引喻和引语。这些重炮的目标是指向一个无名的激进记者卡尔·海因岑。海因岑曾经敢于在发表马克思反击文章的那个德国政治流亡者创办的报纸上攻击恩格斯。”[21]

不仅如此，《道德化》还有可能是马克思早期这种文风的典型之作。文章一开始就花了将近三分之一的篇幅来如此戏谑海因岑(也就到了第十页时才转入正面说事，开始讨论权力和财富的关系问题)，而全集该文总页数也就 35 页。《道德化》中，马克思抓住海因岑称呼恩格斯“矮子”这个形象点，将恩格斯和海因岑的论战，描述为“矮子”和“巨人”之间的大战，用文学性或文学化语言描写双方的论战，极富形象性、趣味性。如马克思用一大段文字戏仿海因岑“巨人以师长的姿态和蔼地对待他那‘昆虫似的敌手’，没有践踏这有勇无谋的小家伙”的滑稽场面。要知道，海因岑比“矮子”恩格斯高出两个头，那身高估计在 2.3 米以上，而且用马克思的话来说，海因岑胸前“毛茸茸的”：“共和主义的哀杰克斯在盛怒之下把共产主义的瑟息替斯摔倒在地，并从他那毛茸茸的宽阔胸膛里冲出了可怕的字眼：‘您可笑到了极点，恩格斯先生！’”[22]

可以说，《道德化》是马克思文学化语言和论述特点的早期代表作之一，而且比《神圣家族》更为典型，因为《神圣家族》五、八章主要围绕的是欧仁·苏的文学作品《巴黎的秘密》及施里加的文学批评而展开，本身就是谈文学问题。

（二）文学文体和历史时代的发生学结构主义分析方法：关于粗俗文学和田园文学

前面说过选本史上非常关注《道德化》一开始那段关于粗俗文学的内容，但又存在两点不足：一是注重马克思对粗俗文学特征的论述，而没有将马克思对粗俗文学和田园文学的论述结合起来，没有看到马克思想表达的对文学文体或文风与历史时代之间关系的认识；二是更没有进一步意识到马克思对二者关系所做分析的发生学结构主义方法的性质和意义。

文章一开始对粗俗文学有一大段精彩表述，这也是各种选本很重视的一段话。在这段文字中，马克思虽然没有描述自然状态俗文艺中的粗俗文艺的特点(马克思恩格斯对民族民间文学主要以赞美为主)，但对创作形态的粗俗文艺的特点的归纳可谓入木三分。其中有些归纳，比如“反对文学的语言，给语言赋予纯粹肉体的性质(如果可以这样说的话)”确实将俗文艺一些鄙俗的特点概括得十分到位。这也是各种选本都注重这段话的主要原因。

但多数选本没有关注到和粗俗文学相对的田园文学。对应到 18 世纪德国，马克思还论述了与海因岑为代表的“粗俗文学”类似的盖斯纳的田园诗，认为它们都是各种幻想，是虚假的意识，把自己想象成伟大人物的蠢人(论证上，马克思模拟了英雄史诗并借用了大量古希腊和莎士比亚戏剧人物形象来比附)，他说：“又如在轰轰烈烈的革命时代，在强烈的、激情的否定和背弃的时代，例如18世纪，出现了正直而善良的大丈夫，出现了以停滞状态的田园生活来同历史的颓废相对抗的素有教养、作风正派的盖斯纳之类的色鬼。但是为了嘉奖这些田园诗人(他们也是一些批评化的道德家和道德化的批评家)，应当说，他们在评定牧人和山羊两者在道德方面谁数第一时所表现的那种犹豫不决的态度是诚恳的。”[23] 相比“没有历史发展也就没有否定和背弃”的无罪的黄金时代，“轰轰烈烈的革命时代”同时就是“强烈的、激情的否定和背弃的时代”，只要处在历史发展的过程中，就一定存在否定和背弃，而革命的时代不仅存在着否定和背弃，而且其否定和背弃的程度较之于历史发展过程中的其他时代都是“强烈的、激情的”。“正直而善良的大丈夫”是一种讽刺性的说法，在文章中多有提及(有几处直接指的就是海因岑)。这里的“大丈夫”和“色鬼”指的是18世纪的田园诗人，这些批评化的道德家和道德化的批评家。很显然，“在强烈的、激情的否定和背弃的时代”对应出现的是“以停滞状态的田园生活来同历史的颓废相对抗的素有教养、作风正派的盖斯纳之类的色鬼”。

对此，中共中央党史和文献研究院编译的《马克思恩格斯列宁论文学艺术》(2023)明确指出：“马克思列举了大量事实，证明海因岑的文风‘再现’了16世纪德国粗俗文学的基本特征，而粗俗文学历来就是传播错误思想、歪曲事实真相、造成恶劣影响的载体。马克思把粗俗文学称做‘畸形文学’，他的深刻论述不仅引导我们全面认识这个‘文学变种’的消极影响和严重危害，而且启发我们用科学的方法去分析历史上和现实中的各种复杂的文学现象，准确地领悟文艺作品的思想内容与表现形式之间的内在联系，深入地探究各种作品风格产生的社会土壤、时代背景和历史渊源。”[24] 选本非常准确地说明了文体文风与历史时代之间、广义的文学内容和形式之间的关系。

但问题不止于此。柏拉威尔在《马克思和世界文学》中明确指出：“不难看出，马克思重新提起一种已经消失的文体，不仅仅是因为好古。他提出这样的观点：社会集团的相似将导致文学现象的相似。”[25] 这和吕西安·戈德曼发生学结构主义的认识是一致的，戈德曼认为马克思是发生学结构主义分析方法的创始者，戈德曼说：“我们已经通过一个接近恒定的术语，即发生结构主义(从让—皮亚杰那儿借用的)定义了实证的人文科学和更为准确的马克思主义方法。”根据戈德曼的观点，“皮亚杰‘并非完全……受马克思的影响。在他的研究实验中经验地发现了几乎所有的马克思早在一百年前于社会科学领域所概括出来的基本观点’”[26]。就马克思文本本身而言，支撑戈德曼这个结论的肯定包括《道德化》等文本。

在选本史上，中国人民大学中文系《马克思主义文艺论著选讲》自第二版(1999)开始，对经典马克思主义发生学结构主义方法有了关注。如第六讲中(根据第六版署名推测执笔人应是陆贵山)，恩格斯《卡尔·格律恩“从人的观点论歌德”》(与《道德化》写于和发表于同一时期、同一刊物)中“歌德在德国文学中的出现是由这个历史结构安排好了的”[27] 这句话得到重点关注，“历史结构和思想结构”的主题得到了重点阐发：“社会的历史结构和作家作品的思想结构往往表现出一定的同构性，换言之，具有大体上相统一的对应关系。”[28] 也就是说，马克思主义发生学结构主义分析方法在选本史上是受到重视的(只是不那么明确)，但遗憾是这个幸运没有落在《道德化》。因为恩格斯《卡尔·格律恩"从人的观点论歌德"》虽然连续发表时间比《道德化》早（结束时间比《道德化》晚），但《道德化》无疑是阐释马克思主义发生学结构主义方法的最好文本。

（三）人性和阶级性批评话语的初次相遇

人性和阶级性是马克思主义文艺批评话语中的两个重要概念和范畴。关于二者的关系，后来的"阶级性就是人性在具体历史阶段中的特殊表现"[29]这种说法几乎是个定论；甚至还有更"左"、更极端的"人性＝社会性＝阶级性"[30]等说法。但其实在马克思早期文本（《共产党宣言》之前）中，人性和阶级性范畴分属两个话语-逻辑体系。二者发生关系，阶级性被人性"拐跑"，可能《道德化》是第一现场。

马克思早期主要是在人的本质论（马克思对人的本质论至少有三个认识发展阶段）和人道主义观这个话语-逻辑体系上使用人性范畴的，比如大家熟悉的《1844年经济学哲学手稿》。这里需要说明的是，在讨论人性问题比较多的《神圣家族》（1844—1845）中，马克思、恩格斯大量讨论过社会财富、经济关系与人性的问题，但其人性话语也还是属于第一种话语-逻辑体系，人性甚至是相对于兽性的，是一种价值性或标准性评价概念或者范畴。因此有学者指出，《神圣家族》"仍然囿于人本主义框架，需要使用'人性'与'非人性'、'合乎人性'与'违反人性'的对立来彰显其批判力。这在《神圣家族》中几乎随处可见"[31]。即便到了阶级性话语开始占上风的《德意志意识形态》（1845—1846），马克思、恩格斯还是以人的需要为人性出发点的，"我们首先应当确定一切人类生存的第一个前提也就是一切历史的第一个前提，这个前提就是：人们为了能够'创造历史'，必须能够生活。但是为了生活，首先就需要衣、食、住以及其他东西。因此第一个历史活动就是生产满足这些需要的资料，即生产物质生活本身"[32]，"他们的需要即他们的本性"[33]。

而阶级性范畴则出现在意识形态和上层建筑这个话语—逻辑体系中[34]，尤其是在政党性质上强调阶级性质。马克思、恩格斯使用阶级性（质）这个范畴时，主要针对的就是社会关系（财富财产、劳动关系、统治地位、国家权力等问题），这也是《道德化》一文的主要内容。因此文本方面，在《德意志意识形态》中人性话语也几近消失，而阶级话语陡升。《德意志意识形态》中说："统治阶级的思想在每一时代都是占统治地位的思想。这就是说，一个阶级是社会上占统治地位的物质力量，同时也是社会上占统治地位的精神力量。"[35]

很显然，马克思、恩格斯强调的是意识形态以及统治阶级思想的阶级性。因此可以大致地说：意识形态性等于阶级性，但不能等于人性。这也证明人性和阶级性在范畴（本质）上是存在分殊的。之后，随着马克思、恩格斯越来越趋于政党政治，到《道德化》时，阶级性范畴和政党政治就联系得更为紧密。比如《道德化》中，马克思就是在"国家权力"问题上强调阶级性质的。他说："这种社会愈发达，一个国家的资产阶级在经济上就愈发展，因而国家的权力就愈具备资产阶级性质，那末社会问题就愈尖锐。"[36]这个特点一直延续到《共产党宣言》文本。

因此说，人性、阶级性这两个范畴，在马克思早期文本中，是在两个话语-逻辑体系中先并行不悖地发展着的。但正如梁赞诺夫所指出的，在《神圣家族》中，"真正的人道主义"这个概念被马克思恩格斯放在"序言"第一句加以强调（或作为自立的旗号)，但最后却“远远被放置在次要位置”[37]，这也反映出马克思早期人性观念走向阶级性观念是理论必然趋势。这是因为在现实性(社会性质)这一本质上，人性和阶级性是共同或共通的。早在1843年夏，《黑格尔法哲学批判》中，马克思就明确指出，“他忘记了‘特殊的人格’的本质不是人的胡子、血液、抽象的肉体的本性，而是人的社会特质”[38]；到了《关于费尔巴哈的提纲》(1845)时，二者共同的本质(实践的、现实的、社会的、历史的、关系性的)就更明确了。因此说，人性和阶级性两种批评话语最终能够走到一起，是由内因决定的。形象地说，这也就是阶级性可以被人性“拐跑”或者二者走到一起的前提。

但又为什么恰恰是在《道德化》中强调人性论中的阶级性?[39]这和马克思、恩格斯当时所面对的理论问题有关，那就是阶级性受到了人性论的攻击和否定，而且后者在当时还很有影响力。比如，当时的法国小资产阶级社会主义者蒲鲁东就不承认人有阶级性，他认为社会上只有奴隶与公民之分，他们都是人，没有阶级之分。因而从根本上否定了人的阶级性。而小资产阶级民主主义者海因岑也散布同样观点，他主张资产阶级共和制，虽然承认有阶级和阶级对抗，但他想通过固有的“人性”来消解、“抹掉一切差别”来反对阶级性。马克思为了维护阶级性概念，就必然要批判共同人性，阐释人性和阶级性的关系(相关论述见前引)。

二者的结合具有重要意义。对此有学者指出：“正是在这种情况下，经典作家和无产阶级理论家们才强调了人的阶级性，而对共同的人性就很少触及，以致无产阶级革命成功以后，许多社会主义国家，包括我国在内，在很长一段时间内，学术界只承认人的阶级性，不承认共同的人性，断言在阶级社会中，人性就是阶级性，使一种倾向掩盖了另一种倾向，在理论上造成失误。”[40]但其观点对于人性和阶级性后来的理论发展持二元论并且表述得略为简略。因为就马克思主义文艺理论而言，在人性和阶级性问题上，从普列汉诺夫、高尔基到鲁迅、毛泽东，一直是“执两用中”，强调的是带有阶级性的人性论，比如鲁迅《文学的阶级性》(1928)和毛泽东《在延安文艺座谈会上的讲话》(1942)。至于其详细的理论发展过程则是另一个话题，在此我们不涉及。

此外，从文本群角度看，《道德化》是稍早完成并出版的《哲学的贫困》(1847年4月出版)的延续[41]，但马克思在批判蒲鲁东时阶级性和人性论还没有结合起来；而恩格斯同时期的《卡尔·格律恩“从人的观点论歌德”》的“人的观点”(“人的本质”)更多的指的是否定意义上的小市民的人，同样没有将阶级性和人性论结合起来(虽然恩格斯在说明歌德即小市民性质“人”的双重性时有一些阶级或阶层性的内涵)。二者仍属不同的话语-逻辑体系。

因此说，作为批评话语的它们的最初相遇是在《道德化》，而这对后来马克思主义文艺理论的发展影响深远。

(四) 马克思主义文艺批评理论

在经典马克思主义早期文本中，《道德化》和《1844年经济学哲学手稿》《神圣家族》《德意志意识形态》《诗歌和散文中的德国社会主义》等著作一样，都是马克思主义文艺批评理论的重要发源地；《道德化》更是涉及许多批评理论问题。具体内容前面也都有提及，这里再简述如下：

首先是批评辩证法的问题。正如文章标题所示，是道德和批评之间的辩证关系。在方法上，马克思指出，我们不能用道德化的批评来代替科学(唯物史观)的批评，也不能把道德仅作为“打棍子”的工具。另外，在批评对象上，马克思也批评了“批评化的道德家和道德化的批评家”的田园诗人。至于文中涉及的具体的人之间阶级差别和共同人性的问题、发展上的“否定”不是道德上的背弃、文类文体和历史时代(历史结构和思想结构)之间的关系等问题，都属于艺术辩证法范畴。

其次是直接的批评理论。马克思在文中直接提出了我们之前忽视过的一些批评理论。如批评的性质决定批评的结果，“道德化的批评所得到的可怜结果是由这一批评的‘性质’本身决定的”[42]；“海因岑先生没有更好的办法答复斯蒂凡，只好庄严地宣称斯蒂凡的文章是一篇坏作品，以此作为本质的批判”[43]。马克思反对“根据‘一定原则’得出的‘结论’”[44]式的批评，很显然，借用马克思恩格斯的经典话语，这种糟糕的批评方式就是批评理论上的“席勒式”。

最后，马克思在文章中还直接指出了一些批评伦理问题，“他们在评定牧人和山羊两者在道德方面谁数第一时所表现的那种犹豫不决的态度是诚恳的”[45]，因此我们可以把马克思涉及的这些两难具体命题放进文艺批评伦理范畴作进一步的讨论。

结语

前面虽然做了几点补充性的阐释，但也要看到，既往选本对《道德化》还是有不少独到的发现，比如君主制(也和其他一切国家形式一样)捐税制度下艺术家受到的剥削问题(杨柄版)、话语“美学上的反感”的发掘等(刘方喜、陈定家、丁国旗主编版)，后者还对其中的唯物史观问题较为重视，多处摘录。即便如此，迄今选本所揭示的《道德化》的史论价值还远远不够。这里认为，未来选本可以按照“关于粗俗文学、戏仿部分和文学化论述、发生学结构主义分析、人性和阶级性论述、批评理论以及其他(比如少部分唯物史观和艺术家受剥削等内容)”几个主题选编内容；与此同时，学界还有必要加强对该文本的研究。如上分析可以看出，《道德化》因其文本的丰富内涵，完全有资格进入马克思主义文艺理论经典之列，而不应长期处于流浪之中。

＊本文系国家社科基金重大项目“马克思主义文学批评经典重铸与当代拓展研究”(19ZDA263)、中国艺术研究院基本科研业务费资助院级学术研究项目“延安文艺思想理论来源研究”(2024-1-8)的阶段性成果。

注释：

[1]《马克思恩格斯全集》第 4 卷，北京：人民出版社，1958 年，第 329 页。

[2] 参见[民主德国]汉斯·科赫：《马克思主义和美学：马克思、恩格斯和列宁的美学理论》，佟景韩译，桂林：漓江出版社，第 605 页。原文没有明确时间，本文推测海因岑的文章是发表在马克思主持编辑《莱茵报》之前，但在弗·梅林《论文学》德文版原编者注中作了一个和正文完全相反的解释。参见[德]弗·梅林：《论文学》，张玉书、李耀成、高中甫译，北京：人民文学出版社 1982 年，第 208～223 页。

[3]《马克思恩格斯全集》第 4 卷，北京：人民出版社，1958 年，第 346 页。

[4]《马克思恩格斯全集》第 4 卷,北京:人民出版社,1958 年,第 350 页。

[5]《马克思恩格斯全集》第 4 卷,北京:人民出版社,1958 年,第 351 页。

[6]《马克思恩格斯全集》第 4 卷,北京:人民出版社,1958 年,第 350 页。

[7]《马克思恩格斯全集》第 4 卷,北京:人民出版社,1958 年,第 354 页。

[8]《马克思恩格斯全集》第 4 卷,北京:人民出版社,1958 年,第 355 页。

[9] 参见《马克思恩格斯全集》第 4 卷,北京:人民出版社,1958 年,第 354 页。

[10]《马克思恩格斯全集》第 1 卷,北京:人民出版社,1956 年,第 322 页。

[11] 参见辽宁大学,等:《〈马克思恩格斯选集〉简介》,沈阳:辽宁人民出版社,1979 年,第 32～36 页。

[12] [苏]彼・费多谢耶夫,等:《卡尔・马克思》,北京:生活・读书・新知三联书店,1980 年,第 168 页。

[13] 预计会收入《道德化》的《马克思恩格斯全集》中文第二版(计划 70 卷已出 36 卷)第 4 卷还没有出版,因此《道德化》译文具体情况不得而知,但估计不会有什么大的改动。该卷难点可能是《德意志意识形态》。

[14] 董仲其:《浅议〈马克思恩格斯选集〉第二版前六篇文章的增删》,《毛泽东思想研究》2007 年第 6 期,第 133～135 页。

[15] 董学文主编:《马克思主义文论选:导读与注释》,桂林:广西师范大学出版社,2003 年,第 79 页。

[16]《马克思恩格斯全集》第 4 卷,北京:人民出版社,1958 年,第 343～344 页。

[17] 参见刘文斌:《文学的人性与阶级性——马克思主义文艺思想学习札记》,《内蒙古师范大学学报(哲学社会科学版)》1991 年第 3 期,第 95～103 页。

[18] 参见中国社会科学院哲学所历史唯物主义研究室等编:《马克思恩格斯列宁斯大林论人性异化人道主义》,北京:清华大学出版社,1983 年,第 88～89 页。

[19] 同样情况,如梅林、麦克莱伦等人的《马克思传》等著作也较少述及《道德化》。

[20] [苏]彼・费多谢耶夫,等:《卡尔・马克思》,北京:生活・读书・新知三联书店,1980 年,第 168 页。

[21] [英]希・萨・柏拉威尔:《马克思和世界文学》,梅绍武,等译,北京:生活・读书・新知三联书店,1980 年,第 168 页。

[22]《马克思恩格斯全集》第 4 卷,北京:人民出版社,1958 年,第 349 页。

[23]《马克思恩格斯全集》第 4 卷,北京:人民出版社,1958 年,第 329 页。

[24] 中共中央党史和文献研究院编译:《马克思恩格斯列宁论文学艺术》,北京:人民出版社,2023 年,第 449 页。

[25] [英]希・萨・柏拉威尔:《马克思和世界文学》,梅绍武,等译,北京:生活・读书・新知三联书店,1980 年,第 170 页。

[26] 转引自[法]吕西安・戈德曼:《文学社会学方法论》,段毅、牛宏宝译,北京:工人出版社,1989 年,第 2～3 页。

[27]《马克思恩格斯全集》第 4 卷,北京:人民出版社,1958 年,第 254 页。

[28] 陆贵山编著:《马克思主义文艺论著选讲》第六版,北京:中国人民大学出版社,2019 年,第 144 页。

[29] 参见人民出版社编:《人是马克思主义的出发点——人性、人道主义问题论集》,北京:人民出版社,1981 年,第 155 页。

[30] 参见人民出版社编:《人是马克思主义的出发点——人性、人道主义问题论集》,北京:人民

出版社，1981年，第109页。

[31] 韩蒙：《社会主义语境中的哲学探索——〈神圣家族〉的创作、主题与逻辑》，《山东社会科学》2016年第2期，第78～84页。

[32]《马克思恩格斯全集》第3卷，北京：人民出版社，1960年，第31页。

[33]《马克思恩格斯全集》第3卷，北京：人民出版社，1960年，第514页。

[34] 马克思在唯物史观确立之前还有个人本主义共产主义认识阶段，比如《神圣家族》中“有产阶级和无产阶级同是人的自我异化”，“在已经形成的无产阶级身上实际上已完全丧失了一切合乎人性的东西，甚至完全丧失了合乎人性的外观”等表述，在认为共产主义可以克服阶级异化使得人性回归等思想中也有阶级性观念，但其阶级观念本质同样是在异化论基础上的人性观念，到了《德意志意识形态》时，马克思、恩格斯删掉了手稿中布鲁诺指责他们的“‘实在的人道主义’即共产主义”一段话，已经说明他们不再认可这种说法了。对马克思人性异化论性质的阶级（性）观念我们这里没有将其单独析出论述。

[35]《马克思恩格斯全集》第3卷，北京：人民出版社，1960年，第52页。

[36]《马克思恩格斯全集》第4卷，北京：人民出版社，1958年，第335页。

[37] [苏]大卫·梁赞诺夫：《马克思恩格斯论费尔巴哈：〈德意志意识形态〉第一部分编者导言》，李乾坤译，张一兵主编：《社会批判理论纪事》第10辑，南京：江苏人民出版社，2021年，第160页。“真正的人道主义”在《马克思恩格斯文集》第1卷中译为“现实人道主义”，参见《马克思恩格斯文集》第1卷，北京：人民出版社，2009年，第253页。

[38]《马克思恩格斯全集》第1卷，北京：人民出版社，1956年，第270页。

[39] 这里更多的是马克思主义文艺理论角度的考证。

[40] 吴质富：《有关“人性”与“共同人性”的几个问题》，《安庆师范学院学报（社会科学版）》1999年第6期，第63～68页。

[41] 参见王聚芹：《科学社会主义经典理论专题探究》，哈尔滨：黑龙江人民出版社，2021年，第109～110页。

[42]《马克思恩格斯全集》第4卷，北京：人民出版社，1958年，第354页。

[43]《马克思恩格斯全集》第4卷，北京：人民出版社，1958年，第354页。

[44]《马克思恩格斯全集》第4卷，北京：人民出版社，1958年，第354页。

[45]《马克思恩格斯全集》第4卷，北京：人民出版社，1958年，第329页。

马克思世界文学理论的历史语境、价值意蕴与实践要求

吴亚南

（韩山师范学院文学与新闻传播学院，广东潮州，521041）

内容摘要：马克思世界文学理论具有丰富的思想内涵，我们可以从历史语境、价值意蕴、实践要求三个维度来阐释。从历史语境看，与歌德世界文学观念强调文学的文化普适性和人类共通性不同，马克思世界文学理论以历史唯物主义立场，侧重从资本批判视角的文学生产范式来阐释世界文学。从价值意蕴上看，马克思世界文学理论寻求世界各国、各民族在与本国文化相适应的基础上，发挥各民族群体、个体历史主动意识，不断扬弃超越落后文明形式，创造更高层次上的人类精神智慧产品，最终形成全人类共享的文化价值成果。马克思世界文学理论的价值意蕴就包含着人类社会美美与共、和谐共生的文明互鉴意识。实践要求是内在于马克思世界文学理念内核之中的，因为马克思这一理论是建立在世界历史阶段，以物质生产与精神生产为基本内容的人的历史实践活动基础上的。作为自由的精神生产活动，马克思认为世界文学从文化方面激发了人类个性创造力，为实现人的自由全面的发展奠定了精神基础。

关键词：马克思；世界文学理论；历史语境；价值意蕴；实践要求

“世界文学”是一个复杂而多元的概念，自从1827年歌德首次明确提出“世界文学”(Weltliteratur)概念后，时至今日世界文学的内涵早已超出了原初意义。美国学者弗朗哥·莫雷蒂(Franco Moretti)在《世界文学猜想》中认为：“这就是问题的关键：世界文学本身不是一个‘物’，而是一个需要运用某种新的批评方法去解决的问题。没有人能仅仅通过阅读更多的文学作品而找到这样一种方法。这不同于理论学说的产生，而需要一次飞跃，一次大胆的假说，才能起步。”[1]在莫雷蒂看来，世界文学充满着复杂的差异性，要深入理解世界文学需要超越文学框架来解读，把世界文学放到一个广阔的历史语境、文明互鉴的对话中去阐释。马克思世界文学理论正是基于现代世界历史语境，以历史唯物主义的宏观视野，全面分析了世界文学与现代社会及人类文明价值的密切关系。从这个角度讲，深入阐释马克思世界文学思想具有重要的理论启发和实践指导意义。

一、历史语境与世界文学“事件”

众所周知，在世界文学概念的传播史上，歌德和马克思是两位标志性人物。他们两人分别在19世纪的20年代和40年代提出世界文学概念，并做出新的阐释，不是历史的偶然事件，而是有着复杂的历史语境孕育过程。从事件哲学的角度看，歌德和马克思实际上构成了理解世界文学问题的两次转折意义上的“文学事件”。齐泽克在《事件》中认为：“事件总是某种以出人意料的方式发生的新东西，它的出现会破坏任何既有的稳定架构。”[2]事件宣告着重要历史时刻的来临，从方法上提出新问题并作出新阐释。歌德和马克思的世界文学思想皆具有历史语境中发生的“事件”性意义。歌德说：“我相信，一种世界文学正在形成，所有的民族都对此表示欢迎。”[3]歌德基于自身创作实践、阅读经验、德语民族文化的危机意识，以及世界性的前瞻视野，认为世界文学的到来是人类历史、各民族发展的大势所趋。这里，歌德开启了理解世界文学的文化批评范式，具有继往开来的导向作用。

马克思是在歌德阐释世界文学观念的基础上，从历史唯物主义立场出发，指出随着现代工业革命、资本市场的世界性扩张，现代的世界历史体系的形成，封闭的民族国家地理空间被打破，导致世界文学的形成。马克思、恩格斯在1848年《共产党宣言》中指出：“过去那种地方的和民族的自给自足和闭关自守状态，被各民族的各方面的互相往来和各方面的互相依赖所代替了。物质的生产是如此，精神的生产也是如此。各民族的精神产品成了公共的财产。民族的片面性和局限性日益成为不可能，于是由许多种民族的和地方的文学形成了一种世界的文学。”[4]这一世界性文学空间的建立，按照朱光潜在翻译《歌德谈话录》一书遇到歌德“世界文学”概念进行的页下脚阐释的观点：“歌德在这里提出‘世界文学’比马克思、恩格斯在《共产党宣言》里提出这个名词恰恰早二十年。基本的区别在于歌德从唯心的普遍人性论出发，而马克思主义创始人则从经济和世界市场的观点出发。”[5]拉开时代距离，我们看到朱光潜认为歌德的世界文学是基于人性论的，可以理解为具有文化人类学视野的交往对话范式。与歌德有着显著的不同，马克思是从资本的全球化扩张、世界市场出发，或者说是从资本批判视角的文学生产范式阐释世界文学的。

世界文学观念的兴起经过了长时间的历史语境中的酝酿。按照艾克曼首次记录歌德提出世界文学的时间为1827年，依据国内学者的考证，在歌德之前德国启蒙时代著名的历史学家、法学家施勒策尔（August L. Schlözer）早在1773年《冰岛文学与历史》中就提出了世界文学概念，这要比歌德提出的时间要早近半个世纪：“‘世界文学’概念并非一个文学家或文论家的首创，而是出自一个历史学家之手，带着历史学家的目光。”[6]施勒策尔是研究北欧史、俄国史的专家，著有《俄国史：至1147年莫斯科建城》（1769）、《北欧通史》（1771）、《普遍世界历史的构想》（1772年第一版）等史学名著。在民族史、世界史的研究实践中，施勒策尔以欧洲史为中心初步地建立起世界历史视野撰写世界文学、各民族文学史的构想。德国启蒙运动的重要代表、写出《阿布德拉城居民的故事》（1774）等作品的维兰德（C. M. Wieland），以及德国著名思想家，对歌德、席勒产生重要影响的赫尔德（J. G. von Herder）等人，也几乎在同一时期对世界文学、民族文学问题进行了相关论述。赫尔德以一种强烈的平等主义文化观、开放的历史文化心态看待各个民族的文明形态及其独特的生活方式。他认为："在世界上不同的地方，婚姻、国家、奴隶制度、衣饰、房屋、娱乐、食物、科学，还有艺术，都是人们按着自己认为于己于人最好的方式做成的。如此，无论何处，我们都看到人们有权利并运用权利塑造自身，成为自己认得的那一种人。"[7]赫尔德珍视民族独特性，强调文化的多样性、包容性、平等性的世界主义理想，对后世影响很大。康德在《世界公民观点之下的普遍历史观念》、《评赫尔德〈人类历史哲学的观念〉》(第一、二部)中也回应了赫尔德的世界历史观念："把普遍的世界历史按照一场以人类物种的完美的公民结合状态为其宗旨的大自然计划来加以处理的这一哲学尝试，必须看作是可能的。"[8]由此可见，康德也是继承了赫尔德的观点，认为理性地对待民族文化多样性是实现世界和谐的基础。

在歌德、马克思生活的欧洲，从18世纪70年代到19世纪30年代，欧洲文化圈实际上处于一个具有强烈的世界意识、世界主义氛围的时代。赫尔德、康德、谢林、施勒格尔兄弟、诺瓦利斯等人，关于现代世界、未来理想世界的社会构想，形成了林林总总的"世界——"话语谱系，这也构成了我们理解歌德、马克思世界文学观念的广阔历史语境和理论话语场域。这一世界性思潮波及当时欧洲社会结构的各个层面，之于文学则是形成了"文学世界主义"思潮。伴随着德国早期浪漫主义运动及民族文化意识的兴起，从18世纪70年代开始欧洲各国知识界普遍谈论起"世界——"问题，特别是歌德时常谈起"世界文学""世界诗歌""世界文化""世界历史"，以及其他德国思想家也经常提及"世界灵魂""世界公民"等"世界——"话语。

基于当时的欧洲列国态势、工业革命的推动、民族主义意识兴起，以及欧洲早期浪漫主义思潮的蓬勃发展等历史语境看，歌德、马克思对世界文学概念的提出和阐释构成了两次重要的"文学事件"。这两次事件不仅打破了传统的建立在单一民族文化基础上的文学观念，还赋予了世界文学以新的意义和功能。歌德的世界文学观念强调文学的文化普适性和人类共通性，而马克思世界文学理论则是以历史唯物主义立场，侧重从资本批判视角科学地揭示了文学生产与全球化经济的复杂关系。这两次事件共同构成了理解世界文学问题的重要理论框架，为后来阐释世界文学问题探讨提供了丰富的思想资源。

二、价值意蕴与文明互鉴

文明由野蛮进化而来，马克思从文明论的视角分析了资本在促进人类文明发展，推动社会生产力的进步，打破一切阻碍生产力的生产关系以及精神力量限制等方面的巨大价值。马克思阐述世界文学问题也是从资本开拓全球市场的历史逻辑中展开的，进而言之，马克思认为世界文学观念作为资本的积极价值成果形式呈现出人类社会文明形态演进的良善性发展、进步化趋势。在《1857—1858年经济学手稿》中，马克思指出："只有资本才创造出资产阶级社会，并创造出社会成员对自然界和社会联系本身的普遍占有。由此产生了资本的伟大的文明作用。"[9]法国著名史学家布罗代尔在《文明史》中联系马克思的历史唯物主义思想，认为文明的定义是："事实上，

‘civilisation’(文明)至少是一个双义词。它既表示道德价值又表示物质价值。因此，卡尔·马克思区分了**经济基础**(物质上)与**上层建筑**(精神上)——在他看来，后者严重地依赖于前者。”[10] 布罗代尔认为文明既体现为物质财富的积聚，也是精神、道德、文化等人文价值成果的升华。从文明论的角度看，马克思世界文学理论充分彰显了资本在推动文明发展进步，打破狭隘的民族文化偏见，拓宽人们的知识视野，促进共享全人类共同价值的重要作用。

马克思非常重视对世界各民族文学文化的借鉴学习，并深刻认识到世界各民族文学与各民族自身的历史状况、经济条件有着密切的联系。马克思一生酷爱文学，精通德、法、英、希腊等语言，博览各语言类世界文学作品。他非常熟悉埃斯库罗斯、柏拉图、但丁、巴尔扎克、莎士比亚、歌德、席勒、海涅、狄更斯等大批世界经典作家作品。在《资本论》《德意志意识形态》等代表著作中，人们随处可见他引用《荷马史诗》、但丁、莎士比亚等经典作品作家的语句，用文学来表现对社会历史的深刻洞察。马克思在《英国资产阶级》中认为：“现代英国的一批杰出的小说家，他们在自己的卓越的、描写生动的书籍中向世界揭示的政治和社会真理，比一切职业政客、政论家和道德家加在一起所揭示的还要多。他们对资产阶级的各个阶层，从‘最高尚的’食利者和认为从事任何工作都是庸俗不堪的资本家到小商贩和律师事务所的小职员，都进行了剖析。”[11] 1860 年出版的《福格特先生》文章里，马克思旁征博引维吉尔、西塞罗、莎士比亚、但丁等人作品以回击福格特的污蔑。柏拉威尔说：“事实上，马克思的全部著作没有哪一篇能像《福格特先生》这样充分地、清楚地显示出马克思如何倾心于世界文学。”[12] 从歌德到马克思的世界文学观念，再到当今的比较文学研究，世界文学的理念方法一直秉持文明互鉴、文化包容的共生价值观。文明史上众多跨文化交流案例印证了这一进步理念。中国明末清初的才子佳人小说《好逑传》于 1719 年由英国商人魏金森传入欧洲，并在 1761 年被英国人托马斯·帕西(Thomas Percy)出版于伦敦，不久法文版、德文版译本相继问世。这部小说自然纯真、质朴节制的情感以及富有儒家道德式的仁爱理念，使得当时向往中国文化的歌德等欧洲文人推崇备至，有力地促进了中西文化、文学的交流。习近平总书记在文化传承发展座谈会上指出：“中华文明具有突出的包容性，从根本上决定了中华民族交往交流交融的历史取向，决定了中国各宗教信仰多元并存的和谐格局，决定了中华文化对世界文明兼收并蓄的开放胸怀。”[13] 可见马克思主义文明观高度重视各民族文明多元互动、互鉴共进、和合共生的价值理念。

马克思世界文学思想蕴含着对民族多元文化、世界多元文明的差异性的尊重。晚年马克思在历史学笔记、人类学笔记的思考中体现出对人类文明多样化发展的思考。马克思的这些人类学笔记，包括俄国学者马·柯瓦列夫斯基《公社土地占有制，其解体的原因、进程和结果》，美国学者摩尔根的《古代社会》，英国学者约·拉伯克《文明的起源和人类的原始状态》等书的摘要。这些笔记里，可以看出马克思对人类文明演进道路的多元形态有了更为全面的认识，他认为俄国公社有可能跨越资本主义的“卡夫丁峡谷”直接过渡到更高形式的社会：“它可以不通过资本主义制度的卡夫丁峡谷，而吸取资本主义制度所取得的一切肯定成果。”[14] 依据《马克思古代社会史笔记》论述，国内学者胡亚敏教授认为："在'自从文明时代开始以来所经过的时间，只是人类已经经历过的生存时间的一小部分'这句话旁边，马克思写下了这样的批语：'(而且是很小的一部分)'，人类在地球上经历了漫长的生存史，如果仅仅局限在追求财富这一历史范围之内，对人类历史的研究就不可能得出完整的结论。因此，马克思把探寻的目光伸到历史深处，伸向人类的童年，从原始社会入手去发现欧洲现代社会以外各民族的历史特性。"[15]马克思认为人类文明早期形态的不同，形成各自道路发展的差异性，需要客观平等相待，并加以科学分析。正是因为文明发展的这种差异性，才会形成多元民族文化互鉴共进的内生动力，从而激活各民族个体的自由创造的活力，共同推动人类文明持续向前发展。英国历史学家汤因比在《历史研究》中论述文明的衰落原因时提出："少数创造性群体丧失了创造能力，大多数人不再进行相应的模仿，随后整个社会出现分裂。"[16]个体创造活力的激发需要异质新鲜文化力量的注入，世界文学意识恰是现代世界文化文明交互碰撞激发创造活力的重要渠道。可以说，世界文学的历史深处在寻求世界各国各民族在与本国文化相适应的基础上，发挥各民族群体、个体历史主动意识，不断扬弃超越落后的文明形式，创造一种更高层次上的人类精神智慧产品，最终形成全人类共享的文化价值成果。马克思世界文学理论即是奠基于此，马克思世界文学理论的价值意蕴就包含着人类社会美美与共、和谐共生的文明互鉴意识。

三、实践要求与人的解放

马克思认为社会生活的本质是实践，作为历史主体的人通过实践改造客观世界和属人世界，促使人在对象世界中的生产实践不断趋于合理化、良性化，实现人的现实世界与理想世界的终极价值的统一。马克思指出"要研究精神生产和物质生产之间的联系""自由的精神生产"等思想[17]，即是表明世界历史步入资本主义文明时代，文学生产作为精神生产对经济结构、上层建筑具有鲜明的实践影响，这也是《共产党宣言》中世界文学文本历史语境所蕴含的解放叙事、实践逻辑。在马克思那里，世界文学既是各民族的文化实践，也是世界无产阶级自身解放运动的革命实践。詹姆逊认为"任何世界文学的概念都必须特别注重第三世界文学"，"所有第三世界的文化都不能被看作是人类学所称的独立或自主的文化。相反，这些文化在许多显著的地方处于同第一世界文化帝国主义进行生死搏斗之中"[18]。正是从马克思主义的生产方式、精神生产理论出发，美国学者詹姆逊看到了世界文学特别是第三世界文学在反对文化霸权，冲击欧美主导的全球政治、文化秩序的实践批判价值。

马克思世界文学理论是建立在世界历史阶段，以物质生产与精神生产为基本内容的人的历史实践活动基础上的，实践性要求即是内在于马克思世界文学理念内核中的。在《1857—1858年经济学手稿》中，马克思指出："当艺术生产一旦作为艺术生产出现，它们就再不能以那种在世界史上划时代的、古典的形式创造出来。"[19]沃勒斯坦等人后来提出的"世界体系"理论，强调世界文化由经济中心到边缘的单向移动，实质上是支持了普遍主义世界文化凌驾于多元民族文化的观点。马克思世界文学理论不是单一的经济决定论，而是注意到世界历史语境下世界各民族基于自身历史前提深刻把握物质生产与精神生产之间的辩证关系，更加关注各民族文化的双向交流与双向互动。精神生产包括艺术生产受到物质生产的制约，同时精神生产对物质生产亦有巨大的反作用。世界文学生产一方面会受到全球物质生产，特别是不平等经济结构条件的制约；另一方面精神生产又具有一定的独立性，这为世界文学生产打破西方文化霸权的单向性，构建多元化的文化格局提供了可能条件。

马克思世界文学理论的实践性特质，要求构建当代世界文学格局要具有开放性特质，特别是第三世界民族要主动参与全球性的跨文化交流，以开放的心态接纳、融汇世界各国、各民族不同文化背景下的文学经典。马克思在论述古希腊艺术与现代世界的关系时，就指出："埃及神话决不能成为希腊艺术的土壤或母胎。但是无论如何总得是一种神话。"[20]马克思这里论述的古代社会世界神话艺术，并不排斥希腊神话、埃及神话或者其他各民族神话艺术的存在，而是作为文化文明形态的差异性共同丰富了人类神话艺术的宝库。所以国内学者认为："在马克思那里，神话是艺术的'武库'、'土壤'、'母胎'，是人类对自然和社会的观点，是人类借助于想象力以征服自然力，支配自然力，把自然力加以形象化的实践活动和精神活动。"[21]神话既是艺术审美话语，也是一种实践话语，人类实践力量的一种显现。马克思的神话思想同样适用于他的世界文学理论。从实践上看，世界文学的生产与建构吁求不同地域、国别、民族应当跨越国别和文化差异，相互成就与互鉴共进。最终通过世界文学的文化力量与包容精神，促进全球文化的交流与融合，实现人类之间的相互理解和尊重。

马克思世界文学理论是在世界市场扩张、资本批判的历史语境中出场的，因此世界文学批评需要构建一种具有文化批判意识与自觉的文化主体意识。全球化背景下，西方流行文化（如好莱坞电影、欧美世界文学经典）占据了主导地位，挤压了其他民族文化的发展空间。全球仍然面临着知识生产与传播的不平等，比如西方国家控制着大部分国际出版社、学术期刊和媒体平台，使得非西方国家的文化表达难以被广泛接受。文学作为自由的精神生产，作家有责任反映社会矛盾和现实弊端，从而激发人们的批判意识和社会责任感，推动社会向良性发展。马克思在论述异化问题时指出在资产阶级社会条件下作家成为被资本家雇佣的劳动者，可能会使文艺创作、批评丧失了文化批判意识与文化主体意识，同时他又指出"资本主义生产就同某些精神生产部门如艺术和诗歌相敌对"[22]。所以国内学者认为："文学活动在一定程度上并不是完全按照资本主义市场规律来运行的。资本对文学活动的统辖权可以被限制在一定的范围内，文学艺术可以而且能够挣脱资本的统治获得一定的自由度和独立。"[23]文学生产包括世界文学生产对资本的对抗因素的存在，为各民族文学在全球流通、传播过程中的均等交流提供了现实可能，同时也需要批评主体和文学创作主体在世界文学的交流中，要保持清醒的理论自觉为公平正义发声，要有"铁肩担道义的"文化历史使命。

在具体实践层面，构建多元平等的世界文学格局，发展中国家要重视政府资助、民间支持等多种形式，鼓励本土作家创作反映本民族文化特色的文学作品，重视翻译、设立奖项等形式将非西方国家优秀作品推向国际舞台，扩大其国际影响力。近年来，以刘慈欣、韩松、王晋康、郝景芳等人为代表的中国科幻群体在世界上获得广泛的认可。如，刘慈欣的《三体》获得美国科幻小说雨果奖后，郝景芳的《北京折叠》再度获奖。一大批中国科幻小说在国际上出版发表，一些重要国际人物成为中国科幻的粉丝。为推动中国科幻文学的繁荣，中国设立了科幻银河奖、全球华语科幻星云奖等奖项。这些奖项极大地推动了中国文学走向世界，同时展现了中华文化的审美魅力。中国科幻文学走向世界的例子有物质生产的基础作用，也有中国自身努力采取各种推广策略深度参与全球文化活动的重要因素。随着全球互联网的普及和数字平台技术的广泛应用，现在世界各国积极利用数字技术的"去中心化"、非线性传播的优势，推动文学与影视、社交媒体的跨媒介合作，宣传本国本民族文学产品。这些都是第三世界国家在面对欧美经济文化强势的情况下，积极利用数字技术等新科技催生的有利因素，构建良性、和谐、平等的世界文学生态格局的努力。

文学作为自由的精神生产活动，以幻想的形式表现人类对解放前景的可能性探索。马克思认为世界文学最终也将指向人的解放，世界文学通过展现不同文化中的人类经验、价值信念等，为人们提供了超越狭隘民族主义、阶级、地域局限的世界视野，让人们更加开阔地体验、思考大千世界和个体人生的意义。可以说，世界文学及其价值观念从文化方面激发了人类个性创造力，为实现人的自由全面的发展奠定了坚实的精神基础。习近平总书记指出："我们要本着对人类前途命运高度负责的态度，做全人类共同价值的倡导者，以宽广胸怀理解不同文明对价值内涵的认识，尊重不同国家人民对价值实现路径的探索，把全人类共同价值具体地、现实地体现到实现本国人民利益的实践中去。"[24]世界文学理念内含追求平等、和合共生的全人类共有价值观，各民族文学应当秉承这种批判性和前瞻性意识，为解决全球不平等问题贡献文化智慧方案，从而推动人类社会文明不断进步和发展。

* 本文系国家社科基金重大项目"马克思主义文学批评经典重铸与当代拓展研究"(19ZDA263)、2021 年度韩山师范学院校级一流课程建设"文学概论"的阶段性成果。

注释：

[1] [美]弗朗哥·莫雷蒂：《世界文学猜想》，刘渊译，张永清、马元龙主编：《后马克思主义读本·文学批评》，北京：人民出版社，2011 年，第 44 页。

[2] [斯洛文尼亚]齐泽克：《事件》，王师译，上海：上海文艺出版社，2016 年，第 6 页。

[3] [德]歌德：《歌德论世界文学》，沈大灿译，[美]大卫·达姆罗什、刘洪涛，等主编：《世界文学理论读本》，北京：北京大学出版社，2013 年，第 4 页。

[4] [德]马克思、恩格斯：《共产党宣言》，马克思、恩格斯：《马克思恩格斯文集》第 2 卷，北京：人民出版社，2009 年，第 35 页。

[5] [德]艾克曼辑录：《歌德谈话录》，朱光潜译，北京：人民文学出版社，1978 年，第 111 页。

[6] 方维规：《何谓世界文学？》，《文艺研究》2017 年第 1 期，第 5～18 页。

[7] [德]赫尔德：《反纯粹理性：论宗教、语言和历史文选》，张晓梅译，北京：商务印书馆，2010 年，第 26 页。

[8] [德]康德：《历史理性批判文集》，何兆武译，北京：商务印书馆，1990 年，第 18 页。

[9] [德]马克思：《1857—1858 年经济学手稿》，马克思、恩格斯：《马克思恩格斯文集》第 8 卷，北京：人民出版社，2009 年，第 90 页。

[10] [法]费尔南·布罗代尔:《文明史》,常绍民,等译,北京:中信出版集团,2017年,第5页。

[11] [德]马克思:《英国资产阶级》,马克思、恩格斯:《马克思恩格斯全集》第10卷,北京:人民出版社,1962年,第686页。

[12] [英]柏拉威尔:《马克思和世界文学》,梅绍武,等译,北京:生活·读书·新知三联书店,1980年,第356页。

[13] 习近平:《担负起新的文化使命 努力建设中华民族现代文明》,《人民日报》2023年6月3日,第1版。

[14] [德]马克思:《给维·伊·查苏利奇的复信草稿》,马克思、恩格斯:《马克思恩格斯全集》第19卷,北京:人民出版社,1963年,第451页。

[15] 胡亚敏:《文学批评视域下马克思人类学笔记的当代价值》,《复旦大学学报(社会科学版)》2023年第6期,第135～142页。

[16] [英]汤因比:《历史研究》上卷,[英]萨默维尔编,郭小凌,等译,上海:上海人民出版社,2010年,第247页。

[17] [德]马克思:《剩余价值理论》,马克思、恩格斯:《马克思恩格斯全集》第33卷,北京:人民出版社,2004年,第346页。

[18] [美]詹姆逊:《晚期资本主义的文化逻辑》,陈清侨,等译,北京:生活·读书·新知三联书店,1997年,第521页。

[19] [德]马克思:《1857—1858年经济学手稿》,马克思、恩格斯:《马克思恩格斯文集》第8卷,北京:人民出版社,2009年,第34页。

[20] [德]马克思:《1857—1858年经济学手稿》,马克思、恩格斯:《马克思恩格斯文集》第8卷,北京:人民出版社,2009年,第35页。

[21] 张玉能:《话语生产与"实践-精神的"掌握世界方式》,王杰主编:《马克思主义美学研究》第11辑,北京:中央编译出版社,2008年,第71页。

[22] [德]马克思:《剩余价值理论》,马克思、恩格斯:《马克思恩格斯全集》第33卷,北京:人民出版社,2004年,第346页。

[23] 胡亚敏:《马克思主义文学批评中国形态的当代建构》,北京:人民出版社,2020年,第193页。

[24] 习近平:《加强党政合作,共谋人民幸福》,《习近平谈治国理政》第四卷,北京:外文出版社,2022年,第425页。

东方社会与马克思的东方艺术观

王光祖

（华中师范大学文学院，湖北武汉，430079）

内容摘要：马克思的东方艺术观体现了马克思对东方社会的民族文化个性、艺术生产范式、艺术审美特征的理解和认识。马克思基于唯物辩证法思想以文化整体观视角审视东方文化和东方艺术。他将“东方”纳入一种总体的文化系统，而东方宗教则赋予了东方艺术外在的类型学特征和内在的精神动力，奠定了东方艺术观的美学基调。在剖析东方社会亚细亚生产方式的经济结构和批判东方历史文化的长期积弊中，马克思勾勒出东方艺术的生产范式以及东方艺术集体协作性与极致单一性的审美特性。马克思对东方艺术的关注和研究，体现了以唯物史观考察人类艺术活动时宏阔的社会视野和深厚的历史底蕴。

关键词：马克思；东方社会；东方艺术；东方宗教；亚细亚生产方式

马克思的东方艺术观不仅是马克思主义东方社会理论的构成部分，也是马克思主义文艺理论的重要内容。理解马克思的东方艺术观，需从马克思主义创始人的经典文本群中勘察其研究范式、话语背景和理论视域。马克思的东方艺术观凝结在其哲学、政治经济学和东方社会理论等层面，它们为马克思东方艺术观的形成和拓展提供了理论空间和阐释维度。马克思对东方文化和东方艺术的类型学界定和精神文化因素的探明，凸显了唯物辩证法思想对文化研究的整体性和辩证性原则。在《资本论》及相关手稿、《人类学笔记》等为代表的经典文本群中，马克思基于政治经济学批判的研究范式呈现了东方艺术的审美特性。马克思的东方艺术观对全球化时代重建东方文化艺术具有重要的参考意义。

一、文化整体观与文化系统中的东方艺术

“东方”(orient)作为一个流动性[1]的地理和人文概念起源于西方文化，欧洲人对东方的想象与凝视由来已久。在古希腊时代，东方波斯帝国就出现在先哲和戏剧家们的作品中；希波战争之后，东西方世界的冲突与融合不断塑造着西方人的世界格局观，“东方”作为概念和术语逐渐形成于西方语言体系中。现代语境中的“东方”既指地理坐标意义上欧洲以东的东北非洲和亚洲等广大地域，又指历史文化空间意义上西方对东方民族整体性的认知观念集合。萨义德指出：“东方人生活的世界虽与西方不同，

然而却有着完备的组织结构，有其民族的、文化的和认识论的独特特征和内在一致的原则。”[2]作为地域文化共同体的“东方”，尽管其内部各民族在地理环境、政治传统、经济结构、语言文字、宗教信仰、文化性格等方面有多样性，但东方世界在总体上的民族文化心理结构、宏观社会经济类型、文明形态的内在关联等方面具有整体趋同性的特征，形成了独特的东方文化系统，而东方艺术则是东方文化系统中审美意识形态的重要载体。

从19世纪50年代初开始，马克思和恩格斯将目光从西方资本主义国家扩展到更早的历史时期和更远的地域范围，整体性的东方社会开始进入他们的研究视野。马克思和恩格斯基本沿袭了西方人古已有之的“东方”概念[3]，在地域范围上主要涉及中国、印度、波斯、土耳其、埃及等国家的社会经济和历史状况，他们密切关注当时的东方问题、太平天国运动、印度民族起义、对华战争等重大历史事件，对印度、阿拉伯和希伯来等东方民族的文化艺术给予了极大的探索热情[4]。马克思以辩证唯物主义哲学立场，将东方艺术纳入人类文明的历史发展进程并考察其内在特征和精神气质。从比较视域和辩证思维出发，马克思认为，相比于彰显正常儿童天性的古希腊艺术，东方艺术和东方文化属于“早熟”的类型。

在《〈政治经济学批判〉导言》（以下简称《导言》）中，马克思将古代历史时期比喻为“人类童年时代”，把孕育神话、艺术和史诗的古希腊民族称为“正常的儿童”，而包括东方民族在内的其他民族则被称为“粗野的儿童”“早熟的儿童”：“有粗野的儿童和早熟的儿童。古代民族中有许多是属于这一类的。希腊人是正常的儿童。”[5]将人类成长阶段与艺术发展的历史时期类比的研究方法并非马克思独创，柏拉图、维柯、黑格尔、席勒、海涅、施蒂纳等都做过类似比喻。《导言》完成前三年，德国诗人海涅曾在散文《自白》中探讨过古希腊民族与东方民族的文化特性，其观点与马克思高度相似：“希腊人不过是漂亮的少年，而犹太人始终是堂堂男子汉，是伟大、坚强不屈的男子汉，不仅过去，而且直至今天都如此，虽然他们一千八百年来受尽迫害和苦难。”[6]柏拉威尔认为，马克思“把古代的某些民族说成是‘早熟的儿童’，心目中想到的可能就是犹太人”[7]。犹太民族在历史上饱受异族排斥、欺凌，苦难的经历造就了犹太人心志坚定、百折不挠的民族精神。《旧约》是犹太教的文化典籍，《创世纪》中的洪水灭世神话，《约伯记》中的义人受难，《哀歌》中的亡国之痛，《传道书》中虚无悲观的情绪，无不体现希伯来艺术中浓郁的悲情色彩和苦难意识。印度民族是马克思重点关注的东方民族，印度历史在他看来就是一部漫长的忍受屈辱的历史。马克思指出：“印度本来就逃不掉被征服的命运，而它过去的全部历史，如果还算得上是什么历史的话，就是一次又一次被征服的历史。”[8]印度在历史上被莫卧儿骑兵、葡萄牙殖民者、不列颠东印度公司入侵和奴役，印度民族文化中有一种与生俱来的惰性和沉沦，似乎永远沉溺在被征服的命运中不思进取，马克思感叹印度文化和历史“具有一种特殊的悲惨色彩”[9]。

马克思以辩证的比较视域对古希腊艺术与东方艺术的研究可以追溯到19世纪40年代初，这一时期马克思参与了青年黑格尔派的宗教批判活动，计划撰写关于基督教美学与艺术主题的著作，留下了《波恩笔记》手稿，其中部分涉及东西方古代民族艺术问题。在鲁莫尔的《意大利研究》中，马克思摘录了希腊艺术的片段，指出其英雄和神灵形象“属于艺术本身的一切，是具有人类美的习性在美好的有机构成物中的映像”[10]。古希腊民族艺术体现了人类文化的和谐和人类精神的创造力，其对正常人性的呈现和美好事物的关怀，与宗教拜物和压抑人性的东方神秘主义信仰形成鲜明对比。马克思和布鲁诺·鲍威尔共同商定的《末日的宣告》续编这部匿名著作[11]中评价道“对事物的物性的盲目崇拜，使得宗教的东方世界与艺术的希腊世界区别开来”[12]。可以说，马克思19世纪40年代对东西方民族文化艺术特性的理解在50年代的《导言》中得到印证。

“正常的儿童”“粗野的儿童”“早熟的儿童”蕴含了马克思的民族文化整体观，这也是马克思在唯物辩证法视域中展开对世界民族文化和艺术形态划分标准的探索。“正常的儿童”作为人类成长的初期阶段，应有健康的体质，率真活泼的心性，对世界抱有积极而乐观的憧憬。“正常的儿童”的艺术，运用感性形式反映现实世界，形成了朴拙的特征，彰显人类的理想精神和人格，反映了人性原初的精神状态。“早熟的儿童”多指肉体虽未达成年但心性却与成年人等同或接近的民族，这些民族在鸿蒙初辟之时就在多灾多难的历史沉浮中反思对个体人生和整体族群的责任担当，其艺术充满深重的忧患意识和沉郁的审美风格。古代东方世界的许多民族如华夏民族、阿拉伯民族、印度民族、希伯来民族等都是“早熟儿童”的典型。他们受民族历史传统和宗教文化传统的奴役和压迫，身心长期承受巨大的恐惧和煎熬，艺术审美与艺术创作的自由性受到极大限制。正如马克思在《波恩笔记》中指出：“由于恐惧压迫着心灵，因此在恐惧中教育成长和保全下来的人民，永远不能使心灵变得宽广和崇高；相反，天生的摹仿本领和在这之上养成的艺术感觉在他们那里往往几乎完全是被压制的。”[13]总的来说，马克思认为古代东方艺术是一种贬抑人性的艺术。

二、东方宗教与东方艺术的精神动力

宗教和艺术同为人类掌握世界的基本方式，二者之间存在极大相容性，这一点在东方宗教和东方艺术的关系中尤为凸显。马克思思想发展的早期阶段，他对东方世界的想象受孟德斯鸠、黑格尔等启蒙思想家影响，认为在实行君主专制制度的东方国家“存在着异化劳动，世俗力量与宗教力量之间相互联系，劳动被世俗和宗教的权威剥夺”[14]。在《1844年经济学哲学手稿》中，马克思谈到异化劳动归属权时提到东方民族的建筑艺术是为“想象共同体”的宗教神灵所拥有，“确实，起初主要的生产活动，如埃及、印度、墨西哥的神殿建造等等，不仅是为供奉神而进行的，而产品本身也是属于神的”[15]。随着马克思对东方社会研究不断深入，他指出“东方的历史表现为各种宗教的历史”[16]。东方世界诞生了基督教、伊斯兰教和佛教等世界性宗教，也诞生了埃及宗教、犹太教、印度教、迦南宗教、摩尼教、道教等几十种对东方民族文化影响深远的地域性宗教。东方宗教在信仰体系、审美取向和伦理规范等方面对东方艺术的创作和东方美学观念的形成具有强大的渗透力，而宗教本质上的幻想性和虚假性又成为艺术发展的桎梏。以印度宗教和艺术的关系为例，马克思看到东方宗教文化结构中存在两种矛盾性的精神力量，一种是对人性普遍的压制和贬抑，另一种则由压抑而产生的“野性的、盲目的、放纵的破坏力量”[17]，两种精神力量构成了东方艺术独特的精神气质。

一方面，宗教作为一种异己力量的意识形态，压抑人自由自觉的精神活动，压抑人自身的独立性和创造性，使人审美能力走向异化进而成为艺术解放的阻碍。马克思在《〈黑格尔法哲学批判〉导言》中从现实的人的维度和人的信仰特性出发揭示了宗教的欺骗本质：“人创造了宗教，而不是宗教创造人。就是说，宗教是还没有获得自身或已经再度丧失自身的人的自我意识和自我感觉。”[18]恩格斯则从宗教信仰的形式和对象出发进一步概括宗教的性质：“一切宗教都不过是支配着人们日常生活的外部力量在人们头脑中的幻想的反映，在这种反映中，人间的力量采取了超人间的力量的形式。”[19]古代东方社会中自然神和偶像神崇拜的普遍性后果是人民心灵长期遭受压迫形成精神束缚。《波恩笔记》中涉及古代东方民族宗教与艺术活动的内容。在对卡尔·奥古斯特·伯提格尔的《艺术神话的观念》摘录中，马克思指出宗教战争中以绑架、摧毁敌方神像和圣物来达到摧毁敌人精神崇拜进而达到瓦解敌人目的的现象。例如东方帝国波斯与埃及、巴比伦、希腊的战争，“冈比西斯反对埃及的众神崇拜，薛西斯绑架了巴比伦贝鲁斯神庙中的偶像，摧毁了对抗希腊军队中的所有希腊神庙，并摧毁和绑架了众神像”[20]。这反映了古代东方世界中宗教艺术在各民族精神生活、交往乃至冲突中所起的重大作用。在对本雅明·贡斯当《论古代宗教》和沙尔·德·布罗斯《论物神的崇拜》的摘录中，马克思整理了包括埃及、闪米特、波斯、印度为代表的东方民族中物神崇拜的现象。如阿拉伯民族中的石头崇拜，巴勒斯坦地区原始民族中的鱼、羊等动物崇拜，波斯人对树、公鸡的崇拜等拜物现象[21]。这些古老的东方物神崇拜从外表看都是粗糙丑陋的，而这恰好与宗教崇拜引起人民恐怖、惊颤、沮丧的心理而达到统治目的相吻合，这些粗鄙的宗教艺术形式“就其艺术价值来看，永远都是一样的……他们把这种对神的恐惧变为自己统治的支柱，在人民之中加以散布，并使神的像一直保持丑的、能引起恐惧的形式不变”[22]。

古代东方各民族原始的宗教崇拜以粗糙的、丑陋的、能引起人巨大恐惧感的实物形象为主，这种自然主义的艺术手法与宗教神秘主义的信仰体系结合，使实物形象在漫长的信仰崇拜过程中逐渐被纳入宗教艺术体系中，艺术成为强化宗教情感的工具，成为压迫人自由意志和艺术审美的工具，正如马克思强烈谴责印度宗教中的动物崇拜对人性的极度贬低时所说，“从身为自然主宰的人竟然向猴子哈努曼和母牛撒巴拉虔诚地叩拜这个事实，就可以看出这种崇拜是多么糟蹋人了”[23]。

另一方面，东方宗教精神中还存在一股由压抑而产生的放纵力量，这种放纵力量来源于纵欲的文化和异化的人格。在马克思看来，以印度教为代表的东方宗教具有两种精神性力量，他称之为“一个淫乐世界和一个悲苦世界”[24]。纵欲与享乐是印度文化中的审美风格和生活原则，印度文化推崇以欲望满足为核心的“人生四宝”——正法、财利、爱欲、解脱[25]。印度典籍《吠陀》中，天神因陀罗嗜饮“苏摩”酒以增强战斗力；梵语诗歌中有高度发达的艳情诗，充满爱欲色彩；戏剧《沙恭达罗》用大胆露骨、带有强烈肉感的言辞表达艳情美学观念。村社家庭生活中，宗教礼仪活动占重要地位，居民无论贫富都要参与敬神、祈福、祭祀活动，赌博和饮酒之风盛行，“在吠陀经的某一部分中，描写了醉酒之乐，某些密咒经文作品也专门鼓励喝酒”，“所有各阶级的孟加拉人都爱赌博，纸牌和骰子是中等阶级最流行的赌具”[26]。印度普通民众的日常生活也被这种放纵的精神和奢靡之风感染，“印度人极其爱好装饰品，甚至社会最下层中的那些几乎是衣不蔽体的人们通常都戴着一副金耳环，脖子上套着某种金饰品。手指和脚趾上戴环戒也很普遍”[27]。针对下层民众把大量财富花在婚丧嫁娶、服饰及宗教礼仪活动中，马克思尖锐批评该行为“实际上就是搞排场”[28]。

综上所述，马克思基于一种唯物辩证的文化哲学视野考察东方艺术与宗教文化之间的密切关系，强调了东方艺术的文化类型学特性和整体审美基调，明确了东方艺术中存在的辩证性精神动力，进而为马克思从生产方式和社会结构变革的历史唯物主义视野考察东方艺术奠定了理论前提。

三、东方社会结构与东方艺术生产

东方社会是东方艺术产生的土壤。马克思所处的时代，西欧各国先后通过革命和改良的方式进入资本主义社会，西欧以外广大亚、非、美洲地区还处于前资本主义发展阶段。按照唯物史观的基本原则，文学与艺术等审美意识形态的决定性因素是与之相对应的社会物质生产条件和物质实践方式，“必须从物质生活的矛盾中，从社会生产力和生产关系之间的现存冲突中去解释”[29]。考察东方民族的艺术生产现实和审美风格特性，需要深入探析东方社会特有的生产方式与社会结构。

从 19 世纪 50 年代初开始，马克思大量搜集和阅读了有关亚洲的研究资料，这一时期他对亚洲社会的关注主要集中在印度[30]。在《不列颠在印度统治的未来结果》中，马克思首次提出“亚洲式的社会”。在《政治经济学批判》中，马克思提出基于东方社会长期存在的“亚细亚生产方式”并将其作为人类社会发展演进的最初形态，“大体说来，亚细亚的、古希腊罗马的、封建的和现代资产阶级的生产方式可以看做是社会形态演进的几个时代”[31]。在《1857—1858 年经济学手稿》中，马克思描述了亚细亚所有制形式的基本内容和特点，形成了东方社会生产方式理论。马克思的“亚细亚生产方式”是一个历史性的概念，其内涵和外延在之后有一定调整，但不可否认“亚细亚生产方式”抓住了东方社会生产方式、经济基础和社会结构的核心要素和典型特征。综合马克思《资本论》及手稿等著作，以“亚细亚生产方式”为核心的东方社会的基本特点主要包括：土地公有，名义上属于最高统治者所有，个人仅为土地占有者；国家政权组织水利灌溉等大型工程，形成专制统治的政治传统；农村公社“是东方专制制度的牢固基础”[32]，个人依附于一定的农村共同体组织，村社之间彼此孤立；农业与手工业紧密结合，社会生产的目的是创造使用价值，商品经济基本不发展；原始氏族社会中的血缘关系等风俗习惯大量保存，社会发展极其缓慢。概言之，专制主义政治制度、亚细亚生产方式、农村公社共同体这“三位一体”的社会结构就形成了东方艺术生产和发展的社会根基，为东方文化整体性的精神创造奠定了物质条件。

首先，以亚细亚生产方式为主要经济结构的东方社会是自然形成的共同体社会，社会物质和精神生产服务于共同体社会中更高的所有者或唯一的所有者“总合的统一体”，其生产方式的特点表现为基于奴役关系的简单协作。部落因共同的语言、风俗习惯和血缘关系聚集在土地这个“大实验场”上形成了共同生产的农村公社共同体，维系和统治农村公社的则是更高的或者是唯一所有者的“总合的统一体”。这个“总合的统一体”既指现实社会的专制君主，也包括“想象的部落体”即共同信仰的伦理法则或宗教神灵。个体劳动成果和社会财富整体上属于共同体的最高所有者，而公社的一部分剩余劳动“既表现在贡赋等等的形式上，也表现在为了颂扬统一体……而共同完成的工程上”[33]。古代东方社会的艺术活动及其产品自然也属于这种“共同完成的工程”，其中建筑艺术是艺术工程生产中的主要形式。黑格尔认为东方建筑艺术在素材上只是受外在机械规律制约的物质堆，在形式上也还未脱离无机自然界，“表现的现实尚与理念对立，外在于理念而未为理念所渗透，或是对理念还仅有抽象的关系”[34]。黑格尔的东方建筑艺术观将思辨的“理念”片面地作为艺术分类的标准，既忽视了东方艺术产生的社会经济基础，也抹杀了东方人民创造多元艺术文化的客观事实。

马克思从政治经济学批判角度分析了东方艺术生产的社会经济条件和艺术创造的基本形式。马克思在《资本论》中谈到“协作”这一人类生产劳动过程中重要的组织形式和生产力的创造方式时，强调劳动的社会生产力是资本天然的内在属性。马克思对比了资本主义时代的协作生产和古代世界、中世纪和殖民地国家偶尔用简单的或大规模的协作生产的差异时指出，在以印度公社农业为代表的东方社会生产中，生产条件是以公有制和共同劳动为基础，个人尚未与共同体社会脱离，因此东方社会的协作生产是一种“以直接的统治关系和奴役关系为基础”[35]的生产条件和组织方式。协作劳动在资本主义生产方式下具有发挥“资本的生产力”的重要功能，这种在现代社会掌握在资本家手里的生产力及使用权，在古代东方社会则主要集中在作为“总合统一体”的君主手中，国家把除去民用与军事开支外剩余的生产资料运用到华丽建筑等艺术形式的生产和建造上用以颂扬“现实的君主”和“想象的部落体”。马克思认为，东方社会生产力和生产技术水平以及对外交往能力普遍较低，“在西方，例如在佛兰德和意大利，曾促使私人企业结成自愿的联合；但是在东方，由于文明程度太低，幅员太大，不能产生自愿的联合，因而需要中央集权的政府进行干预。所以亚洲的一切政府都不能不执行一种经济职能，即举办公共工程的职能”[36]。东方专制国家因此具有调控生产资料进行大规模工程建设的非凡能力，可以比较轻松地支配大量劳动力从事巨型建筑艺术的生产活动。

马克思以东方建筑艺术为例强调共同协作的艺术生产方式的重要作用和伟大成果，“古代的亚洲人、埃及人、伊特鲁里亚人等等的庞大建筑，显示了简单协作的巨大作用”[37]，由简单协作产生的建筑艺术包括亚述尼尼微的庙宇、巴比伦的伊什塔尔城门、中国的万里长城、埃及人的金字塔、伊特拉斯坎人的庙宇和陵墓等等。这些气度恢宏、神秘崇高的古代东方建筑艺术反映了集体协作的巨大艺术能量和极致单一的审美表现力。因此，艺术成为颂扬古代专制君主统治力和凝聚共同体成员依附性的重要手段。

四、东方社会经济与东方艺术的审美风格

东方社会的亚细亚生产方式保持得顽强且持久，数千年来维持了东方社会生产关

系、经济结构和民族文化的长期稳定性、封闭性和停滞性，作为个体的人在审美文化创作中丧失了获得艺术解放的条件。东方社会长期以来形成的共同体农业生产形式，使生产的范围仅限于自给自足，农业生产与家庭手工业的结合中人无法通过社会生产获得自身发展的全面性，东方社会超稳的自然经济形态让个人劳动和发展淹没在作为实体的村社共同体中。马克思在《资本主义生产以前的各种形式》中指出亚细亚生产方式中个人与作为实体的共同体之间的隶属关系，“个人则只不过是实体的偶然因素，或者是实体的纯粹自然形成的组成部分”[38]，个人对作为集体的共同体有极强的人身依附性。长期的共同劳动和生产以及恒久不变的社会结构使得自我感觉长期封闭，自我反思能力极度缺失，人的自由自觉的主体性能力被社会和文化传统全面压制，这必然导致东方人民的历史地位被长期贬抑，无法形成直面生存环境的自由人格，而人格的不健全又会导致艺术生产与艺术创造能力被不同程度地遏制。马克思强烈批判这种生产方式对东方民族精神和东方文化的严重影响，“使人的头脑局限在极小的范围内，成为迷信的驯服工具，成为传统规则的奴隶，表现不出任何伟大的作为和历史首创精神”[39]。

里夫希茨根据马克思艺术生产与物质生产的关系理论，指出古代东方艺术的特点是在被压抑个性化的基础上形成强烈的依附性和人格缺失，究其根源在于古代东方社会生产方式的集体性和单一性。这一特点导致东方艺术的生产目的不是为具体的人服务，“在亚细亚生产方式下，人没有可能审美地、无私地对待物的形式，这是原始经济的粗陋性、奴隶制和人们的依赖性的必然结果”[40]。里夫希茨着重强调了东方社会因其原始集体制的生产方式造就了东方艺术“也像社会生活一样具有‘单一的’‘集体的’(不是用这个词的褒义)性质”[41]，他断言亚细亚生产方式是不利于艺术繁荣的土壤。里夫希茨的观点虽然夸大了生产方式和生产水平对东方艺术的直接关联，忽视了东方艺术自身的独立性与艺术形态的多样性，但他基于社会经济结构造就东方社会人身依附关系和艺术人格不独立的观点，以及对艺术创造的集体性和个体化之间关系的探索，丰富了马克思主义文艺理论的东方艺术观。

此外，马克思还以前资本主义社会中一个独特的经济现象——高利贷的兴盛——作为考察东方社会艺术活动审美特性的观察视点。马克思在《资本论》的生息资本续编中谈到高利贷现象的形成因素时指出：“一个国家的大量生产越是限于实物等等，也就是，越是限于使用价值，该国的高利贷资本就越是发展。”[42]东方社会因其长期孤立和分散的亚细亚生产方式及自然经济模式占据主导地位的经济结构，造成东方社会商品经济发展严重受阻，劳动力无法摆脱强烈的人身依附性成为独立的商品，作为生息资本最古老形式的高利贷只有以货币索取权的形式占有生产者全部剩余劳动乃至必要劳动才能谋取高额利润，因此高利贷在长期稳定和单一的东方社会得以长期延续，造成东方社会经济衰朽、政治腐败和文化堕落，同时也对艺术生产活动产生一定的影响。

马克思在《人类学笔记》中摘录了柯瓦列夫斯基《公社土地占有制，其解体的原因、进程和结果》一书中关于印度文化奢靡之风盛行的情况，“印度人由于接触欧洲文化，奢侈之风便发展了起来。他们往往耗费自己收入的一半，来举办婚礼等等；他们为此举债，付出高利贷的利息”，但高利贷盛行并影响印度人的生活习俗和生活方式，这并非他们接触欧洲文化而造成，高利贷之风在古印度社会盛行已久，马克思紧随其后写道，“在一切实行非资本主义生产并以农业为主的国家里，都可以看到高利贷的发展”[43]。印度婆罗门教还以捆绑宗教神像谎称神灵欠高利贷债务而受辱的方式，逼迫民众为自己的偶像筹措“代偿款”赎回其自由身，这实际是剥削阶级利用人民朴素的宗教情怀而压榨社会财富的手段。20世纪印度杰出的进步作家普列姆昌德的代表作《戈丹》就反映了印度地主和高利贷者对农民残酷剥削的社会现实。

综上所述，对东方社会中艺术生产活动、艺术审美特性的研究，体现了马克思唯物史观考察艺术活动时宏阔的社会视野和深厚的历史底蕴。伴随着西方资本主义运动的世界性发展，殖民主义运动席卷亚、非、拉地区，马克思还将在东西方文化碰撞和交融的现实语境中进一步反思东方艺术、东方文化以及东方社会的未来发展之路，而以辩证唯物主义和历史唯物主义为理论基石的科学方法论将会在新的时代背景下，为东方人民振兴东方文化、重建东方文明提供重要的指导和借鉴。

＊本文系国家社科基金重大项目“马克思主义文学批评经典重铸与当代拓展研究”(19ZDA263)的阶段性成果。

注释：

[1] 参见王钦锋：《论“东方”概念的流动性——关于东方文学学科基础相关问题的思考》，《外国文学研究》2003年第3期，第91～97页。

[2] [美]萨义德：《东方学》，王宇根译，北京：生活·读书·新知三联书店，2019年，第51页。

[3] 参见俞良早：《马克思主义东方学》，北京：人民出版社，2011年，第69页。

[4] 参见《马克思恩格斯全集》第49卷，北京：人民出版社，2016年，第406～424页。

[5]《马克思恩格斯文集》第8卷，北京：人民出版社，2009年，第36页。

[6] [德]海涅：《海涅全集》第12卷，章国锋等主编，石家庄：河北教育出版社，2003年，第181页。

[7] [英]柏拉威尔：《马克思和世界文学》，梅绍武，等译，北京：生活·读书·新知三联书店，1982年，第388页。

[8]《马克思恩格斯文集》第2卷，北京：人民出版社，2009年，第685页。

[9]《马克思恩格斯文集》第2卷，北京：人民出版社，2009年，第679页。

[10] [苏]里夫希茨：《马克思论艺术和社会理想》，吴元迈，等译，北京：人民文学出版社，1983年，第132页。

[11] 李立纲主编：《马克思恩格斯人类学编年史》，昆明：云南民族出版社，2009年，第10页。

[12] [苏]里夫希茨：《马克思论艺术和社会理想》，吴元迈，等译，北京：人民文学出版社，1983年，第128页。

[13] [苏]里夫希茨：《马克思论艺术和社会理想》，吴元迈，等译，北京：人民文学出版社，1983年，第133页。

[14] [美]诺曼·莱文：《亚细亚复辟的神话》，弓羽生译，《马克思主义来源研究论丛》第16辑，北京：商务印书馆，1994年，第532页。

[15]《马克思恩格斯文集》第1卷，北京：人民出版社，2009年，第164页。

[16]《马克思恩格斯文集》第10卷，北京：人民出版社，2009年，第111页。

[17]《马克思恩格斯文集》第2卷,北京:人民出版社,2009年,第683页。

[18]《马克思恩格斯文集》第1卷,北京:人民出版社,2009年,第3页。

[19]《马克思恩格斯文集》第9卷,北京:人民出版社,2009年,第333页。

[20] *Karl Marx Friedrich Engels Gesamtausgabe(MEGA)Abteilung IV*, *Band*1, Berlin: Dietz Verlag, 1976, S.330.

[21] *Karl Marx Friedrich Engels Gesamtausgabe(MEGA)Abteilung IV*, *Band*1, Berlin: Dietz Verlag, 1976, S. 324.

[22] [苏]里夫希茨:《马克思论艺术和社会理想》,吴元迈,等译,北京:人民文学出版社,1983年,第133页。

[23]《马克思恩格斯文集》第2卷,北京:人民出版社,2009年,第683页。

[24]《马克思恩格斯文集》第2卷,北京:人民出版社,2009年,第677页。

[25]《印度古代文艺理论选》,金克木编译,北京:人民文学出版社,1980年,第1页。

[26]《马克思古代社会史笔记》,北京:人民出版社,1996年,第391页。

[27]《马克思恩格斯文集》第2卷,北京:人民出版社,2009年,第680页。

[28]《马克思古代社会史笔记》,北京:人民出版社,1996年,第372页。

[29]《马克思恩格斯文集》第2卷,北京:人民出版社,2009年,第592页。

[30] 参见[美]诺曼·莱文:《亚细亚复辟的神话》,弓羽生译,《马克思主义来源研究论丛》第16辑,北京:商务印书馆,1994年,第533~535页。

[31]《马克思恩格斯文集》第2卷,北京:人民出版社,2009年,第592页。

[32]《马克思恩格斯文集》第2卷,北京:人民出版社,2009年,第682页。

[33]《马克思恩格斯文集》第8卷,北京:人民出版社,2009年,第125页。

[34] [德]黑格尔:《美学》第1卷,朱光潜译,北京:商务印书馆,1997年,第106页。

[35]《马克思恩格斯文集》第5卷,北京:人民出版社,2009年,第388页。

[36]《马克思恩格斯文集》第2卷,北京:人民出版社,2009年,第679页。

[37]《马克思恩格斯文集》第5卷,北京:人民出版社,2009年,第387页。

[38]《马克思恩格斯文集》第8卷,北京:人民出版社,2009年,第126页。

[39]《马克思恩格斯文集》第2卷,北京:人民出版社,2009年,第682~683页。

[40] [苏]里夫希茨:《马克思论艺术和社会理想》,吴元迈,等译,北京:人民文学出版社,1983年,第296页。

[41] [苏]里夫希茨:《马克思论艺术和社会理想》,吴元迈,等译,北京:人民文学出版社,1983年,第293页。

[42]《马克思恩格斯文集》第7卷,北京:人民出版社,2009年,第689~690页。

[43]《马克思古代社会史笔记》,北京:人民出版社,1996年,第94页。

【文学伦理学批评的理论资源研究】

跨文化伦理：生成语境、理论建构与批评范式

李鹏山

（华中师范大学文学院，湖北武汉，430079）

内容摘要：作为文学伦理学批评理论术语的拓展，跨文化伦理关注的是处于跨文化语境的文本间的伦理关系，以及跨文化对话当中的伦理秩序问题。跨文化伦理的生成语境关涉文化标准化进程与多元文化内在矛盾，启蒙运动中普遍理性与文化特殊性的内在张力催生了自我与他者的意义重构。跨文化伦理的理论建构以伦理选择为核心支点，对普遍性与特殊性进行辩证整合，既指向处在跨文化情境中的伦理选择活动，又指向通过文化实践互动机制参与到人的本性建构的伦理选择阶段。跨文化伦理的批评范式涵盖四个主要方面：叙事伦理强调弱势文化通过批判性主体意识平衡本土独特性与全球对话；阅读伦理主张以他者视角重构文化认知框架，通过异质文本的对话性阅读消解本土中心主义偏见；翻译伦理聚焦文化权力关系的动态协商，以伦理价值再诠释推动边缘文化主体性重建；阐释伦理通过历时性与共时性双重维度整合多元文化矛盾，在动态互动中揭示文学作为人类共通语言的伦理潜能。跨文化伦理通过构建开放的跨文化对话框架，为跨文化研究提供具有批判力度的认知装置，为应对文化冲突、促进多元文化和谐提供了理论工具与实践路径。

关键词：跨文化伦理；文学伦理学批评；伦理选择；世界文学

文学伦理学批评是一种从伦理视角阅读、分析和阐释文学的批评方法。它以文学文本为主要批评对象[1]。目前其已有的理论话语和批评实践主要聚焦于具体的作家作品，深入文本内部作个案透视，所关注的主要在于文本内部个体之间的伦理关系，但是在涉及处于跨文化语境的文本间的伦理关系层面，尚没有提出一个针对性的系统的理论话语。"跨文化伦理"的命题旨在确立一种新的话语实践，以期突破文本内证和单一文化价值体系的封闭性，从伦理角度思考跨文化对话当中的伦理秩序问题。在全球化语境之下，文学研究早已开始改变过去以民族语言为主要认识论单元的取向，从强

调国家的内源性经验和自主发展轨迹，转而思考跨国流动、文化互渗等因素所造成的影响。文学伦理学批评应当回应时代的人文需求，对跨文化过程中的伦理选择，特别是对处于跨文化交往中的个体伦理判断表现给予重视。跨文化伦理可以扩充文学伦理学批评的理论术语，使得其不仅可以适用于个体文本的文学批评，更可以进一步成为一种比较文学的研究范式，成为促进多元文化和谐的重要力量，为全球化时代的人类对话提供更广阔的可能性。

一、跨文化伦理的生成语境

文化现代性催生了新的伦理场域，“跨文化伦理”的诞生源于在其中重建精神共识的努力，通过这种新的认知框架，跨文化伦理在文化分化中彰显独特性，又避免被卷入均质化的历史漩涡，力求更好地理解自我与他者的相遇。在战后文明的断裂带上，埃里希·奥尔巴赫(Erich Auerbach，1892—1957)洞察了全球化时代人类文化的宿命：“世界文学的设想是‘幸福的堕落’(felix culpa)：人类分化成多种文化。然而，到了今天人类生活已经标准化了。”[2]一方面，多元文化的共生本应成就思想的丰饶；另一方面，现代性迅猛的集中化、标准化浪潮正吞噬着文化肌理——当民族意志的亢奋与全球同质化进程形成诡异共谋，文学语言的多样性萎缩为单一文化的苍白倒影。跨文化伦理的生成语境就植根于文化标准化进程与多元文化特殊性之间的矛盾和张力中。

跨文化伦理的生成始于对文化的本质特性之理解。文化既非全然外在于主体的客观实体，亦非个体意志的自由创造，而是在群体实践中通过社会化过程而习得的共同行动产物。文化本身就具有根本的伦理属性，当我们与另一种文化接触时，文化才会得以显现。自然事实基于生物进化与基因传承，为全人类共享；而文化事实则植根于群体互动，在历史积淀中形成独特的符号系统与行为模式。从内部结构进一步审视，文化始终以双重身份存在：作为“高雅文化”(Hochkultur)的单数形态与作为“他者文化”(Kultur bei Anderen)的复数形态[3]。前者通常被赋予积极价值，承载经典艺术与哲学体系的精英化表达，内含规范性价值标准；后者则呈现为多元文化形态，其价值评估受主导文化视角规约，常被贬斥为异质他者，凸显特殊与差异的认知框架。文化既是群体自我确证的规范表达，又是在与他者相遇时被迫显影的反思对象。

文化的两种形态在18世纪下半叶以来便始终在普遍规范与特殊性的交锋中呈现出深刻的张力。启蒙运动时期，文化的价值判断功能首先得到凸显，“能称之为文化的首先指一种卓越而值得追求的生活方式”[4]。启蒙精神试图以普遍理性建构“普世价值”。康德在《永久和平论》(1795)中提出“世界公民权利”(Weltbürgerrecht)[5]，将伦理义务扩展至全球语境，倡导一种普遍适用的道德规范，强调的是理性与人类理想的普遍性。这种倾向本质上构筑了“高雅文化”在启蒙理性加持下的放之四海而皆准的终极形态。而与此不同的是，赫尔德更加强调文化与民族的联系——真正决定人类精神形态的并非抽象理性，而是植根于地理环境与语言实践的具体文化。在《论语言的起源》(1772)中，赫尔德将文化定义为地方性知识共同体，正如在每一种气候条件下都生活着某种特别的动物一样，独特的民族语言、人类种属的各种文化也因受到自然环境的塑造而有所不同[6]。在这样的框架中，文化是具体的、多元的和复数的，更多指向“他者文化”的复数形态，每个民族都在其语言的诗性实践中编织出独特的意义之网，正是文化多样性构成了人性丰饶的根基。

面对“高雅文化”与“他者文化”的双重性，我们急需一套新的认知装置来理解自我与他者的相遇，在文化现代性的标准化浪潮中守护差异的内在价值，这就为跨文化伦理的理论生成提供了可能的空间。启蒙运动中强调普遍规范与文化特殊性的两种倾向，本质上共享同一认知框架：二者皆试图通过规范性标准界定文化优劣，未能摆脱“高雅文化”的规范性幽灵，背后都是西方二元对立的思维方式在发挥作用。而“跨文化伦理”的话语构想之核心在于，通过跨文化的文学研究，将他异性(alterity)转化为自我反思的契机，超越普遍理性和文化特殊性的非此即彼，指向一种动态的、互惠的跨文化互动机制，同时尊重文化差异与地方主体性。

文化参与塑造了人类的伦理判断，伦理判断的合法性必须建立在对文化本质的透彻理解之上。文化的双重性呼应着人类存在的伦理境遇：我们越是深入文化的肌理，就越能发现他者的踪迹。文化始终与普遍性和他异性纠缠，跨文化间伦理关系的构建必然要求超越单一文化内部的价值独白，转向自我与他者相遇时的意义重构。季进教授曾指出，跨文化伦理承教于聂珍钊教授的文学伦理学批评，而又有所不同，后者的目标是明辨是非善恶，而前者则更在意研究是否触发对话，引起进一步的交流[7]。实际上文学伦理学批评为跨文化研究提供了可能的思想方法。跨文化伦理激发了文学伦理学批评的理论潜能，使其在评判文学作品善恶价值判断的基础上进一步扩展，进而关注文学文本跨文化交流中产生的伦理效应。

文化观念在 18 世纪启蒙运动当中呈现出在普遍规范与文化特殊性之间的一种复杂的取向和张力，这属于跨文化观念的思潮演变，而跨文化伦理命题的提出旨在从理论角度进行认知范式的突破，以应对跨文化交流当中出现的问题。聂珍钊教授在针对文学伦理学批评作为一种文学理论的建构的阐述中，曾辨析了“思潮”和“理论”的区别与联系：“思潮是时代的产物，它是一种思想倾向，在一定时期内反映一定群体的共同利益、要求和愿望。”[8]跨文化观念的思潮演变能够提出问题，促成理论的生成，但是思潮本身并不构成一种系统的理论，思潮本身并不能够解决问题。“我们需要在思潮流行中关注新的理论的建构，关注创建新理论并运用它们解释思潮的死亡和新生。”[9]理论需要不断更新，并在更新中得到完善并用于解释历史、现实或未来的问题。一方面文学伦理学批评作为一种科学的系统的理论，具有这种潜能和使命，来解决跨文化思潮当中出现的一些问题；另一方面思潮反过来又能够补充理论的框架，跨文化伦理通过批评对象的扩展实现了文学伦理学批评的范式突破——当批评实践从单一文本的伦理阐释转向跨文化文本关系的伦理分析时，理论架构便自然生发出应对文化差异性的解释力。

二、跨文化伦理的理论建构

创建理论总是需要一个支点，作为文学伦理学批评的核心术语，伦理选择构成了这个支点。通过研究“伦理选择的内涵与外延，伦理选择的主体、客体、过程、价值标准和价值判断等”[10]，文学伦理学批评建构起系统的话语体系。跨文化伦理的话语建构同样围绕伦理选择展开。首先是将伦理选择置于文化间性语境，关注个体在跨文化交往中的主体意志与价值判断，其最核心的指向是指处在跨文化情境中的伦理选择活动。

跨文化伦理对话的根基在于对普遍性与特殊性的辩证整合，需兼顾系统性框架与开放视角，既需科学理性探索文学现象的普遍规律，亦需人文感性容纳多元经验。歌德的“世界文学”话语实践以其包容性与批判性为跨文化伦理提供了实践路径。歌德常用“镜显”(Spiegelung)一词来描述他在阅读自己作品的国际流通版本时体会到自我体验的过程，也包括利用外国文学作为反衬，来反思德意志精神产品价值以凸显共同人性的理想本质的过程：

> 任何文学若始终固守本位而缺乏异域参与，终将在自我重复中陷入枯寂。正如自然科学家总欣喜于镜像实验催生的奇妙现象——当观察者凝视镜面折射的异象时，那些被复现的奇迹何尝不是认知突破的契机？道德层面的镜显亦复如是：每个个体即便无意识也曾亲历此种精神交感，待其觉醒之际，必将顿悟自身文化养成实乃镜显对话之馈赠。[11]

“镜显”通过在他人精神中的映照来促进自我认知，实现了个体在跨文化语境中进行的伦理选择。跨文化伦理在此揭示的洞见在于：一个民族若失去异质文化参与的镜像观照，其文学必将渐失活力。在世界文学的精神空间中，一个人或一个民族能够在世界的“镜显”中看到自己，从而了解其他民族对他们的看法和判断，来自外部、遥远的视角所提供的距离感，使其具备了一种客观性、公正性、全局观和清晰度。

具体而言，跨文化伦理与伦理选择之间的关系呈现为以下四个方面：

第一，在伦理选择的主体维度，主体通过“他者之镜”获得的异质文化视角，既构成伦理选择的认知前提，又作为伦理智慧的生长基质，使主体能够在文化差异的张力场中实现理性认知与感性经验的辩证统一。伦理智慧主要指“在伦理实践中处理各种伦理关系、进行伦理选择时所体现出的认识、辨析和判断能力以及有助于道德价值实现的能力”[12]，“镜显”机制的跨文化主体性的生成过程本质上是个体在跨文化语境中进行伦理定位的能动实践，体现了深刻的伦理智慧。

第二，在伦理选择的客体维度，文化他者被转化为伦理选择的反思性对象，民族文学的国际流通版本不仅是文化传播的物质载体，更是承载价值判断的伦理文本。在歌德的例子中，跨文化伦理通过“镜显”机制建构了一个规范意义上的“世界”本体，一个“关注人类真理和进步的更高层次的智识共同体(intellectual community)”[13]。跨文化文本的互文性关系构成了伦理选择过程的特殊场域，从本体论上提出了一种新的存在方式，即文学作为连接不同文化和民族的精神桥梁和路径，涉及更深层次的存在论意义：文学在世界各地文化之间建立了一种共有的世界，不同的民族能够在其中通过精神上的交流和理解来相互促进和补充。

第三，在伦理选择的过程维度，跨文化伦理通过异域文本反观本民族精神，预设了一个动态的文学交往过程，揭示出伦理选择并非静态的价值决断，而是包含文化认知的自我修正与伦理判断的持续调适，涉及的是一种深层次的相互理解和欣赏的过程。这种过程不是为了消除差异，而是为了通过对差异的认识和尊重，来建立一种基于共同人性和普遍价值的对话和交流。

第四，在伦理选择的价值标准和价值判断维度，跨文化伦理的目的不是统一，而是不同文化之间的相互理解和宽容。差异构成了普遍人性，也指向了宽容伦理，正如歌德所强调的："这并不是说，各个民族应该思想一致；而是说，各个民族应当相互了解，彼此理解，即使不能互相喜爱也至少能彼此容忍。"[14]世界文学最好地体现了跨文化伦理对特殊性的宽容，因为它并没有消除差异，而是试图弥合差异。

在中文语境里，伦理选择的术语表达两个概念：伦理选择阶段(ethical selection)和伦理选择活动(ethical choice)。前者指类人猿在获得人的形式后所经历的获取人的本质的文明阶段；后者指人在获取人的本质的过程中所进行的伦理选择活动[15]。跨文化伦理的话语建构不仅仅局限于跨文化情境中具体的伦理选择活动，同时也参与到作为人类文明进程的伦理选择阶段当中，指向的是通过文化实践互动机制参与到人的本性建构的过程。

在伦理选择阶段，跨文化伦理与普遍人性的观念交织在一起，承担着特殊的作用。它强调的是在不同文化间的多元互动过程中，实现文化个性的保持和对各民族独特历史轨迹的尊重，进而构筑基于不同文化中独特的语言文学发展传统的研究所体现的人类精神的普遍历史。跨文化伦理具有独特的时间维度，与世界历史紧密联系，奥尔巴赫对歌德"世界文学"观念的改造与挪用就体现了跨文化伦理的这一维度：

> 历史是最直接影响到我们的现实科学，它最深刻地刺激我们，最有力地推动我们实现自我意识。它是人类借以完整呈现在我们面前的唯一一门科学。在历史的纵横交错中，人们不但要理解过去，而且要理解事件的普遍进程。因此，历史也包含了现在。过去一千年来的内在历史是人类实现自我表达的历史。[16]

人类精神的普遍历史作为一个镜显结构(specular structure)，促进了人性的形成，跨文化伦理在其中发挥了重要的作用。每个人都可以在其中认识、意识到并思考他或她的人性及其潜力，这正是文学伦理学批评关注的核心，即"人作为一种'道德存在'的历史意义和永恒意义"[17]。跨文化伦理的时间维度及其与世界历史的联系赋予了它一种规范的力量，通过对人性的深入理解和表达，以及通过历史的进程来实现这一理解和表达，人类能够超越自身，实现更高的自我意识和潜能。"伦理选择的目标是解决做人的问题。"[18]在跨文化语境下，"学以成人"的这一过程不仅是个体的历程，也是整个人类共同经历的历史。

对普遍人性和世界历史的叙述共同构建了一个关于人类命运共同体和世界公民身份的理念框架，使得跨文化伦理成为在伦理选择阶段的一种重要实践途径，反映和塑造了人类精神的普遍历史。通过对人性的深入理解和表达，以及通过人之所以为人的历史进程来实现这一理解和表达，跨文化伦理能够帮助我们超越自身，进而实现更高的自我意识和潜能。

三、跨文化伦理的批评范式

跨文化伦理为文学伦理学批评的理论话语和批评实践提供了更多切入点和发展方向，为探索普世人性与文化差异的伦理对话提供了独特的理论和实践场域。在这一场域中，文学不仅仅是审美对象，它背负着更深远的跨文化伦理责任：通过对他者的理解、包容与对话，推动全球范围内的文化共存与社会进步。正如杰弗里·哈芬在《伦理学与文学研究》一文中所指出的："文学本身肩负着处理语言与世界相互遭遇的重任，伦理学将总是处在冲突和斗争的交火点上，因为这样的遭遇永远无法顺利无碍，这正是他者性的真正要义。不管在他者与他者之间取得了什么和解，总是还会有'其他'的他者吁请我们的关注。"[19]伦理学永远在与他者的遭遇中展开，它构成了问题本身。而文学作为批评的载体，恰恰在这种不断的他者性遭遇中展现出其独特的价值和使命。通过整合跨文化伦理有关的批评范式，能够推动世界范围内文化共存与对话的深度实践，使文学伦理学批评成为促进多元文化和谐的重要力量，为全球化时代人类对话的伦理基础提供更为广阔的可能性。跨文化伦理的批评实践可以从四个方面展开思考：

一是跨文化的叙事伦理。本土文化的批判性主体，是跨文化叙事伦理实践的核心维度。在吸收西方文学影响时，弱势文化不应局限于被动模仿，而是要通过选择性批判与本土化重构实现文化复兴。跨文化的叙事伦理不仅要做出消极自由的承诺，从僵化的民族文学传统强加给作家的简化的审美和评价标准中解放出来；而且要追求积极自由，在认识论层面上发挥本土文化的能动性，支持其以批判姿态参与全球对话与普遍人性的塑造当中。达姆罗什(David Damrosch，1953—　)在《如何阅读世界文学》中提出了全球本土化叙事的两种形式："作家可以以全球读者为对象，描写本土的题材，也可以从外而内地强调某个运动或浪潮，把本土表现为全球交流的缩影。"[20]全球本土化叙事为跨文化的叙事伦理提供了一种可行的模式，将全球范围内的文化和社会现象与本土文化联系起来，以反映各种文化和社会背景的声音与经验，同时强调本土知识与智慧的价值。这种叙事模式促进了文化多元性的认可，强调文学作为社会批判工具的潜力，以及对伦理政治关切的表达。跨文化的叙事伦理考虑的是民族主义与世界主义的联系，而不是对抗关系，不是指向普遍进步的总体目的论终点，而是指向来自不同国家和地区的动态争论的领域，以动态互惠为准则：既维护独特性，又通过文学对人类共同关切的揭示，构建超越表层差异的伦理共生基础。

二是跨文化的阅读伦理。基于伦理要求和责任地面对他者的立场，跨文化伦理鼓励一种批判性的阅读方式，文学与文化相遇于他者，形成新的地理、历史、本体论和认识论的重构，而世界中两个或多个实体的接触点将成为文学阅读关注的主题。斯皮瓦克(Gayatri C. Spivak，1942—　)借用德里达《友谊的政治》中的"远距诗学"(teleopoiesis)，指涉经由文本阅读的方式和远方的他者透过想象而结合成的共同体[21]。这种透过阅读行为而完成的共同创作，保留了文本内的众声喧哗，通过创造对话场域表达了对异己他者性的尊重，涵括了一种"负责任"的道德面向，可以说表达了一种跨文化阅读伦理的方法论建构。跨文化的阅读伦理提倡从一个更广阔、更包容的视角审视本地文化，从而揭露和批判本土中心主义和自我中心的文化偏见，为理解和推动更为公正和平等的世界文学对话提供了新的视角。

三是跨文化的翻译伦理。跨文化伦理所倡导的翻译通过促进被排斥民族的兴起来改变由资本主义全球化所构建的现有世界。尽管当共同性和可交流性被语言翻译实现为现存的共同体和交流体时，翻译的结构性污染和暴力也会限制边缘化民族的兴起。但更重要的是，翻译将人类存在的不同模式紧密地结合在一起。霍米·巴巴（Homi K. Bhabha，1949— ）的文化翻译理论为此提供了启示，他将翻译视为文化权力关系、身份认同与抵抗策略的场域：不同文化相遇时会产生一个非二元对立的间隙性场域，即第三空间，这一空间既不属于原文化，也不属于目标文化，而是通过动态协商形成的混杂性场域[22]。文化翻译在此空间中发生，颠覆了殖民话语的单一权威，促使新意义的生成。跨文化翻译伦理的核心在于揭示文化接触中的动态协商过程，强调翻译不仅仅是语言转换，更是文化伦理价值的再诠释过程。

四是跨文化的阐释伦理。跨文化伦理主张突破传统民族文学的静态框架，通过动态过程重新定义跨文化的文学作品之间的互动模式，通过不断提出假设并验证，以新知识的积累修正既有结论，从而容纳文学现象的多元性与矛盾性。西班牙学者克劳迪奥·纪廉（Claudio Guillén，1924—2007）在其著作《一与多之间：比较文学的今昔》中提出的“超国家性”（supranationalité）概念可资参照，他强调比较文学应融合历史批评与读者主观体验，形成一种开放的研究范式，将作品置于更广阔的“超国家”语境中，通过动态关系分析不同文学传统在主题、风格或思想上的相互渗透[23]。跨文化的阐释伦理关注的是文学作为人类共通语言的伦理价值，而并非单一文化价值的话语权威。同文学伦理学批评对具体文本的关注一样，跨文化伦理同样需要回归文本的历史伦理环境，在此基础上，通过将跨文化文本锚定于具体历史语境，既规避了道德相对主义的陷阱，也为跨文化伦理对话提供了历时性参照系。文学现象的多元性与矛盾性并非需要被消解的对立要素，反而成为激发跨文化理解的重要动力。

文学作为人类存在的共通语言，以其包容性与批判性为伦理对话提供实践路径。而比较文学的首要使命，即在于不断追寻人类存在的伦理内核。全球化语境下，单一民族语言文化不再作为比较研究的唯一起点，在这一框架下，跨文化伦理在叙事、阅读、翻译、阐释等方面的批评范式建构有望为比较文学创造新的学科增长点和富有创造力的子领域，同时也构成了对文学伦理学批评理论范式的延展和突破。

跨文化伦理的批评范式提供了一种超越传统全球化框架的思考方式，对伦理价值的重视在跨文化交流与全球意识建构中发挥着核心作用，强调对地球的整体性和多样性的认识，反对全球化中的商业和政治霸权，鼓励从地球整体的视角来考虑文化和社会问题，促进对多元文化价值和差异性的尊重，而非单一化和标准化。在如何正确对待他者的方法论层面，跨文化伦理要求承认他者的不可化约性，在跨文化对话中持守伦理的优先性，“理解他者的重要途径在于坚持自我与他者之间持续互构的共生关系，并在此基础上坚守伦理所依赖的他者性，以确保他者既不被工具化、不被同化吞噬，亦不遭遇主体性剥夺”[24]。他者既非待同化的客体，亦非绝对的异己，而是构成主体完整性的必要镜像，文化差异并不被视为需要抹平或消灭的障碍，而是成为揭示所有可能性极限的思想资源。这种将差异转化为生产性张力的思路，是跨文化伦理的批评实践所确立的核心方法论原则，为理解跨文化相遇提供了切实可行的研究路径。

结语

文化对话的伦理本质在于通过理性与感性、普遍与特殊的动态平衡，实现文化的互鉴共生，跨文化伦理关注跨文化情境中的伦理选择，既捍卫文化主体性，又指向人类价值的共通性，为这一伦理命题提供了实践路径。对跨文化伦理的生成语境、理论建构、批评范式进行梳理和总结，一方面可以规范与跨文化有关的伦理问题研究；另一方面，跨文化伦理的理论范式与批评实践推动了文学伦理学批评与哲学和伦理学的跨学科研究，将伦理选择从单一文本的封闭阐释扩展至文化间性的动态场域，使文学伦理学批评获得应对全球化语境的理论弹性，在一定程度上也完善了文学伦理学批评和跨文化研究各自的理论术语体系。

* 本文系国家社科基金重大项目“文学伦理学批评的理论资源与对外传播研究”(21&ZD264)、教育部人文社会科学研究规划基金项目“奥尔巴赫世界文学批评思想探究”(24YJA752004)的阶段性成果。

注释：

[1] 参见聂珍钊:《文学伦理学批评导论》,北京:北京大学出版社,2014 年,第 13 页。

[2] E. Auerbach, “The Philology of World Literature”, in J. I. Porter ed., *Time, History and Literature: Selected Essays of Erich Auerbach*, Princeton and oxford: Princeton University Press, 2014, p. 253.

[3] H. J. Heringer, *Interkulturelle Kommunikation: Grundlagen und Konzepte*, 4th ed., Francke, 2014, S. 108.

[4] 冯亚琳:《文化学关键词:文化》,《德语人文研究》2015 年第 2 期,第 52 页。

[5] 参见[德]康德:《论永久和平——一项哲学性规划》,《康德历史哲学论文集(增订版)》,李明辉译注,台北:台北联经出版公司,2013 年,第 178 页。

[6] 参见[德] 赫尔德:《论语言的起源》,姚小平译,北京:商务印书馆,2014 年,第 111 页。

[7] 参见季进:《海外中国现当代文学研究的跨文化伦理》,《扬子江文学评论》2023 年第 6 期,第 26～31 页。

[8] 聂珍钊:《文学伦理学批评与文学理论创新的跨学科思考》,聂珍钊、傅修延、刘建军,等:《文学伦理学批评与文学跨学科前沿(笔谈)》,《华中师范大学学报(人文社会科学版)》2022 年第 2 期,第 79～84 页。

[9] 聂珍钊:《文学伦理学批评与文学理论创新的跨学科思考》,聂珍钊、傅修延、刘建军,等:《文学伦理学批评与文学跨学科前沿(笔谈)》,《华中师范大学学报(人文社会科学版)》2022 年第 2 期,第 79～84 页。

[10] 苏晖:《文学伦理学批评理论资源研究的问题域》,《华中学术》2022 年第 4 期,第 1～12 页。

[11] F. Strich, *Goethe und die Weltliteratur*, Bern: Francke, 1946, S. 34.

[12] 苏晖:《伦理智慧与伦理选择——关于文学伦理学批评核心范畴的思考》,聂珍钊、傅修延、

刘建军，等：《文学伦理学批评与文学跨学科前沿（笔谈）》，《华中师范大学学报（人文社会科学版）》2022年第2期，第102～105页。

[13]J. W. von Goethe, "Some Passages Pertaining to the Concept of World Literature", in H. J. Schulz, P. H. Rhein, eds., *Comparative Literature: The Early Years, An Anthology of Essays*, Chapel Hill: University of North Carolina Press, 1973, p. 10.

[14] [德]歌德：《歌德论世界文学》，达姆罗什、刘洪涛主编：《世界文学理论读本》，北京：北京大学出版社，2013年，第4页。

[15] 参见聂珍钊：《伦理选择概念的两种涵义辨析》，《外国文学研究》2022年第6期，第15～25页。

[16] E. Auerbach, "The Philology of World Literature", in J. I. Porter ed., *Time, History and Literature: Selected Essays of Erich Auerbach*, Princeton and oxford: Princeton University Press, 2014, p. 255.

[17] 聂珍钊、王松林主编：《文学伦理学批评理论研究·总序》，北京：北京大学出版社，2020年，第6页。

[18] 聂珍钊、王松林主编：《文学伦理学批评理论研究》，北京：北京大学出版社，2020年，第14页。

[19] [美]杰弗里·哈芬：《伦理学与文学研究》，陈通造译，《文学理论前言》第14辑，第1～21页。

[20] [美]大卫·达姆罗什：《如何阅读世界文学》，陈广琛、秦烨译，北京：北京大学出版社，2022年，第2版，第230～231页。

[21] 参见[英]加亚特里·查克拉沃蒂·斯皮瓦克：《一门学科之死》，张旭译，北京：北京大学出版社，2014年，第38～39页。

[22] H. K. Bhabha, *The Location of Culture*, London: Routledge, 1994, pp.223-229.

[23] L. Franek, "L'essence éthique du dialogue culturel", *Interlitteraria*, vol. 25, no. 2, 2020, pp. 298-309.

[24] T. Sundermeier, *Den Fremden verstehen: Eine praktische Hermeneutik*. Göttingen, Vandenhoeck & Ruprecht, 1996, SS. 75-76.

医学伦理批评的范式探索

何君霖

（华中师范大学文学院，湖北武汉，430079）

内容摘要： 作为中国学者在医学人文领域的方法论新探，文学伦理学批评提出的医学伦理批评是从医学伦理的视角对医学叙事案例、涉医文学作品等文本进行解读的批评方法，注重分析的文学方法和关怀的文学视角，具有情境化、社会化和历史化的显著特点。考察文学批评作为医学与伦理中介的历史，可以发现利用文学批评阐发和形塑医学伦理的实践由来已久，且其作为革新方法在当代医学伦理学转型中具有必要性和不可替代性。医学伦理批评结合伦理两难和伦理选择的术语体系，形成了医学伦理案例批评范式和医学伦理文学研究范式，强调回到案件和历史的伦理现场，发掘文学叙述背后蕴藏的伦理教诲，获悉不同时期医学伦理状况的变化，探讨对于今天医学伦理实践的意义。

关键词： 医学伦理批评；文学伦理学批评；伦理选择；伦理两难

引言

医学伦理批评（Medical Ethical Criticism）是一种从医学伦理的视角对医学叙事案例和涉医文学作品等文本进行解读的批评方法。具体来说，它是在文学伦理学批评的理论视域中，运用其伦理批评方法阅读、分析、阐释和评价医学伦理相关文本，检视其伦理原则、质询其伦理论证、阐发其伦理内涵的跨学科研究范式。医学伦理批评认为，文学是医学伦理的基本表达形式，对医学伦理的研究离不开文学的视野和批评工具，通过对各类叙述性内容进行批评剖析，能够更充分地理解医学伦理案例编写者、医务人员和作家分享的伦理经验，洞悉医学伦理状况的历史演变过程，从中发掘对医学事业和人类社会发展有益的道德教诲。

作为医学人文领域的方法论新探，医学伦理批评有以下显著特点：一方面，同原则主义医学伦理学方法相比，医学伦理批评强调分析的文学方法和关怀的文学视角，主张在叙述的细节中检验伦理原则，反对从真实医学伦理环境中高度抽象出来的伦理研究；另一方面，同叙事医学、文学与医学等其他医学人文研究方法相比，医学伦理批评立足伦理视角和文学本位，将着眼点放在如何利用文学伦理批评的路径和成果对医学伦理实践有所裨益，而非仅仅将文学作为提高医生共情能力、沟通技巧的工具，因此作为一种探究医学叙述文本深层伦理教诲的研究范式，医学伦理批评对医学与文学双方具有同等的价值。

医学理论批评不仅能够厘清医学伦理学原则与理论错综复杂的关系，更能促进医学伦理从一种自成畛域的职业伦理向胸怀广阔的公共伦理转变，其研究方向主要包括：第一，运用叙事学工具分析伦理案例的体裁和手法，探讨叙事惯例如何影响读者对其伦理特征的知觉，同时探索美德和关怀伦理学同原则主义伦理学结合的契机；第二，在文学伦理学批评的理论视域中，解读和评价文学作品中呈现的人物的医学伦理选择及其蕴含的对医学伦理问题的道德教诲；第三，广泛借助其他医学人文理论资源，从文本内部探究特定历史时期医学认识对社会占主导地位的伦理观念和道德偏见的形塑。以上方向表明，医学伦理批评是一种以革新方法回归医学伦理文本现场、伦理现场和历史现场等失落现场的范式新变。

一、作为医学和伦理中介的文学批评

医学伦理批评的提出建立在文学伦理学批评理论体系对医学、伦理和文学批评三者功能张力的考察上。一方面，虽然医学群体更了解如何科学地诊断和治疗疾病，但其专业能力并未有助于辨别何种行为在道德上是适当的；另一方面，医学活动具有历史、文化差异性、个体特殊性和实践过程的情感性，抽象的伦理学说之于具体医学伦理选择形同空中楼阁。换言之，医学作为科学中的“人学”，纯粹的专业医学知识和笼统的伦理学说无法提供充分的伦理指导。因此，不同历史时期存在不同形态的医学与伦理之争，而文学的有意识介入总是起到至关重要的反思和评判作用。当这种介入陷入盲目、笼统的境地，又会形成抽象、虚浮的医学伦理，需要新的文学批评活动与医学伦理实践经验相结合加以反驳。

以文学仲裁医学与伦理之争，最早见于古希腊柏拉图对话录。在《会饮》中，医生厄里克希马库斯认为万物中都存在高贵和低贱的爱欲，需要医学的技艺来分辨和调配，主张医学对于人的伦理喜恶等所有事务的最高治权。诗人阿里斯托芬用打嗝和喷嚏予以嘲弄，而苏格拉底则先是指出动物皆能为后代牺牲，说明建立在自保之上的医学伦理不能成为最高准则，继而讲述第俄提玛向他编造的神话，描绘了身体美之爱、美德之爱和美的理念之爱这一通往超越性价值的“爱的阶梯”。最后，醉酒的青年政治家阿尔喀比亚德代表酒和戏剧之神狄俄尼索斯出场，宣告苏格拉底获胜，点破了这一文本既是戏剧化的文学呈现，又是对前述讨论的一种自反性的文学批评，柏拉图企图说明医学技艺的伦理选择取决于理性的先验价值判断，后者又借助文学的伦理教诲进行反思。

文学批评作为医学与伦理的中介，还体现在医治行为的伦理意义本身需要叙事活动来决定。在《理想国》中，柏拉图也以机敏的文学修辞探讨了这一问题。在回答“理想国需要怎样的医生”时，苏格拉底先描述了一个治病就是生活全部的永生人、尊重自己的工作而拒绝过度治疗的木匠，以及生计无忧活着就是全部价值的富人，引导我们赞同只有木匠的选择符合美德。然后再讲述医学之神阿斯科勒庇俄斯的传说，称他不会医治那些懒惰、纵欲，因而总是生病，不能过正常城邦生活的人，还指出尽管他因受贿医治一个必死的富人而遭受雷殛的传言是假，但其道理不差。苏格拉底以此刻画的伦理图景是：为避免不人道、不现实的过度医疗，并分配总是短缺的医疗保障资源，需要对病人的生命质量和社会对其负责的程度作出评估，这些都取决于病人个体和公共道德关于人生意义和理智行为的价值判断，建立在一个如理想国般拥有共享叙事的共同体之上，并最终通过病人的个体讲述来实现。

以文学批评形塑医学伦理的做法绝非西方传统所独有，在我国历史上也由来已久。在《史记·扁鹊仓公列传》中，司马迁讲述了扁鹊两段医学传奇后，集中评述了齐桓侯不信扁鹊而亡这一医患纠纷。齐桓侯无视扁鹊多次诊断，将之蔑为“医之好利也，欲以不疾者为功”。最后猝然发病，扁鹊已无力回天，又畏惧毫无理性的齐桓侯，只得连忙逃离了齐国。司马迁在此后插入的关于“六不治”的评价被公认为我国最早的医学伦理准则：

> 使圣人预知微，能使良医得蚤从事，则疾可已，身可活也。人之所病，病疾多；而医之所病，病道少。故病有六不治：骄恣不论于理，一不治也；轻身重财，二不治也；衣食不能适，三不治也；阴阳并，藏气不定，四不治也；形羸不能服药，五不治也；信巫不信医，六不治也。有此一者，则重难治也。[1]

司马迁将扁鹊的两段传奇、一桩公案放到一起，构成了一则伦理寓言，目的是提出“预知微”“谦虚论于理”“重身轻财”“信医勿信巫”的伦理教诲，也是对“圣人”即受谏者的劝谏譬喻，后世将良医和良相身份并举的源头亦在于此。

“良医良相”说是中国古代经典医学伦理箴言，其诞生脱离医学伦理实践，纯粹是儒家文学批评的产物，目的是强化士大夫群体自身的身份认同。早在先秦《国语》里就有“上医医国，其次疾人”[2]的说法，东汉《黄帝内经》也提出了“上以治民，下以治身，使百姓无病，上下和亲，德泽下流”[3]这样极类治国的医学理想。这些说法面向的是家境殷实的士大夫群体而非江湖郎中。正式提出“良医良相”这一说法的是南宋吴曾，他假托范仲淹之口说出一段话：“大丈夫之于学也……固惟相为然。既不可得矣，夫能行救人利物之心者，莫如良医。果能为良医也，上以疗君亲之疾，下以救贫民之厄，中以保身长全。在下能及大小生民者，舍夫良医，则未有之也。”[4]这段话借助《岳阳楼记》中范仲淹“忧君忧民”的文学形象得以广泛传播，宋元文人对其不断改编，衍生出“不为良相，则为良医”[5]，“医之为业，有相道焉”[6]等众多说法。

这些说法虽然对行医提出了崇高的仁爱要求，但认为医乃小技，儒可从之，助长了儒者涉医的风气：“盖以仁心行仁术，活人之功亚于治国相天下，惟儒者深知之，族庖未必知也。”[7]全然无视其社会危害的前车之鉴：“士大夫于天下事……无不可为。惟医不可强……太学诸生信之(苏轼所传药方)尤笃，杀人无数。”[8]到了明清，“良医良相”说流入《本草纲目》等医书[9]，成为医家之言，同时也出现了对这种说法的直截反驳：“相之良者，能造一世之命，医之良者，能造万世人之命……此其功不小于相，而且永于相。”[10]“良医良相”说的发源、提炼和进入医学的过程，说明了单一文学批评对特定时期医学伦理强大的塑造能力，若排除与医学实践经验相结合的持久的文学批评，只能获得一种笼统的伦理，不会找到单义的技术。

当代医学伦理学中也存在被一种笼统、过时的伦理见解支配的情况。被誉为医学伦理准则鼻祖的希波克拉底誓言，其经典化过程是“文艺复兴式的”，源于19世纪中叶北美医生团体对其象征意义和权威形象的利用。医生团体既借此寄托了其职业认同，又对目标群体进行了有效的宣传，并事实上回避了医学伦理的社会论争。其实在该时期前，希波克拉底学派鲜为世人提及，在古希腊也并非主流的医学派别[11]。其誓言不仅以“阿波罗、阿斯克勒庇俄斯、希吉亚、帕那刻亚以及所有的神和女神”名义起誓，还约定“养育教友子女、技艺决不外传”[12]，暴露出其与现代世俗理念存在严重冲突，带有一定类似邪教性质的倾向。更重要的是，它止于促进病人个体利益和不伤害两项原则，主张医生家长主义的判断至上，无视患者自主和社会利益，与当代主要医学伦理学立场截然相反，在今日医学界中已然是一种需要革除的积弊，证明了细致的文献考据和批评对医学伦理研究的重要性。

随着当代医学伦理学的两次大转型，医学伦理批评作为一种革新方法的必要性和不可替代性也日渐凸显，“职业不是为自己而存在，而是为一个目的而存在，而这个目的将越来越多地由社会来定义”[13]。1981年，《美国医学会伦理准则》以此为原则作出了重大修订，第一次在官方医学伦理文件中否定了医学专业人群在制定从业者和患者道德规范方面的绝对权威，并且从患者利益至上，转向更注重社会利益的理念。这种转变对医学伦理研究提出了更高的要求，比如关注伦理理论的社会可及性，以公众为主体、公共道德为基础，为医学伦理的文学性论证、传达和检验创造了学科土壤。20世纪90年代，由于意识到忽略伦理案例的叙事特征造成的理论误区，医学伦理学研究领域也开始了迟来的叙事转向。研究者们意识到，医学伦理案例本质上是一种叙事体裁，叙事学工具能够提供关于案例文本虚构属性的重要知识。相比从前只关注医学伦理困境的解决方式，研究者转向更关注一个人如何看待和表述医学伦理困境，由此分析案例的写作背后深层次的伦理经验和伦理教诲。在文学伦理学批评的理论视域中，这种路径转向意味着结合叙事伦理批评和伦理两难等术语体系，对医学叙事案例进行细读和阐释的新型实践。

二、伦理两难与医学伦理案例批评范式

医学伦理案例具有叙事体裁的本质，并为当代医学伦理学理论著作广泛引用，因此对其批评具有突出的学科价值，形成了医学伦理批评的第一个核心范式——医学伦理案例批评范式。由于必须包含一个或以上的医学伦理两难（Medical Ethical Dilemma），医学伦理案例不可能只记录时序和指征客观固定的病情事实，而不对视点选择、情节排列、场景设置和人物刻画等叙事惯例和伦理要素作出决定。换言之，编写者筛选了赖以作出伦理判断的详情细节，将这种结果伪装成一个世界本来的样子强加于读者。医学叙事伦理学家钱伯斯（T. Chambers）指出：“如果对案例的虚构品质即其建构性加以注意，就能反之揭示出，伦理两难如何被那些显现或隐瞒某观察角度的叙事行为所框定。”[14]医学伦理案例的虚构性得到承认后，我们就能借助文学中的叙事伦理批评工具，分析其展现医学伦理两难时的取舍和得失，阐释和评判作者和

人物的伦理立场和伦理选择。

在这个过程中，文学伦理学批评提供了特色的理论和方法论。文学伦理学批评指出："伦理两难由两个道德命题构成，如果选择者对它们各自单独做出道德判断，每一个选择都是正确的，并且每一种选择都符合普遍道德选择。但是，一旦选择者在二者之间做出一项选择，就会导致另一项违背伦理，即违背普遍道德原则。"[15]有时即使经过原则的细化和权衡，伦理两难依然悬而未决，此时，履行一项义务的唯一出路就是违背另一项义务，认为在这种情况下必须两全都是自欺欺人。因此，极端的伦理两难画出了伦理选择在特定观察状况中的最理想边界。在这种情境中，人物融合自身价值判断，进行考虑公共道德的反思后，作出审慎选择并自觉承担其后果(悔恨或补偿)的行为，已然蕴含了宝贵的美德和伦理价值，值得通过文学的讲述和解读进行发掘和传达。

从文学伦理学批评关于伦理两难的理论出发，医学伦理批评认为，医学伦理案例应尽可能还原案件中的伦理细节和情感维度，方能对具体医学伦理两难进行反思。这意味着发掘更多的角度和更充分的细节，追溯人物作出伦理选择时的心路历程，从而正视伦理两难，检验其是否具有伦理选择边界的性质，而非将活生生的医学伦理案件抽象概括为服务于原则体系的"客观真相"。

这种批评的合理性可以通过比较塔拉索夫案的两种叙述得到例证。比彻姆(T. Beauchamp)的版本采用第三人称全知视角："1969年10月27日，普罗森吉特·波达尔杀害了塔蒂阿娜·塔拉索夫……"[16]而布罗迪(H. Brody)的版本则采用第二人称叙述手法："你的一位病人是一名外籍研究生，他的前女友此前向他提出分手……他向你宣称等她出国旅行回来就杀死她。你知道预测暴力行为并非如一些人所想般简单；但你也认为病人精神非常紊乱，确有可能付诸实施。你该如何运用你的知识做出决定?"[17]在后者的第二人称叙述中，被叙述者置身心理医生的伦理环境，必须做出自己的两难选择并认识其后果；而在前者的叙述中，最合理的期望必然是尽一切办法阻止残忍的谋杀。然而，在不具备预测暴力行为的可靠性时，该案医生的伦理选择(向警方提示但不向社会包括其前女友透露)背后的思考方式——对社会义务及保密义务的细化和权衡；以及其中蕴含的美德和价值判断——审慎、正直和忠诚、相信警察代表的程序正义和精神科医患信任促进社会安全的良性效应等，不应被原则先行的叙述所遮蔽。

医学伦理两难越是极端而难以权衡，原则先行的叙述造成的理论谬误就越大，错失的伦理智慧也就越多。在医学伦理学中，矛盾最为复杂、激烈的伦理两难是"有利"和"尊重自主"之间的冲突，著名医学伦理学家恩格尔哈特(T. Engelhardt Jr.)称为"医学伦理学根源上的冲突"[18]。作为该两难的一个著名案例，达克斯案曾经过截然不同的重述，编写者为了各自原则论证的需要，对最早的采访材料大幅删改，将极端、复杂的伦理两难歪曲成可以轻易裁定的情形。在卡尔弗(C. Culver)的版本里，这位全身烧伤、一直要求撤除治疗但未得医生同意的年轻退伍飞行员达克斯，从采访中性格复杂、情绪反复的"圆形人物"被简化为理智、冷静的"扁平人物"形象，其死亡请求的理性就被虚假地夸大[19]。比彻姆的版本则出于强化该案医生家长主义和患者自主二元对立的目的，删去了达克斯和深思熟虑、勇敢坚定的母亲之间的斗争[20]。这两个版本都对伦理细节和情感维度进行了“净化”，既不公正地贬低了医生伦理选择的价值，也忽略了患者自主从来都不是铁板一块的自足理性，而是受到母子亲密关系等伦理因素的影响。

为了还原当事人作出伦理选择时的伦理环境，有必要对案例的医疗环境和社会环境加以描写。医学人类学家古德(B. Good)指出：“医院不仅是建构和治疗医学化的身体的场所，也是道德戏剧的场所。”[21]作为医学道德戏剧的舞台和背景，医疗环境和社会环境能够反映医学伦理选择的历史性、社会性和情感性。希波克拉底誓言强调医生要进入患者的家中为其服务，现代的医疗环境则发生了明显的转变，从病人温暖、熟悉、杂多的家庭空间进入了医院冷漠、陌生、划一的制度化空间。社会环境也转变为以城市景观为主，激烈的伦理冲突背后，庞大的社会机器兀自运转。这些“正常”的景观与患者出问题的身体、伦理两难暗示的法律和道德原则缺陷并置，形成了强烈的反差。在维奇的一个案例中，一位不久人世的母亲请求医生给予严重畸形、无人收养的婴儿安乐死，通过对“医生诊室的安全空间”“无亲无朋的巨大城市”“收养孤儿的机构”“国家”[22]等环境的描述，暗示母亲和她的婴儿不仅正在遭受疾病和畸形的伤害，还需要面对一个无情的都市世界带来的种种危险，除了将自己托付于一个意志坚定、道德高尚的英雄来主持命运以外别无出路。这种伦理两难的环境描写帮助我们回到历史、社会和事件的伦理现场，设身处地体会该案医生经历的情感冲突，认识其两难选择的社会伦理价值。

医学伦理案例能够激发读者对特定伦理两难问题的思考，并展示不同伦理选择的后果，因此具有文学思想实验的本质。通过将同情的文学视角和细致的文本分析引入案例研究，伦理案例批评能够创造美德和关怀伦理学与原则主义伦理学相结合的契机，发现人物伦理选择背后的美好品质和道德卓越，并以关怀和宽恕促进医患之间的互爱互信，推动更广泛的社会讨论，找到当下医学伦理两难的答案。我们不应幻想有一个理想的、超越的“完美观察者”和毫无冲突的原则体系，“唯一标准的观察者是全体观察者：他们从各自角度观察所产生的错误被分散在一个拥有指正力量的整体中”[23]。如果将伦理案例比作法庭的目击证人，那么当数量足够、不依附于原则体系因而相互独立的伦理案例给出的证言趋于一致，那么这些证言指向的内容(伦理两难中的正面伦理选择)就获得较高的可信度。如此，伦理两难画出的边界消失在更远的视界之外，新的伦理智慧被纳入人类理性的版图。

三、伦理选择与医学伦理文学研究范式

医学伦理批评将文学伦理学批评方法运用于解读和阐释医学伦理相关文学作品中，形成了医学伦理批评的第二个核心范式——医学伦理文学研究范式。文学伦理学批评强调以伦理选择为核心构建理论体系，研究“伦理选择的内涵与外延，伦理选择的主体、客体、过程、价值标准和价值判断等”[24]。其中，伦理选择不仅指“正面的道德选择，即符合伦理环境或语境的道德要求的选择”[25]，也指“人类文明三阶段论”中的伦理选择(ethical selection)，即由一个个人类个体伦理选择(ethical choice)组成

的特定历史时期的总体伦理选择状况，并进一步构成了介于自然选择和科学选择之间的整个伦理选择阶段(ethical selection era)。医学伦理文学研究既从复数的伦理选择出发，探究某个时代的医学伦理状况，简言之即当时医学的伦理地位，也从个体的伦理选择出发，阐释人物作出的医学伦理选择及其伦理教诲。

因此，医学伦理文学研究具有独特的范式关注点。不同于医学伦理案例批评聚焦于具体的医学伦理两难，文学研究范式更关注医学伦理的元问题，那就是医治行为本身的伦理地位。许多经典文学作品虽不直接涉及医学伦理问题，但都或隐或显地探讨了医治行为在促进社会和个体完善方面的价值或缺陷。比如《伊利亚特》中，阿斯科勒庇俄斯之子马卡昂被帕里斯射伤时，诗人评价道"一个高明的医生能抵许多人"[26]，包括此时未战的阿基琉斯。医生因为能救治许多人包括英雄，在把战争视为最重要事务的社会中具有崇高的伦理地位。而《麦克白》中，医生揣测出麦克白夫人真正的病因后说："她需要教士的训诲甚于医生的诊视。"[27]尽管如此，医生仍然心系麦克白夫人的肉体康全，叮嘱侍女留心照料，防止她伤害自己，体现出当时的医生作为"肉体的教士"，负有照顾好人的身体以服务于神圣治疗手段的伦理责任。

医学的伦理地位不仅通过叙述和暗示进行反映，还在文学作品的语言现象中得到体现。如"精""气""阴阳""息""损""虚"等道教内涵字眼高频共用于中国古代生活、医学典籍和文学隐喻，以至于区分真正的症状描述和带有伦理隐喻的医学说法异常困难。医学人文学者施恩鲍姆(A. Schonebaum)指出："像《金瓶梅》和《红楼梦》这样的作品抗拒这种研究……尽管书中某个角色甚至叙述者可能会向读者明确表示某种诊断的真实性，但从整体看，小说倾向于使用该用语的全部含义。"[28]可见在写作《红楼梦》的过程中，无时不伴随曹雪芹的是中医术语的话语机器及环绕其展开的社会观念。由于医学的调养和诊疗承载了操纵欲望、审查德行和提供救赎的伦理价值，它便维系了人物在俗世的立身之本，即身体、德行与地位的三位一体，于是人物的医治行为必须想方设法密集进行。然而，《红楼梦》的核心伦理教诲体现在两例无药可医的设定中：一则林黛玉自述生来便得病，三岁时和尚预言不出家"病一生也不能好"；二则贾瑞经道士诊断"这病非药可医"，只能仰仗风月宝鉴。小说通过两人的伦理选择提出了警醒凡俗执念的伦理教诲，修正了医学评判德行的伦理地位。

随着现代医疗场景大量进入文学，作品的医学伦理教诲也更多地通过医生和病人面临的具体困境来表达。医学伦理批评的文学研究范式既关注人物具体的医学伦理选择，也试图从中透视整体的医学伦理状况。比如《伊凡·伊里奇之死》中，托尔斯泰将绝症和濒死的体验既勇敢、准确又有说服力地传达给读者，展现了欺瞒、回避绝症患者病情带给他的痛苦，暗示了尊重患者知情权胜于不伤害的医学伦理教诲。《第六病室》中，契诃夫强调了医生群体应对职业理想泯灭后的厌烦，面对特定时期医学体制广泛的不公，或目睹精神病人遭受非人的虐待时，应作出的正确伦理选择。《第二十二条军规》中，海勒将主要场景设置在医院的同时，还加入了大量医疗活动和用品的细节，通过调侃医学这一严肃之事维持了黑色幽默的美学进行，更为小说最后唯一严肃的"解剖"做足"术前准备"："(他)沮丧地盯着斯诺登乱七八糟流了一地的可怕秘密……从他的内脏里很容易读出这点信息：人是物质。"[29]正如解剖学的诞生揭示的：

“死亡是获得关于生命的实证真理的唯一可能途径。”[30]在平均化了所有生命的死亡和医术的帮助下，去尊重、照顾拥有灵魂的每个个体，呼唤着既严肃理性又幽默超然的荒诞英雄式伦理。

医学伦理文学研究范式注重在作品展示的医学伦理环境中，考察医生主角由一连串伦理选择组成的正面或反面典型。以《麦克提格》(*McTeague*)、《夜色温柔》和《白雪乌鸦》为例，三部小说的医生主角分别能被视为人性中“自然意志”“自由意志”和“理性意志”的代表。诺里斯的书名谐音“牙”(teeth)，讲述粗暴野蛮、兽欲缠身的无证牙医麦克提格强吻了麻醉中的女病人，与其结下孽缘，最终两夫妇因嗜财成性而众叛亲离，诊所被取缔，为了争夺金币，他在旧金山的沙漠中咬死了妻子和挚友后葬身沙海。“牙”这一器官因而指代了人的兽性即自然意志，将“美国梦”丑陋的一面与当时恶劣的医学伦理环境相互映衬。而在《夜色温柔》中菲茨杰拉德通过描写医生迪克沉溺于一时的浮华生活，放纵不受理性约束的自由意志，不仅无力追求医学理想，还彻底堕入平庸与酗酒的深渊，谱写了一首“美国梦”的安魂曲。而在迟子建还原东北鼠疫的《白雪乌鸦》中，不管是力争大任的侨医伍连德，还是鞠躬尽瘁的村医周耀祖，他们经日常化描写的艰难伦理选择无不闪耀着理性意志的光辉。

同时，医学伦理文学研究范式还广泛借助医学文化史、医学社会学、医学人类学等医学人文资源，探究文学作品内部反映出的医学和伦理的动态关系及其社会现实意义。主要的关注点可以概括为医学的伦理化和伦理的医学化。医学的伦理化意即特定历史时期社会伦理观念对医学知识的影响，使后者偏离了科学性、客观性和中立性，向歧视性见解转变。希波克拉底文集中就曾出现亚洲无法产生男子气概、忍受痛苦、勤奋进取的精神等源自当时哲学而被其冠以医学论证的观点。现代以后，桑塔格则集中揭露了不同疾病的伦理化隐喻，比如结核病代表激情、癌症代表懒散，给患者造成了积极或消极的巨大心理影响，并在文学作品中得到反映。同在托马斯·曼的笔下，《死于威尼斯》中染上霍乱意味着人的高尚品格被过度的情欲和污浊的环境所化约，而《魔山》中的结核病却使主角认识到人性的尊严和高贵以及精神的丰富性寓于疾病当中。

相反地，伦理的医学化则意即医学观念对伦理知识的影响，使得特定社会的主导伦理观念被某种医学认识或医学知识型所塑造，从而明显地改变了其演化进程。伦理医学化的根源是人类对罪恶的外部来源的探究冲动，企图在医学中找到道德缺陷的观测和控制方法。正如诗人多恩在《紧急时刻的祈祷》中希冀的：“为何我的灵魂对于罪恶不能像身体对于疾病一样敏感，具有担忧、预感、变化、征兆、警惕以及怀疑？”[31]以古代中国和古希腊为例，中医建立于保存自然之气的道家学说，《庄子》有云：“人之生，气之聚也。聚则为生，散则为死。”[32]“生气”不仅指需要固、培、补、养的血气和性精华，还包括人的普遍欲望，如《韩非子》：“神不淫于外，则身全。身全之谓德。德者，得身也。”[33]而古希腊医学则认为生命力无须囤积，而应以意志运用和调节，强调性爱、流(放)血、粗重活等具有的纾解过剩的益处。两个文明“耗竭”和“囤积”的病理学催生出“禁欲”和“纵欲”的伦理生活倾向。

现代以降，临床医学从关注体感不适的“症状”转向监测客观异常的“指征”，作为一种技术性的“人学”，它向外输出了正常与病态伦理生活的划分。克西的《飞越疯人院》就隐喻了一个医学认识论和治疗理念遭到歪曲利用的社会空间，其中充斥着对人的伦理主体性进行压制和操纵的制度和技术性暴力。当病人被迫接受施药、电击、水疗、切除等“治疗”时，物理虐待与精神羞辱形成了双重压迫，通过尊严的摧毁完成了对异质伦理的清除，而麦克墨菲的正面伦理选择对抗着这个空间中演进着的畸形的医学选择/伦理选择状况，最终化为个体与社会自由的火星得到延续。在积极的疗愈维度，现代医学也将工具理性结合进了道德领域的核心即赎罪和得救的想象中，成为一种官僚化、专家化的现代“救世神学”，屡屡发生的医患冲突中患者对医生的极端要求正是其迹象之一，并且不会为案例与教材所涉及。因此，医学伦理批评亟须对当代医学伦理文学作品的相关书写加以关注，推动医学伦理学对此种伦理医学化的重视，从而更妥善地应对围绕疾病与死亡可能产生的现代伦理危机。

结语

医学伦理批评将医学伦理与文学的关系作为重要议题加以探讨，是文学伦理学批评跨学科理论拓展和批评实践的最新成果，也是中国学者在医学人文领域的又一方法论新探。作为其两种核心批评范式，医学伦理案例批评范式分析案例在还原医学伦理两难上的优缺点和视盲点，强调回到案件的伦理现场，评判编写者和当事人的伦理立场和伦理选择；医学伦理文学研究范式阐释文学文本中人物的医学伦理选择和背后的伦理因素，探究作者传达的伦理教诲和特定历史时期的医学伦理状况。医学伦理批评强调医学与人文融合的当代问题意识，既有利于医学伦理学缓和传统研究方法中原则和理论至上带来的负面影响，避免催生医生保守性决策而不利于医学事业和公共健康的良性发展，也有助于文学摆脱技术时代被边缘化的困局。医学伦理批评未来将探索同医学法学、医学心理学和人工智能医学等结合的研究方向，拓宽文学伦理学批评在医学人文领域的研究前景。

*本文系国家社科基金重大项目“文学伦理学批评的理论资源与对外传播研究”(21&ZD264)的阶段性成果。

注释：

[1] (汉)司马迁:《史记(点校本二十四史修订本)》,北京:中华书局,2014年,第3378～3379页。

[2]《国语》,北京:中华书局,2013年,第528页。

[3]《黄帝内经》,北京:中华书局,2018年,第1104页。

[4] (宋)吴曾:《能改斋漫录》,北京:中华书局,1985年,第332页。

[5] (元)王旭:《送韩子新序》,《全元文》第19册,李修生主编,南京:江苏古籍出版社,2000年,第496页。

[6] (元)姚燧:《易安斋记》,《全元文》第9册,李修生主编,南京:江苏古籍出版社,2000年,第461页。

[7] (元)陈栎:《送汪存耕之建宁医教序》,《全元文》第18册,李修生主编,南京:江苏古籍出版社,2000年,第89页。

[8]（宋）叶梦得:《避暑录话》,北京:中华书局,1985年,第12页。

[9]“（金石）亦良相、良医之所当注意者也。乃集其可以济国却病。”参见（明）李时珍:《本草纲目》,北京:人民卫生出版社,2004年,第455页。

[10]（清）丁希文:《罗遗编序》,（清）陈廷铨著:《罗遗编》,北京:中医古籍出版社,1984年,第17～18页。

[11] R. Veatch, *Hippocratic, Religious, and Secular Medical Ethics: The Points of Conflict*, Washington, DC: Georgetown University Press, 2012, p. 30.

[12] Hippocrates, *The Genuine Works of Hippocrates*, F. Adams, trans., New York: William Wood and Company, 1886, p. 779.

[13] J. Todd: "Report of the Ad Hoc Committee on the Principles of Medical Ethics", Unpublished Report, 1979. 转引自 R. Veatch, *Hippocratic, Religious, and Secular Medical Ethics: The Points of Conflict*, Washington, DC: Georgetown University Press, 2012, p. 61.

[14] T. Chambers: *The Fiction of Bioethics*, New York: Routledge, 2015, p. 178.

[15] 聂珍钊:《文学伦理学批评导论》,北京:北京大学出版社,2014年,第262页。

[16]［美］汤姆·比彻姆,詹姆·邱卓思:《生命医学伦理原则》,李伦译,北京:北京大学出版社,2014年,第402页。

[17] H. Brody: *Ethical Decisions in Medicine*, Boston: Little, Brown and Company, 1981, p. 54.

[18]［美］H. T. 恩格尔哈特,《生命伦理学基础》,范瑞平译,北京:北京大学出版社,2006年,第104页。

[19] B. Gert, C. Culver: *Philosophy in Medicine: Conceptual and Ethical Issues in Medicine and Psychiatry*, New York: Oxford University Press, 1982, pp. 152-154.

[20] T. Beauchamp, L. McCullough: *Medical Ethics: he Moral Responsibilities of Physicians*, Englewood Cliffs: Prentice-Hall, 1984, pp. 79-82.

[21]［美］拜伦·古德:《医学、理性与经验:一个人类学的视角》,吕文江,等译,北京:北京大学出版社,2010年,第127页。

[22] R. Veatch: A Theory of Medical Ethics, New York: Basic Books, 1981, pp. 15-16.

[23]［法］米歇尔·福柯:《临床医学的诞生》,刘北成译,南京:译林出版社,2022年,第113页。

[24] 苏晖:《文学伦理学批评理论资源研究的问题域》,《华中学术》2022年第4期,第8页。

[25] 聂珍钊:《伦理选择概念的两种涵义辨析》,《外国文学研究》2022年第6期,第21页。

[26]［古希腊］荷马:《罗念生全集第5卷荷马史诗〈伊利亚特〉》,罗念生译,上海:上海人民出版社,2004年,第278页。

[27]［英］莎士比亚:《莎士比亚全集（五）》,朱生豪译,北京:人民文学出版社,1994年,第266页。

[28]A. Schonebaum: *Novel Medicine: Healing, Literature, and Popular Knowledge in Early Modern China*, Seattle: University of Washington Press, 2016, p. 171.

[29]［美］约瑟夫·海勒:《第二十二条军规》,吴冰清译,南京:译林出版社,2012年,第533页。

[30]［法］米歇尔·福柯:《临床医学的诞生》,刘北成译,南京:译林出版社,2022年,第162页。

[31] J. Donne: *Devotions upon Emergent Occasions*, New York: Random House, 1999, p. 5.

[32]（先秦）庄子:《庄子》,北京:中华书局,2010年,第359页。

[33]（先秦）韩非:《韩非子》,北京:中华书局,2015年,第187页。

韩愈伦理道德批评的生成、建构及影响

徐贺安

（国防科技大学外国语学院昆山院区，江苏昆山，215300）

内容摘要：韩愈不仅是中唐的文章大家，还是崇尚伦理道德的文学批评家。究其原因，中唐社会危机既诱发了韩愈的忧患意识，又促进了韩愈伦理道德批评的形成与成熟。经过战事与党争的淬炼，韩愈家族熔铸了重道德、善古文的家族文化。韩愈在回应中唐社会危机、传承家族文化过程中逐渐形成了伦理道德批评。从内涵上看，韩愈的伦理道德批评以仁义为概念本体、以儒家传承为发展主线、以古文创作为途径、以君臣民日用伦理为实践。从影响上看，韩愈伦理道德批评的价值不仅在于试图利用文学创作和批评解决中唐社会危机，更重要的是为后人反思、解决社会危机提供了文学批评范例。

关键词：韩愈；伦理道德批评；中唐；仁义；狂狷

韩愈一生历经唐代宗、德宗、顺宗、宪宗、穆宗、敬宗六朝，而唐德宗建中初至穆宗长庆末恰是学术界称为的中唐文学时期。安史之乱后的中唐，逐渐形成了藩镇割据、宦官专权、官员党争的局面。这些社会现象反映出伦理道德层面的社会危机，君主权威下降、官僚端默守旧、社会风气萎靡不振。中唐社会危机影响了韩愈伦理道德批评的形成与发展：一方面，中唐社会危机激发韩愈将道德教化融入古文创作形成伦理道德批评[1]；另一方面，韩愈通过建构伦理道德批评实现伦理教化、移风易俗的作用。基于此，本文通过形成环境、主要内容、价值意义三个方面研究韩愈伦理道德批评。

一、韩愈伦理道德批评形成的社会环境与家庭氛围

考察韩愈的伦理道德批评，不能忽视历史背景。正如文学伦理学批评所倡导的："它从历史的角度强调对文学的阐释而不是简单地对文学进行好与坏的道德价值评判。"[2]回归历史语境，可以发现韩愈注重伦理道德、文章社会功用与他所处的社会和家庭环境密切相关。

（一）韩愈伦理道德批评形成的社会环境

中唐社会伦理环境突出特点是伦理秩序的失衡。安史之乱不仅改变了开(元)天(宝)盛世的太平局面，还诱发了藩镇拥兵自重的割据形势。《旧唐书·李正己传》云：

“自安、史以后，迄至于贞元，朝廷多务优容，每闻擅袭，因而授之，以故六十余年，两河号为反侧之俗。”[3]朝廷对藩镇实行“多务优容”的政策维持和平局面。但是在这种形势下伦理禁忌常被打破，如《旧唐书·田承嗣传》云：“郡邑官吏，皆自署置，户版不籍于天府，税赋不入于朝廷，虽曰藩臣，实无臣节。”[4]不光与长安对峙的河北藩镇，就连中原腹地的汝颍之地民风也有改变。《资治通鉴》云：“虽居中土，其风俗犷戾，过于夷貊。”[5]可见，中唐伦理秩序失衡的原因一方面是藩镇主将“实无臣节”，另一方面则源于朝廷的“多务优容”。

面对藩镇主将道德素质低下、不服从中央管理的现象，中唐君主试图以武力平定藩镇之乱。但是，在征讨藩镇的过程中，君主的道德素养影响了政治秩序的重建。唐德宗有感于前代君主的姑息纵容，企图用武力迫使河北藩镇臣服。建中三年，泾原兵乱，唐德宗离开长安，出幸奉天，接着又出现了“朱滔称冀王，悦称魏王，武俊称赵王，又请李纳称齐王”[6]的“四王”事件。唐德宗还京后，先后出现蝗灾、旱灾：“德宗还京，大盗之后，天下旱蝗，国用尽竭。”[7]以上军事、经济危机背后隐藏的是政治危机。唐德宗在即位之初，任用崔祐甫，政治清明；之后信任卢杞等人，改变了治国理念：“初，上即位，擢崔祐甫为相，颇用道德宽大，以弘上意，故建中初政声蔼然，海内想望贞观之理；及杞为相，讽上以刑名整齐天下。”[8]可见，从“道德宽大”转向“以刑名整齐天下”的理念影响了朝局。

与唐德宗“躬亲庶政”不同，唐顺宗时期的王叔文、王伾等人的权力不断膨胀。《旧唐书·王叔文传》云，“德宗崩，已宣遗诏，时上寝疾久，不复关庶政”[9]。王伾等人结党营私，收受贿赂。《旧唐书·王伾传》云：“而伾与叔文及诸朋党之门，车马填凑，而伾门尤盛，珍玩赂遗，岁时不绝。”[10]王叔文之党有革新的精神，但是所谓的“永贞革新”群体缺乏道德修养，无法延续政治改革。

与王叔文等人不同，即位之初的唐宪宗表现出较高的道德素养，先后平定了刘辟、李琦、吴元济、李师道等藩镇叛乱，使唐王朝达到了《资治通鉴》所说的“自广德以来，垂六十年，藩镇跋扈河南、北三十余州，自除官吏，不供贡赋，至是尽遵朝廷约束”[11]。这种局面形成的原因，正如《旧唐书·李正己传》所论述的，“洎宪宗当朝，裴度为相，君臣道合，中外情通”[12]。这里的“君臣道合”点出了“元和中兴”的原因。但唐宪宗统治后期，任用皇甫镈聚敛财物，疏远忠正的大臣，最后暴崩于内廷，致使中兴伟业无法持续。

通过梳理唐德宗、唐顺宗、唐宪宗政局变迁可知，中唐社会伦理环境具有关系上的失衡、矛盾间的复杂、时间上的反复特点。中唐之人已无法明确伦理秩序的要素（道德概念不明）、维持伦理秩序的平衡（道德秩序不稳）、延续伦理秩序的和谐（道德维系不久）。所以，韩愈面临的时代课题是如何重建君道与臣道，以实现“君臣道合”，“重建国家权威与思想秩序”[13]。

（二）韩愈伦理道德批评形成的家庭环境

从中唐社会伦理环境聚焦到韩愈的家庭伦理环境，可以发现韩愈的家庭环境孕育出了以家庭责任、功名仕进、文章创作、伦理道德为主导的家族文化。韩愈家族文化从形成到定型先后经历了韩愈父辈、韩愈兄辈、韩愈及其侄辈三个时期。

李白为韩愈之父韩仲卿撰有《武昌宰韩君去思颂碑(并序)》，盛赞韩仲卿兄弟四人："少卿，当涂县丞，感概重诺，死于节义。云卿，文章冠世，拜监察御史，朝廷呼为子房。绅卿，尉高邮，才名振耀，幼负美誉。"[14]如果说，韩愈父辈的才能各有侧重的话，那么，到了韩会、韩愈一辈则渐发展成具有文学、政事、道德等多项才能的复合型人才。韩愈幼年丧父，由兄、嫂韩会、郑氏抚养长大。据韩愈《考功员外卢君墓表》载："愈之宗兄故起居舍人君以道德文章伏一世。""四人者虽处而未仕，天下许以为相，故云。"[15]韩会以"道德文章"名闻天下，世人期许为相。可见，韩愈的家族文化涉及道德、政事、文章三方面，但真正将三者融合形成系统的文学批评理论的人只有韩愈。

比起父系的人才济济，韩愈很少言及自己的母亲，据卞孝萱先生考证："韩愈未见过嫡母，生母或改嫁或即乳母。"[16]虽然韩愈生母之谜无法全然解开，但不可否认的是，韩愈需要族长的肯定来掩饰家族地位的尴尬。真正提升韩愈家族地位的人是韩会之妻郑氏。韩愈《祭郑夫人文》云："我生不辰，三岁而孤。蒙幼未知，鞠我者兄。在死而生，实为嫂恩。"[17]韩会因卷入元载党争贬死韶州，郑氏料理后事，归葬河阳。郑氏是韩愈家族文化承上启下的人物，历史作用有三：现实层面，郑氏培养兄弟韩愈，保证了韩氏家族人才赓续。身份层面，韩会死后，郑氏是韩家实际的"族长"和"精神领袖"。韩愈从郑氏那里取得了韩家族长的合法性。精神层面，郑氏强烈的责任感凝聚了新的家族文化：孝悌与节义。如《祭郑夫人文》所云："昔在韶州之行，受命于元兄曰：'尔幼养于嫂，丧服必以期。'"[18]这样，在郑氏的影响下，"悌"道上升为"孝"道。韩愈父兄在时，韩氏家族文化只有忠义、刚性的一面；韩会死后，郑氏扩充了孝悌互助的柔性文化。韩愈注重父兄之间的孝悌、朋友之间的节义，延续了郑氏的人生准则和行为方式。

家庭责任、功名仕进、文章创作、伦理道德成为韩愈家族文化的突出特征。历史地看，韩愈父辈各专一才，家族文化分散于一人。横向地看，伦理道德是奠定韩氏家族兴旺的基础，家庭责任是维系家族繁衍的纽带，功名仕进是家族延续的推力，文章创作是表现家族文化的载体。文章创作和伦理道德共同构成了韩愈家族文化的表征与内核。

社会背景、家庭环境为韩愈伦理道德批评的形成营造了空间氛围。家庭伦理道德、中唐社会危机，一内一外，一正一反，合力催生出了韩愈的伦理道德批评。在此基础上，韩愈一方面探索伦理道德的内涵定义与实践方式以解决中唐社会危机；另一方面继承家族美德、传承古文传统，重构中唐伦理道德。

二、韩愈伦理道德批评的内核与体系

时代的动荡与家族的兴衰共同激发了韩愈崇尚伦理道德的热情，韩愈古文创作之目的在于"明道"。韩愈在《争臣论》中明确表达出了"文以明道"的观点："君子居其位，则思死其官；未得位，则思修其辞以明其道。"[19]韩愈设定了两种状态：其一，君子"得位""思死其官"，通过政治活动实现伦理教化目的；其二，君子"未得位"，注重文学创作使"道"明，表达政治理想，实现社会革新。因此，文章的体式和道德的内涵势必成为韩愈伦理道德批评的关注重点。韩愈通过《原道》《原性》《原毁》《原人》《原鬼》重新诠释了道、性、人、文的概念，构建了以“仁义”为核心概念的伦理道德批评理论。

（一）仁义：韩愈伦理道德批评的思想内核

韩愈笔下的“道”是“醇粹之道”。《原道》指出“道”的内涵、传承、效用。

首先，概念上界定道德的内涵，定义“道”的本质。韩愈将“道”放在仁义道德四个概念系统之中，廓清了仁、义与道、德两对概念的从属层级关系。“仁义道德”不是并列关系，而是从属修饰的关系。《原道》云：“仁与义为定名，道与德为虚位。”[20]在韩愈笔下，道德是有仁义内涵的道德，正如韩愈《原道》所云：“凡吾所谓道德云者，合仁与义言之也，天下之公言也；老子之所谓道德云者，去仁与义言之也，一人之私言也。”[21]韩愈的伦理道德批评强调“仁义”而不是广义的“道德”。韩愈所论之道，外在排除佛教、道教，内在反对只讲求章句的学问，如《师说》：“彼童子之师，授之书而习其句读者，非吾所谓传其道解其惑者也。”[22]韩愈也反对儒家“独善其身”的思想，如《圬者王承福传》评价圬者王承福：“盖所谓独善其身者也。然吾有讥焉：谓其自为也过多，其为人也过少，其学杨、朱之道邪？”[23]韩愈从儒家内部和诸子外部两个维度廓清了“道”的内涵。

其次，师承延续上，韩愈指出儒家道德传承谱系的主线与断裂。《原道》云：“周道衰，孔子没，火于秦，黄老于汉，佛于晋魏梁隋之间。其言道德仁义者，不入于杨，则入于墨；不入于老，则入于佛。”[24]汉魏以后，儒家之道在传承上出现了断裂，六朝之后的道德是杂糅了佛老学说的道德。真正的儒家传承主线，如《原道》所云：“尧以是传之舜，舜以是传之禹，禹以是传之汤，汤以是传之文、武、周公，文、武周公传之孔子，孔子传之孟轲。轲之死，不得其传焉。”[25]仁义道德的传承是从尧到孟轲的单线而非多线。韩愈“非三代两汉之书不敢观”即源于“道”。三代两汉时期书籍多宣扬儒家之道，魏晋六朝以后“道”的内涵更加丰富，并非仅是儒家之道。这样，兴盛于三代两汉的古文与兴盛于六朝的骈文具有了不同的伦理象征，古文便成了承载与传播儒家之道的文本载体，这就为提倡古文提供了思想来源。

最后，人伦关系上指出君、臣、民三者的责任和义务。《原道》：“是故君者，出令者也；臣者，行君之令而致之民者也；民者，出粟米麻丝，作器皿，通货财，以事其上者也。”[26]韩愈又用《礼记·大学》指出“治其心”：“然则古之所谓正心而诚意者，将以有为也。今也欲治其心而外天下国家，灭其天常，子焉而不父其父，臣焉而不君其君，民焉而不事其事。”[27]韩愈借《礼记》正心诚意的逻辑推导从反面阐述君臣民的关系，更加突出了“治其心”的重要。这样，修身、齐家、治国、平天下就和民、臣、君相对应。韩愈重提“正心诚意”是为了约束君主和大臣，提升道德修养，借此解决中唐伦理秩序的失衡。

（二）“天之道”“文之道”“人之道”的逻辑层次

韩愈的《原道》从概念辨析到思想谱系，从梳理线索到阐述伦理，由抽象到现实，立论高远，有补于世。如果说《原道》是韩愈伦理道德批评最核心的部分，那么韩愈的《原性》《原人》《原鬼》《原毁》则是对“道”的进一步延伸，由抽象的“道”、特定的“文”引申到具体的“人”。

在韩愈看来，仁义之道是“性”产生的原因之一，韩愈在《原性》提出“三品”：“性之品有上中下三，上焉者，善焉而已矣；中焉者，可导而上下也；下焉者，恶焉而已矣。其所以为性者五：曰仁，曰义，曰礼，曰信，曰智。”[28]更重要的是，韩愈并不局限于性善、性恶、性混同，而是将“性”的本质属性看成上下浮动的变量：“孟子之言性曰：人之性善；荀子之言性曰：人之性恶；杨子之言性曰：人之性善恶混。”[29]关于怎样达到性之上品，韩愈提出了“学”与“制”：“是故上者可学，而下者可制也。其品则孔子谓不移也。”[30]在韩愈看来，学习仁义之道就能达到性之上品。《原性》是从正面论述“道”与“性”，《原人》则是从反面论述“人道”。《原人》云：“人道乱，而夷狄禽兽不得其情”“是故圣人一视而同仁，笃近而举远。”[31]可见，“人道”体现了“笃近而举远”的仁义道德。反之，错误的行为如《原毁》所云：“今之君子则不然，其责人也详，其待己也廉。”[32]当人的行为“逆于伦，而感于气”的时候就产生了鬼：“民有忤于天，有违于时，有爽于物，逆于伦，而感于气，于是乎鬼有托于形，有凭于声以应之，而下殃祸焉。”[33]可见，鬼是“逆于伦”的产物。韩愈以伦理道德为主线勾连了道、君、臣、民、性、人、鬼等概念。

韩愈通过《原道》中的仁义之道、古文之道、伦理之道尝试解决中唐伦理道德概念不明晰、关系不平衡、维系不持久的问题。韩愈笔下的仁义、古文、伦理之道是逻辑推演的关系，缺一不可。从“道”的内涵上讲，韩愈重新定义“道”的内涵是仁义之道，儒家之道，而非老子、佛道所谓的道。这样，就为传承儒学、独尊儒学提供了学理上的合法性。从“道”的传承上讲，韩愈确定了“道”的传承谱系、实际传承时长，三代两汉之后的儒家之道传承谱系断裂，承载儒家之道的载体必须是古文而非六朝以来兴盛的骈文，这就为书写古文提供了伦理上的合法性。从“道”的效用上讲，“仁、义、礼、信、智”是“人之性”形成的原因，人应该回归到仁义道德的境界，才能达到性之“上品”，这样就为“明道”提供了日常伦理层面的合法性。韩愈通过古文以明道，形成了从“天之道”到“文之道”再到“人之道”的逻辑闭环。

此外，就文体而论，韩愈伦理道德批评分为三种形式：专题系统文章如“五原”、书序类论述文章，墓志铭类的伦理叙事文章。韩愈的伦理道德批评并不是抽象、虚空的，而是时刻与历史对话(专题类批评文章)、与自己内心对话(“书”为代表的批评类文章)、与别人对话(赠序类文章)、与死者对话(墓志铭类的文章)、与现实对话(政治活动践行伦理道德批评)。韩愈的伦理道德批评表面上评论的是鲜活的“人”，深层次注重的是人伦道德。刘宁教授曾指出，韩愈、柳宗元创作思维的不同在于“师其人”与“明其理”[34]。因此，韩愈比同时代人高明之处在于更注重“人”，注重伦理道德。

三、韩愈伦理道德批评的价值与影响

韩愈的文学批评强调伦理道德，但是韩愈其人、其文都存在争议。韩愈的伦理道德批评与狂狷人物性格形成了对比。在此基础上，剖析韩愈的伦理道德批评更具有时代价值与历史意义。

(一) 韩愈伦理道德批评的价值

仁义之道德是韩愈伦理道德批评的核心。与之对应，韩愈对创作者的艺术个性与作品的艺术风貌的批评也有创新。韩愈伦理道德批评价值在于为后世展现了“狂狷”的文化性格与“醇肆”的艺术风格。韩愈追求道德和文章的最高境界，但其为人、为文都存在争议。韩愈对自己的评价多用“狂”和“傲”。如韩愈《祭河南张署员外文》云：“余戆而狂，年未三纪，乘气加人，无挟自恃。”[35]《答冯宿书》云：“仆在京师一年，不一至贵人之门；人之所趋，仆之所傲。”[36]如果说，“戆而狂”“傲”仅是韩愈自谦之词的话，那么，正史对韩愈的评价更有说服力。《旧唐书·韩愈传》云：“皇甫镈恶愈狷直，恐其复用，率先对曰：‘愈终太狂疏，且可量移一郡。’”[37]可见，“狂”和“狷”是韩愈性格的两面。“狂狷”一词较早出自《论语》：“不得中行而与之，必也狂狷乎！狂者进取，狷者有所不为也。”[38]刘宝楠正义引《诗经》解释“狂”和“狷”，“狂者仰法古制，不顾时俗”“狷者性褊急，则有所谨畏不为也”[39]。从消极的角度来讲，狂狷是急躁、固执的性格，都未达到孔子所说的中庸境界；从积极的角度来讲，“狂”有不顾世俗、积极进取的特点，“狷”有清高守节、坚持不懈的特点。“狂狷”不仅是韩愈的日常性格，还是韩愈古文创作的文化性格。如果说坚守仁义道德底线、提倡古文创作是韩愈狷介性格体现的话；那么，“自树立”的审美理想、诗文中的喷薄排奡风格、荐士为师的社会责任感则是韩愈疏狂性格的外化与文本呈现。韩愈的古文既蕴藏了创作者坚贞不屈、刚正不阿的意志，还彰显了革新者狂飙突进、锐意进取的精神。

不仅如此，同时代人对韩愈的评价也褒贬不一。如裴度既称赞韩愈“美材”，又批评韩愈“以文为戏”的放浪性格。《寄李翱书》云：“不以文立制，而以文为戏，可以乎！可以乎！”[40]《旧唐书》赞之曰：“愈所为文，务反近体，抒意立言，自成一家新语。”又批评云：“然时有恃才肆意，亦有盭孔、孟之旨。”[41]以上语句肯定了韩愈的“狷”，否定了韩愈的“狂”。其实，“以文为戏”和“以文立制”分别对应“狂”与“狷”。在文学批评视角下，“狂”与“狷”分别指创作者不拘一格、勇于革新；固守仁义、发扬道德。“狂”与“狷”也可与聂珍钊先生的研究相参照：“每一个人都是一个斯芬克斯因子的存在。人性因子的表现形式是理性意志，兽性因子的表现形式是自然意志。”[42]得其意而忘其形，回到中唐历史语境，可以反思韩愈的理性意志和自由意志的交融与沉浮。在狷介孤高的性格影响下，韩愈写下《原道》《原性》等“文以明道”的名篇；在疏狂放浪的个性诱导下，韩愈写出了《毛颖传》《送穷文》等游戏之篇、牢骚之文。相对而言，韩愈的好友樊宗师、孟郊也可与“狂”“狷”性格相参。《南阳樊绍述墓志铭》评樊宗师云：“放恣横从，无所统纪。”[43]《贞曜先生墓志铭》评孟郊曰“及其为诗，刿目鉥心”[44]。狂狷性格转化为艺术风格既有外在的奔放恣肆，又有内在的苦吟精工。刘宁教授借用苏洵的“抑遏蔽掩”评价韩愈变楚骚之体[45]，其实，韩愈的古文风格应是“醇肆”，如《答李翊书》云：“其皆醇也，然后肆焉。”[46]韩愈古文是仁义道德充盈之后的外放，是精工富学之后的流衍。总之，理性意志与自然意志两者的矛盾形成了艺术张力，两种人性因子的割裂与并存、升降与转化、扩大与收缩促成了创作者性格的多面与多变，使得韩愈文章波澜横出，变化百态。

（二）韩愈伦理道德批评的影响

结合中唐社会现实，韩愈狂狷的艺术个性、文学追求对文学的形式、内容、作者、受众都产生了不同的影响。从自由意志、消极影响反思：首先，古文形式与中唐社会现实的关系。古文措辞与当时的公文也不协调，如郑余庆为文古涩就受人诟病，《新唐书·郑余庆传》云："奏议类用古言，如'仰给县官''马万蹄'，有司不晓何等语，人訾其不适时。"[47]其次，古文思想内核与社会现实的关系。韩愈言必称孟子，但是韩愈对《孟子》一书缺乏系统的研究，对孟子的学习多停留在精神品格、文章气韵层面，并无理论建树，"文以明道"渐流于"为文之道"的文章技法论。再次，古文创作者的道德修养与中唐社会现实的关系。古文创作者既要有完善的儒学知识结构，还要有深厚的道德修养，这对于创作者来说，要求太高。最后，古文创作的受众与中唐社会危机的关系。韩愈辟佛是他的历史功绩，但是韩愈忽视了唐代的社会环境、信仰宗教的广大人群，没有将儒学与道教、佛教思想融合。诚如学者刘宁所言，韩愈"超越了'家'的羁绊，却止步于'国'"[48]。

就理性意志、积极价值层面而言：首先，坚持仁义道德，固守儒家伦理。韩愈的文学批评具有不可调和的二元对立倾向，他笔下的"道"是不掺杂宗教伦理的儒家伦理，韩愈的文学思想具有较强的社会教化功能。其次，崇尚仁义道德，始终不渝。与白居易早年创作讽喻诗，晚年崇尚"中隐"处世态度不同，韩愈一生都以"文以明道"为己任，偏激性格和道德文章互为表里、始终如一。韩愈的伟大在于始终保持对仁义道德的纯情、对国家利益的热情、对人民百姓的深情，在中唐飘摇动荡的社会唱出了时代最强音。这种明知不可为而为之的虔诚与执拗，恰是中唐文人欠缺的艺术精神与文学气魄。再次，政治活动，付诸实践。韩愈的伦理道德批评包含古文创作("未得位")与政治实践("居其位")两方面，政治实践是韩愈伦理道德批评的重要组成部分。最后，与时相背，代表潮流。就韩愈所处的中唐环境而言，韩愈以仁义为核心的古文理论与当时的文化环境相背。但是，如果把韩愈的古文改革放到长时段的环境中考察，韩愈的古文改革虽然在中唐仿效者少，但在宋以后研习韩文的人数较多，韩愈以仁义为核心的古文理论符合唐宋文脉转变的历史发展趋势。

结语

中唐社会危机产生的内在动因之一是伦理秩序的失衡，君主和大臣的道德素养直接影响了伦理秩序的重建，重构君之道与臣之道以达到"君臣道合"的默契是韩愈需要解决的时代课题。韩愈出身于有古文创作传统和忠义孝悌美德的家庭，外在的危机和内在的美德共同熔铸了韩愈的伦理道德批评。韩愈的伦理道德批评，在概念上，聚焦仁义，独尊儒家，为实现国家统一提供了思想基石；在形式上，务求有实，提倡古文，为文学创作规定了语体形态；在人伦关系上，讲求"正心诚意"，为君、臣、民划定了道德规范，从而形成了仁义之道、为文之道、为人之道的伦理道德批评体系。仁义作为韩愈的精神追求，在韩愈的创作和批评中转化为"狂狷"的艺术个性和"醇肆"风格，"狂狷"是中国文学伦理学批评的重要理论资源。从理论和实践的角度看，韩愈的伦理道德批评确实指出了中唐社会危机的要害，坚守了儒家伦理底线，秉持了儒家的伦理信念，实现了向往的政治主张，并影响了后世的文学批评。

＊本文系国家社科基金重大项目“文学伦理学批评的理论资源与对外传播研究”(21&ZD264)的阶段性成果。

注释：

［1］聂珍钊先生认为，“伦理主要指文学作品中在道德行为基础上形成的抽象的道德准则与规范”，伦理包含善恶，而道德批评重在明道与扬善。本文研究的伦理道德批评是指伦理层面的道德批评。参见聂珍钊：《文学伦理学批评导论》，北京：北京大学出版社，2014 年，第 254 页。

［2］聂珍钊：《文学伦理学批评与文学理论创新的跨学科思考》，《华中师范大学学报（人文社会科学版）》2022 年第 2 期，第 83 页。

［3］（后晋）刘昫，等：《旧唐书》，北京：中华书局，1975 年，第 3541 页。

［4］（后晋）刘昫，等：《旧唐书》，北京：中华书局，1975 年，第 3838 页。

［5］（北宋）司马光：《资治通鉴》，北京：中华书局，1956 年，第 7867 页。

［6］（后晋）刘昫，等：《旧唐书》，北京：中华书局，1975 年，第 3844～3845 页。

［7］（后晋）刘昫，等：《旧唐书》，北京：中华书局，1975 年，第 3756 页。

［8］（后晋）刘昫，等：《旧唐书》，北京：中华书局，1975 年，第 3714～3715 页。

［9］（后晋）刘昫，等：《旧唐书》，北京：中华书局，1975 年，第 3734 页。

［10］（后晋）刘昫，等：《旧唐书》，北京：中华书局，1975 年，第 3736 页。

［11］（北宋）司马光：《资治通鉴》，北京：中华书局，1956 年，第 7887 页。

［12］（后晋）刘昫，等：《旧唐书》，北京：中华书局，1975 年，第 3543 页。

［13］葛兆光：《中国思想史：七世纪至十九世纪中国的知识、思想与信仰》，上海：复旦大学出版社，2009 年，第 111 页。

［14］詹锳主编：《李白全集校注汇释集评》卷三十，天津：百花文艺出版社，1996 年，第 4353 页。

［15］（唐）韩愈著，刘真伦、岳珍校注：《韩愈文集汇校笺注》卷十四，北京：中华书局，2010 年，第 1548 页。

［16］卞孝萱：《韩愈生母之谜》，《周口师专学报》1997 年第 1 期，第 6 页。

［17］（唐）韩愈：《韩愈文集汇校笺注》卷十三，北京：中华书局，2010 年，第 1460 页。

［18］（唐）韩愈：《韩愈文集汇校笺注》卷十三，北京：中华书局，2010 年，第 1461 页。

［19］（唐）韩愈：《韩愈文集汇校笺注》卷四，北京：中华书局，2010 年，第 469 页。

［20］（唐）韩愈：《韩愈文集汇校笺注》卷一，北京：中华书局，2010 年，第 1 页。

［21］（唐）韩愈：《韩愈文集汇校笺注》卷一，北京：中华书局，2010 年，第 1 页。

［22］（唐）韩愈：《韩愈文集汇校笺注》卷二，北京：中华书局，2010 年，第 139 页。

［23］（唐）韩愈：《韩愈文集汇校笺注》卷二，北京：中华书局，2010 年，第 208 页。

［24］（唐）韩愈：《韩愈文集汇校笺注》卷一，北京：中华书局，2010 年，第 1 页。

［25］（唐）韩愈：《韩愈文集汇校笺注》卷一，北京：中华书局，2010 年，第 4 页。

［26］（唐）韩愈：《韩愈文集汇校笺注》卷一，北京：中华书局，2010 年，第 3 页。

［27］（唐）韩愈：《韩愈文集汇校笺注》卷一，北京：中华书局，2010 年，第 3 页。

［28］（唐）韩愈：《韩愈文集汇校笺注》卷一，北京：中华书局，2010 年，第 47 页。

［29］（唐）韩愈：《韩愈文集汇校笺注》卷一，北京：中华书局，2010 年，第 48 页。

［30］（唐）韩愈：《韩愈文集汇校笺注》卷一，北京：中华书局，2010 年，第 48 页。

［31］（唐）韩愈：《韩愈文集汇校笺注》卷一，北京：中华书局，2010 年，第 67 页。

［32］（唐）韩愈：《韩愈文集汇校笺注》卷一，北京：中华书局，2010 年，第 59 页。

[33] (唐)韩愈:《韩愈文集汇校笺注》卷一,北京:中华书局,2010 年,第 71 页。

[34] 刘宁:《同道中国:韩愈古文的思想世界》,北京:生活·读书·新知三联书店,2023 年,第 154 页。

[35] (唐)韩愈:《韩愈文集汇校笺注》卷十二,北京:中华书局,2010 年,第 1341 页。

[36] (唐)韩愈:《韩愈文集汇校笺注》卷七,北京:中华书局,2010 年,第 795 页。

[37] (后晋)刘昫,等:《旧唐书》,北京:中华书局,1975 年,第 4202 页。

[38] (清)刘宝楠:《论语正义·子路第十三》,北京:中华书局,1990 年,第 541 页。

[39] (清)刘宝楠:《论语正义·子路第十三》,北京:中华书局,1990 年,第 542 页。

[40] (清)董诰,等:《全唐文》卷五百三十八,上海:上海古籍出版社,1990 年,第 2419 页。

[41] (后晋)刘昫,等:《旧唐书》,北京:中华书局,1975 年,第 4204 页。

[42] 聂珍钊:《伦理选择概念的两种涵义辨析》,《外国文学研究》2022 年第 6 期,第 21 页。

[43] (唐)韩愈:《韩愈文集汇校笺注》卷二十四,北京:中华书局,2010 年,第 2575 页。

[44] (唐)韩愈:《韩愈文集汇校笺注》卷十九,北京:中华书局,2010 年,第 2047 页。

[45] 刘宁:《同道中国:韩愈古文的思想世界》,北京:生活·读书·新知三联书店,2023 年,第 202 页。

[46] (唐)韩愈:《韩愈文集汇校笺注》卷六,北京:中华书局,2010 年,第 700 页。

[47] (宋)欧阳修、宋祁:《新唐书》,北京:中华书局,1975 年,第 5061 页。

[48] 刘宁:《同道中国:韩愈古文的思想世界》,北京:生活·读书·新知三联书店,2023 年,第 22 页。

【文艺学研究】

中国诗话阐释学构建的必要性研究

李有光

（湖北师范大学文学院　湖北黄石　435002）

内容摘要： 众所周知，中国历代诗话的诗学价值主要表现在它的诗歌批评实践而不是理论上。对待一部善于评诗和长于解诗的诗话史，我们可以用阐释学的理论视域去改变它的零散性和闲谈性，在使之系统化和方法论化的基础上彰显其阐释学意义。首先，中国诗话普遍将言志立意作为创作的本旨和诗歌的主旨，而阐释学研究正是一种关于文本意义建构的活动与方法；其次，中国诗话将含而不露、隐而不尽的含蓄风格作为极致的美学追求，这导致诗话中大量的诗歌阐释实践必须反复涵泳文本的余意余味，开掘言外之意，才能实现诗歌表意上以少总多、化少为多的接受效果；最后，诗话对历代诗歌创作和诗歌文本中用事寓典的充分肯定使得诗话作者对前人诗歌故实的正确理解和详细阐释成为必需。因此，构建中国诗话阐释学并使之成为中国文学阐释学的重要组成部分，既是恰当的，也是必要的。

关键词： 历代诗话；文学阐释学；诗意本体论；含而不露；使事用典

尽管文论界承认“中国历代数以千计的诗话之著，是一笔巨大的文学遗产”，但是对于这笔数量庞大的理论遗产，不仅因其零散性和闲谈性的先天缺陷而非议的声音从未间断，“即便是为数不多的研究者，也大多局限于个别作家作品的微观研究，很少有人对中国历代诗话进行系统全面的宏观研究”[1]。从近二十年来国内对历代诗话整体全貌的宏观研究著述，譬如蔡镇楚和张寅彭等人的诗话概说、诗话史和比较诗话学，张一平的《中国古代诗话批评论纲》等，可以看出，基本都是从传统的文论史和批评史角度去观照诗话的渊源流变，起承兴衰。我们不禁要问，把历代诗话放在文论和批评史的论域是否找准了其定位，还原了其本质？还有没有新的研究视域和定位更能彰显诗话的根本特征，更能使其焕发出富有活力的理论生长点，挖掘出更有创新性的价值与意义？

中国社科院张江先生在相继提出强制阐释论和公共阐释论从而引发国内学界对阐释学相关问题的热议之后，近些年开始重点关注中国阐释学的建构问题。他认为“中国学术传统中虽无阐释学的概念和学科，但有丰富的阐释学思想和经验，这是构建当代中国阐释学的可靠资源和坚实基础”，因此，“当代中国阐释学之基础建构，应该从哪里出发，落脚于哪里，是从中国传统阐释学思想与经验出发落脚于当代文化实践，还是从西方传统与诉求出发，落脚于西方理论的自我循环？毫无疑问，答案应该是前者”[2]。如果说中国阐释学的建构应该以中国传统阐释学思想和经验为前提和基础，那么这个思想和经验的系统里必然包括经学阐释学和诗学阐释学两个主体组成部分。但是，就汗牛充栋的诗话著述在中国文论中所占的巨大分量和重要地位而言，如何开掘历代诗话中丰厚的阐释学思想和解诗实践，或者说，从阐释学视域去定位诗话的本质，就目前来看，学界还没有从这种视角开展研究，更没有将诗话纳入中国传统阐释学的系统中进行考量和梳理。因此，这启发我们，不仅应该将历代诗话的解释学研究作为中国传统阐释学的必然构成要素，更可以借此使中国诗话学有新的理论创生和新的价值构建。接下来我们来看看在阐释学的视域观照下，历代诗话是如何通过强调以意为主、提倡含而不露、注重用典的诠解和考据诗歌本义等方面，从而使得对诗文本的理解与阐释成为评诗的必要途径，或者说，将一部诗话史视作一部诗歌阐释史就成为其中的必然逻辑。

一、历代诗话的诗意本体论及其阐释学趣向

“阐释学”(Hermeneutics)这个词在西方是源于希腊神话中负责传递奥林匹亚山上诸神信息的信使赫尔墨斯(Hermes)，他的职责就是将宙斯和众神的话及时传达给人世间，而人神之间语言的不同就注定了他在传话的同时必须进行翻译和解释：“我们可否做这样的理解，即 Hermeneutics 本义就是送信，而送信的过程则是这样的：首先是宙斯有想法，有话要说，但不是宙斯自己对自己说，如果是宙斯自己对自己说，那就没有赫尔墨斯什么事了，这是一层意思。这在逻辑上和事实上已经肯定，宙斯必然是对别人、对外人说话。”[3]令人深思而又巧合的是，中国经学阐释学里最早含有“解释”之义的称谓“传”，也是承担送信职责的信使，“传者，驲遽也，转也，传也，转传经训，若驲遽也。主于转移受授，依经传训”[4]。清儒王兆芳这里所说的驲遽其实就是古代的驿递，今天所谓的信使，“所不同的是，赫尔墨斯是神与人之间的信使，而驿递则是人与人之间的信使。二者的共同之处在于他们都具有传达、转达的中介作用，这也正是阐释的根本意义之所在”[5]。考察中西方关于阐释的最初含义和渊源，我们发现，作为媒介的阐释，其行为对象的第一要义就是被传达者的想法、意思。也就是说，阐释主要是针对言语里的意义而言的。当言语转换为文本，就文本内蕴的意义进行专门的理解与阐释就成为一种专业的阐释学方法论，譬如在西方普遍阐释学产生之前的圣经阐释学、法律阐释学和文献阐释学等，在中国经学阐释学形成之前的六经阐释等。其实，与自然科学的最终目的是揭示真相和总结规律不同，人文科学的终极目的是意义建构，而理解与阐释则是实现这一目的的最基本方法。

中国历代诗话对于“意”之于诗歌的本体价值给予了无以复加的强调与重视，这种强调与重视甚至在写诗、诗文本和解诗三个方面同时展开。当然，中国诗话首先是从创作上反复主张立意言志的重要性，宋诗话家张戒在其《岁寒堂诗话》中提出的诗意本

体论可以作为代表：

> 建安陶阮以前，诗专以言志；潘陆以后，诗专以咏物。兼而有之者，李杜也。言志乃诗人之本意，咏物特诗人之余事。古诗、苏、李、曹、刘、陶、阮，本不期于咏物，而咏物之工，卓然天成，不可复及。其情真，其味长，其气盛，视《三百篇》几于无愧。凡以得诗人之本意也。潘陆以后，专意咏物，雕镌刻镂之工日以增，而诗人之本旨扫地尽矣。[6]

在张戒看来，言志立意是诗人的本旨，是诗歌创作的根本意图，其他的诗歌内容和艺术形式都是为这个意图服务的，据此也可以将诗人及其作品分为高低不同的等次："'言志为本，咏物为工'，这是张戒提出的做诗主张。关于诗歌的内容，张戒认为应当以抒写情志怀抱、寄托情思意绪为根本目的。至于咏物写景，不是做诗的根本目的所在，只不过是一桩余事而已。"[7]遍查诗话史可以发现，类似张戒的诗意本体论，提出以意为主者比比皆是。同是宋人的刘攽在其《中山诗话》中认为："诗以意为主，文词次之。或意深义高，虽文词平易，自是奇作。"[8]宋人吴可的《藏海诗话》也有："凡装点者好在外，初读之似好，再三读之则无味。要当以意为主，辅之以华丽，则中边皆甜也。"[9]还有些诗话由于采用了譬喻的方式来表达同样的意思，因立论简洁且譬喻精妙，而成为文论史上的知名话语，如王夫之在其《姜斋诗话》中提出的意犹帅论，同是清人的袁枚则有意主辞奴论等等。

从阐释学的角度看，当历代诗话将以意为主作为对诗歌创作的基本要求，并将"言志立意"看作诗文本的纲领和主旨，这就意味着对诗歌的接受也需要从对"志""意"的解读开始，只有将文本中内含的丰富意蕴挖掘出来，包括将所谓的言外之意建构起来，才是实现诗歌艺术价值的首要之举，"在阐释学的语境中，'意义'的含义是：对作为阐释对象的文本之所指进行阐发，尽力发现文本中包含的各种可能的意思，并且尽力使这一意思明确起来"[10]。事实上，历代诗话中浩如烟海的对前人诗歌的批评与阐释也确实是以对诗文本的意义建构为主的，充分解读诗文本中的"情、志、意"等构成了诗话阐释实践的主流，关于这一点宋诗话家吴可曾有过提示："凡看诗，须是一篇立意，乃有归宿处。"[11]看诗、评诗和解诗，当始于"意"并终于"意"，才是目的与归宿。每一部诗话的写作，本质上就是一个对诗歌文本的意义进行开掘与建构的过程。关于作诗与解诗都要在"意"这一点上聚焦，宋末元初诗话家杨载也有过精辟论述："诗要铺叙正，波澜阔，用意深，琢句雅，使字当，下字响。观诗之法，亦当如此求之。"[12]"用意"既是诗人创作时的重要着力点，也应当是"观诗之法"的主要用力点，中国诗学创作论与接受论在"意"的论域上原来具有很大的公约数。

可贵的是，历代诗话不仅认为诗歌创作要以意为主旨、为统驭、为纲领、为贯穿之线，还对情、志、意的表达提出了很多高要求、高标准。西方现代阐释学将意义分为作者之义、文本之义和读者之义等等，倾向于客观论或主观论的阐释学对不同的意义各有所侧重。按照张江先生的看法，意义可以区分为"意蕴、可能意蕴和意蕴可能"三种："意蕴是指文本所包含和能显现的本来意义，包含作者的意图赋予。可能意蕴是指文本自身的可能意义，这些意义包蕴内含于文本，且可能不为作者所认知。意蕴可能是指由阐释生发意义的可能，即阐释者对文本自在意义的挥发可能。”[13]中国诗话虽然没有对诗歌文本的意义作如此细致的划分，但其对意之多、之深、之新、之微和之真的追求与推崇，已经先天地规定了文本多重意义存在的可能性，这些丰富的多重意义本身就包含甚至超过了文本意蕴、意蕴可能和可能意蕴。

明诗话家谢榛认为：“作诗不必执于一个意思，或此或彼，无适不可，待语意两工乃定。《文心雕龙》曰：‘诗有恒裁，思有定位。’此可见作诗不专于一意也。”[14]允许诗歌创作不执于一义，就内定了文本多义的可能性，也客观地为读者的多元化解读创造了必要的前提与基础。即使是多义，也不可浮于言表，俯拾可得，而要深文周纳，使人再三思而得之，即要做到意深。《沧浪诗话》就有著名的“六忌”说：“语忌直，意忌浅，脉忌露，味忌短，音韵忌散缓，亦忌迫促。”[15]所谓意忌浅，当然是要追求意深。对此，同是宋人的诗话家叶梦得结合对杜甫诗歌《枯楠》《病柏》等的解读指出杜诗高妙即在于立意之深：“自汉魏以来，诗人用意深远，不失古风，惟此公为然，不但语言之工也。”[16]其实“意深”的题中应有之义就是意微，作诗应当含而不露，所谓“用意十分，下语三分”，剩余七分就迫使读者必须反复涵泳，再三品味之后方能体悟。宋张戒在其《岁寒堂诗话》中借批评杜牧和白居易的诗歌词意过于直白浅露，缺少余韵，从而力倡用意隐微之作，他说：“《国风》云：‘爱而不见，搔首踟躇。’‘瞻望弗及，伫立以泣。’其词婉，其意微，不迫不露，此其所以可贵也。……杜牧之云：‘多情却是总无情，惟觉尊前笑不成。’意非不佳，然而词意浅露，略无余蕴”，随后他又接着批评白居易说：“梅圣俞云：‘状难写之景，如在目前。’元微之云：‘道得人心中事’，此固白乐天长处。然情意失于太详，景物失于太露，遂成浅近，略无余蕴，此其所短处。”[17]

提倡意深而微，从阐释学的角度看，意味着作为诗歌解读者的历代诗话写作者就必须对诗文本隐含的多层深义进行充分开掘，才能完成诗歌批评的首要任务，事实上这也是历代诗话中数量庞大的阐释实践一直在做的文本解读活动，从这个意义上讲，把历代诗话视作一种理解与阐释行为就显得尤为必要。无论是文字符号所固定下来的确定性意义，还是文本信息系统背后的隐含意义，抑或是阐释者自己的理解，都需要创作者最初对多义、深义和隐义的编码安排。当然，这些寓意和寄托，如果再加上诗歌作者对“新意”的极致追求，就使得阐释者的解码任务更为艰巨，由此也带来阐释结果的多元化。其实，不仅是每一首诗作都有不同的新意，即使是同一题材同一描写对象，诗人的用意也能各抒新见，譬如清张翼廷在其诗话中指出的“七夕”诗题：

> “七夕”诗名作甚伙，美不胜收。然用意未有相同者。《萤窗异草》中载一绝云：“一拳打碎支机石，两脚踢翻乌鹊桥，四十鳏夫犹未娶，双星不许会今宵。”贵镜泉观察云：“争将瓜果拜庭前，儿女情痴亦可怜。未必牛女还赐巧，世人巧已欲瞒天。”燕以均云：“想看只隔一条河，鹊不填桥不敢过。修到神仙还怕水，算来有巧亦无多。”……人之境遇各自不同，故用意亦别，所谓反正皆有理也。[18]

类似这样同一题材而呈现出不同的情意蕴含，在中国诗歌史上不胜枚举。就像上述古代诗话家所论，如何看诗、解诗，当从作者如何立意开始。而对新意表达的渴求——唯陈言之务去，结合对多义、深义和隐义的要求，更使得历代诗话对前人诗歌文本的意义解读呈现出喜人的丰富性，每一本诗话的阐释实践，又都是对诗歌文本意义库存的不断填充，一条永无止境的意义建构之路就是这样在中国诗话史上逐渐筑就的。

二、"以少总多"与"化少为多"：中国诗话对含蓄的美学追求及其阐释价值

伽达默尔在评价狄尔泰的关键词"理解的循环"时说："狄尔泰把一条古老的关于所有解释的原则搬到历史世界，这条原则就是：人们必须就文本本身来理解文本。"[19]是的，文本才是所有理解与阐释活动的出发点与落脚点，更是联结作者与读者的核心与纽带。当历代诗话将言志立意作为诗歌创作的主旨和目的并最终使得诗话的意义建构活动得以完成，我们还必须回到诗歌本身来看它的文本基本属性是否也导致诗话的阐释成为一种必要甚至必然。苏轼曾言："夫诗者，不可以言语求而得，必将深观其意焉。"[20]也就是说，对诗的解读，必须超越语言的浅表层面而深入其内在包蕴的情志意，这是因为，中国诗学从一开始就把含而不露、隐而不尽即"含蓄"作为诗文本的根本属性对待。从刘勰在《文心雕龙·隐秀》篇里提出"隐也者，文外之重旨也"和司空图于《二十四诗品》中专论"不着一字，尽得风流"的"含蓄"之品后，历代诗话就几乎将"含蓄不露"作为诗歌的本质特征和极致追求。保罗·利科尔认为："解释是思想的工作，它在于明显的意义里解读隐蔽的意义，在于展开暗含在文字意义中的意义层次。……凡有多种意义的地方，就存在有理解与解释，正是在解释里，意义的多样性才明显地表现出来。"[21]也就是说，当文本的情志意被刻意隐蔽起来，换言之，当含而不露、隐而不尽被视作文本的具有终极性的美学价值，则文学批评首要完成的任务就是将这些内蕴的隐蔽意义通过理解与阐释活动揭示出来。

清诗话家吴乔在其著名的《围炉诗话》里运用个案和理论相结合的方式带有总结性地论述道：

> 诗贵有含蓄不尽之意，尤以不着意见、声色、故事、议论者为最上。义山刺杨妃事之"夜半宴归宫漏永，薛王沈醉寿王醒"是也。稍着意见者，子美《玄元庙》之"世家遗旧史，道德付今王"是也。稍着声色者，子美之"落日留王母，微风倚少儿"是也。稍用故事者，子美之"伯仲之间见伊吕，指挥若定失萧曹"是也。着议论而不大露圭角者，罗昭谏之"静怜贵族谋身易，危惜文皇创业难"是也。露圭角者，杜牧之《题乌江亭》诗之"胜负兵家未可期，包羞忍耻是男儿。江东子弟多才俊，卷土重来未可知"是也。然已开宋人门径矣。宋人更有不伦处。[22]

吴乔通过摘句从正反两个方面来例证什么才是"不着意见、声色、故事、议论"的好诗。显然，他对宋人诗作是持不屑态度的，因为宋人好以议论为诗，从根本上违背了含蓄不尽的诗学原则，故而更有"不伦处"。实际上，只要翻开历代诗话，吴乔的这种崇唐抑宋的诗学取向非常普遍，其中一个重要缘由就是诗话作者一般都认为"诗宜含

蓄，唐人不露论锋，所以可贵”[23]。关于这一点，吴乔在其《围炉诗话》卷二里也直接说过“唐人妙处，在于不着议论而含蓄无穷”这样的话。

明季诗话家谢榛在其《四溟诗话》里提出“含糊”说，可以看作对含蓄论美学的补充：

> 凡作诗不宜逼真，如朝行远望，青山佳色，隐然可爱，其烟霞变幻，难以名状。及登临非复奇观，惟片石数树而已。远近所见不同，妙在含糊，方见作手。[24]

高妙的写手贵在“不必说到尽”“不必写到真”，妙在含糊，给人遐想的巨大空间。这很像中国古代的文人写意画，三笔两笔只画出大概轮廓，看似草草，却妙在似与不似之间，使看者不求其形只重其神。从阐释学角度看，含蓄不尽的诗歌文本所具有的阐释学旨趣主要体现在以下几个方面。

首先，诗歌的体制短小，五言绝句只有区区二十言，这一点客观上注定了其表意的有限性，但是，中国诗学非常智慧地注意到短小的体制可以通过再创造，也就是读者的理解与阐释活动，变为无穷无尽的意义表达，即刘勰在《文心雕龙·物色》篇里指出的“以少总多，情貌无遗”。我们来看历代诗文写作非常重视的“用意十分，下语三分”论：

> 《漫斋语录》云：“诗文皆要含蓄不露便是好处。古人说‘雄深雅健’，此便是含蓄不露也。用意十分，下语三分，可几《风》、《雅》；下语六分，可追李、杜；下语十分，晚唐之作也。用意要精深，下语要平易，此诗人之难。”[25]

所谓含蓄不露的美学，化而为具体的写作技法就是要做到用意十分，下语三分。而剩余的七分，留给读者自己去发挥联想和想象等主观能动性，在前理解结构的作用下，实现以少总多、化少为多的接受效果。“不是用少来代替多，而是用少来蕴涵多。”[26]也就是说，诗歌文本体制的“少”是可数的，而经过读者的理解和阐释活动后所生产的“多”却是不可数的，是无穷无尽且各自不同的。

其次，诗歌体制本来就短小而诗人反而更加追求含蓄不露，这其实是对读者理解力的充分信任，换言之，诗人相信读者能够从自己的笔下将深藏的用意逐一挖掘出来。对于读者而言，诗人有意预设的文本张力固然给了自己充分参与文本再创造的权利和空间，但是这种解读的权利边界应该是不能任意比附，过度诠释。朱光潜先生说：“中国向来注诗者好谈‘微言大义’，从毛苌做《诗序》一直到张惠言批《词选》，往往把许多本无深文奥义的诗看作隐射诗，固不免穿凿附会。但是我们也不能否认，中国诗人好作隐语的习惯向来很深。屈原的‘香草美人’大半有所寄托，是多数学者的公论。无论这种公论是否可靠，它对于诗的影响很大实无庸讳言。”[27]好作隐语，深文周纳，确实给文学阐释留下了充分发挥的必要性，但穿凿附会的坏习惯也要适可而止。

最后，含蓄不尽的美学风格不仅体现了诗人与读者之间的互信，更重要的是，这样的文本必须借助读者的“自得”才能完成作者、文本和读者三方的意义建构。或者说，对含蓄的追求从一开始就充分考虑并预设了读者作为审美主体和阐释主体不可或缺的功能。其实，古人虽然没有明确的阐释学和接受美学理论架构，但是其文论表述中却处处有读者参与的身影。明人李东阳在其《麓堂诗话》中说：“盖正言直述，则易于穷尽，而难于感发。唯有所寓托，形容摹写，反复讽咏，以俟人之自得，言有尽而意无穷，则神爽飞动，手舞足蹈而不自觉。”[28]显然，这里的“难于感发”是指穷尽的直言不再需要读者感发，“俟人之自得”也是指寓托含蓄之作可以倒逼读者激发自己的前理解结构从而获得“意无穷”甚至“神爽飞动”的接受效果。

有意思的是，历代诗话普遍认为含蓄不尽的美学风格在文本上的一个直接表征就是营造言外之意、味外之味和韵外之致，而恰好是在解读所谓言外之意上，更加需要读者自得自悟，思而得之。也就是说，本来文字符号之外是没有什么多余的情志意的，如果文本给人一种意在言外的感觉，那其实是读者自我理解自我发挥的结果。宋司马光在其诗话中有一段广为称引的论述：

> 古人为诗，贵于意在言外，使人思而得之，故言之者无罪，闻之者足以戒也。近世诗人，惟杜子美最得诗人之体，如“国破山河在，城春草木深。感时花溅泪，恨别鸟惊心”。山河在，明无余物矣；草木深，明无人矣；花鸟，平时可娱之物，见之而泣，闻之而悲，则时可知矣。[29]

通过对杜甫诗句的细读，司马光例证了意在言外之作往往需要读者思而得之，读者的理解与阐释实践在言外之意的开掘上大有用武之地。清袁枚在诗话中也直接点出言外的意义可能使读者收获更多：“诗无言外之意，便同嚼蜡。杭州俞苍石秀才《观绳伎》云：‘一线腾身险复安，往来不厌几回看。笑他着脚宽平者，行路如何尚说难？’又：‘云开晚霁终殊旦，菊吐秋芳已负春。’皆有意义可思。”[30]诗之所以在文学阐释上能化少为多，同时又令人回味无穷，流连忘返，其中一个重要缘由就是读者对文外之旨的涵泳。

“‘含蓄’二字，诗文第一妙处。”[31]当历代诗话作者都普遍确认在技法层面、文本属性和美学目标上，含蓄不尽都是诗歌的“第一妙处”甚至是第一追求，那么，在诗话的大量批评实践中，诗话对诗歌文本的言外之意、余情余味余意等的阐释就当是首要之举。而从文学阐释学视角去研究历代诗话史，去观照诗话中浩如烟海的阐释实践，就显得尤为必要。诗话阐释学的构建，自然也能为中国文学阐释学提供大量的阐释理论和阐释方法。

三、事典与语典：历代诗话对使事用典的强调及其阐释必要性

上述第一、二部分我们分析了历代诗话在诗歌创作上对立意的本体性推重和在诗歌文本属性上对含蓄不尽美学风格的极致追求，以及二者对诗话中的阐释活动所产生的决定性影响。有意思的是，历代诗话还通过大量关于诗歌用事寓典的论述和对诗歌

中用典的具体阐释，将立意和含蓄结合在了一起。也就是说，诗歌在创作方法上要求用事寓典和在文本特征上呈现的大量典故，主要是为了委婉含蓄地假事陈词、以事表意，就像清贺裳在其诗话中所言："用意贵深至，以用事发己之意，则必易见其意，方妙。"[32]一般而言，广义的用典包括两种：一是对前人口头和书面语言即"语典"的征引；一是对历代发生过的被各种文献记录的人物和事迹即"事典"的征引，这就是《文心雕龙·事类》篇中所说的"事类者，盖文章之外，据事以类义，援古以证今者也"，所谓语典就是"明理引乎成辞"；所谓事典就是"征义举乎人事"。通观中国诗话史，可以看到，虽然也有诗话家反对用事寓典，但反对者人数稀少，声音微弱。多数情况下，诗话家普遍认为以使事用典来表情达意本身并没有问题，关键是不能强用而要活用，即如何用的问题。"典故作为一种凝聚着浓厚的历史文化内涵和哲理性美感内涵的艺术符号，在中国古典诗歌的语言形式构成中占有举足轻重的地位。它能使诗歌在简练的形式中包含丰富的、多层次的意义。中国古代诗人只有用典的多寡精粗之不同，而罕有全然不用典者。"[33]

诗歌本身体制短小，要做到言简意赅，以少总多，除了上文我们所论述的注重言外之意的开拓，另外一个重要途径就是要善于利用高度凝练、蕴意深厚的"成辞"和"人事"。清季赵翼在其《瓯北诗话》中以两个相反的诗人为例对用事寓典的价值进行了很好的总结：

> 诗写性情，原不专恃数典；然古事已成典故，则一典已自有一意，作诗者借彼之意，写我之情，自然倍觉深厚，此后代诗人不得不用书卷也。吴梅村好用书卷，而引用不当，往往意为词累。初白好议论，而专用白描，则宜短节促调，以遒紧见工；乃古诗动千百言，而无典故驱驾，便似单薄。故梅村诗嫌使典过繁，翻致腻滞，一遇白描处，便爽心豁目，情余于文。初白诗又嫌其白描太多，稍觉寒俭，一遇使典处，即清切深稳，词意兼工。此两家诗之不同也。[34]

原来，使事用典不过是为了借他人故事，以浇自我心中之块垒。不用，则诗文情意单薄，寒俭有余；用之，则深切沉稳，词意兼工。而具体到创作技法上如何用事才是上策，历代诗话的论述很多，总起来看就是不要勉强使用，不要露出痕迹，用宋人叶梦得诗话中的主张就是："诗之用事，不可牵强，必至于不得不用而后用之，则事词为一，莫见其安排斗凑之迹。"[35]这种表述直白的创作原则，清薛雪《一瓢诗话》用妙喻说得更为耐人寻味："作诗用事，要如释语：水中着盐，饮水乃知。"[36]水中之盐，视之无形，尝之有味，此为事融于诗，合二为一。关于这一点，我们只需看清诗话家朱庭珍颇有代表性的论述就够了：

> 使事运典，最宜细心。第一须有取义，或反或正，用来贵与题旨相浃洽，则文生于情，非强为比附，味同嚼蜡也。次则贵有剪裁融化，使旧者翻新，平者出奇，板重化为空灵，陈闷裁为巧妙。如是则笔势玲珑，兴象活泼，用典征书，悉具天工，有神无迹，如镜花水月矣。[37]

用事寓典的总原则是为了“取义”，无论是直用其事还是反其意而用之，无论是推陈出新还是化板滞为空灵，皆以无缝天衣、镜花水月般的与题旨相融洽的表意为上。今天，我们如果从文学阐释学的逻辑出发，首先意识到的就是，这些镶嵌在诗句中的典故必须经由批评家的专业阐释才能为一般读者所理解，而事实上，历代诗话在对前人诗歌的大量理解与阐释活动中，有一部分就是对诗句中的语典和事典的具体释解。我们来看宋人黄彻在其诗话中对东坡诗句中用典的解说：

> 凡作诗有用事出处，有造语出处。……坡作《太白画像诗》云：“大儿汾阳中令君，小儿天台坐忘真。”其事乃用白交汾阳于行伍中，竟脱白于祸；天台司马子微谓“白有仙风道骨，可与神游八极之表。”所造之语，乃《祢衡传》云：“大儿孔文举，小儿杨德祖。”[38]

汾阳中令君指的是做过中书令的唐大将郭子仪，李白曾请求军中主帅免去郭的刑责，后郭子仪又力保李白因卷入永王璘事而得以免死；司马子微传说是台州炼丹成仙的道人。黄彻不仅解释了东坡诗句中的所用事典，也指出其中套用的语典来自《祢衡传》中的句法，所涉及的二人就是东汉年间的著名文学家孔融和杨修。显然，这种带有知识性和技术性的解释对于读者理解东坡诗作是十分必要的。

有时候，更具胆识的诗话家还会对前人诗句中的用典进行批判性解读，同样是针对苏轼诗句中的事典，明季诗话作者安磐的批评就很犀利：

> 东坡谪居齐安，妓有李宜常侍宴集，他妓俱得坡诗，惟宜以语讷不得。坡去齐安，宜哀请甚力，坡有诗曰：“东坡居士文名久，何事无言及李宜？却似西川杜工部，海棠虽好不吟诗。”坡老于是失言矣。子美无海棠诗者，以母讳海棠耳，安可引用以与一妓哉？[39]

东坡好作戏语，此处即以玩笑口吻解释其未赠李宜诗的原因，但是他以杜甫不吟海棠诗之事作比却很不恰当，因为杜甫是为避其母名字“海棠”之讳而终生不写海棠诗。由此可以看出，这种纠错式阐释对于后人深入理解诗句非常重要。过去我们反复强调“读万卷书”之于创作的重要性，其实历代诗话早就不断提示“知万卷为何物”对于文本接受也有同样意义。换言之，在阐释学的论域里，这种对用事寓典的诗文本的解读更依赖读者前理解结构的厚度和广度。伽达默尔说：“理解首先意味着对某种事情的理解，其次才意味着分辨并理解他人的见解。因此一切诠释学条件中最首要的条件总是前理解，这种前理解来自于与同一事情相关联的存在。”[40]诗文本中嵌入的大量典故源于各种文献典籍，这就要求阐释者前理解结构中的阅读史以及建基于其上的文史知识足够丰富足够深厚。明诗话家杨慎以杜诗为例，提出“胸中无国子监不可读杜诗”论：“杜诗古本‘野艇恰受两三人’，浅者不知‘艇’字有平音，乃妄改作‘航’字，以便于读，谬矣。古乐府云：‘沿江有百丈，一濡多一艇。上水郎担篙，何时至江陵。’艇音廷，杜诗盖用此音也。故曰：胸中无国子监，不可读杜诗。彼胸中无杜学，乃欲改杜诗乎？”[41]博学是接受杜诗的前提，不仅如此，杨慎仍然以杜诗所用事为例，充分说明阐释者前理解结构中的阅读史对于正确释典的价值：

杜子美《滕王亭》诗：“春日莺啼修竹里，仙家犬吠白云间。”修竹用梁孝王事，犬吠云中用淮南王事，人皆知之矣。予尝怪“修竹”本无“莺啼”字也，后见孙绰《兰亭诗》“莺啼吟修竹，游鳞戏澜涛”，乃知杜老用此也。读书不多，未可轻议古人。[42]

杜诗在众所周知的事典里又加入了罕见的语典，二者融为一体，倘若读书不多，焉能识破？果然是“诗岂易言哉？一书之不见，一物之不识，一理之不穷，皆有憾焉”[43]。杨慎所谓“未可轻议古人”并不是说对古人诗文不能轻易评价，而是指在批评之前必须对诗文里内含的使事用典进行正确理解，有什么样的理解决定了有什么样的阐释，在对故实的解读中，理解与阐释总是相互作用，高度融合的。实际上，历代诗话中大量对诗文用典的注释与解读，也充满了一种现代文论提倡的对话精神。诗人用典传情达意，读者以典为媒索解，典故成为作者和读者隔着时代距离进行对话的焦点和纽带，在典义被识破并被融入整首诗文之情意的一瞬间，诗人和诗话家应该会发出心有灵犀的会心一笑。

以上我们选取了中国历代诗话的三个主要方面分析了从阐释学论域观照诗话研究的必要性。当代学者张江先生认为，中国阐释学的建构，“其中的核心和要害是，中国学术传统中虽无阐释学的概念和学科，但有丰富的阐释学思想和经验，这是构建当代中国阐释学的可靠资源和坚实基础”[44]。毫无疑问，中国历代诗话蕴含着丰厚的阐释学思想、话语和经验，某种意义上，一部中国诗话史，其实就是一部诗歌理解史和文学阐释史。今天，我们再来进行诗话研究，在中西诗学比较和文论互鉴的启示下，从阐释学视角以及理解与阐释的话语系统进入历代诗话史，尝试建构中国诗话阐释学，并以之为中国文学阐释传统的主干成分，这对于我们构建自己的阐释学体系是必要的，也是急需的。

注释：

[1] 蔡镇楚：《中国诗话史》，长沙：湖南文艺出版社，2001 年，总论第 2 页。

[2] 张江：《中国阐释学建构的若干难题》，《探索与争鸣》2022 年第 1 期，第 36～42 页。

[3] 张江：《关于公共阐释若干问题的再讨论（之一）》，《求是学刊》2019 年第 1 期，第 131～134 页。

[4]（清）王兆芳：《文章释》，曾枣庄编：《中国古代文体学·附卷 5》，上海：上海人民出版社，2012 年，第 81 页。

[5] 李春青：《论经典传注的阐释学意义》，《甘肃社会科学》2020 年第 6 期，第 10～18 页。

[6]（宋）张戒：《岁寒堂诗话》卷上，丁福保辑：《历代诗话续编》上，北京：中华书局，1983 年，第 450 页。

[7] 张思齐：《张戒的诗意学说》，《西南交通大学学报（社会科学版）》2000 年第 3 期，第 79 页。

[8]（宋）刘攽：《中山诗话》，何文焕辑：《历代诗话》上，北京：中华书局，1981年，第285页。

[9]（宋）吴可：《藏海诗话》，丁福保辑：《历代诗话续编》上，北京：中华书局，1983年，第331页。

[10] 李春青：《走向阐释学的文学理论》，《河北师范大学学报（哲学社会科学版）》2020年第2期，第61～71页。

[11]（宋）吴可：《藏海诗话》，丁福保辑：《历代诗话续编》上，北京：中华书局，1983年，第329页。

[12]（元）杨载：《诗法家数》，何文焕辑：《历代诗话》下，北京：中华书局，1981年，第736页。

[13] 张江：《论阐释的有限与无限》，《探索与争鸣》2019年第10期，第22～29页。

[14]（明）谢榛：《四溟诗话》卷三，丁福保辑：《历代诗话续编》下，北京：中华书局，1983年，第1179页。

[15]（宋）严羽：《沧浪诗话·诗法》，何文焕辑：《历代诗话》下，北京：中华书局，1981年，第694页。

[16]（宋）叶梦得：《石林诗话》卷上，何文焕辑：《历代诗话》上，北京：中华书局，1981年，第414页。

[17]（宋）张戒：《岁寒堂诗话》卷上，丁福保辑：《历代诗话续编》上，北京：中华书局，1983年，第454～457页。

[18]（清）张翼廷：《塞愚诗话》卷一，赵永纪编：《古代诗话精要》，天津：天津古籍出版社，1989年，第385页。

[19][德]伽达默尔：《论理解的循环》，严平编：《伽达默尔集》，邓安庆等译，上海：上海远东出版社，1997年，第41页。

[20]（宋）苏轼：《既醉备五福论》，《苏轼文集》卷二，北京：中华书局，1986年，第51页。

[21][法]保罗·利科尔：《存在与诠释学》，洪汉鼎主编：《理解与解释——诠释学经典文选》，北京：东方出版社，2006年，第256页。

[22]（清）吴乔：《围炉诗话》卷一，郭绍虞编：《清诗话续编》一，上海：上海古籍出版社，1983年，第476～477页。

[23]（清）陆蓥：《问花楼诗话》卷一，郭绍虞编：《清诗话续编》四，上海：上海古籍出版社，1983年，第2298页。

[24]（明）谢榛：《四溟诗话》卷三，丁福保辑：《历代诗话续编》下，北京：中华书局，1983年，第1184页。

[25]（宋）何汶：《竹庄诗话》卷一引，吴文治主编：《宋诗话全编》拾，南京：江苏古籍出版社，1998年，第10047页。

[26] 白寅：《心灵化批评》，北京：中国社会科学出版社，2005年，第130页。

[27] 朱光潜：《诗论》，北京：生活·读书·新知三联书店，1984年，第38页。

[28]（明）李东阳：《麓堂诗话》，丁福保辑：《历代诗话续编》下，北京：中华书局，1983年，第1374～1375页。

[29]（宋）司马光：《温公续诗话》，何文焕辑：《历代诗话》上，北京：中华书局，1981年，第277～-278页。

[30]（清）袁枚：《随园诗话》卷二，顾学颉校点，北京：人民文学出版社，1982年，第41页。

[31]（清）张谦宜：《絸斋诗谈》卷一，郭绍虞编：《清诗话续编》二，上海：上海古籍出版社，1983年，第795页。

[32]（清）贺裳：《载酒园诗话》卷一，郭绍虞编：《清诗话续编》一，上海：上海古籍出版社，1983年，第228页。

[33] 周裕锴：《中国古代阐释学研究》，上海：上海人民出版社，2003年，第243页。

[34]（清）赵翼：《瓯北诗话》卷十，郭绍虞编：《清诗话续编》二，上海：上海古籍出版社，1983年，第1314页。

[35]（宋）叶梦得：《石林诗话》卷上，何文焕辑《历代诗话》上，北京：中华书局，1981年，第413页。

[36]（清）薛雪：《一瓢诗话》，丁福保辑：《清诗话》下册，上海：上海古籍出版社，1978年，第704页。

[37]（清）朱庭珍：《筱园诗话》卷三，郭绍虞编：《清诗话续编》四，上海：上海古籍出版社，1983年，第2381页。

[38]（宋）黄彻：《䂬溪诗话》卷九，丁福保辑：《历代诗话续编》上，北京：中华书局，1983年，第391页。

[39]（明）安磐：《颐山诗话》，吴文治主编：《明诗话全编》叁，南京：江苏古籍出版社，1997年，第2127页。

[40][德]伽达默尔：《真理与方法》上卷，洪汉鼎译，上海：上海译文出版社，2004年，第380页。

[41]（明）杨慎：《升庵诗话》卷五，丁福保辑：《历代诗话续编》中，北京：中华书局，1983年，第733～734页。

[42]（明）杨慎：《升庵诗话》卷十四，丁福保辑：《历代诗话续编》中，北京：中华书局，1983年，第930页。

[43]（宋）陆游：《老学庵诗话》，吴文治主编：《宋诗话全编》陆，南京：江苏古籍出版社，1998年，第5777页。

[44]张江：《中国阐释学建构的若干难题》，《探索与争鸣》2022年第1期，第36～42页。

空间批评的话语建构和文学地图的理论维度

黄继刚

（汕头大学文学院，广东汕头，515000）

内容摘要： 文学空间批评是在“空间转向”的文化语境中来探绎空间书写维度，其不仅直面文艺文本中的叙事逻辑和审美情感，还参与到以人文阐释为特点的身份认同、性别诗学、文化政治等现实议题当中，并朝着拓展性、开放性和多元性等维度发展。当下方兴未艾的地图/绘图研究思潮成为当前文学空间批评的前沿领域和数字人文可视化的重要阐释维度，从空间文化走向文学绘图的语境转换过程中，詹姆逊、罗伯特·塔利和方英等人的理论观点为我们提供了全新的分析框架，尤其是针对学界目前文学地图研究所面临的理论困境，方英提出的绘制空间性提供了一种颇具参考价值的建设性思路，值得学界就此议题进行更为深入的探讨。

关键词： 文学空间批评；认知图绘；文学绘图；绘制空间性

一

20 世纪晚期，资本主义带来的全球一体化的空间重组成为文化现代性生成的重要条件。随后的“空间转向”(spatial turn)则成为人文社科领域重要的学术事件。它改变了人们对世界的认知模式，打破了历史决定论，并将空间从时间的附庸地位中解放出来。这一转向不仅影响了学术研究的路径和策略，还加深了文学与哲学、社会学、人文地理学、城市规划学等学科间的跨界趋向，使学者们更加关注空间在社会审美、文化政治、历史话语建构等方面的重要作用。文学空间批评正是在“空间转向”的文化语境中，探绎空间书写维度，并以此作为符码表征出社会文化的价值内涵。这种新颖的研究思路迅速引发了广大学者的兴趣和关注。在此背景下，方英教授于 2024 年出版的专著《文学空间批评》可谓恰逢其时。该著作通过丰富多元的理论文本分析，在阐幽发微、鉴往察来的基础上构建起一套富有创见的批评体系，为文学研究提供了极具价值的理论视角与研究范例。

任何一种文学批评在建立自我言说之前，都需要明确其在特定历史背景当中的构成性意义。有鉴于此，本文依然会从历史发展的角度，追溯空间转向的发生及其对文学批评的影响，辨名析理文学空间研究的核心概念，在此基础上展开与方英教授的学术对话，并就教于学界的广大同仁。客观来说，空间批评作为“空间转向”之后空间文化在文学批评领域的重要实践，促使文学批评从线性时间和单一维度中解放出来，其理论话语和观念方法的互动呈现出灵活多变的知识形态。在这一理论的生成与流变中，以下几个重要的知识节点能有效揭櫫其思想内核。

首先，哲学家列斐伏尔、福柯、德勒兹等人的思想为空间批评奠定了坚实的理论基础。列斐伏尔提出的“空间生产”(the production of space)，强调空间是社会的产物，每个社会都生产自己的空间，社会空间是对生产力、生产关系和社会关系的表达与再生产。这一理论促使空间批评关注文学作品中空间与社会结构、文化政治的紧密联系，剖析文学空间如何反映和塑造社会现实。福柯的“另类空间”探讨了乌托邦和异托邦等特殊空间，揭示了空间与权力、知识的复杂关系，启发空间批评挖掘文学文本中空间所蕴含的权力运作和意识形态内涵。德勒兹的“地理哲学”(geophilosophy)创造性地论述了“游牧”(nomad)、“解辖域化”(deterritorialized)等概念，强调空间的流动性和开放性，使研究者开始关注文学中空间的动态变化以及对传统秩序的突破。海德格尔后期关注空间问题，探讨此在与空间的关系，强调人在空间中的存在体验，使空间批评聚焦于人物在文学空间中的存在状态与意义探寻。梅洛-庞蒂的“知觉世界”强调身体在空间感知中的核心作用，以人物的身体感知为线索展开叙事，分析人物的空间知觉如何影响其行为与思想。

其次，英美人文地理学对“地方”(place)的强调和研究，为空间批评提供了重要的视角。人文地理学认为地方充盈着意义，其意义源于主体的观看和阐释，这与文学所表征的世界具有相似性，人-地关系在文学世界中的呈现开始成为学界都很有兴趣的议题。段义孚认为“地方”因人类活动被赋予情感、意义和价值，他提出的“恋地情结”(topophilia)、“景观恐惧”等概念，启发空间批评关注文学作品中人物与空间/地方的互动关系，以及“地理学想象”对人物身份、情感和文化认同的塑造作用。爱德华·索亚的“第三空间”(thirdspace)理论打破传统二元思维，提出融合物质空间与精神空间于一体的、介于真实和想象的“第三空间”，为解读文学作品中复杂多元的空间提供了新框架，促使研究者关注文学空间自身的建构性与开放性。迈克·克朗在《文化地理学》中将空间视为文化实践的产物和媒介，文学作品中的空间场景不再仅是情节载体，更蕴含了社会关系和文化内涵。

最后，现代主义之后的文艺作品采用空间化叙事方式并在叙事结构、场景设置、主题表达等方面突出空间元素的重要性。多数作家摒弃了文本时间的因果律，转而运用意识流和空间化叙事拆解传统句法结构和叙事语言的连贯性，这种空间形式成为一种时间凝滞引起空间扩张的存在感，空间不再仅仅是故事发生的背景，而是成为被有意识运用的技巧或手段，这些文艺实践挑战了传统文学书写方式，必然要求新的批评方法与之相适应。如约瑟夫·弗兰克归纳现代小说的空间形式是“并置”和“同时性”的观点[1]。“并置”指在文本中并列放置游离于叙述过程外的各种意象、暗示和象征；而“同时性”以时间的“瞬间”为横切面，在刹那片刻展开不同层次的行动和情节，让当下的各种声音、感受同时在文本叙述层面进行，形成空间上的交错张力，增强了叙事的层次感和立体感。雷蒙·威廉斯在《乡村与城市》中从乡村、城市及城乡边界三个空间角度出发，融入时间与权力等要素，为文学空间批评提供了独特且系统的研究范式。

而巴什拉的《空间的诗学》从现象学出发赋予空间以原初意义，认为不同记忆片段常通过空间与个人的记忆、梦想紧密相连，如家宅、卧室、地堡等，这一维度强调空间对塑造身份认同、情感体验的重要性，以及空间在个体成长和存在体验中的根源性价值。

上述三个层面的思想激荡促成了文学批评的研究转变，扭转了文艺理论因哲思的抽象性而缺失文本阐释能力的局面，最终使得空间批评不仅直面文艺文本中的叙事逻辑和审美情感，还参与到以人文阐释为特点的身份认同、性别诗学、文化政治等现实议题当中，并朝着拓展性、开放性和多元性等维度发展。方英的《文学空间批评》对上述空间理论的考镜源流，以钩沉、梳理和诠释还原出一个完整的思想谱系，方著中完整的理论体系亦说明文学理论和空间文化的联动，不能止步于阐发文学空间与文化地理之间的对位关系，更要致力于建构自我言说的话语范畴和核心概念。

二

任何卓有建树的文艺理论家不仅需要厘清文学批评的发凡举例和思想对垒，还要对核心关键概念做出精到的扬榷。而在过去的十年间，文学空间批评出现了一种绘图转向的思潮动向，无论是固德(Janice Gould)的“诗性地图”(poetic cartography)、詹姆逊的“认知图绘”(cognitive mapping)、莫莱蒂的“远读”(distant reading)、韦斯特法尔的“地理批评”(geocriticism)及罗伯特·塔利的“文学绘图”(literary cartography)；还是竺可桢言及的“以诗证地”、金克木的“地图”空间维度、杨义的“重绘中国文学地图”以及梅新林的“地图批评”、方英的“绘制空间性”等等，不难看出，方兴未艾的地图/绘图研究思潮已成为当前文学空间批评的前沿领域和数字人文可视化的重要阐释维度。

客观上，地图是从地理状况的特定细节中挑选并抽象而成的，力求以系统的方式将世界理性化并固定在意象世界里，而意象世界实际上是变动不居的。然而，地图却被充当地理现实的完整表现并成为世界的真实写照。地图不仅描绘世界，还根据特定的文化需求构筑世界，因此成为文化政治和意识形态的工具。古塔斯夫·梅茨格认为“地图与其说是对世界的描绘不如说是对信念的陈述。它描述信念，使其信赖者产生安全感。使我们易于接受这陌生的世界，地图从来不是描述，它是信念的纹章，推动着创造了它们的民族和文化”[2]。文艺复兴以来的制图学被广泛地接纳为一种有效的知识载体和审美媒介，人们意识到地图是科学认识和艺术想象相结合的产物，是探究艺术风格和科学发展的重要文本。至少在17世纪之前，作为“艺术的绘画”和作为“科学的地图”并没有被严格区分开来，艺术家选择地图作为值得了解的知识，而制图者希望以绘画的美观来制作地图。认知主体在经验条件下建构出自上而下了解环境的空间辨析能力，并以地图为核心建构出一个完整的“艺术知识体系”，地图的意义生产不仅关涉空间测绘，还是文化意识形态的重要表征。换言之，“地图所反映的不是一个真实的世界，它所反映的是这个真实世界的一种寓意”[3]。或者说，地图是一种“观世界、世界观”的图像呈现。由是，文学地图的演进嬗变并不简单是“文学”叠加上“地图”这样的语图互文，而是研究者在坚守文学本体论的前提下汲取跨学科的地图体例来创新文学研究的视角，从空间文化走向文学绘图的语境转换过程中，詹姆逊、罗伯特·塔利和方英等人的理论观点为我们提供了全新的分析维度，促使学界就此议题进行更为深入的思考。

1988年，詹姆逊在代表作《后现代主义，或晚期资本主义文化逻辑》当中提出了“认知图绘”的概念，“这里所阐述的空间概念，揭示出一个切合我们自己历史境况的政治文化模式，将势所必然提出空间问题，把它作为自己的基础组构问题。因而我将姑且将这个新的文化形式，定义为一种‘认知图绘’美学”[4]。这一核心术语实际上受惠于凯文·林奇(Kevin Lynch)的“城市意象”(the image of the City)和认知心理学的“心象地图”(mental map)。按照心象地图的学理逻辑，地图所界定和图示的世界，同样也是绘图者心灵世界的投射，其根据自我的认知和想象在建构过程中加上熟悉的文化语境，而文化意识形态的植入往往使得这种建构成为空间赝象。佩特·米歇尔(Peta Mitchell)称之为“所有的地图都是精神地图”[5]。“心象地图”是建构在空间环境当中的主体记忆认知，是空间存在的一个“抽象替代物”(abstract analog)[6]，这一“替代物”并不是一定要和人的视觉机制相关联，也可以是从主体的环境经验中建构起来的感性认知。诸如读者从《红楼梦》的阅读中逐步形成对大观园的记忆草图或空间认知，这种认知由于主体之间理解的差异和记忆的不同而言人人殊，甚至有“想象”代替“真实”的可能性。心象地图的形成过程是对环境信息二次编码的过程，即主体将所在环境中的空间位置、相互关系进行编码、存储、提取、译码的绘制过程，探索地图的符号功能和语义功能，最终形成地理环境记忆。其既可以是自下而上对地理环境的客观真实呈现，也可以是自上而下大脑认知建构并再现出来的相似环境模拟，并且这种记忆是随着年龄和经验而改变，其呈现方式也必然会存在着个体的差异性。

而“认知图绘”是詹姆逊面对后现代语境“无方位感”“不可见性”的重要理论工具，他借助资本主义分期论将后现代文化置于历史进程中分析。“认知图绘”既是对空间再现的话语形式，也是批评方案，核心在于对“不可见性”的洞察，其与阶级意识密切相关，还是对总体性的再造，“认知图绘美学是一种政治文化，它尝试赋予并强化个别主体在全球体系中的方位感，它将必然且必须尊重这个如今变得极其复杂的表征辩证模态”[7]。由此不难看出，詹姆逊的“认知图绘”是一种隐喻概念，并非指实际的地图绘制，而是借助地图的概念来比喻个体在社会和历史中的定位过程。受阿尔都塞、拉康理论影响，詹姆逊的论述始终围绕社会结构和意识形态展开，将复杂的社会关系和空间结构抽象为一种认知模型，强调通过“认知图绘”来重建秩序进而把握后现代社会本质。由是，“认知图绘”成为一种新的“阶级意识”的“密码”，个体对社会空间的认知定位，反映了其所属阶级的特征，通过认知图绘可以揭示社会阶级结构以及个体在其中的位置，具有从空间分析向社会结构领域演绎的特点。

罗伯特·塔利则是在赓续詹姆逊“认知图绘”的基础上，以“文学绘图”重塑了空间作为批判性思维的力量。塔利毕业于杜克大学，师承詹姆逊，“文学绘图”这一概念出现于他的博士学位论文中，他用这个概念在本体论层面重新阐释文学活动，阅读写作、批评鉴赏等都属于绘图行为的隐喻。如果说，地图用线条坐标、位置关系等信息符号呈现地理面貌；那么，文学则运用文字符号构建场景、塑造人物、叙事情节来呈现社会生活和人类情感，二者都旨在表征和建构出社会时空的整体性。塔利认为文学写作类似绘制地图，都是通过符号构建世界并确定主体(可以是作者、人物或读者)的位置，“地图绘制喻指文学写作，尤其是通过‘叙事’完成的创造性表征，揭示了写作等文学活动乃绘制主体与更宏大的时空整体的关系，并探究文学如何表征并建构这一整体性”[8]。譬如在《平凡的世界》里，作者通过描绘孙少安的奋斗历程，确定了他在特定地域的“处所意识”，这种意识“所导致的绘图焦虑及其反映的表征危机则激发了对叙事的渴望，催生了文学绘图的行为”[9]。再如，在陌生城市中感到不安，人们会通过查看地图、了解周边环境等方式来缓解，因为地图上标注的各个地点和路线，清晰地展现出主体在世界中的坐标。此外，读者也能通过书中人物的经历和故事发展，了解到不同阶层在社会中的处境，从而对照自身，明确自己在类似环境中的清晰坐标。同时，它还能协调个体经验与未知整体的关系。个体的生活经验往往有限，而阅读文学作品如同借助“导航系统”一样，读者能突破自身局限与更广阔的社会整体建立联系，这种对内容的筛选和组织就如同地图绘制者确定刻度一般，使作品形成独特的叙事结构。文学绘图表征主体所在的世界，投射出包含真实、想象以及“真实且想象”的空间。如科幻小说《三体》既有对现实科学知识和人类社会问题的思考(真实部分)，又构建了遥远星系、外星文明等想象空间，同时还存在基于现实科学发展进行合理想象的“真实和想象”空间，整体上构建起对世界的新认知。

文学绘图从文学文本出发来阐述文学叙事与空间想象的互动关系，那是否可以纳入叙事学领域来进一步探绎文学空间性的表达与建构？就此议题，方英教授做出了卓有创见的理论分析，她沿袭塔利的文学绘图并将之作为叙事学概念进行解读阐发。在分析文学文本时，文学绘图从空间角度解读文本并发现文本中隐藏的空间结构和叙事逻辑，探究作家如何运用空间元素构建独特的叙事风格，以此来梳理不同文类和流派在空间叙事上的特点和演变规律。不仅如此，从文学绘图的实践来看，作家通过叙事绘制文学地图，将自己对世界的理解投射其中，为无形的世界赋形。在这一过程中，作家预设的诗学结构和叙事策略会邀请不同时空中的读者参与到绘制中，这意味着读者在阅读时并非被动接受，而是凭借自身的文化和情感介入，并影响虚构世界中空间的再现形式，重新摹写自己的认知地图。通过作家和读者的共同参与，文学绘图实现文学批评介入和文化批判实践的双重目的并构建了主体在世界中的存在方式。其逻辑进路具体为“绘图焦虑(处所意识)催生了绘图行为，作家的写作创造出文学地图(文学绘图)，绘制出文本中的空间与地方(文学地理)，读者/批评家的解读既是阅读地图，又是再次绘图(地理批评)，理论家的研究是围绕特定问题的地图绘制(制图学)”[10]，最终，构建成三元辩证关系，形成一个完整连贯的闭环体系。

三

文学绘图不仅是一种批评理论，更是一种哲学式反思认知，它要求研究者在特定的时空背景下，对文学作品中的空间现象进行深入思考，探索存在的根本性问题及其哲学意义。就此，方英的界定可谓一语中的，“文学绘图理论以一种‘空间的’思维和方式重新诠释文学”[11]。但是，从混沌不清的模糊状态到拥有自我话语边界的研究范畴，文学地图研究走过了一条曲折的历程。时至今日，这一核心概念已形成一个中西学者思想激荡、观念碰撞的学术场域。

中国学者金克木在1985年就曾经质疑过中国文艺批评过于重视时间线性传统，而忽略了空间维度，“长于编年表而不重视画地图”[12]，他要求文艺批评考虑的要素不仅包括文艺现象的地域性分布和排列，还要考察文艺传承脉络(诸如“左图右史”的传统)和风格嬗变演进的轨迹。他以丹纳的《艺术哲学》为例，断言“文学和艺术的地域分布研究不是仅仅画出地图，作描述性的资料性的排列，而是以此为基础提出问题”[13]，并论述了文艺地域学研究的可能性。21世纪之初，杨义先生提出“重绘中国文学地图”的命题对传统学术格局产生了建设性作用，“重绘中国文学地图是一个旨在以广阔的时间和空间通解文学之根本的前沿命题，它以空间维度配合着历史叙述的时间维度和精神体验的维度，构成了一种多维度的文学史结构”[14]。其核心要义是纠偏传统文学史的固有弊病，希冀以文学图志的创新形式来重构文学史的研究范式，强调的是“以史带图，由图出史，图史互动”[15]的文学史新形态。事实上，他积极撰写《中国古典文学图志——宋、辽、西夏、金、回鹘、吐蕃、大理国、元代卷》《中国新文学图志》《重绘中国文学地图通释》《文学地图与文化还原》等著述来尝试突破线性时间对中国文学史书写的束缚，并引入空间地理的维度来创新实践。就文学史现实而言，中国文学史的版图历来以汉族文学作为正统代表，很大程度上挤压了少数民族文学的话语空间。因此，杨义先生的重绘实际上是指从语图互文入手，在实体图像和地理隐喻之间建构出文化分析的参照系，重新审视少数民族文学和汉族文学在中国文学发展史中相互交流、共同建构的维度，希望能激发少数民族文学在文学史中“边缘的活力”。这种宏观视野使文学研究最终走向“文化还原”，重点在对中华民族文明史生成、流变和形成的梳理及阐发。由此也不难看出，他的著述当中关于文学地图的论证并非纯粹意义上的地图，而是引譬连类，包括了图志学层面上的照片碑帖、壁画书法、绘画封面、残卷手稿、信札书印、剧照海报及胶片脸谱等等文化图像。从学术路径来看，因为文学地图长期以来和文化地理的交融关系并侧重于文学的外部研究，这也使得“重绘”的研究立场整体上还是属于文学史范式研究和文化阐发的学术考古。此外，文学绘图中的“图”和文学图像中的“图”并不能等同，前者强调绘制的过程，也就是说需要将文学中的空间信息转化为视觉化符号，并通过这种二次编码的视觉产物来阐述“文”之内涵；而后者的“图”是已然存在的，可以直接进行意义解读。

而意大利当代文论家弗兰克·莫莱蒂(Franco Moretti)将数字人文和计算批评引入到文学地图研究当中，运用“远读”的方法将文本信息图像化，利用数字信息分析工具构建真实的文学地图模型，以“图表、地图和树图”[16]分别对应量化历史、地理学和进化论模型，从文学文本中提取有关元素来绘制其空间分布轨迹，步骤包含清洗文本信息数据、建立抽象模型、绘制关系以及展示空间结构等操作。他的批评方法注重对整体结果的解读，而非对单个文本的阐释，致力于将地理信息编写为可视化的文学地图，以此来呈现文学地理的空间形态，而他本人也是身体力行地绘制了多达91幅文学地图，旨在实现文学研究范式从文本细读向抽象模型建构的转变。莫莱蒂的批评实践过度依赖远读等技术手段，切断了与文本美学、情感态度、作者背景等方面的联系，使得语言与叙事的魅力处于边缘地位而文本自身未得到真正的阐释，这种时代性的理论症候反映出资本主义文化逻辑下的数字拜物教对文学审美属性的罔顾漠视。所以这种学术路径也一直是备受争议，意大利地理学会主席克劳迪奥·塞尔雷蒂(Claudio Cerreti)就不无揶揄地声称，莫莱蒂的地图只能算是图示(diagrams)和数据(figures)，其研究结论甚至和地理学(geography)并无关涉，只能算作几何学(geometry)的范畴[17]。也就是说，这样的空间批评反而窄化了文学空间的研究视域，尽管有语图的互动关系，但是文学地图成为一种辅助性演示工具，直观呈现的文本内容(图片、图表、图像和图志)很大程度上也未能有效触发文学空间意义的生成性。

针对以上两种文学地图路径所面临的理论困境，方英教授的绘制空间性提供了一种颇有参考价值的建设性思路。"'绘制空间性'特别指对文学中空间性因素的强调和凸显，是在写作、阅读和解读的过程中，绘制出与空间元素相关的'地图'，并以此表达主体强烈的空间意识和与空间性相关的各种意义"[18]。"绘制"是理解文学与空间关系的关键概念，其既是批评方法，也是文化实践，旨在从多层面展现文学创作、阅读与批评中空间性的构建与呈现。作家通过文字对空间元素进行选择、布局和描绘，构建文学世界的空间架构，此过程如同绘制地图，需构思整体并处理细节，最终使得读者能在脑海中勾勒出清晰的空间画面，这体现了作家绘制空间性的能力，赋予作品独特空间感。在阅读层面上，读者凭借自身经验和想象力，对作品中的空间性进行再创造，在阅读中构建属于自己的文学空间。由此，"绘制空间性"关注的不仅有对现实空间的表征，还有对想象空间的建构。

就此议题，笔者在受到方英"绘制空间性"启发的同时，引入罗兰·巴特"可读/可写文本"来予以论证和总结。巴特指出，"可读的文本"(readerly texts)默认读者不生产意义而只是固定、预设的被动接受者；"可写的文本"(writerly texts)则邀请读者参与文本的建构过程，生产复数的现实，变动不居，无休无止。值得注意的是，二者并非泾渭分明，而是可以互为转化，这取决于文本是否开放可写。秉持这一理论阐述，我们不难发现，绘制空间性并非将地图简单理解为地图(maps)本身，而是将之理解为一种运作机制，即绘图/制图(mapping)。这种过程性视角更加关注空间意义的生成性，笔者认为这也是文学绘图和文学地图的差异分袂：文学绘图将地图视作隐喻，引用制图术语解决文学研究和批评任务，绘制的过程倾向于使用文字这一媒介。文学绘图注重文学语言与叙事在构建空间和表达主体体验方面的作用，注重作家在情感投射过程中对空间的绘制行为，即如何通过叙事、描写、象征等手法将空间元素组织起来，形成文本中的空间结构，强调空间的动态建构过程及其对文本意义的影响。此外，文学绘图融入哲学观照，"我绘故我在"[19]体现了其对主体存在的重视。而文学地图旨在通过远读图像化文本信息，构建真实的地图模型，其侧重于文学作品最终呈现的空间表征结果，强调空间的可视化或可感知性，帮助读者理解文本中的空间结构。在批评实践中，文学地图过于依赖数据和模型，虽然在宏观层面有所发现，但牺牲了对文学文本细腻之处的解读，文学的主体性反被削弱。其更适合呈现文学和地理之间的相互关系，发现不同文本之间的潜在联系，勾勒文学表征与历史发展的必然联系。整体而言，两者相辅相成，文学地图是文学绘图的理论结果，而文学绘图是文学地图的生成过程。我们细绎比较两者的异同可以更全面地理解文学作品中空间性的复杂性和多样性。

* 本文系广东省级课程教研室“文艺理论教研室”(粤教高函〔2024〕9 号)的阶段性成果。

注释:

[1] [美]约瑟夫·弗兰克:《现代小说中的空间形式》,秦林芳译,北京:北京大学出版社,1991 年,第 2～3 页。

[2] G. Metzger, “The Artist in the Eye of the Storm”, in J. Wood ed., *The Virtual Embodied: Presence/Practice/Technology*, London and New York: Routledge, 1998, p. 107.

[3] [法]让·韦尔东:《中世纪的旅行》,赵克非译,北京:中国人民大学出版社,2007 年,第 14 页。

[4] F. Jameson, *Postmodernism, or, the Cultural Logic of Late Capitalism*, Durham: Duke University Press, 1991, pp. 50-51.

[5] P. Mitchell, *Cartographic Strategies of Postmodernity: The Figure of the Map in Contemporary Theory and Fiction*, New York: Routledge, 2008, p. 19.

[6] 赵军喜:《认知地图及其在地图制图中应用》,《地图》1998 年第 2 期,第 12 页。

[7] F. Jameson, *Postmodernism, or, the Cultural Logic of Late Capitalism*, Durham: Duke University Press, 1991, p. 54.

[8] 方英:《文学空间批评》,北京:中国社会科学出版社,2024 年,第 26 页。

[9] 方英:《文学空间批评》,北京:中国社会科学出版社,2024 年,第 89 页。

[10] 方英:《文学空间批评》,北京:中国社会科学出版社,2024 年,第 42 页。

[11] 方英:《文学绘图:文学空间研究与叙事学的重叠地带》,《外国文学研究》2020 年第 2 期,第 39～51 页。

[12] 金克木:《文艺的地域学研究设想》,《读书》1986 年第 4 期,第 85～91 页。

[13] 金克木:《文艺的地域学研究设想》,《读书》1986 年第 4 期,第 85～91 页。

[14] 杨义:《重绘中国文学地图与中国文学的民族学、地理学问题》,《文学评论》2005 年第 3 期,第 5～22 页。

[15] 安文军:《重绘中国文学地图坚实的第一步》,《中国图书评论》2006 年第 6 期,第 49～52 页。

[16] F. Moretti, *Graphs, Maps, Trees: Abstract Models for A Literary History*, London: Verso, 2007, p. 3.

[17] F. Moretti, *Graphs, Maps, Trees: Abstract Models for A Literary History*, London: Verso, 2007, p. 54.

[18] 方英:《文学空间批评》,北京:中国社会科学出版社,2024 年,第 78 页。

[19] R. T. Tally Jr, *Topophrenia: Place, Narrative, and the Spatial Imagination*, Bloomington: Indiana University Press, 2019, p. 1.

中西文明互鉴视域下艺术理论的情动面相

张紫柔

（南京大学艺术学院，江苏南京，210093）

内容摘要：当代学术语境对“情感”的理解经历了重要转向，特别是德勒兹对斯宾诺莎“情动”理论的创造性阐释，为情感研究提供了新的视角。然而，现有研究主要集中于“情动”概念的哲学建构与政治潜能，而其在艺术理论中的具体应用仍显不足。本文基于斯宾诺莎和德勒兹的情动理论，结合李泽厚的“情本体”美学、苏珊·朗格的艺术符号学等理论，探讨情动如何超越传统表象范式，塑造基于生命经验的艺术本体。情动不仅通过动态的身体感知与情感流动重构艺术创作与审美体验的机制，还促使个体在与外界的交互中形成更深层的生命认知与主体性建构。跨文明的对话格局不仅拓展了艺术美学的情感研究边界，且进一步激活了中西文明互鉴的当代可能性。

关键词：情动；情感与形式；情本体；主体性

在当代学术语境中，对“情感”概念的理解正经历根本性的转变。作为当下情感研究谱系的热点概念，“情动”逐渐成为阐释艺术的重要途径。斯宾诺莎(Baruch de Spinoza)在其著作《伦理学》中首次提出了“情动”(affectus)与“情状”(affectio)的概念，并赋予了情动以身心关系与主体生成的哲学意涵。德勒兹(Gilles Deleuze)在对斯宾诺莎的解读中，将情动视作生命力量的连续流动，并强调艺术不仅是审美的客体，更是主体与世界建立联系的途径。在这一理论架构下，艺术不再局限于单向的模仿或再现，而是情感流动、知觉塑造和关系构建的过程。尽管如此，当前学界对于情动理论的研究多集中于哲学和社会学层面，而对其在艺术理论中的意义和价值关注不足。本文力图明确情动概念在艺术理论中的阐释与应用，探讨情动如何成为理解艺术的关键维度，并分析其如何影响主体性建构的过程。

一、何谓“情动”

“情感转向”(affective turn)已成为近年来人文社科学界备受关注的理论议题。该议题深植于人类最古老的命题与最复杂独特的本质，天然地具备跨学科的特性与广阔的视野，几乎涵盖了所有关于人类情感的理论。学者们基于不同的研究需求，发展出文化导向、女性主义导向、政治经济导向以及“生物媒体”(biomedia)等众多概念。帕特丽夏·克劳馥(Patricia Clough)指出：“在批判理论面临分析持续的战争、创伤、酷刑、屠杀以及反恐/空袭等事件的挑战时，情动分析的重要性在众多学科与跨学科话语中日益凸显。如果说这些世界事件是政治、经济和文化持续变革的表征，那么对情动的关注或许揭示了政治、经济和文化之间相互作用方式的变化，或者用布莱恩·马苏米在导论引言中所称的'社会'概念来表述。"[1]这一系列理论的渊源大多可追溯至斯宾诺莎的《伦理学》，正如迈克尔·哈特(Michael Hardt)所言："巴鲁赫·斯宾诺莎是对情动理论研究贡献最大的哲学家，其思想直接或间接地成为当代该领域大多数研究的起源。"[2]随后，德勒兹在对斯宾诺莎的解读中对"情动"(affect)及"情状"(affection)提供了创新性的阐释，并将其作为积极生命哲学的理论支撑。继而，马苏米(Brian Massumi)在英语学界对德勒兹的译介及对"情动"富有创见性的运用，成为推动众多情动理论发展的关键转折点，进一步拓展了情动谱系。

探讨的焦点将回溯至情动谱系的初始意涵，即源于斯宾诺莎，诠释于德勒兹的生命哲学中情动理论的构建。作为对笛卡尔的"我思故我在"之身心二元论思想的批判性回应，斯宾诺莎指出，身体与心灵互相都不能决定彼此，"我把情感理解为身体的感触，这些感触使身体活动的力量增进或减退，顺畅或阻碍，而这些情感或感触的观念同时亦随之增进或减退，顺畅或阻碍"[3]。质言之，斯宾诺莎将情感与身体感受结合起来，且身体并非处于孤立状态，而是处于与外界的互动之中，在这种间性关系之下身体获得各类情感的波动，我们由此知晓身体的特性与情感的限度。正是这一点被德勒兹视为对既往哲学史的突破，即斯宾诺莎不再执着于思考身体是什么，而是身体能做什么，虽然无法预先知晓，但情动的视角促使我们不断去探索未知的能力，由此为我们提供了"一种始终开放且不断更新的人类本体论"[4]。

如若探讨德勒兹从斯宾诺莎哲学中汲取的核心启示，其关键或许在于"哲学只能是一种对生命的沉思，而远非一种对于死亡的沉思"[5]。德勒兹深信斯宾诺莎关于悲苦削弱存在之力的观点，其深意在于："悲苦不会令人明智。在悲苦之中，我们是无可救药的。"[6]德勒兹进一步阐述，情动即"存在之力的连续流变，而此种流变为某人所拥有的观念所界定"[7]；情状则是一种效果，或者说一个物体在另一个物体上的作用。例如我们在晒太阳，感受到阳光的温暖明亮，这就是我们与太阳之间的某种混合，或者说一次"相遇"(rencontre)，即太阳同我们身体所形成的一个情状，我们通过这一情状的表象可以形成对混合体的观念，当进一步知晓混合体的原因，便可了解自身的构造，因为不同的个体构造本性不同，便会以不同的方式感知太阳[8]。

悲苦的情动会使人的行动力削弱，因为它使人陷入与自身不合的关系中；愉悦的情动则相反，它会使我们的力量与理智增强，使人获得彼此之间的"共同概念"(notion commune)，也就是理解了两个身体或两个灵魂之间的共享之物，并将情感转化成行动。那么我们为何需要有关共同概念的认知呢？德勒兹告诉我们，是为了懂得如何营造与自身相适宜的际遇，因为斯宾诺莎对哲学史的反抗与扭转意味着，不再有普遍的概念和对所有人都适宜的际遇，每一个体承受情动的方式与能力都不尽相同。任何一种情动的际遇都可使人认识自己的强度，而承受情动的强度，就是一个人的本质所在。这就是斯宾诺莎运用理性的方式：一种感知式、生成式的理性思考。相较于沉溺于对不幸的剖析，斯宾诺莎所倡导的则是以愉悦为出发点，并试图拓展这种愉悦，形成共同概念，以此理解我们的身体与外界事物相合或者不合的构成关系。从愉悦出发，从行动力增强走向共同概念的逐渐丰盈，即使再度遭遇悲苦，我们已然知晓自身与之是否相合。“自由的人绝少想到死；他的智慧，不是死的默念，而是生的沉思。”[9]这便是德勒兹从斯宾诺莎那里承继的哲学中的生活方式。

综上所述，我们可以在从斯宾诺莎到德勒兹的情动理论中，提炼出几处关键点：其一，对身体与运动的肯定；其二，强调关系与作用；其三，情动的生命导向。康德将人的知识分为知性、感性、理性三种，从属于人的感性范畴的情感无疑在美学与艺术研究中有着不可或缺的地位，我们在艺术中感受到的即生命的动态过程，且在艺术作品中，情感本身的力量已经成为一种构成力量(formative power)[10]。然而传统艺术理论对于情感的研究还局限于审美过程中的情感，而并未涉及情动转向所强调的“身体在审美活动中的作用，也没有强调情感的强度和运动的特征”[11]，而情动转向的革新的意义就在于“每当我们考虑心灵的思考能力时，也应当试着认识到身体的行动能力是如何与之相对应的——‘对应’的概念在此处是重要的开放和不确定的”[12]。接下来本文便尝试经由这一情动理论框架，对艺术理论中的情感观念进行重审，进而探索情动思想对艺术理论的扩延。

二、艺术与生命的同构

作为人类文明的瑰宝，艺术的本体及认识问题是伴随着艺术活动而衍生的哲思命题，在苏珊·朗格(Susanne K. Langer)、李泽厚及德勒兹等学者看来，艺术活动与生命动态过程有着切近的联系。对于朗格来说，形式来源自人对自然与生命规律的感知及表现，主体对其内在逻辑进行的感性抽象就形成了艺术，因而她将艺术称为人类对事物的解释。李泽厚对于朗格的观念基本持赞同立场，在他看来形式之美的主要特征，如节奏、韵律、比例等，是人类在生产生活实践中所提炼抽象出来的。德勒兹提出，艺术源自多种情感反应的感觉聚块，这些感受源自主体的诸种状态与对客体的诸种感知，进而使得某种状态得以保存，艺术作品表现为感觉的持久且自由的存在，犹如纪念碑一般。不难看出，无论哪一种观点，艺术本体都并非作为再现外在世界的表征而存在。艺术的使命是对人类经验中难以理解之处的阐释，而再现始终有着与现实的距离，莫亚诺·阿里萨(Moyano Ariza)指出，两者之间的空白恰恰需要情感能力与肉身经验的填补，因为它使我们重返人类与事物本身的接触[13]。质言之，在上述几位学者的观点中，艺术本体被视为对生命本质及人类感知的理解与揭示，是一种超越视觉表象的复合存在，正是对情感的思考“推动着一种超越话语层面的本体论转向，这种转向直接要求对人类主体性进行重新思考”[14]。

卡西尔(Ernst Cassirer)认为想象的逻辑与科学的逻辑不同，艺术的发现与科学的抽象也不同，因为我们的审美经验是无可比拟的丰富多样[15]。苏珊·朗格继承其师卡西尔的思想，将艺术视为“非推论性的逻辑”，与推论性的逻辑(例如语言)相区隔——后者固定的内在结构以及确切的表意功能，使其不适于对人类情感进行表现，而艺术在朗格看来正是能够表现情感的符号体系。朗格指出，艺术作为表现性形式，可以表现推论性形式(即语言)所不能言说、不可表达的事物，艺术家的责任就是将这些混沌繁杂的生命感受创作为可见的形式，也就是将意识的逻辑表现出来[16]。德勒兹同样指出，人类的情感状态不应进行纯粹理性的组合与区分，或者“用简单的歧义性取代不确定的地带”[17]，艺术恰恰是在难以用定见框定之处，创造出超越艺术家本人所经历过的情动。

斯宾诺莎与德勒兹认为人的生命在情状的此起彼伏中接续，身体与外界的持续互动造成情感的波动，这种波动又作用于行动之力的涨落，在朗格的理论中，音乐正是对人类此种情感模式的形式抽象，亦可视为人对情状之观念的直觉领悟与非推论性抽象。正如斯宾诺莎与德勒兹主张人的本质不是固有且静止的，而是因其变动不居地与外界进行遭遇所塑造的，苏珊·朗格同样将生命的本质理解为活动的接续：从宏观的生长与衰亡，到微观的新陈代谢，生命的形式就是运动的形式；存在的本质不是质料的永久性，而是支配着生物体的每一个细胞的持续性与变化性的过程，即有机体的每一部分不断消亡和不断重建的生命活动[18]。

李泽厚先生高度认可朗格所提出的这一艺术观念，并认为这一观点与我国古代美学思想传统颇为契合，他指出华夏文艺与美学并非“再现”和“表现”可以概括，而是“陶冶性情”：“所谓陶冶性情、塑造情感，也就是给情感以一定的形式。内在情感的形式不可见，可见的正是对应于这些情感的艺术的形式”[19]。同样基于对音乐的探讨，李泽厚先生指出，中国古代的“乐”所追求的并不在于对个体情感的表现，而是能够呈现外部世界普遍规律，且与人的身心感受相呼应的普遍性的情感形式[20]。对于这一从对自然的感知感应到创制艺术形式的过程，李泽厚先生将之称为从“度”到“美”，他提出以“度”这一概念代替“存在”(Being)、“本质”(essence)等来作为本体性的第一范畴，将认识和存在建立在人的实践行动之上，这就决定了它的非确定性与恒动性，因此“度”之本体不是固有的主体或客体，而只有在人类实践活动所形成的与外界变动不居的关系中才能寻求，这也是人之生存的本体性[21]。

“度”首先是人类在以劳动生产来维系生存和生活目的的过程中所取得的的实践成就。在这一过程中，人不仅获得合目的的愉快，还有身体与外界交融共振的愉快，例如劳动中得出的节奏感的愉悦。这种愉悦的发现渐渐成为人类主体自身把握的形式力量(forming force)，即“形式感”(the sense of form)的源起。这种感受与宇宙自然的节律相同一，又与自身的愉悦情感相同一。这种发现恰与斯宾诺莎与德勒兹所说的从发现愉悦情动到获得共同概念的过程相契合，也就是人通过工具-技艺力量(量)到获致心理-情感力量(质)的过程。由此可知，形式感最初并非源自静观，而是源自人的具身实践，当它摆脱了实践的原初目的并被自由运用时，就由“度”成为“美”[22]。概言之，艺术是对人在实践的身心交互中得出的形式的结构性传达与自由运用，人发现了自然契合于自身认知结构的必然形式，却不为这些必然性所束缚，更不是直白地表征这些必然性，而是自由运用它们，创作出超越目的性与概念的艺术。置于情动转向的视域下，艺术就是人在实践活动中得出的共同概念的自由运用，这些共同概念难以被语言和推论逻辑传达，其能动运用则进一步转化为带来积极情动的艺术形态。

通过在情动转向的视域下，选取几位推崇艺术情感价值的学者进行理论对话，可以进一步明晰超越表象范式的艺术本体论：艺术既不起源于再现亦不局限于表象。在艺术活动中，肉身的行动与感知同心灵的感悟与沉思同样重要。在这一过程中，我们得以认知生命的形式与节奏，由此将艺术创作锚定为身心协同的产物，进而上升到对于生命规律与价值的思考与认识。

三、主体的建构

汪民安教授将德勒兹的情动理论理解为对结构主义者及福柯的隐秘回应，其主要原因在于，结构主义者将主体视为被无所不在的结构操控的产物，例如对于阿尔都塞(Louis Pierre Althusser)来说主体是被意识形态国家机器生产出来的，福柯(Michel Foucault)则将主体视为被社会规训的产物。换言之，对他们来说，控制意识倾向或身体就可以控制主体，因而人是被动存在的[23]。斯宾诺莎及德勒兹则认为主体是在情感的流变中自动生成的，身体与外界之间没有对抗或不平等关系，“感受是身体的‘情动电荷’的表达，因此它总是既反映相遇的发生方式，又在相遇中得以体现。感受意味着情动身体的存在。但变化并非简单地发生在时空中一个空白的身体上。感受表达的是受到情动的身体现有的施动与被动的能力”[24]，由此在平等交互的情动遭遇之中自我认识、自我克制，从而建构自由的主体。

另一种对福柯的回应则体现在对肉身极度体验追求的反思中。福柯曾说他希望死于任何种类的过度快乐中，斯宾诺莎及德勒兹则提出了情动的限度，即每个主体对于不同的情状都有不同的承受能力。例如享受美食是愉悦的情动，但过度饮食则会对身体造成伤害，更不必说滥用药物者面临的危害。可以说情动的限度，正如美在适度。如德勒兹所说，他不会认为一种对于他的眼睛来说过于强烈的蓝色是美的，而对于别人来说或许却是[25]。对于“情本体”哲学来说，这一点同样至关重要。李泽厚指出，那类惊世骇俗的兽性对人性的反叛，看似是对现代社会文明衰颓的激烈抗争，实则是“装饰着稳固的资本社会”[26]，从心理意义上来说，这实则是以病态心灵对人类存在意义的质询。与之相反的选择则是在适度的范围内去追寻自我的身心限度。如杜威(John Dewey)所言在日常生活中寻求完满经验，又如舒斯特曼(Richard Shusterman)致力于以自律而非痛苦的方式追求身心协调的哲学实践。这是与福柯所不同的对自由主体的追求路线，是主体不断构建与成长的理性途径。

德勒兹认为，懂得如何变老正是情动的哲学智慧，因为共同概念会使人们理解为何其他事物与我们的身体不再相宜，从而不再执着，而是发现岁月凝聚的优雅。这种智慧的缘由是我们到达了情动的第二阶段，脱离了情绪，得到了情动关系构成的原因。正是这种并非抽象概念而是客观而具体的生命规则，赋予我们对行动能力的把握[27]。生烦死畏是人的基本意识。正因为生的意义在于历史性地生成，“死”对于人类来说也不是动物性的恐惧，而是人类学的某种感受。正如孔子所言“朝闻道，夕死可矣”(《论语·里仁》)，因为生是有意义和价值的，所以个体生命的自然终结也是无须畏惧的[28]。哲学对生命的沉思使人们可以仅将死亡作为一种有害的情动来体验。作为生命不可避免的一个归宿，它最终只会以最微小的程度影响到人[29]。时间不再只是机械的尺度，或者恒久的虚无，而是“感性情感的纠缠物”[30]。客观的时间对于每个人来说是均质化的，而个体所经验的时间则是不同质的。这种超越时间维度的情感积淀，正是在艺术中建构了超认识超道德的“情本体”。质言之，以情动的视域解读生命，则能够理性面对“生烦死畏”的人生命题——无论是从唯物的角度感悟到身体与岁月的相合与否，还是从精神的层面对有限人生实现审美超越。

如前所述，在现实世界中突破情动的限度是对身心的毁灭，然而德勒兹所言“最大的幸福”，即体验情动的最大限度则同样难以把握。卡西尔也曾谈及情感的强度，他启示我们唯有在审美的自由中方可体会这一情动临界点。换言之，艺术通过感性形式将现实中的情动体验具象化，使我们得以在一定距离之外体验它们。在卡西尔看来，亚里士多德所提出的“卡塔西斯”(katharsis)并不是指一种净化，或者情感自身性质的变化，而是人类灵魂的一种升华——在悲剧中，灵魂获得了一种对待情感的新态度，即在体验了怜悯与恐惧的感情之后并未被扰乱，而是进入了一种宁静平和之中。这是因为在艺术中我们得以体验情感的最高强度，由此成为情绪的主人而非奴隶，体验过后便可获得一种恬静之感[31]。

喜剧在卡西尔看来同样也有卡塔西斯的作用。他指出，喜剧的意义并非赋予我们一种悠闲的美(easy beauty)，而是具备同情感(sympathetic vision)。因为这一品质，喜剧涵盖了人类生活的全部弱点，却并不作出道德判断，而是以悲悯的情怀接纳它们，因而喜剧使我们以一种全新的视角看待生活：“我们成为最微不足道的琐事的敏锐观察者，我们从这个世界的全部褊狭、琐碎和愚蠢的方面来看待这个世界。”[32]当我们在现实生活中遭遇这些情状，是无论如何也笑不出来的，那些愚行陋习必然使我们的行动之力受阻。但在观赏喜剧的过程中，我们以笑的方式审视人类本性，获致反思的契机，因为在其中人物或事件失去了物质性的重压。德勒兹及迦塔利同样指出，在艺术作品中，哪怕是平庸无奇甚至愚蠢卑鄙的人，都化作高大的形象，正是因为他们是创造性的虚构。二者援引柏格森(Henri Bergson)的观点指出，任何虚构都是构建巨人形象的活动，因为他们的生命力都是现实中不曾被经验的强大，正是艺术对这些生活中罕见、微弱、边缘化的感受的描绘，使这些时刻留存乃至成为自主的存在，这种存在恰是生命体本身的复杂含混的再创造，“艺术家并非仅仅在作品里创造感受，而是把感受交给我们，让我们跟感受一起渐变”[33]。

毋庸讳言，倘若我们在现实中承受悲剧中的感情将会精神崩溃，倘若悲剧作者陷入绝望或激烈的情绪中，想必亦是无法创作的，只有在他冷静地思考引起这些情感的原因时，才能够处于创作状态[34]。正如斯宾诺莎所说，痛苦的情动使我们的行动力减弱，但艺术将这些情感转化为自我解放的途径。换言之，创作艺术和欣赏艺术的过程，于我们是一种积极的情动，使我们获得关于意识、情感等等难以用科学逻辑阐明的共同概念，从而给予我们真正的内在自由。在艺术带来的纯粹感性形式的世界中，情动本身解除了物质外壳，它以形式的状态与我们相遇，我们的身心未受到伤害，因此我们所遭际的情动并非痛苦的，但我们突破了以往对诸种情感的压制并使之扩张到最大限度，因此我们得到了自由解放的愉悦与旁观反思的体悟。

概言之，在上述几位学者看来，艺术所带给我们的并非某种情感特征，而是生命的动态过程，在对生命动态过程的体悟中，痛感与快感这两种对立的情感力量作为一个有机的整体呈现在我们的审美经验中，由此我们形成了一段关于人类生命起伏与流动之经验的共同概念。

德勒兹曾说，塞尚早已意识到人类原本就具有能够深入事物之中、能够记录普适的变化与互动的眼睛[35]。意识到这双“眼睛”事实上意味着一个新的人类主体模式，乔纳森·克拉里(Jonathan Crary)在《知觉的悬置》一书中对这一主体模式生成的知觉基础进行了探析。克拉里认为，这是一种全新的注意力模式，涉及身体与不断转化和生成的世界的交互作用。如前所述，德勒兹认为人与人之间、与外界之间的交流并非主客对立的认知过程，而是具身沟通的情动过程，塞尚所做的探索以及对知觉的发现正是如此：“同一个主题从不同的角度看就能唤起人们最高的研究兴趣，它是如此多样，我想我可以在同一个地方待上几个月，只需要向右侧或左侧稍微转转脑袋。”[36]克拉里指出，正是在这种主体与世界的不断相遇与重新建构中，塞尚成为德勒兹所说的“开启了生活、自由与创造的新的实验形式”[37]的主体，在自我与世界的情动交互中把握世界的力量与强度的生命关系。在克拉里看来，知觉现代性意味着对观者的被动接受模式的打破，因而任何知觉经验都不可能脱离主体的自由与决定，主体每一次对外部世界作出的回应都是经过意志的选择与决定的。

德勒兹进一步指出，当人们思考个体或集体形成主体的不同方式时，必须避开已构成的知识和统治的权力，只有不向任何权力与义务机构进行回归，才可以说具有一种“叛逆的自发性”[38]，正如塞尚以一种全新的“眼睛”不断探索着世界，在世界流逝的每一秒钟，都要变成它本身、与它一同渐变，才能留住它[39]。因而德勒兹提出我们要像塞尚谈论风景那样谈论大脑，或者说我们的主体，主体不是一个躲在大脑背后的大脑，“而首先是一种擦地而过的飞掠状态，一次使任何坑洼、褶皱和空隙都难以遁形的自我飞掠”[40]。换言之，主体不仅是哲学头脑的“我设想”，也是艺术大脑的“我感受”[41]。

结语

综上所述，就情感研究这一问题域来说，一方面，“情感转向”所谈及的“情感”仍未脱离作为人类天然属性的情感，不同之处在于如何认识它；另一方面，在探讨艺术与情感问题的理论中，如李泽厚的“情本体”美学、苏珊·朗格基于卡西尔以认识人类为目的的艺术符号学，皆在艺术中发现人类情感所具有的能动作用，即主体与世界的感知与互动性，这一点与斯宾诺莎及德勒兹对于情动的阐释颇为契合。与此同时，几位学者所探讨的并不仅仅是艺术或审美过程中的情感，而是深入到人如何认识广义的情感以及情感如何界说人的存在。就主体性的问题而言，由德勒兹创造性阐释的斯宾诺莎情动理论，以不同于笛卡尔、结构主义、福柯等人的致思理路回答了有关人的主体性何以自主形成的问题，这一点又可以在乔纳森·克拉里对于塞尚的解读中被进一步阐述。

在情动视域之下重审艺术理论中的情感观念，可以形成具有启发性的对话格局，这一格局的构架便是各位学者对于身体-情感-存在问题的阐释。阐释的对话空间是可以无限延展的，对此仍有诸多概念的厘清、比较和理论的推进工作有待不断探索。

*本文系国家社会科学基金重大项目“当代艺术提出的重要美学问题研究”(20&ZD050)的阶段性成果。

注释：

[1] P. T. Clough, “Introduction”, in P. T. Clough, J. Halley ed., *The Affective Turn: Theorizing the Social*, Durham& London: Duke University Press, 2007, p. 1.

[2] M. Hardt, “Foreword: What Affects are Good For”, in P. T. Clough, J. Halley ed., *The Affective Turn: Theorizing the Social*, Durham & London: Duke University Press, 2007, p. ix.

[3] [荷兰]斯宾诺莎:《伦理学》,贺麟译,北京:商务印书馆,1997年,第98页。

[4] M. Hardt, “Foreword: What Affects are Good For”, in P. T. Clough, J. Halley ed., *The Affective Turn: Theorizing the Social*, Durham& London: Duke University Press, 2007, p. x.

[5] 汪民安、郭晓彦主编:《生产(第11辑):德勒兹与情动》,南京:江苏人民出版社,2016年,第20页。

[6] 汪民安、郭晓彦主编:《生产(第11辑):德勒兹与情动》,南京:江苏人民出版社,2016年,第17页。

[7] 汪民安、郭晓彦主编:《生产(第11辑):德勒兹与情动》,南京:江苏人民出版社,2016年,第7页。

[8] 参见汪民安、郭晓彦主编:《生产(第11辑):德勒兹与情动》,南京:江苏人民出版社,2016年,第9～10页。

[9] [荷兰]斯宾诺莎:《伦理学》,贺麟译,北京:商务印书馆,1997年,第222页。

[10] 参见[德]恩斯特·卡西尔:《人论》,甘阳译,上海:上海译文出版社,2004年,第206页。

[11] 周彦华:《“情感转向”与艺术情感理论话语范式的新变》,《西南大学学报(社会科学版)》2019年第5期,第142页。

[12] M. Hardt , “Foreword: What Affects are Good For”, in P. T. Clough, J. Halley ed., *The Affective Turn: Theorizing the Social*, Durham& London: Duke University Press, 2007, p.x.

[13] S. M. Ariza, “Affect Theory with Literature and Art: Between and Beyond Representation”, *Athenea Digital*, Vol. 20, No. 2, 2020, p. 4.

[14] S. Moyano Ariza, “Affect Theory with Literature and Art: Between and Beyond Representation”, *Athenea digital*, Vol. 20, No. 2, 2020, p. 12.

[15] 参见[德]恩斯特·卡西尔:《人论》,甘阳译,上海:上海译文出版社,2004年,第200页。

[16] 参见[美]苏珊·朗格:《艺术问题》,滕守尧译,南京:南京出版社,2006年,第30页。

[17] [法]吉尔·德勒兹、菲利克斯·迦塔利:《什么是哲学》,张祖建译,长沙:湖南文艺出版社,2007年,第454页。

[18] [美]苏珊·朗格:《艺术问题》,滕守尧译,南京:南京出版社,2006年,第61页。

[19] 李泽厚:《华夏美学·美学四讲》,北京:生活·读书·新知三联书店,2008年,第26页。

[20] 参见李泽厚:《华夏美学·美学四讲》,北京:生活·读书·新知三联书店,2008年,第33页。

[21] 参见李泽厚:《实用理性与乐感文化》,北京:生活·读书·新知三联书店,2005年,第27～37页。

[22] 参见李泽厚:《实用理性与乐感文化》,北京:生活·读书·新知三联书店,2005年,第40～43页。

[23] 参见汪民安:《情动、物质与当代性》,济南:山东人民出版社,2022年,第12～13页。

［24］ B. Anderson, *Encountering Affect: Capacities, Apparatuses, Conditions*, London: Routledge, 2016, p. 80.

［25］参见汪民安、郭晓彦主编:《生产(第11辑):德勒兹与情动》,南京:江苏人民出版社,2016年,第19页。

［26］李泽厚:《实用理性与乐感文化》,北京:生活·读书·新知三联书店,2005年,第100页。

［27］参见汪民安、郭晓彦主编:《生产(第11辑):德勒兹与情动》,南京:江苏人民出版社,2016年,第20～21页。

［28］参见李泽厚:《华夏美学·美学四讲》,北京:生活·读书·新知三联书店,2008年,第60页。

［29］参见汪民安、郭晓彦主编:《生产(第11辑):德勒兹与情动》,南京:江苏人民出版社,2016年,第20页。

［30］李泽厚:《华夏美学·美学四讲》,北京:生活·读书·新知三联书店,2008年,第61页。

［31］参见［德］恩斯特·卡西尔:《人论》,甘阳译,上海:上海译文出版社,2004年,第205页。

［32］［德］恩斯特·卡西尔:《人论》,甘阳译,上海:上海译文出版社,2004年,第208页。

［33］［法］吉尔·德勒兹、菲利克斯·迦塔利:《什么是哲学》,张祖建译,长沙:湖南文艺出版社,2007年,第456页。

［34］参见［美］苏珊·朗格:《艺术问题》,滕守尧译,南京:南京出版社,2006年,第28页。

［35］参见［法］吉尔·德勒兹:《电影1:运动-影像》,谢强、马月译,长沙:湖南美术出版社,2016年,第131页。

［36］［法］保罗·塞尚:《书信集》,［美］乔纳森·克拉里:《知觉的悬置:注意力、景观与现代文化》,沈语冰、贺玉高译,南京:江苏凤凰美术出版社,2017年,第279页。

［37］［美］乔纳森·克拉里:《知觉的悬置:注意力、景观与现代文化》,沈语冰、贺玉高译,南京:江苏凤凰美术出版社,2017年,第283页。

［38］［法］吉尔·德勒兹:《哲学与权力的谈判:德勒兹访谈录》,刘汉全译,北京:商务印书馆,2000年,第201页。

［39］参见［法］吉尔·德勒兹、菲利克斯·迦塔利:《什么是哲学》,张祖建译,长沙:湖南文艺出版社,2007年,第444页。

［40］［法］吉尔·德勒兹、菲利克斯·迦塔利:《什么是哲学》,张祖建译,长沙:湖南文艺出版社,2007年,第510页。

［41］参见［法］吉尔·德勒兹、菲利克斯·迦塔利:《什么是哲学》,张祖建译,长沙:湖南文艺出版社,2007年,第512页。

【古代文学文献学研究】

援经入文：论汉成帝时期《尚书》的政治化运用

梁秀坤

（河北大学文学院，河北保定，071032）

内容摘要： 汉成帝时期的奏议和诏令往往通过征引《尚书》经文、阐释《尚书》义理等方式，极力提升这些政治文体的话语权力，从而实现影响政治决策和政治行为的效果。在奏议与诏令中，《尚书》的政治化运用具体表现为直引、用事、取义、取辞等表现形式，在引用《尚书》文本的同时，别出心裁地阐释《尚书》的义理内涵。借由这种援经入文的书写行为，成帝的诏令获得无可置辩的合法性，由此树立强大的君主权威和鲜明的明君形象；而臣子奏议则为其各自的政治见解提供经典的终极性理据，试图借助经典神圣性的话语权威，影响君主的决策。由于《尚书》学的发展、成帝个人的学术偏好和政治斗争加剧等原因，《尚书》的政治化运用在汉成帝时期的政治话语环境中扮演了重要的角色。

关键词：《尚书》；话语；政治；汉成帝

经学、政治和文学之关系是汉代文学研究中的重要命题。今文经学的基本学术取向是通经致用，通过对经典的总结和阐释，为汉代政治寻求理论依据。但经学要实际地影响政治，还需要在经学义理层面抽象出政治行为规则，通过一定的话语形式来展现政治的合理性、传达政治意图，来影响和说服政治运行中的个体，进而按照经典义理进行政治运作，才能达到以经治国的效果。援经入文是经学参与政治话语建构并影响政治的基本路径和主要形式。言说者通过援经入文，对经文进行选择和阐释，让经典在政治语境中充当理论支点和修辞等角色，使得政治话语被赋予强烈的权威性和理论性。这是经学被政治化运用的过程，也是经学在建构政治话语典范中发挥作用的过程。诏令和奏议是汉代政治语境中，用以传达政治观点的最基本、最典型的公共文体形式。“皇帝诏书，群臣奏议，莫不援引经义，以为据依。”[1] 经学的政治化运用也最为集中地表现在这两种文体中。因此，考察经学在诏令和奏议中被政治化运用的形式和论说效果，将有助于理解经学、政治与文学之间的细化关联和发生影响的过程。

汉人以经治国，儒家经典常被用作政治说理的依据。元成以后，援经入文的现象愈发显著，而《尚书》的征引更是在成帝时期达到了峰值，成为政治话语中最广泛应用的经典。已有的研究注重从经学史的角度总结《尚书》传承谱系和学术特色[2]，而关于汉人引《尚书》现象的研究还停留在征引数量、所涉话题等层面的解读[3]，未能从引经形式、经学义理阐释对权力话语的影响等维度进行研究。本文以《尚书》的政治化运用为例[4]，通过梳理《尚书》在诏令和奏议中被援引的形式及其发挥作用的路径和效果，探究成帝时期《尚书》如何通过话语形式彰显影响力，进而传导政治结果，构建成熟的政治话语典范的过程。

一、多样化衍生：援经入文的表现形式

援经入文的表达方式在文学史上有深厚的基础。早在春秋时期，卿大夫或出于政治需要，或为了立言而引诗、赋诗，形成了借助《诗》阐发己意的话语传统。及至战国，援经入文的方式被广泛运用于诸子的论述当中，其中《尚书》的征引尤为频繁。据统计，《孟子》引《书》38条，《荀子》22条，《墨子》47条[5]，其他如《庄子》《管子》等也颇见征引。与春秋时期不同，诸子时代已不再是口头或片段式的援引经典，而是在较长的理论论述中，通过征引儒家经典来增强论述的可靠性和权威性。如《荀子》引《尚书》，通常在大段理论论述之后直接引《尚书》经文作总结，用经典语句代替作者说出哲理，既保证了意义的表达，又增强了话语权威。这种做法有“六经注我”的意味，但所用之义与本义相去不远，只是抽离具体的历史背景语境，将其作为纯理念性话语使用，充当支持论证的角色。援经入文的表达方式经过诸子的发展，已经沉淀为常见而有效的论证模式和话语方式。但除了春秋时期的赋引被用于政治外交场合外，大多还局限在学术讨论当中，未能上升到政治化运用的层面。

援经入文写作典范的建立，除了文章写作传统的继承之外，根本还在于援经入文可以在政治话语中建构和体现新的意识形态。汉初贾谊等人虽也在奏议中引经，但并非奏议的必要成分。这是因为汉初的思想主流是黄老之术，六经并不被执政者认可为话语资源。直到武帝独尊儒术，六艺典籍变为法定经典，成为执政者最信用的话语资源而广泛运用于政治语境中，经学的政治化运用这一命题才得以成立。武帝之后，六经的权威性来源不再局限于文化传统，而是来自王权赋予的绝对话语权力。除此之外，经学还需要不断阐释出契合现实政治需要的内容，才能长久地发挥作用[6]。所以在武宣之世外儒内法的统治之下，五经虽有法定地位，但只起了文饰作用。到了元成时期，帝王实质上独尊儒术的局面在成帝时期完成[7]，经学具有了现实政治需要的阐释能力，援经入文才成为普遍而自觉的行为。通过诏令和奏议中自觉地引经用经，将经学包含的执政理念通过政治文本的形式反复宣扬，从而形成新的政治话语范式。

在诸经当中，《尚书》突出地在元成以后的政治话语当中，占据了重要的位置。据统计，西汉诸帝诏令共征引经传80次，其中《尚书》24次[8]，被征引的次数最多。而西汉奏议用《尚书》184次，在诸经中亦为最多。在帝王诏令中，成帝引经为西汉诸帝之最，多达25次，其中有13次征引《尚书》。奏议引经也在成帝时达到峰值，多达253次，其中征引《尚书》77次，远超同时期其他经典(《诗》46次，《春秋》31次)，也是西汉以来首次超过《诗》和《春秋》的数量。这说明了《尚书》在成帝时期被政治化运用

达到了新的高度，成为理解这一时期经学在政治语境中发挥效用视角下最应该被深入剖析的维度。

援经入文在《尚书》的政治化运用中有多种的话语表现形式。从春秋时期开始引经均以直引经文为主，到诸子时代，又衍生出化用经典的引用方式，但还较为少见。到成帝时期，《尚书》的征引形态趋于多元。《尚书》在诏令和奏议中被征引的形式可以分为直引、用事、取义和取辞四种。

第一种是直引《尚书》原句，这是最为常见的征引方式。成帝诏令基本采取了直引经文的方式，如“夫行纯茂而不显异，则有国者将何勖哉？《书》不云乎？‘用德章厥善’”[9]，所引出自《商书·盘庚》。奏议中直引《尚书》经文的也较为常见，如平当《上书请复太上皇寝庙园》“此汉之始祖，后嗣所宜尊奉以广盛德，孝之至也。《书》云：‘正稽古建功立事，可以永年，传于亡穷’”。作者一般截取经典当中符合论述需求的文句，或借经典之语说出论述的依据，或用经典之语印证所要论述的道理，使得论证更有理有据。直引一直是引经的主流形态，最大程度地保留了经典权威，为所论述观点以直接而强势的话语权力。

第二种征引方式为用事，即取《尚书》所载录的史事，作为论述的引子或例证。如杜钦《举贤良方正对策》“高宗遭雊雉之戒，饬己正事，享百年之寿，殷道复兴，要在所以应之”，事本《商书·高宗肜日》。通过征引《尚书》所载录的历史事件，可以增强论述的历史真实性和可靠性，话语效力既来源于经典权威，也来源于《尚书》的历史性质。

第三种征引方式为取义，即概述《尚书》篇章内涵，或引用《尚书》当中的特定概念。如王尊《奏劾匡衡》“丞相衡、御史大夫谭位三公，典五常九德”，“九德”本之《虞书·皋陶谟》“亦行有九德，……宽而栗，柔而立，愿而恭，乱而敬，扰而毅，直而温，简而廉，刚而塞，强而义”。取义是成帝时期奏议征引《尚书》最为常见的方式，能将经义凝练地蕴含在论述中。取义这种形式的流行，得益于经学的发展和传播，五经及其基本训释已成为政治话语场上的公共知识，仅通过取义就可以联想相关的经学知识，从而获得话语效力。

还有一种征引方式是取辞。这在诏令中用得较少，主要出现在奏议中。如何武《上封事荐辛庆忌》云“光禄勋庆忌行义修正，柔毅敦厚”，“柔毅”实本于《虞书·皋陶谟》九德中的“扰而毅”。提炼《尚书》当中具有修饰性的词汇，用于新的语境当中，可与《尚书》原文形成互文，不仅增加了词汇内蕴，也使文章的语言更显浑厚尔雅。这种使用方法注重的是经典的修饰性，而权威性就相对削弱了。

《尚书》在诏令和奏议当中被征引的形式，仅是《尚书》被政治化运用的表层表现形式，而《尚书》如何通过被征引和义理阐释发挥话语效力，则是更为内核的问题。

二、合法性的确立：诏令的援经入文

援经入文在政治话语当中发挥效用，主要有两种途径。一为在诏令或奏议中通过引经强化话语权力，赋予个人观点以权力意味；二为通过经典义理阐释，在征引经典同时融入自己的阐释和理解，或只选择经典含义的一个侧面，甚至歪曲经典的内涵，目的是使经典阐释更贴合自己的论点，但凭借经典的话语权威，依然可以使得论述更为合理且有效力。这种歪曲或片面的阐释，也深化了经学作为经世致用之学的功能和内涵。处于政治网络中的个人，通过这两种经典引用和阐释路径，彰显政治话语的权威性，继而推动政治活动沿着预期的轨迹发展。

诏令和奏议的话语实施者和接受者不同，代表着话语权力的指向不同，经学在其中的角色和作用也有差异。经学的政治化运用，必须衡量政治博弈关系、要论述的观点和接受者的知识背景，选择合适的经典和解说，才能发挥效果。诏令的发出者为帝王，接受者为臣民，诏令既要彰显帝王话语权威，也要树立贤明君主的形象。如成帝河平年间诏令云：

> 《甫刑》云"五刑之属三千，大辟之罚其属二百"，今大辟之刑千有余条，律令烦多，百有余万言，奇请它比，日以益滋，自明习者不知所由，欲以晓喻众庶，不亦难乎！……议减死刑及可蠲除约省者，令较然易知，条奏。《书》不云乎？"惟刑之恤哉！"其审核之，务准古法，朕将尽心览焉。

成帝此条诏令主要是为约省刑罚，着手解决武帝以来法典繁复问题而发的。武帝"招进张汤、赵禹之属，条定法令"，形成了庞大的律令体系，"律令凡三百五十九章，大辟四百九条"，造成"典者不能遍睹。是以郡国承用者驳，或罪同而论异。奸吏因缘为市，所欲活则傅生议，所欲陷则予死比，议者咸冤伤之"的局面。武帝修订律令对推动社会和政治发展有积极的效果，但也带来了律令繁杂和严酷的吏治问题。随着汉朝政治全面转向守成，这一矛盾愈加凸显。成帝需要着手解决这些问题。为了更改祖宗制度，成帝需要合适的经典来提升决策的权威性，减少执行的阻力。《甫刑》，即《周书·吕刑》。在《尚书》当中，《吕刑》具有一定的特殊性，它最为集中和专门地记录周代刑罚体制和法治思想，恰好符合成帝省刑约罚的政治需求。成帝所引经文，今本作"墨罚之属千，劓罚之属千，剕罚之属五百，宫罚之属三百，大辟之罚其属二百。五刑之属三千"。成帝只节选了所需要的内容，重点突出"大辟之罚"在"五刑之属"当中的分量，用来说明在周制当中，在合理的刑罚规则中，"大辟"这样的重罪数量较少，对经文进行了选择性的阐释。借助《尚书》强调刑罚规则，与现有刑罚体制进行对比，批驳现行刑罚中重刑太多，律令繁杂，致使执法之吏难以通习实行，百姓亦无从理解，进而提出蠲除繁刑的要求，使得诏令的颁布实行具有经典理据和正当性。在说明主张之后又引《虞书·舜典》，重申刑罚制定的核心精神在"恤"刑，刑罚制定要谨慎。通过引经，嫁接了《舜典》所载舜"钦哉，钦哉，惟刑之恤哉"的浑厚的圣王式叮咛，也树立了成帝致意哲王的明君形象。两处经文的运用，追求的是刑罚体系上复归周制，体现君主的圣王气象，这些都符合儒家治理国家的终极理想，极大地减少了施政的阻力。

三、终极性的理据：奏议的援经入文

与诏令本身含有帝王强权不同，奏议要通过引经来说服帝王和同僚，进而影响政

治的难度更大。这就需要奏议的作者充分考虑政治局势，通过经文的选择和阐释彰显话语权力和正当性，使帝王接纳自己的意见。有些政见甚至是直接攻击利益集团或者帝王个人品行，还需要通过政治话术和经典引用化解可能的危机。《尚书》在成帝朝的奏议当中出现得非常活跃，朝臣通过《尚书》的政治化运用，积极地传递政治理念，力图通过经学影响政治。郊祀改革是成帝时一大政治焦点，而《尚书》在这一问题的朝臣政论中扮演了重要的角色。

成帝建始元年，匡衡上《奏徙南北郊》，提出了郊祀改革的建议。奏议首句直接点出郊祀的重要性，即"帝王之事莫大乎承天之序，承天之序莫重于郊祀"，然后陈述立南北郊与阴阳对应的关系，提出天子代天牧民，故"因其所都而各飨焉"的观点。匡衡进而批判了现行制度的不合理性：一为现行祭祀于甘泉泰畤祠方位不合古制；二为帝王前往祭祀的路途艰险遥远，有安危之患；三为祭祀频繁，劳民伤财。因此，必须用一个合制合法、安全有效的南北郊制度替代现行制度。故匡衡话锋再转接到对"天随王者所居而飨之"这一观点上，这一论点是基于对周文王、武王、成王郊于都城的历史和经义总结。匡衡这里化用了《周书・召诰》"若翼日乙卯，周公朝至于洛，则达观于新邑营，越三日丁巳，用牲于郊，牛二"所载成王祭于洛邑之事。为了与前文"往者"这一时间叙述相承，这里没有直引经文，而是改为历史叙事方式，试图使成帝效仿古周代明君而有所作为。文章从经义、现实原因和历史经验三个维度立论，简洁而逻辑允洽。

匡衡的提议遭到大司马车骑将军许嘉等八人的反对，他们认为现存制度是汉初以来奉行的祭祀传统，"所从来久远，宜如故"。面对反对派观点，右将军王商等五十多人上书，对匡衡的观点进行了补充。王商等人的奏议将匡衡所化用的经典重新以直引的方式提出，奏议首引《礼记・祭法》，重申南北郊对应阴阳位之义，再直引《周书・召诰》原文，将匡衡原本化用作为历史范例的部分转为经典原文，并强调"定郊礼于雒"是经典明文所载的仪式典制。两篇奏议均强调制度来源于《周书・召诰》，是因为流传至西汉的礼书以士礼为主，而天子祭祀礼没有专门的礼书文献。匡衡等人只能从其他经典中寻找依据。《周书・召诰》记载了召公在洛邑初成后，为成王选择营建王宫之位置，包括王居住之宫室、宗庙所在[10]，并明确地记录了周公进行郊祀的日期和仪式活动。《召诰》之后，周公主政东都，洛邑成为西周东部的政治中心、军事中心和文化中心，维护了周在东方的统治。在这个重大的历史事件中，周公的祭祀仪式尤其显得具有历史意义。故而匡衡等人选取这一经文，一是因为其中的郊祀记载，为改革增加经典依据；另一方面也在转嫁这一历史事件的统治价值，暗含的核心义理是"天地以王者为主"，王者主天地故能致太平，定南北郊祀是"循圣制"，故而具有不容置疑的经典权威性、历史借鉴性。这也就反驳了反对派所倡导的现行体制从来久远的观点，表明立南北郊既有更为长远的文化传统，也有经文正典支持。

为了进一步说服成帝，匡衡、张谭再一次上书。他们征引《洪范》经文"三人占，则从二人言"，强调遵从大多数人的意见，才能"合于天心"，作出合理的决策，为成帝作决策提供了方法论。匡衡表明支持郊祀改革占绝大多数，且反对派的观点没有经义和古制的支持，改革具备经传和历史范例的支持。最后，匡衡连引《太誓》《周颂・

敬之》《大雅·皇矣》三处经文，再次证明郊祀随王者所居这一核心命题，其中《太誓》的征引更具有“攻心”意义，经文言“正考古道而立事，则可长年享有天下”。这是在劝说成帝奉天法古以立功立事，施行郊祀改革成就万世基业，奠定超越前代帝王的基础。面对汉朝前代帝王的成就，要取得更高的成就，成帝的压力是非常大的，而匡衡这一提请，对初即位的成帝来说是一种立业的诱惑，故成帝同意了匡衡的改革意见，迅速推行郊祀改革。匡衡的奏议选用《尚书》颇多，而较少征引他所擅长的齐诗，这是因为《尚书》篇章有相关礼制的记载，内容更为适用，且匡衡作为成帝师，更了解成帝的知识背景，成帝虽兼长于《诗》《书》，但从成帝的诏令可以看到，成帝用经更喜用《尚书》，故而多征引成帝偏好的《尚书》，更容易让他接受建议。

总结《尚书》在这一政治事件中充当的角色，可以发现，奏议用《书》，首先提供了立南北郊的仪式制度来源，从法定经典和历史双重角度确立了这一制度的合法性，并表明这一制度既有历史示范，又有现实实施的适用性。其次，征引《尚书》为匡衡等人的话语提供了充分的话语权力，达到造势的效果。对《尚书》经文的阐释细致展开了经文内涵与论点有关的逻辑要点，补足了由经文代入现实的中间理解环节。这既是《尚书》义理的展开，也是立论的过程。第三，奏议作者引经，充分考虑了接受者成帝的知识背景和学术倾向，试图调动共通的知识增强感染力。故而能够通过经学的政治化运用，影响帝王的决策和行为。

四、援经入文的成因与意义

《尚书》的政治化运用在成帝时期达到一个高峰，援经入文成为政治文体中经典的写作方式。这一现象的形成，包含了《尚书》学的发展、成帝学术偏好和政治环境变化等原因。

首先，《尚书》学在成帝时发展到新的高度，《尚书》章句为诏令和奏议的征引提供了丰富的话语资源，也影响了经义解读的思维方式和写作方式。早期的章句仅是训诂文字和疏通文义，由于官方“设科射策，劝以官禄”，学者为博取新的官学地位，往往左右采获而为章句，通过微言大义的阐释，使得章句朝着不断细化和充实的方向发展。发展到成帝时，大夏侯《尚书》学者牟卿有《牟氏章句》，多达四十五万余言，而小夏侯《尚书》学者秦恭则“增师法至百万言”。《尚书》章句由注重训诂和大义，发展到注重微言大义和义理阐释，对奏议写作的影响是非常显著的。汉代今文《尚书》学的材料留存很少，《尚书》章句这种探讨微言大义的方式，可以通过《白虎通义·巡狩》有所了解：

> 王者所以巡狩者何？巡者，循也。狩者，牧也。为天下巡行守牧民也。道德太平，恐远近不同化，幽隐不得所者，故必亲自行之，谨敬重民之至也。考礼义，正法度，同律历，叶时月，皆为民也。《尚书》曰：“遂觐东后，叶时月正日，同律度量衡，修五礼。”[11]

张荣明认为《白虎通义》是一种特殊的章句，即皇家章句[12]。二者共同特点是既有文字训诂，又有义理阐释，并且以解说性的义理阐释为主，若将《白虎通义》释义和经文倒转，则与章句更为接近。从这段文字看，繁盛时期的章句注重阐释经文背后所蕴含的微隐的意涵，特别是从目的、缘由等角度进行阐发，这种阐释方式影响了经学在政治话语中的运用。成帝引《尚书》，注重通过微言大义的方式阐述经文与所论述观点之间的关系，如谷永《建始三年举方正对策》云："治天下者尊贤考功则治，简贤违功则乱。……论材选士，必试于职，明度量以程能，考功实以定德，……毋听浸润之谮诉，则抱功修职之吏无蔽伤之忧……经曰：'三载考绩，三考黜陟幽明。'又曰：'九德咸事，俊乂在官。'未有功赏得于前众贤布于官而不治者也。"谷永所引经分别出自《尚书·舜典》和《皋陶谟》，"三载考绩，三考黜陟幽明"意指居官者进行考核，裁退昏庸无功者，升迁贤明有功者；"九德咸事，俊乂在官"指让九德之人、俊桀治能之士任官用事。两句话一再强调任贤的方法，一是说明考功的目的。前面所论"试于职"，就是进行考核之义，考核需要有"度量"，而"功实"就是衡量的重要标准，这个过程中"毋听浸润之谮诉"，从而达到"无蔽伤"的效果，最终"众贤布于官"而致治。这些话语一定程度上细化了《舜典》的概念和方法，阐释了其背后所隐含的方式和目的，特别是对"考绩"的意涵进行发挥，与章句微言大义的阐释方式异曲同工。

《尚书》的内容和义理更符合成帝的政治需求。武帝时期四方征伐，留下了严重的经济社会治理、吏治苛酷和土地兼并等问题。元帝肩负着政治局势由对外征伐向守成之业转变的责任，用儒家理念取代刑名，但元帝性格柔仁，未能解决这些问题。成帝即位时，面对的是巨大的财政负担和祭祀改革遗留问题，水旱灾害和土地兼并带来的经济问题，外戚干政问题，以及吏治问题等。成帝需要在经学领域寻找一个可以带来新话语、新理念的经典，来引领和处理内政事务。《尚书》乃政事之纪，在国家内政治理观念、帝王品德要求、宗庙礼制、法律体系等方面都有具体的记载，诸如《尧典》《禹贡》《洪范》《吕刑》等所涉及的内容与成帝所面临的社会问题有相通性和适用性，是更便利有效的话语资源。且成帝师从大夏侯《尚书》经师郑宽中，有良好的《尚书》学背景。《成帝纪》载成帝因无子而准备选立藩王为嗣时，令定陶王"诵《诗》，通习，能说"，而令中山王诵《尚书》，"又废"，"成帝由此以为不能，而贤定陶王，数称其材"，故知成帝特别看重《诗》和《尚书》。成帝即位后，郑宽中和张禹皆以师傅之恩封侯，王凤和郑宽中同领尚书事，代表成帝对郑宽中的敬重。成帝诏令频引《尚书》，其中必有郑宽中学说的影响。成帝的偏好也对奏议引《书》风气起到推波助澜的作用，奏议作者在考虑到皇帝的偏好和知识背景，会更偏重选择成帝偏爱的经典。

其次，成帝时期复杂的政治斗争，是《尚书》被政治化运用的主要因素之一。经学发展至成帝时，已不再是儒生等少数群体的专门知识，官僚系统和有志于走仕途之人，很多都具备了基本的经学素养。各个利益集团都纷纷利用成帝偏重的《尚书》来增强话语效力，其中以王凤为首的外戚集团和他的反对者之间的政治斗争最为激烈。成帝因久无继嗣，本欲立定陶王为后，因王凤反对而放弃。这一举动激怒了以王章为代表的直臣，成帝听从王章的建议任用冯野王代替王凤。王凤上疏请辞谢罪，成帝感念少年时即倚靠王凤，乃报书王凤不许请辞，其报书引《周书·洛诰》之辞云："《书》不云乎？'公毋困我。'务专精神，安心自持，期于亟瘳，称朕意焉。"成帝引《洛诰》暗含着周公辅佐成王之意，这一报书重申了王凤的辅佐大臣之位，王凤权势得到巩固，而王章被处死。这一处理令直臣深感痛恨，梅福上书言王凤专擅，反复征引《尚书》以警醒成帝，“留意《亡逸》之戒”，试图通过经典来规劝成帝，但成帝并没有接纳。王章的死和梅福上言的无效，宣告了外戚的胜利。

总之，《尚书》在成帝时期政治化运用达到高峰的现象，既是《尚书》学发展的结果，也是政治场上斗争激烈的表现。各方势力通过《尚书》的征引和运用表达政治诉求，试图通过经典来彰显话语权力，增强论述效度，最终影响决策。

从《尚书》的征引可以看出，援经入文在成帝时达到一个高峰。这种表达方式促使西汉中后期政治文章写作的丰富和成熟，推动了文章经术化进程，也为后世政治问题讨论提供了表达形式样本、论证结构范例和思想阐释方法，对文学观念、文学发展产生了深远的影响。

首先，在语言表达上，成帝时期援经入文已经发展出丰富多样的形式，包括直引、用事、取义、取辞等方式，基本涵盖了后世的基本变体，改变了先秦时期较为单一的直引经文的表达方式，让经典更为圆融地渗透在文章表达当中。不同形态的表达方式也使文章面貌多变灵动。如取辞的用经形式，既丰富了表达词汇，也让意义表达更为凝练含蓄。

其次，从写作手法来说，援经入文强化了以经学为立论依据的论述方式。奏议和诏令从经学章句当中汲取的话语资源和义理阐释，形成围绕中心内容和经典义理进行铺陈的论证模式。如何武《奏置州牧》云：“古选诸侯贤者以为州伯，《书》曰‘咨十有二牧’，所以广聪明，烛幽隐也。”所引出自《虞书·舜典》。“咨”当为语气词，“咨十有二牧”仅作为称呼，但是何武的用法明显为微言大义的阐述，强调这句话背后以贤人为四方官员能够广视听的道理，补充了前后因果，让阐释的逻辑链条更为完善。这种明确的逻辑结构是从经学中汲取而来的。

最后，在话语表达层面，援经入文为政治话语的建构提供了有效的模式。在全面运用儒术去执政守成之业的元成时期，用经学建构更完善的内含儒家思想的政治话语是执政的应有之义。成帝时期，援经入文才成为主流的表达形式并沉淀成政治话语的典范。帝王和朝臣都主动地援经入文，文章当中对经义的探讨、引申甚至歪曲，都基本没有偏离六经的思想范畴。一方面，援经入文丰富了五经典文与现实相结合的阐释意义；另一方面，六经的基本精神也丰富了执政理念，经典所载录的先贤做法也给现实政治提供参考依据。援经入文中，围绕经典的阐释始终面向现实政治需求，经学提供了丰富的话语资源，同时也为论证提供了合法性、权威性和有效性。

从文学批评观念上，援经入文促进了以“雅”为追求的文章批评观念的形成。班固在《汉书》当中已经对诏令、奏议文体都作了崇尚典雅的写作评价，如《元帝纪》赞曰：“然宽弘尽下，出于恭俭，号令温雅，有古之风烈。”可见“雅”已经成为诏令奏议的文风追求和批评标准。而“雅”的内涵就与援经入文有明显关联。

＊本文系2024年度河北大学校长基金项目“董仲舒文章评点文献整理与研究”(2024HXZ003)的阶段性成果。

注释：

[1]（清）皮锡瑞：《经学历史》，北京：中华书局，2004年，第103页。

[2] 相关研究可参见程元敏：《尚书学史》，上海：华东师范大学出版社，2013年；马士远：《两汉〈尚书〉学研究》，北京：中国社会科学出版社，2014年。这些著作对两汉《尚书》学史料作了细致的钩沉，对汉代《尚书》学研究有重要意义。

[3] 前人多能注意到汉人著述中的引经现象，特别是讨论汉代以经治国现象时，对诏令、奏议当中的引用经典作为理据的现象颇有涉及，可参见张涛：《经学与汉代社会》，石家庄：河北人民出版社，2007年；汤志钧，等：《西汉经学与政治》，上海：上海古籍出版社，1994年。近年来，西汉诏令、奏议引经现象得到持续的关注，相关成果参见韩团结：《汉代奏议研究》，西安：陕西师范大学博士学位论文，2020年；张梦晗：《西汉诏令称引儒家经传研究》，济南：山东大学硕士学位论文，2014年；王占阳：《西汉奏议引〈尚书〉研究》，郑州：郑州大学硕士学位论文，2022年。这些研究对诏令奏议的引经方式、引经频率和适用主题都有论述。

[4] 尽管《尚书》的政治化运用并不仅表现在援经入文方面，它还包括如刘向的《洪范五行传论》，通过敷衍《洪范五行》的方式传达政治理念，但这种通过经学著述进谏的方式，在西汉的政治话语当中并非主流形式，且不具有公共性，故而不在本文的讨论之列。

[5] 参见刘起釪：《尚书学史》，北京：中华书局，2017年，第49～50页。

[6] 参见黄亚平：《典籍符号与权力话语》，北京：中国社会科学出版社，2004年，第320页。

[7] 参见刘松来：《“罢黜百家，独尊儒术”完成于汉成之世考》，《江汉论坛》2007年第11期，第109～111页。

[8] 参见张梦晗：《西汉诏令称引儒家经传研究》，济南：山东大学硕士学位论文，2014年，第24页。

[9]（汉）班固：《汉书》卷八十，北京：中华书局，1962年，第3319页。本文所引诏令和奏议，多出自本书，为避繁复，不一一出注。

[10] 朱凤瀚：《〈召诰〉、〈洛诰〉、何尊与成周》，《历史研究》2006年第1期，第3～14页。

[11]（清）陈立：《白虎通义疏证》，北京：中华书局，1994年，第289页。

[12] 参见张荣明：《汉代章句与〈白虎通义〉》，《学术研究》2004年第2期，第100～104页。

声貌：《文心雕龙》诠赋体征的批评内涵探论

贾文霞

（武汉工程大学外语学院，湖北武汉，430205）

内容摘要：“声貌”，是《文心雕龙·诠赋》中一个重要的理论批评术语，包含丰富的要义。楚骚“始广声貌”主要指向异乎周《诗》的楚乐新声与“讹韵实繁”的韵律要素；荀、宋“极声貌以穷文”主要指向辞赋语言修辞艺术的体制特征；王褒《洞箫》“穷变于声貌”则是通过模拟屈原《橘颂》，而内寓“士不遇”的写志之意。如果说前两者皆着眼于文学演进之革创新变一路，那么，后者则在极变之中反寓一种向诗人之志复归的精神追求。

关键词：《文心雕龙》；声貌；辞赋；文体论

《文心雕龙》在总结和扬弃前代零散的辞赋批评的基础上，首次以体大思精的理论撰述形式对楚汉魏晋辞赋创作进行了系统全面、严密整一的探讨，从而构建起里程碑意义上的“立赋大体”的明体观念。其中，《诠赋》篇三言“声貌”，或述渊源流变，“灵均唱骚，始广声貌”；或论体制特征，“逐客主以首引，极声貌以穷文”；或评作家作品，“子渊《洞箫》，穷变于声貌”[1]。另有《辨骚》篇“论山水，则循声而得貌”、《通变》篇“夸张声貌，则汉初已极”、《夸饰》篇“故自天地以降，豫入声貌，文辞所被，夸饰恒存”、《才略》篇“王褒构采，以密巧为致，附声测貌，泠然可观”诸语，互文见义。“声貌”，已构成《文心雕龙》诠赋体征的一个重要批评话语。

只是目前学界对它的关注，多是在随文注释的体例中，将其解作“声音形貌”，简要地表达看法，稀有专论。倘若绾合《辨骚》《通变》《声律》《比兴》《夸饰》《物色》《才略》诸篇的相关表述，整体把握篇章间的勾连呼应，以及立足辞赋文学“参伍因革”的历史阶段性发展变化现实，或可对“声貌”内涵的层次性、演递性和差异性有更加深入丰富的理解。

一、异乎经典与始广声貌

细读《诠赋》篇相关表述，“灵均唱骚，始广声貌”，与周《诗》相对；“述客主以首引，极声貌以穷文”，是在总结荀卿《礼》《智》、宋玉《风》《钓》诸赋体征的基础上，将其放置于屈骚与汉赋之间的关纽位置而言的；“穷变声貌”，是在与其他九家英杰创作的风格对比中，凸显王褒辞赋的独特艺术成就。如何把握楚骚“始广声貌”的开新意义，需要与《辨骚》篇对读。

楚骚矩式《风》《雅》处在“美颂”“讽谕”“比兴”“忠怨”四端，异乎经典处在“诡异”“谲怪”“狷狭”“荒淫”四端。其中，“荒淫之意”既不应该直接从生活现实的意义上理解为荒唐淫乱的场景，也不应该被视作是语言修辞学意义上的一种夸诞的艺术表现手法，而应该落实为楚骚汉赋对舞乐歌声之宫廷生活的渲染与描绘[2]。

首先，以楚骚为代表的楚乐新声多杂陈吴、蔡、郑、卫诸地的俗乐而带有文艺糅合特质。《楚辞·招魂》：“肴羞未通，女乐罗些。陈钟按鼓，造新歌些。《涉江》《采菱》，发《扬荷》些。……宫庭震惊，发《激楚》些。吴歈蔡讴，奏大吕些。士女杂坐，乱而不分些。放𬙊组缨，班其相纷些。郑卫妖玩，来杂陈些。《激楚》之结，独秀先些。”[3]《采菱》《涉江》《劳商》《激楚》等楚地歌乐，契合郑卫淫声等新乐，却较周代雅乐迥异。同时楚音尚悲，以清激(急)凄怨称闻，又与雅乐“乐而不淫，哀而不伤”的中和声乐相悖[4]。《通变》所谓“汉之赋颂，影写楚世”，正指向汉赋对楚骚的因承多集中在影写楚声歌舞等新乐上。如枚乘《七发》铺陈虞怀之宫的华靡场面：“练色娱目，流声悦耳。于是乃发《激楚》之结风，扬郑、卫之皓乐。使先施、徵舒、阳文、段干、吴娃、闾娵、傅予之徒，杂裾垂髾，目窕心与；揄流波，杂杜若，蒙清尘，被兰泽，嬿服而御。”[5]汉赋对这种女乐歌舞场面的刻画铺陈，又深受汉代礼乐制度的影响而昭示出一代之文学的新变因子：一是内廷乐府采集“新声”的必然反映；二是“大汉继周”的礼乐复归，若要彰显辞赋“曲终奏雅”的宗旨，就必然会对声色美艳进行矫饰。针对赋家取纵声乐、观美色以警谕之意，但其宣扬无疑多楚、郑之声而非雅乐的矛盾，许结将其归结于礼乐教化与内廷娱戏的冲突，这种现象贯穿在汉代乐府制度发展变迁的始终[6]。

其次，以楚骚为代表的楚音声律“讹韵实繁”。刘勰一面褒赞楚骚“金相玉式，艳溢锱毫”，“惊采绝艳，难与并能”的卓艺成就，一面又以《诗经》为代表的中原雅正之音为准绳批评“《楚辞》辞楚”多带有荆楚方音俗语与韵散相间的声律弊病。《声律》篇云：“诗人综韵，率多清切，《楚辞》辞楚，故讹韵实繁。及张华论韵，谓士衡多楚，《文赋》亦称知楚不易，可谓衔灵均之声余，失黄钟之正响也。”刘勰尊崇《诗》，称“四字密而不促”，乃“雅润为本”的正体，那么后起的楚骚，正以书楚语，作楚声，纪楚地，名楚物之特质，于参差灵活、或韵或否的句式大篇中有效地突破了《诗》式四言短韵的规范；其所承载的强烈的抒情咏叹意味，又适宜表现悲怨楚情，进而形成与《诗》教中和审美形态的背离。再至荀卿、宋玉辈用力逞辞，继续向着辞赋铺陈直言的散体句式发展，呈现一条细致的发展线索。黄侃参酌《汉书·王褒传》所言九江被公召见诵读《楚辞》及《隋书·经籍志》所载五家言《楚辞》音者诸史料，谓“《楚辞》之重楚音，其来旧矣。五家之音虽佚，然劳商遗响，激楚余声，千载下于方语中得之”“观《诠赋》篇云：灵均唱骚，始广声貌。是仍以《离骚》为赋矣”[7]。黄氏视《骚》为赋，所看重的正在其中韵律的因革变化。

刘勰撰构《声律》，与沈约诸人对“四声八病”说的讨论存在精神实质上的共通性。尽管沈约关注的主要是声律问题，而声律主要是就五言诗而言，但仍举赋为反例，并且特别指出屈骚用韵处在一种由自然向人为的过渡阶段，《南齐书》卷五二《文学》：

“约答曰：宫商之声有五，文字之别累万，以累万之繁，配五声之约，高下低昂，非思力所举。……灵均以来，未经用之于怀抱，固无从得其仿佛矣。若斯之妙，而圣人不尚，何邪？此盖曲折声韵之巧，无当于训义，非圣哲立言之所急也。”[8]

二、声貌穷文的修辞属性

范文澜据《汉书·艺文志》置家分类的编排内容，将辞赋“述客主以首引”的谋篇形制溯源于荀卿赋，将辞赋“极声貌以穷文”的文本特征归因于屈原赋，其注云：“《汉书·艺文志》杂赋十二家，首列《客主赋》十八篇。沈钦韩曰：‘子墨客卿、翰林主人盖用其体。’荀子赋皆用两人问对之体，《客主赋》当取法于此。述客主以首引，谓荀卿赋；极声貌以穷文，谓屈原赋。故曰：‘斯盖别诗之原始，命赋之厥初。’”[9]这一观点的论说逻辑大致与李善注《文选》所明“诸引文证，皆举先以明后，以示作者必有所祖述也”的体例相类。但由于《文心雕龙》理论专著的文本特质，单从语源上强调祖述因承的本末出处，可能会忽略其中革创发明的独到之见。这还关涉对王褒“穷变声貌”的注解（详后）。从《诠赋》篇的前后文意来看，“述客主以首引，极声貌以穷文”是上承“于是荀况《礼》《智》，宋玉《风》《钓》，爰锡名号，与诗画境，六义附庸，蔚成大国”而来，且下文分列辞赋英杰十家，首即“荀结隐语，事数自环”之荀卿，顺次“宋发巧谈，实始淫丽”之宋玉。况“屈原唱骚，始广声貌”于荀卿、宋玉前已交代清楚，前后演递昭然，故“极声貌以穷文”当谓宋玉赋。然而，与其分别对应坐实，不如互文理解以荀卿赋、宋玉赋为代表所共同体现出辞赋文学“客主首引”“声貌穷文”之两面体征为通脱。又《通变》谓“夸张声貌，汉初已极”，《夸饰》谓“宋玉景差，夸饰始盛”，则此处“声貌穷文”，是较楚骚为远，较汉赋为近，不在于呈现楚骚舞乐声情的艺术质素，乃在于总括辞赋“别诗原始，命赋厥初”之体物摛文的文体特征，而主要内含两个层面的内容。

第一层面是宗经观念下的创作转向。《诠赋》篇首言“诗有六义，其二曰赋”，末赞“赋自诗出，分歧异派”，刘勰以宗经的立场建构辞赋的经学源流体系，基本上遵循着汉代司马迁、扬雄、班固诸人以《诗》学讽谏衡裁赋体得失的功用性批评理路。取《比兴》篇相关论述，以资参证：

> 诗文弘奥，包韫六义，毛公述传，独标兴体，岂不以风通而赋同，比显而兴隐哉！故比者，附也；兴者，起也。附理者切类以指事，起情者依微以拟议。起情故兴体以立，附理故比例以生。比则畜愤以斥言，兴则环譬以记讽。盖随时之义不一，故诗人之志有二也。

在刘勰看来，诗人之志有起情和附理两端，前者依微托谕，故需“兴”体；后者切类指事，故需“比”体。与“赋”体直言、“比”体斥言相较，“兴”体多婉言，且承载着《诗》“刺”的教化功能。而辞赋所以谢于周人的关键就在于确立了以“比”为先的创作取向，这被视为“习小弃大”之举，以致慨发“炎汉虽盛，而辞人夸毗，诗刺道丧，故兴义销亡。于是赋颂先鸣，故比体云构，纷纭杂沓，信旧章矣”的感叹。那么，从刘勰宗经的通变史观与举例类证的论说方式来看，“赋”“比”“兴”三体是存在轩轾区别的，所以才于篇首着重强调毛公独标“兴”体的意义。换句话说，尽管诗人之志有起情与附理两端，但无疑更倾向于情志依“兴”托谕的前者。《明诗》篇借舜语、经言开宗明义，“诗者，持也，持人情性”，谓“《离骚》为刺”，只是在文随世变的历史进程中，近世竞趋之所在于“情必极貌以写物，辞必穷力而追新”，“近代以来，文贵形似”（《物色》篇）一途。《情采》篇区分诗人什篇与辞人赋颂的着眼点，乃缘于前者“吟咏情性，以讽其上，此为情而造文也”而后者则“苟驰夸饰，鬻声钓世，此为文而造情也”。刘勰《辨骚》之意，正因其能“洞监风骚之情”（《物色》篇），是“依诗制骚，讽兼比兴”（《比兴》篇），故将其放于“轩翥诗人之后，奋飞辞家之前”的位置。

由是而论，荀卿、宋玉诸赋与《诗》画境的学理结穴就在于：诗志由言情托讽转向效物附理，诗义由“兴”体主导转向“比”体繁兴。现存荀卿《赋篇》五章，分咏礼、智、云、蚕、箴五物，章太炎《国故论衡·辨诗》云：“屈原言情，孙卿效物。”[10]刘勰对荀赋的定评亦如是，《才略》篇直言“荀况学宗，而象物名赋，文质相称，固巨儒之情也”，只是他所取重的仍是其巨儒之情、经义之本与“颇益讽诫”上；《谐隐》篇又云，“谜也者，回互其辞，使昏迷也。或体目文字，或图象品物，纤巧以弄思，浅察以衒辞，义欲婉而正，辞欲隐而显。荀卿《蚕赋》，已兆其体”；《诠赋》篇以“荀结隐语”评之在此；宋玉《登徒子好色赋》也因“意在微讽，有足观者”而被归入此列。另外，《赋篇》在四言句式及遣辞用韵中常见拟《诗》痕迹，契合刘勰尊《诗》之意，今人唐定坤又通过考察其“由形容词前置兮字句、二元合成句、语气词结尾的排比句、虚字连接的陈述句四种特殊句式和一般四字句所组成”的特殊句式组构形态，指出《赋篇》又有《老子》散语句式演化的痕迹[11]。《诠赋》篇以“至于草区禽族，庶品杂类，则触兴致情，因变取会，拟诸形容，则言务纤密；象其物宜，则理贵侧附”概论咏物小赋，此正远源诗人附理之志而近取荀卿效物之制，而与开篇“赋者，铺也，铺采摛文，体物写志也”互文见义。荀卿五赋纯用隐语，谜面铺陈，既是赋法，又因谜底的揭示而具有“言志”的意味，这在某种程度上又可视为“托物见意”的比法：《云》《蚕》《箴》三篇借物附理，章法结构较为显豁；《礼》《智》二篇直陈儒家经义，其中片段式的比法，与刘勰所言其“取类不常”的特点有关。观宋玉诸赋亦然：《风赋》状风，既以阴阳雄雌类比之，复以“大王雄风”“庶人雌风”对比之；《登徒子好色赋》言色，既正面描写东家子之美，又反衬以登徒妻之丑；《对楚王问》论乐，既取《下里》《巴人》《阳阿》《薤露》《阳春》《白雪》作比，再举鲲凤、鷃鲵类喻，无不纤综比体，隐寓讽意。至两汉赋家莫不图状川海，体势宫殿，影写云物，模范山水，呈现出辞赋比体云构，纷纭杂沓的艺术特征。

第二层面是语言艺术的修辞转向。在诗志由言情托讽转向效物附理、诗义由“兴”体消退转向“比”体云构的宗经通变史观下，《诠赋》篇两评宋玉赋——“极声貌以穷文”“宋发夸谈，实始淫丽”，其开新之功的矢向就聚焦在体物铺陈、藻饰文辞的修辞艺术上。特别值得申说的是，“比”体范畴的泛化而成为一种综合的修辞的代称。由于“比之为义，取类不常”的特点，所以喻于声之“宋玉《高唐》云：纤条悲鸣，声似竽籁”、方于貌之“枚乘《菟园》云：焱焱纷纷，若尘埃之间白云”，多与成状得奇之《夸饰》、事类四对之《丽辞》、功在密附之《物色》、拣择属篇之《练字》诸多列举之修辞技法相同，而最终谋求一种“文丽”的体征，收获一种“夸毗”“敷华”“耸听”“回视”的效果或反应。

出于铺陈物态的需要，错综繁复的修辞技艺成为赋体创作需要强化的能力。刘勰受扬雄“诗人之赋丽以则，辞人之赋丽以淫”影响，又加以“约言”与“繁句”之别，谓“诗人丽则而约言，辞人丽淫而繁句”，故其以“实始淫丽”评宋玉赋，不仅敏锐地把握住辞人赋颂尚“丽”的审美特性，更重要的是中肯地评价了宋玉赋的艺术成就与赋史地位，故《辨骚》篇云“屈宋逸步，莫之能追”“枚、贾追风以入丽，马、扬沿波而得奇”。其他还若宣帝论赋“小者辩丽可喜”；扬雄论相如赋“弘丽文雅”；班固评《离骚》“其文弘博丽雅，为辞赋宗”，谓宋玉、唐勒，汉兴枚乘、司马相如、扬子云诸人竞为侈丽闳衍之词，论扬雄赋“极丽靡之辞”；王充论司马相如、扬雄诸人“敏于赋颂，为弘丽之文”，不一而足。

综上理解《诠赋》篇“于是荀况《礼》《智》，宋玉《风》《钓》，爰锡名号，与诗画境，六义附庸，蔚成大国。述客主以首引，极声貌以穷文，斯盖别诗之原始，命赋之厥初也”的内涵与意义，可知“六义附庸，蔚成大国”与夫“极声貌以穷文”乃是强调以荀卿、宋玉诸赋为代表，通过体物附理的题材内容与错综繁复的修辞技艺，有力地冲破了《诗》之情志比兴的经义牢笼与经式规范，极大地解放了文辞藻饰的艺术表现力。与屈骚“始广声貌”强调楚声繁韵相区别，荀、宋诸赋“声貌穷文”更重要的是突出辞赋由口语向书面语转变过程中以大量使用连绵、形声等保存口语性的词汇来展示物态，从而达到“熠耀焜煌之状，光采炜炜而欲然，声貌岌岌其将动”的视听效果，这是一种从声乐向语言的转变。如宋玉《高唐赋》形容水流、水势：“濞汹汹其无声兮，溃淡淡而并入。滂洋洋而四施兮，蓊湛湛而弗上。……砾磥磥而相摩兮，巆震天之磕磕。巨石溺溺之瀺灂兮，沫潼潼而高厉。水澹澹而盘纡兮，洪波淫淫之溶潏。奔扬踊而相击兮，云兴声之霈霈。”[12]大量联绵词鱼贯而下，这对汉赋创作影响甚大。刘勰评“长卿之徒，诡势瑰声，模山范水，字必鱼贯”之意在此。

三、穷变声貌的赋史意义

学界对王褒《洞箫赋》的综合研究相对成熟，对《洞箫赋》“声貌”的理解相对充分，总体来说，能达成一种“异中相通”的共识。大要而言，普遍采取分训、合训相结合的方式，指出《洞箫赋》写貌处铺张尽致、写声处委曲传神，能够熟练运用铺采摛文的赋体语言，将抽象的、诉诸听觉的音乐艺术通过巧妙比喻、意象连类、双声叠韵等复合修辞，使其转变成具象的、诉诸视觉的书面语言，进而呈现一种文本的意象美与音乐美。这是在继承荀卿、宋玉、枚乘、司马相如诸赋家的基础上，开创出一种密巧、情韵兼具的咏物赋之新路来[13]。如果还原王褒作赋的历史实践语境、综合刘勰评赋的整体思想观念，那么，对“穷变声貌”的理解则于题材内容、修辞艺技之外，还应考虑其思想内蕴。

范文澜注“穷变”云：“其篇末乱辞结句云：‘连延骆驿，变无穷兮。’彦和穷变二字所本。”[14]这一语源祖述的注解，是一种选择赋文中的语词来评价赋作的方式。然《诠赋》篇除此之外，所评另外九家的构词却无法用这种方式一一指实。且刘勰宗经通变史观的思想渊源是《易》，此处“穷变”应与“通变”一同来自《系辞下》“易穷则变，变则通，通则久”[15]。刘勰评王褒《洞箫赋》，除“穷变于声貌”（《诠赋》）外，另有“王褒构采，以密巧为致，附声测貌，泠然可观”(《才略》)与“王褒《洞箫》云：‘优柔温润，如慈父之畜子也’，此以声比心者也”(《比兴》)两处。前者与《物色》篇“体物为妙，功在密附”相近，突出其写貌摹声之妙；后者以列举方式论其“以声比心”，此言何谓？又与“穷变声貌”有怎样的联系？其申说之处有二：

首先，由“颂”更“赋”的篇题定名。《洞箫赋》最早被提及是《汉书·王褒传》中，其名为“洞箫颂”：“太子喜褒所为《甘泉》及《洞箫颂》，令后宫贵人左右皆诵读之。”[16]笔者认为，“洞箫颂”本意应是拟效屈原《橘颂》。《橘颂》以橘为颂美对象，在体察橘形、橘性的基础上，赋橘质，明橘志，进而师友之、效像之。与此相映，屈原内美、志行、节操的品质一一外显。《楚辞集解》详释：“夫屈子之作《离骚》，其所取草木多矣，而独于桔焉颂之，何也？盖物之受命不迁，诚无有如桔者，故取以为喻，而自托也，非泛然感物而赋焉者比也。”[17]胡文英《屈骚指掌》更将其视为赋物之祖：“《橘颂》，此赋物之祖也，寓意分明。”[18]后世拟效者甚众，观《洞箫赋》赋文：

箫干生于江南丘墟，其命则“托身躯于后土”“附性命乎皇天”。用《橘颂》“后皇嘉树，橘徕服兮”意。王逸注：“后，后土也。皇，皇天也。言皇天后土生美橘树，异于众木，来服习南土，便其风气。屈原自喻才德如橘树，亦异于众也。”[19]

其性则“感阴阳之变化”“经万载而不迁”。用《橘颂》“受命不迁，生南国兮”意。王逸注：“言橘受天命，生于江南，不可移徙。种于北地，则化而为枳也。屈原自比志节如橘，亦不可移徙。”“万载不迁”与“受命不迁”，“阴阳变化”与“南北异质”相应成文。

其质则“洞条畅而罕节”，“条畅洞达，中节操兮”。用《橘颂》“深固难徙，更壹志兮”意。

《洞箫赋》不仅学《橘颂》文字，亦学《橘颂》文法。《橘颂》以七字为句，以“兮”字足之。隔句用韵，上句无韵无“兮”，下句押韵有“兮”。这尤为《洞箫赋》“乱辞”取法。只是与《橘颂》句法不同者，在将上下二联句变为上中下三联句。然三联句结构亦由二联句变化而来，是二联句的变体。或“前一后二”的总分式：“状若捷武”以“超腾逾曳，迅漂巧兮”形容；“又似流波”以“泡溲泛捷，趋巇道兮”形容。或“前二后一”的分总式：“若坏颓兮”以“搅搜濬捎，逍遥踊跃”形容；“亦足耽兮”以“优游流离，踌躇稽诣”形容。其他皆类。

由此看《洞箫赋》“颂”义，非在仁义讽喻，而在美洞箫以自托。《文选》之所以改为《洞箫赋》，这主要是出于六朝文体辨体的立场，从赋、颂两种文体的形式区别加以更定的。

其次，“以声比心”的写志之意。王褒才思高俊，凭文章待诏金马门，后擢为谏大夫。班固标举大汉文章，推王褒等人，后世论赋，或标卿云，或标渊云，或同时而列，刘勰誉其“辞赋之英杰”。王褒被当世、后世共推誉赞，却与其鲜为人知的人生行藏构成强烈反差，尽管班固《汉书》为他作传，却极为简略，以致其籍贯、生卒年、家世等成为争讼之谜。王褒亦自言：“今臣辟在西蜀，生于穷巷之中，长于蓬茨之下。”[20]

《洞箫赋》中陈洞箫所生之地亦崎岖险峻，“徒观其旁山侧兮，则岖嵚岿崎，倚巇迤嶬”而“诚可悲乎其不安也”。王褒所悲不安者，不唯其地幽冥，亦悲蒙瞍“生不睹天地之体势，暗于白黑之貌形。愤伊郁而酷恧，愍眸子之丧精”之圣德未化，无由通达。虑此二由，故发愤音声，以求知者。

其一，其地幽冥，无知之者，悲其不遇。自屈原以降，贾谊《吊屈原赋》、司马相如《士不遇赋》、东方朔《答客难》、司马迁《悲士不遇赋》、扬雄《解嘲》与王褒《九怀》等多以“拟骚体”的文学样式，共同构成了汉代“士不遇”的文学主题。王褒尝拟《九歌》作《九怀》，《九怀》的宗旨在反复慨叹贤人志士陈情无门的忧思彷徨。王褒在《四子讲德论》中借微斯文学与虚仪夫子问答，重申无由自达的怅然失志。《洞箫赋》所云“故知音者乐而悲之，不知音者怪而伟之。故闻其悲声，则莫不怆然累欷，撆涕抆泪”，正是“士不遇”的生命郁结的宣泄。

其二，赖蒙圣化，从容中道，以献其志。《洞箫赋》赋首即颂圣主渥恩，幸得名为洞箫；赋尾重申“赖蒙圣化，从容中道”之志。前后呼应，其政治献志用心昭然。王褒以俊才知闻，其仕途经历，皆凭褒扬圣主、颂美治世的应时之文得以迁擢。王褒因作《四子讲德论》被征召入京，旋即奉命作《圣主得贤臣颂》以对其所好，后娱侍帝太子作《洞箫赋》。观其作文，《四子讲德论》又多以圣主贤臣为论，《圣主得贤臣颂》更是专论。《洞箫赋》则将圣主贤臣比之慈父孝子，寓于箫声中：“故听其巨音，则周流泛滥，并包吐含，若慈父之畜子也。其妙声，则清静厌瘱，顺叙卑达，若孝子之事父也。”王褒取儒家“君君，臣臣，父父，子子”的政治思想，强调君臣的遇合相仇，才能使箫声发挥效用：使贪者廉，戾者温，强暴者仁恩，逸豫者有为。

王褒既秉承屈骚发愤抒情的悲慨，又固守儒家道德节操的中和，辅以赋家娱君献志的政治现实，而成《洞箫赋》。王褒在《洞箫赋》中将箫声兼比慷慨壮士与温润君子：“科条譬类，诚应义理。澎濞慷慨，一何壮士！优柔温润，又似君子。”李善引《说文》：“慷慨，壮士不得志于心也。”壮士之志，即以屈原为代表的、以实施“美政”匡国拯弊的贤臣之志。其志不得于心，故慷慨发愤以抒情。如果说，深沉的忧患意识与无法自解的郁结成为“发愤抒情”的心理机制，那么“美政”理想则是其批判现实政治的逻辑坐标。因此，温润君子的出现就成为实现“美政”理想的关键。屈原陈述傅说、吕望、宁戚、百里奚、伊尹、管仲等贤臣得遇明君大展才能的历史事实，借以讽谏楚王，王褒《四子讲德论》《圣主得贤臣颂》《洞箫赋》等亦流露出圣主贤臣盛世大治的“美政”理想与为文自觉。

从慷慨壮士与温润君子兼举的创作动机看，《洞箫赋》所以为“后宫贵人左右皆诵读之”，是其儒家涵养所形成的中和道德将内蕴着的情感力量节制住，使之低回往复，缓缓起伏，而终归诗义，故“汉宣嗟叹，以为皆合经术”(《辨骚》)。《洞箫赋》“穷变声貌”，在善“以声比心”。如贾谊《鹏鸟赋》并非单纯体物鹏鸟，而《文选》归入“鸟兽赋”。钱锺书引何焯评语：“此特借鹏鸟以造端，非从而赋之也。……宜与《幽通》、《思玄》同编”而谓“初未‘借’鸟兽‘以造端’，盖识贾赋谋篇所在，亦征萧选之皮相题目矣”[21]。王褒《洞箫赋》正是体物言志、发愤抒情之作。

综上所述，《文心雕龙》以“声貌”论赋体征，有着深刻的宗经通变意识，而形成一自足的闭环批评理路。楚骚“始广声貌”与荀、宋“极声貌以穷文”，共同指向革创开新一路，前者在于异乎周《诗》的楚声乐律，后者在于异乎诗骚的辞赋体制特征。而王褒“穷变于声貌”，在革新开创之极中，反寓一种向诗人之志复归的精神追求而成为咏物言志文学传统中的重要一环。

＊本文系湖北省教育厅哲学社会科学研究项目“朝鲜时代(1392～1910)屈原批评的文化内涵研究”(23Q037)的阶段性成果。

注释:

[1] (南朝梁)刘勰著，范文澜注:《文心雕龙注》，北京:人民文学出版社，1958年，第134页。本文所引《文心雕龙》文本，除非特殊说明，均据此文献，为避文繁，后文不再一一出注。

[2] 参见贾文霞:《〈文心雕龙〉辨骚观的学理考察——以“雅颂之博徒”的释诂歧义为中心》，《古代文学理论研究》第49辑，2019年，第29～41页。

[3] (宋)洪兴祖撰，白化文，等点校:《楚辞补注》，北京:中华书局，1983年，第209～212页。

[4] 参见安生、许结:《礼乐制度与楚汉辞赋的演变》，《四川师范大学学报》2021年第2期，第140～150页。

[5] (南朝梁)萧统编，(唐)李善注:《文选》，上海:上海古籍出版社，1986年，第1566～1567页。

[6] 参见许结:《中国辞赋理论通史》，南京:凤凰出版社，2016年，第211页。

[7] 黄侃撰，周勋初导读:《文心雕龙札记》，上海:上海古籍出版社，2000年，第23～24页。

[8] (南朝梁)萧子显:《南齐书》，北京:中华书局，1972年，第899～900页。

[9] (南朝梁)刘勰著，范文澜注:《文心雕龙注》，北京:人民文学出版社，1958年，第139页。

[10] 章太炎:《国故论衡》，上海:上海古籍出版社，2003年，第92页。

[11] 参见唐定坤:《荀赋变〈诗〉效物与诗赋二体的分异趋同》，《中山大学学报》2021年第6期，第76～85页。

[12] (南朝梁)萧统编，(唐)李善注:《文选》，上海:上海古籍出版社，1986年，第877页。

[13] 具体参见王欣慧:《王褒〈洞箫赋〉研究》，《中国文化月刊》1997年第207期，第87～96页;卓国浚:《进王褒而退马融:兼释“子渊〈洞箫〉穷变于声貌”》，《兴大人文学报》2007年第38期，第99～119页;王学军:《王褒〈洞箫赋〉与汉宣帝时期的礼乐建设》，《中南大学学报》2013年第2期，第163～169页。

[14] (南朝梁)刘勰著，范文澜注:《文心雕龙注》，北京:人民文学出版社，1958年，第147页。

[15] (清)阮元校刻:《十三经注疏・周易正义》，北京:中华书局，2009年，第180页。

[16] (汉)班固:《汉书》，北京:中华书局，1962年，第2829页。

[17] (明)汪瑗著，董洪利点校:《楚辞集解》，北京:北京古籍出版社，1994年，第227页。

[18] (清)胡文英:《屈骚指掌》，《续修四库全书》本，上海:上海古籍出版社，2002年，第1302册，第598页。

[19] 文中所引《洞箫赋》，均参见萧统编，李善注:《文选》，上海:上海古籍出版社，1986年;引《橘颂》，均参见洪兴祖著，白化文，等点校:《楚辞补注》，北京:中华书局，1983年。为避文繁，后文不再一一出注。

[20] 王洪林:《王褒集考译》，成都:巴蜀书社，1998年，第57页。

[21] 钱锺书:《管锥编》，北京:中华书局，1979年，第883页。

“韩门怪僻”与“书写涩体”：樊宗师古文创作考论

彭小乐

（湖南科技大学人文学院，湖南湘潭，411201）

内容摘要：樊宗师为中唐古文家，他的著作多却不传，文风险奥，元代白珽称其“韩门怪僻”。樊宗师的存世诗文仅四篇，两篇墓志铭平实直白，《绛守居园池记》《绵州越王楼诗序》艰深涩奇。文章从樊宗师作品的文学接受、美学特征与古文要义等方面展开探究。樊文之涩，体现遣词造句的不循故常，常用古字僻字，自创新词；好以新奇比喻，状奇禽怪兽，绘光怪陆离之景。这与元和诗风尚怪、中唐文人逐臣数量增长、多元宗教盛行、社会审美尚奇等有关。樊宗师以涩为傲，既是对韩愈“辞必己出”的回应，也是制造新的文学景观、复兴儒学以及夺取政治权力的需求。樊宗师的涩体深刻影响了北宋初期的文学创作，也是唐宋“怪”文系谱的有力推手。

关键词：樊宗师；古文；涩体；《绛守居园池记》；以涩为傲

樊宗师生活在中唐时期，韩愈称其“自祖及绍述三世，军谋堪将帅策上第以进”[1]，祖孙三代皆武状元。樊宗师博识聪慧，文武兼擅，长于古文。李肇《国史补》认为：“元和以后，为文笔，则学奇诡于韩愈，学苦涩于樊宗师。”[2]以涩体闻名的樊宗师被称作唐代古文家中剑走偏锋的“另类”。目前学界对樊宗师古文的研究不多，然而深入探究樊宗师的文学创作，对全面把握唐宋古文风貌、了解唐宋险怪文风至关重要。

樊宗师著述颇为丰富。胡应麟《诗薮》云：“唐诗赋程士，故父子兄弟文学并称者甚众。”[3]樊泽、樊宗师父子均以文章见长。樊宗师勤耕不辍，曾作《春秋集传》一五卷、《魁纪公》三〇卷、《樊子》三〇卷、《樊宗师集》二九一篇，还有未经整理的杂铭二百二十篇、赋十篇、诗七百多首。徐树丕《识小录》称：“唐有樊宗师者，文多于韩十倍。”[4]樊宗师著作多至罕见，惜传世寥寥，目前仅存《绵州越王楼诗序》《绛守居园池记》《樊凑墓志》《樊涚墓志》四篇。

樊宗师为韩门弟子。李肇《国史补》称：“韩愈引致后进，为求科第，多有投书请益者，时人谓之韩门弟子。”《新唐书》记载韩门弟子众多，樊宗师曾受业于韩愈，且为韩愈举荐，当属“韩门弟子”。韩愈与樊宗师亦师亦友，志同道合，他夸赞樊宗师“穷经究史，章通句解，至于阴阳、军法、声律，悉皆研极原本。又善为文章，词句刻深，独追古作者为徒，不顾世俗轻重，通微晓事，可与晤语。又习于吏职，识时知变，非如儒生文士，止有偏长”[5]。韩门弟子践行韩愈的奇崛理念，“余谓韩门之怪僻，莫若樊宗师”[6]，其中樊宗师的创作最具争议。

一、“著书拟学樊宗师”与“辞涩如棘”

樊宗师的现存作品风格迥异。以《樊凑墓志》为例：“天纵其才，不纵其时。文行忠信，迍邅驱驰。旅寓京邑，思焦力疲。宰抚内丘，务剧身危。吾无适从，政事一埤。考绩宜陟，不臻厥期。人思彼厚，天道我欺。将葬邙岭，言旋洛师。深山远道，丹旐灵輀。吉月令辰，祔先茔之维。”该墓志为四言句式，用语典雅。《樊涚墓志》见载于岑仲勉《金石论丛·续贞石证史》，该铭叙先祖美德，文约意丰，语言清健，典雅庄重，符合韩愈文从字顺的评价。再看《绛守居园池记》《绵州越王楼诗序》：

> 绛即东雍，为守理所。禀参实沈分，气蓄两河润。有陶唐晋遗风余思，晋韩魏之相剥剖。世说总其土田士人，令无硗杂扰，宜得地形胜，泻水施瀴，岂新田又蕞猥不可居……呜呼！为附于河渠则可，为附于污宫其可。书以荐后君子。
>
> 危楼倚天门，如闯星辰宫。榱薄龙虎怪，泂泂绕雷风。徂秋试登临，大霾屯乔空。不见西北路，考怀益雕穷。石濑薄溅溅，上山杳穹穹……地财无丛厚，人室安取丰。既乏富庶能，千万惭文翁。

《绛守居园池记》《绵州越王楼诗序》与前期所作墓志铭平顺的风格相去甚远，难以想象这些文章出自同一作者。

世人对樊宗师的作品有两种截然不同的评价声音。韩愈等赞扬派称樊文“文从字顺”“辞必己出”。元代吴师道称《绛守居园池记》：“其间有精到之语，皆荡涤尘滓，采掇菁华。”[7]清人孙之騄不吝其词：“若是其独出古初无所剽袭，又若是而今昔往来人，读者尽鲜。老子曰：知希我贵，知我希，故我贵也。”[8]韩愈的长子韩昶对樊宗师与众不同的文风仰慕不已：

> 及年十一二，樊宗师大奇之。宗师文学为人之师，文体与常人不同，昶读慕之。一旦为文，宗师大奇。其文中字或出于经史之外，樊读不能通。稍长，爱进士及第，见进士所为之文与樊不同，遂改体就之，欲中其汇。[9]

韩昶为文尚奇，他自作墓志铭记载曾经学樊之事。受文坛领袖之子的模仿，说明樊文颇受时人追捧。韩愈《检校尚书左仆射右龙武军统军刘公墓志铭》又说道：“嗣子光禄主簿纵，学于樊宗师，士大夫多称之。”[10]因学樊而受士大夫称举，这种行为有力印证了樊宗师在中唐文人中广受认可之说。明代王宠同样推崇樊宗师：“斗牛之墟真陆海，河伯献宝朝元宰。珊瑚火齐光烛天，百年吐翕精灵在。仲回突出尤崛奇，著书拟学樊宗师。殷盘姬诰洞五内，灏灏噩噩骞陆离。阆风浮游拾瑶草，赤水罔象搜玄珠。”[11]然而模仿樊宗师并非易事，张镃《仕学规范》称：“樊宗师为文奥涩不可读，亦自名家。才不逮宗师者，固不可效其体，刘勰《文心雕龙》论之至矣。”[12]历代均不乏仿樊学樊者，说明文学创新是永恒的主题。

不过，对樊宗师文章更多的是批评。同为唐人的李肇称：“观《绛守居园池记》，诚然亦太奇涩矣。本朝王晟、刘忱皆为之注解，如瑶翻碧潋，鬼眼颁耳等语，皆前人所未道也。”主张平易畅达创作的欧阳修认为《绛守居园池记》是“穷荒搜幽入有无，一语诘曲百盘纡”，文章过于艰深晦涩，佶屈聱牙。梅圣俞称：“黑石镌辞涩如棘，今昔往来人不识。酸睛欲抉无声形，既不可问不可听。”[13]陈振孙指斥樊宗师：“为文而晦涩若此，其湮没弗传也宜哉。”元代刘壎评价称：“硗戛磊块，类不可读。”[14]胡仔对“韩门弟子”逐一批评：“皇甫湜不能诗，则曰‘倚摭粪壤间’。孟郊苦思，则曰‘肠肚镇煎炒’。樊宗师语涩，则曰‘辞悭义卓阔’。止于是矣，不应讥诮轻薄之如是甚也。”[15]明人何良俊更以“野狐坏道”直言其弊。

尽管历代对樊宗师的文学评价不一，不可否认后人多以《绛守居园池记》指代樊宗师文风，这种说法是否以偏概全？高步瀛也谈及该问题：

> 退之于同时之人论文多所推奖，如李元宾、欧阳行周皆然，不独樊绍述也。或以绛守居、越王楼二文皆艰涩几难句读，疑铭词所谓文从字顺者，为反讥之词，则不然。今人所见者止此二篇，安知其他文不有精粹者邪？退之推奖从厚则有之，必非加以讥诮。邵公济以为吝许可，亦未甚确。[16]

高步瀛觉得樊宗师文章涩奇主要在于《绛守居园池记》与《绵州越王楼诗序》，这两篇并不能指称樊宗师所有的作品。结合樊宗师的著述及存世墓志铭，此说不无道理。至于韩愈对樊宗师“辞必己出”“文从字顺”的评价，“辞必己出”显然符合事实，而“文从字顺”似乎不能成立。这里有两种可能：第一，韩愈的“文从字顺”是对樊宗师作品的整体评价，并非溢词。樊宗师的墓志铭作于建中元年前后，《绛守居园池记》作于长庆三年，这些作品的创作时间相隔数十年，如此久远文风改变实属正常。第二，韩愈主张文章创新，提倡“唯陈言之务去”，樊宗师的创作正中肯綮，他致力于践行韩愈的文学理念，值得韩愈肯定。但是，不论韩愈评价的真正意图如何，因为对《绛守居园池记》的印象过于深刻，导致读者先入为主建立樊文奇涩的印象。

二、由奇入涩：樊宗师古文的美学要义

樊宗师文“涩”得名于李肇，宋人沿用这一说法。古人对“涩”的评价历来不高：“诗有以涩为妙者，少陵诗中有此味，宜进此一解。涩对滑看，如碾玉为山，终不如天然英石之妙。”[17]张谦宜认为“涩”终究是人工造作，缺乏自然天成之趣。马荣祖称涩体如“蝌蚪纠结，鸟迹纷然”[18]。

后人认为樊宗师文风受中唐元结影响。唐代杨齐哲称：“余尝患文士不能有所发明以警未悟，而好为新奇以自异，欲以怪而取名，如元结之徒是也。至于樊宗师，遂不胜其弊矣。”[19]杨齐哲将元结与樊宗师并举，张自烈亦认同：“忠似屈平，闳雅似贾

谊、陆贽，奇牵似樊宗师、元结、杨亿。”[20]胡应麟提出元结为樊宗师的文学先驱，“唐文之轧茁者，咸以皇甫湜、樊宗师，天宝间元结已先之矣”“元次山文故为艰深险涩，而无大发明，盖樊宗师、皇甫湜之前驱耳”[21]。四库馆臣从创作意图分析元结、樊宗师文风相近的原因，“大旨与元结相出入，欲挽末俗反之古”[22]。

在唐代古文发展历程中，元结对皇甫湜、樊宗师的古文创作确有影响。对比元结与樊宗师的古文，一个求“奇”，一个重“涩”。生活在盛中唐转型时期的元结，历经安史之乱，切身体验盛衰瞬变带来的社会震荡，意图救时劝俗、安邦治乱，妄以惊世之语警醒世人，因此言辞多怪奇荒诞，内容多揭露社会乱象怪象。此外元结为“喜名之士”，“其所居山水，必自名之，惟恐不奇，而其文章用意亦然”。元结以怪奇的写法作古文，在尊体中破体，在传统中出新。胡应麟称：

> 大概六代以还，文尚俳偶。至唐李华、萧颖士及次山辈，始解散为古文。萧、李文尚平典，元独矫峻艰涩，近于怪且迂矣。一变而樊宗师诸人，皆结之倡也。

元结文奇，主要体现在字句之奇。而樊宗师的古文由奇入涩，从字句到意象均已超越。首先，樊宗师遣词造句不主故常。“有陶唐冀遗风余思，晋魏之相剥剖”，“剥剖”即分割，此处交代古绛州历史，战国时赵、韩、魏三家瓜分绛州，“剥剖”较“分割”更具视觉冲击。检索基本古籍库，与“剥剖”相关的词条仅五则，说明该词于古文献少见。文章有多处近似的用字，“虹霓雄雌”“穹鞠觑蜃”等文义均费解。

其次，樊宗师常以古字僻字入文。“泄水施灋”的“灋”是“法”的金文字形。吴师道注：“《考工记》：泄水施法，又以浍泻水，今用其语。”“灋”为古字，《说文解字》：“灋，刑也；平之如水，从水；廌所以触不直者去之，从去。法，今文省。”《玉篇》：“灋，古文法，方业切。则也。今作法。”《五经文字》：“古法字见周礼。”检古代典籍，“灋”仅见于《周礼》。为何要用“法”的古字“灋”？“灋”产生于蚩尤部落时代，“刑”字脱骨于两性婚姻与婚姻中的禁忌，“灋”为规范社会秩序而产生。《世本·作篇》：“蚩尤作五兵：戈、矛、戟、酋矛、夷矛。”[23]据传蚩尤作五兵，制定了最早的刑法，《尚书·吕刑》载：

> 王曰：“若古有训：蚩尤惟始作乱，延及于平民，罔不寇贼鸱义，奸宄夺攘矫虔。苗民弗用灵，制以刑，惟作五虐之刑，曰法。杀戮无辜，爰始淫为劓、刵、椓、黥。”[24]

五刑即劓、刵、椓、黥、杀，将各种刑罚手段聚集为“灋”，即“五虐之刑曰法”，用来规范古代社会秩序。古“法”字作“灋”，“灋”的核心是“廌”。商代的法官被称为“御廌”。西周金文出现了“灋”字，其主角即“廌”。“廌”作为象征明辨曲直的上古神兽，相传黄帝曾用它来决断疑狱。“灋”字彰显了古代法律的公正与威严，“泄水施灋”的“灋”意在强调樊宗师治绛功绩，韩愈《南阳樊绍述墓志铭》可证：“尝以金部郎中告哀南方，还言某师不治罢之，以此出为绵州刺史。一年之徵拜左司郎中，又出刺绛州。绵绛之人至今皆曰于我有德。”可见“灖”字的选择彰显了樊宗师创作的用心良苦。

僻字在《绛守居园池记》中屡见不鲜。“陴緬孤颠，跒倔，玄武踞”，岑仲勉注：“字书无緬字，吴、许疑陑，师尹疑缅。”“跒倔”，赵仁举注为“跒跁”。“跒”为《说文》未收字。《类篇》：“跒，丘加切。跁跒蹲也。又口下切。跻跒行不进。”《玉篇》：“跒，口瓦切。跁跒。”《类篇》：“倔，渠勿切。倔强梗戾也。”《玉篇》：“跁，蒲瓦切。跁跒，不肯前。”“跒”与“跒倔”在古籍中均未找到用例，这类字词生僻少见。类似的还有“蕞猥”“失敦穷华”“淹淹委委”等，数量之多不能一一列举。

此外，樊宗师善用新奇比喻状奇禽怪兽，绘光怪陆离之景。“虹霓雄雌，碍佷岛坻。”这两句是描写桥的倒影。《尔雅》：“虹双出，色鲜盛者为雄，雄曰虹。暗者为雌，雌曰霓，言二桥如虹霓然。”此处用虹霓比喻二桥。至于“碍佷岛坻”，《说文》称“碍，止也”；《广韵》曰“佷，戾，行难也，但言止而不进之意”；《玉篇》云“佷，戾也。本作很”，以“佷”替“很”字，足见樊宗师好用奇字。樊文奇涩，不仅在于语言用字，内容的书写也颇怪奇，如以“碍佷岛坻”，描绘两座不同高度的桥之倒影。再看对绛守居园子西南门的描写：

> 西南有门曰虎豹：左画虎搏立，万力千气底发，彘匿地，努肩脑口牙快抗，雹、火、雷、风，黑山震将合。右胡人鬅，黄帣累珠，丹碧锦袄，身刀，囊靴，抯绦，白豹玄斑，饫距掌胛意相得。

这段话描写西南虎豹门之景。园池西南有“虎豹”门，左边画着搏击而立的老虎，它使出了全身力气。猪被搏倒，努头呲牙不服。猪虎决战凶猛，山河动摇，日月变色。右边画有披头散发的胡人，系黄色头巾，头巾有挂珠，身着红绿相间的锦衣，身上别刀，囊中装靴，刀把上缠绕带子。胡人旁有白质黑章的豹，饱食而困，胡人用手掌抚摸着豹的脚胛，不胜惬意。这些画面出自樊宗师想象，正所谓“余谓韩门之怪僻，莫若樊宗师。韩公为作墓志，亦谓其文类多涩语。读之，使人口棘心耳恶，何必乃尔。布帛之文、菽粟之味，寒者资焉，馁者取焉。至于鲛绡龙蚱，骇人观听，于饥寒何有哉？”白珽对樊宗师古文片面求奇的反思，契合读者心理感受。

此外，樊宗师好自创新词。“瑶翻碧潋”“嵬眼倾耳”等词前所未闻，以“苍官、青士”代称“松、竹”的说法亦始于樊宗师。有人认为这种写法与初唐徐彦伯相似，《朝野佥载》记载：

> 徐彦伯为文多变易求新，以“凤阁”为“鹓阁”，以“龙门”为“虬户”，以“金谷”为“铣溪”，以“玉山”为“琼岳”，以“刍狗”为“卉犬”，以“竹马”为“篠骖”，以“月兔”为“魄兔”，以“风牛”为“飚犊”，后进效之，谓之徐涩体。[25]

徐彦伯写文章用词求新，不循常规，常常以难换简，以艰深换浅显。裘君弘批判徐彦伯：“涩体毕竟无味，又别无生新之趣，不过将字眼顶换耳。”[26]当然，涩体不仅指语言艰涩，也包括内容的偏激与难以理解。《绛守居园池记》大部分用词艰深、意象险怪、内容费解，比徐彦伯的“换词”更加怪奇。当然，樊宗师的用词遣句并非一无是处，其新创的“苍官青士”“万力千气”等词亦为后世引用。

三、作为权力符号的古文与“以涩为傲”

文学既是时代的产物，也是时代的建构者。樊宗师涩体的形成，与元和时期的社会风气、文学生态与宗教文化密切相关。

> 元和已后，为文笔，则学奇诡于韩愈、学苦涩于樊宗师，歌行则学流荡于张籍，诗章则学矫激于孟郊、学浅切于白居易学淫靡于元稹，俱名为元和体。大抵天宝之风尚党、大历之风尚浮、贞元之风尚荡、元和之风尚怪也。[27]

安史之乱后，文人逐臣数量大增。“洎天宝以降，政教寖微，寇既荐兴，兵亦既起。兵以遏寇，寇生于兵。兵寇相仍，迨五十载。财征由是而重，人力由是而罢。下无安心，虽日督农桑之课而生业不固；上无定费，虽日峻管榷之法而岁计不充。日削日朘，以至于耗竭其半矣。”[28]长期战争使民不聊生，矛盾激发。面对宦官专权、藩镇割据与动荡时局，中唐士大夫努力救世，然而贬谪与流放却成为他们的常态。“从时期来看，文人逐臣在初唐为 220 人次，盛唐为 186 人次，中唐升至 289 人次，晚唐为 305 人次，五代 40 人次，其中晚唐最多，中唐次之。”[29]被贬地往往环境恶劣、条件艰苦，被贬之人心中愤懑，情绪激荡，因此所作诗文多奇景怪事。

其次，多种宗教的交流交融促进了文学多样性。唐朝繁荣开放，佛教空前兴盛，道教蓬勃发展，外来宗教传播广远，各式宗教元素给文学带来多样化的审美。这种尚奇之风体现在文学与日常生活中，元稹《叙诗寄乐天书》记载，“近世妇人，晕淡眉目，绾约头鬓，友朋修度之广，乃匹配色泽，尤剧怪艳”[30]，描述当时流行怪艳的妆容与服饰。日常生活如此，文学上的尚奇也不足为怪了。

这些因素固然推动了中唐尚奇文风的形成，但更重要的原因在于中唐新旧阶层话语权的争夺。唐代科举制度日渐完善，中下层士人有机会科举入仕。这些士人大多出身底层，比世代士族阶层更具创新与不平之心，他们往往通过文学变革表达心声。韩愈、柳宗元等倡导的古文运动，以复古为名，提倡写实用典雅的散文；唐传奇的兴起，使民间故事得以进入文学领域；刘禹锡、白居易等吸收民歌内容，创作民间曲子词。这些文学变化使得中下层文人群体不仅拥有了话语权，也在一定程度上促进了新的文艺审美范式的形成。

柏拉图认为文学是对现实的策略性行为。以韩愈为首的文人发起古文运动，目的在于复兴儒学，期冀通过文学变革推动社会道德与政治秩序的重建。韩愈撰写政论文，反对藩镇割据，维护政权统一；皇甫湜主张文以明道，呼吁文章关注社会现实；欧阳詹倡导“敦教化，正雅颂”的文质兼美之文；樊宗师也是韩愈的同道中人，他的古文创作亦是对自身思想、师承的忠实表达。这场轰轰烈烈的文学运动，目的远不止革新文学。由此看来，“不能把古文运动仅仅理解为一场文学运动甚至思想文化运动，而且必须要把它理解为一场旨在争夺符号权力的斗争”。韩愈提出“文以载道”，“道”是目的，“文”是手段，这一说法表明文学须服务于现实，“要使自己成为文坛上的统治者，最好的办法之一莫过于对文学进行重新命名，命名的作用是制造一种新的文学景观，使之成为文坛的基本现实，并以此谋求社会认同”[31]。古文家的真实目的在于获取政治话语权力。他们以“古文”为旗帜，从上到下进行文学、思想乃至社会层面的革新，这未尝不是一种新的探索。

《旧唐书》称，韩愈“务反近体，抒意立言，自成一家新语”。唐代文学名家辈出，初唐有陈子昂，盛唐有李杜，韩愈如何超越前人成“一家新语”？答案是反对近体，提倡古体。韩愈创作大量复古文章，授学弟子，奖掖后生，从者甚多。古文运动名为复古，但本质是创新，韩愈以怪奇文风开辟了一条新的文学改革道路。

> 韩昌黎生平，所心摹力追者，惟李、杜二公。顾李、杜之前，未有李、杜，故二公才气横恣，各开生面，遂独有千古。至昌黎时，李、杜已在前，纵极力变化，终不能再辟一径。惟少陵奇险处，尚有可推扩，故一眼觑定，欲从此辟山开道，自成一家。[32]

赵翼认为韩愈尚奇，目的在于另辟蹊径，不蹈袭前人。韩愈以“奇”为正，是制造新的文学景观之需，也是占领政治话语之机。文学史记载韩愈与他的同道切磋诗文，探讨奇文创作。他与张彻读书讨论，“初味犹啖蔗，遂通斯建瓴。搜奇日有富，嗜善心无宁”[33]，搜奇求善，终有所得。张籍为韩愈好友，《题张十八所居》载“端来问奇字，为我讲声形”[34]，二人探讨奇字与声律问题。韩愈的文学同道者，尚奇之人不在少数，孟郊“及其为诗，刿目鉥心，刃迎缕解，钩章棘句，掐擢胃肾。神施鬼设，间见层出”[35]。

樊宗师“以涩为傲”，继承并发展韩愈的奇崛文风。吴师道《题樊绍述〈绛守居园池记〉后》探讨了韩愈与樊宗师对“奇”的把握：

> 昌黎公以文雄一世，从之游者若李翱之纯，皇甫湜之健，张籍之丽，郊岛之寒瘦，巨细无不有。而号称险怪奇涩者，诗如卢仝，文则绍述……韩子之奇，奇之正也；二字之奇，奇之偏也。[36]

“奇之正”与“奇之偏”道出了韩、樊取“奇”的结果。韩愈求奇求怪，樊宗师由奇入涩。胡应麟称：“樊宗师文佶屈聱牙，古今所骇。绛守居园外越王楼序，几于夷语鸟音。”[37]《绛守居园池》作成后，樊宗师曾自注此文，惜已失传。“董彦远至绛州，得碑记剔刮劘洗，见绍述于后自释云云，可知异世子云惧其难遇，不得不先落注脚也。”[38]樊宗师有自知之明，担心后人理解有碍，于是自落注脚。樊宗师效仿扬雄的做法，充分说明《绛守居园池记》的奇涩显然是有意为之，足见其内心“以涩为傲”。

樊宗师的作品中，为何独《绛守居园池记》流传广远？《四库提要》分析：“宗师此记诘屈殆难句读，故好奇者递为笺注，然得其本意与否？则然终未可以相传已久，譬如古器铭识，虽鸟迹蝌文不可辨识，而不能不谓之旧物赏鉴家亦存而不弃耳。”《绛守居园池记》仅七百七十七字，而众说纠纷，终无定论。这固然与大众的猎奇心理有关，但从唐宋文学视野看，《绛守居园池记》的产生、流传与中唐时期文学作为权力符号息息相关，樊宗师是唐宋险怪文风的重要推手。中唐古文运动的奇崛文风影响了北宋前期一批偏激的古文家，甚至景祐“变体”、庆历“太学新体”、嘉祐“太学体”都有这种文风的残留。可见，樊宗师的涩体对后世影响深远。

* 本文系湖南省社科基金基地项目“永州摩崖石刻综合研究”(24JD051)的阶段性成果，同时得到湖南省语言资源研究基地资助。

注释：

[1] (清)董诰，等：《全唐文》，北京：中华书局，1983 年，第 5706 页。

[2] (唐)李肇：《唐国史补》卷下，上海：上海古籍出版社，1979 年，第 57 页。

[3] (明)胡应麟：《诗薮》，北京：中华书局，1962 年，第 166 页。

[4] (明)徐树丕：《识小录》，涵芬楼秘笈景稿本，第 103 页。

[5] (唐)李肇：《唐国史补》卷下，上海：上海古籍出版社，1979 年，第 57 页。

[6] (元)白珽：《湛渊静语》，北京：中华书局，1983 年，第 15 页。

[7] (唐)樊宗师撰：《绛守居园池记》，上海：上海古籍出版社，1993 年，第 20 页。

[8] (唐)樊宗师撰，(清)孙之騄辑并注：《樊绍述集》，上海：上海古籍出版社，2002 年，第 173 页。

[9] (清)董诰，等：《全唐文》，北京：中华书局，1983 年，第 7666 页。

[10] (清)董诰，等：《全唐文》，北京：中华书局，1983 年，第 5718 页。

[11] (明)王宠：《雅宜山人集》卷三，中国基本古籍库。

[12] (宋)张镃：《仕学规范》卷三十二，中国基本古籍库。

[13] (唐)樊宗师撰，(元)赵仁举、吴师道、许谦注：《绛守居园池记注》，上海：上海古籍出版社，1987 年，第 4 页。

[14] (清)刘壎：《隐居通议》，上海：上海古籍出版社，1987 年，第 3 页。

[15] (宋)胡仔：《苕溪渔隐丛话前后集》，北京：商务印书馆，1937 年，第 485 页。

[16] 罗联添：《韩愈研究》，天津：天津教育出版社，2012 年，第 387 页。

[17] 郭绍虞辑：《清诗话续编》，上海：上海古籍出版社，1983 年，第 793 页。

[18] (清)马荣祖：《文颂》，民国十九年朴社排印本。

[19] (宋)欧阳修：《集古录跋尾》，上海：上海古籍出版社，2020 年，第 252 页。

[20] (明)张自烈：《芑山文集》，豫章丛书，第 161 页。

[21] (明)胡应麟：《少室山房集》，上海：上海古籍出版社，1993 年，第 762 页。

[22] (清)纪昀，等：《四库全书总目提要》，影印文渊阁《四库全书》卷一百五十，上海：上海古籍出版社，1987 年，第 37 页。

[23] 柳诒征：《中国文化史》，北京：中国书籍出版社，2022 年，第 14 页。

[24] (汉)孔安国传，(唐)孔颖达正义：《尚书正义》，上海：上海古籍出版社，2007 年，第 771 页。

[25] 陶敏：《全唐五代笔记》第 1 册，西安：三秦出版社，2012 年，第 235 页。

[26] (清)裘君弘：《妙贯堂余谭》卷三，中国基本古籍库。

[27] (唐)李肇：《唐国史补》卷下，上海：上海古籍出版社，1979 年，第 57 页。

[28] 谢思炜：《白居易文集校注》，北京：中华书局，2017 年，第 409～410 页。

[29] 尚永亮:《唐五代文人逐臣分布时期与地域的计量考察》,《东南大学学报(哲学社会科学版)》2007 年第 6 期,第 97 页。

[30] (清)董诰,等:《全唐文》,北京:中华书局,1983 年,第 6635 页。

[31] 朱国华:《文学与符号权力——对中唐古文运动的另一种解读》,《天津社会科学》2002 年第 1 期,第 111～112 页。

[32] 霍松林主编:《中国诗论史》,合肥:黄山书社,2007 年,第 1105 页。

[33] (清)方世举:《韩愈诗集编年笺注》,北京:中华书局,2019 年,第 181 页。

[34] (清)方世举:《韩愈诗集编年笺注》,北京:中华书局,2019 年,第 428 页。

[35] (清)董诰,等:《全唐文》,北京:中华书局,1983 年,第 5715 页。

[36] (唐)樊宗师撰:《绛守居园池记》,上海:上海古籍出版社,1993 年,第 18 页。

[37] (明)胡应麟:《诗薮》,北京:中华书局,1962 年,第 196 页。

[38] (唐)樊宗师撰:《绛守居园池记》,上海:上海古籍出版社,1993 年,第 22 页。

【现代文学研究】

1930年代上海作家的代际关系考察

——以曾今可创办发行《新时代月刊》为中心

温江斌

（江西财经大学人文学院，江西南昌，330013）

内容摘要：1930年代的上海文坛，新文学作家与“名作家”之间形成了类似师徒性质的新老作家代际关系。同时，因当时不少“权威作家”把控文坛、压迫文学新人，以致产生了“名作家”与“无名作家”“老作家”与“新作家”的代际冲突问题。在这一背景下，曾今可创办发行的《新时代月刊》便成为提携“无名作家”的重要文学活动。他巧妙地抓住“无名”文学青年的心理，在焦虑的“制造”中为这些“受压迫”的文学青年提供发表机会和出名的希望。《新时代月刊》的创办和出版可以视为无名作家“行为艺术”的缩影，他们标举“无名”的旗帜，希冀实现文学理想从而改变命运。本文通过分析《新时代月刊》对“无名作家”的扶持及其影响，探讨了上海新老作家之间承续与冲突的代际关系，使我们得以看见深藏于现代文学历史深处的那些“无名作家”的苍凉背影。

关键词：曾今可；《新时代月刊》；“无名作家”；文学青年；代际关系

一、问题的缘起与《新时代月刊》的创办

“无名作家”是指没有成名的作家，他们初出茅庐、投稿无门，多为文学青年。即如当时作家章衣萍所言，“此辈投稿者大都是普通学生，穷困青年，他们创作心热，发表心健，稿子挥笔即成，寄去是大概不登”[1]。因失业谋生之故，20世纪30年代有相当多的“无名作家”，他们大多厕身于都市，聚合一起撰稿写文，寻求成名的机会；同时因为种种原因，当时有相当多的杂志在其征稿声明里欢迎“无名作家”投稿，也有不少舆论对“无名作家”予以讨论。因此，“无名作家”可以说是现代文学史上一个重要的文艺话题。

就现代文学青年问题研究，学界已有一定的成果，如叶中强《从城市边缘走向文坛中心：“亭子间作家”及其文化释义》、马俊江《30年代北平小报与革命文艺青年》、雷世文《中国现代报纸副刊编辑与新进作家》、姜涛《公寓里的塔：1920年代中国的文

学与青年》、秦林芳《三十年代左翼青年作家与“五四”文学传统》以及管冠生《走进被遮蔽的文学游戏世界》、徐传东《同光派诗人、南社诗人和新诗人的场域占位研究(1917—1937)》等等[2]；但关于“无名作家”问题，学界却较少进行讨论。荷兰学者贺麦晓、苏伟康和李世鹏是目前所见的少数对于“无名作家”问题进行考察的学者。苏伟康《无名文艺社与30年代文艺青年研究》一文聚焦1930年代的无名文艺社，将这群无名青年的汇聚过程、身份特征和无名文艺社的组织活动状况以及“无名”的文化内涵等进行了考察，力图在“文艺大众化”和“革命文学”的语境上探讨这一社团的文学价值[3]；李世鹏的论文《关山难越：后五四时代的“无名作家”言说》以报刊舆论中关于“无名作家”陈述为研究对象，认为在对无名作家的言说中，最常见的是对老作家和名编辑的批判控诉，而在“无名”与“有名”论辩、作者与编辑的冲突中折射出后“五四”时代知识界的困局[4]；贺麦晓则在著作《文体问题：现代中国的文学社团和文学杂志(1911—1937)》的“无名作家”“无名作家、女性作家和友情美学”等章节中将“无名作家”作为1920—1930年代一个文艺社团进行考察，以文学社会学方法追踪了“无名作家”概念的最早使用者，认为这是一种展示自己的策略性概念[5]。这些学者的论述开拓了“无名作家”的研究，给相关研究打下了良好的基础。1931年底，曾今可创办、发行《新时代月刊》，是一次有关提携、扶持“无名作家”的重要文学活动，目前还未受到学界的关注，而深入考察这一事件，对于探究上海都市文学场域与现代作家代际关系问题具有重要的研究价值。

《新时代月刊》主编为曾今可。曾今可(1901—1971)，原名国珍，笔名有君荷、金凯荷、云裳等，江西泰和人。据称，他参与过五四运动，后留学日本，1928年在上海从事文学活动，曾在《良友画报》《图画时报》等杂志做记者，其间有诗文发表。1930年，曾今可在《民国时报·觉悟》发表多篇小品、译文和评论等，1930年代发起过“词的解放”运动，曾与鲁迅发生过笔战，曾出版新诗集《爱的三部曲》《两颗星》以及译诗集《最后的偕游》等。根据《新时代月刊》显示，1920年代晚期，曾今可曾任上海马来亚书店的经理；1931年夏，在上海武定路紫阳里177号创办新时代书局和新时代月刊社，并发行《新时代月刊》，当时上海《申报》即有《新时代月刊创刊号出版》的广告[6]。《新时代月刊》办刊较为稳定，它于1931年8月创刊，1934年第6卷第2期“因主编人曾今可氏赴日考察文化，暂行停刊”，继又在1937年曾今可回国后的元旦复刊，“复刊特大号于元旦出版”[7]。以后因时局变迁、生活变动，该刊在1937年发刊四期后最终停刊，总计共发行30期。

《新时代月刊》内容丰富，栏目主要设有文艺理论、世界名著选译、世界名剧、短篇创作、长篇创作、诗歌、剧本、随笔、文坛消息以及“编者的话”。该刊以文学创作为主，发表了不少文学新人的作品。曾今可在创办时就牢牢抓住“纯文艺立场”“按期出版”“无名作家”三大特点办刊[8]，获得了读者较好的评价，其中引人注意的是“提携无名作家”的号召，在《新时代月刊》1931年第1卷第1期中曾今可就说：

> 编者除感谢各位作家的盛意担任为本刊继续撰稿外，并盼望“无名作家”们以其心血结构的作品投寄本刊，编者是诚意地，谦卑地在等待着！我相信，一位有

> 名作家拿起笔来随便写成的东西，不见得一定会比“无名作家”精心构思、审慎作成的作品更好吧？本刊要成为爱好文艺的朋友们共有的园地，决不会像别的刊物一般非名人的稿件不登！我们愿意尽我们所有的力量将富有文艺天才的“无名作家”介绍出来，我们最大的欣幸和光荣是作家的发现！[9]

同样，在前后几年的编辑、出版过程中，《新时代月刊》虽然也向如巴金、沈从文、张若谷、赵景深、徐志摩等名作家约稿，并开设栏目报道名作家及文坛的最新动向，但几乎每期通过“编者的话”不断提醒读者和社会——此杂志鼓励和支持“无名作家”。由此，面向“无名作家”、扶植文学新人成为《新时代月刊》的重要底色。然而，由于《新时代月刊》的经营受到时代和创办者多种主客观因素的影响，因此也折射出 1930 年代上海文坛中作家之间的代际承续与冲突等多重面影。

二、《新时代月刊》对“无名作家”的扶持及影响

自创办伊始，《新时代月刊》即以服务、提拔文学新人的动人口号显示了它在文学场域上的极高站位及效应。在广泛的宣传下，它在青年群体中产生了极大的吸引力，每期都收到大量的来稿。这些作者大多来自国内的大江南北，也有少数来自海外的，如马来西亚等国。从职业上看，这些“无名作者”有教师、工人、水手、医生、护士等，其中大多为学生。由于投稿者多为刚习写作的青年，稿源良莠不齐，以致曾今可发出“找不出一篇成熟的作品，连可以读下去的都很少很少”[10]的感叹。但即便如此，为扶持青年作家，曾今可尽量选取他们的稿件以示鼓励：“我因为不忍使投稿者太失望，凡是他的小说不能用，就用他一首诗。”[11]对办刊者来说，小说可以吸引更多的读者，但是曾今可希望加强刊物与作者之间的联系，尤其是与无名作者的联系，所以他采取了这种看似偏执的做法。作为刊物的负责人，曾今可对每期都极为关注作者，常通过评论他们以扩大文学青年的声音，如在 1931 年第 1 卷第 2 期就推出沈紫曼与何佩等青年作者：

> 《忠实的情人》的作者沈紫曼女士，她是中央大学的学生，她颇有创作的能力与修养，我们希望她再努力下去，我相信在不久的来日，她一定有更好的作品给我们的。《忠实的情人》写得颇好，且易于出演，将介绍给务本女校去排演。何佩女士是一位感着婚姻不满的痛苦的少妇，在她的作品里可以看出她是在怎样的苦闷地生活着。慧影是一个忧郁的女画家，但在校又有女文学家之称，她是爱好文艺是无疑的；同样的，我希望她们都努力。[12]

事实上，为了进一步凸显《新时代月刊》“无名作家”的特色，或为进一步贯彻提拔“无名作家”的目标，1931 年秋曾今可就有意征稿、发行一期《无名作家专号》，希冀使得该刊真正成为“无名作家的集团底地盘”[13]。经过几个月的努力，1932 年 2 月正式刊出《无名作家专号》，这一期的内容分为“关于无名作家论说”“文学作品”“文坛消息”三大部分：在作品方面中，小说有沈紫曼《暮春之夜》、亚沉《偷生》、洪茂青《婚礼

后》、郭师仪《东邻的恩惠》、余壕君《两个新兵》等 18 篇，这些小说均为短篇小说；而诗歌有惠留芳《梦》、苏泝《我站在时代之前狂呼》、王逸鹤《黎明之歌》、俞灰马《青春底享乐》、朱南人《更向何处追寻》等 36 篇；戏剧有王少游《归家》、殷梦萍《爱的创伤》等两篇，均为独幕剧；随笔有温志良《海滨杂记》、陆沉《栗娃栗旦畔河》等 4 篇[14]。

阅读这些文学作品可以看到，这些文本均经过作者们的精心打磨。以小说为例，沈紫曼《暮春之夜》通过大量的心理描写塑造了一位渴望爱情的少女形象，小说以主人公的欣喜心理制造悬念，叙写少女对男孩的思念心绪，终以少女主动约会男孩为结。整篇小说结构完整，书写生动，惟妙惟肖地刻画了少女害羞的微妙心理，透露着一股清新温婉之气。再如，他们也力图采用当时较为新颖的手法进行写作，如洪茂青小说《婚礼后》的对话体、仇朋小说《沦亡》的日记体、王婉蓉小说《翠翠的死》的抒情体等[15]。倘若进一步细察，这些作品中的题材与写作手法具有高度相似性，大多是关于青年爱情经验的书写及相关社会问题的反映，显示出对名家某种仿写的痕迹。面对这些青年的上进之心，曾今可不免欣喜评论道："至本专号选刊的几十篇稿件，我相信，虽不敢说都可以放在水平线以上，但也离水平线不很远。尤其如沈紫曼，亚沉，洪茂青，惠留芳等人底作品直可置于'有名作家'之列而无愧！其余的各篇中亦皆有其可取处。"[16]

在前后历经四五年共发行 30 期的过程中，《新时代月刊》即是这样通过不断刊发"无名作家"的作品，使得一部分文学新人逐渐"亮相"于文艺界中，以致他们"不很无名了"。该杂志在 1932 年第 2、3 期的合刊中说：

> 中大女学生沈紫曼自《新时代》月刊每期发表她的作品后，甚为读书界、著作界各方注意；"无名作家专号"征文她获选第一名，得新时代月刊社大号银盾，于是她便不很"无名"了！她将有作品在《读书杂志》等处发表，并有人托《新时代》月刊编者拉她的稿了。"无名作家专号"获选第二名之亚沉亦一大学生，他是研究法国文学的，很努力，将来也很有希望。第三名洪茂青是一个小学毕业生，一个工人的儿子，现在广州一家碗店里做伙计；在实际生活中去寻找材料，他将来定有更好的、更伟大的作品给我们。[17]

从以上褒奖言说中可以看出，《新时代月刊》对于这些文学青年寄予了深厚的期望，自然对于广大其他尚未发表作品的"无名作家"也起着积极作用。观察《新时代月刊》可以看到，在推介文学新人的方面，20 世纪三四十年代文坛许多新面孔当时都曾在该刊露面，如徐訏、李辉英、王家棫、臧克家、陈梦家、鸥外鸥、沙汀、丽尼、汤增敭、彭成慧、何家槐、林英强、侯汝华、何德明、沙蕾、白兮等，以及身在北平、初出茅庐的何其芳、卞之琳等人也曾在其中刊发过作品。可以说，《新时代月刊》为当时文坛新人的确提供了崭露头角的机会，帮助许多青年有了发表的平台。作家拾名（惠留芳、祝世德）就曾表示，曾今可是自己文学上的引路人，不但多次帮助在他主编的《新时代月刊》上发表作品和在新时代书局出版诗集，而且还将其文稿推荐到其他同类的刊物，并热心介绍邵洵美、赵景深等文坛名家给他认识[18]。

当然，这种提携“无名作家”的活动，实际是1930年代很多杂志的行为。“各杂志的编者大都有‘欢迎无名作家投稿’一类的话，还有特地备‘选拔作家’与‘青年园地’及出‘青年作家号’和‘无名作家专号’等等”[19]。由于不少报刊以此沽名钓誉，以至于有许多舆论认为这是一种骗人的把戏和口号，认为不过是“骗骗无名作家而已”，发行“‘无名作家专号’以表示他是有名了”[20]，大多将其类同于当时以女性作家为噱头的商业手段而已。毋庸讳言，在1930年代“文艺竞买”的商业上海，曾今可出版《新时代月刊》自然有着重要的商业考量，即一方面通过利用“无名作家”作品，鼓舞和刺激着广大文学青年的写作欲望；另一方面又以“陌生化”的新人面孔给杂志促销，提升杂志的发行量和销售量。事实上，《新时代月刊》的封页处就打出多种诱人的广告，还积极利用名作家作品和文坛消息不断地宣传、扩大杂志的声誉，通过这些活动使得杂志更为畅销。

曾今可出版发行《新时代月刊》的的确确有助力文学青年尽快出名的用心，也实实在在地为他们提供了一个公开发表的空间。对于为什么要扶持“无名作家”，曾今可认为，“要希望产生伟大的作品，单希望于‘名作家’们是没有希望的；因为‘名作家’们行将随着时代而过去，同时我们相信新的作家亦必跟着时代而产生”，因此支持“无名作家”于他而言，只不过希望能鼓励一些有天赋的无名作家去努力，“此外别无其他的企图”[21]。1920—1930年代的文学青年常以忧伤哀愁、痛苦绝望的姿态向外换取同情，而这种方式在上海商业市场的消费下注定难有作为。曾今可以为时代要产生伟大作品还需要广大的“无名文学青年”，因此他通过“无名作家”这一口号将文学青年聚集于一起，把《新时代月刊》打造成“无名作家”迈入文坛的一个阶梯。对于当时上海提携“无名作家”的活动现象，荷兰学者贺麦晓曾判断称，不能将所有这些发现和扶持文学青年的尝试，简单地看作是一种商业策略，以为这只是通过制造出任何人都可以成为作家的幻象，以达成销售更多杂志的目的。他认为，众多杂志邀请“无名作家”投稿，“相信其中还是有着严肃的对著名的‘五四’一代缺乏继承者的忧虑，还有对像沈从文和巴金这样的作家的多产（及因之产生的他们的作品质量参差不齐）的忧虑”[22]。

三、《新时代月刊》背后的作家代际关系问题

1930年代，随着新文学作家队伍的形成，上海文坛已经有了一批名作家、权威作家。他们有的大力提携、鼓励和扶持文学青年，形成了一种类似师徒性质的新老作家代际关系——名作家、老作家关心帮助文学新人，文学新人对名作家、老作家无限敬仰。以致无论文学写作还是思想价值，文学新人多少都传承着老作家的基因，他们彼此成为文学事业链条上的利益共同体。萧乾曾回忆当时新老作家代际关系时说：“30年代，像茅盾、郑振铎、叶圣陶、巴金等知名作家，并不是整天埋头搞自己的创作，他们拿出不少时间和精力帮助后来人。”[23]无名作家的虔诚尊敬、有名作家的真心爱护，使他们自然地形成一种亲密的师徒关系。再如，20岁的徐迟早年遭遇了无数次的退稿。1933年5月偶然一次收到施蛰存“不要失望，再寄”[24]的鼓励信后，给他带来莫大的温暖和希望。同年6月徐迟怀着“朝圣”般的心理来上海拜访《现代》杂志主编施蛰存。这次见面和交谈对徐迟个人以后的文学事业产生极为重要的影响，有力

拓展了他的视野和激发了他的创作欲望。“那时他的文艺思想极为幼稚之极，正是需要人点拨和扶持的时候”，施蛰存便成为文学青年徐迟的“庇护人”[25]，二人因此确立了一种新老作家传承关系。特别值得一提的是鲁迅先生，自1920年代就不断爱护文学青年，指导了狂飙社、未名社等文学社团；1930年代更是为柔石、叶紫、田军、萧红、叶永蓁、葛琴等的创作小说集写过序或小引。他用他伟大的名字，引荐多位文学新人给出版社或报刊，让他们尽快成长、出名，起了深情爱护、郑重推荐的作用。这些老作家、名作家把无名的青年作家推荐给广大读者，为培养文坛生力军起到了重要的作用。

当然，观察曾今可创办《新时代月刊》、发行《无名作家专号》这一“文学活动”，可使我们看到其清晰地呈现了现代文学中暗流涌动的新老作家代际冲突问题——按照曾今可的意图，《新时代月刊》创刊发行的目的就是为了打破偶像权威作家的垄断。众所周知，自从新文学诞生以来，文艺界将作家分成“名作家”和“无名作家”，两支“队伍”的对峙无形中产生了激烈的冲突[26]。作为一个亟待成名的文学青年，面对社会和固有的文坛，他们有着诸多需要克服的难题，“他们并不是一生下来就是作家，而是后来变成作家的，在20岁时成为作家的人是屈指可数的。步入文学生涯是一个复杂的过程”[27]。文学新人要成功、要出名，自然要拿出优秀的写作文稿，因为要真正在文学场域内立足，确立自己的位置，最终需要有合格的具有代表性的文艺作品。然而，作品的质量出色是一个问题，而凭借种种关系成名又是另一个问题，因为文学作品的写作“是要凭作者真实本领的，而成名与否，一方面纯然是作品的好坏有相当的关系，一方面却是与际遇有关。说得具体些，能产生好作品，而没处发表，不能使人赏识，便不得成名；而作品不一定怎样好，只要与书局老板，或经理，或编辑者有关系，或者可靠金钱或政治势力，甚至还可靠已成名的情人，都可成为有名的”[28]。这就意味着，在青年作家前进的路上还有名作家、大编辑以及其他“权威”的把控，他们占据了文学舞台的中心，门阀等级森严，只有得到他们的赏识、认可及提携，才有可能跻身于文坛。倘若没有这些人提携与扶持，文学青年很有可能一辈子默默无闻罢了。为此，这些“无名”的文学青年总有遭受压迫和被欺辱的感觉，他们愤懑地感叹自己在当时中国文坛之下，受尽了那些有名作家的欺骗和压迫，“想他们提拔，那更是难于上青天了！千万不要做这种梦想吧！”[29]为此，对于这种现象，潘孑农在《新时代月刊》中将矛头更是直指名作家、老作家的“偶像化”现象，认为由于“偶像们”采用种种手段和方法压制着无名作家们的生长，操纵着整个文坛以致日复一日地崩溃，“为了这时代的前进，为了这古国文化的开展，站在无名作家阵营里的我们，只有伸出拳头去摧毁这些朽腐的‘偶像’”[30]。

文坛具有显著的“排外的性质”，新刊物的创办、新作品的诞生乃至文学新人的出现，都或将对文学场域产生微妙的影响。不甘心“无名”的文学青年为了摆脱困境、尽快崭露头角，发出自己的声音，其中一个重要渠道便是组织社团、编办刊物，建立自己的文学园地，这样就可以出版和发表自己的作品。事实上，创办杂志就是在改变既成的文学秩序，某种程度上也意味着拥有属于自己的文学话语权。如1933年2月，叶紫主编的《无名文艺月刊》在上海创刊，一经问世便引起广泛关注。其实，在《无名文艺月刊》创刊号上，叶紫第一次以“叶紫”发表小说《丰收》[31]，即得到文坛的注目，从此正式步入文坛。而对于大部分文学青年，他们则希望获得杂志的青睐，多发表文章以尽快出名。如文学青年臧克家，当知道《新时代月刊》主编曾今可向他约稿时，他惊喜地感到犹如“一个晴空的霹雳”惊醒了“深蛰已久的心”，“仿佛是从梦里过来”[32]。那时的臧克家正处于文学事业急需提升的时期，能得到杂志约稿并以“作家”身份写自己的生活，无疑是受到莫大的肯定，这意味着他在文学场域占位中获得了一席之地，于是升起对未来的无限憧憬。

另外，围绕《新时代月刊》“无名作家”这一称谓所展开的系列文学活动，体现了主编曾今可等人追求平等的文学场结构的价值诉求，这似乎也是他利用新文学反垄断、反权威所进行的一场文化运作。不过，曾今可并不是一个决绝的“战士”，他在新老文学阵营采取了一种左右平衡的策略。他无法割断与“名作家”的联系，明明要推举的是文学新人，但在杂志的创办中却频频引入郁达夫、巴金、沈从文、张资平、许钦文等一批资深的“名作家”“老作家”或“偶像作家”等作为支持力量，甚至还得靠原南社等“旧派”人物来为杂志增色。或许面对杂志的商业畅销与文学青年的举荐，他只能在二者的平衡中展开他在文学场域内部的“斗争”。

自然，在活动主导者这里以及那些文学青年的心里，对“无名”的塑造和推崇本身便包含着对“有名”的渴慕与追求。确实，对于1930年代那些接受过新式教育的边缘知识青年，“文学”是其生存的重要选项。当他们难以成名之际，通过“无名”的标签更能引起广泛的关注。或许，“从策略的角度看，在某人身上贴上无名作家的标签，是变得更为有名的最好方法之一”[33]。因此自1930年代始诸多文学青年，或组织“无名”文艺社或者创办“无名”类杂志，希冀借此引起注意，实现命运的转变。如1933年在上海顾金富组织新兴无名文艺团体“心声文艺社”[34]；同年又有钱家廉等在上海中华路成立“无名文艺社”[35]；1934年又有童赤民等“无名作者”发起微风文艺社[36]，他们甚至“鉴于各地无名作家之苦闷和无团结”，于是在上海创立了无名作家联合会[37]。这些对写作抱有极大热情的文学青年决不甘心做“无名小卒”，他们以组织社团、创办刊物等方式构建自己的文学园地并积极表达文学主张，以便为自己在文坛寻找立足之地，实现其文学理想，进而得到命运的改变。虽然这些社团及刊物大多昙花一现，但这些努力均可见1930年代“无名作家”群体力图打破圈层、尽快成名的良苦用心。由此也让我们得以窥见，那些深藏于现代文学历史深处曾汲汲于文学事业的“无名文学青年”的苍凉背影。

结语

在稳定静态的社会中，代与代之间的更替会依照“新陈代谢”的自然节奏有序展开。然而在剧烈的社会变动中，新老之间的冲突将会表现得比以往都要明显。“文学人口的金字塔结构则是一些细节性收缩和扩张的结果，几乎不可能有一种理想类型。”[38]在1930年代的文坛上，“五四”之际及1920年代崛起的作家如鲁迅、茅盾、巴金已经成为老一代作家，他们之中虽有提携、帮助文学新人的事实，但有限的文艺资源已被诸多文艺权威所占领，大多数文学青年的位置仍十分边缘，影响力很难超出自身的小圈子。为了获得一席之地，青年群体竭力发声，抱团合作，因而常以挑战者的边缘姿态出现在文坛上。刚刚经历从“无名”到“小有名气”的曾今可，巧妙地抓住文学青年的心理，悄然自称“我当然还是一个‘无名作家’”[39]，在杂志中不断反复强调“无名”的艰难，在一次次的焦虑“制造”中，聚合了一批亟待成名、渴望成名的文学青年。在一定意义上，《新时代月刊》的创办，特别是《无名作家专号》的征稿、广告和出版发行，可以看作是文学青年“行为艺术”的文学事件，是“行动着”的一次文学召唤，它标举“无名作家”旗帜，为这些“受压迫”的文学青年提供了“同情”的支援，也为文学青年提供实际的表现空间和人生前行的希望。“无名”自然夸大了有名与无名、老年与青年等二元对立，但是“无名”天然地占据了文学场域的话语优势。文学青年通过“无名”社团的建立以及刊物的创办，以主体自觉展现自己的价值，显示了现代文学史上“无名”文学青年的入场与文坛权势分化、转移及对抗之间的多重衍变。

＊本文系国家社会科学基金项目“1930年代上海画报文学史料整理与研究”(22BZW138)的阶段性成果。

注释：

[1] 章衣萍：《呼冤》，《章衣萍创作选》，上海：上海仿古书店，1936年，第125页。

[2] 相关研究参见叶中强：《从城市边缘走向文坛中心：“亭子间作家”及其文化释义》，《中山大学学报(社会科学版)》2006年第5期；马俊江：《30年代北平小报与革命文艺青年》，《中国现代文学研究丛刊》2010年第1期；雷世文：《中国现代报纸副刊编辑与新进作家》，《中国出版》2012年第11期；姜涛：《公寓里的塔：1920年代中国的文学与青年》，北京：北京大学出版社，2015年；秦林芳：《三十年代左翼青年作家与“五四”文学传统》，《中国现代文学研究丛刊》2017年第9期；管冠生：《走进被遮蔽的文学游戏世界：以1933年的文学游戏研究为例》，济南：山东师范大学博士学位论文，2010年；徐传东：《同光派诗人、南社诗人和新诗人的场域占位研究(1917—1937)》，成都：西南交通大学博士学位论文，2022年。

[3] 参见苏伟康：《无名文艺社与30年代文艺青年研究》，金华：浙江师范大学硕士学位论文，2015年。

[4] 参见李世鹏：《关山难越：后五四时代的“无名作家”言说》，《文学评论》2020年第4期。

[5] 参见[荷]贺麦晓：《文体问题：现代中国的文学社团和文学杂志(1911—1937)》，陈太胜译，北京：北京大学出版社，2016年。

[6] 佚名：《新时代月刊创刊号出版》，《申报》1931年8月2日，第19版。

[7] 编者：《〈新时代〉复刊号出版》，《时事新报》1937年1月1日，第4版。

[8] 曾今可：《新的开始》，《新时代月刊》1932年第3卷第1期，第1页。

[9] 曾今可：《随便说几句》，《新时代月刊》1931年第1卷第1期，第3页。

[10] 曾今可：《编后记》，《新时代月刊》1931年第1卷第2期，第3页。

[11] 曾今可：《编后记》，《新时代月刊》1933年第4卷第2期，第146页。

[12] 曾今可：《编后记》，《新时代月刊》1931年第1卷第2期，第3～4页。

[13] 谭冠伦：《读者意见》，《新时代月刊》1931年第1卷第5期，第151页。

[14] 以上各篇均参见《新时代月刊·无名作家专号》1932年第2卷第1期，第41～301页。

[15] 以上各篇均参见《新时代月刊·无名作家专号》1932年第2卷第1期，第67～170页。

[16] 曾今可:《为什么要出无名作家专号》,《新时代月刊·无名作家专号》1932年第2卷第1期,第9页。

[17] 雲裳:《国内文坛消息(9)新作家沈紫曼等近讯》,《新时代月刊》1932年第2卷第2~3期,第323~324页。

[18] 参见徐传东:《拾名(祝世德)传略及著作年表》,《现代中国文化与文学》2021年第1期,第199页。

[19] 丁丁:《作家与作品》,《新时代月刊·无名作家专号》1932年第2卷第1期,第23页。

[20] 小卒:《曾今可想入非非 欢迎无名作家》,《社会新闻》1932年第1卷第11期,第244页。

[21] 曾今可:《为什么要出无名作家专号》,《新时代月刊·无名作家专号》1932年第2卷第1期,第7~8页。

[22] [荷]贺麦晓,《文体问题:现代中国文学社团和文学杂志(1911—1937)》,陈太胜译,北京:北京大学出版社,2016年,第221页。

[23] 田本相:《曹禺传》,北京:东方出版社,2009年,第174页。

[24] 徐鲁:《徐迟:猜想与幻灭》,郑州:大象出版社,2006年,第13页。

[25] 徐鲁:《徐迟:猜想与幻灭》,郑州:大象出版社,2006年,第22~23页。

[26] 胡野吟:《再论作家》,《民报》1936年9月9日,第3页,第1版。

[27] [法]罗贝尔·埃斯卡尔皮:《文学社会学》,符锦勇译,上海:上海译文出版社,1988年,第42页。

[28] 丁丁:《作家与作品》,《新时代月刊·无名作家专号》1932年第2卷第1期,第23页。

[29] 管理:《解放中国文坛》,《民国日报》1930年5月14日,第3版。

[30] 潘孑农:《站在无名作家的阵营里》,《新时代月刊·无名作家专号》1932年第2卷第1期,第38页。

[31] 参见叶紫:《丰收》,《无名文艺月刊》1933年第1卷第1期,第1~33页。

[32] 臧克家:《如此生活》,《文艺座谈》1933年第1卷第3期,第7页。

[33] [荷]贺麦晓,《文体问题:现代中国文学社团和文学杂志(1911—1937)》,陈太胜译,北京:北京大学出版社,2016年,第102页。

[34] 炮手:《新兴一文艺社》,《时代日报》1933年8月31日,第2版。

[35] 佚名:《无名文艺社成立》,《时事新报》1933年1月13日,第1版。

[36] 佚名:《无名作者发起微风文艺社》,《民报》1934年6月27日,第3版。

[37] 佚名:《无名作家联合会公开征求会员》,《时事新报》1934年3月4日,第2版。

[38] [法]罗贝尔·埃斯卡尔皮:《文学社会学》,符锦勇译,上海:上海译文出版社,1988年,第40页。

[39] 曾今可:《为什么要出无名作家专号》,《新时代月刊·无名作家专号》1932年第2卷第1期,第1页。

绍兴会馆与鲁迅小说《伤逝》的空间书写

李茜烨

（中山大学中文系，广东珠海，519000）

内容摘要： 会馆是鲁迅小说《伤逝》的重要空间意象，其原型绍兴会馆作为鲁迅文学的空间原点，承载了独特的意义。鲁迅文中会馆空间设置的目的不是怀旧，而是自审与自新。鲁迅通过对“会馆”“藤花”与“破屋”的书写，对自己的过去实现了三重自我审视：对家庭改革失败的审视、对爱情虚空的省察以及对“第二次文学自觉”的再考量。借由三重审视，鲁迅达成了三重自我建构：家庭结构中长兄身份的自省与重塑；个人意义上爱情观念的自审与自新；作为文学志业者与同道之间关系的重构与认知。《伤逝》昭示着鲁迅在“五四”落潮期这一时代语境下冷静清醒的自审与自剖，并促使他去寻找“新的生路”和“新的战友”，是鲁迅个人心境变迁和自我身份转型的精神标记和转折点。本文从绍兴会馆这一空间意象入手，尝试为鲁迅研究提供一种新的研究视角。

关键词： 鲁迅；《伤逝》；绍兴会馆；空间书写；自我建构

从1912年5月6日至1919年11月20日，鲁迅很长一段时间都生活在绍兴会馆。在后来的小说《伤逝》中，以绍兴会馆为原型，鲁迅为主人公设置了一个主要的生活空间，会馆作为《伤逝》中核心的空间意象承担着重要的隐喻功能。周作人在《鲁迅小说里的人物》一书中谈及《伤逝》的空间书写问题，认为文中的会馆就源于绍兴会馆[1]。《伤逝》的空间话题也引起了一些当代学者的关注，部分研究者运用空间叙事学、空间诗学等方法对《伤逝》中的会馆、破屋等文化空间、居家空间进行探讨，多将其价值归于启蒙主题和性别文化的关系上[2]，少有论者以绍兴会馆作为《伤逝》空间书写的原型和起点，探讨这一核心空间意象对于鲁迅研究的意义。本文在《伤逝》文本分析与绍兴会馆档案史料实证的基础上，对《伤逝》中的空间书写问题进行讨论，并尝试解答：鲁迅为何要在小说中设置会馆的空间意象？绍兴会馆为什么是鲁迅文学的空间原点？《伤逝》中的会馆空间书写对于研究鲁迅的精神史变迁具有什么样的独特意义？

一、缘起：绍兴会馆的渊源与鲁迅文学的空间原点

绍兴会馆始建于道光六年，根据《山阴会稽两邑会馆记》，越地在北京最初的会馆名为稽山，仅作祭祀之用。随着赴京的山阴、会稽两地举子增多，对住宿的需求随之增加，于是绍兴的京官们向同乡征集资金创立了山会邑馆[3]。民国初该馆更名为绍兴

县馆，该会馆主要有仰蕺堂、晞贤阁、修禊堂、藤花别馆、补树书屋、绿竹舫、怀旭斋、鑑月山房等建筑[4]。鲁迅于1912年5月入住绍兴会馆，居住在藤花别馆，因邻舍喧闹常扰得他无法休息，便于1916年5月搬入补树书屋。根据孙瑛在《鲁迅故迹寻访记事》中绘制的绍兴会馆平面图(见图1)，鲁迅当年居住的补树书屋位于仰蕺堂之西、晞贤阁之东，藤花馆位于晞贤阁之东北，补树书屋之北[5]。两处屋舍的房间数量相差不大，“藤花别馆西南北房八间半；补树书屋西北房七间”[6]。藤花馆因院内的藤花繁盛而得名，《山阴会稽两邑会馆记》记载，“斋后有古藤花……藤间初惟瘦竹三两竿”[7]，风景可谓幽美。种植藤花是明清宣南士人的普遍爱好，李慈铭在《越缦堂日记》中就说过：“紫藤花开，圃中新栽红碧桃一树，亦盛。”[8]从孙瑛绘制的绍兴会馆平面图来看，藤花架位于院落东南，鲁迅在1912年11月28日搬入藤花馆的南向屋后，其窗户应该是正好面向东南的藤花架。补树书屋的匾联说明了该书屋命名的来历：“昔有美树，花夜合，或曰楝之别种莲敷，遂以名其轩。壬寅春树折，癸卯乃谋种而该题云。”[9]补树书屋前后为仰蕺堂和晞贤阁，晞贤阁内供奉着绍兴各朝先儒，“王子为龛于东，刘子为龛于西，高弟子各祔其侧”[10]，“每年春秋两季于祀孔后二日移请神牌在仰蕺堂，致祭例用少牢……”[11]由于前后均为祭祀场所，补树书屋的环境较为幽静冷僻。明清时期，北京的会馆仅用于接待来京赴考的举子和京官，为了保证居住纪律和人员流动，会馆均严禁女眷入住。这一要求在民国初年仍然保留，因此，初到北京而未带家眷的鲁迅可以选择居住在绍兴会馆。对比北京市档案馆保存的一份民国三十八年的《越中先贤祠居住规则》，其中已不见会馆对家眷事项的严格规定[12]。

绍兴会馆中与鲁迅有关部分的平面示意

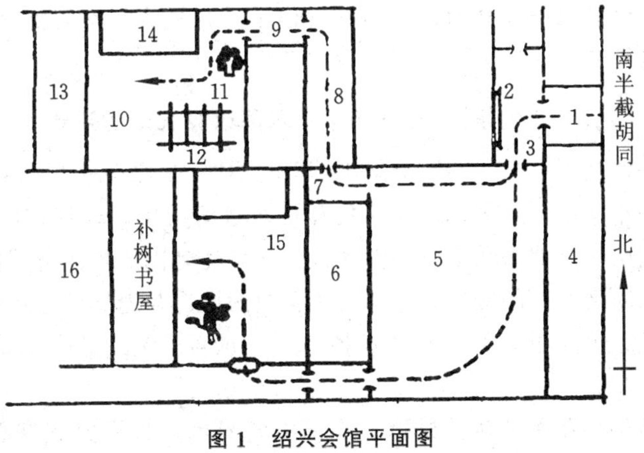

图1　绍兴会馆平面图

(说明：该图为孙瑛在《鲁迅故迹寻访记事》中绘制。
图中6为仰蕺堂，12为藤花架，14为藤花馆，16为晞贤阁)

竹内好认为绍兴会馆时期是鲁迅一生中“最不清楚的部分”[13]，但绍兴会馆不仅是鲁迅写作的空间起点，也是他作品中反复出现的意象，因此笔者将其视为鲁迅文学的空间原点。空间原点有四个层面的含义：第一，绍兴会馆是鲁迅北京生活的起点。鲁迅在北京经历了四处居住空间：绍兴会馆、八道湾十一号、砖塔胡同、西三条二十一号。绍兴会馆是鲁迅在北京的首个也是最长时间的住所。正是在绍兴会馆通过与许寿裳、钱玄同、沈尹默、马幼渔等浙籍同乡的交往，鲁迅在北京开始建立起自己的人际圈。第二，绍兴会馆象征着鲁迅的文化原点。会馆中的乡音、文化以及祭祀故乡先贤的活动，都昭示着地方会馆作为北京城里的故乡空间而存在。《呐喊》《彷徨》虽然创作于北京，但描写绍兴的文字更多。李长之认为，鲁迅描写阿Q、孔乙己、祥林嫂等以绍兴人为原型的人物，“是从容，幽默，带着抒情的笔调”[14]，更优于以北京为背景的小说。鲁迅以绍兴为背景创作的小说，其人物、文化与精神，皆带有绍兴会馆的印记。第三，绍兴会馆是鲁迅的精神原点。直到周作人于1917年4月来京，鲁迅在此前五年都处于独居状态。鲁迅日记和《〈呐喊〉自序》显示其独居时最主要的活动是“钞古碑”，这意味着孤独和独自沉思。《〈呐喊〉自序》里强调的S会馆中的“寂寞”不仅是事实层面的书写，更是鲁迅独自沉浸于内心世界的精神表征[15]。第四，绍兴会馆是鲁迅新文学写作的原点。一方面，会馆里鲁迅精神的寂寞成为他文学迸发的源头，竹内好就将鲁迅文学生涯的精神内核归于绍兴会馆时期的晦暗与赎罪意识[16]；另一方面，钱玄同来到绍兴会馆邀请鲁迅参与《新青年》活动，使得鲁迅登上了新文学舞台。他在绍兴会馆共写作了4篇小说、30多篇杂文，以及6首新诗。《〈呐喊〉自序》《兔和猫》《弟兄》《说胡须》《范爱农》《狗·猫·鼠》等不少作品涉及绍兴会馆，在《伤逝》中，绍兴会馆作为鲁迅文学的空间原点意义更是得到淋漓尽致的体现。

鲁迅并非通过小说中的空间书写怀旧，而是作为一位无情解剖自己的知识分子，借由空间书写表达了一种强烈的自审意识。有学者注意到，鲁迅在《伤逝》中隐现了他对于“五四”激进、肤浅特征的警惕，对于启蒙者的自我反思[17]。如果落实到《伤逝》的空间书写，鲁迅的自我反省有三方面的具体呈现，最终的落脚点是他1925年前后的自我革新与身份转型。

二、“会馆”与绍兴会馆：家庭改革失败的隐喻

鲁迅曾对许钦文说：“这一篇的结构，其中层次，是在一年半前就想好了的。”[18]《伤逝》写作的一年半以前是鲁迅因兄弟失和从八道湾搬出，暂住在砖塔胡同的时期。鲁迅说的结构和层次，故事线上是男女主人公从恋爱到同居再到分手的经历，空间上是从搬出会馆到回到会馆的变迁。涓生对于会馆的搬出与返回、鲁迅对于绍兴会馆的搬出与不回，以会馆为中心的空间变迁揭示了鲁迅对长兄身份与家庭关系的解剖与思考。

由于会馆不允许女眷入住，鲁迅与小说中的涓生，为了家庭都必须选择搬出会馆。鲁迅于1919年8月买下八道湾房产，与两位弟弟及母亲开启了大家庭生活模式。《伤逝》中的涓生因想和子君共同创立独立小家庭，也必须离开会馆。会馆虽然属于居住空间，但不能解读为一般的私人室内空间。亨利·列斐伏尔认为，居住空间有着社会化倾向：一方面，社会关系和活动被引入或主动侵入私人领域；另一方面，作为住宅中的空间生产品——文学创作，也受住宅领域中社会空间的影响[19]。空间内部将兄弟、夫妻的私人关系社会化、结构化，空间外部变迁反映了主体的思想流动与身份转变。小说中的会馆空间隐喻着鲁迅对于家庭改革的期待及其失败，以及在兄弟失和

之后，鲁迅对于长兄身份的重新认知与调适。

在八道湾定居的周氏三兄弟，虽然表面是大家庭共居，但并非传统意义上的家庭格局，而是尝试新家庭的模式。鲁迅在搬入八道湾前通过《我们现在怎样做父亲》[20]思考了“我们现在怎样做长兄”。而周作人于 1919 年 7 月在日本石河内参观了“新村”，虽然新村是一种国家空想社会主义模式，周作人此行也并非为了即将到来的大家庭生活作准备，但新村理想的部分内涵对于八道湾的家庭生活产生了积极意义，“新村的物质的一面的生活，完全以互助，互相依赖为本，但在精神一面的生活，却是注重自由的发展的”[21]。周作人在《新青年》第七卷第二号上发表了《新村北京支部启事》，介绍八道湾十一号为日本新村北京支部，且由其亲自主持一切事务[22]。鲁迅此时也关注新村，他在《新青年》的第七卷第二号至第五号，连续登载了对武者小路实笃《一个青年的梦》的翻译，在《译者序》中，他明确表示翻译此作是源于周作人的介绍[23]，其间周作人发表了《新村的精神》[24]。这些文章的翻译与写作距全家迁进八道湾的时间不远，从新村中互助互爱、平等自由的要义来看，八道湾可以说是有血缘关系的“新村”[25]。

鲁迅承认，“在改良家庭方面，我是失败者”[26]，面对长兄身份的原生性困扰，鲁迅自认是一名改革的“失败者”。由于长兄角色和鲁迅对于“幼者本位”的认同，家庭里的互助互爱与平等自由必须以其作为牺牲者、利他者为前提。周作人 1923 年写给鲁迅的绝交信，迫使鲁迅不得不急忙搬出八道湾，并调整与兄弟之间的关系。搬离八道湾对鲁迅而言，一方面宣告了周宅“新村”式家庭的破产；另一方面也意味着在与周作人的关系上，鲁迅一定程度上摆脱了牺牲者与利他者的角色束缚。

《伤逝》中，涓生和子君在会馆总会看到“鲇鱼须似的老东西的脸”和抹着雪花膏的“小东西的脸”在暗处窥视他们[27]，这里没有他们建立小家庭的现实条件。搬出会馆以后，涓生和子君对吉兆胡同的小家庭怀着希望。他们是新式的知识男女，谈家庭专制和打破旧习惯，也有着新式“幸福的家庭”的期待。最初，新式家庭中男女平等、爱情自由与精神交流的要素似乎存在，可以亲密交谈和相对沉思，但这种生活并未在吉兆胡同实现多久，很快迎来了生活的打击和情感的消磨。在“涓生手记”中，表面光鲜的所谓“爱情自由”与“男女平等”的新式婚姻憧憬，却以子君的失语与死亡为终局，想象和期待中的爱与理想、温暖与幸福则被吉兆胡同中的经济困窘、谎言和无爱的冷酷现实所毁灭。这也意味着，搬出会馆后，涓生与子君家庭改革的尝试以失败告终。

鲁迅在小说中设置了并置而又对立的牺牲和利他话语：在涓生看来，自己一个人是可以生活的，他所忍受的苦痛都是为了子君，自认是家庭的奉献者；但从不能在“涓生手记”中发声的子君来说，她才是为了家庭操劳度日的牺牲者。在家庭中，牺牲、利他话语的有声和失语相互缠绕，暗示了鲁迅在大家庭中不能平衡的矛盾。《伤逝》把《我们怎样做父亲》中的“幼者本位”同化成了权力关系中的“弱者本位”，引入了家庭改革中“我们怎样做兄长”和“我们怎样做丈夫”的矛盾深处。

大家庭改良失败，鲁迅搬到了砖塔胡同、暂时摆脱了长兄身份；新式小家庭建立失败后，涓生回到了会馆、摆脱了丈夫身份。虽然对于涓生来说，重回会馆的生活只有虚空，但只要回到会馆，他就可以幻想着子君或许还能来此访他。不能回绍兴会馆的鲁迅为涓生设计了回到会馆的结局，暗示着兄弟关系中一种难以言明的反省和期待：绍兴会馆时期，鲁迅虽然扮演着大哥的身份，对周作人也有过不少扶持，但对家庭相处模式改良的尝试，二人的“兄弟怡怡”[28]更凸显出志同道合的惺惺相惜。回到会馆的涓生最后将思绪聚焦于“新的生路”上，并决定对过去采取遗忘和说谎。与小说开篇的“悔恨和悲哀”相比，此时的涓生已经借由手记中看似诚恳的赎罪，完成了对过去的否定和自我身份的更新。这种向内探寻的方式正如鲁迅在《墓碣文》中所表达的“抉心自食”“心已陈旧”[29]，不仅让涓生摆脱了丈夫身份与旧的记忆，鲁迅也在从八道湾搬出后，对自身原生性身份产生自我怀疑与否定，挣脱了过去身份的规约，实现了角色的自新。

三、“藤花”与藤花馆：对爱情虚空的省察

鲁迅在《伤逝》中对藤花作了四次描写：

> 依然是这样的破窗，这样的窗外的半枯的槐树和老紫藤……就如我未曾和子君同居以前一般……
>
> 她又带了窗外的半枯的槐树的新叶来，使我看见，还有挂在铁似的老干上的一房一房的紫白的藤花。
>
> 她的鞋声近来了，一步响于一步，迎出去时，却已经走过紫藤棚下，脸上带着微笑的酒窝。
>
> 这样的半枯的槐树和紫藤，但那时使我希望，欢欣，爱，生活的，却全都逝去了，只有一个虚空，我用真实去换来的虚空存在。

藤花与涓生的恋爱状态相连，绽放的紫藤隐喻着涓生恋爱中的欣喜，象征着希望；无花的老紫藤则隐喻了他与子君的永久分别，是希望、欢欣、爱的全部逝去。但无论子君在与不在，涓生都会感到寂静虚空，因为藤花隐喻的涓生和子君的所谓爱情，以及子君伴着紫藤花而来时带给涓生的希望和期待，本身就是虚空的。有学者指出：“‘伤逝’并非只是旧情之殇，它也是五四浪漫激情与启蒙信仰的幻灭，是时代青年男女在浩歌狂热之后的悲凉。”[30]鲁迅不仅拷问了涓生（男性）在爱情中的位置与态度，也同时对子君（女性）的爱情自由诉求表示了担忧，指出了新文化运动中关于爱情自由神圣的宣扬背后更深层的隐忧，即对爱情虚空的省察。这种对话是通过小说里男女恋爱过程中身体与空间的关系来实现的。

当子君坚定地说出“我是我自己的，他们谁也没有干涉我的权利”时，涓生不仅灵魂震动，还感悟到子君比自己更为透彻、坚强。子君把“我”与“自己”画上等号，这意味着她拥有操纵自己身体的权力。在中国古代，身体发肤成为被礼教规训的对象，尤其是女性的身体从来不属于自己。晚清以来的启蒙呼声中，废缠足不仅是对礼教、习俗及其权力载体的反叛，也是女性为自己的身体赋权的一场革命。在女性觉醒的过程中，她们不仅意识到爱情的自由，也触碰到与爱情相关的身体命题，体现了女性对于自我身体控制权的觉醒。但身体自由的“出走”只对于“父亲的女儿”这一身份有效，在

“爱情神圣”的大旗下她们并未脱离“丈夫的妻子”的角色，她们离开了“父亲的家”却“寄生”于“丈夫的家”，这是子君在实践“我是我自己的”这句宣言时面临的无解的困境。涓生的手记里多次出现与子君“行走”相关的动作，紫藤绽放往往伴着子君的“来”，涓生总是期待着子君的脚步声，而且在子君逝去后，涓生也不断地盼望子君还能“来”会馆中访他。子君在象征着父亲的叔子家和涓生的会馆两个空间之间骄傲自由地行走，也能与涓生在路上同行、逛公园；但子君又在爱情自由的引导下，再次失去了身体主动权，“我是我自己的”变成了一句空洞的回声，但涓生却无法理解同居之后的子君笑容为何总是勉强而凄然。

同居之后，身体在空间中行动的区隔明确并强化了二人的身份之别：涓生除了在吉兆胡同，还在“局里”、通俗图书馆等公共空间活动，他还想象了广厦高楼、战场、洋场、公馆、闹市，涓生的身体与思绪都在公共空间中行走。但子君只属于象征爱情的藤花馆，和象征家庭的吉兆胡同里两间南屋，最后她也失去了以行走为象征的身体主动权，而代之以在家庭里因家务终日忙碌而汗流满面、双手粗糙的身体境况。涓生可以通过“翅子的扇动”朝向公共空间飞翔，但子君则只能被他遗留在属于爱情与家庭的私人空间内。如果说空间是“我的身体”的对应物[31]，同居之后子君的空间就像她的身体一样，是“我的”但事实上又不真属于“自己的”，空间与身体的关系隐现了爱情自由神圣的谎言、虚伪与虚空。

鲁迅在身体问题上发现了爱情的另一层虚空——遭遇“饥饿”的身体，再次为爱情的神圣性祛魅。在经济尚不拮据时，涓生满足于小家庭的自食其力；但后来却抱怨起饭钱缩减与菜冷。事实上，涓生与子君的矛盾正是从身体的饥饿开始的。饥饿让他们不得不吃了油鸡，又放掉阿随。最终，涓生在饥饿中想到了“我一个人，是容易生活的”，更联想到了子君身体的消亡——她的死。饥饿的本能激发了自保的私心，“饥饿的身体”这一意象犀利地戳穿了“五四”时代的情感与激情或因浪漫之爱涕泪飘零的假面，指出了没有经济支撑的爱情之虚空。鲁迅在《娜拉走后怎样》里指出，能够对经济发表议论的前提就是身体饥饿感的产生，从而明确指明女性职业与经济问题的重要性[32]。1925年前后是鲁迅特别关注身体饥饿感的时期。除“娜拉”和《伤逝》外，同年4月与5月他在《忽然想到(五至六)》和《北京通信》两次强调：“一要生存，二要温饱，三要发展。”[33]因身体温饱所关乎的经济问题实际上源于鲁迅的自身处境：一方面，许广平曾指出周氏兄弟失和的原因在于经济[34]，鲁迅搬入砖塔胡同、真正拥有家庭经济权后，开始细致整理“家用帐”，可见他对经济问题的重视；另一方面，当时教育部的欠薪成风，也令他感到生活艰难。这种情况下，鲁迅审视青年男女恋爱问题，意识到身体本能发出的饥饿信号足以毁灭作为时代神圣话语的“爱情”。

鲁迅关于《伤逝》的构思和小说结构虽然在一年半以前就已经想好，但在1925年10月才将其付诸笔端，鲁迅自身的情感经历在其中起了很大作用。据许广平透露，她与鲁迅的定情是在1925年10月[35]，情感关系的更新迫使鲁迅不得不郑重地思考什么是爱情。此前，由于与朱安的婚姻关系，鲁迅曾说过：“我不知什么叫爱。”[36]根据俞芳的回忆，鲁迅从八道湾搬出时，曾给予朱安自由选择的权力——选择继续留在八道湾或是回绍兴老家，但朱安却选择与鲁迅一起去砖塔胡同，她认为自己至少可以给鲁迅做些缝洗烧火的家务活[37]。鲁迅给予朱安身体选择的自由，但朱安自愿臣服于丈夫，或许子君的选择与牺牲、涓生对自身罪的体认也掺杂了朱安与鲁迅关系的影子。许广平的出现令鲁迅从不知道什么是爱，到坦然接受爱，于是他不得不更加慎重地思考爱情问题。子君陷入“我是我自己的”的怪圈，爱情自由与现实处境形成悖论。通过书写涓生的爱情的消亡与无爱，鲁迅对“五四”青年男女笔下爱情的虚空本质进行了省察。

四、“破屋”与补树书屋：“第二次文学自觉”的再考量

关于鲁迅“第二次文学自觉”的说法来自伊藤虎丸，他认为鲁迅在留日时期因阅读西欧近代文艺而发生的文学活动，是他的“第一次文学自觉”，从《狂人日记》开始的写作是“第二次文学自觉”[38]。《伤逝》中对涓生的文学活动和理想有一定表现，小说中有关补树书屋的空间书写隐喻了鲁迅对第二次文学自觉的考量。

涓生居住在会馆“偏僻里的破屋”，周作人认为从破屋的“偏僻里”方位可以判断这指的是补树书屋，这一判断与补树书屋前后均为祭祀场所有关[39]。《伤逝》中提到了破屋的室内陈设：“窗前的方桌”“败壁”“靠壁的板床”，孙瑛在《鲁迅故迹寻访记事》中绘制的平面图展示了补树书屋的内部陈设，仅有八仙桌、书桌、藤椅、衣箱、床铺、茶几、木椅、书架等物品[40]。小说中破屋的室内布置比补树书屋多了一样关键的装饰，即墙壁上的雪莱半身像。由于空间的视觉化逻辑，布局中特殊物品的展示功能必然包含了某种空间策略，使空间表象具有了表征性作用。雪莱像成为解读小说中破屋意象和补树书屋空间隐喻的关键。雪莱的半身像，以及后来涓生想要替换的雪莱淹死在海里的纪念像或是易卜生的画像，是这间破败屋子的唯一亮色，是时代青年的浪漫与文学理想的象征。鲁迅曾将藤野先生的照相挂在书房的东墙上，他在藤野先生黑瘦的面庞中感受到了良心、收获了勇气[41]。可见，鲁迅将墙上悬挂的照相视为一种精神的引领和鼓舞，小说中的雪莱像也同样有此功能。破屋里的雪莱像是涓生文学理想与精神的引领者。涓生不仅可以和子君在破屋里谈易卜生、泰戈尔、雪莱，而且在失去工作后，他尝试谋生的方式是翻译和写作小品文。子君去世后，涓生再次回到破屋，这里依然偏僻、破败和朴素，但雪莱像已不知去处。

虽然尚未有史料显示鲁迅在补树书屋中悬挂类似画像，但在其笔下，补树书屋确实成为他第二次文学自觉的隐喻。小说中三次出现的“半枯的槐树”也是周作人推测破屋为补树书屋的理由[42]：涓生在院中有槐树的破屋里悬挂象征其文学理想的雪莱像；屋中的谈话寄寓着他的文学理想与希望；槐树和补树书屋在《〈呐喊〉自序》中被鲁迅追忆为一处文学发生的场所：“S会馆里有三间屋，相传是往昔曾在院子里的槐树上缢死过一个女人的，现在槐树已经高不可攀了。”[43]对补树书屋的槐树与偏僻冷清环境的描述实际上记录了鲁迅当时的寂寞心境：林语堂曾用“死了似的”[44]描述鲁迅在绍兴会馆的生活；李长之在认同林语堂的基础上将鲁迅形容为“像一个动物一样”[45]；竹内好更进一步予以“寂寞”“沉郁”甚至带有宗教意味的“赎罪”与“无”的阐释[46]。在补树书屋，钱玄同到访，发生了关于“铁屋子”的对话，鲁迅意识到不能抹杀将来的希望，终于打破寂寞，开始写文章。“铁屋子”的对话是鲁迅创办《新生》失败以来第一次

尝试摆脱寂寞与颓唐的事件。在补树书屋，鲁迅从文学的沉默到写作的发生，从未尝经验的无聊寂寞到承认希望的不能被否认和抹杀。

作者在补树书屋的写作经验投射到《伤逝》的破屋空间中，补树书屋及被小说化的“破屋”都与文学的诞生、希望的存续相关。鲁迅通过《伤逝》达成的不是对第二次文学自觉发生时刻的回望与哀悼，而是在考量中寻找“新的生路”与“新的战友”。鲁迅承认，新文化运动时，他曾在“思想革命”的旗帜下与《新青年》同人通力合作；后“五四”时期，《新青年》逐步走向分裂，同人或高升，或退隐，或前进，“五四”的落潮令鲁迅变成“游勇”、无法“布阵”[47]。虽然鲁迅和涓生一样“还没有忘却翅子的煽动”，但他寻找新战友的迷茫，也与涓生“那里去呢?”的发问同样低沉。鲁迅不仅因为同人的散去而感到寂寞，此时的他也在经历着兄弟失和之后，事业上遭遇“党同伐异”的各种“华盖运”[48]。1925 年元旦，鲁迅在《希望》中开首便表明自己的心分外寂寞[49]，正如涓生在子君逝去后感到只剩下虚空。内外交困下，在写作《伤逝》之前的 1925 年 3 月，鲁迅在给徐旭生的信中提到重启思想革命的话题，希望通过培养思想革命新战士的方式来解决一部分社会问题。

在“华盖运”的寂寞迷茫中，鲁迅通过《伤逝》中“破屋”里的雪莱像回望绍兴会馆的补树书屋，绍兴会馆独居时精神寂寞的沉思、“第二次文学自觉”的发生时刻，以及“五四”落潮后寻路的迷茫，都交织在这一空间里。对比新文化运动时期，鲁迅在向“第二次文学自觉”起点寻找答案时，于文艺与思想革命的问题上有着三个方面的转型：首先是文学方式的转变。相较于在绍兴会馆创作的小说与“随感录”，鲁迅从厨川白村《出了象牙之塔》中译介出“文明批评”与“社会批评”[50]，重点处理文艺与生活、文艺与政治的关系，将文艺创作的落脚点聚焦在社会改造，并通过创办《莽原》将这一文学方式落实。其次是思想革命对象的变化。在鲁迅看来，这一阶段具有较大危险性的是新思想中了“‘老法子’的计”[51]，重启思想革命必须先从智识阶级内部入手。最后，鲁迅不能再回到绍兴会馆《新青年》写作之初的时候，也不能像在绍兴会馆中一样依赖浙籍同乡再次建立自己人际圈，陷入寂寞的鲁迅不得不寻找新的战友。鲁迅此时更频繁地与北京青年学生、青年作家来往，形成了以北京高校文学课堂和西三条“老虎尾巴”为中心的青年交往空间。在“老虎尾巴”中，鲁迅与以青年作者构成的《莽原》、未名作家群形成了社团-报刊-出版-写作的联合生产。涓生在吉兆胡同哀悼和回顾与子君在会馆的文艺交流，重回会馆寻找新的生路；鲁迅则以绍兴会馆为原点，以审视过去而继续前行的方式寻找属于自己新的生路与新的战友。

结语

小说集《彷徨》中，只有《孤独者》和《伤逝》两篇未公开发表，直到 1926 年 8 月《彷徨》由北新书局初版时才与公众见面。《孤独者》写于 1925 年 10 月 17 日，《伤逝》写于 1925 年 10 月 21 日，鲁迅在这两篇小说的写作空隙间未再进行其他创作。学界注意到了鲁迅在 1925—1926 年间转型的特殊性，并由此提出了“中期鲁迅”的概念[52]，而分析《伤逝》中以绍兴会馆为原型的空间书写，可以为解读“中期鲁迅”个人精神变迁提供新的视角。

绍兴会馆在现实生活、文化、精神与新文学写作四个层面上成为鲁迅的空间原点，也是其在作品中反复书写的对象。鲁迅在《伤逝》中设置会馆空间的目的，并非只是对绍兴会馆时期的怀旧和回望，更是一种自我审视与自我更新。在小说中，“会馆”“藤花”与“破屋”承担着不同的空间隐喻功能，借由这种隐喻，鲁迅对自己的过去实现了三重自审：对家庭改革失败的审视、对爱情虚空的省察以及对“第二次文学自觉”的再考量。每一次自审都关乎鲁迅生活转折期的个人经历和心境变迁，无论是大家庭的失落、许广平的出现，还是志业的彷徨。经历三重自审后，鲁迅实现了三重自我建构：家庭结构中长兄身份的自省与重塑、个人意义上爱情观念的自审与自新、作为文学志业者与同道之间关系的重构与认知。鲁迅通过《伤逝》的创作，回望并审视了作为空间原点的绍兴会馆，从而摆脱旧我，立志寻求“新生的路”。正是通过对这一文学文本和相关史实的交互参照与辨析，才使我们得以清晰地探寻到“中期鲁迅”个人心境变迁及其自我身份更新与转型的历史脉络。

注释：

[1] 参见周作人：《鲁迅小说里的人物》，长沙：岳麓书社，2020年，第245页。

[2] 相关成果参见国家玮：《“空间”的现代性：论〈伤逝〉的第一人称叙事》，《鲁迅研究月刊》2015年第5期，第4～22页；夏鹏：《破屋中的启蒙之声：从〈伤逝〉中的破屋意象来看鲁迅对启蒙的忧思》，《上海鲁迅研究》2021年第88辑，第101～109页；刘红英：《鲁迅小说〈伤逝〉中的三重空间与性别反讽》，《鲁迅研究月刊》2021年第7期，第14～23页。

[3] 参见《山阴会稽两邑会馆记》，王汝丰点校：《北京会馆碑刻文录》，北京：北京燕山出版社，2017年，第355页。

[4] 参见《绍兴县馆纪略》，王日根、[日]大木康编纂：《中国会馆志资料集成》第2辑，厦门：厦门大学出版社，2019年，第576～580页。

[5] 参见孙瑛：《鲁迅故迹寻访记事》，北京鲁迅博物馆、鲁迅研究室编：《鲁迅研究资料》8，天津：天津人民出版社，1981年，第174～175页。

[6]《绍兴县馆纪略》，王日根、[日]大木康编纂：《中国会馆志资料集成》第2辑，厦门：厦门大学出版社，2019年，第550页。

[7]《山阴会稽两邑会馆记》，王汝丰点校：《北京会馆碑刻文录》，北京：北京燕山出版社，2017年，第357页。

[8]（清）李慈铭：《越缦堂日记》第17册，扬州：广陵书社，2004年，第12419页。

[9]《绍兴县馆纪略》，王日根、[日]大木康编纂：《中国会馆志资料集成》第2辑，厦门：厦门大学出版社，2019年，第578页。

[10]《绍兴县馆晞贤阁记》，李金龙、孙兴亚主编：《北京会馆资料集成》下，北京：学苑出版社，2007年，第1306页。

[11]《绍兴县馆纪略》，王日根、[日]大木康编纂：《中国会馆志资料集成》第2辑，厦门：厦门大学出版社，2019年，第553页。

[12] 参见《越中先贤祠居住规则（民国三十八年）》，《北平市警察局、社会局、越中先贤祠等关于绍兴会馆改组选举、检送越中先贤祠章程、组织越中先贤祠章程董事会等的批、呈、函、启事》，北京市档案馆藏，档号：J019-001-00043。

[13] [日]竹内好：《鲁迅》，李心峰译，杭州：浙江文艺出版社，1986年，第46页。

[14] 李长之:《鲁迅批判》,北京:人民文学出版社,2021年,第68页。

[15] 参见鲁迅:《〈呐喊〉自序》,《鲁迅全集》第1卷,北京:人民文学出版社,2005年,第437~442页。

[16] 参见 [日]竹内好:《鲁迅》,李心峰译,杭州:浙江文艺出版社,1986年,第47页。

[17] 参见沈庆利:《"忏悔之不能"的悲哀:鲁迅〈伤逝〉的一种解读》,《南方文坛》2023年第5期,第19~25页。

[18] 钦文(许钦文):《写〈彷徨〉时的鲁迅先生》,《现代文艺》1940年第1卷第5期,第222页。

[19] 参见[法]亨利·列斐伏尔:《空间的生产》,刘怀玉,等译,北京:商务印书馆,2021年,第227~233页。

[20] 参见鲁迅:《我们现在怎样做父亲》,《鲁迅全集》第1卷,北京:人民文学出版社,2005年,第134~145页。

[21] 周作人:《新村的理想与实际》,钟叔和编订:《艺术与生活》,长沙:岳麓书社,2019年,第271页。

[22] 参见周作人:《新村北京支部启事》,《新青年》1920年第7卷第4号,封二。

[23] 参见鲁迅:《〈一个青年的梦〉译者序》,[日]武者小路实笃:《一个青年的梦》,鲁迅译,《新青年》1920年第7卷第2号,第65页。

[24] 参见周作人:《新村的精神》,《新青年》1920年第7卷第2号,第129~134页。

[25] 参见黄乔生:《八道湾十一号》,北京:生活·读书·新知三联书店,2016年,第36页。

[26] 荆有麟:《鲁迅先生的婚姻同家庭》,《鲁迅回忆》,上海:上海杂志公司,1947年,第70页。

[27] 参见鲁迅:《伤逝》,《鲁迅全集》第2卷,北京:人民文学出版社,2005年,第115页。以下《伤逝》原文全部引自本书第113~133页,不再一一标注出处。

[28] 鲁迅:《弟兄》,《鲁迅全集》第2卷,北京:人民文学出版社,2005年,第145页。

[29] 鲁迅:《墓碣文》,《鲁迅全集》第2卷,北京:人民文学出版社,2005年,第207页。

[30] 岁涵:《进化论与女权:重读〈伤逝〉》,《中国现代文学研究丛刊》2015年第5期,第24页。

[31] 参见[法]亨利·列斐伏尔:《空间的生产》,刘怀玉,等译,北京:商务印书馆,2021年,第271页。

[32] 参见鲁迅:《娜拉走后怎样》,《鲁迅全集》第1卷,北京:人民文学出版社,2005年,第165~171页。

[33] 鲁迅:《北京通信》,《鲁迅全集》第3卷,北京:人民文学出版社,2005年,第54页。

[34] 参见许广平:《鲁迅回忆录》,北京:作家出版社,1961年,第49页。

[35] 参见马蹄疾:《执着追求的许广平》,《鲁迅生活中的女性》,天津:南开大学出版社,2017年,第125页。

[36] 孙伏园:《关于鲁迅:于昆明文协纪念鲁迅逝世三周年大会席上》,章征天、张能耿、裘士雄编:《孙氏兄弟谈鲁迅》,北京:新星出版社,2006年,第21页。

[37] 参见俞芳:《我记忆中的鲁迅先生》,杭州:浙江人民出版社,1981年,第140页。

[38] 参见[日]伊藤虎丸:《鲁迅、创造社与日本文学:中日近现代比较文学初探》,孙猛、徐江、李冬木译,北京:北京大学出版社,1995年,第146页。

[39] 参见周作人:《鲁迅小说里的人物》,长沙:岳麓书社,2020年,第244~245页。

[40] 参见孙瑛:《鲁迅故迹寻访记事》,北京鲁迅博物馆、鲁迅研究室编:《鲁迅研究资料》8,天津:天津人民出版社,1981年,第176~178页。

[41] 参见鲁迅:《藤野先生》,《鲁迅全集》第2卷,北京:人民文学出版社,2005年,第318~319页。

[42] 参见周作人:《鲁迅小说里的人物》,长沙:岳麓书社,2020年,第244页。
[43] 鲁迅:《〈呐喊〉自序》,《鲁迅全集》第1卷,北京:人民文学出版社,2005年,第440页。
[44] 林语堂:《鲁迅》,《北新》1929年第3卷第1号,第87页。
[45] 李长之:《鲁迅批判》,北京:人民文学出版社,2021年,第110页。
[46] 参见［日］竹内好:《鲁迅》,李心峰译,杭州:浙江文艺出版社,1986年,第47页。
[47] 参见鲁迅:《〈自选集〉自序》,《鲁迅全集》第4卷,北京:人民文学出版社,2005年,第469页。
[48] 参见鲁迅:《〈华盖集〉题记》,《鲁迅全集》第3卷,北京:人民文学出版社,2005年,第4页。
[49] 参见鲁迅:《希望》,《鲁迅全集》第2卷,北京:人民文学出版社,2005年,第181页。
[50] 参见［日］厨川白村:《出了象牙之塔》,鲁迅译,北京:未名社,1925年,第155页。
[51] 鲁迅:《通讯》,《鲁迅全集》第3卷,北京:人民文学出版社,2005年,第26页。
[52] 参见邱焕星:《"中期鲁迅"研究》,上海:上海交通大学出版社,2023年。

流徙体验与山水再造

——抗战时期章士钊旧体山水诗的艺术新变

李聪聪

（安徽大学文学院，安徽合肥，230601）

内容摘要：受流徙体验影响，章士钊抗战时期的旧体山水诗表现出了与古代山水诗不同的艺术特点。具体而言，在情感表达上，章士钊介于漂泊与止泊之间的避难经历，使得他抗战时期的旧体山水诗呈现出大开大阖的书写特点；在形式安排上，章士钊抗战时期的旧体山水诗既有五言正体，也有七言、杂言等变体，且不同创作阶段的形式选择各有偏重；在美学风格上，章士钊本阶段的旧体山水诗形成了主“动”不主“静”的整体格局。以上既是章士钊对中国古代山水诗艺的继承与发展，也是中国古代山水诗在抗战时期的艺术新变。

关键词：章士钊；山水诗；抗战时期；流徙体验；诗艺

旧体山水诗“是各具性情的诗人和各有气象的山水之情景交融的产物，是一种审美发现”[1]，在此基础上还有一个必要的前提，即“诗人在亲临山水的过程中，将自然山水景物作为主要的表现对象”[2]。旧体山水诗形成于晋宋，到唐朝发展成熟，“由唐宋一直到明清，几乎没有一位重要的诗人没有写过大量的山水诗”[3]。五四新文化运动以后，白话文“战胜”文言文，新诗中“以山水风光为题材的白话诗，所占比重是不少的”[4]。随着古典诗文地位的一落千丈，学界对于旧体山水诗的关注大不如从前，但其间旧体山水诗的创作从未中断，它像一条绵延不息的长河，尽管无法在波诡云谲的现代时空中适时汇入文学主流，也依然坚持以支流的形态潺湲不断，奋力向前。换言之，“五四”以来的新体山水诗绝非一枝独秀，旧体山水诗并没有销声匿迹，两者其实形成了互相协奏的关系。

分而观之，中国现代山水新诗的主要特点是“把歌颂自然与改革社会、改变人生有机地结合起来”[5]，而旧体山水诗的产生历来与诗人的生命漂泊之感密切相关[6]。如果循此标准截取现代最能代表旧体山水诗创作特征的时段，那因异族人侵而致举国如飘蓬的抗战时期无疑是不二之选，在这期间章士钊的山水诗[7]颇具代表性。目前与章士钊相关的研究主要聚焦于政治、历史、法律、新闻、逻辑学等领域。至于文学领域，最为人所称道的要数他的“逻辑文”了。相比之下，章士钊同样结出累累硕果的旧体诗词，却没有得到研究者们足够的重视[8]。据不完全统计，章士钊(1881—1973)一生写作的旧体诗词不下四千首[9]，存世者也有一千余首，且自《哭汪希颜》(1903)至《〈柳文指要〉再跋》(1971)中的无题诗，旧体诗几乎贯穿了他创作的一生，有论者甚至认为“章士钊在近代诗坛上建立了一座无人跨越的丰碑”[10]。抗战时期，章士钊创作了诸多优秀的山水诗。国将不国、政治下野和新旧文学论争失败的多重打击，与避难期间的流徙体验汇聚到了一起，对章士钊的心理产生了不小的刺激，并鲜明地反映在他的山水诗中。本文除了力求描述出抗战时期章士钊山水诗的总体面貌和创作特点外，还想进一步探讨的是：中国古代山水诗在抗战时期发生了怎样的艺术新变？这些变化对中国古代山水诗的美学形态产生了怎样的影响？在中国诗歌史上，这些问题都具有深入研究的价值。

一、漂泊与止泊：大开大阖的情感书写

章士钊在抗战前的很长一段时间内是以政论家兼政治家身份名世的。除了身体力行为国内政治改革鼓与呼之外，1914年至1925年，章士钊还曾三次创办《甲寅》杂志，其中，1925年创刊的《甲寅周刊》为新文化运动冲击下的传统文学据理力争。其后，章士钊经历了长达14年的抗日战争，异族入侵、国将不国让他感到忧心忡忡。政治求索、文化坚守、时代环境等因素叠加，使得自晚清以来知识分子所普遍具有的现代民族国家意识在章士钊身上被充分激发。这些从根本上决定了章士钊抗战时期的山水诗与中国古代山水诗的差异：其一，章士钊将山水诗与现代民族国家的命运联系起来，而古代同样有着强烈“入世”精神的诗人，是将山水诗与“天下”国家进行关联，“‘天下’(纲常伦理)的重要性显然高于‘国’(王朝)”[11]。其二，章士钊抗战时期的山水诗有大量对战争场面和战争感受的直接描写，中国古代山水诗则和隐士文化相伴而生[12]，在内容上多与怀古咏史、羁旅行役、田园隐逸、求仙访道相结合；而少数与战争“联姻”的古代山水诗，像陆游的《风雨中望峡口诸山奇甚戏作短歌》《剑门关》、屈大均的《过大梁作》《罗浮放歌》、朱彝尊的《南湖即事》《晓入郡城》等很少对战争情况做正面描写，对战争的具体感受也让位于诗人忧国忧民的心境或难以施展的襟怀抱负。

章士钊一生为国事奔走效劳，而且新友故交遍及天下，他在抗战时期因公因私辗转各地，得以观览到风貌各异的祖国山河。这里选取一些重要的时间节点，对章士钊在抗战时期的游历过程进行简要考察。1931年“九一八”事变爆发，在东北大学任职的章士钊离开东北赴上海开设律师事务所；1933年4月章士钊赴南京、苏州为陈独秀义务辩护；1938年3月日伪当局任命章士钊为伪维新政府司法院长，章士钊只身逃离上海，避难香港等地；1939年2月，太平洋局势扑朔迷离，章士钊由香港赴重庆避难；1941年8月，章士钊违难赴游桂林；同年10月24日章士钊与杜月笙等一行16人乘汽车离渝赴西北考察；1943年夏去四川峨眉避暑，道经泸州等地。加上不定期往返北平，抗战期间章士钊的足迹可谓遍布东北、华北、华东、西南、西北，用以记录他游踪的山水诗大都收入抗战后所辑的《章行严先生蜀游诗集》《近诗废疾》《游泸草》等诗集中。

章士钊游历各方，耳闻目睹了抗日烽火中蜩螗羹沸的祖国山河。在抗战后所作《章行严先生蜀游诗集》开篇，诗人即吟出“兵马关河无限憾，且开心眼读南华”[13]（《和翊云花茶韵五首》）的诗句，其中前一句是对战乱的慨叹，后一句则是对归隐的向往，这为整部诗集奠定了情感书写的总基调。诗集中不少山水诗体现了诗人因为战乱在漂泊与止泊之间巨大的情感落差：“江边邪许助喧哗，对面依岩屋角花”（《携选诗一卷至李子坝陶宅避警主人不在》），一边象征着喧闹的战乱，一边代表着渴望安宁的心境；《弹子石访曾云霈不遇》首联体现出访友前激动的心情，“嘉陵晚渡万声哗，湍急船飘水面花”，尾联访友未果，又落脚到深沉的家国之忧，“访友艰难同国事，闻笳能使鬓无华”；《海棠溪》首尾两句分别是“方舟斜泛嘉陵西，西浒艳说海棠溪”“昨夜虏阵横空飞弹子，渝州一城声尽死”，诗人从平静到不安的心境展露无遗。类似落差较大的情感书写在组诗或不同诗作中也有体现，如《从听水楼望虎啸口》，其一是借环绕秧田的渌水寄托类似秦观的无限潇湘之意，悲伤缱绻，情感低沉；其二是借猛虎长啸般汹涌的水势烘托紧张的战争氛围，气势磅礴，情感高昂。同样，如果将同一诗集中相邻的两首诗如《万松岭道中》和《听水楼》作比，也不难看出其高低起伏的情感落差。

除了避难途中写作的山水诗外，即便是以消闲娱乐为主的山水宴游，也难掩抗战时期章士钊内心的情感波动。《酬春潭招游寝园》一诗即是其中的代表，从该诗起首“叔敖相楚国，功大谢近酬”至“辟园即长卧，不问誉与咻”，情感基调以豪迈为主。接下来叙写游览寝园的过程，“怜吾浮浪客，杖策导佳游。穿从篱门入，上陟长冈头。远瞰方山顶，俯挹双江流”。其中“穿”“陟”“瞰”“俯”等一组幅度较大的动词的连续运用显示出诗人开阔的胸襟和乐观的态度，园中景物给诗人留下了美好的印象。然而陡然回落的诗风还是在不经意间流露出诗人对于安定祥和的渴望，“小市风景绝，兹山更宜秋。况擅阴洞美，祛暑滋清幽。四角安茅亭，中分田与畴。水池冒绿荷，礼白红不羞。苦笋箨难扫，黄角枝相樛。清供仰橘柚，华表托松楸。形势天崇成，部署人吐谋。显晦同一理，聊分千岁忧”。结尾连续出现的两个“旷”字又将回落的情感再次提振，“疑冢无其妄，生旷未尽侔。通人之所为，旷若刘伶俦”。整首诗在情感线索上呈现出“起—落—起”的升降形态，这开阖不定的情感与古代纯粹赏玩、竞技逞才、以游戏为目的的山水宴游之作[14]有着明显差异，后者在情感书写上往往是平静舒缓、雍容不迫的。

在中国古代山水诗人中，鲍照的境界深阔、庾信的老成凄壮、李白的天马行空、王昌龄的古朴高格、苏舜钦的雄豪阔大等风格，在情感表达上可以归入大致相同的谱系，他们大开大合的情感表达与藻饰刻画的永明体山水诗、平和冲淡的王（维）孟（浩然）山水诗、探幽取胜的韩（愈）孟（郊）山水诗、详明流易的元（稹）白（居易）山水诗等明显不同。如前所述，章士钊的山水诗在情感书写上属于大开大合的一脉，而在具体表现手法上对前人既有继承也有开拓。和同一谱系的诗人类似，章士钊的山水诗喜欢用“一”“十”“百”“千”“万”等总括性的虚数，且使用频次更高，如“数步一飞练，可以涤烦恼，方舟十里游，可以悟至道”（《罗先生谈小泉胜赋博一笑》）；“青葱两岸岩千丈，百级飞泉响道边”（《万松岭道中》）；“悲笳一声动，万头浮远岑”（《土室吟简纕蘅》）；“窗开恰傍岩千尺，草木元龙共一豪”（《晨起偶望》）；“俗眼白时途更阔，万山青处句能收”(《二适同游北碚一日》)等。

此外，山水诗是诗人所亲历，一般不能脱离视觉描写，但视觉描写在古代山水诗和近现代旧体山水诗中“地位”的差异却容易被忽略。整体来看，古代山水诗擅长以客观视觉描写为“引子”，然后依托想象、夸张、比喻等手法将所见景物虚拟化，从而引发读者的新奇感受。与此同时调动其他感官体验，形成联动。前者如“洞涧窥地脉，耸树隐天经”[15]（鲍照《登庐山诗》），“飞流直下三千尺，疑是银河落九天”[16]（李白《望庐山瀑布》），“遥望洞庭山水翠，白银盘里一青螺”[17]（刘禹锡《望洞庭》），“老松偃蹇若傲世，飞泉喷薄如避人”[18]（苏舜钦《越州云门寺》）等。后者如李白《早发白帝城》，诗中猿声一景历来为诗家所称赞，再如孟浩然的《春晓》将声音、回忆、猜想全部压缩至三个一连串的微观瞬间[19]。而在抗战时期章士钊的山水诗中，客观的视觉描写一变而为书写的重心，章士钊习惯将山水景色作基于“实录”的视觉差异对比。其中有今昔对比，如“鹤山曾此住幽人，鹤去人空剩古津”(《过江津怀独秀》)；有远近对比，如“远流会江洛，大道接牂牁”(《蓝田坝》)；有地势描写，如“长江如仰盂，神摇眩回览。卒然得平地，放倒姑自慊”(《与岳阳守成仲虎伯鹰同登方山至老云峰寺而止》)；有方位描写，如“会津东去沱江壮，记里西连僰道遥”(《江干有作》)等。这些山水描写中的诸多要素互相作用，使得开合、张弛、翕辟、动静等彼此对立的因素得以并置，鲜明的摄像式对比折射出巨大的情感落差。而上述例证显示出的视觉中心主义恰恰是以王国维为代表的近现代诗学的表征之一，有论者指出，比起中国古代的“兴趣”“神韵”“味外之旨”等诗论，王国维颇具图像感的境界说及其背后的视觉中心主义意味深长：“在‘晚清三千年未有之变局中’，中国人必须睁大眼睛正视现实。”[20]

二、正体与变体：不拘一格的形式选择

魏晋南北朝趋于定型的山水诗基本上以五言为正体，这为后世多数创作和研究者所接受。从概念上看，田菱曾将五言诗体与山水田园题材直接对应起来[21]，还有学者将山水诗的体式严格界定为五言[22]。从创作上看，具有划时代意义的山水诗人如谢灵运、谢朓在创作时惯用五言，盛唐七绝圣手王昌龄写作山水诗时多转向五古；从学理上看，中国古代山水诗人偏爱五言尤其是五古，因其更适宜表现山水诗这种内容较为复杂的题材[23]。

抗战时期章士钊的山水诗常随诗人在流徙过程中时间、地点、形势、心境等的变化而在形式上反映出来，其中不乏遵循正体的五言佳作。以五古《与岳阳守成仲虎伯鹰同登方山至老云峰寺而止》为例，开篇对方山、曲径、横枝、慈竹、高楠、长江等进行了全面细致的摹写。钟嵘认为“五言居文词之要，是众作之有滋味者也”，因为它“指事造形，穷情写物，最为详切”[24]，所举例证即发挥了五言诗的这类表现功能。再者，葛晓音在论述五言古诗的叙述功能时说：“五言诗在汉魏的发展过程中，逐渐探索出了五言句连贯叙述的节奏规律”，进而“形成了汉魏五言古诗以单行散句连接的基本特点。”[25]前述例证及五古《与刘专员幼甫同宿云峰寺》《酬春潭招游寝园》《春潭招游狮子山看月》《宿白果田明日寄熙午》《游龙马潭憩蔡馀仲宅成此诗》等诗不仅写景细致，而且记事脉络清晰，诗中不乏小序和随文注释，可当作一篇篇凝练的山水游记来

读。这些诗作收入1943年的《游泸草前集》，是年7月章士钊应冉仲虎之邀往峨眉山避暑，后于泸州逗留月余。彼时抗战形势逐渐明朗，诗人得以在平和心境下历数所观览的景物，情感也由阻滞而渐趋通畅，在诗作中主要表现为叙述的连贯性和句式的散文化，这也正是五言诗尤其是五言古诗较为显著的文体特征。

除五言古诗外，抗战时期章士钊还创作了五律《赠曾通一坚偕游成都之约》《龙洞秋晓寄尹默植之》《蓝田坝》等山水诗。这些诗作因篇幅限制，在写景方面不如五古细腻，更偏重对山水轮廓的勾勒，比如《赞化约游江津并示近诗》并不着意写江津的具体环境，而是用"千载沱流稳，天然四韵诗。潮平翻似意，山静若为辞"总括，留给读者一个阔大而模糊的整体印象。《大雨初歇南郊道中有作》截取前八句仿佛一首五律，因为第三至六句"江流似奔马，池涨有亡鱼。田决翻盆口，禾同倒薤书"，对仗大体工稳，可对标律诗的颔联和颈联。虽然添加后四句又"变成"五古，但十二句的总句数毕竟迥异于常见的五古长篇。这种"不伦不类"的形式进一步体现出抗战时期章士钊山水诗在五言体式内部不拘一格的特点。

虽然五言诗是古代山水诗的正体，但在抗战时期章士钊的山水诗中，以七律为主，间杂七古和七绝的七言诗在数量上反而更多。与五言山水诗集中创作于抗战后期不同，七言山水诗更为抗战前期的诗人所偏爱，这样的变体和选择自有其形式上的原因：与五言诗相比，七言诗每句字数的增加和句法的强化在表达复杂情感时更有优势。其中，七律对偶的空间效应、首颔颈尾各联的起承转合、句与句之间的辗转腾挪、诗律的奇拗、怒耸、排奡不平，在意义结构上更长于传达内心的郁结和悲凉的情感。诸如"吟久未闻清角厉，起寻归路月微华"(《携选诗一卷至李子坝陶宅避警主人不在》)，"诗家作意郁牢愁，蜀水滇峰一例秋"(《和胡步曾》)，"谁道身危心不危，草间偷活莫相嗤"(《和庚白闻警避草间》)，"急雨断滩如有约，乱山生客问谁骄"(《江干有作》)等，所举诸例无不胸中有山河，句句有块垒，将诗人在战乱环境中四处避难的处境与跌宕起伏的心绪表现得淋漓尽致。

相较上述五七言诗体，杂言山水诗篇幅的扩张以及句式的参差多态最能体现抗战前期章士钊在流徙过程中落差剧烈的复杂情感，代表作有《仙女洞》《古渡访冯帅》《飞木词戏仲恂》《无洞叹》等。《仙女洞》作为著例，可与李白的《蜀道难》对读。李白自始至终写蜀地的崎岖险要和磅礴气势，而《仙女洞》则将蜀地的秀丽和峥嵘熔为一炉，上半段风光旖旎，笔墨闲散，"仙女何名亦不知，梦中镜里纷花鬘。更有长流似带落涧底，花溪逶迤到处湾"；下半段奇崛突兀，落笔不凡，"飞泉百丈，溅面生寒噤，此噤可得凋朱颜"；结尾翻李白之意而用之，"汝当关，为我开，蜀道之难何足患，君不见李白平生好颠倒，寻仙妙句疑可删"。章士钊能够在抗日战争环境下吟出"蜀道之难何足患"，似乎比李白的"蜀道之难，难于上青天"更加豪宕。《无洞叹》近五百言，开篇借山中环境写避难的艰难，"越巂奇山松倒栽，层岩复嶂凝阴苔，上住仙佛不可数，竟为贼扰无安胎"；结尾人人自危，营造出鬼气萧森的氛围，"吾闻不断者咎不取殃，那管人家妻若孩。妻若孩，夕阳催。全渝傍晚鬼相推"。再如《古渡访冯帅》，同样是以清幽的山水环境起，却以郁结已久将要喷薄而出的情感终。这些都是用杂言形式表现变化开阖情感和纵横意气的山水诗典范。

总体而言，情感书写与形式表达在章士钊山水诗中一体两面。抗战时期动荡的环境和漂泊不定的境遇不仅促成了章士钊山水诗在情感书写上大开大阖的特点，也直接影响了章士钊山水诗不拘一格的形式选择——既有脱胎于传统的五言正体，也有为配合情感变化需要而创作的七律、七古、杂言等变体。

三、转化与发展：章士钊山水诗的动态美学

在从“山水”走向“抗战”并最终实现二者融合的过程中，因情感、形式、意境的变化，章士钊的旧体山水诗在美学形态上对古代山水诗有所突破，而具体有哪些突破是一个值得探讨的问题。要回答这样一个问题，首先要对中国古代山水诗的美学特点有一个清晰把握。就占主流地位的创作而言，中国古代山水诗建构的是一种静态美学[26]，这可以从山水诗赖以产生的文化背景寻找原因。学界一般认为，晋宋之际玄学的衰落促成了独立山水诗的出现。但作为在时间上先后出现的两种诗歌创作类型，山水诗脱胎于玄言诗是客观事实，甚至在很长一段时间内，玄言诗与山水诗之间很难划分出一条清晰的界限，有学者将这一现象称为“玄言山水诗”[27]。所谓“庄、老告退，而山水方滋”[28]，玄言诗中位居核心的老庄思想在追求清静无为方面对山水诗有着挥之不去的影响，道教徒的诗人李白及其山水诗创作即是明证。道家思想之外，山水诗还同时受到佛教和儒家思想的深远影响。无论是佛教的“空”“净”“寂”，还是儒家的“穷则独善其身”[29]，失意时远离喧嚣是他们共同的心理追求。佛教思想与山水诗的联姻在王维那里达到了艺术的巅峰，而受儒家思想影响的山水诗更是贯穿整个山水诗史，成就最高者首推杜甫。于是，“幽静、雅静、虚静、闲静、宁静、平静、沉静、清静、沉寂、空寂、静寂、静谧”等成为把握中国古代山水诗境的关键词，其背后赖以支撑的是天人和谐的审美理想。

然而到了十四年抗战时期，空前的战火与未卜的局势使得天人合一的理想境界成为奢望，章士钊在此期间不止一次表露出对“静”的渴望，如“与君晤对久，可得动中静”（《石道生返香港，诗以壮之》），“一事输君静，雷声不到门”（《和叶元龙村居二首》），“窃喜天阴蜀少星，巴山夜静角声停”（《夜不成寐感赋简纕蘅伯鹰》）等。逃难迁徙，报国无门，加之此前在政治和文化领域困顿的遭际，促成了抗战时期章士钊山水诗在美学形态上主“动”不主“静”的整体格局。除前述情感书写和外在形式上的表现外，这可以从以下几个方面得到确证。

首先，在词性的选择和搭配上，抗战时期章士钊的山水诗喜用动词。常见的动词选择和搭配有“飞弹子”“沾泥泞”“蹑迹”“乘空”“轰城”“轰雷”“轰射”“射杀”“烧城”“烧痕”“走避”“偷活”“辟囚”“闻警”“贼扰”“讨贼”“避贼”“避胡”“溅面”“凋颜”“奔渌”“留滞”“逡巡”“徘徊”“踯躅”“照破”“凿空”“喧豗”“燔煨”“悲”“怯”“修”“扫”“亘”“钻”“浮”“破”“闪”“鸣”“喧”“哗”“响”等，其中一些动词搭配如“乘空”“轰城”“闻警”更是古代山水诗中所未有。这些动词带给读者的体验不再是古代山水诗中常见的流动飘逸、静中有动，而是颠沛流离、躁动不安。与动词的使用情况相反，抗战时期章士钊旧体山水诗中形容词的使用相对较少。形容词常作定语，主要承担修饰作用，用来修饰或限定的形容词越多，被描述对象受到的限制就越多，被描述对象因此易呈固定或静止状

态，反之亦然。抗战流徙期间，章士钊对于笔下山水景色多是动态观览，很少静态描摹，如《春潭招游狮子山看月》中的一段描写："北岸第一胜，名亦蒋山侔。名侔势不峻，随意招闲鸥。不借王者居，谣吟足清幽。天堑纵彼阔，焉比双江遒。昨宵月初上，李翁惠同俦。步出即在山，藉草远拘囚。下上馀甘渡，波光荡轻舟。云峰露方顶，茜草郁芳洲。顾盼清狂极，一笑忘白头。"

其次，在内在节奏的处理上，章士钊惯用快节奏表现速率和动态。一般来说，五言诗的诵读节奏主要是包含两个节拍的"二、三"式，七言诗的节奏划分主要是包含三个节拍的"二、二、三"式和包含两个节拍的"四、三"式。而抗战时期章士钊的五言山水诗多包含三个节拍，从而加快了诵读节奏。如"人说南泉佳，抑或言不好。美恶何所据，断制殊草草"(《罗先生谈小泉胜赋博一笑》)，按顺序是"二、二、一"，"二、一、二"，"二、三"，"二、一、二"；再如"凌晨发小市，度岭趋长冈。威迟十里余，勺水环中央。澄清定何年，一雨成浑黄"(《游龙马潭憩蔡馀仲宅成此诗》)等。所举例证不仅每句以三节拍为主，而且每句节奏不完全一致，这给人一种"杂乱无章"之感。和五言诗类似，抗战时期章士钊的七言山水诗很少采用"四、三"式，而是以三个及以上节拍的句式为主，如"宵来一雨怯衣单，为近峨嵋亦近寒。昨日烧城宁忘却，梯田得水此差安"(《雨》)；"几日巴山雨复晴，飞鸢不到便春生。烧痕闾左市犹闹，月色城阴歌有声"(《即事》)；"归论旅迹剧堪哗，行遍南泉未见花。懒倩抄诗人破约，偶因饮水仆移茶"(《南泉归后书感》)等。

最后，在意象的运用和意境的营造上，抗日战争同样为山水诗增添了躁动不安的氛围。受抗战局势影响，诗人在他的山水诗中楔入了一些或残缺，或险怪，或寥落的意象，这些意象在原本秀丽的山水景色描写中显得格格不入，如"渝州一舌两流边，形势原居劫火先"(《渝州》)，原本是介绍重庆的地形，"劫火"的引入造成了突兀感；"林边渡口蜂营房，墙阴畦畔蚁作堆"(《无洞叹》)更是靠蜂房、蚁堆写出了战后山河的萧索荒凉；其他如"秋井""白骨""青苔""阴苔""荒莱""瓦砾""黑风""惊禽""鬼物"等在诗中都收到了类似的效果。而且在章士钊的部分山水诗中，意象与意象之间密集连接或迅速转换，让人顿生物换星移之感。这方面的例证如"瓦盘石磴小方庭，矮橘雏兰蓄意青。顿忆儿时下帷处，书声花气织疏棂"(《仲虎官舍窗下有作》)，短短四句，意象密集呈现，眼前之景与儿时过往形成联动。抗战时期，物的虚静与人的躁动存在着一条难以弥合的鸿沟，先入为主的情感凌驾于客观的山水之上，"以我观物"的最终结果是诗人很难再创设出物我相融的意境。物我若即若离，进而从相融走向相对，成为包含章士钊在内的抗战时期的山水诗在意境营造上的常态。

结语

从中国诗歌发展史的角度来看，旧体山水诗从古代发展到近现代，在美学形态上出现了由"静"到"动"的整体变迁。要言之，中国古代山水诗常常作为一种审美寄托，追求心灵的宁静和安稳，而自龚自珍的"准山水诗"[30]开始，中经黄遵宪、康有为、梁启超、谭嗣同、柳亚子、高旭等人的创作与拓展，诗人们借山水抒发的情感在在折射出王纲解纽时代情感的沉郁悱恻和变化多端。异族入侵的全民抗战，加上频率加快、程度加深的流徙体验，使得章士钊笔下以躁动不安为底色的山水诗动态美学愈发凸显，它突出体现在情感、形式、词性、节奏、意象、意境等各个方面。这是抗战时期章士钊山水诗在艺术创作上的主要特点，也是中国古代山水诗在抗战时期的艺术新变。

＊本文系国家社会科学基金重大项目“多卷本《中国现当代旧体诗词编年史》编纂与研究及数据库建设”(18ZDA263)的阶段性成果。

注释：

[1] 李亮:《山水诗的界定和分类》,《海南师范学院学报》1991 年第 1 期,第 46 页。

[2] 方芳:《山水诗的界定》,《乐山师范学院学报》2002 年第 2 期,第 47 页。

[3] 参见朱光潜:《山水诗与自然美》,《文学评论》1960 年第 6 期,第 60 页。

[4] 陈绍伟:《寻找诗的星光》,北京:作家出版社,1999 年,第 187 页。

[5] 陈绍伟:《寻找诗的星光》,北京:作家出版社,1999 年,第 190 页。

[6] 参见胡晓明:《万川之月:中国山水诗的心灵境界》,上海:华东师范大学出版社,2020 年,第 5 页。

[7] 从现存资料来看,除一首赠胡适的白话诗外,章士钊其余诗作均为旧体诗。因此,为论述方便,文中以“山水诗”指称章士钊的“旧体山水诗”。

[8] 截至目前,针对章士钊旧体诗词的研究仍处在起步阶段,整体以宏观研究和思想研究为主,分时段、分题材的研究以及聚焦形式的本体研究还比较少见。具体参见李遇春、李聪聪:《“青桐”“孤桐”“秋桐”——章士钊旧体诗词创作流变论》,《中国现代文学研究丛刊》2023 年第 4 期,第 216～238 页。

[9] 胡迎建:《民国旧体诗史稿》,南昌:江西人民出版社,2005 年,第 162 页。

[10] 丁仕原:《二十世纪的一面镜子》,海口:海南出版社,2001 年,第 45 页。

[11] 但兴悟:《“天下兴亡,匹夫有责”的再诠释与中国近代民族国家意识的生成》,《世界经济与政治》2006 年第 10 期,第 16 页。

[12] 参见章尚正:《山水诗与隐士文化》,《江淮论坛》1994 年第 5 期,第 96～103 页。

[13] 章士钊、程潜:《和翊云花茶韵五首》,《章士钊诗词集　程潜诗集》,长沙:湖南人民出版社,2009 年,第 23 页。本文列举的章士钊旧体诗例证均出自本书,因例证较多,此后所涉诗句只随句注明篇目,不再标注具体页码。

[14] 参见王国缨:《中国山水诗研究》,北京:中华书局,2007 年,第 176 页。

[15] (南朝宋)鲍照著,丁福林、丛玲玲校注:《鲍照集校注》,北京:中华书局,2012 年,第 728 页。

[16] (唐)李白:《李白诗集》,长春:吉林大学出版社,2011 年,第 213 页。

[17] (唐)刘禹锡著,蒋维崧、赵蔚芝、陈慧星,等笺注:《刘禹锡诗集编年笺注》,济南:山东大学出版社,1997 年,第 300 页。

[18] (宋)苏舜钦著,沈文倬校点:《苏舜钦集》,上海:上海古籍出版社,2011 年,第 17 页。

[19] 参见蔡宗齐:《论唐人绝句独创的时空写作》,《北京大学学报(哲学社会科学版)》2024 年第 2 期,第 114 页。

[20] 陈建华:《王国维与视觉中心主义:兼论〈人间词话〉与〈人间词〉的理念与创作实践》,《文艺争鸣》2023 年第 11 期,第 61 页。

[21] 参见[美]田菱:《五言诗:山水田园诗》,[美]蔡宗齐编:《如何阅读中国诗歌・作品导读》,鲁

竹译，北京：生活·读书·新知三联书店，2023年，第121页。

[22] 参见李雁：《山水诗的产生与生命意识的觉醒》，《理论学刊》2001年第3期，第121页。

[23] 参见葛晓音：《南朝五言诗体调的“古”“近”之变》，《中国社会科学》2010年第3期，第144页。

[24] 赵仲邑译注：《钟嵘诗品译注》，南宁：广西人民出版社，1987年，第6页。

[25] 葛晓音：《杜诗艺术与辨体》，北京：北京大学出版社，2018年，第82页。

[26] 胡晓明将中国古代的山水诗划分为“流动飘逸之境”“荒寒幽寂之境”“绮丽华滋之境”“清莹透明之境”，除第一种外，其他三种均可视为静态美学。参见胡晓明：《万川之月：中国山水诗的心灵境界》，上海：华东师范大学出版社，2020年，第124～218页。

[27] 参见伍晓蔓：《玄言山水诗新论》，《求索》2004年第2期，第191～193页。

[28] （南朝梁）刘勰著，（清）黄叔琳注：《文心雕龙》，上海：上海古籍出版社，2015年，第32页。

[29] （战国）孟子著，方勇译注：《尽心上》，《孟子》，北京：中华书局，2010年，第261页。

[30] 参见王英志：《龚自珍山水诗与准山水诗初探》，《文学遗产》2004年第4期，第119～127页。

【汉语方言研究】

河南夏邑方言话语标记“这□[pei]”

董秀英

（河南大学文学院/国家语言文字推广基地，河南开封，475001）

内容摘要：夏邑方言话语标记“这□[pei]”是指示叹词“这□[pei]”的进一步发展，具有提供证言、解释原因、补充结果、引发回应、延续话题和转换话题等话语功能，主要用于具有因果关系的话语连接。指示叹词“这□[pei]”来源于反问句“这不是盲?”，两者都具有提醒注意的人际功能，“□[pei]”为“不是”的合音，语气词“盲”的脱落最终促成了“这□[pei]”的词汇化。来源于“这不是吗?”类反问句的指示叹词在汉语方言中比较常见，只不过由于合音方式和省略成分的不同使其呈现的形式更加多样化罢了。

关键词：话语标记；指示叹词；话语功能；合音

引言

“这□[pei]”是夏邑方言最常用的指示叹词[1]，具有现场指示功能，用于非现场交际时具有篇章连接功能，已发展成为话语标记。指示叹词和话语标记“这□[pei]”的变体还有“那□[pei]”“这/那□[pei]是”“这/那□[pər]”，这系和那系指示叹词分别用于近指和远指，但作为话语标记，它们在使用时具有不对称性，这系使用频率较高，既可用于引出正在发生的事件，也可引出过去发生的事件，那系只能引出过去发生的事件。

指示叹词“这□[pei]”中的“□[pei]”是升调，而夏邑方言有四个单字调，分别是阴平 213，阳平 52，上声 44，去声 41，没有升调，所以，我们认为升调应该是其语调。根据赵元任[2]和郭锐[3]，叹词没有固定的字调，但有一定的语调，语调是叹词唯一的音高形式，给叹词注音时不必标调。所以，本文记录的夏邑方言指示叹词“这□[pei]”不标声调。

夏邑位于河南省东部，豫鲁苏皖四省交界处。夏邑方言属于中原官话商阜片[4]。“这□[pei]”在商水等河南方言中也有现场指示的用法[5]，但作为话语标记的用法尚未见报道。陆镜光从意义、功能等角度对汉语方言指示叹词进行了开创性的研究，并且提出四点思考：汉语中有些叹词跟话语篇章的结构有着值得深入研究的密切关系；指示叹词和指示代词可能存在历史渊源关系；指示叹词的“现场用法”和“非现场用法”可能存在语法化关系；汉语的指示叹词可能是人类语言中第四种指示词[6]。之后，关于汉语方言指示叹词的研究引起了广泛关注，有的指示叹词语法化程度较高，如粤方言的“呢”“嗱”[7]、余姚方言的“喏”“哪”[8]、邵阳话的“嗯[ŋ]”“嚟[li]”“喃[lan]”[9]、兰州方言的“嗟[tɕia31]”[10]等除了具有现场指示功能外，用于非现场交际时，还具有证言、信息提取、篇章标记等功能。上述成果大大深化了指示叹词的研究，具有显著的启发意义。

本文试图从话语标记的角度，运用方言自然口语语料[11]定量考察夏邑方言“这□[pei]”的话语功能，分析其形成过程，并与其他汉语方言同类成分进行比较，探讨其方言类型特征。

一、“这□[pei]”由指示叹词到话语标记的发展

“这□[pei]”在现场交际中主要用于实物指示，指示某人或者某物，常用于“找寻—回应”相邻对中的回应话轮，可以单独作话轮，也可后接表示具体处所的句子，或者用于表示具体处所句子的后面，但都需要手势或眼神等体态语配合。当找寻的对象是可拿之物时，也可后接具有传递意义的语句。例如：

(1)甲：我嘞手机来？

乙：这□[pei]。/这□[pei]，待在桌子上来。/待在桌子上来，这□[pei]。/这□[pei]，给你。

也可用于始发话轮，将听者的注意力转移到某处的某物或者要传递的某物上，前者如例(2)，后者如例(3)：

(2)这□[pei]，钥匙搁桌子上了。

(3)这□[pei]，借嘞你嘞钱还给你。

现场指示的人或物均在交际者目力可及的范围内，具有明显的指示功能。非现场交际中，这□[pei]指示的事件或者情境听者看不到或者并不知晓，不能用于始发话轮，也不能单独用作话轮或者出现于话轮的末尾，强制要求出现后续句，并且其后续句一般是现实句，可以是言者语境中正在发生的事件或者呈现的情境。例如：

(4)(谈疫情防控)

甲：那恁这上子着班儿言？

乙：没上，叫居家办公。我这待在街上，这□[pei]是，我开子着个车搁在这转一圈子来呢。

或者是已经发生的事件。例如：

(5)(谈论天气和工作)

甲：下午都是叫工人四点才上班儿，浇到夜里七八点。

乙：四点都有点早，四点还热子来着呢。

甲：四点还热子来着呢，领导不愿意。这□[pər]，我说嘞四点恁叫管子搁那禾紧任它流子，恁搁树底下坐子着，喝子着水，做好防暑。

上述例句中“这[pei]”的后续句是言者亲历的事件，但听者并不知晓。对于听者不知的情况有提醒其注意的必要，所以，“这□[pei]”仍有提醒听者注意的人际功能。由提醒听者注意一个可视的实物到注意某个不知晓的事件或情境，“这□[pei]”的指示功能已弱化，重在引出下文。并且，后续句是对“这□[pei]”指示对象的精确化表达，两者其实构成了一种广义上的同位关系，而后续句表义更为精确，所以，“这□[pei]”在语义上就显得有些多余。语言中的某一成分如果是羡余的，那它的语义就容易空灵化，虚化，如果羡余成分恰好处于汉语句法的某个功能词的位置，它就可能语法化为该相应的虚词[12]。另外，由于“这□[pei]”与其指示成分紧密相连，其指示作用容易被忽略，而篇章连接功能被凸显，去掉后会影响其表达的连贯性。如例(4)乙先回应甲的问题，然后用“这□[pei]是”引入新的话题，即自己当前正在从事的活动；例(5)甲告诉乙“下午都是叫工人四点才上班儿”，意思是工人下午上班比较晚，但乙没有认同甲的观点，所以，甲接下来解释为什么下午四点上班，并补充说明自己的做法，“这□[pər]”引出补充说明的内容。如果去掉“这□[pei]是”或者“这□[pər]”，回应语和新话题，解释和补充说明之间就会形成断层，显得不连贯。综上，非现场交际中，“这□[pei]”重在引出下文，凸显连接功能。

从形式上看，“这□[pei]”在连续的话语中一般前后都有停顿，与句中其他成分不发生粘连，韵律独立，以居于句首为主，极少数居于句中第二位，整体上居于句子前端。具体数据如表1。

表1 “这□[pei]”的句法位置

句法位置	句首	句中	共计
频次/频率	142(89%)	18(11%)	160(100%)

由上表可知，非现场交际中，“这□[pei]”居于句首的占89%，只有11%位于句中，并且几乎都是位于句子主语之后，只有一例是句首状语之后。而现场交际中，“这□[pei]”既可出现于后续句的句首，也可出现于句尾，见例(1)。

综上所述，非现场交际中，“这□[pei]”在语义上具有非真值性，连接的前后语句具有逻辑语义关系；句法上不具有强制性；韵律上具有独立性，经常出现于后续句的句首等。符合对话语标记的基本判定[13]。

从指示词到篇章连接成分的演变具有一定的普遍性，Heine & Kuteva谈到了“指示词＞连词”的语法化路径[14]；吕叔湘讨论了近代汉语中“这、那、这么、那么”等从指示代词到连词的演变[15]；李宗江论述了“这下”从指称到篇章连接成分的演变[16]。指示叹词是指示词的次类，话语标记是话语之间的连接成分，指示前后话语之间的关系[17]。所以，从指示叹词到话语标记的演变符合指示词演变的普遍规律。

二、“这□[pei]”的话语标记功能

为了论述方便，下文将“这□[pei]”的后续句称为“后段”，前面相关语句称为“前段”，并用下划线对其进行标示，前段和后段多在同一个话轮，也有少数是跨话轮的。Fraser 认为，语言中存在两种功能的话语标记：(1)标记 S1 和 S2 所传递的信息之间的关系；(2)转换话题[18]。从“这□[pei]”前后段的语义关系来看，有提供证言、解释原因、补充结果和引发回应等话语标记功能，此外，“这□[pei]”还具有延续话题、转换话题等话题处理功能。

1. 提供证言

后段为前段的断言、评价等提供证言。例如：

(6)(谈论物价)

甲：这啥都贵，恁那禾那里能不贵？这面一袋子都涨 30，家里边儿老家这里。

乙：是贵，买面条都贵了呀，上先以前两块钱嘞都吃不完，现在就一点儿点儿，说面条涨价了。

甲：都涨了，啥都涨了，这面一袋子涨 30，这□[pei]是，我治嘞荠菜包饺子来，我买嘞面一袋子涨 30。

(7)(谈论孩子)

甲：XX 书包里边儿嘞东西乱糟糟嘞，放假了来那一扔，书包里那卷子都搓烂了都不弄。

乙：反正他俩一样，YY 他俩一样，这□[pei]，那[一日][iər213]书包待在那阳台上进水湿了，待在地上板子扔着，我叫他掏出来，我一看卷子啥物件子都待了那里面，你给他整理就整理，我气嘞我也没弄。

例(6)甲在前段重述“面一袋子涨 30”，后段以自己的亲身经历作为断言的依据；例(7)乙在前段说 YY 跟 XX 一样不会收拾东西，后段举例证明前段的观点。

2. 解释原因

后段是对前段的解释说明。例如：

(8)(谈论高级技师考试)

甲：恁这划线划多少？说言？

乙：没出来成绩来。这□[pei]是，这疫情，开封嘞点儿和商丘嘞点儿这八月六号、八月七号取消了，等这疫情结束喽，这两个点儿考完喽，一□[fa44]一块儿出成绩。

(9)(谈论住宅地更改户名的问题)

甲：老底上还是人家嘞名儿来？[你现在

乙：[老底上他嘞名儿。这□[pər]，俺俩一路儿一块儿到土地管理局搁在那禾那里备案，然后人家就截止了，说不能办了。

例(8)和(9)话语标记的后段是对前段“没出来成绩来”和“老底上他嘞名”的解释。

3. 补充结果

后段是前段引发的结果。例如：

(10)(谈论工作)

甲：俺嘞工人就这样从早上6:00上班，一直子上到晚上9:30，我这上到黑才叫回家来，都待在这禾守子着，看子着不叫来这来。

乙：那不增大工作量这，不叫来。

甲：那可不是。俺嘞工人6:00都起来搁在这禾这里守子着，……(省略4个语调单位)看子着不叫来这来，天天看子着，这□[pei]，没有人，一个花园就我自己，这边儿溜到那边儿。

(11)(谈论疫情防控)

甲：这不能紧子一直弄，紧子一直弄，人家吃不上饭就管行了言？你不能叫人家饿肚子呀都。

乙：就是嘞。……(省略三个语调单位)我将刚回来，XX给我打电话，她说嘞恁家有菜言？有东西言？去备点东西吧，下午三点就开始封城了，唉，这□[pei]是，我也没吃饭，我就赶紧嘞上街去买去了。

例(10)前段说工人天天看子不叫其他人进来，后段说花园里没有人；例(11)前段听说下午要封城，后段说赶紧去买东西。两例的后段都是前段引发的结果。

4. 引发回应

有些句子说出之后要求对方有所行动，即反馈信息，如疑问句要求言语反馈，祈使句要求行为反馈。在“提问—回应”和“建议—回应”相邻对中，“这□[pei]”的前段和后段位于两个相邻的话轮，后段是对前段提问、建议的回应。例如：

(12)(乙家的老人摔倒了，甲打电话问情况)

甲：那骨头摔住言？

乙：这□[pər]，上医院给他拍片子去了，将才刚才打电话说拍片子给他检查去了。

(13)(乙在家无事可做，甲向乙提出建议。)

甲：你给孩儿弄点儿吃嘞。

乙：这□[pei]，今个我治点韭菜，我说明儿个儿包包子。

例(12)后段是对是前段是非问的回应，一般认为是非问的无标记回应是做出肯定或否定的回答，这里回应语不是肯定或者否定语，但通过小句可推导出答案是“还不能确定是不是摔住骨头了”；例(13)乙没有直接回应甲的建议，只是告诉甲自己已经在弄吃的了，但通过这个事实可推导出乙认同或接受了甲的建议。

5. 延续话题

后段是对前段话题的延续和补充。例如：

(14)(谈论给老人买帽子)

甲：回来我啥时候再给她买一个寄过去好了，帽子不值几个钱，叫她多戴几个。[〈@她原先不戴帽子，我不敢给她买@〉。

乙：[不是嘞，她这冬天了，给她买过了，这□[pər]，拿走了，她说嘞这帽子些挺得舒服来，戴上些挺舒服来。

(15)(谈论房价)

甲：你买那一个房子，你看商丘嘞也不便宜，俺买嘞还没有恁嘞贵来，……(省略 4 个语调单位)。

乙：俺这合 6000(—)多，6200 多，反正就一个车位没掏钱，这□[pei]，他卖车位来，一个车位 8 万块钱，送一个车位，就这些事儿。

例(14)前段说买过帽子了，后段延续这个话题，继续谈论帽子；例(15)前段说一个车位没有掏钱，后段说一个车位 8 万块钱。上述两例后段都是对前段话题的延续和补充。

6. 转换话题

将不在当前状态的话题引入到当前状态。例如：

(16)(谈论甲的一个亲戚)

甲：那[一日][iər^{213}]XX 说嘞一个大门几万？四五万(--)三四万是多少？我说嘞恁有必要吗？恁那禾那里都有看子着嘞，小区有看大门嘞。

乙：XX 怪有钱来。

甲：不知道。这□[pei]，她儿上澳门科技大，两年得三十万，一年得十五六万。

乙：澳门科技大应该也不错来，他咋考上嘞来，申请，都不用考啊，那澳门科技大。

甲：他是啥不，他不考研言？报嘞“985”是“211”？差几分不到，调剂嘞。

(17)(谈论甲和乙共同的亲戚 XX)

甲：恁吃饭来？

乙：吃饭来。这□[pei]是，XX 将刚走，他今个今天他治他嘞啥军人认证来，下雨下嘞大嘞给个啥样。

甲：啥军人认证？认证啥来？

乙：谁知道他？[跑了一上午。

甲：　　　　　[他咋能是军人嘞？

乙：他当兵嘞他不是那言？

例(16)乙根据甲的讲述作出了评价行为“XX怪有钱来”，甲最自然、最常规的回应是表达“赞同/不赞同”的立场，甲的回应却是“不知道”，立场不确定，但通过“这□[pei]”引出新的话题，即“她儿上澳门科技大，两年得三十万，一年得十五六万。”可以消解回应行为引起的立场不一致。并且下面的话轮都是围绕“她儿上澳门科技大”这一话题展开的。另外，新话题与原话题存在认知上的连带关系，后段引出她儿子花高价上学的实例，其实还是认为她有钱。这说明新话题还是以原话题为基础的，这种转换是内部转换。例(17)“这□[pei]”的前段是对上个话轮的回应，后段却转移到对XX的讨论上了，开启了一个全新的序列。

综上所述，“这□[pei]”具有提供证言、解释原因、补充结果、引发回应、延续话题、转换话题等话语标记功能，各功能使用情况如表2。

表2　“这□[pei]”的话语功能及其使用情况

话语功能	提供证言	解释原因	补充结果	引发回应	延续话题	转换话题	共计
频次	28	25	27	31	15	35	160
频率	17%	16%	17%	19%	9%	22%	100%

现代汉语篇章中的逻辑关系连接成分可分为三大类：顺接、逆接和转接[19]。“提供证言、解释原因、补充结果、延续话题”都属于顺接，“引发回应”是顺着前面的话题或者问题展开的，逻辑上也是顺接。所以“这□[pei]”除去转换话题功能外，将近80%的用例都是用于顺接，主要用于引进证言、原因、结果、回应等。而且，“这□[pei]”引发的回应语多是非一致性回应，31例中有23例属于这种情况。例如：

(18)(谈论疫情期间储备东西)

甲：你买点菜言？

乙：这□[pər]，XX种嘞菜，给嘞西葫芦、茄子、豆角啥嘞，塞了一冰箱。

(19)(乙的儿子感冒，甲建议让其多喝水)

甲：你给他多喝点水。

乙：这□[pei]，将才刚才我叫他喝嘞水，吃嘞梨。

例(18)只是告知听者一个事实，并没有直接回答是或者不是，不是常规的回应，但从这个事实中可推导出答案是“没有买菜”，而回应语“XX种嘞菜，给嘞西葫芦、茄子、豆角啥嘞，塞了一冰箱”，是对答语“没有买菜”的解释。(19)乙没有直接回应甲的建议，只是告诉甲一个事实，但从这个事实可推导出乙认同或接受了甲的建议。

所以，非一致性回应的答语或对建议的接受与否是隐含在回应语之中的，可以推导出来。并且，回应语与其隐含的答语之间具有因果关系。另外，这□[pei]在承担转换话题中的内部转换功能时，其后段与言者隐含的观点之间也有因果关系，见例(16)。

综上，话语标记“这□[pei]”主要用于引出证言、原因或结果等，用于具有顺接关系，尤其是具有因果关系的话语连接。

三、指示叹词“这□[pei]”的形成

1. 指示叹词“这□[pei]”的形成过程拟测

文章第二部分我们论证了话语标记“这□[pei]”是指示叹词“这□[pei]”的进一步发展，根据功能和语音形式，指示叹词“这□[pei]”是反问句“这不是旨?”的合音和省略形式。

从人际功能来看，指示叹词“这□[pei]”具有提醒注意的功能，提醒的内容在言者看来是个明显的事实，但听者并不知晓或者在当前语境下没有注意到。夏邑方言对问句“我嘞手机来?”的回应语“这□[pei]”可以被“这□[pei]旨?”替换，如果听者当场没有看到言者找寻之物，而事后发现时，也可以说“这□[pei]你嘞手机旨?”，所以，“这□[pei]旨?”是“这□[pei]你嘞手机旨?”在语境中的省略形式。方梅将“这/那不是NP?”反问句归入具有提示作用的“是”字句，具有提请听话人注意的功能[20]。所以，指示叹词和反问句功能一致。

从语音形式来看，反问句“这/那不是NP?”中“不是”的主要功能是否定而不是判断，“是”不是语义重心，一般要轻读。轻读音节容易脱落或者发生合音。胡建峰[21]和于宝娟[22]都认为汉语普通话的话语标记“这不”来源于反问句“这不是吗?”或者“这不是……吗?”，其形成的关键环节为“是”的脱落。我们认为夏邑方言指示叹词“这□[pei]”也是来源于其方言反问句“这不是旨?”，不同在于夏邑方言“不是[pu⁴⁴ ʂʅ⁴¹⁻⁰]”先合音为“□[pei]”，然后语气词“旨”的脱落为“这□[pei]”的固化提供了可能。之所以认为语气词脱落在后，是因为夏邑方言中“这□[pei]旨?”仍是常用反问句形式，同样，汉语普通话中也有“这不吗?”和“这不……吗?”反问形式，说明语气词并不会影响“不是”的合音或者“是”的脱落，但语气词的脱落最终推动了“这不”或“这□[pei]”的词汇化。当一个成分在结构中变得越来越不重要时，它就会不断虚化，发展到极端，就变为一个零形式，从结构中消失[23]。由于语气也可以用语调来表达，语气词不是表达语气的必有成分，可有可无的成分容易脱落。

夏邑方言中“不是[pu^{44} $ʂʅ^{41\text{-}0}$]”合音为“□[pei]”可以根据合音规则推导出来，即如果合音前字的音节有介音[24]，后字的音节无介音，合音音节一般由前字音节的声母、介音和后字音节的韵构成，则“不是[pu^{44} $ʂʅ^{41\text{-}0}$]”合音为[puʅ]，[u]与[ʅ]相拼时，[ʅ]变为舌位同样较高的[i]，从而形成[ui(uei)]，受到唇音声母不能与除单韵母[u]以外的合口呼韵母相拼的音系规则制约，于是删除[u]介音，形成合音韵母[ei]。反问句“这不是[pu ʂʅ/sɿ]?”中“不是[pu ʂʅ/sɿ]”合为[pei]在中原官话中很常见，如鲁山、郏县、汝州、新安、郑州、信阳、内黄、上蔡、周口、沈丘、阜阳等方言均是如此[25]。

另外，根据我们的调查，浚县、南召、郸城、驻马店、汝南、虞城、永城等方言也是这样。“不是”由两个音节合为一个音节“[pei]”，并且与指示代词“这”高频共现，使它们之间原有的语义语法关系逐渐模糊，最终成为一个不可再分析的词汇单位。

由于言者没有意识到“□[pei]”为“不是[pu^{44}ʂʅ$^{41-0}$]”的合音，所以又出现了在合音式的后面叠加“是”的强化形式“这□[pei]是”。语流中，叠加的“是”与前一个音节“□[pei]”再次发生合音，合为“□[pər]”，即韵母[ei]的儿化，形成指示叹词的变体“这□[pər]”，因为声母是卷舌音的音节快读时往往变为一种卷舌动作，使它前面相邻的音节发生类似儿化的现象。

综上所述，夏邑方言话语标记“这□[pei]”及其变体“这□[pei]是”“这□[pər]”的形成过程如下：

这不是言→ 这[pei]言→这□[pei]

↓

这□[pei]是

↓

这□[pər]

2. 从指示叹词“这□[pei]”的来源看其方言类型特征

来源于反问句“这不是吗?”的指示叹词在汉语方言中较常见，主要有双音节和单音节两种形式。双音节形式都包含有一个指示代词和一个合音成分，其差异主要表现在合音成分的不同，如夏邑、商水等方言的“这/那□[pei]”中的“□[pei]”是“不”和“是”的合音[26]；团风方言“绝播[ʨiɛ^{31} po^{35}]”和武穴方言的“那[po^{35}]”中的“[po^{35}]”是“是”脱落后“不”与语气词的合音[27]；夏邑、罗田等方言的“这/那□[pər]”中的“□[pər]”可能是合音成分叠加“是”之后的二次合音[28]。

单音节形式都来源于双音节形式，主要有两种类型，一种是双音节形式的合音，如团风方言“绝播[ʨiɛ^{31} po^{35}]”合为“[ʨio^{35}]”[29]；另一种为双音节形式的省略，有的是省去指示代词，如河南滑县方言的“呗[pei^{52}]”、罗田方言和黄冈马庙镇方言的“啵儿[pər^{35}]”、团风方言的“播[po^{35}]”、平利方言的“啵儿[por^{52}]”等[30]；有的是省去指示代词后面的成分，如黄冈马庙镇方言的“绝[ʨiɛ^{31}]”[31]，从黄冈团风方言的“绝播[ʨiɛ^{31} po^{35}]”“播[po^{35}]”和黄冈马庙镇方言的“绝[ʨiɛ^{31}]”可看出指示叹词“播[po^{35}]”和“绝[ʨiɛ^{31}]”都是“绝播[ʨiɛ^{31} po^{35}]”的省略形式。另外，广州话的“呢[ne/le$^{55/35}$]”“嗱[na/la^{21}]”、保定话的“喏[no^{35}]”、上海话的“喏[no$^{53/214}$]”、苏州话的“喏[no]”、崇明话的“喏[no$^{55/53}$]”、云南潞西话的“喏[no^{53}]”或“喏[noi^{213}]”、淮阴话的“呶[niẽ^{42}]”、宿迁话的“捏[nie^{55}]”、海南话的[næi]等指示叹词的声母均为[n][32]，可能跟指示代词有关，也应该来源于“这不是吗?”类反问句。

综上，夏邑方言指示叹词“这□[pei]”的形成模式具有一定的普遍性，是“这不是吗?”类反问句的一种省缩类型。

结语

夏邑方言指示叹词“这□[pei]”是反问句“这不是旨?”经过合音、省略和词汇化而形成的，这种形成模式在汉语方言中具有一定的代表性。从来源看，不同方言指示叹词的差异仅表现在省略成分以及合音方式的不同。从虚化程度看，不同方言指示叹词有程度差异，有的仅有现场指示功能；有的还发展出了篇章连接功能，成为话语标记。夏邑方言指示叹词虚化程度较高，属于后者，为指示叹词两种功能之间存在联系提供了证据。

另外，关于夏邑方言指示叹词形成的讨论可为其他方言指示叹词的来源提供启示，如关于黄冈马庙镇方言指示叹词“啵儿[pər]”的来源问题，汪化云仅指出是“播或啵[po14]”的儿化[33]，但没有解释为什么儿化，而由于夏邑方言同时存在“这□[pei]是”(指示叹词“这□[pei]”和“是”的叠用)和“这[pər]”两种形式，而后者正是前者的合音，据此可推断，马庙镇、罗田等方言中的“啵儿[pər]”也可能是其方言指示叹词叠加“是”之后的二次合音。

＊本文系国家社会科学基金项目“豫鲁苏皖交界地带方言非现实表达调查研究”(23BYY061)、河南省哲学社会科学规划项目“基于语义地图模型的河南方言情态词研究”(2021BYY003)的阶段性成果。

注释:

[1] 指示叹词指的是既有叹词特征，又具有指示功能的词。该类词主要有两种用法，现场用法和非现场用法，现场指言者和听者都能看到对方，听者也能看到言者所指的东西，即面对面交际的时候，面对面交际以外的用法是非现场用法。参见陆镜光:《汉语方言中的指示叹词》,《语言科学》2005 年第 6 期，第 90 页。

[2] 参见赵元任:《汉语口语语法》,北京:商务印书馆,1979 年,第 368 页。

[3] 参见郭锐:《现代汉语词类研究》,北京:商务印书馆,2002 年,第 237 页。

[4] 参见贺巍:《中原官话分区(稿)》,《方言》2005 年第 2 期,第 136～140 页。

[5] 参见陈玉洁:《汉语指示词的类型学研究》,北京:中国社会科学出版社,2011 年,第 65～71 页。

[6] 参见陆镜光:《汉语方言中的指示叹词》,《语言科学》2005 年第 6 期,第 88～95 页。

[7] 参见陆镜光:《汉语方言中的指示叹词》,《语言科学》2005 年第 6 期,第 88～95 页。

[8] 参见黄梦娜、崔山佳:《余姚方言的指示叹词》,《温州职业技术学院学报》2019 年第 3 期,第 77～81 页。

[9] 参见蒋协众:《湖南邵阳话中的指示叹词及其类型学意义》,《华中学术》2021 年第 34 辑,第 128～136 页。

[10] 参见谢心阳:《从现场给予到情境指示——小议兰州方言中的指示叹词“嗟”[tɕia31]》,《语言研究集刊》2002 年第 29 辑,第 196～205 页。

[11] 本文所用语料来自现场交谈记录和电话录音转写,共转写约 20 个小时的电话录音。语料转写时涉及的人名用“XX”“YY”等符号代替,“[”表示话语重叠开始处,“@@”表示笑声,“@XXXX@”则表示这句话是边说边笑的,“(-)”表示停顿 0.3-0.5 秒,“(--)”表示停顿 0.5-0.8 秒。本字未明,又没有合适的同音字使用者,使用“□”代替。合音词外加“[]”表示其后面国际音标标注的读音是“[]”号

中汉字的合音。另外，为节省版面，属于同一话轮的话语单位仅用标记隔开，不依语调单位换行。

[12] 参见江蓝生：《超常组合与语义羡余——汉语语法化诱因新探》，《中国语文》2016年第5期，第515～525页。

[13] B. Fraser, "What Are Discourse Markers", *Journal of Pragmatics*, 31(7), 1999, pp. 931-952.

[14] 参见B. Heine, T. Kuteva：《语法化的世界词库》，龙海平、谷峰、肖小平译，洪波、谷峰注释，北京：世界图书出版公司，2012年，第143～144页。

[15] 参见吕叔湘：《吕叔湘文集》第1卷，北京：商务印书馆，2004年，第184～294页。

[16] 参见李宗江：《"这下"的篇章功能》，《世界汉语教学》2007年第4期，第56～63页。

[17] 参见董秀芳：《词汇化与话语标记的形成》，《世界汉语教学》2007年第1期，第50～61页。

[18] B. Fraser, "What Are Discourse Markers", *Journal of Pragmatics*, 31(7), 1999, pp. 931-952.

[19] 参见廖秋忠：《现代汉语篇章中的连接成分》，《中国语文》1986年第6期，第413～427页。

[20] 参见方梅：《具有提示作用的"是"字句》，《中国语文》1991年第5期，第342～347页。

[21] 参见胡建峰：《试析具有证言功能的话语标记"这不"》，《世界汉语教学》2010年第4期，第483～494页。

[22] 参见于宝娟：《论话语标记语"这不"、"可不"》，《修辞学习》2009年第4期，第17～24页。

[23] 参见江蓝生：《近代汉语探源》，北京：商务印书馆，2000年，第157～167页。

[24] 包括韵母为[i][u][y]的音节。

[25] 参见孙红举：《中原官话合音现象研究》，西安：陕西师范大学博士学位论文，2014年，第31～101页。

[26] 参见陈玉洁：《汉语指示词的类型学研究》，北京：中国社会科学出版社，2011年，第65～71页。

[27] 参见汪化云：《黄孝片方言的指示叹词》，《中国语言学报》2012年第15期，第161～173页。

[28] 汪化云在分析黄冈马庙镇方言指示叹词"啵儿[pər]"的来源时，认为其是"不"和语气词"噢"的合音形式"播或者啵[po14]"的儿化，但"播或啵"儿化的原因是什么呢？我们认为可能是"播或啵"叠加"是"后的二次合音，由于"是"的声母是卷舌音，快读时使其前面音节发生了类似儿化的现象。同样来自黄冈的罗田方言指示叹词"这/那□[pər]"中的"[pər]"应该也是通过这种合音操作方式形成的。而夏邑方言的"这/那□[pər]"是"这/那□[pei]"叠加"是"之后的二次合音。参见汪化云：《黄孝片方言的指示叹词》，《中国语言学报》2012年第15期，第164页。

[29] 参见汪化云：《黄孝片方言的指示叹词》，《中国语言学报》2012年第15期，第161～173页。

[30] 参见孔令京：《河南滑县方言叹词研究》，武汉：华中师范大学硕士学位论文，2019年，第46～49页；汪化云：《黄孝片方言的指示叹词》，《中国语言学报》2012年第15期，第161～173页。

[31] 参见刘晓然：《黄冈方言中的指示代词》，《海南师范学院学报（人文社会科学版）》2002年第5期，第128～131页。

[32] 参见陆镜光：《汉语方言中的指示叹词》，《语言科学》2005年第6期，第88～95页。

[33] 参见汪化云：《黄孝片方言的指示叹词》，《中国语言学报》2012年第15期，第164页。

晋语榆社方言的“这个”和“兀个”

乔慧芬

（南开大学文学院，天津，300071）

内容摘要： 方言中的指示词是现代汉语指示词系统的重要组成部分，过往研究多聚焦于其多功能性，而缺少语法化视角的位置、功能比较。为此，本文以晋语榆社方言为例，从功能分布出发将合音词“这个、兀个”分为前加型指示词、后附型类词缀、前附型类冠词三类，并考察其功能差异、嬗变动因和历史来源。结果发现，这三种类型存在多重语法化路径，注意焦点调节、韵律、隐喻扩展和汉语语序共同构成这些类型功能变化的动因。后附型、前附型是前加型语法变调的结果。考察“这个、兀个”的功能分布既揭示了汉语定语标记的多样性特点，又有助于深化对汉语定中结构的系统性认知。

关键词： 晋语；榆社方言；指示词；语法化

引言

（一）研究背景

汉语中，指示词“这、那”等经常发生语法化。一方面，它们除了仍在承担指示、指别等语用功能外，还具有类似“的”的结构性功能，如山西临猗话“奈”（史秀菊 2003）[1]、陕西关中话“这、兀”（唐正大 2008）[2]、河南商水话“那”（陈玉洁 2014）[3]可以作定语标记；另一方面，“这、那”的语用功能得到了扩张，可以作立场标记（方梅、乐耀 2017）[4]或话题标记（方梅 2002）[5]，以表明说话者的态度或引入一个话题。此外，“这、那”还发生了冠词化（时健、刘振东、张京鱼 2023）[6]。

笔者母语晋语榆社方言的指示代词分为近指“这”系和远指“兀”系两组。其中，合音词“这个、兀个”（与现代汉语的“这、那”平行）在领属结构中，不仅向语用性和结构性两个功能方向扩张，而且叠置现象显著，可以为指示类标记的研究提供一个典型案例。

榆社县位于太行山中段西麓、晋中市东南部。《中国语言地图集·第 2 版》[7]将榆社方言划归为晋语并州片，也有学者将其细分为城关、讲堂、河峪、北寨、白壁 5 个小片（李建校、崔容等 2007）[8]。文中语料来自榆社方言城关片，先由笔者自省，再通过乔利芬（女，1971 年，农民）和李旭清（男，1958 年，退休干部）核对。

（二）相关研究

“这、那”等的相关研究主要聚焦于以下几方面：(1)多功能用法及语法化路径。如方梅(2002)指出，“这”不仅有篇章功能，还扩展为弱化谓词标记、话题标记、定冠词；(2)在定中结构中的不对称表现。如沈家煊(1999)认为“这”和肯定构成一个无标记组配，“那”和否定构成一个无标记组配[9]。(3)与“的”之间的语法共性和差异。如刘丹青(2005)提出指示词兼定语标记的句法标准：用了它可以不用“的”类标记，删除它必须补进其他标记。而且指示词不宜换作“的”，因为“的”无法发挥所需的话语功能[10]。(4)指示代词的系统性分类、历史来源等。如张维佳(2005)将晋语指示代词二分(这、那；这、兀)或三分(这、那、兀)[11]。但以往研究有三点不够完善：第一，在指示词语法化的问题上，还存在诸多分歧。方梅(2002)认为，“这”的语法化程度高于“那”，已经发展出冠词功能，该功能是“这”在篇章中“认同用”进一步虚化的结果。陈平(2016)则持不同观点，认为“这、那”语法化的程度不够高，仍保留了一定程度的直指属性，接近定冠词，“那”的程度高于“这”，定指范畴在现代汉语中尚未得到充分发展[12]。第二，很少从语法化视角研究指示词的句法位置和功能变化情况。如蒋遐、蒋协众(2022)考察了近指代词“箇只”的多功能用法，缺乏语法化角度的功能比较[13]；第三，对指示范畴扩展机制的解释不够深入。如薛宏武、闫梦月(2021)从跨方言角度构拟了指示范畴的概念空间[14]，却没有进一步探讨不同节点之间的演化动因、机制。

（三）研究思路

本文考察榆社方言合音词“这个、兀个”，以期深化对指示类标记特征和汉语定中结构的认识。具体回答以下问题：

第一，不同语法化阶段的“这个、兀个”在功能有哪些异同？

第二，哪些因素促成了“这个、兀个”的功能嬗变？

第三，“这个、兀个”的来源是什么？

需要说明的是，本文只讨论“这个、兀个”的名词性领属及其扩展用法，其中心语分别为NP和VP，语义上包括亲属、所有、整体和部分、时空等领属关系。下面三种情况不在本文讨论范围：名名复合词，如领属复合词“车主”(宋作艳2023)[15]；“他的老师当得好”这类特殊句式；“我车坏了/我脚疼”这类由韵律压缩导致的动态结构的用法(陈振宇、叶婧婷2014)[16]。

根据位置和功能的对应情况，本文将“这个、兀个”分为三大类：前加型(核心标注，标注被领属者)、后附型(从属标注，标注领属者)、前附型(标注由领属结构充当的话题)。通过比较和分析发现，前加、后附、前附分别是同一指示词在不同语法化阶段的功能体现。

下文用右上标调值对这些类型加以区分，将它们所在的领属结构分别称作前加式、后附式、叠置式。字母a、b指示句法位置，说明标记分别位于领属者前后。“#”表示韵律停顿。

一、前加型的“这个^{45}”和“兀个^{45}”

“这个^{45}、兀个^{45}”具有指示意义，是自由语素，与被领属者在韵律上形成一个组块。为了引起听者注意，言者经常将它们重读或拉长。“这个^{45}、兀个^{45}”用于直指(dexis)语境(陈平 2012)[17]，旨在为标注对象(被领属者)定位，并向听者传递其定位信息。前加式的领属者和被领属者都是有界的。

“这个^{45}、兀个^{45}”有时身兼两种功能：语用上，指示被领属者的物理空间距离；句法上，表连接，拿掉后句子不合格。此时，被领属者往往是物品、身体部位，可以通过眼神和手势辨识。如：

(1) 快把[我/你/他/小红/李老师]这个^{45}/兀个^{45}书包洗洗。

(2) a. 我这个^{45}/*兀个^{45}手怎来怎么了？(表疑惑)

b. [你/他/小红/李老师]这个^{45}/兀个^{45}手怎来怎么了？

“这个^{45}、兀个^{45}”与领属者大多都能相容，如(1)和(2b)。但也有例外，如(2a)中，两者呈现出不对称性，“兀个^{45}”在第一人称后受到制约。因为“手”和领属者是“部分-整体”关系，而第一人称往往被视为说话者，只能以“这个^{45}”在空间上表近指，而排斥远指的“兀个^{45}”。

“这个^{45}、兀个^{45}”还有另外一种身兼两种功能的情况。语用上，指示被领属者在言者心中的距离，即心理空间距离，进而映射社会距离(Tao 1999)[18]，表明言者立场。句法上，表连接，拿掉后句子不合格。此时，被领属者一般是抽象名词、社会称谓、集体名词(与人相关)、亲属称谓。如：

(3) a. [你/他/小红/李老师]这个^{45}/?兀个^{45}脾气好。

b. [你/他/小红/李老师]?这个^{45}/兀个^{45}脾气不好。

c. [我]这个^{45}/*兀个^{45}脾气(不)好。

(4) a. [小红/李老师]这个^{45}/?兀个^{45}同学可很能干了。

b. [小红/李老师]?这个^{45}/兀个^{45}同学不好相处。

(5) a. [小红/李老师]这个^{45}/?兀个^{45}单位效益好。

b. [小红/李老师]?这个^{45}/兀个^{45}单位待遇不行。

“这个^{45}、兀个^{45}”的选择可表明言者的“评价立场”(姚双云、喻薇 2018：206)[19]，即言者的主观化看法。近指表达了言者喜爱、中性的态度，远指表否定的态度。当近远指不能与言者态度相对应时，在受话者听来虽然会觉得不自然，但尚可接受，如(3a)、(4a)、(5a)中的“兀个^{45}”，(3b)、(4b)、(5b)中的“这个^{45}”。这种容忍度来自听者对被领属者空间位置的判断。可见，“这个^{45}、兀个^{45}”的物理空间距离义尚未完全消失，在立场功能上的对立还不够凸显。例(3c)中的“兀个^{45}”在第一人称后不合格，就是物理距离义滞留的体现。

值得注意的是，例(4)、(5)中的领属者如果为人称代词，“这个^{45}、兀个^{45}”就只有语用功能，不具有强制性，如：

(6) a. 你们(这个^{45}/?兀个^{45})同学可很能干了。

b. 你们(?这个^{45}/兀个^{45})同学不好相处。

(7) a. 你们(这个^{45}/?兀个^{45})单位效益好。

b. 你们(?这个^{45}/兀个^{45})单位待遇不行。

这里的“这个^{45}、兀个^{45}”只能指示心理空间距离，表明言者的不同立场。这种立场评价功能在亲属领属中尤为凸显(史秀菊 2023)[20]，如：

(8) 王主任，小红家(*这个^{45}/*兀个^{45})爸去哪儿来了？

(9) a. 亲爱的，小红家(这个^{45}/*兀个^{45})爸去哪儿来？(喜爱/中性态度)

b. 亲爱的，小红家(*这个^{45}/兀个^{45})爸去哪儿来？(否定态度)

即使在中性语境的特指问中，插入“这个^{45}、兀个^{45}”之后，言者的态度也会显露无遗。因此，言者要充分考虑到与听者的亲疏关系和礼貌度：听说双方如果关系一般，尤其是听者在高位、被领属者为长辈时，言者就会有所顾忌，不会贸然使用标记，以免暴露态度或冒犯他人，如(8)；听说双方如果关系密切，说话人可以随意使用标记以表明态度，近远指的立场对立显著，如(9)。

此外，“这个^{45}、兀个^{45}”有一定的句法环境限制：

第一，不能用于尚未实现的领属关系中，不能出现在具有通指性(generic)的领属者之后。如：

(10) A：给我买上书包来没啦？给我买书包了没？

B：*你这个^{45}/兀个^{45}书包还没啦买了。你的书包还没买。

(11) *[孩子]这个^{45}/兀个^{45}脾气就是时好时坏。

例(10)的“你”对“书包”还没有实现领属，例(11)中的“孩子”具有通指性。其背后理据是言者不能确认是哪一个书包和孩子，就无法定位。

第二，不能用于间接引语中表明言者立场，如：

(12) a. 他说他们(*这个^{45})同学靠谱。

b. 他说他们(*兀个^{45})同学说一套做一套。

“这个^{45}、兀个^{45}”具有当下性，反映的是言者视角的定位，而非转述他人观点。

第三，不能在领属结构中标注方位名词，如：

(13) 你(*这个^{45}/*兀个^{45})前头前面是谁？

因为“前头”本身是一个抽象的概念，并不是被定位的对象，而是用来指示方位的词，可通过参照物“你”来辨认。

第四，“这个^{45}、兀个^{45}”一般不可由“的”替换，如例(14)；只有在强调物权的语境中可以与“的”共现，如例(15)：

(14) 你*的/这个^{45}/兀个^{45}车开唠多长时间来？你的车开了多长时间了？

(15) 光$_{只}$把你的这个^{45}/兀个^{45}裤子洗洗就行。

原因在于，“的”没有指示意义，无法替代“这个^{45}、兀个^{45}”的定位功能。

总之，“这个^{45}、兀个^{45}”身兼两种功能：既可指示物理、心理空间距离，表明言者立场，也可以在句法上有强制性，表连接，兼领属功能。

二、后附型的“这个^{0b}”和“兀个^{0b}”

后附型读轻声，具有黏着性，附于领属者后，几乎丧失指示意义，仅有结构性功能，相当于“的”，与“的”的隐现有一致性。后附式的领属者和被领属者既可以是有界的，也可以是无界的。

“这个^{0b}、兀个^{0b}”一般用于非直指语境中，表连接。如：

(16) 小红这个^{0b}/兀个^{0b}书包是我买的。

说话者仅陈述一个事件，并不关注书包远近，更无意传达其距离信息。因此，听者有时甚至无法确认具体所指。

“这个^{0b}”保留一定的当下性，“兀个^{0b}”完全丧失指示意义，不受时空限制。如：

(17) A：给我买上书包来没啦？给我买书包了没？

B：你$^{?}$这个^{0b}/兀个^{0b}书包还没啦买了。

直到说话时刻，“你”和“书包”之间尚未实现领属关系，所以“兀个^{0b}”比“这个^{0b}”标记更自然。

“这个^{0b}、兀个^{0b}”已经丧失主观化功能，不能表明言者立场。如：

(18) a. 你们(*这个^{0b})领导有才第。b. 你们(*兀个^{0b})领导不办实事。

(19) a. 你$_{领格}$(*这个^{0b})兄弟勤谨。 b. 你$_{领格}$(*兀个^{0b})兄弟成天好吃懒做的。

(20) 小红这个^{0b}/兀个^{0b}同学(不)好相处。

(21) 小红这个^{0b}/兀个^{0b}单位逢年过节都发东西。

“这个^{0b}、兀个^{0b}”在例(18)—(19)中已经丧失距离特征，无法形成立场对立，但在例(20)—(21)表达领属义，所以可以接受。

“这个^{0b}、兀个^{0b}”可以在领属扩展用法中作名物化标记，中心语为动词、形容词等，如：

(22) 你这个^{0b}/兀个^{0b}睡觉一点都不踏实。

(23) 我就见不得你这个^{0b}/兀个^{0b}懒。我不喜欢你的懒惰。

二者插在主谓结构“你睡觉”“你懒”之间，使事件表达名物化。

与前加型相比，后附型在句法环境上实现扩展，具体体现在两方面：

其一，“这个^{0b}、兀个^{0b}”可标注方位名词，在句法上可加可不加，如：

(24) a. [我/你/他](这个^{0b}/兀个^{0b})前头面是谁？

b. 谁在[我/你/他]($^{?}$这个^{0b}/$^{?}$兀个^{0b})前头？

二者所标记的NP大多出现在主语位置，宾语位置的NP更常采用直接组合的形式，如(24b)。

其二，“这个^{0b}、兀个^{0b}”可附于具有通指性的领属者后，如：

(25) [孩子]这个^{0b}/兀个^{0b}脾气就是时好时坏。

这里的“孩子”具有通指性，言者无法对此进行定位，仅能陈述一个惯常性的规律。“这个^{0b}、兀个^{0b}”与上文(11)“这个^{45}、兀个^{45}”形成功能对立。

其三，“这个^{0b}、兀个^{0b}”一般不可与“的”共现，如(26)，只有在物品领属中才可由“的”替换，如(27)，在强调物权的语境中，尚不能替换“的”，如(28)。

(26) 你(*的)这个^{0b}/兀个^{0b}衣裳真好看。

(27) 你的/这个^{0b}/兀个^{0b}书包从哪儿买来？

(28) 白的是谁的/*这个^{0b}/*兀个^{0b}书包？

此外，“这个^{0b}、兀个^{0b}”可以和前附型“这个^{0a}、兀个^{0a}”共现，具体分析见第三节。

三、前附型的“这个^{0a}”和“兀个^{0a}”

“这个^{0a}、兀个^{0a}”读轻声，具有黏着性，作话题标记，与后附型“这个^{0b}、兀个^{0b}”形成叠加。从跨语言视角看，定中结构的双重标注对象一般是核心或从属语。叠置式与此不同，标注对象为由领属结构充当的话题和领属者，凸显了汉语话题型语言的特点。叠置式的中心语为N、NP、AP、VP，领属者和被领属者既可以是有界的，也可以是无界的。

“这个^{0a}、兀个^{0a}”与领属者、“这个^{0b}、兀个^{0b}”在韵律上形成一个组块。前后标记不可错配，即“这个^{0a}”只能与“这个^{0b}”组配，“兀个^{0a}”只能与“兀个^{0b}”组配，如(29c-d)：

(29) a. 这个^{0a}小红这个^{0b}#成绩呀，可是不赖。
b. 兀个^{0a}小红兀个^{0b}#成绩呀，可是不赖。
c. *这个^{0a}小红兀个^{0b}#成绩呀，可是不赖。
d. *兀个^{0a}小红这个^{0b}#成绩呀，可是不赖。

从句法位置看，"这个^{0a}、兀个^{0a}"一般位于句首，可作话题标记。如：

(30) A：孩子这两天病的了。孩子这几天正在生病。
B_1：这个^{0a}孩子这个^{0b}病呀，可得当回事。
B_2：*这个^{0a}你这个^{0b}上班怎办呀？
B_3：?兀个^{0a}孩子兀个^{0b}病呀，可得当回事。
B_4：兀个^{0a}你兀个^{0b}上班怎办呀？

"这个^{0a}、兀个^{0a}"表面上附在领属者前，实质与整个领属结构发生句法关系，凸显的是由整个事件充当的话题。不同之处在于，"这个^{0a}"仍有一定的语义滞留，只能用来接续话题，如(30)B_1-B2；"兀个^{0a}"完全丧失指示意义，接续话题虽不及"这个^{0a}"自然，但可开启或转移话题，如(30)B_3-B4。

与后附型相比，前附型反而有更多的句法环境限制。如：

(31) a. 这个^{0a}你这个^{0b}[懒唠$_{了}$]么，我是草鸡$_{厌烦}$来。你的懒惰，我厌烦了。
b. 兀个^{0a}你兀个^{0b}[懒唠$_{了}$]么，我是草鸡来。
(32) a. 这个^{0a}你这个^{0b}[吃饭]呀，可得细嚼慢咽。
b. 兀个^{0a}你兀个^{0b}[吃饭]呀，可得细嚼慢咽。

中心语为形容词时，"这个^{0a}、兀个^{0a}"必须与提顿词"唠"共现，如(31)。叠置式的中心语不能为光杆动词，V后往往要带宾语，如(32)。而后附式中的"这个^{0b}/兀个^{0b}"无此限制，如(22)(23)。

"这个^{0a}、兀个^{0a}"还在规约化中，为了引起听者注意，以出现为常，去掉后句子仍合格。"这个^{0b}、兀个^{0b}"与此不同，在任何情况下，都具有句法强制性，如：

(33) a. (这个^{0a})你$_{领格}$这个^{0b}[姐姐]呀，可能干了。
b. (兀个^{0a})你$_{领格}$兀个^{0b}[姐姐]呀，可能干了。

此时"这个^{0b}、兀个^{0b}"可与领格共现，在后附式中却不可以，如(19)。可见，叠加式中的"这个^{0b}、兀个^{0b}"仅表连接，并非专职的领属标记，与后附式中的后附型不同，但与后者在功能上没有发生裂变，仍可视为同一个。

此外，"这个^{0a}、兀个^{0a}"可附于唯一所指的对象前，如(34)；可在专名前表类指，如(35)；可附于由于概念关联(frame-based)而确定的对象前，如(36)。

(34)（这个^{0a}/兀个^{0a}）地球离了谁也照样转。

(35)（这个^{0a}/兀个^{0a}）雷锋可不是好当的。

(36) 快过年呀，（这个^{0a}/兀个^{0a}）红包可得准备下了。（红包和过年构成一个概念框架）

总之，“这个^{0a}、兀个^{0a}”符合大部分的“定冠词标准”（Himmelmann 1996、2001）[21]，但不符合句法强制性这一条。二者可以附在短语前，只可看作是较高程度的类定冠词。“这个^{0a}”仍有语义滞留，可看作类语缀（quasi-clitic），“兀个^{0a}”在功能上已经相当于古汉语的发语词“夫”，已虚化为语缀。如：

(37) 夫诸侯之葬五月，若十二月薨，五月不得云缓，则十一月明甚。[22]

“诸侯之葬五月”属于“主之谓”结构，相当于领属扩展用法，“夫”附在名物化的领属NP前，开启一个话题。

综合第一、二、三节的分析，可以总结如下：前加型兼有领属功能，其内部已经发生语法化，但仍为指示词，还有直指和立场功能；后附型虽然不能完全取代“的”，只能称之为类词缀，但已经发展为专职的领属标记、名物化标记；前附型尚未完全规约化，可加在领属结构上，冠词化为（类）语缀，作话题标记。“这个、兀个”的三种类型源于语言演变的结果，不同类型之间存在多重语法化路径。详情在下文阐述。

四、“这个”和“兀个”的功能嬗变及其动因

“这个、兀个”的功能嬗变既是语法化的过程，也是范畴迁移的过程。焦点调节、韵律、隐喻性扩展、汉语语序等共同构成其功能嬗变的动因。

（一）“这个、兀个”的语法化

如上节所述，“这个、兀个”的功能演化过程亦即语法化的过程。为阐述之便，这里将“这个、兀个”的语法化路径归纳如下（虚线代表可能的路径）：

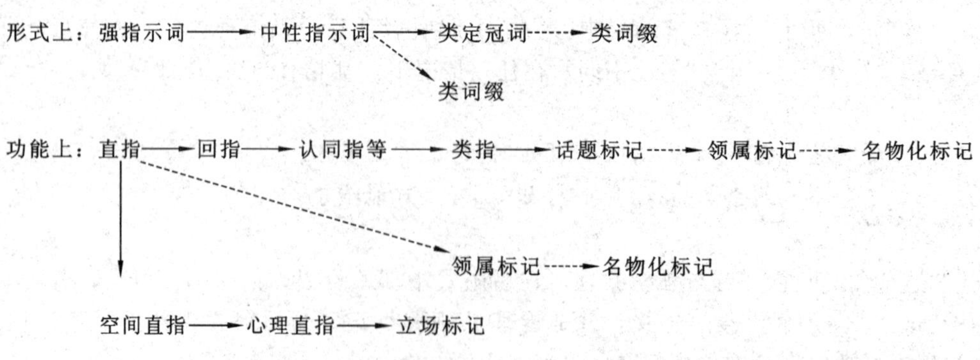

形式上，有两种可能路径：一是形成一个“前加型＞前附型＞后附型”的连续统，即“这个、兀个”从指示词逐渐冠词化，直至虚化为类冠词（语缀），然后向定语标记原

型“的”靠近，发展为类词缀；二是前附型、后附型经历了不区分距离的中性指示词环节后，各自独立发展。功能上，也有两条可能路径与形式相对应。第二条路径显示：领属标记直接由直指发展而来。“认同指”位置包含由共享知识、框架内联想提供的有定等。从跨语言角度看，第一条路径似乎更合理。因为 Diessel(1999)指出，指示词的语法化过程就是从外指(直指)到内指(回指、认同指、话语指)再发展为各类语法标记的过程[23]。但也不排除第二条的可能性。因为指示词本身表有定，作定语标记时不需同量词一样，要通过类冠词的中间环节来获得有定特征(参见陈玉洁 2007)[24]。

促成上述语法化的动因之一是指示词具有调节焦点的功能(Diessel 2006)[25]。即听说双方最初将注意力聚焦于外部情景的对象，包括肢体动作、位置等(前加型)，后逐渐转移到话语内部的对象。前附型将注意力聚焦于话题，后附型使得领属语得到凸显。而居于名词前和中间联系项位置分别是前附型和后附型语法化的必要条件。在高频使用下，前加型到后附型发生了重新分析，如从“我＃这个^{45}书包”到“我这个^{0b}＃书包”；领属标记到名物化标记经历了类推，即后附型首先仅在 N、NP 前出现，后来发展出现在 VP、AP 前。

此外，韵律的驱动作用也不容忽视。如第三节中，叠置式中的“这个^{0b}/兀个^{0b}”就是受到韵律的制约。其领属语为单音节或双音节，被领属语一般为双音节，即使为单音节，也会借助提顿词凑足双音节，如例(31)。而前标记在韵律上相当于半个音节，“这个^{0b}/兀个^{0b}”很容易吸附领属语，也成为半音节，使得整个领属结构呈现“(0.5＋1＋0.5)＋2”或“(0.5＋2＋0.5)＋2”的韵律节奏。

(二)“这个、兀个”的跨范畴迁移

陈振宇、叶婧婷(2014)把“领属”范畴扩展到“空间”范畴、“立场”范畴，本质上就是不同范畴的迁移。笔者发现，“这个、兀个”也表现出类似跨范畴的迁移。

“这个、兀个”向结构性、语用性两个功能方向迁移。这种迁移既有内部的，也有外部的。根据迁移理论，隐喻性扩展(Heine & Hünnemeyer 1991)[26]成为“这个、兀个”范畴迁移的动因。具体概括如下：

“这个^{45}、兀个^{45}”从一个现实空间投射到话语空间，表明言者立场，属于内部迁移，如例(4)—(9)。“这个^{0a}、兀个^{0a}”由一个现实空间投射到话题空间，属于从前加型到前附型的外部迁移，如例(29)—(33)。言者以自我为中心，导致“这个”的可及性更高，更符合心理预期，用来表达肯定/中性的态度或接续话题，“兀个”可及性低，与言者心理预期相反，用来表达否定的态度、开启或转移话题，如例(9)和例(30)。“这个^{0b}、兀个^{0b}”从一个具体的空间域到标记一种抽象的领属意义，属于从前加型到后附型的外部迁移，如例(16)。

(三)汉语语序制约“这个、兀个”的分布格局

根据领属定语的性质，可将世界语言分为两种，限定性领格语言和形容性领格语言(Lyons 1999)[27]。前者的领属语占据限定语位置，不能与指示词、冠词同现，只取有定解读；后者的领属结构不附带有定、无定信息，需要加冠词等限定词来获得。据刘丹青，汉语属于形容性领格语言，领属语和有定限定词在同一侧出现时，以领属

语前置于限定词为常[28]。所有定语一律前置于核心名词是汉语名词短语最根本的特点。本文将“这个、兀个”在领属结构中的分布格局归纳如表1：

表1 “这个、兀个”在领属结构中的分布格局

＋前加型，被领属语前，直指，立场标记，领属标记	＋后附型，中间联系项位置，领属标记
＋前附型，领属语前，话题标记	－后加型，任意位置

这种分布格局归根到底受上述汉语语序的驱动。“这个、兀个”居于领属语后时，表现为前加、后附，分别对应于指示词、“类词缀”；居于领属语前时，不能为限定词，只能虚化为(类)语缀，前附于整个领属结构；不存在后加型，如“* 我这个^{45}/兀个^{45} ♯书包”等。

综上所述，指示词功能嬗变的动因是多重的，涉及认知、语用、韵律、句法等多个方面。

五、“这个”和“兀个”的来源

学界对“这、兀”的来源说法不一。王力(1956/2004)认为，“这”从上古近指词“之”转变而来[29]；吕叔湘(1985)指出，“这”的本字为“者”，后写为“这、遮”[30]；张惠英(2001)认为“兀”由“个”脱落声母而来[31]；张维佳、张洪燕(2007)从语言接触角度得出“兀”是外来词的结论[32]。本文取记音字“这、兀”。榆社方言的指示代词分为近指系和远指系两组，本文将其形式和用法归纳如表2：

表2 榆社方言城关片指示代词的语音形式及用法

指示代词	语音形式	主要用法
这/兀	[ʦəʔ^{22}]/[vəʔ^{22}]	黏着语素，与其他语素组合后指示人或物的性状、方式、程度、时间等，如“这底、兀底、这阵、兀阵”；可与量词组合，如“这回、兀回、这件、兀件”。
这个/兀个	[ʦᴇ^{45}]/[vᴇ^{45}]	称代/定指/类指/直指/回指/认同指等，不可与量词组合。
这一/兀一	[ʦeɪ^{312}]/[veɪ^{312}]	黏着语素，不能直接加名词，必须先与量词组合，表定指。
这一个/兀一个	[ʨiᴇ^{312}]/[viᴇ^{312}]	称代/定指，针对个体对象，不可与量词组合。

从表中可以看出，榆社方言城关片的指示代词系统呈现出整齐划一的二分格局。其中，“这个[ʦᴇ^{45}]、兀个[vᴇ^{45}]”源于指示词“这、兀”和量词“个”的合音，理由如下：

第一，“这个[ʦᴇ^{45}]、兀个[vᴇ^{45}]”后面排斥量词，与“这、那”不同，应为合音词。如不能说“这个^{45}/兀个^{45}头牛”。

第二，合音词的后字为“个”。“个”本为果摄开口一等见母字，今在城关片中读蟹摄[ᴇ/uᴇ]，反映了上古歌韵字“歌微通转”的特点(张维佳 2002)[33]，是上古音的遗存。其演变过程为：ai＞ᴇ(uai＞uᴇ)。这种演变还伴随着舌根音的脱落。

第三，“这、兀”和量词“个”在榆社方言不同小片中的合音进度不同，可以相互印证。城关片“个”可以与“这、兀”合音。北寨片还不能合音，“个”的舌根音还未脱落，读“这[ʦəʔ^{22}]个[kuᴇ^{45}]、兀[vəʔ^{22}]个[kuᴇ^{45}]”。

第四，“这个[ʦᴇ^{45}]、兀个[vᴇ^{45}]”符合侯精一、温端政(1993)提出的合音规律：取前字的声母，取后字的韵母和声调[34]。合音过程为：这个[ʦᴇ^{45}]＜这[ʦəʔ^{22}]个[kuᴇ^{45}]，兀个[vᴇ^{45}]＜兀[vəʔ^{22}]个[kuᴇ^{45}]。

此外，“这个[ʦᴇ^{45}]、兀个[vᴇ^{45}]”在语法化过程中，弱化为轻声“这个^{0b}[·ʦᴇ]、兀个^{0b}[·vᴇ]”，具有类似“的”的功能。这种语音改变，在其他方言中也存在。如：

(38)榆社话：a. 我这个[ʦᴇ^{45}/·ʦᴇ]书包旧来。我这/的书包旧了。

b. 我兀个[vᴇ^{45}/·vᴇ]书包旧来。我那/的书包旧了。

(39)邵阳话：你箇只[ko^{33}·tʂa/·ko·tʂa]手又痒得很哩喃？你这只/的手又痒得很了，是不是？

(40)沂源话[35]：我那[nᴀ^{53}/·lə]书在桌子上。我那/的书在桌子上。

(41)无棣话[36]：筐里那[nᴀ^{51}/·lə/·nə]豆角子都烂咧。筐里那/的豆角都烂了。

这些指示词表现出二分性：重读时表指示意义，以语用性功能占主导；轻读时，具有黏着性，表连接，以结构性功能占主导。如(39)“箇只”重读时有“这只”义，轻读时相当于“的”。值得注意的是，此处的轻读属于一种语法变调，是一种形态表现。变读和不变读决定于情意的表达，具有非强制性(汪国胜 2007)[37]，服从于语境表达的需要。但是，一旦发生变读后，“这个^{0b}、兀个^{0b}”就要遵守语法规则。“这个^{0a}、兀个^{0a}”虽然也读轻声，发生了语法变调，但尚未完全规约化，还处于句法—语用层面。

结语

本文从类型学出发，对晋语榆社方言中的“这个、兀个”进行了分类，基于“语音—句法—语义—语用—韵律”的不同层面，考察了这对标记词的差异、功能嬗变的动因和历史来源。结果发现：前加型与后附型在语境上形成互补，分别适用于直指和非直指语境；前附型处于规约化中，适用于话题句；“兀个”的语法化程度高于“这个”，与现代汉语中“那”的语法化程度高于“这”的总体趋势一致；后附型“这个^{0b}、兀个^{0b}”具有黏着性和一定的句法强制性，说明榆社方言的有定范畴初步形成；“这个、兀个”具有多重语法化路径；焦点调节、韵律、隐喻扩展、汉语语序一起构成“这个、兀个”功能嬗变的动因；从溯源上看，“这个、兀个”是“这、兀”和量词“个”的合音。前附型和后附型都是前加型语法变调的结果。

本文对领属标记的确认不再局限于中间联系项位置及虚化程度，而是采用广义和动态的眼光，既为领属标记容纳了更多的句法位置(如句首)，又关注到同一形式在同一位置的多功能性。其中，叠置式是山西方言的地域特色，叠加了“这个、兀个”在不同语法化阶段的形式，以它为切入点，能有效观察到不同形式之间的功能差异和关联。前附型的挖掘则凸显了汉语话题型语言的特点。三种类型的划分也揭示了汉语领属标注类型的多样性。

山西方言的指示代词类型众多，变读现象纷繁复杂，其功能类型及语法化扩张路径还需进一步研究。此外，指示词的立场功能具有跨语言性。如韩语(Rhee 2023)中，表远指的 celen 和近指的 ilen 不仅发展出惊异(mirativity)功能，还进一步标记了说话人在情感语境中的参与、承诺、不满、责备或讽刺等立场[38]，反映了由物理距离衍生而来的立场功能的多样性。汉语指示词的立场功能是否有类似功能扩展，尚有待深入挖掘。

*本文为国家社科基金项目“语言接触视域下的晋语指代词比较研究”(22BYY049)、教育部人文社会科学重点研究基地重大项目“汉语方言语法的择点考察与比较研究”(22JJD740027)的阶段性成果。

注释：

[1] 参见史秀菊:《临猗方言的结构助词“奈”与“哩”》,《语文研究》2003 年第 1 期,第 56 页。

[2] 参见唐正大:《关中永寿话的关系从句类型》,《方言》2008 年第 3 期,第 246～248 页。

[3] 参见陈玉洁:《商水方言中指示词及指示词短语的功能》,《中国语文》2014 年第 4 期,第 333～337 页。

[4] 参见方梅、乐耀:《规约化与立场表达》,北京:北京大学出版社,2017 年,第 47～48 页。

[5] 参见方梅:《指示词“这”和“那”在北京话中的语法化》,《中国语文》2002 年第 4 期,第 345～348 页。

[6] 参见时健、刘振东、张京鱼:《汉语冠词化研究回顾与展望》,《西安外国语大学学报》2023 年第 3 期,第 34 页。

[7] 参见中国社会科学院语言研究所、中国社会科学院民族学与人类学研究所、香港城市大学语言信息科学研究中心:《中国语言地图集 · 第 2 版 汉语方言卷》,北京:商务印书馆,2012 年。

[8] 参见李建校、崔容、郭鸿燕,等:《榆社方言研究》,太原:山西人民出版社,2007 年,第 4～6 页。有几点需要说明,一是榆社方言人称代词最大的特点是:第二人称单数存在主领格的对立,即“你$_{主格}$[n_z1^{312}]-你$_{领格}$[ni^{22}]”。复数不存在对立,共用领属格形式“你们[ni^{22} $mə^{0}$]”。领格用来标注亲属领属。二是我们发现,靠近和顺的榆社方言北寨片比较特殊,呈现“这、兀、那”的三分格局。

[9] 参见沈家煊:《不对称和标记论》,南昌:江西教育出版社,1999 年,第 167 页。

[10] 参见刘丹青:《汉语关系从句标记类型初探》,《中国语文》2005 年第 1 期,第 4 页。

[11] 参见张维佳:《山西晋语指示代词三分系统的来源》,《中国语文》2005 年第 5 期,第 459 页。

[12] 参见陈平:《汉语定指范畴和语法化问题》,《当代修辞学》2016 年第 4 期,第 1 页。

[13] 参见蒋遐、蒋协众:《湖南邵阳方言近指代词“箇只”的多功能用法》,《方言》2022 年第 2 期,第 237 页。

[14] 参见薛宏武、闫梦月:《汉语方言指示词的语义图研究》,《重庆师范大学学报(社会科学版)》2021 年第 2 期。

[15] 参见宋作艳:《基于构式词法的领属复合词界定》,《汉语学报》2023 年第 3 期,第 22 页。

[16] 参见陈振宇、叶婧婷:《从“领属”到“立场”——汉语中以人称代词为所有者的直接组合结

构》,《语言科学》2014 年第 2 期,第 154～155 页。

[17] 参见陈平:《话语分析和语义研究》,《当代修辞学》2012 年第 3 期,第 4 页。

[18] H. Y. Tao, "The Grammar of Demonstratives in Mandarin Conversational Discourse: A Case Study", *Journal of Chinese Linguistics*, 1, 1999, pp. 93-95.

[19] 参见姚双云、喻薇:《"一个＋NP"类指句的话语立场研究》,《中南大学学报(社会科学版)》2018 年第 1 期,第 206 页。

[20] 参见史秀菊:《山西方言语法研究》,北京:商务印书馆,2023 年,第 191 页。

[21] 参见 N. P. Himmelmann, "Demonstratives in Narrative Discourse: A Taxonomy of Universal Uses", in B. A. Fox ed., *Studies in Anaphora*, Amsterdam: John Benjamins, 1996, pp. 210-218. Himmelmann 提出,指示词不可用于唯一的所指对象前,不可用于由于概念关联的对象前,但定冠词可以。考察发现,"这个、兀个"符合这两条定冠词标准;另参见 N. P. Himmelmann, "Articles", in M.Haspelmath et al. eds., *Handbücher zurSprach-und Kommunikationswissenschaft*, Berlin: Walter de Gruyter, 2001, pp. 831-842. Himmelman 从类型学角度提出确定冠词的三条标准:仅附于名词性成分,并且语序固定;在需要区分的语境中强制使用;高频使用。

[22] (宋)欧阳修:《儒学中》,《新唐书》卷一九九,清乾隆四年武英殿校刻本。

[23] H. Diessel, "The Morphosyntax of Demonstratives in Synchrony and Diachrony", *Linguistic Typology*, 1, 1999, p. 19.

[24] 参见陈玉洁:《量名结构与量词的定语标记功能》,《中国语文》2007 年第 6 期,第 524 页。

[25] H. Diessel, "Demonstratives, Joint Attention, and the Emergence of Grammar", *Cognitive Linguistics*, 4, 2006, pp. 465-468.

[26] B. Heine, F. Hünnemeyer, *Grammaticalization: A Conceptual Framework*, Chicago: University of Chicago Press, 1991, pp.45-48.

[27] C. Lyons, *Definiteness*, Cambridge: Cambridge University Press, 1999, pp. 23-26.

[28] 参见刘丹青:《汉语名词性短语的句法类型特征》,《中国语文》2008 年第 1 期,第 4～7 页。

[29] 参见王力:《汉语史稿》,北京:中华书局,2004 年,第 329 页。

[30] 吕叔湘著,江蓝生补:《近代汉语指代词》,上海:学林出版社,1985 年,第 185 页。

[31] 参见张惠英:《汉语方言代词研究》,北京:语文出版社,2001 年,第 167 页。

[32] 参见张维佳、张洪燕:《远指代词"兀"与突厥语》,《民族语文》2007 年第 3 期,第 38 页。

[33] 参见张维佳:《关中方言果摄读音的分化及历史层次》,《方言》2002 年第 3 期,第 242 页。

[34] 参见侯精一、温端政:《山西方言调查研究报告》,太原:山西高校联合出版社,1993 年,第 75～77 页。

[35] 参见宋作艳:《沂源(悦庄)话中的指示代词》,北京:北京大学本科学年论文,2000 年。

[36] 参见唐雪凝、张金圈:《从山东北部方言看定语标记的类型与演变》,《语言教学与研究》2013 年第 1 期,第 75 页。

[37] 参见汪国胜:《汉语方言语法研究》,武汉:华中师范大学出版社,2007 年,第 326 页。

[38] S. Rhee, "Distance Contrast of Demonstrative-base Discourse Markers and Speaker's Stance in Korean", *Journal of Pragmatics*, 2023, p. 4.

湖南鼎城方言互动交际情境下的叹词“得”

粟碧琴

（湖南师范大学文学院，湖南长沙，410081）

内容摘要：基于语法功能和会话结构，发现互动交际情境下普通话和鼎城方言句首独立语“得”具有典型叹词传递言者对所呈现事件场景的情感交际的感叹功能，鼎城方言句首独立语“得”还具有不涉及情感态度的只是把听话人的注意力引导到某物、某话题或某情境的社会交际的叹词功能。鼎城方言叹词“得”，文章基于方言声调系统的自然区分分为情感交际的感叹叹词“得 te^{13}”和非情感的社会交际功能的提示叹词“得 $te^{21/33}$”两大类，社会交际功能“得”又在语音的自然区分下分为现场情境下的提示叹词“得 te^{21}”和非现场情境下的提示叹词“得 te^{33}”。

关键词：鼎城方言；互动交际情境；感叹叹词；提示叹词；得

一、引言

现有研究多共时描写“得”的多功能用法历时探析“得”的语法化路径（祝敏彻 1960[1]；岳俊发 1984[2]；张大旗 1985[3]；徐阳春 1998[4]；胡云晚 2005[5]；吴福祥 2009[6]；曾海清 2023[7]等），对用于句首独立成句的“得”少有报道，而普通话把下例中用于句首位置的“得”定性为动词，用于情况不如人意的时候，表示无奈：

得，这一张又画坏了。（《现代汉语词典》第 7 版：271）[8]

鼎城方言也有和上面例句完全相同用法的“得”，但词典这里定性为动词的做法需要斟酌。从语义上来看，吕叔湘（1982：316）提到“当感情激动时，感叹之声先脱口而出，之后才继以说明的语句”[9]，那么这里独立使用的“得”具有直觉反应的现场性和瞬间性，是说话人面对当下某一事件或场景的情绪渲发，表达的是说话人无可奈何的情感态度，后接句是对事件场景的说明描述；从语法上来看，根据郭锐（2002）“叹词的功能很简单，它不能与别的成分组合，总是独立使用，或独立成句，或做独立成分”[10]；之后完权、李心言（2023）[11]更是基于社会互动资源角度，认为叹词和动词的功能差异太大，叹词并非作用于语言的概念、命题层面，因而否定了叹词“动词说”。那么，上面例句中位居句首的“得”俨然已经成为表示情感和情绪反应的媒介，事实上已经失去了动词“得”的句法功能和句法组合能力，实际上承担的是叹词的功能。因此，不论是普通话还是鼎城方言，位居句首的“得”都不再是动词，而是表示无可奈何这一情感态度的感叹叹词，相当于普通话中体现生理直觉反应的表示无奈的叹词“唉”，试比较：唉！这一张又画坏了。

在鼎城方言中，“得”除了上面表示情感交际的感叹用法，还有较为特殊少有引起关注的另一用法：同样以独立语的形式出现，不同于上一类的是，它不涉及任何主观情感态度的表达，只是把听话人的注意力引导到说话人即将要进行的动作行为或者话题之上，表示提示关注。最为常见的会话结构如下：

A：我要的东西咧？B：得！角角儿角落那里。（手势指向物品或眼神示意）

对于答句 B 中的“得”，还有类如“喏”“喋”“嗟”等等，现有研究认为这一类是既有叹词特征又有指示功能的词，命名为“指示叹词”（陆镜光 2005[12]；谢心阳 2022[13]；蒋协众 2022[14]；张秀松、袁毓林 2023[15] 等等），表示让人注意所指示的人或物。在答句 B 中，“句首独立语【得！】”“直指性言语【角角儿那里】”“手势或眼神”三者的配合几乎没有时间间隔，但是分离后发现不一样的事实，试比较：

B1.【得！】（无直指性言语）（无手势或眼神）
B2.【得！角角儿角落那里。】（无手势或眼神）
B3.【得！（手势指向物品或眼神示意）】（无直指性言语）
B4.【角角儿角落那里。】（无“得”）（无手势或眼神）
B5.【角角儿角落那里。（手势指向物品或眼神示意）】（无“得”）
B6.【手势指向物品或眼神示意。】（无“得”）（无直指性言语）

上面答句 B1～B6，直指性言语可以直接回答言者所问，如 B4，也可以再辅以手势副语言，如 B5，手势副语言依赖语境也能够独立回答言者所问，如 B6。特殊一些的是 B2，在 B4 的基础上多了句首“得”，虽然还是能回复言者所问达到回话的目的，但是并不被方言使用者接受。根据田野调查发现，当句首出现“得”时，说话人不自觉配套了相应手势或者眼神，一旦要求调查人去掉手势或眼神则表现为不自然、无所适从。而像 B3，只有“得”和“手势或眼神”，这样的会话结构既能回复言者所问，又能被方言使用者接受。但如果是 B1 只有“得！”的情况，则既不具备交际意义，也不能被方言使用者接受。田野调查的结果还显示，B＋$B_{1\text{-}6}$ 这 7 类回话在使用频度上也存在区别，在 A 句的情境下，方言使用者均倾向于以句首独立语“得”开头以引起说话人注意，倾向在会话中兼有“句首独立语【得！】”“直指性言语”“手势或眼神”。概括如下表：

	B	B1	B2	B3	B4	B5	B6
回复言者所问	+	−	+	+	+	+	+

续表

	B	B1	B2	B3	B4	B5	B6
被方言使用者接受	+	—	—	+	+	+	+
使用频度级别	高	无	无	较高	较低	中	低

可见，上面会话中最为关键的具有辨明所指作用的是直指性言语和手势眼神一类的副语言，二者是会话结构中的主要信息。其次，手势这一副语言并不是现有研究认为的“常常伴随‘得’出现”的附属地位，而是在会话结构中和直指性言语同样作为主体承担具体指示的主要地位，对比B1、B3、B6。

那么现有研究中“指示叹词”的指示功能从何而来？基于上面7类会话结构，句首“得”和手势副语言因会话时间上的无间隔衔接，导致把副语言表达的指示信息错误地赋予到句首叹词“得”上，从而得出句首叹词“得”同时具有指示和提示的双重功能的结论，从“得”单独使用句子不成立(B1)可以反证指示作用的不成立，因此叹词“得”的指示作用实则只是情境下的镜像结果。本文定义鼎城方言这类叹词“得”仅拥有叹词的提示功能而不再赋予它以往研究认为的提示和指示双重功能。

鼎城区，位于湖南省常德市，原名常德县，处于洞庭湖西滨、沅水下游。根据《中国语言地图集》(第2版)[16]，鼎城方言属于西南官话湘北小片。本文所记为鼎城区韩公渡镇一带的方言，为笔者的母语。

本文的语法例句来自作者的内省和调查。本文的调查合作人有：粟邵华，男，1973，韩公渡镇朱洛铺村，初中文化；李莲香，女，1972，韩公渡镇罗家铺村，初中文化；万长瑶，女，1996，韩公渡镇小山村，研究生学历。

二、鼎城方言叹词“得$_1$”情感交际的感叹功能

以往汉语叹词研究最为关注其中传递的情感态度，这一点也直接体现在叹词的定义上。

马建忠(吕叔湘，王海棻 2001：624)解释“凡虚字以鸣心中不平者，曰‘叹字’”[17]；张道真(1979)提到“感叹词是用来表示说话时产生的情绪的”[18]；王力(1985：326)认为叹词是“情绪的呼声和意义的呼声，情绪的呼声是表达感情的，意义的呼声是用来表示简单的意思”[19]；黄伯荣、廖序东(2017)说到“叹词是表示感叹和呼唤、应答的词”[20]。

鼎城方言感叹叹词“得”，语音“te^{13}”，记作“得$_1$”，传递言者对事件场景的主观态度，是在当下不如意情境的触发下，说话人不自主流露的无奈之情。郑庆君(1999)[21]把常德方言中独用的“得”认定为具有叹词性质，并说明用于“招呼”，之后粟碧琴(2023)[22]根据常德鼎城方言句首叹词“得”的不同语义特征提出“‘得’除了用于不如人意的情境表示无可奈何的情感，还可以在句首引发话题表示交际双方的言语互动”，并且指出“这两种用法的叹词‘得’还通过声调的不同在鼎城方言进行了区分”。本文在此基础上更为全面地提出情感交际的感叹叹词“得 te^{13}”和非情感的社会交际的提示叹词“得 $te^{21/33}$”两大类，并具体阐述各类的用法以及区别。

下面先看感叹叹词“$得_1$”，分为单向现场情境和双向现场情境具体论述。

（一）单向现场情境下表示无奈的叹词“$得_1$”

这是只有语言信息发出人参与的单向现场情境。由当下不如意的情境导致主观的无可奈何，是自我情绪的一种抒发，通过句首“$得_1$”表达。后接让说话人无可奈何的具体事件(或行为)，细分为不符合说话人预期事件的出现或者不如意事件的反复出现。如：

(1) 得！这么热滴天他跑出去捡瓶瓶儿去哒。
(2) 得！他不来哒。
(3) 得！讲好滴陪嫁一分都没得哒。
(4) 得！这张又画烂哒。
(5) 得！车又熄火哒。
(6) 得！裤子补啊滴又破哒。
(7) 得！电脑又死机哒。
(8) 得！眼镜才只换得几天天儿又坏哒。

“$得_1$”后如果接解释说明的语句，这个时候的“$得_1$”具有话题标记的作用，标记的是消极类话题事件，说明现场一定出现了让说话人无可奈何的某种不好情况或不好局面。通过“$得_1$”表示说话人无奈的情绪并串联前后会话行为，使得整体具有可解释性。有时甚至不出现后面的解释说明性语句，而直接单用“$得_1$”，这时候无奈的感叹义强依赖于现场情境得以呈现，例如：

(9)（现场情境：才修好的车被剐蹭了。）得！

例中“得”可以理解成“唉”或者直接体现情绪的“糟糕”“完了”等。说话人对不如意的事件了然于心，因而只发出了表达这一情绪的声音“得”。此时话题事件或行为被隐藏在情境中没有凸显在会话表层，因而这时独用的没有后接句的感叹叹词“得”不具有话题标记作用。这一情境下也可以有听话人参与，语用效果是说话人把因现场情境导致出现无奈之情告知听话人，这时候的听话人仅为倾听角色，在会话中不承担主要角色。

（二）双向现场情境下表示无奈的叹词“$得_1$”

另一种是双向互动下的现场语境，需要语言信息发出人和接收人的共同参与。句首“$得_1$”同样也是情绪的宣泄，是说话人认为某种情况(多是不如意的、不愿发生的)的出现是自己早就预料到的但是是听话人主观违背后的结果。这时候的语气除了说话人的无奈还带有对听话人的责怪、抱怨、告诫等意味，具有很强的主观性。

(10) 得！讲滴要你慢点点儿喝慢点点儿喝，呛斗哒吧。

(11) 得！昨天喊你加油你不加，车子熄火哒吧。

(12) 得！要你买这个号你不买，等被别个买起跑哒吧。

(13) 得！讲滴不来不来，堵死啊这里哒。

(14) 得！你看看你搞滴好事，讲滴搞不得搞不得。

“得”后也可以不出现解释说明性语句，同样强依赖于现场情境和前后会话行为的解读。

无论是在单向还是双向互动的现场情境，句首“得”的无奈义并不是在语境中获得，当单说“得”没有任何言语解说时，蕴涵的就是提示现场发生了不如意事件以及表达说话人对这一不如意事件的态度，这层语义对于语境中的言者和听者都是直接读取的，不会产生信息误读。这一情境下叹词“得”和后接句所传达的情感态度完全一致，即使后接句在语义上看起来是正向或者是积极的，但只要进入“叹词‘得’＋后接句”这一框架，后接句就带有了框架中蕴含的无奈义，例如：

(15) 得！他又得一百分哒。

(16) 得！他一个人到那里笑。

例句(15)和例句(16)“得”后的后接句本是非消极事件，进入框架后蕴含的语义是“因为他又得了一百分(但可能说话人没有)，说话人对这一事件感到无奈”，(16)也是如此。

普通话叹词“唉”除表示无奈外，还表示伤感、遗憾和为难，共用一个声音“āi”，所表达的语义需要结合具体语境才能明晰，而鼎城方言感叹叹词“得”和声音“te_{13}”一一对应，只表示无奈情感，不会和“得”的其他语音形式“te_{21}”“te_{33}”相混。

（三）句首重叠“$得_1$”

表示无奈的叹词“$得_1$”在鼎城方言中还可以重叠使用。语用效果是通过多次重复表示强调并加重无奈的语气，隐含了说话人极其不耐烦的情绪，表示对某一事情的容忍到了一定的限度。例如：

(17) 得得！讲滴不要你搞不要你搞，撒一身。

(18) 得得！你屋里爹又出去做事去哒，上午还讲滴腿疼。

(19) 得得！伢儿把钱尽捞起跑完哒，就是你惯饲滴。

(20) 得得得！你滴东西拿起走。

(21) 得得得！每次都不冲厕所。

(22) 得得得！他又跑哒。

感叹叹词“得”，双重重叠以及三重重叠在语用效果上随重叠次数的增加语气强度有强弱的不同。重叠上限于双重重叠和三重重叠，在日常会话中双重重叠和三重重叠比单纯形式使用更为普遍，说明通过形式上的重叠达到内容上加强无奈责难的语气在鼎城方言中更为通行。

三、鼎城方言叹词“得$_2$”社会交际的现场提示功能

Kockelman(2003)通过田野调查的频率统计发现，叹词用于传统视为典型功能的感叹用法恰恰是叹词所有用法中频率最低的，而大多数用于感叹之外的交际功能、社会功能和文化功能(引自刘丹青 2011[23])。交际功能、社会功能和文化功能三者是不涉及情感层面的交际，因此叹词首先可以分为情感交际和非情感交际两大类。鼎城方言叹词“得”表示感叹之外的用法，更倾向于纯粹交际互动，即在会话过程中说话人旨在为交际而提示听话人使其注意力被引导到某物、某话题、某场景之上等以使话题顺利进行，而不是像感叹用法一样表达言者对现场情境的主观态度。

鼎城方言非情感交际功能的叹词“得”，根据是否处于现场情境在语音上区分：现场情境下表示提示的“得”，语音“te$_{21}$”，记作“得$_2$”；非现场情境下表示提示的“得”，语音“te$_{33}$”，记作“得$_3$”。在现场情境下，叹词“得$_2$”有在零距离的给予情境到近距离的指示情境表示提示的基本用法。

（一）直面给予情境下表示提示的叹词“得$_2$”

鼎城方言“得”，首先是动词，声音“te$_{21}$”，语义是“给予”，后面通常带名词或名词性短语，例句：

(23) 得他哒呀，你还找他搞么得。

(24) 我滴东西为么得要得你。

(25) 得你就拿起啵，有么得不好意思滴的。

“得”还可以配合说话人手势或者眼神等副语言独用于句首，例如：

(26) A. 老公：堂客，把我滴衣服拿过来。B. 老婆：得！拿起去。（说话人听话人面对面，说话人手拿衣物递给听话人）

(27) A. 儿子：喊我搞么得？B. 妈妈：得！今朝老师布置滴作业。（说话人听话人面对面，说话人手拿作业递给听话人）

(28) A. 我滴眼镜不晓得到哪里去哒？B. 得！这不是的啊，满到处丢。（说话人听话人面对面，说话人手拿眼镜递给听话人）

(29) A. 刚儿是你得我打电话让我拿东西是吧？B. 是滴是滴。得！好生拿起啊。（说话人听话人面对面，说话人手拿物品递给听话人）

(30) A. 你□[ts^{h}ɿ^{21}]抹滴香咧？B. 得！只有这么一点点儿哒。（说话人听话人面对面，说话人手拿物品递给听话人）

(31) A. 这个月滴钱咧？B. 得！都到这里哒。（说话人听话人面对面，说话人手拿工资递给听话人）

以上会话行为发生的言语距离为零，是说话人听话人面对面进行的给予行为，这里称为“给予情境”。这种情境下句首“得”和上面情感功能的感叹叹词“得”完全不同，不再涉及说话人主观情感的表达。从语义上看，处于给予情境中的“得”似乎是动词“给予”义的直接体现。但是，实际上它作为递物时专用的提示语已失去带宾语的能力，而是说话人希望通过先发语“得”告知听话人即将要进行的给予行为以引起注意，把关注点顺利牵引到通过给予手势等副语言要呈现的所给予之物上。会话结构中的主体信息是隐含在给予手势这一副语言之下的给予行为，如果把这一给予行为凸显到会话结构表层就是具体的给予言语，还是在上面例(26)～例(31)的情景之下：

(32) B. 老婆：得！得你，拿起去。
(33) B. 妈妈：得！得你，这是今朝您老师布置滴作业。
(34) B. 妹妹：得！得你，这不是的啊，满到处丢。
(35) B. 是滴是滴。得！得你，好生拿起啊。
(36) B. 得！得你。只有这么一点点儿哒。
(37) B. 得！得你。都到这里哒。

通过对比例(26)～例(31)和例(32)～例(37)可以更直接地看到，句首“得”并不具有“给予”义，“给予”这一意义为传递或交付的给予行为所有，表现为显性的给予言语和隐形的给予手势。当显性的给予言语被省略，如例(26)～例(31)，句首“得”和手势在会话时间上的无缝衔接，使得处于这一给予情境下的“得!”既带有叹词本身的提醒注意，又被错位赋予手势等副语言这一给予行为表示的“给予”义。这也是为什么有些方言在上面例句中同样位置的叹词甚至和“给予”义完全没有关系的原因，可以是“喋”，可以是“嗯”，也可以是“喏”，也可以是“呢”，还可以是“咧”等等。

但是有一些词的本义是“给予”，这使得在词义的识别上便存在一定偏差。例如汪化云(2011)[24]把用于句首的“嗟”称为“给予叹词”，谢心阳(2022)也认为是表示给予的指示叹词等等。鼎城方言“得”本义也是“给予”，但本文并不支持给予叹词的说法。刘丹青(2012)[25]在谈到普通话递物时所说的“给”，也早已指出已经叹词化，可以称之为“提示叹词”；完权、李心言(2023)提出“从互动资源角度看叹词的词类地位，结论只能是：叹词就是叹词，不必归入其他词类”。因给予情境中的副语言导致句首叹词被假性赋予“给予”义并通过给予行为延伸到物品因而提出“得”类叹词具有指示作用，这并非叹词“得”本身所有。在本章现场情境和下一章非现场情境的描写中，都只把鼎城方言交际功能叹词“得”的功能限定在叹词本身的提示注意上，而不把在情境之中被假性赋予的功能归属到本不属于叹词的功能上。

（二）近距离指示情境下表示提示的叹词“$得_2$”

句首叹词“$得_2$”除了用于言语距离为零的现场给予情境，还可以用于近距离的现场指示情境。下面还是通过例句：

(38) A. 儿子：妈妈，我滴书包咧？B. 妈妈：得！（用手指或者眼神示意书包所在位置）

(39) A. 老板我滴东西咧？B. 得！（说话人手指或者眼神示意询问物品所在位置）

(40) A. 老板，可乐咧？B. 得！这里呐！（说话人手指或者眼神示意可乐所在位置）

(41) A. 经理，开会滴文件咧？B. 得！那个货架上面，都是滴。（说话人手指或者眼神示意文件所在位置）

(42) A. 哎，服务员，还差一个红烧肉没有上诶。B. 得！那角角儿上不是的啊？（说话人手指或者眼神示意红烧肉所在位置）

(43) A. 我要滴那本书咧？B. 得！那个人，等被他借起跑哒。（说话人手指或者眼神示意“他”）

以上会话行为的言谈距离较远于上一类，但说话人听话人互在对方目之所及之处，是说话人听话人近距离进行的指示行为，这里称为“指示情境”。说话人希望通过句首叹词“得$_2$”告知听话人自己即将要进行的指示行为以引起注意，再直接以手势眼神等副语言起具体指示物品的作用，如例(38)和例(39)，在手势眼神等副语言的基础上还可以直接附加“直指性言语”，例如“这”“那”“货架”“角角儿角落”等进一步指示，如例(40)～例(43)。

通过例(40)～例(43)可以直接看到，直接辨明所指的是后接句“直指性言语”，“得”并不具有指示义。当例(38)和例(39)中只有眼神、手势副语言和“得”共现时，造成“得”和副语言具有会话结构上的共时性，因而误以为“得”既带有提醒注意又带有眼神、手势副语言蕴涵的指示作用。

（三）句首重叠“得$_2$”

现场情境下的提示叹词“得$_2$”，是对会话结构中的上文作出反应的叹词即回应交际话题，因而只能是接语。“得$_2$”独用表示明确意义成为一个自足的句子，前提是依赖于会话语境中的眼神、手势等副语言，否则不成立。

现场情境中，提示叹词“得$_2$”可以双重重叠还可以三重重叠，语用上的效果和独用时单纯表达提醒注意稍有不同，表现在由提示转为强提醒，会话效果上蕴含控诉指责义。语气效果同样伴随重叠次数的增加而增强。例句如下：

(44) 得得！这不是滴啊？眼睛不晓得长何址滴？

(45) 得得得！给你给你，借一点点儿钱天天催魂样滴。

(46) 得得得！你个人看，你屋里女今朝又把别人打啊一餐顿。

四、鼎城方言叹词“得$_3$”社会交际的非现场提示功能

“得”用于现场情境的条件是，说话人引导听话人注意的必须是说话人和听话人双

方在言语交际进行的现场都能看到的某一具体事物，即限定在直面给予情境和近距离指示情境。当不再要求说话人在说话的同时作出相应的手势或眼神，更不要求通过身体动作现场传递或指示实物，说话人只是用语言提示现场出现了某种情况或某个局面，有的甚至不再要求事件具有现场性，这时候的“得”用于非现场情境的交际提示。陆镜光(2005)把这一类称为“非现场用法”，本文也沿用这一分类。

鼎城方言交际功能的叹词“得”从现场情境到非现场情境，除了不再限定在直面给予情境和近距离指示情境，即言语距离上由零距离到近距离再到不限定距离，还有对副语言行为的依赖性减弱直至消失的表现，甚至“得”在语音上也更加空灵，表现在由低降调21变为中平调33。

非现场情境下的鼎城方言“$得_3$”，语音“te^{33}”，不再是做出交际反应的接语“$得_2$”，而是在某动态情景下被激发的发语，而且必须有后接句，否则无法表示明确的意义，试比较：

A_1. $得_2$！这里错哒。

（现场情境是说话人询问类如“哪里错了？”，受话人根据询问进行回答。A_1是接语，后接句“这里错哒”可以不出现，但“得”独用需依靠副语言辅助才能明确表示语义，否则句子不成立。）

A_2. $得_3$！这里错哒。

（现场情境是说话人通过“得”主动发起交际，意图在于把后接句“这里错哒”这一情况告知听话人。A_2是发语，“得”为引起听话人注意，后必须有后接句说明意图，否则交际无法成立。）

非现场情境下，说话人通过叹词“$得_3$”引起听话人注意发起交际，继而摆出事实、提出观点等以说明说话人意图来继续交际互动，适用于证明断言情境的提醒注意、声明预料的提醒注意、信息提取的提醒注意、话轮开启的提醒注意、组织话语的提醒注意情境。

1. 标记证明断言的提示

因出现某种情况或某个局面，说法人想要发表自己的论断，用言语即叹词“$得_3$”提示，后接句提供论证证明前面观点的真实性或断言的合理性。听话人参与会话过程，或简单回复，或表示赞同与否，或仅为听者角色。例句如下：

(47) 昨儿肯定落雪啊滴。得！菜叶叶儿上尽是雪末末儿。

(48) 他肯定回来哒。得！那不是他滴鞋啊。

(49) 衣服贵点点硬是穿起来撑妥些。得！刚刚那件便宜滴穿起来硬是没得这个效果。

(50) 以前滴东西硬是硬足些。得！硕屋里那口缸用啊日千年都没烂。

(51) 他堂客肯定怀起哒。得！这两天呕得。

(52) 硕屋里比您屋里有钱些。得！硕屋里有车哒您屋里没得车。

(53) 他肯定喜欢你。得！天天又是接又是送。

上面例句的结构：个人论断+“$得_3$!”+事实佐证。这时所讨论的人或物可以在现场情境例如例(47)～例(48)，也可以不在现场情境例如例(49)～例(53)。上面例句中“得”去掉后仍然表示证明断言，因而不能把证明断言归于叹词“得”，叹词“得”只是用于表示证明断言的情境以引起说话人注意。

2. 标记声明预料的提示

说话人通过句首叹词提示听话人注意，某种双方都能看到的情况的出现是以前所做的某个决定或行动所致，即说话人早就预计到那样的决定或行动将会带来这样的结果。这一用法和 2.2 节双向现场情境下表示无奈的叹词“$得_1$”具有相似性，本质的区别是例(10)～例(14)中“$得_1$”表示的是言者的情感态度，而“$得_3$”不涉及言者主观情感态度的表达只是表示交际互动的提示注意。为进行比较还是以 2.2 节的例句为例：

(54) 得！讲滴要你慢点点儿喝慢点点儿喝，哈斗哒吧。

(55) 得！昨天要你加油你不加，车子熄火哒啦。

(56) 得！要你买这个号你不买，跟别个买起跑哒吧。

(57) 得！讲滴不来不来，而今堵得要死，动也不得动。

(58) 得！你看看你搞的好事，讲的搞不得搞不得。

说话人用叹词“$得_3$”旨在向听话人声明，某种情况或某个局面的出现是说话人早就预料到的结果，例(54)～例(58)中的后接句都是不如意的、不愿发生的事件。除了例(54)～例(58)这一类例句，还有下面预料正向的、积极事件发生的提示：

(59) 得！我讲滴他俺两个儿会结婚啵，感情硬几多好。

(60) 得！我讲滴他考起大学没得问题啵，你还天天忧得很。

(61) 得！我讲的您屋里滴大儿是个当官滴料子啵，你还不信。

(62) 得！我就说这个数好啵，听我滴不得吃亏吧。

用语言提示某种情况或某个局面的出现是说话人早就预料到的结果，例(59)～例(62)所讨论的人或物都不在现场情境之中。关于叹词“$得_3$”具有声明预料的提醒注意作用，现有研究只描写到不如意的非正向事件，其实也应该包括例(59)～例(62)这样正向的积极事件。声明预料的语义由“得”后的说明性语句蕴涵，即使去掉句首“得”这一意思仍然蕴含在句中并非由叹词“得”本身所有，叹词“得”只起提醒注意的提示作用。

3. 标记信息提取的提示

这一情境下的提示指的是，说话人发出信号以邀请听话人从记忆里寻找并提取在谈话的现阶段为了交际和沟通的需要必须提到意识上来的信息，便于继续进行会话的活动和信息的交流。例如：

(63) A：你讲滴要一米八滴啊。B：啊？我讲滴啊？A：得！呃……就是上回看电影滴时候你讲滴啦，你不记得哒，你还讲滴打死都不得和低于 175 的伢儿谈爱。

(64) A：就是我上回同你去滴地方。B：呃……A：得！就是你讲滴这下以后还去滴那个地方啊，你还讲愿意天天待啊那里。B：哦，那里啊。走走走。

(65) A：这是？B. 就是我跟你讲啊滴天天到校门口堵我滴那个人呐……得！还抢我东西吃滴那个。A. 哦，他啊。

(66) A：么时儿滴事？我哪么不晓得。B：得！呃呃呃…好像那时候你生伢儿去哒。

(67) A：哪里撒？B：就是那里啦……得！昨日不是还讨论啊滴啊，叫么得，额……A：哦，我晓得了。

上例中所谈及的人或物都不在现场情境之中，而是发生在双方共同记忆里的以前的人或事，要提取的信息是谈话双方的共同经历，目的是建立话题以便于继续进行会话的活动和信息的交流。说话人以叹词"$得_3$"为引子开启提取信息的钥匙，发起新话题以引导听话人的注意力跟随说话人，旨在带着说话人一起从大脑中找寻谈及的话题对象，诸如时间、地点或者人物等等。

4. 标记话轮开启的提示

说话人依赖客观情境开启话题，在叙说一件事情或进行一段说理之前，往往先插上一个标记，以预示即将出现的话语。从话语的结构看，从空白到开启新话题，或者从这一话题转向另一话题，它们之间是断层的。提示叹词"$得_3$"的出现，从话语的结构看，在两个相对独立的话题的中间是一个断层，标志着空白结束新话题的开始或者上一个话题的结束下一个话题的开始。例如：

(68) 得！树上有一个鸟鸟儿诶。你看它活得几多好啊。

(69) 得！落雪哒，这是今年落滴第二场雪，明年收成肯定会好。

(70) 得！这一片真滴好乖！

(71) 得！山那边滴叶叶儿红汪汪啊滴，真滴好好看诶。

(72) 得！有声音，你听到没？得得得！又来哒。

(73) 得！你个人看看，满屋都是你丢的垃圾。

(74) 得！你几天不吃饭哪么要得咧？吃一点点儿嘛，不然这哪么受得了。

很多时候，人们在没有话题时，通常会以这种方式开启新话题，诸如天气、景色、人物、动态的声音等客观环境中的事物会被选择成为话题对象，通过提示叹词"$得_3$"引起对方的注意来开启新一轮会话。这一用法不依赖于会话语境而依赖现场客观情境，是说话人借助客观场景引起说话人注意以开始新话题的一种交际策略。提示叹词"$得_3$"的基本作用是把听话人的注意力从一件事物转移到另一件事物上。从不注意到注意，从没看到到看到，中间有个转变，那么交际功能叹词“得$_3$”的出现正好标记着这样的一个转变。

5. 标记组织话语的提示

和上面几类略有不同，“得$_3$”这里虽然处于接语位置，但是是在上文情境和“得$_3$”的语势牵引辅助下的发语，以发表自己的观点和看法为意图而发起话题，后面必须有后接句，否则就无法表示明确的意义。主要作用是组织话语和衔接上下文。例句如下：

(75) A. 赚这么多钱还用不倒啊？

B. 得！伢儿读书要钱，屋里要用钱，老人俺嘚也要用钱，哪里够哦。

(76) A. 一起出去玩去啵？

B. 得！衣服衣服没得穿滴，鞋鞋没得一双，我出去搞么得。

(77) A. 最近听斗讲你去相亲去哒啊？哪么相怎么样？

B. 得！我钱钱没得，房房没得，车车没得，哪个女伢儿女孩会看得上我？

说话人通过叹词“得$_3$”自己给自己预留时间，预示将会是一段较长(超过一句)和较完整的话，和纯粹回应交际话题不同，这里说话人通过“得$_3$”开始慢慢列举出所有的情况以发表自己的观点，“得$_3$”的串联可使会话的进行更畅顺。语用效果是让听话人知道，说话人准备开始回答，希望听话人能够听完自己说话，暂时不用急于答话。

6. 句首重叠“得$_3$”

提示叹词“得$_3$”在句首重叠使用时，语用效果是引起对方注意或提醒，和“得$_1$”“得$_2$”的重叠不同，“得$_3$”的重叠是说话人提醒对方把注意力转移到稍纵即逝的事物上时，带有强提醒和催促义，语音上快速而强烈，希望马上引起听话人注意并马上根据新情况采取实施下一步行动。同样有双重重叠和三重重叠，语用效果随重叠次数的增加敦促的语气强度有强弱的不同。例句如下：

(78) 得得！车来哒。

(79) 得得得！老师来哒，快点把手机收进去。

(80) 得得得！你讲滴那个男伢儿刚儿过去，你来看撒。

结语

文章在观点上，第一，从语义和语法特征角度论证普通话中用于句首表示无奈义的“得”不再适用于传统归类到动词的做法，并辅以鼎城方言中同样用法的“得”为情感交际功能的感叹叹词的提出提供详细论证；第二，论证“给予叹词”的给予用法或是“指示叹词”的指示用法实为情境作用下的镜像结果。鼎城方言中，非情感交际功能的叹词“得”和“给予”义动词“得”不具有来源上的关联，不是动词“得”语法化为叹词

“得”，而是隐形的给予行为即副语言手势因和句首叹词“得”会话时间上的无缝衔接并借助给予情境使得句首叹词被假性赋予“给予”义，并通过给予行为延伸到物品因而提出“得”具有指示作用，无论给予义还是指示义均非叹词“得”本身所有。非现场情境的叹词“得”更不具有指示，只是提示某一新情况新局面的出现或变化。

在内容上，文章基于交际互动情境，深度描写鼎城方言位居句首的叹词“得”，以是否涉及言者情感态度为界划分为情感功能的表示无奈叹词“$得_1$（te^{13}）”和非情感交际功能的表示提示的“得 $te^{21/33}$”。叹词“得”，情感交际的感叹用法和非情感交际的提示用法的不同在于：感叹叹词“得”可不再接后接句也不需要手势等辅助便能够实现独立表达无奈之情，但提示叹词“得”则不同，根据情境类型细分成现场情境下回应交际话题的表示提示的叹词“$得_2$（te^{21}）”和非现场情境下发起交际话题的表示提示的叹词“$得_3$（te^{33}）”，现场情境下表示提示在手势等副语言辅助下没有后接句也可以表达完整语义，而非现场情境下表示提示虽不再依赖手势但必须有后接句才能表明会话意图，否则交际不成立。

＊本文系国家社会科学基金项目“语文现代化创新发展研究”（21STA031）；湖南省哲学社会科学基金重点项目“湖南常德方言的社会语言学和地理语言学研究”（22ZDB059）的阶段性成果。

注释：

[1] 祝敏彻：《“得”字用法演变考》，《西北师大学报》1960年第S1期，第49～61页。

[2] 岳俊发：《“得”字句的产生与演变》，《语言研究》1984年第2期，第10～30页。

[3] 张大旗：《长沙话“得”字研究》，《方言》1985年第1期，第46～63页。

[4] 徐阳春：《南昌话“得”字研究》，《南昌大学学报》1998年第4期，第106～110页。

[5] 胡云晚：《洞口方言非能性“得”字研究》，《山西大学学报》2005年第2期，第105～109页。

[6] 吴福祥：《从“得”义动词到补语标记——东南亚语言的一种语法化区域》，《中国语文》2009年第3期，第195～211、287页。

[7] 曾海清、彭婷：《江西莲花话“得”的几种用法》，《方言》2023年第1期，第82～85页。

[8] 中国社会科学院语言研究所词典编辑室：《现代汉语词典（第7版）》，北京：商务印书馆，2016年。

[9] 吕叔湘：《中国文法要略》，北京：商务印书馆，1942—1944/1982年。

[10] 郭锐：《现代汉语词类研究》，北京：商务印书馆，2002年。

[11] 完权、李心言：《作为社会互动资源的叹词》，《汉语学报》2023年第3期，第2～19页。

[12] 陆镜光：《汉语方言中的指示叹词》，《语言科学》2005年第6期，第88～95页。

[13] 谢心阳：《从现场给予到情境指示——小议兰州方言中的指示叹词“嗟”[$tɕia^{31}$]》，《语言研究集刊》2022年第二十九辑，第196～205、404页。

[14] 蒋协众：《湖南邵阳话中的指示叹词及其类型学意义》，《华中学术》2021年第34辑，第128～136页。

[15] 张秀松、袁毓林：《语用标记“喏”的多功能性和历史演变》，《语言研究集刊》2023年第31辑，第251～267、391～392页。

[16] 中国社会科学院语言研究所、中国社会科学院民族学与人类学研究所、香港城市大学语言

资讯科学研究中心编:《中国语言地图集》,北京:商务印书馆,2012年。

[17] 吕叔湘、王海棻:《〈马氏文通〉读本》,上海:上海教育出版社,2001年。

[18] 张道真:《实用英语语法》(修订本),北京:商务印书馆,1979年。

[19] 王力:《中国现代语法》,北京:商务印书馆,1941/1985年。

[20] 黄伯荣、廖序东:《现代汉语(增订六版)》下册,北京:高等教育出版社,2017年。

[21] 郑庆君:《常德方言研究》,长沙:湖南教育出版社,1999年。

[22] 粟碧琴:《湖南常德鼎城方言多功能词“得”的共时考察》,《武陵学刊》2023年第5期,第134~142页。

[23] 刘丹青:《叹词的本质——代句词》,《世界汉语教学》2011年第2期,第147~158页。

[24] 汪化云:《说“嗟来食”的“嗟”》,《中国语文研究》2011年第2期。

[25] 刘丹青:《实词的叹词化和叹词的去叹词化》,《汉语学习》2012年第3期,第3~13页。

【语言学研究】

动词隐含因果义对回指影响的制约因素
——基于句子补全实验的研究

刘　灏

（昆明医科大学国际教育学院，云南昆明，650500）

内容摘要：影响回指的因素包括句法、语义、语篇等，从语义角度来看主要为动词隐含因果义对回指的影响，现有研究呈现出“外热内冷”的状态，国内研究涉及较少且暂未涉及汉语作为第二语言的习得。本文借鉴英语中对隐含因果义动词的识别和筛选方法，采用两组句子补全实验，有如下发现：一是动词隐含因果义对回指倾向的影响并不是独立发挥作用而是需要借助语篇因素，加入“因为”或“所以”连贯关系词后隐含因果义对回指的影响才能被凸显出来；二是加入“因为”和“所以”时隐含因果义动词对回指的影响倾向有变化，“因为”为更原型的连贯关系词；三是通过补全实验和汉语二语水平词汇等级大纲筛选出了适用于汉语回指习得的隐含因果义动词24个。研究深化了隐含因果义动词对回指影响的制约因素的认识，同时也为汉语二语回指习得影响因素之间的交互作用机制探讨奠定了基础。

关键词：动词隐含因果义；回指；句子补全

引言

回指的影响因素众多，包括句法角色、平行结构、回指中心、语篇主题、动词的语义特征、连贯关系、语体特征等（Smyth，1994[1]；Streb，1999[2]；李榕，2012[3]；Binh Ngo et al.，2019[4]）。前人基于可及性理论、向心理论、语篇延续性理论，对句法角色、回指中心、语篇主题等几个因素进行了较多的探讨和考察，而对动词语义特征对回指影响的探讨，国内外研究呈现出了“外热内冷”的态势。国内研究尚处于起步状态，多为心理语言学基于汉语本体的研究，或英语教学研究中基于中国英语学习者习得英语的研究，暂未涉及汉语作为二语习得的研究，但前序研究也为进一步探讨汉语作为二语习得中动词语义特征对回指的影响奠定了良好的基础。

英语中最先发现这类对回指偏向会产生影响的词，称为刺激-感事（SE）动词或感事-刺激(ES)动词，汉语与英语在SE动词词汇形式上有很大的差异，英语偏好用词汇形式，如frighten，disappoint，frustrate，affect等，而汉语中这类语义的词主要使用迂回致使结构，如“使……失望”“使……沮丧”“使……震撼”(Cheng & Almor，2017[5])，这给了我们很大的启发。李榕(2014)[6]基于李晓倩(2010)[7]考察的40个隐含因果义动词(N1和N2动词分别20个)[8]，采用与国外研究一致的句子补全实验，发现隐含因果义动词需结合语篇因素，如增加因果连词“因为”才能对回指倾向产生显著效应，但其中的20个N1动词都是词汇形式，与前序研究所述的N1多为迂回致使结构的结论有一定差异，且这40个词对于汉语二语者多为高级词(《国际中文教育用中文水平等级大纲》7-9级词)或超纲词，意味着这些词的词频和常用度并不高。因此，在研究隐含因果义对汉语回指习得影响前，有必要对适用于汉语回指习得研究的隐含因果义动词进行探查，并在此基础上探讨隐含因果义动词对回指习得有何影响。

综上所述，本文在前人研究的基础上，尝试回答以下几个问题：

(1) 动词隐含因果义对回指倾向的影响是可以独立发挥作用还是需要借助语篇因素，连贯关系对其影响的效果如何？

(2) 汉语中适用于汉语作为二语习得研究的隐含因果义动词有哪些？

一、语料取材背景

Gilquin(2021)[9]将语言习得研究语料分为学习者语料和实验语料两种：学习者语料具有自然发生、体量庞大、可以观察到产出和语篇现象、有上下文语境、语言的特定样本等特点；实验语料具有系统的控制相关变量、对不太常见现象的集中关注、可以观察到语言能力(如产出和理解性的知识)以及心理认知现象、大多为没有上下文语境的语料数据等特点。动词的种类众多，其语义特征对回指的影响仅限于隐含因果义动词这一小类，因而对动词隐含因果义影响回指考察的语料较适于采用实验语料，有利于在控制相关变量的语境下，对这一不太常见的语言现象进行集中观察，从理解或产出角度来解释二语习得中回指识解的心理认知机制。目前国内外研究主要采用句子补全实验的方法，如提供“N1＋V＋N2，____________________”，实验参与者将句子补全的形式来对这一问题进行考察。那么，首当其冲的即是需要确立用于编制实验的隐含因果义动词。

选择适用于汉语二语习得研究的隐含因果义动词需要满足几个条件：一是二语者对词语的熟悉度，即保证实验参与者能看懂句子，所用动词是纲内词；二是词语的难度级差平衡适度，在词语选择时也能体现难度等级的相对平衡分布；三是SE动词和ES动词数量大致相当。

Hartshorne和Snedeker(2013)[10]开展了一项基于英语动词的大规模实验，对720个英语人际及物动词进行了调查研究，发现很多动词对下文代词的识解没有显示出明显的偏向，即便剔除了多义动词多种语义的干扰仅考察单义动词，其结果也只有58.4%的动词显示出宾语偏向。尽管从整体上看，隐含因果义动词数量分布并不十分广泛，但这也有利于选定相对有限的范围，对隐含因果义动词影响回指进行考察。这项大规模研究的结果，也为后续隐含因果义动词的选定提供了参考，比如Cheng

和 Almor(2017)在研究隐含原因和结果对非母语者识解代词的影响时，就以 Hartshorne 和 Snedeker(2013)的 IC 动词的实验结果为依据，在选定实验用词时，只有偏向主语的比例高于65%的动词可以选定为 N1 动词，偏向主语低于35%(即偏向宾语高于65%)的动词选定为 N2 动词。本研究拟参考 Hartshorne 和 Snedeker(2013)的动词词表，参考其实验结果的偏向情况，从语义上选出汉语对应的动词，并在此基础上进一步考察这些动词在汉语母语者使用中的偏向情况，以备后续习得研究使用。

我们参考 Hartshorne 和 Snedeker(2013)列出的720个英语人际动词，从中筛选出了具有明显 N1 和 N2 动词分别约20个词，共计40词[11]，这些词都是《国际中文教育中文水平等级标准》的纲内词，且等级在1-6级之间，对后续汉语二语者习得测试来说，保证了其熟悉度。同时，这些人际及物动词在英语中具有回指的明显倾向，在汉语中是否也具有偏向，以及偏向是否相同，也是本研究可以兼顾讨论的内容。

二、实验设计

实验方法为离线实验补全句子，即给出前一小句，请被试根据前一小句的内容，补全后一小句的内容。这种方法可以很好地观察到被试在语言产出时的回指倾向，即作者在补全后一句时对后一句句首回指的对象做出的预测和选择。

本研究还将隐含因果义动词对回指形式的影响也纳入考虑，即在没有语篇因素的情况下，考察后一句中对使用第三人称代词和零形回指是否有差异。首先，对在语义上有明显回指倾向的40个(SE 和 ES 动词分别20个)人际及物动词进行测试，以掌握汉语母语者对其使用中的偏向，然后加入语篇因素(连贯关系，如因果连词“因为”“所以”)，观察两组词在语篇因素环境下回指倾向与动词独立环境下的差异，然后再用同样的方法编制语料对二语者回指习得情况进行考察，进行组间和组内的对比分析。

实验编制语料的主要目的及形式：首先，考察隐含因果动词对后文回指形式的影响；其次，隐含因果动词对回指偏向的影响是独立起作用还是需要依赖语篇因素？语篇因素中的连贯关系“因为”和“所以”对隐含因果义动词回指偏向的影响如何？我们对实验进行了先导性测试(pilot testing)，发现在隐含因果义独立语境下，对有无代词时的回指偏向无显著性差异，因而在后续关于语篇因素的探讨中，我们直接以第三人称代词的形式编制语料，以便更为集中地观察连贯关系对回指偏向的影响程度。

语料编制形式为：1. Np1＋SE＋Np2，他/她________________。
Np1＋SE＋Np2，________________。
2. Np1＋ES＋Np2，他/她________________。
Np1＋ES＋Np2，________________。
3. Np1＋SE＋Np2，因为他/她________________。
Np1＋SE＋Np2，所以他/她________________。
4. Np1＋ES＋Np2，因为他/她________________。
Np1＋ES＋Np2，所以他/她________________。

(一) 被试

本实验如上述四组语料，每组的被试为40名以汉语为母语的国内高校在读大学生，每组之间被试不重复参加，共计160名，年龄在18—24岁(平均年龄22岁)。籍贯分布在中国中部地区及北方地区，排除了语言学和心理学专业的学生[12]。

（二）实验材料

本文基于文献研究并对比了《国际中文教育中文水平等级标准》，筛选出了40个隐含因果义的动词，其中20个为“刺激-感事”SE动词，在独立语境或“结果-原因”语篇环境下倾向回指N1(主语)，另外20个为“感事-刺激”ES动词，倾向回指N2(宾语)。这40个动词都有四个不同的测试语境，一个为有“他/她”，一个为没有，一个为有“因为”，一个为有“所以”[13]。同时实验语料中充当N1和N2作为被回指的潜在对象，也进行了严格的变量控制。前人的研究发现，生命性可遵循一个大致从高到低的连续体：人类(Human)＞动物(Animal)＞无生命物体(Inanimate)，人类的生命性最高，其次为动物、植物，无生命物生命性最低(Comrie 1989[14]；刘礼进2003[15])。且这种生命性在人类的不同性别的生命体中也有差异，比如阳性高于阴性，男性高于女性等(贾广珍等2013[16])，因而在同一个动词的测试句语料编制上，都采用同性别的人物指称(保持了一致的生命性)，不会对回指偏向产生来自两个名词实体的影响。例如：

(1) a. 张丽在面试中**吸引**了王娜，**她**________________。
b. 张丽在面试中**吸引**了王娜，________________。
(2) a. 刘宇考前**鼓励**了周超，**他**________________。
b. 刘宇考前**鼓励**了周超，________________。
(3) a. 张丽在面试中**吸引**了王娜，**因为**她________________。
b. 张丽在面试中**吸引**了王娜，**所以**她________________。
(4) a. 刘宇考前**鼓励**了周超，**因为**他________________。
b. 刘宇考前**鼓励**了周超，**所以**他________________。

如上例中，“鼓励”是一个倾向回指N2的隐含因果动词，设置代词回指和零形回指(或其他)的回指形式，主要是出于两个方面的考虑：一是为了印证隐含因果动词回指偏向的存在，比如在例(2)中，假使研究结果显示两种代词形式下都偏向回指N2，那么也就是打破了先行语句法可及性等级序列(即优先回指前序句子主语)的回指常律，证明了动词隐含因果义对回指的影响；二是使用显性代词和零形代词的形式也可以观测到两种代词形式下，回指偏向的一致性以及一致程度，因为跨语言的研究表明，显性代词和零形代词的回指偏向会出现一定的差异，比如在代词脱落语言(pro-drop language)，如意大利语、西班牙语中，前序研究发现先行语的句法角色对于主语位置上的零形回指和代词回指的识解有决定性的作用：倾向于选用零形回指来指代前序的主语，选用显性代词来回指前序的宾语(Alonso-Ovalle et al. 2002[17]；Carminati 2002[18])，而对于话题脱落语言的汉语，回指形式与回指偏向之间有无关系，也是一个待考察的问题。例(3)和例(4)的语料编制主要参考了先导性研究中的结果，后文将详细讨论。

实验材料(1)—(4)每组有 80(2×40)个句子，加上 80 个干扰句[19]，一共 160 句，160 句随机组合编排为两个测试问卷，每个问卷中只包含 a 和 b 两种条件中的一种，所以被试看到的是 80 个完全不同的句子，这样设计的初衷是为了避免被试对实验目的进行猜测和预估。整个实验需要 20-30 分钟。

（三）实验方法

实验主要采用“问卷星”网络在线问卷平台，将编制好的实验句和干扰句批量导入后发至被试处，然后请被试在看到第一个句子后，根据脑海中出现的第一反应补出后续的句子，完成句子补全后收集问卷，再将问卷根据个人信息返还给被试，请被试标注出自己当时补全第二个句子中的主语是谁。之所以设计在完成句子补全后再返还被试进行标注，主要也是避免被试猜测出实验目的，保证语料的原生真实性。

（四）实验结果及编码

因为在最初进行的实验材料(1)—(2)的问卷中，我们在第二个小句中没有代词，也没有要求一定是零形代词，而是让被试自由填写，所以结果类型比较多样。回收问卷后，我们依据充当主语的成分以及形式将结果分为如下的几类，具体如下表：

表 1　隐含因果动词补全句子结果分类及编码

编码	分类标准
1	N1 充当主语，且在第二个小句中形式为显性代词、反身代词(自己)或名字。
1a	N1 充当主语，且在第二个小句中形式为零形代词。
2	N2 充当主语，且在第二个小句中形式为显性代词、反身代词(自己)或名字。
2a	N2 充当主语，且在第二个小句中形式为零形代词。
3	N1 和 N2 一起充当主语，形式为“他们”“N1 和 N2”等。
4	第一小句为第二小句的话题，形式为抽象回指“这件事”“这”等。
5	除 N1 和 N2 以外的其他 N3 作主语，形式多为名字。

各类型分别如下例所示：

1. N1 作主语，且在第二个小句中形式为显性代词、反身代词(自己)或名字。这类句子标注为“1”。例如：

(5) 刘勇$_i$在会上打断了王涛$_j$，他$_i$认为王涛的方案根本不合理。

第二个小句的第三人称代词“他”回指“刘勇”。

2. N1 作主语，且在第二个小句中形式为零形代词，用“1a”标记，例如：

(6)张军$_i$在赛场上打败了赵强$_j$，$\emptyset_i$获得了冠军。

第二个小句的零形代词回指“张军”。

3. N2 作主语，且在第二个小句中形式为显性代词、反身代词(自己)或名字。这类句子标注为“2”。例如：

(7) 赵方圆$_i$表扬了胡雯雯$_j$，胡雯雯$_j$开心极了。

第二个小句的名字回指“胡雯雯”。

4. N2 作主语，且在第二个小句中形式为零形代行，标注为“2a”。例如：

(8)刘红英$_i$在班上批评了杨雅琴$_j$，$\emptyset_j$某件事确实做得不好。

第二个小句的零形代词回指“杨雅琴”。

5. N1 和 N2 一起充当主语，形式为“他们”“N1 和 N2”等，标注为“3”。例如：

(9) 宋永芳$_i$终于同意赵玉洁$_j$，他们$_{i+j}$幸福地生活在一起了。

第二个小句中的“他们”回指“宋永芳和赵玉杰”。第一个小句为第二个小句的话题，形式为抽象回指“这件事”“这”等标注为“4”。例如：

(10) 王吉娜上课时刺激了周学敏，这加深了她俩的矛盾。

6. 除 N1 和 N2 以外的其他 N3 作主语，形式多为名字，标注为“5”。例如：

(11) 赵艳在比赛中超过了陈静，大家都对赵艳刮目相看。

第二个小句的主语不是 N1 也不是 N2，而是其他的主体。

本文主要考察隐含因果动词对回指的影响，因此表中以及上例中显示的 3、4、5 三类语料不纳入考察对象，只对标注为“1、1a、2、2a”这四类句子进行考察。

三、结果分析及讨论

(一) 隐含因果义动词独立语境下的实验结果及讨论

我们先对隐含因果义动词独立作为变量的情况进行考察，在回收的问卷中，分别统计了在 SE(N1)动词和 ES(N2)动词条件下，显性代词和零形代词的回指偏向情况，主要统计标注语料中的“1、1a、2、2a”四种类型的句子。如下表所示：

表2　隐含因果动词对回指倾向的影响统计表

主语类型→回指对象	SE(N1)动词		ES(N2)动词	
	分项计数	小计	分项计数	小计
1:P/N→N1	679	807	549	726
1a:Z→N1	128		177	
2:P/N→N2	462	522	567	621
2a:Z→N2	60		54	

注：表中“→”的意思是回指，如“1：P/N→N1”表示此种类型为语料标注中第1种情况，“他/她”或名字回指N1；“1a：Z→N1”表示此种类型为语料标注中第2种情况，即零形代词回指N1。“SE(N1)动词”和“ES(N2)动词”动词分别表示从前人文献考察及语义初选后的偏向回指N1和N2的动词。

我们对两种动词条件下回指倾向的情况进行了卡方检验，发现在N1和N2动词条件下，回指N1和回指N2的频数有显著性差异($\chi^2=12.734$，$p<0.05$)，即在两种动词条件下都为回指N1的频数显著高于回指N2的频数，只是在N2动词条件下回指N2的频数较N1动词条件下的频数高。也就是说，在隐含因果义动词独立使用未添加语篇因素如连贯关系时，回指倾向依然遵循先行词句法位置可及性等级序列，优先回指处于句法位置凸显性较高的主语，即N1，即使是在使用了N2偏向动词时，只是稍微削弱了偏向回指主语的趋势，而句法上的因素依然是主导性的。这一发现与前人心理学实验得出的动词隐含因果义能单独影响回指倾向的结论不一致，与李榕(2014)考察的结果也存在同中有异的现象：相同之处在于，都发现在未加入语篇连贯关系的条件下，隐含因果义动词对回指倾向的指派影响较小，依然优先回指前序句子的主语；不同之处在于，李榕(2014)的考察认为，在没有“因为”的语篇连贯关系的条件下，指向N2的隐含因果动词的作用并不大，回指N1和N2的例句数相当，但零形式和代词的使用频率差别明显，在回指N1时，零形式多于代词，回指N2时，代词多于零形式，而本研究的发现则是，无论是N1动词还是N2动词语境，代词回指都是优先使用的回指形式。进一步考察了语料标注中的“1”和“2”这两种类型，发现，当回指偏向与动词偏向一致时，如N1动词语境回指N1时，代词回指占绝对优势；当回指偏向与动词偏向不一致时，如N1语境回指N2时，会触发一定数量的名词回指。如在补全“张丽在面试中吸引了王娜，________________。”这个句子时，出现以下的句子：

(12) a. 张丽在面试中吸引了王娜，**她**被录取了。
b. 张丽在面试中吸引了王娜，**她**非常自信。
c. 张丽在面试中吸引了王娜，**王娜**觉得眼前一亮。
d. 张丽在面试中吸引了王娜，**王娜**被张丽的人格魅力深深吸引。

例(12)a和b都是N1动词“吸引”的语境，当回指偏向与动词语义偏向一致回指N1

“张丽”时，倾向于使用代词回指，而当回指偏向与动词语义偏向不一致回指 N2“王娜”时，倾向于使用名词回指“王娜”，这在与动词回指偏向不一致的语料中占了相当的数量。这一结果与先行词句法可及性等级序列的理论思想相一致，当回指 N1(主语)时，认知凸显度更高，因而在代词和名词回指两种回指形式中更倾向于选择词汇形式更为减省的代词回指，而当回指句法凸显性较低的王娜时，一方面违反了语义偏向，一方面属于话题转换，因而激活了词汇形式更为完整的名词回指。

综上所述，在未添加连贯关系的隐含因果义动词语境下，这种隐含因果义动词对回指的影响尚不明显，在整合语篇因素后是否能凸显对回指的影响，是第二个实验将回答的问题。

（二）添加语篇因素“因为”和“所以”条件下的实验结果及讨论

为了探究加入语篇连贯关系后，对回指偏向的影响能否凸显出来，我们使用第二组语料进行了补全句子的实验，流程和方法如第一个实验，得到如下表所示的结果：

表 3　因果连贯关系“因为”下的隐含因果动词对回指倾向的影响统计表

序号	词语	N1	N2	期望	卡方 p 值（保留 3 位小数）	偏向
1	吸引＋因为	27	1	14	0.000*	1
2	打断＋因为	12	25	18.5	0.033*	2
3	打败＋因为	34	4	19	0.000*	1
4	说服＋因为	27	1	14	0.000*	1
5	鼓励＋因为	12	19	15.5	0.209	
6	使感动＋因为	24	4	14	0.000*	1
7	使吃惊＋因为	33	5	19	0.000*	1
8	使生气＋因为	28	0	28	0.000*	1
9	使震惊＋因为	34	4	19	0.000*	1
10	使激动＋因为	26	2	14	0.000*	1
11	使平静＋因为	19	9	14	0.059	
12	喜欢＋因为	5	23	14	0.001*	2
13	记得＋因为	2	23	12.5	0.000*	2
14	同意＋因为	14	14	14	1.000	
15	感谢＋因为	1	40	20.5	0.000*	2

续表

序号	词语	N1	N2	期望	卡方 p 值（保留3位小数）	偏向
16	理解＋因为	23	3	13	0.000*	1
17	怀疑＋因为	5	23	14	0.001*	2
18	担心＋因为	2	38	20	0.000*	2
19	表扬＋因为	2	26	14	0.000*	2
20	欣赏＋因为	2	39	20.5	0.000*	1
21	珍惜＋因为	5	21	13	0.002*	2
22	讨厌＋因为	1	38	19.5	0.000*	2
23	崇拜＋因为	3	25	14	0.000*	2
24	处罚＋因为	0	39	19.5	0.000*	2
25	信任＋因为	7	21	14	0.008*	2
26	伤害＋因为	22	15	18.5	0.250	
27	威胁＋因为	16	12	14	0.450	
28	拒绝＋因为	16	23	19.5	0.262	
29	打扰＋因为	24	4	14	0.000*	1
30	心疼＋因为	6	32	19	0.000*	2
31	使吃惊＋因为	33	5	19	0.000*	1
32	刺激＋因为	23	5	14	0.001*	1
33	使失望＋因为	36	5	20.5	0.000*	1
34	使紧张＋因为	30	8	19	0.000*	1
35	抱怨＋因为	3	26	14.5	0.000*	2
36	提到＋因为	2	26	14	0.000*	2
37	照顾＋因为	4	24	14	0.000*	2
38	批评＋因为	2	26	14	0.000*	2
39	害怕＋因为	7	34	20.5	0.000*	2
40	选择＋因为	5	30	17.5	0.000*	2

表 4 因果连贯关系"所以"下的隐含因果动词对回指倾向的影响统计表

序号	词语	N1	N2	期望	卡方 p 值（保留 3 位小数）	偏向
1	吸引＋所以	26	13	19.5	0.037*	1
2	打断＋所以	11	28	19.5	0.006*	2
3	打败＋所以	27	1	14	0.000*	1
4	说服＋所以	1	33	17	0.000*	2
5	鼓励＋所以	5	23	14	0.001*	2
6	使感动＋所以	5	31	18	0.000*	2
7	打动＋所以	15	15	15	1.000	
8	使生气＋所以	11	25	18	0.020*	2
9	使震惊＋所以	7	21	14	0.008*	2
10	使激动＋所以	5	23	14	0.001*	2
11	使平静＋所以	9	23	16	0.013*	
12	喜欢＋所以	31	3	17	0.000*	1
13	记得＋所以	27	1	14	0.000*	1
14	同意＋所以	1	9	5	0.011*	2
15	感谢＋所以	27	1	14	0.000*	1
16	理解＋所以	26	5	15.5	0.000*	1
17	怀疑＋所以	32	2	17	0.000*	1
18	担心＋所以	28	0	14	0.000*	1
19	表扬＋所以	2	39	20.5	0.000*	2
20	欣赏＋所以	25	3	14	0.000*	1
21	珍惜＋所以	18	7	12.5	0.028*	1
22	讨厌＋所以	28	0	14	0.000*	1
23	崇拜＋所以	35	3	19	0.000*	1
24	处罚＋所以	6	22	14	0.002*	2
25	信任＋所以	32	3	17.5	0.000*	1
26	伤害＋所以	15	13	14	0.705	

续表

序号	词语	N1	N2	期望	卡方 p 值（保留3位小数）	偏向
27	威胁＋所以	3	36	19.5	0.000*	2
28	拒绝＋所以	6	22	14	0.002*	2
29	打扰＋所以	10	27	18.5	0.005*	2
30	心疼＋所以	28	0	14	0.000*	1
31	使吃惊＋所以	14	14	14	1.000	
32	刺激＋所以	5	22	13.5	0.001*	2
33	使失望＋所以	9	18	13.5	0.083	2
34	使紧张＋所以	9	19	14	0.059	
35	抱怨＋所以	17	10	13.5	0.178	
36	提到＋所以	8	23	15.5	0.007*	2
37	照顾＋所以	18	9	13.5	0.083	
38	批评＋所以	2	39	20.5	0.000*	2
39	害怕＋所以	28	1	14.5	0.000*	
40	选择＋所以	19	9	14	0.059	

从表4中可以看到，在加入连贯关系“因为”和“所以”后，大部分的隐含因果义动词的回指偏向开始凸显了出来。加入“因为”的语境下，我们对回指两个主体的频次进行卡方检验，发现在40个初选隐含因果义动词中，回指N1的有15个词，回指N2的有17个词；在加入“所以”的语境下，回指N1的有14个，回指N2的有17个；“因为”和“所以”连贯关系语境条件下，共有7个动词的回指偏向是一致的，由此也说明了即使是在隐含因果性上，也包含着“隐含原因”(implicit causality)和“隐含结果”(implicit consequentiality)的区别，这有力地补充了前序研究的发现。李榕(2014，2021[20])对隐含因果义动词影响回指偏向的研究发现，在加入语篇因素“因为”以后，隐含因果义对回指偏向的影响开始凸显出来，但暂未涉及加入“所以”后的偏向情况，而在英语中隐含因果义的研究中，对连贯关系对其的影响给予足够的重视，这也启发着在汉语回指研究中也应将相应的语篇连贯关系进行结合考察。

连贯关系(Coherence relations)反映了一种知识，即文本中的思想是根据文本所指的情境或语境而联系起来的。这些关系通常涉及对事件的原因和后果、物体的空间安排、执行任务的程序或个人的目标和意图的推断。Simpson(2016)[21]将连贯关系分为解释(explanation)、说明(occasion)、阐述(elaboration)、结果(result)、反预期(violated expectation)、并列(parallelism)、观点评论(topic comment)七类。不同的连贯关系会对回指形式产生影响，说明性关系比因果关系的回指语更倾向于回指前文中的主语。隐含因果动词与原因结果关系联系最为紧密，因此在讨论隐含因果义动词的回指偏向时，原型的结构为"N1＋V＋N2，因为……"，故，在添加了语篇因素"因为"和"所以"条件下的隐含因果义回指偏向情况中，我们选择"因为"条件下的回指偏向作为隐含因果义动词的偏向，如：

(13) a. 田然然$_i$**打扰**了孙淑颖$_j$，**因为**她$_i$有一个问题想请教。

b. 田然然$_i$**打扰**了孙淑颖$_j$，**所以她**$_j$有点儿不高兴。

c. 林旭$_i$**害怕**王凯$_j$，**因为**他$_j$总欺负人。

d. 林旭$_i$**害怕**王凯$_j$，**所以**他$_i$处处小心谨慎。

例(13)的四个句子就是一个典型的使用"因为"和"所以"回指倾向相反的例子。如例(13)a 中使用了"因为"，回指的是主语"田然然"，b 中使用"所以"，回指的是宾语"孙淑颖"；c 中使用"因为"，回指的是宾语"王凯"，d 中使用"所以"，回指的是主语"林旭"。基于"因为"在隐含因果义动词中的原型性，因此我们把"因为"条件下的回指偏向作为隐含因果义动词的偏向，筛选出了回指 N1 和 N2 的动词分别 12 个，如下：

N1 动词：刺激、打扰、打动、说服、吸引、打败、理解、使激动、使紧张、使失望、使伤心、使生气；

N2 动词：照顾、担心、害怕、表扬、珍惜、选择、批评、欣赏、崇拜、打断、信任、记得。

综上，我们解决了本节研究目的中的两个问题：一是，通过对汉语母语者句子补全产出实验，发现在单独使用隐含因果义动词时回指偏向不太明显，而当加入因果连贯关系，"因为"和"所以"连接词后，这种回指倾向开始凸显出来，且两者对回指的偏向也会产生影响，由于动词隐含因果性最为原型的为"隐含原因"，因此选用"因为"时产生的回指偏向作为隐含因果义动词的偏向。二是筛选出了适用于汉语作为二语习得研究的隐含因果义动词，以上选出的 24 个隐含因果义动词是《国际中文教育中文水平等级标准》中的 1—6 级词汇，各等级分布数量较为均衡，与目前汉语二语者通过的 HSK1-6 级的水平相适应，具有较高的熟悉度，且在汉语母语者产出实验中证明了其较明显的回指偏向，可以作为汉语二语者回指习得研究的备选隐含因果义动词。

结语

本文主要探讨了隐含因果义动词对回指的影响，结合前人在英语中的大规模人际及物动词的投票实验，根据占回指倾向相当比例(超过 65%)的数量筛选出对应的汉语词汇中的隐含因果义备选动词 40 个。设计了补全句子的离线实验三组，第一组为隐含因果义动词单独使用，第二组为加入"因为"关联词，第三组为加入"所以"关联词，考察在独立使用隐含因果义动词和有语篇连贯关系("因为""所以")条件下回指倾向的问题，兼论代词回指和零形回指的使用倾向性，并在此基础上筛选出适用于汉语二语者回指习得研究的隐含因果义动词列表。

研究发现，隐含因果义动词独立使用时，对后文回指偏向的影响并不明显，回指时依然优选可及性等级序列中认知凸显性较高的主语，而当加入语篇连贯关系之后，回指偏向开始显现出来，尤其违反句法可及性回指宾语的现象凸显出来，因此可以说动词隐含因果义对回指的影响需结合语篇连贯关系才能凸显出来。由于隐含“原因”是隐含因果义动词最为原型的语义，因此，我们选择关联词为“因为”时的偏向作为隐含因果义动词的偏向，筛选出了适用于汉语二语习得研究的隐含因果义动词 24 个（N1 和 N2 动词各 12 个），为后续进一步探索句法—语义—语篇界面间的相互作用机制奠定了基础。

* 本文系教育部人文社科青年项目“界面理论视角下汉语二语者语篇回指习得研究”(22YJC740045)的阶段性成果。

注释：

[1] R. Smyth, “Grammatical Determinants of Ambiguous Pronoun Resolution”, *Journal of Psycholinguistic Research*, 1994, pp. 197-229.

[2] J. Streb, F. Rösler, E. Hennighausen, “Event-related Responses to Pronoun and Proper Name Anaphors in Parallel and Nonparallel Discourse Structures”, *Brain and Language*, 1999, pp. 273-286.

[3] 李榕:《影响代词回指的因素分析》,《当代语言学》2012 年第 2 期,第 168～177 页。

[4] B. Ngo, E. Kaiser, A. Simpson, “Effects of Grammatical Roles and Parallelism on Referential Form Production in Vietnamese Spoken and Written Narratives”, N. Duffield, T. Phan, T. Tirnh, *Interdisciplinary Perspectives on Vietnamese Linguistics*, Amsterdam: John Benjamins Publishing Company, 2019, pp. 275-300.

[5] W. Cheng, A. Almor, “The Effect of Implicit Causality and Consequentiality on Nonnative Pronoun Resolution”, *Applied Psycholinguistics*, 2017, pp. 1-26.

[6] 李榕:《隐含因果动词对第三人称回指的影响》,《汉语学习》2016 年第 6 期,第 28～35 页。

[7] 李晓倩:《动词的隐含因果性对回指的影响》,北京:北京大学硕士学位论文,2010 年。

[8] N1 动词有:数落、赏识、讨厌、同情、嫉妒、控告、埋怨、探望、照顾、爱护、巴结、勉励、怒斥、牵挂、眼红、重用、怀念、聘请、提拔、心疼;N2 动词有:出卖、诽谤、诬赖、伤害、毁谤、欺瞒、尾随、诬蔑、容忍、折磨、征服、贬低、欺骗、体贴、乞求、招惹、顶撞、坑害、冒充、虐待。

[9] G. Gilquin, “Using Corpora To Foster L2 Construction Learning: A Data-driven Learning Experiment”, *International Journal of Applied Linguistics*, 2021, pp. 229-247.

[10] J. K. Hartshorne, J. Snedeker, “Verb Argument Structure Predicts Implicit Causality: The Advantages of Finer-grained Semantics”, *Language and Cognitive Processes*, 2013, pp. 1474-1508.

[11] 备选 SE 动词:吸引、打动、超过、打断、刺激、打败、说服、鼓励、威胁、拒绝、打扰、使害怕、使感动、使吃惊、使生气、使震惊、使伤心、使失望、使激动、使紧张、使平静;备选 ES 动词:喜欢、记得、提到、照顾、同意、感谢、批评、害怕、理解、信任、选择、伤害、怀疑、担心、表扬、欣赏、珍惜、处罚、讨厌、崇拜。

[12] 主要是考虑语言学和心理学专业学生可能对实验内容比较敏感,可以预测实验的目的,语感较一般母语者也较为敏锐,因而不具有普遍的代表性。

［13］由于在先导性测试中发现，隐含因果义动词对后文使用第三人称代词和不用的两种语境下对回指形式的使用无显著性差异，因而在加入连贯关系语篇因素时，就直接使用第三人称代词回指的形式，以集中了解回指的偏向情况。

［14］B. Comrie, *Language Universals and Linguistic Typology*, Oxford: Basil Blackwell, 1989, p. 241.

［15］刘礼进：《生命性对英汉语NP用法的作用——一项语料考察》，《外语教学与研究》2003年第2期，第111～119页。

［16］贾广珍、刘友谊、舒华：《生命性信息在语言加工中的作用》，《心理科学进展》2013年第8期，第1371～1381页。

［17］L. Alonso-Ovalle, S. Fernández-Solera, L. Frazier, et al., "Null vs. Overt Pronouns and the Topic-focus Articulation in Spanish", *Italian Journal of Linguistics*, 2002, pp. 151-170.

［18］M. N. Carminati, *The Processing of Italian Subject Pronouns*, Amherst: University of Massachusetts Amherst, 2002, p. 235.

［19］干扰句，指与本实验目的完全无关的句子，比如“博物馆的镇馆之宝被邻省借去展出了，________________”。根据心理学的实验方法，干扰句的加入可以有效防止被试对实验目的进行猜测，以防这种猜测对实验结果产生影响。

［20］李榕、王元鑫：《中高级阶段韩国留学生汉语篇章第三人称回指的习得研究》，《世界汉语教学》2021年第2期，第276～288页。

［21］A. Simpson, Z. Wu, Y. Li, "Grammatical Roles, Coherence Relations, and the Interpretation of Pronouns in Chinese", *Lingua Sinica*, 2016, pp. 1-20.

“导致”句的“强断言”“信据性”特征与话语功能探析

李寄平

（华中师范大学语言与语言教育研究中心，湖北武汉，430079）

内容摘要：本文以汉语“导致”类致使句为研究对象，探讨其“强断言”与“信据性”特征。我们通过对“导致”句、“因此”句、“所以”句与情态成分共现频次的定量统计与定性分析，证明“导致”句具有“强断言”特点，“强断言”特点对于会话话语功能的作用包括：加强不可反驳语气，促进劝诫的达成，凸显说话人的情绪。该特征与“导致”句的“信据性”密切相关，其“信据性”特征主要涉及两个方面：“图尔敏论证模型”中的位置分布与频次、“信据力”。“导致”句“信据性”特征在话语功能上体现为“论据引入”与“论据重塑”两个方面。

关键词：“导致”类致使句 强断言 信据性

一、问题的缘起

现代汉语中动词“导致”可以构成“致使类因果句”。周红(2006)[1]、张恒(2011)[2]将“导致”界定为致使动词，赵世芳(2008)[3]将“导致”归为“致让类”。吕明臣，丁新峰(2019)[4]、郭姝慧(2004)[5]认为“致使关系”属于因果关系，因此，我们将“导致”句界定为致使类因果句。这类句式包括两个基本构件：因项与果项。请看1例：

(1) 二是滥牧，荒漠化地区草场牲畜超载率为50%—300%，**导致**草场大面积退化、沙化。(ccl)

例(1)中，“导致”前边“荒漠化地区草场牲畜超载率为50%—300%”是表原因的因项，“导致”后边“草场大面积退化、沙化”是表示结果的果项。

关于“导致”句，以往相关研究主要集中在以下几个方面：致使义，感情色彩，句法搭配，与近义词的比较研究等方面。周红(2006)、张恒(2011)、赵世芳(2008)致力于致使语义研究。李颖(2019)[6]反驳了“导致”是中性词的观点，同时指出“导致”的语义色彩具有复杂性，积极、消极、中性感情色彩均有涉及。周丽梦(2022)[7]将“导致”

与“引起”“造成”就致使语义的强弱、论元、句法等方面的差异进行比较分析。但将“说话人”纳入“导致”句的研究范围内，分析其语力，且将运用于实际会话中的“导致”句作为研究对象，分析其特征、功能的成果较少。有鉴于此，本文首先基于北大CCL语料库论证“导致”句的语力特征：“强断言”[8]，然后从实际会话出发，选取电视剧对话、庭审会话作为会话语料，分析“导致”句的“信据性(argumentative)”[9]特点[10]。

二、“导致”句的“强断言”特征与话语功能

冯军伟(2023)指出“断言与命题的真值是紧密联系在一起的”，并将其概括为：“断言句＝命题P＋保证‘命题为真’的责任(commitment)。”[11]对此的解释是当说话人进行断言时，他同时对命题的真值进行了承诺，即“我说的是真的”。“导致”句属于“断言”。张新华(2023)指出“强断言”是指“说话人对事件真值肯定的程度高”，这与冯军伟(2023)所言对“命题的真值做出承诺”本质上是一致的，但视角不同。前者强调说话人的“态度”，后者强调说话人的“责任”。而“肯定程度”的表达通常借用“情态成分”来实现。有情态成分的句子是“认识情态上的判断 ”，无情态成分的句子[12]是“事实断言”[13]。李敏(2006)基于事实性视角，说明具有“情态标记”句子的事实性是假设的，或者必须依靠语境才能保留事实性，即使是高强度情态标记[14]，同样无法确保事实性。Lyons(1977)[15]指出事实的“断言”特征高于认识判断，即使是高强度的情态成分也无法超越“事实断言”。因此，“事实断言”比“认识情态上的判断”“断言”程度高。比如：

(2) 极端的选择**势**必造成极端的社会，**导致**公德私德均告丧失。(ccl)

(3) 极端的选择造成极端的社会，**导致**公德私德均告丧失。

例(2)，“导致”句因项有高强度认识情态标记“势必”，“势必”的辖域是整个“导致”句，属于“认识情态上的判断”。而例(3)在删除“势必”之后，属于“事实断言”，具有已然性。例(3)的“断言”程度高于例(2)。

因此，我们将情态标记与“导致”句的共现情况加以统计，分析“导致”句在“认识情态上的判断”“事实断言”两方面所占比重。除此之外，我们将“导致”句与“因此”句、“所以”句与情态成分共现的频次加以对比，研究“导致”句的“强断言”特征。

(一)“导致”句、“因此”句、“所以”句和情态成分共现的频次与“强断言”

学界普遍认可的情态类型包括：认识情态，道义情态，动力情态三种，因此本文沿用这种分类方法，对“导致”句、“因此”句、“所以”句与情态成分共现的频次加以分析。三类因果句与情态共现的情况具体表现为因项与果项的情态组配。这种情态组配类型共有9种。除此9种类型外，未出现情态成分的因、果项是零型项。情态成分与零型项的组配类型共有6种，零型项(因项)＋零型项(果项)是单独的一种类型，还包括一类特殊用例。据此，我们在北大CCL语料库中对“导致”“因此”“所以”各选取500用例，然后对这17[16]种组配类型的出现频次进行数据统计。统计数据表明，“导

致”“因此”“所以”三类因果句，以“零型项(因项)+零型项(果项)”分布频次最多，分别为 424、370、351，其中“导致”句是“因此”句的 1.15 倍、“所以”句的 1. 21 倍。“导致”句除“零型项(因项)+零型项(果项)”型外，其他 16 种类型共 76 例，“零型项(因项)+零型项(果项)”占绝对优势。据此，“导致”句属于“事实断言”，具有“强断言”特征，同时“断言”强度高于“因此”句、“所以”句。请看：

(4) 对人格的稳定与自我认同产生了巨大的压力，造成了孤独感、不安、焦虑以及异化(a)，**导致**传统价值观念的崩溃。(ccl)

(5) 在这种大的社会财富里面，如果只有我一个人，**很可能**不小心决策不当，**导致**企业的失败。(ccl)

(6) 又比如有的区域由于商业回款问题不能保障供货，**导致**销售代表在年内**可能**拿不到奖金，就不能招有经验的老资格销售人员，招来了也留不住，因此宁愿要没有多少销售经验但潜质好的新人(a)。(ccl)

图尔敏(2016)[17]区分了“我保证”与“很可能”，“我保证”带来“承诺”的风险，用说话人的“信用”作为担保。例(4)，如果因项(a)没有引起“传统价值观念的崩溃”，那么说话人要承担“判断错误”“撒谎”等“信用风险”。例(4)在断言，包含说话人的承诺，属于“我保证”。例(5)，“很可能”的使用代表高“确定性”。“高确定性”伴随着高“担当的程度”[18]或“话语责任”[19]。但“担当的程度”不会超过“断言”，因为后者是“我保证”。因此，“导致”与“高担当的程度”适配度高。

“可能”“也许”的使用有两种情况，第一种，对于因项与果项的因果关系，说话人确定性低，所以用“可能”“也许”，属于认识情态范畴。第二种，由图尔敏(2016)提出，避免承担“承诺”风险。对于这种“或然性”，是“将自己从事件隔开，逃避责任”(林青 2019)[20]。结合例(6)，第一种情况是说话人基于客观事实，确实存在有时“拿不到奖金”的情况，因此用“可能”。第二种情况，就“导致”句果项后文(a)部分来看，“销售代表”拿不到奖金是说话人确定的事件，之所以用“可能拿不到奖金”而不是“拿不到奖金”来表达，完全是借用“低担当的程度”将说话人与事件隔开，同时有效地保护自己，既表达自己的观点，又避免承担“承诺”的风险。反观“导致”句，与情态成分搭配使用数量少，说话人不仅没有把自己“置身事外”，又主动承担“承诺”的风险。

（二）话语功能

“导致”句的“强断言”特征致使会话的话语功能得到“强化”或者“凸显”。我们将从加强不可反驳语气，促进劝诫的达成，凸显说话人的情绪几个方面加以分析。

1. 加强不可反驳语气

(7) “朕与炀帝相比，如何？”……

杨妃的眼中蓄满了泪：“臣妾可以不说吗？陛下。”

……李世民望着天花板自言自语道：“……然而他过分地专断独行，忠言听不进耳，造成奸佞横行，**导致**了他无法挽回的失败。”(庸人著《大唐情史》上)

例(7)，李世民要杨妃说出对自己父亲隋炀帝的评价，杨妃避而不答，李世民则通过"导致"句来表达自己的观点。从权势、地位角度，李世民处于"高"位，杨妃处于"低"位，"导致"句由权势、地位高的人说出，表现出一种"强制性"，即不容受话人"反驳""质疑"，即使受话人并不赞同。而"强断言"特征在这里就可以加强这种"不容反驳""不容置疑"的强度。

2. 促进劝诫的达成

当地位、身份低的人运用"导致"句向比自己地位、身份高的人提出建议，"强断言"性有利于促进劝诫的达成。

(8) 江慎：木薯粉本是无毒，只是婴儿肠胃娇嫩，吃下木薯粉会刺激肠胃导致呕吐，长久以往会虚弱而亡。……

皇帝：御膳房是怎么做的事，连这个也会弄错！[流潋紫，王小平(编剧)《甄嬛传》第17集]

例(8)，此语篇是太医院的太医江慎在向皇帝、皇后说明公主生病的原因。皇后怀疑进而询问公主的病情是否有人下毒，江慎运用了一个"导致"句来解答。"导致"句的"强断言"特征在这里承载的是说话人即江慎对于"木薯粉"必然带来严重后果的确定性。公主生病的原因可以有很多种，江慎推断是木薯粉的缘故而非其他。太医作为对此具有权威身份的人，通过"强断言"传达自己对"木薯粉造成公主生病"的确定性，从而使"木薯粉造成公主生病"这一层因果关系向客观事实靠近，进而达到劝诫、建议的目的，皇帝也表明自己的想法，同意这个解释。

3. 凸显说话人的情绪

"强断言"可以凸显说话人的情绪，将情绪强化甚至达到最大程度。

(9) 胤禛似有所悟，接着眼中闪出寒光："可是老十四也是知兵之人，他难道就不知道这样做会**导致**兵败？难道他们……"

邬思道："没错！十四爷和八爷要的就是傅尔丹兵败！"[刘和平(编剧)《雍正王朝》(上册)第十六集，西北有鹿]

例(9)，"胤禛似有所悟"到"接着眼中闪出寒光"，说明对于目前"故意兵败"的情势，由蒙在鼓里到一语点破，"可是老十四也是知兵之人"说明说话人还是有些不可置信，反问形式"他难道就不知道这样做会导致兵败?"中的"难道"是反问口气，"强断言"加强了这种反问口气，凸显说话人胤禛的诧异、愤怒。

以上是"导致"因果句"强断言"特征对于会话话语功能的作用：加强不可反驳语气，促进劝诫的达成，凸显说话人的情绪。

三、"导致"句的"信据性"特征与话语功能

本节拟从"导致"句的"强断言"来分析其"信据性"。具体将从因项在"图尔敏论证

模型”中的位置分布、频次，“信据力”两方面展开论证。完权(2018)指出“衡量信据性的一个重要维度是信据力(argumentative strength)”，“信据力”包含两个因素：信据价值高，反馈期待强[21]。因此我们首先基于数据证明“导致”句“提供论据”的倾向性明显，然后再从“信据价值高”“反馈期待强”两个因素来分析“导致”句的“信据性”。

（一）“导致”句因项在“图尔敏论证模型”中的位置分布与频次

“图尔敏论证模型”由英国著名哲学家图尔敏(2016)提出，此模型由“依据(data, D)、理由(warrant, W)、主张(claim, C)、支援(backing, B)、反驳(rebuttal, R)、限定词(qualifier, Q)”[22]六部分组成。我们以论辩性特征强的《走进〈庭审现场〉》，共计 320000 字，《庭审会话》[23]，共计 604026 字为语料，对“导致”句因项在“图尔敏论证模型”中的位置分布加以分析与统计。以下是对“图尔敏论证模型”的简单介绍。

(10) 审判长：经查法医鉴定所依据的病历、B 超报告单等内容虚假，或者系伪造(a)，**导致**对杨建国的伤情法医鉴定结论，失去合法证明力，此辩护意见不能成立(b)。(《走进〈庭审现场〉》，《祸起诬告》案例)

运用“图尔敏论证模型”来分析，如下图：

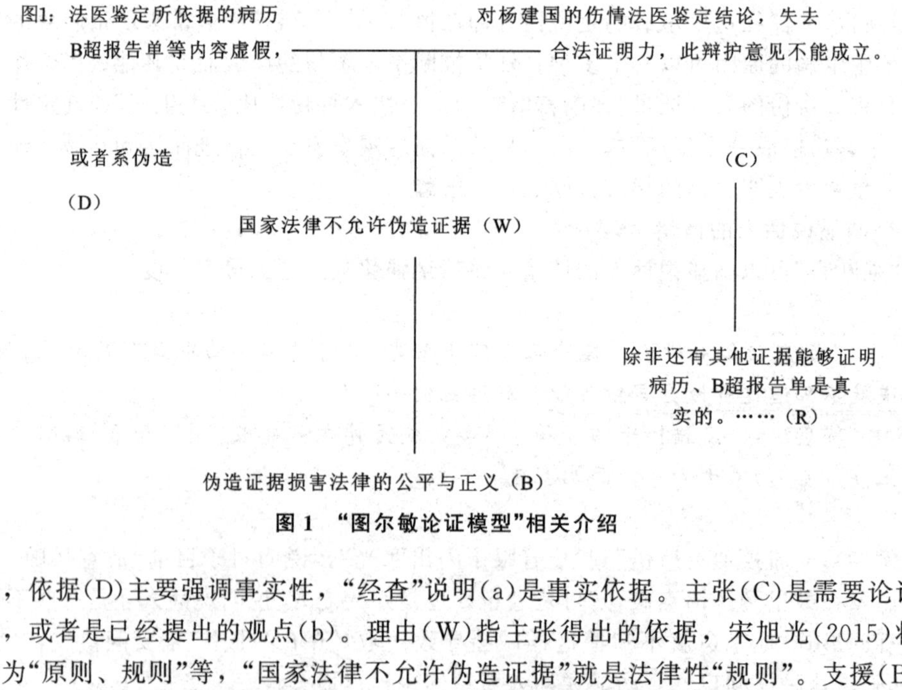

图 1 “图尔敏论证模型”相关介绍

以上，依据(D)主要强调事实性，“经查”说明(a)是事实依据。主张(C)是需要论证的观点，或者是已经提出的观点(b)。理由(W)指主张得出的依据，宋旭光(2015)将其概括为“原则、规则”等，“国家法律不允许伪造证据”就是法律性“规则”。支援(B)也即保证主张“权威性”的努力(宋旭光 2015)。上例“伪造证据损害法律的公平与正义”是用来进一步支持理由(W)的。限定词(Q)表达对结论成立的确信度或者来源，本例的主张(C)是来自“推定(presumably)”。反驳(R)针对的是理由(W)，在哪种情况下，理由(W)无法对主张(C)提供支持。比如：“除非还有其他证据能够证明病历、B 超报告单是真实的”，否则“国家法律不允许伪造证据”完全可以保障主张(C)的成立。以上关于“图尔敏论证模型”的相关介绍详见宋旭光(2015)[24]。

我们将“导致”句因项在“图尔敏论证模型”中的位置分布频次加以统计，统计情况如表1：

表1 “导致”句因项在“图尔敏论证模型”中的位置分布情况

图尔敏论证模型	“导致”句
依据(D)	17
理由(W)	2
支援(B)	2
总计	21

根据以上统计结果，“导致”句因项分布在依据(D)、理由(W)、支援(B)三个位置，其中分布在依据(D)位置的用例是理由(W)、支援(B)的4.25倍，“导致”句因项主要位于依据(D)位置，因此具有“信据性”。

(二)“导致”句的“信据力”

影响“信据力”的两个因素是：信据价值，反馈期待。“导致”句的信据价值表现为因项的客观事实性、因项与果项因果关系成立的必然性两点。当具备这两个因素的时候，作为论据的“导致”句就不容辩驳甚至推翻，从而引导受话人得出说话人预期的结论。例如：

(11)原告代理人：被告方在驾驶过程当中，车座上还乘坐了一个学龄儿童。那么针对被告方在驾驶过程当中旁边有一个小孩，对于她的驾驶能力和注意能力，肯定是存在一个不集中的因素(a)。被告方自己的驾驶能力，也就是实际的驾驶经验只有三个月(b)，她是在实习期间(c)。这些原因，都是一个主观的因素，导致了被告对路面的观察不够，应变能力措施也不当。(《走进〈庭审现场〉》，《撞人还是救人》案例)

例(11)，“导致”句因项是“这些原因”，“这些原因”包括：注意能力不集中；实际驾驶经验只有三个月；在实习期间，驾驶能力有限。以上陈述是基于客观事实或者客观存在。据此，“导致”句因项强调“事实性”和“客观性”，且直接对“主张(C)”也就是“导致”的果项负责。“这些原因”中的其中一个因素(b)，有具体的时间“三个月”。具体内容可以进一步加强因项的“事实性”与“客观性”。“导致”句因项或者是充分条件，或者是充分必要条件，可以保证因果关系成立的必然性。因此，“导致”句具有“信据价值高”的特点。

再看“反馈期待强”，宪权(2018)[25]指出“论据”被提供的本身是为了实现说话人的交际目的，证明自己的观点并得到受话人的认同，“得到受话人认同”的本身就是一种“反馈期待”。例如：

(12) 辩：……而其所携带的象牙基本上都是从比利时的拍卖行(a)，拍卖行合法拍卖取得的这一客观状况更加加深了张某的这一认识(b)，**导致**其忽视了携带出入境象牙制品可能产生的法律东西(c)，……其犯罪的主观恶性程度是极低的(d)。……(《庭审会话》)

例(12)，“导致”句因项是(b)，果项是(c)。辩护人为张某携带象牙制品进行辩护，辩护理由是(a)部分象牙制品来源的合法性。辩护人通过说明象牙制品来源的合法性，证明(c)的合理性，使整个辩护具有一定的说服力，通过来源的合法性论证“犯罪的主观恶性程度极低”。“从比利时的拍卖行合法拍卖取得”作为有效论据具有“信据性”，辩护人将其作为论据就是在对审判施加正面、积极的影响，通过提供这些论据来引导受话人认可、赞同自己的判断，进而影响审判的走向，期待得到最大程度有利于被告的结果，即“反馈期待”。据此，“导致”句“反馈期待强”。

以上我们从“信据价值高”“反馈期待强”入手，证明“导致”句“信据性”特征的存在。

（三）话语功能

“导致”句的“信据性”特征，有利于论据引入，论据重塑。运用“导致”句作为论据呈现的语言形式，可以增强“论据”本身的说服力，表明说话人的立场。

1. 论据引入

论据引入是指说话人通过引入论据来支持、证明自己观点的合理性甚至是权威性，达到驳斥对方甚至是推翻对方论点或论据的目的，驳斥甚至是推翻对方论据也是驳斥或推翻对方论点的一个途径。例如：

(13) 被告代理人：我们要向法庭提交的第14份证据材料，是全国知名权威专家的会诊记录。在这个会诊记录里边……原告之所以嗓音一直嘶哑，是由于她长期播音，用嗓的原因**导致**了咽喉炎(a)。(《走进〈庭审现场〉》，《主持人与小手术》案例)

例(13)是关于医院对袁某在接受手术治疗后声音依然无法恢复所造成的损失是否要给予赔偿的案例。被告代理人提供了一份证据且具有权威性，界定整个手术过程的合理性、合法性，借此推翻原告提出的观点：是手术不当造成的声带损害，同时提出自己的观点(a)。“导致”句因项“长期播音”是被告代理人引出的论据，借以支持自己的论点，反驳甚至推翻原告的论据，进而推翻原告论点。

2. 论据重塑

论据重塑是指同一个事件或者行为，不同的发言方通过对其进行不同的解释、应用达到论证己方观点的目的。例如：

(14) 原告代理人：本案没有超过仲裁时效，这是第一个问题……

被告代理人：对张占英解除聘用关系的通知，是2004年12月10日书面送达，11日张占英本人签收，(2005年)3月1号张占英向乐都县人事仲裁委申诉，乐都县人事仲裁委于3月3日做出不予受理的决定，这是时间问题，从这里大家一计算，已经超过了人事仲裁规定的60天的时间。

原告代理人：张占英于2004年的12月11日被迫签收了《解聘决定》后，先后向县人事争议仲裁委、卫生局、县委、县政府、州政法委、省等相关单位进行申诉，**各单位至今未予答复，也未予处理**(a)。这些都应当属于正当理由，也是**导致**时效中断、延长的事由，因此说本案没有超过法定的时效。(《走进〈庭审现场〉》,《解聘风波》案例)

例(14)是关于是否“超过仲裁时效”问题的辩论。“导致”句因项是“这”，果项是“时效中断、延长”。“这”回指前文的具体论据(a)。同样的事件，被告代理人将此作为证据，认为“不予受理的决定”是“仲裁”超时原因。原告代理人则运用“导致”句对此事件进行重新解读，即“论据重塑”，“各单位至今未予答复，也未予处理”以其存在的合理性证明“没有超过法定的时效”的观点。因为在被告代理人发言之前，原告代理人已经声明了主张：“本案没有超过仲裁时效”，因此“导致”句因项通过重塑论据来再次论证自己的观点。

以上是基于“信据性”特征“导致”句的话语功能：论据引入，论据重塑。

结语

本文主要对汉语“导致”致使类因果句的“强断言”与“信据性”特征进行分析。我们通过对“导致”句、“因此”句、“所以”句与情态成分共现频次进行统计，结合具体用例加以分析，证明了“导致”句具有“强断言”特征。其“强断言”特征对话语功能的作用包括：加强不可反驳语气，促进劝诫的达成，凸显说话人的情绪。基于“强断言”特征看“信据性”，我们通过统计“导致”句因项在“图尔敏论证模型”中的位置分布、频次，分析“信据力”的相关影响因素，证明“导致”句具有“信据性”，并探讨了“信据性”话语功能的两个表现：论据引入，论据重塑。

注释：

[1] 周红：《致使动词的类型及动态变化》,《烟台师范学院学报(哲学社会科学版)》2006年第2期,第100～104页。

[2] 张恒：《现代汉语致使动词语义粘合等级研究》,《汉语学报》2011年第1期,第70～79页。

[3] 赵世芳：《[＋致使]兼语句的分类研究》,成都：四川师范大学硕士学位论文,2008年,第22页。

[4] 吕明臣、丁新峰：《现代汉语因果句式与致使句式逻辑及语义关系对比研究》,《东北师大学报

（哲学社会科学版）》2019年第6期，第48～54页。

［5］郭姝慧：《现代汉语致使句式研究》，北京：北京语言大学博士学位论文，2004年，第8页。

［6］李颖：《基于语料库的"导致"感情色彩分析》，《现代语文》2019年第8期，第33～38页。

［7］周丽梦：《致使义动词"引起""导致""造成"的对比与对外汉语教学》，南昌：南昌大学硕士学位论文，2022年，第15～34页。

［8］张新华：《一种表示修辞假设的条件句》，《当代修辞学》2023年第5期，第68～79页。张新华(2023)就"强断言"给出的定义："即话主在认知上对小句s所述事件的成立持非常确定的态度。"

［9］完权：《信据力："呢"的交互主观性》，《语言科学》2018年第1期，第18～34页。完权(2008)指出："日常语言的使用，决不仅仅只是为了提供信息，而是总会具有内在的、本质的信据性：为释话人推理提供可信的论据(argument，Verhagen2008)。"

［10］A. Verhagen，"Intersubjectivity and the Architecture of the Language System"，J. Zlatev，T. P. Racine，C. S. E. Itkonen ed.，*The Shared Mind：Perspectives on Intersubjec-tivity*，Amsterdam/Philadelphia：John Benjamins Publishing Company，2008，pp. 307-332. 关于"信据性""信据力"参见完权(2018)、Verhagen(2008)。

［11］冯军伟：《断言与真值、知识和信仰》，《外语学刊》2023年第2期，第104～110页。

［12］李敏：《现代汉语非现实范畴的句法实现》，上海：华东师范大学博士学位论文，2006年，第35页。

［13］F. R. Palmer，*Modality and the English modals*（2nd edition），New York：Longman，1990，p. 53.

［14］林刘巍：《汉语情态强度研究》，北京：社会科学文献出版社·社会政法分社，2019年，第30～51页。

［15］J. Lyons，*Semantics(V.2)*，Cambridge：Cambridge University Press，1977，p. 809.

［16］这17种组配类型分别是：01：认识情态(因)＋认识情态(果)，02：认识情态(因)＋道义情态(果)，03：认识情态(因)＋动力情态(果)，04：道义情态(因)＋道义情态(果)，05：道义情态(因)＋认识情态(果)，06：道义情态(因)＋动力情态(果)，07：动力情态(因)＋动力情态(果)，08：动力情态(因)＋认识情态(果)，09：动力情态(因)＋道义情态(果)，10：认识情态(因)＋零型项(果)，11：道义情态(因)＋零型项(果)，12：动力情态(因)＋零型项(果)，13：零型项(因)＋认识情态(果)，14：零型项(因)＋道义情态(果)，15：零型项(因)＋动力情态(果)，16：零型项(因)＋零型项(果)，17：特殊用例：认识情态\道义情态(因项)＋零型项(果项)、道义情态(因项)＋认识情态\道义情态(果项)等。这类特殊用例自成一类。同时像动力情态\动力情态(因项)＋零型项(果项)这类用例会归入同种类型"动力情态(因项)＋零型项(果项)"类，而不单独设一类。

［17］［英］斯蒂芬·图尔敏：《论证的使用(修订版)》，谢小庆、王丽译，北京：北京语言大学出版社，2016年，第44～49页。

［18］宋旭光：《理由、推理与合理性——图尔敏的论证理论》，北京：中国政法大学出版社，2015年，第106页。宋旭光(2015)对"担当的程度"的解释："为了减少这些麻烦，我们有时候会使用'或许'(perhaps)或者'或然地'(probably)这样的限定词来表达我们担当的程度。'或然地'代表我们给出的是谨慎的担当，是我们对自己的意图作出有限定的宣称的方式。"

［19］赖良涛、朱熠凝：《基于介入系统的修辞策略分析——以名誉侵权涉诉语篇为例》，《当代修辞学》2019年第6期，第62～72页。

［20］林青：《维吾尔语传信表达中的"第一人称效应"》，《语言科学》2019年第2期，第190～

200 页。

[21] 完权:《信据力:"呢"的交互主观性》,《语言科学》2018 年第 1 期,第 18～34 页。完权(2018)对"信据价值高"的解释是:表明发话人说出的是其主观上认为对释话人具有较高信据价值的话语,希望释话人确信并重视发话人传递的信息,继而推理发话人的意图。"反馈期待高"的解释是:对激起释话人采取发话人所预期的言语或行动反馈具有更高的主观期待。

[22] 刘东虹:《图尔敏成分"理由"与现代汉语论证性语篇》,《当代修辞学》2020 年第 3 期,第 86～95 页。此翻译来自刘东虹(2020)。

[23] 庭审现场录音、录像,根据录音、录像转写成文字。

[24] 宋旭光:《理由、推理与合理性——图尔敏的论证理论》,北京:中国政法大学出版社,2015 年,第 108～111 页。

[25] 完权:《信据力:"呢"的交互主观性》,《语言科学》2018 年第 1 期,第 18～34 页。

基于语料库的法律文书中模糊限制语研究

贺　黎

（湖北师范大学外国语学院，湖北黄石，435002/华中师范大学文学院，湖北武汉，430079）

内容摘要：模糊限制语是语言学领域中广泛关注的研究对象，法律语言模糊性也一直是法学和语言学界研究的热点。本文借助相关语料库检索软件，对普通文本语料库和法律文书语料库进行对比，旨在发现模糊限制语在法律语言中的特点和差异，找出其存在的原因与功能。通过对比分析发现：(1)模糊限制语在法律语言与通用语言中均被广泛使用，但法律语言中模糊限制语的使用明显少于普通语言；(2)法律语言在能愿动词和概数词的使用频率上更高；(3)法律语言力求精准严谨，具有准确性、灵活性和抽象性的特点。

关键词：模糊限制语；语料库；法律语言

引言

语言中存在着大量的模糊语言，模糊限制语是其中的一种，它是附加在意义明确的表达形式之前或之后的词或短语，可使本来意义明确的概念变得更加模糊。

1993 年国际法律语言学家学会(International Association of Forensic Linguistics，IAFL)的正式成立，标志着法律语言学在国外成为一门独立的学科。我国当代法律语言学的研究源起于 20 世纪 80 年代，较欧美滞后近 20 年。吴伟平博士[1]、廖美珍[2]、杜金榜[3]、刘蔚铭[4]等学者推动了法律语言学本土化发展。杜金榜[5]、刘蔚铭[6]、刘愫贞[7]、吕文涛和姚双云[8]等借助语料库技术和人工智能实现技术突破。法律语料库有着十分广阔的开发前景，目前已经建成比较权威、实用有效的语料库，如中国法律法规汉英平行语料库(PCCLD)和中国裁判文书网。国内对于法律语言和模糊限制语的研究逐渐深入，但对于法律语言中的模糊限制语研究却鲜有涉及。陈明月[9]介绍了英语法律语言中的模糊限制语，而汉语法律语境下的同类研究尚未形成成熟系统。

本研究自建两个不同类型的小型语料库，利用 AntConc 软件进行数据的分析。两个小型语料库分别来源于 1998 年 1 月份《人民日报》语料和检察院做了隐私保护处理且可公开的法律文书语料，前者为较正式的普通文本语料（以下简称“《人民日报》语料库”），后者是法律方面的专业语料（以下简称“法律文书语料库”）。本研究采用定量和定性相结合的方法，通过与以人民日报为代表的普通语言中模糊限制语的比较，回答以下问题：(1)法律语言(法律文书语料库)和一般语言(《人民日报》语料库)中模糊限制语的使用频率和分布情况如何？(2)法律语言和一般语言在使用模糊限制语的倾向上有什么不同？(3)通过与一般语言的比较，模糊限制语在法律语言中有怎样的特点和功能？

一、模糊限制语的使用频率与分布情况

（一）模糊限制语的界定与分类

G. Lakoff(1973)指出：模糊限制语(hedges)是一些有意把事物弄得更加模糊或更不模糊的词语（words whose job is to make things fuzzier or less fuzzier)[10]。20 世纪 80 年代中期我国英语界对模糊限制语的某些功能进行了初步探讨。模糊限制语有其独特的语义特征和丰富的语用功能，这都是其他词语无法替代的。

模糊限制语是模糊语言最重要的组成部分，可以从词性、句法功能、语义、语用等方面进行分类。E. F. Prince 及其同事 J. Frader 和 C. Bosk 从语用的角度对模糊限制的划分：变动型模糊限制语(approximators)和缓和型模糊限制语(shields)[11]。我国学者伍铁平[12]从句法和语义角度提出了四种分类方法。吴振国[13]将模糊语义的限制分成四个基本类型：性状限制、程度限制、模糊化限制和否定限制。何自然[14]在将模糊限制语分为变动型(Approximators)与缓和型(Shields)两大类。苏远连将汉语模糊限制语分为形容词、副词、概数词、能愿动词、独立语、量词、结构助词“的地得”构成的短语以及语气词等八类[15]。

（二）本文拟探究的汉语模糊限制语

汉语模糊限制语主要从语义语用语法角度进行划分，但无论哪种方法都无法对汉语模糊限制语进行穷尽性划分。为了便于利用语料库语言研究方法对语料进行检索和分析，我们只能选取每一类中最具代表性和典型性的汉语模糊限制语作为本文的研究对象。综合考虑下，本文选择从语法角度对汉语模糊限制语进行划分的方法，目前我们可以确定的主要研究对象如表 1。

表 1　汉语模糊限制语的分类及具体示例

<table>
<tr><td rowspan="9">汉语模糊限制语
（语法角度）</td><td>类别</td><td>具体示例</td></tr>
<tr><td>形容词</td><td>稳稳、高兴、仔细</td></tr>
<tr><td>副词</td><td>十分、很、最、极、太、一再、偏偏、大概</td></tr>
<tr><td>概数词</td><td>也许、上下、左右、大约</td></tr>
<tr><td>能愿动词</td><td>能、能够、可、可以、会、可能、应、应该、愿意、肯、敢、应当</td></tr>
<tr><td>独立语</td><td>依我看、总而言之、一句话、总之</td></tr>
<tr><td>量词</td><td>些、点</td></tr>
<tr><td>结构助词“的地得”构成的短语</td><td>红得发紫、马马虎虎地、弄点儿吃的</td></tr>
<tr><td>语气词</td><td>哦、噢、喔、呵、嘿</td></tr>
</table>

（1）从体育场北角望去，是高达四十米的奥林匹克火炬，银色螺旋环带围绕着火球，被四根钢索稳稳固定在火炬上方。（《人民日报》2001 年 11 月 17 日）

（2）末了他用一个悲惨的调子，同阿丽思小姐说：“很为难的是这位先生又偏偏不愿意杀我，这倒教我又得等候另一个人去了。”（沈从文《阿丽思中国游记》）

（3）过了一阵，颜少春的注意力不由得集中到一个三十左右、容颜消瘦俊俏的妇女身上去了。（周克芹《许茂和他的女儿们》）

（4）马老婆子在我们结婚时就夸过她：“巧手的媳妇能腌好酸菜！”而今天又说她“命苦”，可能“巧手的媳妇”和爱动脑筋的知识分子一样，都“命苦”吧？（张贤亮《男人的一半是女人》）

（5）依我看哪，咱们来个假投降，去投伪团长张竹溪，混上棉衣，补充足弹药，我们再拉出来。（莫言《红高粱家族》）

因为无法对模糊限制语进行穷尽性划分，我们选取了每一类中比较典型的具体示例作为本文的研究对象，虽不能进行全貌性描写，但这些代表性的词语也可以在很大程度上说明汉语模糊限制语在不同种类语料中的使用频率和分布情况，从而揭示汉语模糊限制语的特点和语用功能。

（三）汉语模糊限制语使用情况对比

根据语料库语言研究相关方法，在收集到两个不同类型语料库之后，我们用语料库分词和词性标注程序 CorpusWordParser 对语料分别进行了分词处理，确定本文的研究对象之后利用 AntConc 软件对文本进行检索和数据分析，见表 2。

表 2　不同语料库中汉语模糊限制语的使用频率概况

	总字数	模糊限制语频次	模糊限制语总字数	模糊限制语比重
《人民日报》	948689	12557	15327	1.62%
法律文书	939706	4212	7500	0.79%

两个语料库总字数接近 100 万，体量相当。根据表 1 从汉语语法角度划分出来的模糊限制语检索得出《人民日报》语料库总共搜索到 12557 次模糊限制语使用频次，对应字符数为 15327，占语料库总字数的 1.62%。法律文书语料库总共搜索到 4212 次模糊限制语使用频次，对应字符数为 7500，占语料库总字数的 0.79%。虽然两个语料库中模糊限制语所占总字数的比重并不大，但《人民日报》语料库中的汉语模糊限制语的使用频次、字符数及占比都大于法律文书语料库。由此可以得出结论，汉语模糊限制语在法律文书中的使用情况明显少于以《人民日报》为代表的普通文本语料库。这与前人的研究及法律语言的特点相一致。对汉语模糊限制语每一类具体词语进行逐一检索，得到数据如表 3。这说明以法律文书为代表的法律语言更倾向于使用概数词和能愿动词模糊限制语。

表 3 不同语料库中汉语模糊限制语的使用频率

类型	词语	《人民日报》	法律文书	类型	词语	《人民日报》	法律文书
形容词	稳稳	1	0	能愿动词	能	1434	82
	高兴	115	0		能够	202	76
	仔细	20	0		可	682	42
	小计	**136**	**0**		可以	701	843
副词	十分	305	6		会	888	24
	很	915	17		可能	375	25
	最	2137	102		应	587	480
	极	366	21		应该	230	2
	太	168	23		愿意	76	9
	一再	26	2		肯	24	2
	偏偏	3	0		敢	81	8
	大概	28	1		应当	340	2118
	小计	**3948**	**172**		小计	**5620**	**3711**
概数词	也许	67	1	量词	些	2078	26
	上下	26	1		点	443	97
	左右	149	196		小计	**2521**	**123**
	大约	32	6	语气词	哦	5	0
	小计	**274**	**204**		噢	1	1
独立语	依我看	1	0		喔	0	0
	总而言之	2	0		呵	9	0
	一句话	4	1		嘿	4	0
	总之	32	0		小计	**19**	**1**
	小计	**39**	**1**				

前人研究及本文的数据统计得出结论：法律语言中模糊限制语的使用明显少于普通文本。表 3 在遵循总规律的基础上也显示出一定的特殊性。概数词模糊限制语中“左右”在《人民日报》语料库中出现 149 次，在法律文书语料库中出现 196 次。能愿动词模糊限制语中“应当”在《人民日报》语料库中出现 340 次，在法律文书语料库中出现 2118 次。能愿动词模糊限制语中“可以”在《人民日报》语料库中出现 701 次，在法律文书语

料库中出现 843 次。能愿动词模糊限制语中“应”在《人民日报》语料库中出现 587 次，在法律文书语料库中出现 480 次。两个语料库对比之下，“左右”“应当”和“可以”在法律文书语料库中的使用频次已经超过《人民日报》语料库，“应”在法律文书语料库中的使用已接近《人民日报》语料库。这四个词语呈现一定的特殊性，下文再作详细探究。

二、法律语言中模糊限制语特点分析

法律语言中模糊限制语的使用明显少于普通语言，但在一些模糊限制语如“应当、左右、可以、应”等的使用上却表现出一定的特殊性，本小节将继续用语料库语言研究方法试图找出法律语言中模糊限制语的特点。词项搭配概念最早由 Firth 提出：词义不仅通过音素、词素、语法形式、词境等表现出来，还通过词项搭配来体现，亦即通过一个词与另一个或另几个词共同出现的一种较为固定的结构来体现[16]。本研究探讨“应当、左右、可以、应”这四个词语在两个语料库中的不同搭配情况来说明法律语言中模糊限制语的特点，利用 AntConc 软件直接检索得出每个词的搭配词项及互信息值。

表 4 “应当”在语料库中的词语搭配及互信息值情况

	频次	MI 值	右邻搭配词		频次	MI 值	右邻搭配词
“应当”在《人民日报》语料库的搭配情况	11	7.27718	及时	“应当”在法律文书语料库的搭配情况	54	8.53961	做出
	9	7.12665	依法		56	7.9002	从重
	5	7.11053	立即		1437	7.13827	以
	9	6.49386	按照		109	7.09549	作出
	7	5.97303	看到		12	6.36968	数罪并罚
	8	5.90498	根据		8	5.67781	撤销
	12	5.29975	加强		182	5.53434	追究
	6	4.32219	组织		33	5.33185	从轻
	9	4.20899	向		13	5.25014	负
	6	3.83131	由		17	4.80709	按照
	12	3.67869	说		12	4.3099	依照
	11	3.65767	将		70	3.94982	判处
					8	3.7038	适用

能愿动词模糊限制语“应当”在《人民日报》语料库中出现 340 次，在法律文书语料库中出现 2118 次。表 4 分别选取两个语料库中与“应当”右邻搭配频次超过或等于 5 次且词项搭配的互信息值高于 3 的词语。两个语料库中“应当”出现次数相差较大，与模糊限制语在法律文书中的使用频率少于普通文本这一规律相比，说明“应当”更具有法律

语言特性。“应当”在《现代汉语词典》中的解释是：动 助动词，应该[17]。“应当”与“应该”是近义词。表 3 中“应该”的使用频次分别是《人民日报》230 次，法律文书仅 2 次。“应该”因其具有口语和书面语的普适性适用于各种文体和风格的普通文本，“应当”因其具有较强的书面语特性，语义上给人严肃严谨之感，符合法律语言严谨性特征，更适用于法律文本。

表 5 “应”在语料库中的词语搭配及互信息值情况

	频次	MI 值	右邻搭配词		频次	MI 值	右邻搭配词
“应”在《人民日报》语料库的搭配情况	5	9.64463	予	“应”在法律文书语料库的搭配情况	11	9.16019	予
	6	7.16351	尽		9	8.09624	数罪并罚
	9	6.87204	承担		198	7.70306	根据
	9	6.69562	注意		27	7.60028	适用
	5	6.14638	尽快		14	7.49865	负
	5	6.05967	设立		9	7.40436	从重
	5	5.25232	引起		12	7.27626	属
	9	5.06637	采取		17	6.954	依照
	5	3.73055	再		5	6.86122	承担
	8	3.45852	由		9	6.5039	予以
	15	3.35185	以		61	4.72176	以
	12	3.2402	从		5	4.33988	分别

(6) 应当把加强两岸经济合作作为跨世纪两岸经济发展战略的重要内容，采取切实措施，进一步开放和推动两岸资金、技术、产品等方面的交流，促进两岸产业协作，尽快实现两岸直接“三通”。(《人民日报》1998 年 1 月 2 日)

(7) ……故意骗取他人财物，其行为已触犯《中华人民共和国刑法》第二百二十四条之规定，犯罪事实清楚，证据确实、充分，应当以合同诈骗罪追究其刑事责任。(裁判文书网)

能愿动词模糊限制语“应”在《人民日报》语料库中出现 587 次，在法律文书语料库中出现 480 次。表 5 分别选取两个语料库中与“应”右邻搭配频次超过或等于 5 次且词项搭配的互信息值高于 3 的词语。从音节上看，普通文本中，与“应”搭配的词语多为双音节词，单音节词次之。法律语言文本中，与“应”搭配的单音节、双音节和多音节都有，且频率和互信息值相对较高。从语义上看，《人民日报》语料库中与“应”搭配的词语语义多样，法律文书语料库中与“应”搭配的词语语义相对集中，多为法律性较强的专业术语或语义较为严肃的词语。“应”在《现代汉语词典》中的解释是：动 助动词，应该[18]。表5显示，两个语料库中与“应”搭配的词语有重叠，互信息值最高的都是“予”，说明“应”具有“应该”和“应当”的所有特征。在法律文本中，“应”更接近于“应当”，具有书面语特性，语义上给人严肃严谨之感，符合法律语言严谨性特征。

(8) 调整会费涉及到全体会员国，不应由哪一个国家说了算，也不能由几个国家私下决定，而应由全体会员国民主协商解决，这才合情合理。(《人民日报》1998年1月1日)

(9) 被告人高某某系一人犯数罪，应数罪并罚。(裁判文书网)

能愿动词模糊限制语“可以”在《人民日报》语料库中出现701次，在法律文书语料库中出现843次。表6分别选取两个语料库中与“可以”右邻搭配频次超过或等于5次且词项搭配的互信息值高于3的词语。从音节上看，以《人民日报》语料库为代表的普通文本中，与“可以”搭配的词语多为双音节词，单音节词次之，几乎没有多音节词与之搭配。以法律文书语料库为代表的法律语言文本中，与“可以”搭配的也多为单音节和双音节。从语义上看，《人民日报》语料库中与“可以”搭配的词语语义多样，法律文书语料库中与“可以”搭配的词语语义相对集中，多为法律性较强的专业术语或语义较为严肃的词语。

表6 “可以”在语料库中的词语搭配及互信息值情况

	频次	MI值	右邻搭配词		频次	MI值	右邻搭配词
“可以”在《人民日报》语料库的搭配情况	5	10.12554	并处	“可以”在法律文书语料库的搭配情况	79	10.11804	不经
	10	9.18695	看出		8	9.96626	比照
	6	7.21865	申请		298	9.83572	从轻
	6	6.95117	自由		86	9.67981	免除
	8	6.80362	肯定		193	9.34927	自
	16	6.12179	看到		13	8.5887	免予
	54	4.80473	说		74	8.2319	减轻
	5	4.23073	而且		7	7.94354	领
	18	4.19546	使		7	4.46376	作出
	10	4.19087	通过		6	3.72963	帮助
	10	4.11059	用		20	3.15376	并
	11	3.23606	把				

(10) 但实践使他们懂得，股份制既可以借用别人的钱发财，又可以分散自己资本的风险，何乐而不为?(《人民日报》1998 年 1 月 11 日)

(11) 被告人马某某如实供述自己的罪行，根据《中华人民共和国刑法》第六十七条第三款之规定，可以从轻处罚。(裁判文书网)

表 7 "左右"在语料库中的词语搭配及互信息值情况

	频次	MI 值	左邻搭配词		频次	MI 值	左邻搭配词
"左右"在《人民日报》语料库的搭配情况	4	8.81533	一半	"左右"在法律文书语料库的搭配情况	3	9.24087	分钟
	3	7.33728	平方米		20	7.9666	月份
	8	6.99697	岁		6	7.95546	米
	6	6.62268	米		24	7.54738	分
	3	6.37475	吨		3	7.31803	点
	6	5.87002	美元		48	6.55378	时
	14	5.83198	元		7	4.22406	克
	3	5.01782	天		12	3.91744	元
	10	3.58212	年		35	3.36918	日

概数词模糊限制语"左右"在《人民日报》语料库中出现 149 次，在法律文书语料库中出现 196 次。表 7 分别选取两个语料库中与"左右"左邻搭配频次超过或等于 3 次且词项搭配的互信息值高于 3 的词语。"左右"在《现代汉语词典》中的解释是：用在数量词后面，表示概数[19]。表 7 两个语料库中与"左右"左邻搭配词均为数量词，各有 9 个词语符合使用频率大于或等于 3 次且互信息值大于 3。法律语言中概数词模糊限制语"左右"更倾向于与时间量词相搭配，这与法律语言讲求时间的精准性和语言表达上的严谨性息息相关。

(12) 但为了增加自有资本，电信公司可以发行新股，5 年内将其资本增加一半，从而使政府股份比重下降到 67%左右。(《人民日报》1998 年 1 月 20 日)

(13) 经依法审查查明：2013 年 9 月 11 日 19 时 30 分左右，被告人栗某某接到其妻子白某某的电话，要求栗某某去和顺县南关西街口接白玉兰回家。(裁判文书网)

三、法律语言中模糊限制语的语用功能

模糊限制语具有控制法律语言歧义程度的能力，从而引入模糊限制语在法律语言中的准确性。此外，本部分还将讨论另外两个功能，即增强灵活性和实现抽象性。

（一）保证法律论述的准确性

Zadeh L. A. 提出的一个基本观点是，语言模糊限制语（如 very、more 或 less、much 等）可以被视为作用于表示其操作数含义的模糊集的算子[20]。模糊限制语主要通过名词和动词在语句中的表达来限制意义。一是限制动词，以控制法律行为的范围；二是限制名词，以在一定程度上限制法律术语的内涵和外延。在某种程度上，模糊性和准确性可能是对立的统一体，这意味着在某些情况下两者都可以转化。

(14) 有下列情形之一的，可以从轻、减轻或者免予处分：(一)数额较小，情节明显轻微的；(二)主动交代贪污、挪用公款、受贿行为，退还赃款赃物和违法所得的……(《人民日报》1998 年 9 月 18 日)

(15) 梁某某将其中 5 台摩托车变卖给他人，其中，被告人贾某某以明显低于市场的价格购买了 2 台摩托车。(裁判文书网)

（二）增强法律话语的灵活性

Hart 指出，不确定性在语言的应用中不可避免[21]，法律也是如此。在其他法律部门也是如此，模糊性扩大了法律的灵活性。法律实施后，立法者修改法律需要较长的时间，因此，在法律更新期间，规定必须适应社会发展、社会变化和技术变化。人类社会和客观现实正在向更高的阶段发展，新现象、新事物以前所未有的速度不断出现，新事物和旧事物之间会出现许多差异。然而，法律文本的稳定性特质，容易导致规范与现实间的解释鸿沟。为了解决这一困境并使法律具有可预测性，立法者在起草法律时使用模糊的成分来保持灵活性，这使得相对静态的法律能够具备动态解释潜力。

(16)被告人梁某某在刑满释放后不满五年的时间重新犯罪，属累犯，依法应当从重处罚。(裁判文书网)

(17)随后，被告人王某某用拳、脚及擀面杖殴打房某某面部、头部、腹部、背部及四肢等多处部位，殴打被害人持续至凌晨 4 点左右。(裁判文书网)

（三）实现法律话语的抽象性

“模糊词语是一种立法语言”的说法也源于立法的权威性。立法机关是行使国家立法权力的机构。这种权力本质上是统治者背后的国家强制性所衍生出来的政治权力。通过依赖这种国家强制性，立法机关利用遵守法律语言的效果，这也是法律文本中模糊性的权威。尽管意义的边界存在不确定性，但政治权威所产生的语言权威不会以任何方式削弱。模糊性不仅是解释统治者思想的工具，也是对世界本身的回应。世界需要通过生活秩序来维持，他们必须赋予模糊的法律权威，这也是词汇模糊限制语具有抽象立法功能理论的真正含义。

(18)被告人董某甲主动投案，能够承认基本犯罪事实，根据《中华人民共和国刑法》第六十七条之规定，系自首，可以从轻处罚。(裁判文书网)

例(18)中“能够”和“可以”都是使意义表达倾向模糊的模糊限制语，具有明显的抽象性，正是这类具有抽象意义的模糊限制语实现法律话语的抽象功能。

五、小结

本文立足于模糊语言学理论，运用语料库语言学研究方法，对两个不同类型的语料文本进行数据化分析。以《人民日报》为代表的较为正式的普通文本和以法律文书为代表的法律语言文本在模糊限制语的选择上存在一定的差别：首先，法律语言中模糊限制语的使用明显少于普通语言；其次，以“应当”“应”“可以”“左右”为代表的能愿动词模糊限制语和概数词模糊限制语在法律文本中的使用频率相对较高，这与音节、语义及法律语言的准确性和严谨性相关；最后，法律语言中的模糊限制语具有增强法律语言的灵活性、实现法律话语的抽象性和保证法律论述的准确性等语用功能。

＊本文系2024年度华中师范大学优秀研究生教育创新资助项目(2024CXZZ118)的阶段性研究成果。

注释：

[1] 吴伟平:《法律语言学:会议、机构与刊物》,《国外语言学》1994年2期,第44～50页。

[2] 廖美珍:《法庭问答及其互动研究》，北京:法律出版社,2003年。

[3] 杜金榜:《法律语言学》,上海:上海外语教育出版社,2004年。

[4] 刘蔚铭:《法律语言学研究》,北京:中国经济出版社,2003年。

[5] 杜金榜:《法律语篇树状信息结构研究》,《现代外语》2007年第1期,第40～50页。

[6] 刘蔚铭:《中国法律语言学展望》,北京:对外经济贸易大学出版社,2007年。

[8] 吕文涛、姚双云:《词汇规制与立法语言的简明性》,《语言文字应用》2018年第4期,第65～74页。

[9] 陈明月:《基于语料库的法律语言中模糊限制语研究》,辽宁大学硕士学位论文,2021.

[10] G.N. Lakoff，“Hedges：A Study in Meaning Criteria and the Logic of Fuzzy Concepts”，*Journal of Philosophical Logic*，1973(2)，pp. 458-508.

[11] E. Prince，*On Hedging in Physician-Physician Discourse*，Amsterdam：Ablex Publishing Corporation，1982.

[12] 伍铁平:《模糊语言学》,上海：上海外语教育出版社,1999年。

[13] 吴振国:《汉语模糊语义研究》,武汉:华中师范大学出版社,2003年。

[14] 何自然:《模糊限制语与言语交际》,《外国语》1985年第5期,第27～31页。

[15] 苏远连:《英汉模糊限制语的分类和功能》,《广州大学学报(社会科学版)》2002年第4期,第29～32页。

[16] J. R. Firth，“Modes of Meaning”，*Linguistics*，1951，pp. 118-149.

[17] 中国社会科学院语言研究所词典编辑室:《现代汉语词典(第7版)》,北京:商务印书馆，2021年,第1569页。

[18] 中国社会科学院语言研究所词典编辑室:《现代汉语词典(第 7 版)》,北京:商务印书馆,2021 年,第 1569 页。

[19] 中国社会科学院语言研究所词典编辑室:《现代汉语词典(第 7 版)》,北京:商务印书馆,2021 年,第 1755 页。

[20] L. A. Zadeh，" A Fuzzy-set-theoretic Interpretation of Linguistic Hedges"，*Journal of Cybercetics*，1972(3)，pp. 4-34.

[21] L.A. Hart，*The Concept of Law*，Oxford：Oxford University Press，1994.

【对外汉语研究】

词汇类型对汉语作为第二语言习得者情绪词加工的影响

王彩霞

（三峡大学外国语学院，湖北宜昌，443002）

内容摘要：本文以母语为英语的汉语学习者为研究对象，考察词汇类型对汉语作为第二语言习得者情绪词加工的影响。文章通过引入 E-prime 实验平台，设计“词汇判断与情绪分类”任务，对受试者在汉语情绪词汇的掌握程度上进行正确率与反应时的测试。研究结果显示：1)积极情绪词的正确率显著高于消极情绪词且反应时更短；2)标签词在反应时上表现出显著优势，消极负载词的反应时最长且正确率最低；3)在词汇判断任务和情绪效价任务中，词汇效价和词汇类型之间均未表现出显著的交互作用。研究结果表明：积极情绪词在认知加工中具有优先性，消极情绪词的加工需要调动更多的认知资源；词汇类型对情绪词的加工具有调节作用，标签词的语义明确性在情绪词加工中起到了重要作用，支持具身理论和拓展—建构理论。基于此，本研究提出相关学习策略，旨在为汉语二语情绪词的教学实践提供参考。

关键词：汉语二语情绪词；词汇类型；情绪词加工

情绪词既有概念意义也有情绪意义，其认知处理涉及从词语辨认、语义解码到情绪反应触发的一系列过程。情绪神经语言学领域的研究表明，情绪词的加工不仅激活了与语言相关的神经回路，还涉及与情绪体验和表达相关的脑区[1]。这说明情绪词的加工具有多维性，为研究二语学习中的情绪词习得带来新角度。需指出的是，情绪词的词汇类型研究虽已扩展到二语领域，但对汉语二语习得的相关研究仍需深化。基于此，本文以母语为英语的汉语学习者为研究对象，研究词汇类型对汉语作为第二语言习得者情绪词加工的影响，探索汉语二语情绪词的学习策略，以期为汉语二语情绪词的习得研究提供新的思路。

一、文献综述

（一）词汇类型对情绪词加工的影响

情绪词指的是能够表达基本情绪状态的一类词汇，例如“快乐”“悲伤”“恐惧”等。

Russell提出的环形模型将情绪体验描述为情感效价（valence）和唤醒度（arousal）两个维度的连续变化，其中情感效价表示情绪的正负极性，唤醒度则表示情绪的激活程度[2]。该模型为研究词汇类型对情绪词的加工影响提供了基本框架。

情绪词按语义类型可分为情绪标签词（emotion labels）和情绪负载词（emotion-laden words）。前者直接描述或命名情绪体验，如“快乐”；后者则在语义上与特定情绪状态直接相关联，不限于情绪名称，也包括能唤起情绪反应的词汇，如“灾难”或“胜利”。大量研究表明情绪词的加工机制不同于中性词[3]。

ERPs研究结果进一步证明不同类型的情绪词具有不同的加工方式。情绪标签词在ERPs的N400成分上通常显示出较小的幅度，表明其在语义加工阶段更容易融入语境[4]。从词汇的情感效价上看，积极情绪标签词，如“快乐”和“喜爱”，倾向于激活与愉悦体验相关的脑区，如腹侧被盖区和前额叶皮层，证实积极情绪标签词在促进积极情绪体验和增强社会联系方面的功能[5]。消极情绪标签词，如“悲伤”和“恐惧”，则关联大脑的应激反应和情绪调节网络，尤其是杏仁核和前扣带皮层，这揭示了消极情绪标签词在警示潜在威胁和激发保护性反应中的作用[6]。情绪负载词在N100、P200等早期成分上就显示出与中性词不同的效应，这可能与情绪词的自动注意捕获有关[7]。情绪负载词因其直接关联情绪体验，在加工时能够迅速吸引注意力，并在早期感知阶段引起神经响应。同样，积极情绪负载词和消极情绪负载词的加工也存在不同：积极情绪负载词在ERPs的N400成分上显示出较小的幅度，表明其在语义整合阶段的加工更为流畅[8]，而消极情绪负载词在LPC成分上引起较大的幅度，显示出其对潜在威胁信息的深入加工和情绪调节[9]。

汉语情绪标签词和汉语情绪负载词的加工同样具有不同的认知神经机制。刘佳通过静默阅读任务、情绪效价判断任务和情绪Stroop任务，发现情绪效价和注意资源共同调节汉语情绪词的加工过程[10]。

（二）词汇类型对二语情绪词加工的影响

情绪信息在语言交流中扮演着极其重要的角色，而双语者在第二语言加工中的情绪体验可能与母语存在显著差异[11]。研究表明，双语者在处理第二语言的情绪性语言时，其自身的情绪反应可能不如母语强烈，这可能与二语习得的关键期、情绪词的自动化加工程度以及二语情绪信息的通达性有关[12]。与此同时，双语者的叙事、记忆和自我是由语言介导的，语言是文化的载体，文化差异渗透到语言中，构建二语认知风格和自我，进而影响情绪词的习得[13]。多语者研究进一步表明情绪效应在二语中的体现可能受到多种因素的影响，包括习得年龄、学习环境和二语熟练度[14]。例如，面向中国英语学习者的一项研究表明二语情绪词加工存在情绪标签词加工的优势效应且存在心境一致性效应[15]。

神经科学技术，如事件相关电位（ERP）和功能性磁共振成像（fMRI），为研究二语情绪词的神经机制提供了新的视角和研究方法。研究结果表明，二语情绪词加工时的情绪效应与母语存在相似之处，但同时具有显著差异，例如情绪词的早期加工可能在时间上有所延迟[16]。

双语加工模型为二语情绪词的加工提供了理论框架。层次模型[17]和双语交互激活模型[18]表明随着二语掌握熟练度的提高，二语与母语之间的联系会逐渐加强，从而在反应时和正确率上进一步影响情绪词的加工。

在汉语作为第二语言的情绪词习得领域，受研究基础、方法和技术的限制，加上跨文化研究的复杂性、语言资源和工具不足等原因，目前可查询到的文献较少。

综上所述，现有研究为汉语二语情绪词加工提供了多维视角，但仍存在一些不足。首先，在研究对象上，大多数研究集中于母语学习者或其他非汉语的第二语言学习者，针对以汉语作为第二语言的学习者的研究需求迫切。其次，现有研究在方法论上存在不足，尤其是在以汉语作为第二语言的情绪词习得方面，实验设计尚须增强严谨性，相关变量的匹配也需更为精准。最后，在研究内容上，汉语二语情绪词的词汇类型在现有研究中并未得到充分考量。鉴于此，本文拟以母语为英语的汉语学习者为研究对象，基于实验设计和问卷调查，研究词汇类型对汉语二语情绪词加工的影响。具体的研究问题为：1)情绪标签词和情绪负载词加工是否存在差异？2)词汇的情绪效价是否影响情绪标签词和情绪负载词的加工？3)相较于中性词，情绪词的加工具有什么特性？

二、测试实验

（一）受试选取

本研究根据 G * Power 软件的计算结果，为确保统计功效并精确检测效应量，依据预期效应量(Cohen's d)为 0.3 的前提下，设定显著性水平 $\alpha=0.05$ 且所需的统计功效$(1-\beta)$为 0.8 时，总样本量至少为 58。本研究考察的是汉语二语情绪词的加工，为保证受试的同质性，本研究从湖北某省属一流高校随机招募留学生 60 名，母语为英语，年龄范围在 17—32 岁，均为右利手。所有受试无脑损伤或精神类疾病史，视力或矫正视力正常。受试者中包括 30 名男性和 30 名女性，汉语习得时长在 1—5 年，习得语境主要为教室课堂环境，汉语水平达到 HSK 四级及以上。

（二）实验设计与实验材料

本实验采用 2(词汇类型：情绪标签词、情绪负载词)×2(词汇效价：积极、消极)的实验设计，并加入中性词作为基线，实验任务为词汇判断和情绪分类。

实验材料为语言刺激材料。为筛选出目标词，本实验从前人文献中选取情绪词和中性词 349 个[19]，并将其与《国际中文教育中文水平等级标准》(以下简称等级标准)进行匹配筛选，删除超纲词汇，选择适合受试者水平的词汇，自建小型情绪词库。根据任务要求，从自建小型情绪词库中选出积极情绪标签词、消极情绪标签词、积极情绪负载词、消极情绪负载词各 40 个，中性词 80 个，共计 240 个目标词。为控制可能影响情绪词加工的语言学变量，本实验将 240 个词汇分为 4 个问卷评定各词汇的熟悉度、唤醒度、情感效价、笔画数以及其等级标准。问卷采用腾讯问卷和纸质问卷的形式面向已通过 HSK 四级及以上等级考试的在华留学生发放，共发出问卷 140 份，回收有效问卷 121 份。熟悉度(1 代表“非常不熟悉”，7 代表“非常熟悉”)、唤醒度(1 代表“非常平静”，7 代表“非常强烈”)、情感效价(1 代表“消极”，7 代表“非常积极”)均由李克特(Likert)7 点量表评定获得。为保证受试对词汇的熟悉性，本实验参照前人研究经验，选择熟悉得分在 5 分以上的词汇[20]。最终确定四类情绪词各 30 个，中性词 60 个。各类词汇描述性数据及统计结果见表 1。方差分析结果显示不同类型词汇的熟悉度($F=2.08$，$p=0.09$)、笔画数($F=0.944$，$p=0.441$)和等级标准($F=0.442$，$p=0.777$)没有显著差异。各类词汇的唤醒度差异显著($F=23.231$，$p<0.001$)，其中积极情绪词的唤醒度最高($M=5.06$，$SD=0.79$)，其次是消极情绪词($M=4.82$，$SD=0.76$)，中性词最低($M=2.97$，$SD=0.78$)。进一步分析表明，积极情绪词(含积极标签词和积极负载词)的平均唤醒度为 $M=4.995$，$SD=0.77$，消极情绪词(含消极标签词和消极负载词)的平均唤醒度为 $M=4.91$，$SD=0.76$。独立样本 t 检验结果显示，积极情绪词的唤醒度显著高于消极情绪词($p<0.05$)。各类词汇的情感效价差异显著($F=352.75$，$p<0.001$)，其中积极情绪词情感效价最高($M=6.33$，$SD=0.71$)，其次是中性词($M=4.01$，$SD=0.69$)，消极情绪词最低($M=1.93$，$SD=0.64$)。

表 1　各类词汇不同属性的均值、标准差及方差分析结果

	积极标签词 $M(SD)$	积极负载词 $M(SD)$	消极标签词 $M(SD)$	消极负载词 $M(SD)$	中性词 $M(SD)$	F	p
熟悉度	5.59(0.68)	5.76(0.94)	5.89(0.67)	6(0.65)	6(0.65)	2.08	0.09
唤醒度	5.13(0.60)	5.06(0.55)	4.82(0.56)	5(0.52)	2.9(0.71)	23.231	<0.001
情感效价	6.33(0.71)	6.06(0.58)	1.93(0.64)	1.53(0.63)	4.01(0.69)	352.75	<0.001
笔画数	19(2.45)	18.07(1.8)	18.77(2.96)	18.1(2.35)	18.17(2.49)	0.944	0.441
等级标准	4.87(2.24)	4.57(1.77)	5.05(2.25)	5.11(2.14)	4.7(2.09)	0.442	0.777

（三）实验过程

实验程序通过 E-prime 2.0 软件编制，依次执行词汇判断与情绪分类双阶段任务。正式实验时，屏幕上首先呈现中英双语指导语。指导语消失后，屏幕中央呈现“+”注视点，500ms 后呈现刺激词(情绪词或中性词)，受试需要通过按键快速对词汇进行判断，情绪词按 Z 键，中性词按 M 键。受试按键或者 2000ms 后词汇消失，空屏 1000ms 后呈现下一个刺激词。该阶段共 3 个组块，每个组块包含 40 个试次。组块前均设有短暂的休息时间。词汇判断任务结束之后进入情绪分类任务。屏幕显示中英双语提示“接下来进行情绪分类任务”并更新指导语，随后启动情绪分类阶段：仅针对先前阶段识别的情绪词进行效价判断，保持相同注视点与时间参数，但要求受试对积极词按 H 键、消极词按 K 键，流程设置与前一任务一致(3 组块×40 试次)。正式实验前设置独立练习环节，词汇判断与情绪分类任务分别进行 8 试次预训练(各含 4 类目标词)，练习词选自独立词库且提供实时正误反馈，以确保受试充分理解按键规则。

三、结果分析

本研究首先对采集到的实验数据执行了清洗程序，旨在剔除所有不符合标准的有效性试验次数以及记录中的错误响应。随后，进行两因素重复测量方差分析，考察词汇效价和词汇类型对词汇判断任务和情绪效价任务中正确率和反应时的影响。

(一) 词汇判断任务的正确率和反应时

采用词汇效价*词汇类型两因素重复测量方差分析对词汇判断任务的正确率数据进行检验，结果显示，词汇效价主效应显著[$F(1, 29)=15.078$，$p<0.01$，$\eta 2=0.342$，积极词正确率显著大于消极词]，词汇类型主效应显著[$F(1, 29)=16.577$，$p<0.01$，$\eta 2=0.364$，标签词正确率显著大于负载词]，二者交互作用不显著[$F(1, 29)=0.516$，$p=0.478$]。

采用词汇效价*词汇类型两因素重复测量方差分析对词汇判断任务的反应时数据进行检验，结果显示，词汇效价主效应显著[$F(1, 29)=10.110$，$p<0.01$，$\eta 2=0.259$，积极词反应时显著快于消极词]，词汇类型主效应不显著[$F(1, 29)=1.859$，$p=0.183$]，二者交互作用显著[$F(1, 29)=6.891$，$p<0.01$，$\eta 2=0.192$]。进一步的简单效应分析结果显示：1)积极标签词和消极标签词反应时差异不显著，但积极负载词反应时显著快于消极负载词。2)积极标签词反应时和积极负载词反应时差异不显著，但是消极标签词反应时显著快于消极负载词。

(二) 情绪效价任务的正确率和反应时

采用词汇效价*词汇类型两因素重复测量方差分析对情绪效价任务的正确率数据进行检验，结果显示，词汇效价主效应显著[$F(1, 29)=14.659$，$p<0.01$，$\eta 2=0.336$，积极词正确率显著大于消极词]，词汇类型主效应不显著[$F(1, 29)=0.040$，$p=0.843$]，二者交互作用不显著[$F(1, 29)=0.039$，$p=0.845$]。

采用词汇效价*词汇类型两因素重复测量方差分析对情绪效价任务的反应时数据进行检验，结果显示，词汇效价主效应显著[$F(1, 29)=9.293$，$p<0.01$，$\eta 2=0.243$，积极词反应时显著快于消极词]，词汇类型主效应显著[$F(1, 29)=7.912$，$p<0.01$，$\eta 2=0.214$，标签词反应时显著快于负载词]，二者交互作用不显著[$F(1, 29)=2.800$，$p=0.105$]。

四、问题讨论

(一) 汉语二语情绪词习得的特点

本研究发现，在词汇判断任务和情绪效价任务中，积极情绪词的正确率显著高于消极情绪词且反应时明显更短，表明积极情绪词在汉语二语认知加工中具有优势。具身理论和拓展一建构理论可用来阐释该优势效应。具身理论认为语言学习不仅是大脑中的符号加工过程，还依赖于身体的感知和运动经验[21]。人们自身的生理状态、运动方式和感官体验会直接影响对应的思维、情感和决策。从社会心理学的角度来看，人们在交流中具有积极偏好(positivity bias)，即在日常交往中更倾向于使用积极的词汇来表达自己的情感和态度[22]。因而，积极情绪词的使用频率要高于消极情绪词，使得其在认知加工中更易被识别，在语言习得中更容易被掌握。例如习得过程中的微笑可能会让人感到更快乐，而感知到的快乐情绪对“微笑”“快乐”的习得具有积极的促进作用。拓展－建构理论进一步强调积极情绪能够拓展个体的瞬间知-行(thought-action)的能力，构建和增强个体的体力、智力、社会协调性等[23]。具体到情绪词的习得，积极情绪词的积极情感效价使其能够扩展个体的注意力范围，调动认知资源。例如，积极情绪词“微笑”和“快乐”，在加工过程中可能会激活个体与积极情绪相关的更广泛的认知网络，使得个体能够将新词与熟知的场景、相关近义词或语境相关联，形成情景化习得。从情绪与动机的关联来看，积极情绪词的习得更容易让个体体验到积极情绪。个体感知到的积极情绪不仅能促进人体免疫系统的发展，还能增强心理统摄能力、促进社会资源利用和健康行为[24]。与此同时，积极情绪并不是完全分离的，体验到任何一种积极情绪的同时也都体验到其他的积极情绪[25]。因此，积极情绪词的学习不仅有利于个体体会到积极情绪，还能增强学习动机，促进更有效的语言习得。

相比之下，消极情绪词对于留学生的加工难度较积极情绪词高。根据拓展－建构理论，消极情绪所引发的特定行为本质上是为了在危险的情景中保护自身安全，这种行为导致个体在行动中缩小注意力范围，限制非必要行动，以便快速做出反应以解决危机[26]。不同于积极情绪对认知和行为表现的扩展作用，消极情绪会导致个体注意力狭窄，使其在处理信息时更加聚焦于情绪本身，对其他信息的处理能力下降。因此，在处理消极情绪词时，个体可能需要更多的时间和认知资源来理解和加工这些词汇。由消极情绪引起的认知僵化使得个体在处理消极情绪词时倾向于从情感效价方面理解内容，忽略与其他信息的拓展和关联，消极情绪词因此具有更复杂的语义结构和更丰富的情感内涵，进一步增加了消极情绪词的复杂处理程度。值得关注的是，消极情绪本身也会干扰词汇认知加工过程，有研究表明，消极情绪会激活大脑中的杏仁核等情绪相关区域。这些区域的活动会与前额叶皮层等认知控制区域产生竞争，产生较高的认知负荷，从而影响认知加工[27]。从语言学习的角度来看，消极情绪词的加工可能需要调动更多的认知资源来理解语义、情感及社会文化背景。

词汇类型具有调节作用。标签词在反应时上表现出显著优势，表明其语义加工更为直接和明确，其在情绪效价任务中尤为明显。负载词的加工难度较高，可能与其携带的复杂情感信息有关。特别是在消极情绪词的加工中，负载词的反应时显著长于标签词。这表明词汇类型对情绪词的加工具有一定的调节作用，标签词的语义明确性在情绪词加工中起到了重要作用。

在本次汉语二语情绪词的实验中，交互作用缺失，即在词汇判断任务和情绪效价任务中，词汇效价和词汇类型之间均未表现出显著的交互作用。词汇判断任务的正确率数据显示，词汇效价主效应显著[$F(1, 29)=15.078$，$p<0.01$]且词汇类型主效应显著[$F(1, 29)=16.577$，$p<0.01$]。实验结果表明，效价优势(积极＞消极)和类型优势(标签词＞负载词)在两类词汇中方向一致且幅度相似，说明两者的影响是独立叠加的，而非相互依赖。尽管在词汇判断任务的反应时上，词汇效价和类型之间的交互作用显著[$F(1, 29)=6.891$，$p<0.01$]，但简单效应分析显示：1)积极标签词与积极负载词差异不显著；2)消极标签词反应时显著快于消极负载词。这表明效价对类型的影响具有调节作用：在消极效价中，类型差异(标签词优势)被放大，而在积极效价

中类型差异被弱化。尽管如此，效价与类型的主效应独立性在整体趋势中仍占主导，仅在消极效价中出现局部交互，全局交互作用未推翻主效应的独立性。情绪效价任务的反应时数据显示：词汇效价主效应显著[$F(1, 29)=9.293$，$p<0.01$]和词汇类型主效应显著[$F(1, 29)=7.912$，$p<0.01$]，表明积极词的速度优势(效价主效应)和标签词的速度优势(类型主效应)在两类词汇中均稳定存在，进一步支持了叠加效应。这种叠加效应可能源于词汇效价和类型的加工阶段不同。拓展—建构理论指出，情绪效价的早期加工(如积极情绪的快速激活)独立于语义整合(如词汇类型的语境依赖性)，两者分属不同的认知阶段[28]。此外，中性词的存在可能使被试在任务中形成“情绪词 vs. 中性词”的二分策略，从而减弱效价与类型的动态交互。情绪效价任务中交互作用不显著($F=2.800$，$p=0.105$)，可能的原因是：1)任务要求被试明确判断词汇效价(积极/消极)，导致注意力集中于效价信息，弱化了词汇类型的影响；2)实验材料在效价强度、词频、熟悉度等维度高度匹配(如标签词与负载词的唤醒度接近)，使得两者对效价判断的影响路径趋同。

(二) 受访留学生汉语二语情绪词的学习概况

为清楚了解受访留学生目前对汉语二语情绪词的学习现状、方法和学习偏好，本研究同时面向参与实验的留学生发布腾讯问卷。

在情绪词分类任务中，情绪标签词的正确率显著高于情绪负载词，分别为62.5%和57.7%。这一结果进一步证实了情绪标签词由于语义加工更直接和明确，学习者能够更快速地识别和分类。积极情绪标签词的正确率(85.4%)显著高于消极情绪标签词(70.8%)，积极情绪负载词的正确率(91.3%)显著高于消极情绪负载词(66.7%)，支持了积极情绪词在认知加工中的优势。尽管情绪负载词的整体正确率较低，但积极情绪负载词的正确率仍然显著高于消极情绪负载词。值得注意的是，消极情绪负载词的低正确率表明其加工难度最高，学生在学习时面临的困难最大。

学习方法方面，79%的留学生选择通过正式教育渠道如大学课程来学习汉语，60%的留学生选择通过教材学习汉语二语情绪词。除此以外，影视作品、音乐和在线课程等也是留学生的部分学习途径，其中33%的留学生选择通过观看影视作品来学习情绪词汇。由此可见，目前留学生汉语二语情绪词的习得主要依靠正式教育和教材学习，影视作品在汉语二语情绪词学习中具有一定辅助作用。

学习偏好方面，83%的女性学习者选择通过书面表达和情感讨论来学习汉语二语情绪词，80%的男性学习者则更希望通过音乐、视频等方式进行学习。学习时间会影响学生学习难度的感知，学习时间较短的留学生往往对学习难度的感知更为敏感，而随着学习时间的增加，学习者对难度的感知趋于稳定。教师指导方面，56%的留学生认为教师的指导对学习汉语二语情绪词至关重要，他们认为有效的教师指导不仅能帮助学生克服学习中的困难，还能提供个性化的学习支持，提升学习效果。

(三) 汉语二语情绪词的学习策略

词汇类型对汉语二语情绪词的习得有着显著影响。本研究结合 E-prime 实验结果和腾讯问卷调查的分析，基于具身理论和拓展-建构理论，根据情绪词不同类型的加工特点，提出相关学习策略。

情境化学习构建基础认知。情绪词的认知加工过程依赖于身体的感知和运动经验。在正式教育环境中，教师可通过构建具体情境来强化情绪词的学习。例如：以情绪标签词为例，通过模拟医院场景，让学生进行角色扮演，使用“难受”“悲伤”等情绪标签词表达感受，通过身体感知促进基本认知的形成，增强学生对情绪词的理解。同时，教师可设计情感体验活动，引导学生构建语义与情感的桥梁。再如：以情绪负载词为例，教师可通过《2012》《后天》等电影片段模拟相关情境，让学生建立对“灾难”的基础认知，感知灾难，引发情感共鸣，以此来构建情绪词与认知之间的联系。通过情境化学习，学生不仅能够更好地理解汉语情绪词，融合词汇的概念意义与情感意义，还能构建词汇的知识图谱，形成联想记忆。

情感联想强化深度认知。汉语二语情绪词的学习不应脱离社会文化背景。教师在讲授情绪词时，使用的教学材料应同步介绍与情绪词相关的中国文化背景，如传统节日、社会习俗等，帮助学生理解情绪词在不同文化中的含义和使用方式。以情绪负载词为例，在学习“团圆”“热闹”等积极情绪负载词时，可以引入中国新年的图片或者影视材料，通过感知节日的场景和氛围，产生情感联想；在讲授“坟墓”“葬礼”等这些学生感觉难度最大的消极情绪负载词时，教师可以通过介绍中国的丧葬文化，并将其与学生自己文化中的丧葬习俗进行对比，帮助学生建立词语与情感的联想，从而强化深度认知。

数智技能赋能语义内化。多样化的学习资源能够扩展认知资源，提高学习效率[29]。教师可利用数智技术整合在线课程、互动软件、学习平台等数字化学习资源，帮助学生多维度接触和使用情绪词，加深对情绪词语义的理解，促进学生在适当情境中对情绪词的自然运用。以AI辅助教学设计为例，教师可利用KIMI、DEEPSEEK等筛选汉语情绪词，按文化场景（如家庭、职场、社交）将其分类，并关联对应的影视片段、表情包、成语及音视频等，形成“词—图—例句—语境”为一体的多模态资源库，解决词汇语义与文化脱节的问题；利用AI生成从词义匹配、强度排序到语境填空的梯度试题，并实时生成个人效价掌握度报告，解决语义理解的表面化问题，深化情感效价辨析；同时建立AI仿真语境工坊，通过角色扮演、情绪日志等方式进行情绪表达的实战训练，并结合AI即时语法与情感匹配度反馈，解决输出机械化的问题，促进自然语义内化。

个性化学习满足多样需求。性别可能影响个体对语言和情感的感知和表达[30]。基于学生学习偏好的性别差异，教师可提供个性化的学习资源和任务，如为男性学生提供与音乐和体育相关的情绪词学习材料，为女性学生提供与文学和艺术相关的情绪词学习材料。在检验学习成果时，也可鼓励学生根据自己的性别特点和兴趣，选择适合自己的测试形式，如男性学生可以通过视频、音乐等方式展示情绪词的学习情况，女性学生则可以通过写作或绘画等书面形式展示学习成果。

反馈与评估提升学习效果。汉语情绪词的习得不是一蹴而就的，需要学生逐步建立自己的词汇图谱，形成联想网络。教师可定期对学生的情绪词使用情况进行反馈和评估，帮助学生及时纠正错误，巩固学习成果。同时，鼓励学生在日常生活中正确使用汉语情绪词并进行有效的自我评估和反思，记录自己在情绪词学习中的进步和困难并及时改正提升。只要长期坚持下去，学生将会逐渐形成适合自己的学习方法和路径，达到举一反三的学习效果。

结语

本研究通过词汇判断任务和情绪效价任务，考察了词汇类型对汉语二语情绪词习得的影响。研究发现，积极情绪词的正确率高于消极情绪词且反应时更短，表明积极情绪词在认知加工中具有优先性。这可能与积极情绪词在语言环境中的高频出现和更积极的情感联想有关。消极情绪词因复杂的情感联想、更高的认知负荷及语义复杂性等特点，导致加工速度较慢，正确率较低。此外，词汇类型对情绪词加工有调节作用，标签词的语义加工更直接，而负载词的加工难度更高。基于以上发现，结合学习者汉语二语情绪词的学习现状和偏好，本文提出相关学习策略，旨在通过建立情绪词与语境的关联，构建词汇与情感的认知联结，通过个性化教学因材施教，引导学生构建适合自己的学习方法，提高学习效率。

同时，本研究仍存在一些不足并具有未来拓展空间。在研究内容方面，留学生的汉语二语情绪词习得涉及复杂的语言和文化背景，未来研究可立足于不同语境和文化背景对该议题展开深入探索和研究。另外，心境效应对汉语二语情绪词的习得影响同样值得关注。在研究方法上，后续可通过 ERP、fMRI 等方式，了解情绪词加工的时间动态，揭示其空间分布，深入探究情绪词在汉语二语学习中的神经机制，以期为汉语二语情绪词的习得提供更有效的学习方法和路径。

* 本文系教育部中外人文交流中心一类课题“中巴经济走廊下‘水利水电行业＋中文’协同发展模式研究”(23RWJL009)、三峡大学 2023 年人文社科人才科研启动基金项目“巴基斯坦‘中文＋职业技能’教育发展路径调查研究 ”(2023RCSK009)的阶段性研究成果。

注释：

［1］J. A. Hinojosa，E. M. Moreno，P. Ferré，“Affective Neurolinguistics：Towards A Framework for Reconciling Language and Emotion”，*Language*，*Cognition and Neuroscience*，7，2019，pp. 813-839.

［2］J. A. Russell，“A Circumplex Model of Affect”，*Journal of Personality and Social Psychology*，6，1980，pp. 1161-1178.

［3］彭聃龄、胡治国、刘宏艳，等：《词汇阅读中情绪调节的神经机制》，《科学通报》2006 年第 2 期，第 420～426 页。

［4］K. D. Federmeier，E. W. Wlotko，et al.，“Multiple Effects of Sentential Constraint on Word Processing”，*Brain Research*，1，2007，pp. 75-84.

［5］M. L. Kringelbach，K. C. Berridge，“The Functional Neuroanatomy of Pleasure and Happiness”，*Discovery Medicine*，49，2009，pp. 579-587.

［6］K. L. Phan，T. Wager，et al.，“Functional Neuroanatomy of Emotion：a Meta-analysis of

Emotion Activation Studies in PET and fMRI", *NeuroImage*, 2, 2002, pp. 331-348.

[7] G. G. Scott, P. J. O′Donnell, H. Leuthold, et al., "Early Emotion Word Processing: Evidence from Event-related Potentials", *Biological Psychology*, 1, 2009, pp. 95-104.

[8] J. Kissler, C. Herbert, I. Winkler, et al., "Emotion and Attention in Visual Word Processing—An ERP Study", *Biological Psychology*, 1, 2009, pp. 75-83.

[9] C. Herbert, M. Junghofer, J. Kissler, "Event Related Potentials to Emotional Adjectives during Reading", *Psychophysiology*, 3, 2008, pp. 487-498.

[10] 刘佳:《注意导向的汉语情绪直意词和情绪隐含词的神经机制研究》,北京:北京外国语大学博士学位论文,2021,第 159～161 页。

[11] H. Sharif, S. Mahmood, "Emotional Processing in Bilinguals: A Systematic Review Aimed at Identifying Future Trends in Neurolinguistics", *Humanities and Social Sciences Communications*, 438, 2023, pp. 1-12; P. Ferré, M. Anglada-Tort, M. Guasch, "Processing of Emotional Words in Bilinguals: Testing the Effects of Word Concreteness, Task Type and Language Status", *Second Language Research*, 3, 2018, pp. 371-417.

[12] A. Pavlenko, *Emotions and Multilingualism*, Cambridge: Cambridge University Press, 2005, pp. 23-27.

[13] M. Viorica, K. Margarita, "Autobiographical Memory and Language in Bicultural Bilinguals", in J. Cohen, T. Kara, *Proceeding of the 4th International Symposium on Bilingualism*, MA: Cascadilla Press, 2005, pp. 1478-1486.

[14] B. Costa, J. M. Dewaele, "Psychotherapy Across Languages: Beliefs, Attitudes and Practices of Monolingual and Multilingual Therapists with Their Multilingual Patients", *Counseling & Sychotherapy Research*, 3, 2014, pp. 235-244.

[15] 廖小根、朱骊安、倪传斌:《心境和词汇类型对二语情绪词加工的影响》,《外语教学与研究》2023 年第 5 期,第 702～714、799～800 页。

[16] P. C., J. Lin, et al., "Processing Emotional Words in Two Languages with One Brain: ERP and fMRI Evidence from Chinese English Bilinguals", Cortex, 71, 2015, pp. 34-48.

[17] J. F. Kroll, N. Tokowicz, "Models of Bilingual Representation and Processing: Looking Back and to the Future", in J. F. Kroll, A. M. B. de Groot eds., *Handbook of Bilingualism: Psycholinguistic Approaches*, Marston: Oxford University Press, 2005, pp. 531-553.

[18] T. Dijkstra, J. B. Walter, H. Van, "The Architecture of the Bilingual Word Recognition System: from Identification to Decision", *Bilingualism: Language and Cognition*, 3, 2002, pp. 175-197.

[19] 刘佳:《注意导向的汉语情绪直意词和情绪隐含词的神经机制研究》,北京:北京外国语大学博士学位论文,2021 年,第 207～210 页;X. Wang, C. Shangguan, J. Lu, "Time Courses of Emotion Effects During Emotion-label and Emotion Laden Word Processing", *Neoruscience Letters*, 699, 2019, pp. 1-7.

[20] 刘文娟、沈曼琼、李莹,等:《情绪概念加工与情绪面孔知觉的相互影响》,《心理学报》2016 年第 2 期,第 163～173 页。

[21] 叶浩生:《有关具身认知思潮的理论心理学思考》,《心理学报》2011 年第 5 期, 第 589～598 页。

[22] V. Hoorens, *Encyclopedia of Quality of Life and Well-Being Research*, New York: Springer, 2014, pp. 4938-4941.

[23] K. Plamen, "The Role of Positive Emotions in Second Language Acquisition: Some Critical Considerations", *MEXTESOL Journal*, 43, 2019, pp. 1-10.

[24] 苗元江、余嘉元:《积极心理学:理念与行动》,《南京师大学报(社会科学版)》2003 年第 2 期,第 81～87 页。

[25]李金珍、王文忠、施建农:《积极心理学:一种新的研究方向》,《心理科学进展》2003 年第 11 卷第 3 期,第 321～327 页。

[26] B. L. Fredrickson, "The Role of Positive Emotions in Positive Psychology: The Broaden-and-build Theory of Positive Emotions", *American Psychologist*, 3, 2001, pp. 218-226.

[27] E. A. Phelps, "Emotion and Cognition: Insights from Studies of the Human Amygdala", *Annual Review of Psychology*, 57, 2006, pp. 27-53.

[28] K. Plamen, "The Role of Positive Emotions in Second Language Acquisition: Some Critical Considerations", *MEXTESOL Journal*, 43, 2019, pp. 1-10.

[29] B. L. Fredrickson, "The Role of Positive Emotions in Positive Psychology: The Broaden-and-build Theory of Positive Emotions", *American Psychologist*, 3, 2001, pp. 218-226.

[30] C. Gilligan, *In A Different Voice: Psychological Theory and Women's Development*, Massachusetts: Harvard University Press, 1982, pp. 22-23.

论功能对语素、语块的管控作用

——兼论汉语词汇教学的模式

张　芳

（江汉大学人文学院，湖北武汉，430056）

内容摘要：语素法和语块法是汉语词汇教学中除整词教学外主要的两种教学方法。近些年学界认为，语素法和语块法各有优势和不足，教学应该着眼于它们的独特作用，并提出了二者并存并用的双模系统。但是，词汇学习的最终目的是为功能服务，因此，本文提出必须重视功能对语素、语块的管控作用。如果忽略功能，有可能导致学生认识了语素，仍然不能正确运用词汇；或者学生能够形成语块，但在交际中运用不恰当、不合理。本文认为，功能对语素的管控表现在：语素教学主要涉及语义、语素所在的语义结构是功能结构、同义词近义词辨析必须考虑词汇功能、汉语还存在不少功能性语素等；对语块的管控，首先表现在输入上，功能管控着语块的理解，其次是在输出上，功能管控着语块的表达。基于以上认识，本文认为，语素—语块词汇教学模式应该基于功能管控而展开。

关键词：词汇教学模式；语素-语块；功能管控

引言

语素法和语块法是汉语词汇教学中除整词教学以外最主要的两种教学方法。前者认为，为了在有限的时间资源里尽可能提高词汇教学效率，利用构词成分和构词规则进行词汇教学是行之有效的办法[1]，也有学者称字本位教学[2]。后者认为，语块才是第二语言记忆和生成的理想单位，这种由词或其他成分组成的序列像是已经预制好的，作为一个整体储存在人的记忆当中，在使用时它作为一个整体从记忆中提取，而不依赖于语法规则生成与分析[3]。

施春宏指出，不论是语素法，还是语块法，他们“主要是申明和阐述自己所主张的本位观的长处，却很少检视各种本位观‘天生’的不足之处”；证明的时候，也“基本上都是采取证实的方式”[4]。因此，考虑到语素法和语块法的独特作用，张博提出了促进学习者语言的双模系统，认为在词汇教学中，不宜偏执一法，而应并存并用，充分发挥各自的优势，清醒地认识其局限性，以便最大限度地提高汉语词汇教学效率[5]。

但是，以上教学法的基础还是词汇本身。词汇是语言构建的基本材料，其最终的目的是为功能服务，进入语言的交际当中。因此，我们必须重视功能对语素、语块的管控作用。

一、功能管控界说

在语言学中，形式与意义、结构与功能，是对立的经典命题。没有不表达语言意义的语言形式，也没有不依托语言形式而孤立存在的语言意义，二者相辅相成。结构与功能也是如此，没有不表达语言功能的语言结构，也没有不依托语言结构而孤立存在的语言功能。

语素是意义和功能的综合体。有时候表示词汇意义，例如实词语素；有时候表示语法意义，例如"老、们、化"等词缀所表达的意义；有时候还跟语法功能联系在一起，例如一些表达语法功能的虚词语素。语素是一个融合词汇意义、语法意义和语法功能的综合体。

语块，主要与语法意义、语法功能和语用功能有关。例如"可＋A＋了"，这是现代汉语里一个常用的语块，用来强调程度，这是它的语法意义；其二，"可＋A＋了"在句子中只能充当谓词性短语，这是它的语法功能；其三，相对"很、太"等程度副词，"可＋A＋了"有着独特的语用价值，有着特殊的语用功能，与前两者相比，"可＋A＋了"通常表示强调，带有一定的主观情感和夸张意味。因此，语块是一个融合语法意义、语法功能和语用功能的综合体。

意义和功能，是语素、语块的内容层面，具有内在的一致性，这里皆称为"功能"。

功能管控即词汇意义、语法意义、语法功能和语用功能对词汇理解、运用以及教学的管理和控制作用。虽然在语言里，什么时候使用什么样的语块或者词汇，它是受着功能的管控的，但这里"管控"主要不是这种语言层面上的管控；而是关注功能管控的教学层面，即在教学中，在教授语素以及语块时，首先考虑的是它们的功能。大致有两点：(1)对于语素，功能管控着语素的理解和运用。即在语素教学中，我们重点关注语素的意义和功能，而不是语音及记录语素的汉字结构形式。(2)对于语块而言，功能管控着语块的输入与输出。也就是，既要理解语块的功能，又要能在特定的语境中恰当地使用语块。以下是具体论析。

二、功能对语素的管控

(一) 语素法教学的内涵与实质

Ellis & Shintani 指出，在第二语言教学中，有 11 条教学原则。其中第一条原则是，"教学要确保学习者既发展丰富的惯用表达的能力，也要发展基于规则的能力"[6]。语素法侧重的是发展基于规则的能力。张博指出，帮助学习者发展基于规则的词汇能力是语素教学法的核心要义。其具体内涵是：在解释词义、扩展词语及猜测词义等教学环节中，通过汉语强构词力语素及其所构词语的规则化结构关系的教学，促使学习者发展基于语素义和词法模式理解合成词词义的能力以及生成汉语合成词的能力，从而使合成词的学习能够逐步摆脱“教一个会一个”或“学一个会一个”的零散式习得，尽快过渡到具有类推性的高效习得[7]。

（二）语素法教学中的功能管控

在语素法教学中，其实是存在功能管控的。表现在：

1. 意义是语素教学的主要考量因素

语素是最小的音义结合体，音是它的形式，义是它的内容。在语素教学中，语素的意义，而非语音，是其主要考量的方面。在语素教学中，我们并不是强调学生所掌握的语音形式以及汉字的结构、汉字的书写形式等，而是它的语义内容。例如：

“尝”，在初级汉语教学中，因为已经学了“常、常常”等词汇，掌握语音很容易，汉字的学习也不难，但掌握其语音及汉字的结构形式对于“尝”语义内容的理解并没有太大的作用。即使掌握了这些，学生仍然不能正确使用“尝”。相反，“院子里种着几棵桂花树”，其中“桂”虽然是一个超纲词，但因为有部首“木”的帮助，虽不知道语音，但能理解其意义。

功能对语素意义教学的管控主要表现在两个层面：

一是通过理据来管控语素的意义。与英语词缀不同，汉语语素的理据主要蕴含在汉字中。例如“贝”总是与财富、货币、贵重物品等相关，“食（饣）”则可能与食物、餐饮及饿饱等存在联系。此外，一些声旁，尤其是那些兼表意的声旁也值得注意。例如“钱、浅”中，“戋”表示物之小者。这种策略在词义猜测中也很有效用，例如“腺”，这是一个水平级别较高的词，但根据部首“肉（月）”、偏旁“泉”来猜测词义，可以极大地降低学习的难度。值得注意的是，诠释语素绝不能使简单的事情变得更为复杂。例如“春、暮（莫）”，前者本义是草木的种子生根发芽，后延伸至一年四季的第一个季节；后者在古文字中是指太阳沉于草木之中，本义指日落西山、傍晚时分。解释这两个词，图片法、整词法都是合适的方法，如果非要诠释“春、暮”的理据，反而可能使词汇学习更为复杂，这是不可取的。

二是通过构词成分的意义来管控语素教学。构词成分的意义是功能性的，但在语素教学中，并不是所有的语素都同样有效，只有那些语义容易识别的语素，才适合作为词汇教学的内容。王洪涌曾举过一个例子，汉语名词性语素“方”有多个义项，一是表示方向，例如“北方、东方、方向、方位”；二是表示地方、地区，例如“地方、方言”。但作为形容词的“方便”最好不要基于语素进行教学，虽然它也能追溯其源义，但意义与当今用法相去甚远，且会越解释越复杂，对于学习者来说，“方便”的“方”只是作为声音可能更合适[8]。对于词义不透明的语素就更是如此[9]。整词教学更好，还是离析成语素教学更为方便，需要具体情况具体分析。当整词能够离析，并且语义透明时，语素教学是有效的。例如“迟到”，如果只是理解了整词的意义——late，那么在学习中就会出现这样的偏误：

（1）语境：让某人等了很久

*不好意思，让您迟到了。(→不好意思，让您久等了。)[10]

(2) 语境：下课后问老师问题

*不好意思，老师，让您迟到了。(→不好意思，老师，让您下班晚了。)

在以上两个例句中，学生出现这样的偏误就在于他只是整词记忆，而没有理解语素的意义，如果理解“迟到”是到晚了，那自然就不会生成这样的句子。

2.语义结构是一种功能结构

在语素教学中，构词法教学也是值得重视的部分。吕文华说，初级阶段可以介绍附加法、定中式、联合式、述宾式及名量组合法等构词法[11]。但最新的研究表明，定中、联合和述宾等语法结构因其过于概括和抽象，往往无助于学习者理解复合词的构词理据及词义。在利用语素法进行词汇教学时，有关复合词结构知识的教学不宜停留在抽象的语法结构层面，而应向下延伸，着眼于较为具体的语义结构，将复合词凸显性语义结构列为词汇教学内容[12]。

但是，这种“语义结构”，说到底，是功能性的。主要有两个方面的表现：

第一，功能管控着语素构成同类的、能产性的词法模式。例如：

全：全部、全国、全家、全年、全身、全体、全场、全面、全集、全军、全心、全意、全力、全民、全新、全才、全都、全球、全责、全盘、全景、全程、全貌

馆：饭馆、图书馆、博物馆、体育馆、宾馆、旅馆、大使馆、茶馆、美术馆

在以上两例中，“全”是不定位语素，“馆”基本上是定位的。它们的语素意义清晰，内部语义结构分明，词法模式的结构义也很清晰，易于被学习者所理解和运用。

第二，功能管控着语素构成具有同样语法功能的词法模式。例如：

儿：鸟儿、花儿、小孩儿

者：作者、读者、吸烟者、来者、学者、强者、弱者、患者

家：作家、音乐家、舞蹈家

员：服务员、售货员

化：现代化、国际化

然：果然、突然、忽然

以上是附加式词语，“儿、者、家、员”等作词缀构成的一般是名词，“化”构成的一般是动词，“然”构成的往往是形容词或者副词。

此外，还有定中、联合、动宾、偏正等有着共同模式的词。例如：

式：中式、西式、男式、女式、新式、老式

型：大型、中型、小型、新型、微型
等：上等、中等、高等、一等、二等、优等、特等
级：初级、中级、高级、超级、特级

以上词皆为定中式，在语法中起修饰名词的作用，皆是非谓形容词。

随着词汇、语法研究的更为深入，这种由同类语素构成的有着同样语法功能的词法模式被发现得越来越多。需要说明的是，即便它们的语义结构和词法模式相同，但在教学中，这些词仍更适宜于理解，而不是应用。因为在应用中，学习者总是会出现这样或那样过度类推的情况。例如由“开心”推出“＊关心”，但“关心”并不是不开心的意思，由“诗人”推出“＊唱歌人、＊跳舞人、＊游泳人”等这类情况那就更多，更不用说理解“作者”与“作家”、“生意人”与“商人”、“歌星”与“歌手”等词之间细微的区别了。

因此，张博主张，发展词语理解能力是语素法教学的着力点[13]。注意，是理解能力，而非应用能力。原因在于汉语词法规则不像句法规则那样硬性，其中允许空缺和特异性的存在[14]。并且，汉语与其他语言的构词理据本来就不一定相同，拿一种语言的词法模式套合在另外一种语言上，难免就会出现张冠李戴的结果。

3. 词义辨析必然考虑功能

同义词、近义词，它们的词汇意义尽管相通，但语法意义、语法功能却可能差异很大。比如上面说到的“忽然、突然”，“忽然”是副词，具有纯状语性，只能做状语，而“突然”是形容词，可以做定语和谓语，前面可受“很”的修饰。“刚、刚才”的区别也是如此，在不少教科书上，“刚才”被标注为副词，这当然是不正确的。

在教学中，我们必须重视语法功能的不同所带来的词汇意义的差异。例如“根据”和“按照”是初级阶段较难掌握的一对词语。以下是学生常犯的一些偏误：

（3）可是坐飞机【按照】[Cb 根据]科学家研究，对健康很不好，所以我给你们【推荐】[Cb 建议]尽量少【用】[Cd]坐飞机。

（4）我们选择药的时候，不能直接来买药，【从】[Cb 按照]医生【只】[Cd]给我们推荐的来买药。

在现代汉语中，“按照……研究、按照……调查、根据……研究、根据……调查”等，皆是常见的语块。学生在语言使用的时候，很难辨析它们之间的差异。例(3)本来应使用“根据”，却使用了“按照”；例(4)本来应该使用“按照”，却使用了“从”。可见，对于“按照、根据”来说，不论是采用整词教学，还是语块教学，效果都不太好，回归语素也许能提供另外一条思路。

最近有研究证明，“依据”和“依照”在叙实性方面存在差异[15]。根据我们的初步分析，“按照”和“根据”好像也是如此。“根据”往往可通达直陈世界，如例(3)，可表达我建议尽量少坐飞机，而“按照”，如例(4)，医生推荐怎么买就应该买，一般不能改变。词语“按照”和“根据”的不同，其根源可能与“据”“照”的语素意义有着极为密切

的关系。

此外，上述两例还存在“推荐”和“建议”的偏误。“推荐＋尽量V”“建议＋尽量V”等，都是常见的语块，但“推荐”“建议”意义明显不同，只有从功能角度仔细辨别，才能知晓它们的差异。

4. 汉语还有不少功能性语素

功能性语素也是语素的重要范畴。它们虽然不具有独立的词义，但在语法关系和功能上起着重要作用。它们有的作用于词，有的作用于短语或者句子，是语言交际和运用中不可缺少的材料。

根据功能性语素的功能，它有如下类型：

第一类：词内功能语素

它们经常以黏着语素的形式存在。王洪涌指出，要注意构词能力强的黏着语素，比如“边、面、子”[16]，除此以外，还有“第、们、化、性、者、员”等。

第二类：短语内功能语素、小句内功能语素、超句功能语素

这些语素通常是成词语素。从材料层面它们是语素，进入运用层面，它们是功能词。

通过分析《国际中文教育中文水平等级标准》(一级)，这一类功能性语素有：

吧、杯、本、比、不、次、从、地、的、都、个、跟、过、还、和、很、会、就、了、吗、没、呢、能、也、在、着

看一则例子：

(5) 嗯我看【过】[Cb 了]这个电影以后我很激动，因为我看【了】[Cd]这个电影以前，我从来【没】[Cb 不]知道世界上有这样【的情况】[Cd]的地方。

在以上这个例子中，既出现了“过、了”的偏误，也出现了“不、没”的偏误。第一个位置，学生本来应该使用“了”，却使用了“过”；第二个位置，“了”是误加用法；第三个位置，本来应该使用“不”，但使用了“没”；第四个位置，“的情况”是多余用法。

因此，在教学中，我们虽然可以通过一些语块，例如“没时间、没钱”“不去、不忙、不好”等，让学生惯例性地输出一些用法，但“过、了”“不、没”语法功能的教学也十分重要。

三、功能对语块的管控

(一) 语块法教学的内涵与实质

在语言教学中，我们还要帮助学习者尽可能发展丰富的惯用表达的能力。张博指出，语块法的核心要义就是帮助第二语言学习者发展惯用表达的技能。其具体内涵是，以“满足流利性和直接的功能性需求”[17]为教学目标，选择日常交际中常用的、整体性强的语块为教学重点，整体输入，强化操练，使学习者形成良好的语块意义，

掌握丰富的具有特定功能的语块，在不同的表达情境中恰当地提取应用，提高语言表达的流利性和准确性[18]。

（二）语块法教学中的功能管控

在以上内涵的界定中，我们能清晰地感知到，功能对语块的管控和影响。这样的案例有很多。张博引用James在讨论教学重点诱发的错误时，曾援引一名学英语六年的新加坡学生过度使用as……as习语的用法；张博自己也以“没关系”为例，表示在汉语二语学习者的言语表达中，也能发现某些语块多有使用不当的情形[19]。以下是一则亲身经历：一天，一名学生请我给她出具一封推荐信，邮件末尾写：“谢谢您的合作!”这句话使用了“您”，以示尊敬，语法上、语块上也没有任何问题，但熟知汉语者皆知道，这不符合语言交际。在汉语里，请求老师给出具推荐信，只能是“谢谢您的帮助”“感谢您的帮忙”。在英语中，请求老师出具推荐信，可以说 Thanks for your cooperation，但汉语不能这样使用。

在全球汉语中介语语料库中，“合作”还出现了其他不少偏误。例如：

(6) 我的学校跟南大有【关系】[Cb 合作]。

(7) 这个年轻的女生和男生发现这件重要的事，所以他们为了【保持】[Cb 保护]环境，跟开发商开发者们跟开发者们【互动】[Cb 合作]。

(8) 我们的人们都是动物所以呢，所有的动物和植物【合作】[Cb 共同]生活【一共】[Cb 一起]生活一起生活，是很重要的事。

例(6)本来应该说“合作”，却说成了“关系”；例(7)也是如此，本来应该说“合作”，却说成了“互动”。以上两例是搭配失误，关键在于没弄清楚“合作”与“关系”“互动”的区别。例(8)是语法问题，修饰“生活”只能用副词“共同”，而不能使用动词“合作”。

我们认为，功能对语块教学的管控主要表现为两点：

1. 功能管控着语块的理解

语块具有习用性。既然具有习用性，那么有些语块，尤其是构式—语块，其形式或意义的某些方面就是不能从构式本身成分直接推导出来的[20]。这时，帮助学生理解语块的功能显得非常必要。例如：

(9) 说什么我也不会跟你去的。

(10) 我说什么也得去一趟才行。

以上“说什么”，它不是表示疑问，也不是不定内容或任意内容的言说，而是表示无论如何、不管怎样的意思。整个句子表示的是一种无条件让步紧缩关系。“说什么”可看作是一个整体，表示无论如何、不管怎样，都不会影响后面出现的结果[21]。

但是，学生对于语块“说什么”的理解却并不是那么容易。“输入假说”强调可理解的语言输入在语言习得中的重要作用[22]，对于“说什么”语块来说，其教学最好是安排在“无论、不管”等关联词语的教学之后。如果学生理解语块都存在困难，输出就更不用说了。

2. 功能管控着语块的运用

除了语块的理解，功能也管控着语块的运用。以上“谢谢您的合作”除了语块的理解外，其实就已经涉及语块运用的问题。在实际使用过程中，这样的案例更多，情况也更为复杂。主要有两种：一是语块使用错误或回避使用。

仍以“说什么”为例。据研究，从等级上说，这虽然不是一个等级很高的语块，但属于初中级必须掌握的内容[23]。但学生在理解了功能的基础上，输出却可能采取了“回避”策略。统计语料库，“说什么也/都”只有 36 例，其中只有 2 例可认为是无条件让步构式。例如：

(11) 说来也奇怪，就那么小小的一颗碎石，小得没有放大镜都看不见的石头，平时说什么也不会影响他走路的，今天却让他出洋相了。

(12) 我们都觉得说什么也不能让【这】[Zc]个婚姻“死掉”。

此外，还有一些其他用例。但其中不少存在偏误，典型的偏误是主句主语的缺失。例如：

(13) 如果他人对你说什么【Cq】也相信自己的话，梦想是一定得到的。

(14) ××感到越来越不对劲儿，越来越可怕，而且跟他说什么【Cq】也没有回音。

以上两例，例(13)缺少了主语“你”，例(14)缺少了主语“他”。

除语法问题外，语块还包括人际功能和语篇功能[24]。以上“谢谢您的合作”不恰当，正是因为人际功能失误的缘故。下面我们再看一则例子：

(15) 他说一到房子的门前看见了一张启事，里面写着：“您被偷了，新的钥匙在【Plamnclas】[Cw]的警方，房子里有一【和】[Cb 张]【控告】[Cb 通知单]”。首先我和父亲都听不懂【用】[Cd]法文“偷”的意思，可是，明白一后【出】[Cd]生气极了：为什么谁都没【报告】[Cb 告诉]我被偷了？

上述例子中，“控告、报告”都是不符合语用功能的词语。前者“控告”，是机关、团体、单位或个人向公安、司法机关揭露违法犯罪事实或犯罪嫌疑人，要求依法予以惩处的行为，而这里是警察局对个人的通知，所以应该用“通知单”。后者“报告”，一般是向上级反映相关情况、存在的问题以及今后的设想等，以取得上级领导部门的指导，但这里是警察局对个人，“报告”明显不合适，只能使用“通知”或者“告诉”。在教学过程中，我们也能听到这样的句子，“老师，如果有了消息，我马上通知您!”这里，

“通知您”最好改成“跟您报告”或者“跟您汇报”。这告诉我们，产出句子，除了要合乎语法，还需要符合语用功能。

张博认为，冯胜利、施春宏创建的“三一语法”体系对于把握语块教学的“法”与“度”具有重要的借鉴价值。她认为，一个语块，其结构是什么？有着什么功能？出现的典型语境是什么？这些问题在适应句法教学的同时，也适用于语块教学[25]。我们认为，“三一语法”体系中，功能实现的场景典型性以及语块的功能作用是第一位的，冯胜利、施春宏提出的是“场景驱动、功能呈现、法则匹配”[26]。在教学中，我们首先要知道“在哪儿用”，然后是知道要“干什么”，有什么目的，最后选择“可以干的‘什么’”来实现这一语用功能。

四、结论

赵金铭先生指出，任何一种语言教学法都是依据一定的语言观而设计，都是为了学习某种特定的语言而创建。任何一种语言教学法都有严格的限定，都要严格控制可变因素。故任何一种语言教学法都有其可取之处，都有其优势，也总有其不适应性，当其走向极端，就会显现其短板[27]。语素法、语块法就是这样一对优势与短板并存的词汇教学方法。

但是，无论是语素法，还是语块法，我们认为，皆受着功能的管控。也许，基于功能管控的“语素—语块”词汇教学模式，才是更好的一种教学模式和方法。因为词汇也好，语块也罢，都是语言运用的基本材料。对于交际来说，理解和掌握语素、语块的功能是更重要的。说话人在特定语境中只有运用了适合其交际环境以及能够实现其语用功能的词汇和语块，才能表现出来恰当的言语效果。只有如此，才能实现国际中文教育最重要的培养目标，即培养学生语言交际的能力，以及使学生能够在跨文化背景下有效地运用汉语进行沟通和交流。

当然，进入功能层面，语素和语块并不是截然可分的。一个层面分析出来的语素，它可能只是语块的一部分；而语块，不管怎样，它是由语素构成，在功能分析过程中，也可能涉及语素的分析。目前，标准化、规范化国际中文教育已成为国际中文教育的趋势与潮流。基于《国际中文教育中文水平等级标准》，从语素、语块两个维度，分析功能对它们的制约和影响，分析哪些语素、汉字及词汇更适合整词教学，哪些受到功能的影响，哪些语块基于功能更方便教学，怎么帮助学生理解，怎样促进他们运用，将它们编纂成册，也许能大大地提高词汇教学效率。

＊本文系教育部中外语言交流合作中心在线课程资源建设项目“汉语词汇速记系列课”的阶段性研究成果。

注释：

[1] 参见吕文华：《建立语素教学的构想》，《第六届国际汉语教学讨论会论文选》，北京：北京大学出版社，2000年，第308～314页。

[2] 白乐桑：《汉语教学的根本选择》，《国际汉语教学研究》2018年第4期，第12～21页。

[3] 参见段士平：《国内二语语块教学研究述评》，《中国外语》2008年第4期，第63页。

[4] 施春宏:《对外汉语教学本位观的理论蕴涵及其现实问题》,《世界汉语教学》2012 年第 3 期,第 391 页。

[5] 参见张博:《"语素法""语块法"的要义及应用》,《语言教学与研究》2020 年第 4 期,第 22～23 页。

[6] E. Rod, N. Shintani, *Exploring Language Pedagogy Through Second Language Acquisition Research*, London and New York: Routledge, 2014, pp.22-27.

[7] 参见张博:《"语素法""语块法"的要义及应用》,《语言教学与研究》2020 年第 4 期,第 14 页。

[8] 参见王洪涌:《〈最低入门等级音节、汉字、词汇表〉语素和语素义分析》,《华中学术》2020 年第 2 期,第 201 页。

[9] 参见王洪涌:《汉语作为第二语言的词义习得透明度》,《华中学术》2022 年第 2 期,第 199～209 页。

[10] 本文语料来源:一是平时教学过程中收录的语料;二是出自北京语言大学全球汉语中介语语料库中的语料,语料库网址如下:https://qqk.blcu.edu.cn/#/search/survey。出自中介语语料库中的语料有一些符号,以下是一些常见符号说明:【X】表示错误用词,X 表示该词语,[X]表示订正后的用词,Cb 表示别词,Cq 表示缺词,Zc 表示增词,Cw 表示误词,Cd 表示多词偏误。

[11] 参见吕文华:《建立语素教学的构想》,《第六届国际汉语教学讨论会论文选》,北京:北京大学出版社,2000 年,第 308～309 页。

[12] 参见张博:《提高汉语第二语言词汇教学效率的两个前提》,《世界汉语教学》2018 年第 2 期,第 243～246 页。

[13] 参见张博:《"语素法""语块法"的要义及应用》,《语言教学与研究》2020 年第 4 期,第 17 页。

[14] 参见董秀芳:《汉语的词库与词法》,北京:北京大学出版社,2004 年,第 15～18 页。

[15] 参见钱坤:《介词"依据"与"依照"的语义选择和叙实功能辨析》,《语言教学与研究》2025 年第 1 期,第 88～98 页。

[16] 王洪涌:《〈最低入门等级音节、汉字、词汇表〉语素和语素义分析》,《华中学术》2020 年第 2 期,第 203 页。

[17] E. Rod, N. Shintani, *Exploring Language Pedagogy Through Second Language Acquisition Research*, London and New York: Routledge, 2014, p. 22.

[18] 参见张博:《"语素法""语块法"的要义及应用》,《语言教学与研究》2020 年第 4 期,第 18 页。

[19] 参见张博:《"语素法""语块法"的要义及应用》,《语言教学与研究》2020 年第 4 期,第 20 页。

[20] A. E. Goldberg, *Constructions: A Construction Grammar Approach to Argument Structure*, Chicago: University of Chicago Press, 1995, p. 4.

[21] 参见谢晓明、肖任飞:《表无条件让步的"说・什么"紧缩句》,《语言研究》2008 年第 2 期,第 99～104 页。

[22] 参见赵杨:《第二语言习得》,北京:外语教学与研究出版社,2015 年,第 53 页。

[23] 参见左双菊主编:《国际中文教育教学语法》上,武汉:华中师范大学出版社,2023 年,第 350～351 页。

[24] G. Thompson:《功能语法入门》(第二版),北京:外语教学与研究出版社,2008 年,第 26～28 页。

[25] 参见张博:《"语素法""语块法"的要义及应用》,《语言教学与研究》2020 年第 4 期,第 20 页。

[26] 冯胜利、施春宏:《论汉语教学中的"三一语法"》,《语言科学》2011 年第 5 期,第 464～472 页。

[27] 参见赵金铭:《对外汉语教学法回视与再认识》,《世界汉语教学》2010 年第 2 期,第 251～253 页。

基于“三一语法”的“V 一 X 是一 X”构式分析及教学策略研究

冯保红

（华中师范大学语言与语言教育研究中心，湖北武汉，430079）

内容摘要：本文基于冯胜利、施春宏提出的“三一语法”理论框架，以《国际中文教育中文水平等级标准》(2021)四级语法大纲中的口语构式“V 一 X 是一 X”为研究对象，对其展开“形式结构-功能作用-典型语境”的系统化研究：其一，其形式结构呈现双模式特征，可公式化为物量词构式[V＋一 NM＋是一 NM]与动量词构式[V＋一 VM＋是一 VM]，其中动词需满足[＋持续][＋自主]的语义约束；其二，其功能作用体现为两个维度：量化强调维度通过动作计量单位复现强化最小动作单元价值，主观评价维度涵盖积极进取、消极妥协及中性务实三种情态类型；其三，针对中级汉语学习者(HSK4 级)提出三阶策略模型。教学前实施三维匹配策略建立“结构可析—功能可测—语境可溯”的备课矩阵，教学中采用多向映射策略实现从结构认知到语用迁移的转化，教学后推行多维反馈修正策略结合互评机制实现精准矫治。此项研究不仅为口语构式教学提供操作范式，更对破解中高级学习者掌握形式而语用失当的问题具有实践启示。

关键词：“三一语法”；V 一 X 是一 X；构式分析；教学策略

引言

“动词＋一 X 是一 X”是《国际中文教育中文水平等级标准》[1]（下称“《等级标准》”）语法等级大纲中四级语法点的口语格式，如“过一天是一天、做一件是一件”等。本文采用变量符号表征法（V＝动词变量，X＝量词变量）解构其形式机制，揭示“V 一 X 是一 X”的核心结构并非简单的线性组合，而是通过数量词“一 X”的复现，构建起独特的量化情态框架。

Goldberg(1995)对构式的定义为：C 是一个构式，当且仅当 C 是一个形式-意义的配对＜F_i，S_i＞，且 C 的形式(F_i)或意义(S_i)的某些方面不能从 C 的构成成分或其他先前已有的构式中得到完全预测[2]。之后 Goldberg 又扩展了构式义，认为“只要有足够的出现频率，那些能够被完全预测出来的语言结构也可以作为构式储存于记忆中”[3]，因此综合来看，判定一个结构是否为构式，需要看它是否满足以下条件：1)形式上的可识别性；2)意义的不可预测性；3)高频使用和能产性。“V一X是一X”这个结构在形式上有明显的可识别性，这种重复的结构在句法上有特定的排列，属于形式上的标记。“V一X”可能表示一次动作，但重复后“V一X是一X”的整体意义不仅仅是动作的重复，这种意义无法仅从V和一X的组合中推导出来，因此符合意义的不可预测性。这个结构在口语中常见，可以替换不同的动词和量词，符合构式的能产性特征。因此，该口语格式属于口语构式。

目前学术界对该构式的研究主要集中在对其句法格式、语义语用、二语习得等某个方面的本体研究，如徐婕[4]、蒋遐[5]、李一珠[6]、罗主宾[7]、王凤兰[8]等。本体研究多聚焦句法格式的静态描写，缺乏对构式义生成机制的动态阐释；教学研究未能建立形式结构与典型语境的系统性映射。“三一语法”是冯胜利、施春宏(2011)提出的一种新型“三位一体”的第二语言教学语法理论，是将句子的形式结构、结构的功能作用以及功能的典型语境这三个维度合为一个既彼此独立又相互联系的语法系统[9]。语法结构不脱离语用和语境而抽象地存在，有利于语法教学跳出传统二语语法教学中语义语用的割裂式教学困境[10]。

经过十几年发展，无论是对“三一语法”本身的理论研究，还是在“三一语法”理论指导下的汉语教学策略或个案研究，都极大丰富了对外汉语教学的方法论体系。本文以“三一语法”为理论框架，从构式的形式结构、功能作用、典型语境三个角度，依托BCC语料库真实语料对“V一X是一X”进行多维度研究，通过聚焦该构式的句法、语义及语用特征，以建构此类口语构式的原型范畴，为对外汉语教学提供有效策略指导。

一、“V一X是一X”的形式结构分析

(一)“三一语法”下“V一X是一X”的句法结构分析

“三一语法”指出，一个句型的“形式结构”分析包括两点：一是用符号简明地概括这一句式基本的结构形式；二是对这一句式结构的特征进行清晰的说明[11]。“V一X是一X”构式的框架为：动词(V)+一+量词(X)+是+一+量词(X)。朱德熙先生(1982)将动词后的动量、时量成分看作是准宾语[12]，因此可将“V一X”看作动宾结构，如“走一步、过一天”；“一X”属于前后复用的数量结构，通过“是”建立逻辑闭环，实现动作目的与结果的同一性；“是一X”不能独立存在，而是和前面的“V一X”连在一起，构成一个整体的口语构式。整体句法结构是：[V一X]是[一X]，前半段为动作单元(VP)，后半段为存在证明(NP)，是一个通过判断动词“是”实现谓词性结构向名词性结构转化的嵌套式框架结构，例如：

(1) 虽然日子过得很难，但也不能过一天是一天。(《等级标准》)

“过一天是一天”中的“过一天”是动词“过”与量词“天”的动态耦合，形成动作量度(VP)；“一天”既是“过”的动作对象，也是存在证明(NP)，前后两个“一天”通过“是”

形成“动作即目的”的自指循环。

吕叔湘先生(1981)在《现代汉语八百词》中总结“A 是 A”格式时涉及了“动 A 是 A”这一格式[13]。吕先生指出 A 是数量词，即本文界定的“一 X”为数量词，“X”为量词，主要包括名量词(记做 NM)如“一个/只/条/位/分/棵/篇/步/天/点”等和动量词(记做 VM)如“一下/次/趟/场/回/遭/番/遍”等，例如：

(2) 走一步是一步，离目的地进一步。(吕叔湘《现代汉语八百词》)

(3) 打得好，打得好，反正早就看不顺眼，能打一下是一下！(苏童《妻妾成群》)

根据量词分类的不同，“V 一 X 是一 X”的形式结构具体为“V 一 NM/VM＋是一 NM/VM”。其中 NM 表示人或事物的单位，主要包括时量词、工具量词、伴随量词以及“些”“点”等指称不定量事物的量词，如例(2)中“一步”表示位移，是路的单位；VM 表示动作次数或持续的单位，如例(3)中“一下”修饰动词“打”，表示“打”的次数。

(二)“V 一 X 是一 X”的构式义分析

构式义是构式语法理论中的核心概念，指语言中结构本身自带的独立意义，其整体意义大于部分意义之和且无法从其他成分或规则中推导出来。每种构式都具有一定的构式义。戈德堡(2007)提出：构式并非只有一个固定不变的、抽象的意义，而是通常包括许多密切联系的意义，这些意义共同构成一个家族[14]。

“V 一 X 是一 X”的构式义在于强调动作的现实性或结果性，其核心语义是量力而行或尽力而为。本文从认知语言学视角对该构式进行双重解读：首先，时间相似性原则在语序分布的先后顺序上具有一定解释力[15]。前置项“V 一 X”构成动作预设单元，无论该动作是否真实发生，在言者认知中均需先行建立这一概念框架；后置项“是一 X”承担存在验证与主观评价功能。根据对语料的统计来看，大部分“V 一 X”处于并未发生的未然状态，这使得“是一 X”具有必然性判断与肯定评价的双重语义特征。其次，图形(Figure)-背景(Ground)理论可解释“V 一 X 是一 X”这一构式的被突显要素[16]以及该构式通过语言形式的复现实现认知焦点的转移。重复成分“一 X”作为图形，通过量词复现形成语义强化，突显动作结果的量度特征；动词“V”充当背景，与量词构成“动作-量度”的嵌套关系，其具体语义在语境中产生变化；判断动词“是”作为谓语中心，将具体动作抽象为概念判断，使构式整体呈现“事件陈述→量度判定”的语义转换模式。综上，“V 一 X 是一 X”本质上是以判断动词为核心的评价强调构式，其认知机制体现为：通过时序化的事件预设建立认知框架，借助要素复现实现焦点转移，最终完成从具体动作到抽象评价的语义转换。

(4) 说我们现在的 7080 后都是走一步是一步，没有多远的打算。(微博)

(5) 如此感情，有的人付出一次少一次，有的人丢掉一次是一次。(微博)

当一 X 为 NM 时，整个构式产生的意义是对动作“V”进行肯定，并对“V”所涉及的“一 X”(对象或事件)进行量化强调和情态评价。如例(4)中“走一步是一步”是对动作“走”进行肯定，并对“走”所涉及的对象“路”的量进行强调，认为“一步”只是“一步”，后面的路还没有确定，缺乏长远打算，边走边看，属于消极地强调“一 X”的量；例(2)中也是对动作“走”进行肯定，并对动作所涉及的对象“一步路”进行积极强调，认为“一步路”也是“一步路”，虽然量小，但总比没有好。因此，其构式的形义配对框架为：[[F：V+一 X(NM)+是+一 X]← →[M：对动作“V”进行肯定，并对“V”所涉及的“一 X”(对象或事件)进行主观性强调]]。

当一 X 为 VM 时，整个构式产生的意义是对动作“V”进行肯定，并对“V”所涉及的“一 X”(动作的量)进行量化强调和情态评价。如例(3)中“打一下是一下”是对“打”这个动作进行计量，并因该动作符合“早看不顺眼”的心理而肯定“打”这个动作，认为“打得好”，并进一步对“一下”这个量进行强调，一下也是一下，总比一下都没打好，强调这一小量的作用，属于积极肯定动作 V，并强调“一 X”。例(5)中“丢掉一次是一次”是对“丢掉”这个动作进行肯定，并对“一次”这个量进行强调，虽然只有“一次”，但一次也是一次，次数越多伤害越大，属于消极强调“一次”这个量。因此，其构式的形义配对框架为：[[F：V+一 X(VM)+是+一 X]← →[M：对动作“V”进行肯定，并对“V”所涉及的“一 X”(动作的量)进行主观性强调]]。

综上所述，“V 一 X 是一 X”这一构式整体上的原型意义是表示对动作“V”进行情感导向评价，并对“V”所涉及的“一 X”(事件或者动作的量)进行主观性强调。其构式的形义配对框架为：[[F：V+一 X+是+一 X]← →[M：对动作或事件的现实性或结果性进行量化强调和情态评价]]。

(三)“V 一 X 是一 X”的构成成分分析

“V 一 X 是一 X”构式主要由两个变量 V、X 和两个常量“一”“是”组成。其中，动词 V 是构式核心，决定动作类型及语义框架；数词“一”是最小化标记，强调动作单元的最小性，如“走一步是一步”中的“一步”为最小位移单位；判断动词“是”连接前后“一 X”，形成逻辑闭环；X 是量词，多为具体可量化的单位，需要与动词进行名量词或动量词的语义匹配。本节主要对变量 V 的成分和特征进行分析。

汉语动词分类体系从“自主/非自主、持续/非持续”角度分为四大类型，源于马庆株(1988)[17]与郭锐(1993)[18]的奠基性研究，后在构式语法框架下被整合为动词准入条件的核心筛选标准。从 BCC 语料库共搜集到 700 例符合“V 一 X 是一 X”构式的构例。观察语料后发现，能够进入该构式的动词多为自主性动词(如说、想、劝、躲、吃、喝、帮助等)。马庆株(1988)认为自主动词是动作发出者有意识控制和支配的动作行为，非自主动词则是动作发出者无法随意支配的动作行为[19]。该构式表达“量力而行或尽力而为”的核心语义，要求动词具备可控性及可量化特征。

持续性是指动作是否具有时间上的延续性。Vendler 的动词时间分类是持续性分类的重要基础。他认为动词的持续性特征可分为：活动动词(动态动作+持续+无终结点)、完成动词(动态动作+持续+有终结点)、结果动词(动态动作+瞬时+有终结点)、状态动词(静态状态)[20]。观察语料后发现，“V 一 X 是一 X”构式偏好具有持续性的活动动词与完成动词，瞬时的结果动词和非动态的状态动词需要满足特定条件方能进入构式，而非自主动词和不可重复动词则无法进入该构式。具体的动词类型与构式义的互动关系如表1所示。

表1　构式义与动词特征的互动关系表

动词类型	自主性	持续性	准入情况	例句	语义侧重
活动动词	＋	＋	√	走一步是一步	持续积累
完成动词	＋	＋	√	建一层是一层	分阶段达成目标
可重复结果动词	＋	-	√（有条件）	敲一下是一下	重复性瞬时动作
状态动词	±	＋	√（有条件）	活一天是一天 *属于一天是一天	主动维持的延续
非自主动词	-	±	×	*生病一天是一天	排斥
不可重复动词	±	-	×	*爆炸一次是一次	排斥

能够进入“V一X是一X”的动词基本具有[＋自主性][＋持续性]语义特征，自主性是该构式的准入门槛，确保动作由主体可控，服务于“尽力而为”的构式义；持续性决定动词与构式的兼容度。首先，活动动词无内在终结点，直接匹配构式，侧重持续积累；完成动词需宾语X为整体目标的子单元，分阶段达成结果。二者均适配该构式。其次，结果动词具瞬时性，需依赖可重复性消解瞬时性，方有条件准入；状态动词本身具备[－自主][＋静态持续]特征，需通过隐喻获得自主特征，这两类动词需经历语义压制以适配构式。最后，非自主动词违反[＋自主]核心原则，不可重复动词无法量化切割，均无法进入该构式。但在特定语境可突破限制：如游戏机制中“死一次是一次”通过隐喻重构临时获得[＋自主][＋可重复]特征；而“V死一个是一个”中“死”已语法化为结果补语，与V结合成复合完成动词，整体结构偏离原构式，需区别对待。

二、“V一X是一X”的语义功能分析

（一）“三一语法”下构式的语义类型

王凤兰(2014)考察了“V一量是一量”格式的语义类型，将其格式义分为三种类型：肯定表达型、肯定小量型、消极无计划型三种[21]；根据第一部分的论述，本文认为“V一X是一X”整个格式的原型意义表示对动作或事件进行情感导向评价和起强调作用。值得注意的是，同样的构例“走一步是一步”在不同的语境中有不同的语义类型，例如：

(6) 不知道哪一天生病了，被车撞了，died了，别把未来想得太美好，走一步是一步。(微博)

(7) 勤劳的人，也许因为走一步是一步，看上去缓慢而笨拙，那个目的地，就算远在天边，也终有走到的时候。(微博)

例(6)通过列举“生病、车祸、死亡”等负面事件进行破除幻想的安全警示，补充成分“别把未来想得太美好”激活了消极预设，使“走一步是一步”带有消极或现实的态度，属于稳妥应对，甚至带有被动接受的意味。

例(7)通过“勤劳、缓慢而笨拙、终将到达”等词项，建构了奋斗叙事框架；“走一步是一步”强调坚持和积累带来的成功，属于积极进取的类型，是一种克服焦虑的励志承诺；补充成分“终有走到的时候”显示出目标导向的积极态度。

由此可知，构式“V 一 X 是一 X”的语义类型受到语境的强烈制约。其核心语义虽为构式提供基础框架，但具体语境会激活特定的语义类型，甚至限制某些语义的合理性。考虑到该构式的实际使用效果受学习者认知水平和习得规律制约，因此其具体的语义类型还需结合典型语境进行考察，在教学中应当选取具有代表性的典型语用场景作为分析框架，进而通过典型语境的语用特征来解构其语义内涵。

施春宏等(2021)将“三一语法”理论中的典型语境分为三个抽象程度不同的层次：概括性语境指出语境的概括性特征、场景性语境概括场景类别、用例性语境以举例说明的方式展示语境的结构化表现[22]。由举例到概括场景类别再到概括总特征的过程是典型语境的抽象程度不断递增的过程，也是原型语义不断演变和提炼的过程。其关系如图 1 所示。

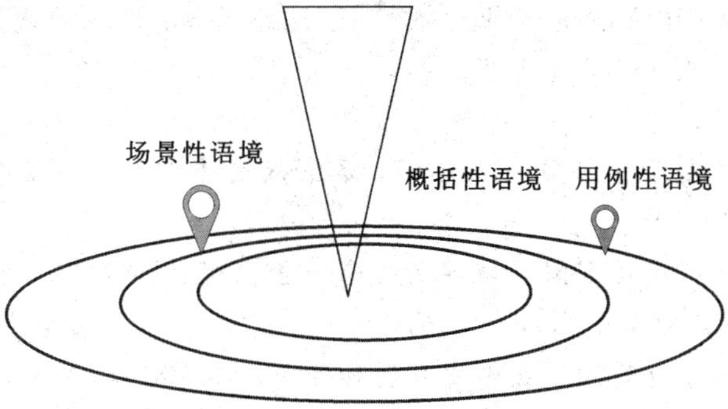

图 1　意义与语境关系图

该构式的原型意义受典型语境的制约，与抽象程度较高的概括性语境构成一种互为映射关系。基于此，在综合原型意义中的“量化强调、情态评价”与典型语境后，“V 一 X 是一 X”的语义类型如表 2 所示。

表 2　“V 一 X 是一 X”的语义类型表

概括性语境	语境特征	语义类型
消极妥协语境	常伴随负面事件(如困境、不可抗力)、说话人主观评价(如“只能”“没办法”)	无奈、被动、勉强接受现状
中性步骤语境	观陈述任务流程、无明确情感倾向	动作分解、过程管理
积极进取语境	目标明确、鼓励性话语	积累、坚持、分步推进

由表可知，构式“V一X是一X”的语义类型高度依赖典型语境的激活与制约。消极、积极、中性三类典型语境分别规约了“妥协”“积累”“分步”等核心语义，例如：

(8) 祥子没言语，也没生气。他好像是死了心，什么也不想，给它个混一天是一天。(老舍《骆驼祥子》)

(9) 新的一天，今天期中英语，还有党课，干完一件是一件吧！(微博)

(10) 青春正在走，要牢牢抓着，抓住一秒是一秒！(微博)

在消极妥协语境中，“V一X是一X”表“无奈、被动、勉强接受现状”。如例(8)中原本朴实勤劳的祥子遭受了一系列打击，彻底丧失生活的信心和希望，绝望的语境激活“被动接受”语义，隐含消极态度。为了突显消极意义，有时会在动词V前加助动词“只能”等，表示即使只是“一X”，也足以对整体产生负面影响。在中性步骤语境中，“V一X是一X”表“动作分解、过程管理”。如例(9)中的工作流程语境，强调按计划推进或逐一完成，无积极或消极色彩。在积极进取语境中，“V一X是一X”表“积累坚持、分步推进”。如例(10)中珍惜青春语境，强调努力争取，积极享受当下。

(二)“三一语法”下“V一X是一X”的功能作用

“V一X是一X”整个构式表示对动作或事件进行情感导向评价，并强调量化作用。在不同的语境中语义侧重不同，结合“三一语法”理论，我们认为构式“V一X是一X”的功能作用主要分为以下几类。

(11) 我抱定干一点是一点的心，尽管我的事业失败，我自己可不会失败。(老舍《四世同堂》)

(12) 还记得小捷那形容憔悴的父亲，脸上那种绝望的无奈——拖一天是一天……(沈亚《梦幻末世纪》)

(13) 以前学得好的现在需要系统地复习，以前学得不好的现在也要安心抓一点儿是一点儿，要以平和的心态来迎接高考，才能取得好成绩。(微博)

(14) 接戏不多，却演一部是一部的伊能静，被称为演艺界的才女。(《文汇报》2004年3月30日)

第一，态度表达功能。具体分为：1)表达持续努力、鼓励争取和尽力实现某事的积极进取，激励他人或自己努力改善不好的情况。如例(11)中即使“一点”这“一X”的量小，但“V”了这“一X”总比没有好，要尽量“V”，即尽力完成工作，表达了鼓励尽力做某事的正向情感。2)接受现实局限，表达无能为力、听天由命等“无作为”的消极妥协。例(12)中的父亲在疾病和苦难中的绝望即属于在客观环境中被动接受现实的消极状态，行为主体呈现出无可奈何或自我安慰的悲观倾向。

第二，劝告建议功能。通过动作的重复性提供策略性意见，表达劝告或建议。如例(13)中通过将学习过程这一复杂事件拆解，提供分步进行“一点儿一点儿”落实的方案，降低执行难度。

第三，焦点强化功能。将焦点集中在“一 X”上，突出动作的单元性或最小性，表达对动作或事件“质量高”的强调。例(14)中即使只写“一部”也是经典，也有价值，强调每一部质量都高。

三、“V 一 X 是一 X”的语用解析与教学策略

(一)“三一语法”下“V 一 X 是一 X”的典型语境

典型语境的提炼应该满足教学与生活两大语境的需求，以便服务对外汉语的教与学。这种语境是基于学习者的认知经验和习得阶段而定的，必须是最典型与/或具代表性的[23]，因此，典型语境的提炼要兼顾代表性和实用性。由于“三一语法”目前主要面向二语教学初中级学习者，因此侧重日常性、互动性和体验性语境，本文基于此提炼出以下教学与生活的双线典型语境如表 3。

表 3 “V 一 X 是一 X”的教学生活双线典型语境表

场景性语境		
场景大类	教学可模拟场景	生活高频场景
生活管理	课堂“虚拟购物预算分配”任务	日常省钱、零钱储蓄
学习规划	小组“拆分 HSK4 复习计划”讨论	碎片化背单词、考前复习
应急处理	角色扮演“旅行迷路解决方案”	手机没电问路、临时修物品
用例性语境		
功能	教学例句	生活例句
积极量化	写一题是一题，考试能进步！	通勤时记单词记一个是一个。
消极接受	钱不够，花一块是一块吧。	他不想起床，能拖一秒是一秒。
临时焦点	先读一段是一段，理解大意就行。	手机坏了，修一次是一次。

需要注意的是，以上典型语境是以冯胜利、施春宏(2015)“提炼典型语境”五原则[24]中的部分原则为依据，总结出的“V 一 X 是一 X”出现频率高、与习得者学习生活相关的典型语境，也是对外汉语教学中容易开展的语境，并不代表涵盖“V 一 X 是一 X”可出现的全部语境。

(二)“三一语法”下“V 一 X 是一 X”的教学策略

冯胜利、施春宏(2015)指出“三一语法”在教学上具有“场景驱动、功能呈现、法则匹配”的科学性[25]。学生掌握句型的“语境→功能→结构”三维次序，既符合认知规律，也与二语课堂“情境导入—问题启发—结构讲解”的教学范式高度契合。因此，在“三一语法”理论下，“V 一 X 是一 X”的教学策略(如图 2)可以概括为以下三个方面。

教学前以三维一体匹配策略进行教学设计。“三维一体”即“三一语法”所提倡的结构、功能、语境三个维度，在“场景驱动、功能呈现、法则匹配”操作路径下，将句子的形式结构、结构的功能作用、功能的典型语境融为一体构成一个教学语法体系。教学中以多向互动映射策略进行实际教学。施春宏等(2021)提出学习者可通过角色转换

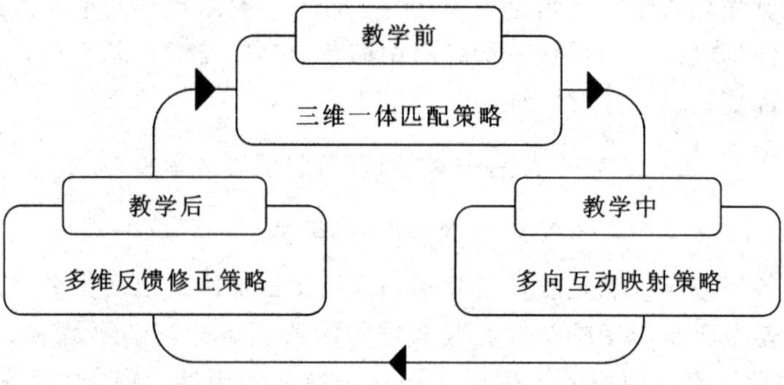

图 2 “V 一 X 是一 X”教学策略图

的多轮交互作用而习得语法项目的结构、功能及语境之间的匹配关系[26]。其中，语境是条件，互动是关键。教学后以多维反馈修正策略进行反思总结。任俊莲(2014)指出教育生态学视角下的反馈模式是一个有机统一的微观生态系统，是各类课堂生态因子(即教师、学生等生态主体及生态环境)相互作用的过程[27]。多维反馈模式基于教师反馈与同伴反馈，能进行多角度信息收集处理，完成深层次的知识及心理构建。具体实施过程如表 4。

表 4 多维反馈模式

教学前：三维一体匹配策略	目标匹配	➤ 锚定核心要素：HSK4 动词(学/做/走)＋量词(个/天/步) 教具：错句预警表(预判偏误)＋高频搭配卡(组合训练)
	需求匹配	➤ 课前问卷捕捉痛点：无奈表达/焦虑缓解等交际需求
	资源匹配	➤ 情感温度计(例句按情感梯度排列)＋生活短视频语料库
教学中：多向互动映射策略	结构→功能映射	➤ 量词拼图游戏：将“V 一 X 是一 X”拆分为磁贴模块(V/一 X/是一 X)，学生重组合法句并解释态度。
	功能→语境映射	➤ VR 模拟两种场景，要求学生用构式回应： 场景 A：虚拟超市中余额不足→触发务实建议：“省一块是一块，别买零食了!” 场景 B：缓解考试前焦虑→触发积极量化：“复习一题是一题”。
	语境→态度映射	➤ 表情包配音：三类表情匹配例句情感(哭/笑/无表情，如“修一次是一次”配“无表情”)
教学后：多维反馈修正策略	教师反馈	➤ Loom 视频日记批注(语调修正建议) ➤ Quizlet 错题智能推送(量词配对/情态辨析游戏)
	同伴反馈	➤ 红绿灯互评法：绿灯(正确)/黄灯(情态模糊)/红灯(语义错误，如“死一次是一次”)
	自我反馈	➤ 三维量表(学生从结构、功能、语境三方面自评，1—5 分自评结构/功能/语境掌握度)：结构(量词搭配)4 分/功能(语调控制)3 分/语境(场景迁移)5 分

续表

教学前匹配	教学中映射	教学后修正
目标—需求—资源对齐	结构⇆功能⇆语境循环强化	教师—同伴—自我三维校准
偏误预判库	多模态任务链	动态诊断网

（教学闭环图示）

综上所述，通过以上三层语境提炼（概括→场景→用例）穿透抽象语义与具象语用；三维策略闭环（匹配→映射→修正）实现“学-用-思”深度融合；双线场景驱动（课堂模拟＋生活迁移）保障 HSK4 级学生在标准化教学周期内实现可观测进步，既显著提升语法结构的准确性，又系统性降低语用失误风险，破解传统语法教学“学用脱节”弊端。

结语

教育部 2021 年颁布的《国际中文教育中文水平等级标准》虽在初等 2 级阶段开创性地单列口语格式项目，但其对口语构式的能产性机制阐释及教学转化路径仍存理论留白。本文以“V 一 X 是一 X”为解剖样本，基于“三一语法”理论构建“形式结构-功能作用-典型语境”三维阐释模型，突破传统语法分析中形式与语用割裂的窠臼，系统揭示口语构式量化情态化的语义生成机制。研究发现，该构式通过双重量词复现形成“微动作价值凸显”的认知完形。据此提出的“三维匹配—动态映射—生态修正”教学策略体系，不仅为口语构式教学提供可操作的层级化方案，更启示着构式语法理论与二语习得研究的深度互鉴方向。

未来研究可沿三条轴线深化拓展：其一，建立跨语体构式对比语料库，探析口语与书面语构式的范畴化差异；其二，开展基于眼动实验的构式认知加工研究，验证量化强化对二语习得的认知突显效应[28]；其三，构建多模态构式教学资源库，开发“语境切片—功能标注—态度可视化”的智能实训平台。唯有实现从理论建构到教学转化、从单点突破到系统创新的范式升级，方能使口语构式研究真正成为撬动国际中文教育高质量发展的理论支点。

＊本文系 2024 年度国家社科基金重大招标项目“基于汉语史的话语标记词库建设和研究”（24&ZD250）的阶段性研究成果。

注释：

[1] 教育部、国家语言文字工作委员会：《国际中文教育中文水平等级标准》（GF0025-2021），[2024 年 1 月 1 日]http：//www.moe.gov.cn/jyb_xwfb/gzdt_gzdt/s5987/202103/t20210329_523304.html.

[2] [美]阿黛尔·E.戈德堡：《构式：论元结构的构式语法研究》，吴海波译，北京：北京大学出版社，2007 年，第 4 页。

[3]骆蓉:《认知构式语法视阈下的英汉致使移动句研究》,杭州:浙江工商大学出版社 ,2022 年,第 69 页。

[4] 徐婕:《汉语“Vp 一 X_量是_算一 X_量”构式研究》,湘潭:湘潭大学硕士学位论文,2016 年。

[5] 蒋遐:《“A 一量 B 一量”格式研究》,延吉:延边大学硕士学位论文,2007 年。

[6] 李一珠:《现代汉语中“VP＋X＋是/算＋X”格式研究》,武汉:华中师范大学硕士学位论文,2011 年。

[7] 罗主宾:《“V＋Num＋是＋Num”构式的主观性分析》,《理论月刊》2012 年第 1 期,第 83～86 页。

[8] 王凤兰:《“V 一量‘是’一量”格式的语义类型及相关格式研究》,《语言与翻译》2014 年第 3 期,第 19～22 页。

[9] 冯胜利、施春宏:《论汉语教学中的“三一语法”》,《语言科学》2011 年第 5 期,第 465 页。

[10] 冯胜利、施春宏:《论汉语教学中的“三一语法”》,《语言科学》2011 年第 5 期,第 470 页。

[11] 冯胜利、施春宏:《论汉语教学中的“三一语法”》,《语言科学》2011 年第 5 期,第 466 页。

[12] 朱德熙:《语法讲义》,北京:商务印书馆,1982 年,第 56 页。

[13] 吕叔湘:《现代汉语八百词(增订本)》,北京:商务印书馆,1999 年,第 501 页。

[14] [美]阿黛尔 · E.戈德堡:《构式:论元结构的构式语法研究》,吴海波译,北京:北京大学出版社,2007 年,第 31 页。

[15] 戴浩一、叶蜚声:《以认知为基础的汉语功能语法刍议(下)》,《国外语言学》1991 年第 1 期,第 25～33 页。

[16] 王寅:《认知语言学与语篇连贯研究——八论语言的体验性: 语篇连贯的认知基础》,《外语研究》2006 年第 6 期,第 6～12 页。

[17] 马庆株:《自主动词和非自主动词》,《中国语言学报》1988 年第 3 期,第 157～180 页。

[18] 郭锐:《汉语动词的过程结构》,《中国语文》1993 年第 6 期,第 410～419 页。

[19] 马庆株:《自主动词和非自主动词》,《中国语言学报》1988 年第 3 期,第 164 页。

[20] 孙英杰:《现代汉语体系统研究》,哈尔滨:黑龙江人民出版社,2007 年,第 21 页。

[21] 王凤兰:《“V 一量‘是’一量”格式的语义类型及相关格式研究》,《语言与翻译》2014 年第 3 期,第 19～21 页。

[22] 施春宏、陈振艳、刘科拉:《二语教学语法的语境观及相关教学策略——基于三一语法的思考》,《语言教学与研究》2021 年第 5 期,第 2 页。

[23] 施春宏、陈振艳、刘科拉:《二语教学语法的语境观及相关教学策略——基于三一语法的思考》,《语言教学与研究》2021 年第 5 期,第 7 页。

[24] 冯胜利、施春宏:《三一语法结构 · 功能 · 语境——初中级汉语语法点教学指南》,北京:北京大学出版社,2015 年,前言第 7 页。

[25] 冯胜利、施春宏:《三一语法结构 · 功能 · 语境——初中级汉语语法点教学指南》,北京:北京大学出版社,2015 年,前言第 9 页。

[26] 施春宏、陈振艳、刘科拉:《二语教学语法的语境观及相关教学策略——基于三一语法的思考》,《语言教学与研究》2021 年第 5 期,第 13 页。

[27] 任俊莲:《教育生态学关照下的英语写作多维反馈模式的应用研究》,《上海理工大学学报(社会科学版)》2014 年第 3 期,第 282～286 页。

[28]方少华, 邬志仪:《〈二语和双语语境下的眼动:研究综述和技术指南〉评介》,《外语教学与研究》2021 年第 4 期,第 628～632 页。

【民间文学研究】

哪吒故事的诗学建构及其创新转化

毛正天

（信阳学院文学院，河南信阳，464000）

内容摘要：全球化与数字化浪潮下，传统文化 IP 的现代转化面临叙事模式僵化与文化折扣的双重挑战，《哪吒之魔童降世》及其续作《哪吒之魔童闹海》却以强势劲头改写全球影史票房格局。从故事诗学的学科视角来看，哪吒故事跨越千年的艺术生命力在于：其英雄之旅的元故事模型，引发人类对成长与救赎的情感共鸣，哪吒逆天改命的抗争精神承载着人类不屈不挠、自强不息的共有价值，角色重塑、主题升华、数字技术赋能又进一步激活了传统故事的文化张力，从而实现中华文化与全球审美的文明互鉴、美美与共，为优秀传统文化 IP 的创造性转化提供了方法论启示。

关键词：哪吒故事；共有价值；故事诗学；英雄塑造；创新转化

一、问题的缘起

2025 年春节档，动画电影《哪吒之魔童闹海》以超百亿元的票房成绩勇攀中国影史高峰，并仍以强势劲头改写着全球影史票房格局。这一现象不仅是中国动画产业崛起的标志性事件，也是中华优秀传统文化 IP 创造性转化和创新性发展的生动案例。其成功背后，既有数字技术赋能的视觉奇观，更蕴含哪吒故事跨越千年的深层密码。哪吒故事源自佛教护法神哪吒的东传，经《西游记》《封神演义》等文本定型，逐渐演化为中国民间信仰中的共有精神载体。这一形象在不同历史时期被反复诠释，从文学文本到口头传说，从舞台戏曲到影视动漫，哪吒故事的跨媒介改编始终在传统与创新的张力中推进。哪吒故事何以跨越千年仍具生命力？

早自 2003 年《哪吒传奇》热播后，杨利慧在全球化和反全球化的语境下讨论民间传统在面对外来压力时作为民族文化根基，是“重建民族自我认同”[1]的重要资源。2019 年，饺子导演的《哪吒之魔童降世》破 50 亿票房，学界再次掀起对哪吒现象的讨论热潮，哪吒神话的动漫化发展路径[2]、哪吒传说的在地化生成情况[3]、哪吒动画的叙事形式与价值[4]均为富有成效的建设性成果。然而，现有研究多聚焦故事流变梳理、单一文本的改编讨论，缺乏对众多哪吒故事的深层情感结构和文化意义进行探索。

世界银幕剧作大师罗伯特·麦基提出："人类对故事的胃口是不可餍足的。"[5]故事是文本、影视、传说的叙事内核，一个故事母题可以发展衍生出多个故事异文，一系列故事背后往往有较为恒定的叙事规律。从文化人类学的角度来看，多模态的哪吒故事流传千年恰恰回答了"人为什么需要故事"这个永恒命题。从故事诗学的角度来看，诸如哪吒故事这样的"民间故事归根到底是人类对自身生命的实践表达与诗性呵护"[6]，因而，以诗学解读来唤醒哪吒故事本身所蕴含的强大文化凝聚力和对人类精神的传承力才是题中之义。

在"国潮复兴"与"文化出海"的双轮驱动下，如何实现传统文化 IP 的创造性转化已成为重要课题。《哪吒之魔童降世》(2019)及其续作《哪吒之魔童闹海》(2025)取得成功，实践表明传统文化的现代性并非对传统的简单塑造，而是通过具有人类命运共同体意义的元故事模式、集体认同的共有价值与创新转化的诗学实践，辩证融合完成了文化基因的深度重组。可以说，哪吒故事的当代重述至少包含有文化基因、技术美学、价值话语的多维建构。因此，有必要从叙事模型层面的元故事结构、文化信仰层面的集体认同基因、创新机制层面的诗学实践等维度，展开深入分析，为更多传统文化 IP 转化提供路径参考。

二、英雄之旅：哪吒叙事的诗学结构

元故事是所有故事背后超越时空的故事模型。法国叙事学家热拉尔·热奈特曾提出"元故事"[7]概念，强调故事中嵌套的深层结构对文化意义的承载功能。哪吒故事和诸多民间叙事类型一样，在不同时代、不同地域产生过丰富的故事变体和族群亚型。芬兰学派用历史地理方法对世界民间故事进行分类和溯源，而丹麦学者阿克塞尔·奥尔里克、俄国学者普罗普以及美国比较神话学家坎贝尔则将研究视角转向民间叙事的功能结构，尝试从大量民间故事的相似性中提炼具有元故事基因的故事讲述法则和行动模型。陈建宪曾经对这些学者做过细致研究，高度赞誉两种集大成的元故事模型——约瑟夫·坎贝尔的千面英雄故事模型及其继承者克里斯托弗·沃格勒的英雄之旅故事模型[8]。坎贝尔和沃格勒均在总结大量神话、民间故事叙事规律的基础上，融合故事形态学、集体无意识心理学而构拟出接近叙事深层结构的元故事模型，被视为好莱坞编剧圣经。依据这一理论，据此成功执导的电影《阿凡达》《星球大战》《狮子王》《花木兰》等，风靡全球，成为当代电影的神话级作品。

沃格勒在坎贝尔千面英雄故事模式的基础上提出了更加细致、实用的英雄之旅模型，英雄之旅不仅是主人公的外在旅程，更是心灵成长的内在旅程。沃格勒分析故事中反复出现的角色类型：英雄、导师、边界护卫、信使、变形者、阴影、伙伴、骗徒，并基于"人的一生都是旅行"的哲学认识建构了英雄之旅："①英雄出场在正常世界里，在那里→②他接到冒险召唤。→③他起先会迟疑或者拒斥召唤，但是→④他会受到导师的激励，从而→⑤越过第一道边界而进入了非常世界，在那里，→⑥遇到了考验、伙伴和敌人。→⑦他接近最深的洞穴，越过第二道边界，→⑧通过磨难。→⑨他获得了报酬并且→⑩在向正常世界返回的路上受到追逐。→⑪他越过第三道边界，经历了复活，被经历所改变。→⑫他带着实惠、宝物，或者携万能药回归，让正常世界获益。”[9]作为全球经典叙事的范式代表，通过“分离-沦落、入会-返回”结构，彰显了超越文化与时代的英雄成长共性。

《魔童降世》与《魔童闹海》既遵循了沃格勒的12阶段叙事骨架，又通过本土化的创新——对宿命论的解构、集体主义精神的注入，以及佛道哲学与现代价值观的融合——展现传统神话的现代生命力。两部影片以逆天改命为核心，将英雄之旅从个体的觉醒扩展至群体的抗争，既契合了全球观众对成长与救赎的情感共鸣，又以中国式的叙事智慧——亲情伦理的深化、社会阶层的隐喻——实现对经典模型的文化突破。以沃格勒模型为框架，剖析《魔童闹海》中哪吒英雄之旅如何以抗争命运—自我觉醒—集体救赎的进阶故事，为英雄叙事注入了新的文化内涵，为国漫的全球化表达提供理论参照。

(一) 分离：从天命桎梏到自我觉醒

1. 平凡世界与冒险召唤

在《魔童闹海》中，哪吒出场便是习以为常的平凡世界，这意味着英雄处于尚未觉醒或即将觉醒的状态，然而申公豹的突然闯入对敖丙构成生存困境，并将哪吒带入失衡的世界，他被冒险召唤选中需要玉液琼浆拯救朋友，英雄由此开始觉醒，发现自己的使命，并开始踏上一个危机重重、充满挑战的旅程。

2. 拒绝召唤与导师指引

然而，社会强加的标签魔丸污名成为哪吒心灵上的阴影，因而他在行动上表现出了拒绝使命召唤的犹豫。《魔童闹海》中，他希望藕粉重塑的肉身美一些、不敢独自见两个哥哥、希望通过修仙改变容颜，这种对容貌的焦虑影射了哪吒对身份的矛盾心理，也暗含哪吒在英雄之旅前的巨大成长空间。导师角色的设计则体现东西方差异，沃格勒理论中的导师多为智慧长者，而《哪吒》系列的导师具有双重性：太乙真人既帮助提供七色宝莲等魔法工具，又兼具伙伴角色插科打诨的形象消解了权威感，导师角色从传统权威教化转向引导陪伴，体现代际师生关系向平等的日常生活角色的现代转型。

(二) 沦落：从肉身淬炼到精神涅槃

1. 越过边界与遇到伙伴

哪吒为寻找玉液琼浆离开陈塘关进入玉虚宫，跨越第一道边界投入冒险，真正的故事也就在他直面非常世界时展开：在玉虚宫，哪吒试炼遭遇仙界设置的偏见陷阱，与敖丙形成“双魂共生”的伙伴关系，在磕磕碰碰中逐渐熟悉天庭规则，经历打土拨鼠、冰上擒豹、与石矶娘娘对决等磨难。边界的跨越象征个体从被规训者向反抗者的身份转换，伙伴敖丙代表灵珠与魔丸的辩证统一，消解了传统正邪二元对立。

2. 接近最深的洞穴与磨难

无量仙翁利用剥削妖族炼制仙丹的阴谋终究纸包不住火，当哪吒父母揭露陈塘关被屠真相时，哪吒决然闯入仙界核心天元鼎，直面象征权力秩序的无量仙翁，由此进入最深的洞穴和遭受最大磨难。洞穴象征社会潜规则的深层结构，也是英雄必须摧毁的终极目标。哪吒为突破穿心咒，主动撕裂肉身，借三昧真火重塑躯体。这一过程既是肉体的毁灭，也是精神的涅槃。这一情节设定，无疑契合了传统哪吒故事中析骨析肉的悲壮情节，却又超越了原有情节中还身体发肤于父母的浅层逻辑，生成向死而生的哲学意味。

（三）返回：从文化复调到诗学新生

1. 获得报酬与归途受逐

当哪吒接纳魔丸身份，并联合龙族、妖族等边缘群体，获得反抗的力量与集体的认同时，然而，仙界势力并未消亡，随时可能反扑而来。报仇不仅是力量的提升，更是自我认同的完成。群体的觉醒则暗示社会运动从个体抗争到联盟共生的转向。追逐场景的宏大特效强化了英雄的悲剧性，而合作抗敌的结局则传递团结超越对立的共识价值。

2. 复活蜕变与携万能药回归

哪吒以魂魄形态重生，突破穿心咒，重塑仙界与人间的关系。复活象征英雄身份的正式确立，其蜕变不仅是外在的身份变化，更是个体心灵的成长，哪吒由“是魔是仙，我自己说了算”身份认同到“小爷是魔，那又如何”的身份重建，完成了内心世界的探索。哪吒带回的万能药是打破偏见的新秩序：仙界、妖族、龙族共生的世界。陈塘关村民从恐惧转为敬仰，社会身份完成价值重塑。回归不仅是叙事的闭环，更是文化基因的当代激活。

哪吒故事由此生成跨越代际与国界的文化共鸣：既是孩童眼中惩恶扬善的勇敢英雄，亦是成人心中与命运抗争的自我隐喻；哪吒同时跨越时空的藩篱，以其英雄内核的人类性在当代世界文化图景中焕发新生。为什么这样的故事如此震撼心灵？底层逻辑是英雄之旅的故事唤醒了人类的集体无意识，那便是在每个人的内心深处，都渴望着认识自己、活出自己。正如沃格勒所说：“因为它们都是在共同的无意识里面，从普世的根源上生长出来的，反映着普世性的关怀。”[10]由此可见，英雄之旅的深刻性源于其作为文化传播媒介的双重属性：既锚定于中华传统文明的叙事基因，又通过诗学形式的抽象与心理原型的激活，成为人类共同经验的隐喻性表达。

三、文化认同：哪吒故事的共有精神

哪吒故事历经千年流变，从宗教典籍的神祇形象到明代书面文学的虚拟叙事，从民间口头故事再到当代银幕的现代化重构，始终承载着中华文明深层的共有精神谱系。这一精神内核根植于儒释道合流的信仰土壤，彰显于民众的世俗信仰实践，以对秩序维护、公平正义等集体心理的回应，凝练为跨越时空的文化共识。

（一）信仰内核：多神共生的宗教融合

哪吒作为融合儒释道三教的文化符号，也是中华文明多元一体观念的诗意化身，其神格演化过程是中国宗教精神的兼容性与世俗性的深刻体现。源于印度佛教神话的哪吒，随着佛教东传，逐渐踏上与中国本土文化融合的征程。公元420年，佛教经典《佛所行赞》中较早记载有“毗沙门天王，生那罗鸠婆”[11]，那罗鸠婆、那罗鸠钵罗、那吒俱伐罗等均是“哪吒”的梵文全称。早期的哪吒是佛教护法神的身份，学者们多有提及的《毗沙门仪轨》《北方毗沙门天王随军护法仪轨》《太平广记》中，记载有哪吒捧塔随天王行、献佛牙的护法细节。唐代毗沙门天王信仰的盛行，进一步推动哪吒故事的传播并与中国本土文化的融合。田兆元站在人类文明共享的视角总结道："这样一类神话故事在中国的传播，以及在今天的火热，就是人类文明互鉴、交流交融、创新发展的最典型的生动案例。"[12]

宋代，原本属于佛经故事的析肉还母、析骨还父情节促使哪吒故事进入儒家视野，由此引发的伦理张力绵延至今。普济编集的佛教禅宗史书《五灯会元》中记载："哪吒太子，析肉还母，析骨还父，然后现本身，运大神力，为父母说法。"[13]释道原编《景德传灯录》中亦有："哪咤太子，析肉还母，析骨还父，然后现本身，运大神力，为父母说法。"[14]佛经里的哪吒故事意在强调，哪吒通过析肉析骨现出佛本身来为父母宣讲佛法，然而这则原本属于禅家公案的佛法情节并不被世俗理解。从儒家角度来看，析肉析骨行为有违纲常观念，哪吒基因中的反抗性格、家庭情感等极具张力的伦理思考便由此诞生，这也恰是哪吒神格祛魅人格凸显的关键一步。

元明两代，哪吒故事逐渐丰富化，展现出佛教与道教融合的特征。道教神仙传记类典籍《三教源流搜神大全》将原本属于佛教护法神的哪吒转移到道教体系，讲述了与现代极为相近的哪吒故事。书中描述哪吒玉皇驾下大罗仙的身份特征和三头九眼八臂的神界形象，完整记载哪吒转胎于托塔天王李靖、战龙王杀九龙、射死石矶娘娘之子、割肉剔骨还父和托莲重生的故事[15]，后世的大闹东海、莲花化身即由此演绎而成。后来由于这一故事情节的流行，哪吒在民间信仰中彻底地由佛教护法神变成道教神将。道教把哪吒从佛教中借来，这一转变使得哪吒故事融入了道教的神仙体系和传说之列，增添了浓厚的本土文化色彩。

明代是哪吒故事及其形象基本定型的重要时期。民间流传的哪吒形象，更多来自明代小说《西游记》《封神演义》，两部小说情节的区别是：《西游记》中的哪吒为李天王逼死，帮助哪吒起死回生的是佛祖；而《封神演义》中弱化了父逼子的说法，安排哪吒复生的是太乙真人，宗教派别被虚构成阐教。哪吒有了更加完整的身世背景：他是阐教掌门元始天尊的徒孙、太乙真人的徒弟，灵珠子转世为李靖的儿子。小时候闹海屠龙、剔骨还父，后经太乙真人复活，最终与李靖和解，肉身成圣。辅佐姜子牙伐纣，他的兵器是风火轮、火尖枪、混天绫、乾坤圈等。至此，较为完备的哪吒形象定型，成为后世众多改编版本施展想象力的源泉。哪吒故事在文学性、艺术性全面提升的同时，宗教意味开始慢慢淡化，哪吒的个体性格逐渐合乎世俗情理[16]。哪吒故事便在宋元明三代说书人的口中以及日益发达的出版业等因素的加持下，逐渐由精英文化圈向民间大众群体传播。

（二）仪式实践：世俗生活的信仰投射

南宋以降，作为护法神的哪吒超越单一的宗教范畴，成为中国民间世俗社会的精神纽带，凝聚为跨地域、跨阶层的共同文化记忆。日本学者二阶堂善弘曾在《哪吒太子考》中指出，哪吒由宗教神祇向民间溢出而成为集体供奉对象有一个动态演变过程，尤其在南宋，民间法师从佛教、道教、密教中借鉴咒术以治病驱邪，许多佛教神祇流入民间信仰行列，哪吒正是在这个潮流中被改变性格后成为民间信仰神祇[17]。这一神祇形象既在佛寺道观中享祀香火，亦扎根于市井乡野的社庙祭坛，其信仰实践深度嵌入民众的日常生活与精神世界，而民众对哪吒的功能性精神寄托则是维系信仰实践的核心。

其一，祛除病魔、驱邪镇煞。此功能在佛教神话叙事与世俗需求的互动中生成，哪吒以佛教护法神身份出现在佛教典籍中，又在《三教搜神大全》中被记载有降魔王的英勇事迹，在民间法师的推动下，逐渐被视为抵御病魔、驱除恶鬼的精神屏障。这一功能的形成与强化，既源于其神话原型的武力象征，也映射了民间社会对生存安全的深层焦虑，更通过仪式化的身体实践，构建起人神协作的驱邪体系。清代《江油县志·杂记》曾记载："邑有供太子神者……凡人户有疑难症，咸往请之。"[18]至今江油仍保留整套祭祀哪吒的宗教法事仪轨和民间祈愿活动。更令人惊讶的是，四川泸定县岚安乡将军庙戏楼上仅存的两幅古代哪吒壁画，描绘的是"哪吒奉如来法旨降妖伏魔的故事场景"，"具有镇台驱邪、赐福祛祸的作用"[19]。此功能由哪吒在佛教中护持佛法，承载镇魔驱邪的护法使命中衍生而出，民间流传极为普遍。

其二，降龙控水，护佑地方。于道教体系内，哪吒化身中坛元帅，统御五营神兵，彰显禳灾安民的现世关怀。在《西游记》《封神演义》中，哪吒降龙故事情节愈益丰满，抽龙筋、揭龙鳞、闹龙宫的故事逐渐成形。哪吒故事融合了对自然力量的崇拜与对英雄人物的神化，其闹海屠龙的事迹反映了农耕社会对治水英雄的崇拜，暗含对龙王信仰的补充与制约。北京的八臂哪吒城传说中，民众深信燕都建城时孽龙盘踞、控制水源，后与哪吒故事附会后产生了至今仍有广泛影响力的北京建城传说，首都国际机场绘制有《哪吒闹海》壁画，陈学霖曾在其专著中对传说进行了翔实的考证[20]。东南沿海地区举行的哪吒出海仪式，本质上仍是借哪吒闹海屠龙之神迹，隐喻人对自然灾害的抵抗，反映百姓对风调雨顺的集体夙愿，而故事中的火尖枪与风火轮，则象征民间对自然元素火与风的敬畏与征服欲望。

其三，送子求福，护幼平安。哪吒因其身着红色肚兜的童子形象深入人心，与中国祈子平安的民间信仰结合，成为人们祈求保护儿童心愿的象征。哪吒极受澳门民间欢迎，香火旺盛，其中大三巴哪吒庙和柿山哪吒古庙在2005年被联合国教科文组织列入《世界遗产名录》。澳门地区流传的一则传说记述："相传曾有一个丫鬟兜肚打扮的童子常在此与孩童嬉戏，并予保护。一日，村民目睹此童子踏风火轮而去，故认定是哪吒显灵，遂建庙以祀。"[21]杨斌详尽考证哪吒的前世今生，指出哪吒在澳门庇护儿童的关键功能。实际上，哪吒信仰在中国台湾、香港均较为流行，因"其独特的精神内涵连结着海峡两岸的共同文化记忆"[22]，已经成为海峡两岸文化交流与文化共同体的神性叙事。

无论是江油、北京民众饱含美好生活愿景的信仰，还是港澳台民众集资建庙的虔诚，皆印证了哪吒符号在群体认同建构中的文化张力。哪吒逆天改命的抗争精神是中华民族不屈不挠、挑战宿命的集体写照，更是中华文明自强不息、奋斗不已的精神彰显。当全球化浪潮冲击地方性传统时，哪吒信仰的在地化实践生动展现了中华文化基因如何通过共享叙事凝聚人心，并在差异中织就共同的精神纽带。

四、多维创新：哪吒故事的诗学突破

在当代文化场域中，哪吒故事的诗学突破已超越单一文本的改编逻辑，演化为融合伦理重建、叙事策略、技术革命与跨文化对话的多维创新。这一创新既植根于中华优秀传统文化基因的深度激活，亦呼应技术时代人类共同精神困境，更彰显全球数字时代的审美转向与价值重构。

（一）叙事重构：从神话题材到现代主题

当下的哪吒故事挣脱了传统神话故事的伦理枷锁，通过角色重塑、主题强化，将传统神话转化为具有“普世价值”的现代寓言，以与时代变迁中的文化语境紧密相连。

哪吒故事中李靖形象的颠覆性转型，深刻映射了社会伦理观念的代际变迁。传统叙事中，李靖作为封建父权的具象化身，始终以父为子纲的绝对权威凌驾于哪吒之上。《封神演义》中怒毁哪吒神庙的情节，将宗法制度下的伦理暴力推向极致；1979年《哪吒闹海》更将父子冲突升华为集体主义时代个体抗争的悲怆符号。然而，当代影视改编故事通过人性化重构，实现了从制度性父权向情感性父职的范式转换。2019年《魔童降世》以换名符情节改写李靖角色内核，他将天劫转嫁到自身，把传统孝道解构为隐忍的父爱，消解了传统叙事代际对抗的故事逻辑。至 2025 年《魔童闹海》，李靖形象由守望者挺进为支持者，踢毽子的角色变换隐喻着现代家庭关系中权威的温情转向。这种从严父镇压到慈父成全的演变轨迹，不仅反映了当代父母对子女成长的共同期待，更折射出 90 后、00 后对代际平等对话的情感诉求。李靖形象的现代性重塑，本质是父权制度在个体觉醒浪潮中的创造性调适，为传统文化符号的当代转化提供了伦理重构的典型范本。

哪吒叙事的主题升华，标志着故事主题从古典宿命论向现代社会批判的范式转换。传统文本中，哪吒的反抗始终聚焦于个体对抗天命的叙事框架。然而在当代语境下，这一主题被注入结构性批判的思想：2019 年《魔童降世》通过魔丸标签，将反抗对象从抽象天命转向具体的社会规训机制；2025 年《魔童闹海》的叙事进一步呈现交叉性压迫的复杂性——龙宫化作禁锢妖族的水下集中营，锁链缠身的妖兽成为制度性暴力的视觉隐喻，而哪吒与敖丙双魂共生的设定，则以身份杂糅消解了本质主义偏见。这种从对抗神权到解构偏见的主题嬗变，使哪吒故事突破英雄神话的单一维度，转化为多元弱势群体的共情容器。

（二）技术赋能：视觉革命与跨媒介叙事

《魔童闹海》作为中国动画电影的里程碑之作，不仅延续了前传的叙事张力，更通过数字技术的深度应用，将东方美学基因与现代动画工业体系融合，开创了传统文化在数字时代的表达范式。

《魔童闹海》的视觉奇观背后，是数字技术对传统动画工业流程的颠覆性改造。影片中动态水墨渲染引擎的研发，攻克了传统水墨画气韵生动的数字化难题，使 3D 动画首次实现毛笔晕染的实时模拟。敖丙冰戟划过银幕时墨色冻结与晕染的 0.8 秒镜头，耗时 9 个月研发完成，最终以动态水墨技术呈现东方美学的虚实相生[23]。此外，AI 技术的深度介入重构了创作流程：AI 辅助的角色设计系统则从敦煌壁画、三星堆青铜器等文化基因库中提取元素，仅用72小时生成2000稿设计方案，将传统手绘周期从3个月压缩至11天。技术不仅是工具，更是解构传统叙事、增强戏剧张力的新法器。

影片通过粒子特效与生物动力学的结合，实现了东方美学的现代转译。敖丙的鳞片被设计为独立光线反射体，粒子算法模拟生物肌体的弹性形变，既符合物理规律，又暗合《山海经》中龙鳞的意象。场景设计则深度融合传统文化符号：陈塘关城墙采用重檐庑殿顶与饕餮纹饰，象征权威与守护；海底龙宫以定海神针隐喻阶层固化。技术团队更将敦煌飞天的飘逸感融入哪吒三头六臂的粒子特效，以渐变消散的粒子流替代西方机甲风格，诠释留白美学的数字表达。

《魔童闹海》以数字技术为桥梁，完成了从传统文化符号向现代精神内核的跨越。其成功印证了技术赋能下中国动画的复兴路径，既需硬核创新破解卡脖子难题，亦需以文化自信激活美学基因。

（三）文化交融：本土基因与全球审美共生

哪吒叙事的当代创新，本质是文化基因交流融合的结果——既扎根东方美学传统，又吸纳全球亚文化元素，形成跨地域传播的超文本。

从佛教护法神时金刚怒目到饺子系列电影的标志性烟熏眼妆，哪吒的眼睛始终透露着根深蒂固的抵抗性基因。制作团队从摇滚歌手的黑眼圈中汲取灵感以适配哪吒的反叛精神，有学者细致勾勒哪吒眼妆的视觉考古，指出这一妆型实际上产生于20世纪70年代的英国青年亚文化群体之中，意在表达朋克群体的反权威主张，而这一特质很好地“与哪吒抽龙筋的决绝姿态发生了跨文化耦合”[24]。这种跨文化嫁接，既规避对西方朋克的简单模仿，又拒绝陷入本土符号的封闭叙事，最终使哪吒成为跨文化对话的电影美学符号。

叙事结构层面，《魔童降世》《魔童闹海》虽借鉴好莱坞英雄之旅模型，却在价值内核上实现范式突破。哪吒的胜利不仅依赖个人觉醒，更需龙族、妖族等边缘群体的协作赋能，这种集体主义底色与西方孤胆英雄叙事形成张力，彰显东方文化和而不同的伦理智慧。为消解文化跨界障碍，影片采用审美鲜明化＋情感普世化的双重策略，将灵珠/魔丸冲突提炼为光明/黑暗的视觉对立，同时以亲情、友情、师生情等人类共通情感维系故事黏性，使跨文化受众得以穿透符号表层触及价值共识。这种传播策略的创新性在于，通过技术赋能激活本土传统美学基因，借文化符号重构身份政治话语，最终将本土神话人物转化为“可信、可爱、可敬的中国形象”。

结语

哪吒故事的当代重构，是一场关于文化基因如何回应时代命题的深刻实验。作为中国神话谱系的叛逆性精神符号，哪吒的千年流变不仅映射了中华文明内在的自我革新能力，更揭示了传统文化在全球化与数字化语境下的生存策略。从《封神演义》剔骨还父的伦理反叛者，到《魔童闹海》打破系统性压迫的制度批判者，哪吒的叙事内核始终围绕反抗—觉醒—共生的母题展开。这一过程既是对沃格勒英雄之旅模型的东方诠释，也是对中华文化深层逻辑的现代化转译。在技术理性与人文精神的碰撞中，在个体觉醒与制度反思的交织中，在文化自信与全球对话的平衡中，哪吒故事以其独特的诗学突破，为山海经、白蛇传等传统文化 IP 的创造性转化提供了方法论启示，更昭示着一种新的可能性：在文明互鉴的全球化时代，中国故事可以通过在地性与世界性的辩证融合，参与重构人类共同的精神图谱。未来，随着人工智能与数字技术的深化，更多的优秀传统文化将如哪吒故事一样，在数字文明的土壤中生长出新的神话形态，继续书写和吟诵中华文明“周虽旧邦，其命维新”的当代史诗。

注释：

[1] 参见杨利慧：《全球化、反全球化与中国民间传统的重构——以大型国产动画片〈哪吒传奇〉为例》，《北京师范大学学报(社会科学版)》2009 年第 1 期，第 80～86 页。

[2] 参见徐金龙、白玉帅：《“讲好中国故事”语境下哪吒神话动漫化传承发展》，《文化遗产》2020 年第 2 期，第 133～140 页。

[3] 参见施爱东：《北京“八臂哪吒城”传说演进考》，《民族艺术》2020 年第 3 期，第 54～62 页。

[4] 参见李艳、冉力：《叙事形式与价值融通——以四部“哪吒”动画为例》，《当代文坛》2021 年第 3 期，第 135～140 页。

[5] [美]罗伯特·麦基著：《故事——材质、结构、风格和银幕剧作的原理》，周铁东译，北京：中国电影出版社，2001 年，第 13 页。

[6] 孙正国：《故事诗学的学科语境及其理论建构》，《湖北大学学报(哲学社会科学版)》2023 年第 1 期，第 67～76、175 页。

[7] 参见[法]热拉尔·热奈特：《叙事话语 新叙事话语》，王文融译，北京：中国社会科学出版社，1990 年，第 161～163 页。

[8] 参见陈建宪：《元故事的构拟与激活——从民间叙事法则到“好莱坞圣经”》，《华中师范大学学报(人文社会科学版)》2019 年第 2 期，第 91～96 页。

[9] [美]克里斯托弗·沃格勒：《作家之旅：源自神话的写作要义》，王翀译，北京：电子工业出版社，2011 年，第 17 页。

[10] [美]克里斯托弗·沃格勒：《作家之旅：源自神话的写作要义》，王翀译，北京：电子工业出版社，2011 年，第 5 页。

[11]《大正新修大藏经》，台北：新文丰出版公司，1986 年，第 192 页。

[12] 田兆元：《哪吒神话与中华文化——从〈黑神话：悟空〉和〈哪吒之魔童闹海〉谈起》，《人民政协报》2025 年 2 月 12 日，第 12 版。

[13] (宋)普济：《五灯会元》，《西天东土应化圣贤》卷二，北京：中华书局，1984 年，第 116 页。

[14] (宋)释道原：《景德传灯录》，《天台山德韶国师》卷二十五，《续修四库全书》，上海：上海古籍出版社，2002 年，第 624 页。

[15] 参见袁珂：《中国神话大辞典》，北京：华夏出版社，2015 年，第 146 页。

[16] 参见宁稼雨、杨沫南：《哪吒闹海故事流变及其文化意蕴》，《南开学报(哲学社会科学版)》2024 年第 3 期，第 139～148 页。

[17] 参见[日]二阶堂善弘：《哪吒太子考》，高致华编：《探寻民间诸神与民间文化》，合肥：黄山书社，2006 年，第 8 页。

[18] 江油市地方志编纂委员会：《江油县志》，成都：四川人民出版社，2000 年。

[19] 何光涛：《作为神图的戏画——四川省泸定县岚安乡将军庙戏楼哪吒壁画探赜》，《四川大学学报(哲学社会科学版)》2023 年第 4 期，第 70～83 页。

[20] 参见陈学霖：《刘伯温与哪吒城：北京城的建城传说》，北京：生活·读书·新知三联书店，2008年，第75页。

[21] [新加坡]杨斌：《全球史的九炷香：哪吒、龙涎香与坦博拉》，北京：中信出版社，2025年，第46～47页。

[22] 南阳市台办，西峡县台办：《哪吒民俗文化——海峡两岸的共同文化记忆》，《两岸关系》2024第12期，第60页。

[23] 参见刘侠：《技术传递情感 科技赋能国漫——〈哪吒之魔童闹海〉实现东方美学基因与现代动画元素完美结合》，《科技日报》2025年2月10日，第3版。

[24] 白惠元：《〈哪吒之魔童闹海〉：中国哪吒的燃情机制》，《电影艺术》2025年第1期，第86～89页。

喀左狼外婆故事的诗学研究

李丽丹

（天津师范大学文学院，天津，300387）

内容摘要：日常生活审美化在故事细节上的诗学效用，显示了蒙汉民族故事讲述的共性特征：反复变形的食人妖隐喻着孤儿寡母家庭面临的重重苦难与危险；用煎饼鏊子杀死食人妖的独特方式保留着移民迁徙的文化记忆；食人妖变形为白菜并辅以韵语结束故事有效消弭了童话前半部分食人妖的残酷与血腥带来的恐惧。对喀左狼外婆故事讲述的诗学分析，呈现了中国狼外婆故事迥异于西方小红帽故事所强调的道德训诫和性别对立的故事意蕴，反映了中华民族不惧苦难、自强不息的文化精神，即，当强大狡猾的侵略者冲破习惯于守门闭户地进行自我保护的弱者防护时，勇敢斗争是唯一的生存道路，血缘同胞的合作和地缘乡邻的协作是弱小胜过强大的不二选择。

关键词：辽宁喀左；蒙古族；狼外婆；故事诗学

一、研究的缘起与主要问题

中国的狼外婆（也被称为虎姑婆、熊家婆等）故事历来被视为“ATU333 小红帽”型的亚型，中外学者的故事类型索引编纂和研究中也多将之进行比较，且该故事以其知名度而引起多学科学者的关注，如荷兰学者田海在其历史研究著作《讲故事：中国历史上的巫术与替罪》中以专章讨论中国历史上的虎姑婆故事，指出其与欧洲的“AT333 小红帽”和“AT 123　狼与七只小羊”这两个欧洲传说有相当程度的相似：

> 双方在角色的活动上可分为几个相同的阶段，这可简要概括如下：看护人（通常是母亲角色）和一个或多个孩童的告别→阈限空间（liminal space）→森林/门前的相遇和身份辨别失败 I→身份辨别失败 II→熟悉的空间＝床上的人肉吞食（cannibalistic eating）＋身份辨别成功→逃离和变人生物的死亡。[1]

田海认为中国历史上诸多关于秋胡的文献记载与当代老虎外婆的口头故事一起，都反映了中国古代对于年老女性污名化的历史事实。这是继汉学家艾伯哈德（Wolfram Eberhard，1909—1989）对中国台湾地区的虎姑婆故事研究之后[2]，在历史语境中梳理文献并参考当代口头文本进行的较为深入的中国虎姑婆故事研究。田海的文献相关性比较主要基于年老的女性(变人)吃小孩子的妖怪食人母题，但故事中的年老女性通常是从吃掉母亲/外婆开始，再吃掉最小的孩子，田海并未对此有所解释。狼外婆故事在中国当代的分布情况比田海所引资料更为复杂，就目前中国民间故事类型工具书的相关记录而言，尚存在如下问题：

一是故事文本的记录时间断代情况严重。祁连休据《藏族文学史》相关记录，认为“这一故事类型，初见于大约成于吐蕃时期(7—9世纪)敦煌古藏文写卷中的《白噶白喜和金波聂基》……另外，敦煌古藏文写卷中的《金波聂基兄弟俩和增巴辛姐妹仨》的第二部分亦有类似情节……敦煌古藏文写卷的这两则故事，较法国沙·佩罗撰《鹅妈妈的故事》中的《红帽子》早八九百年光景，无疑是现存此类型的最早文字记载”[3]。此后近500年间，无异文记录，直至清·黄承增辑《广虞初新志》(卷十九)中载黄之隽(1668—1748年)撰《虎媪》，其流传当在18世纪中叶[4]。

中国全国性的故事类型索引工具书中狼外婆型故事异文情况简表如下：

工具书名称	编纂者	编号/类型	出版时间	异文数量	搜集截止时间
《中国民间故事类型》	德·艾伯华	11. 老虎外婆(老虎和孩子们)	1938年	44则	1930年前后
《中国民间故事类型索引》	美·丁乃通	333C老虎外婆	1978年	110则	1960年代
《中国古代民间故事类型研究》	祁连休	狼外婆型故事	2007年	40则	1990年代
《民间故事类型索引》	金荣华	333C虎姑婆	2014年	108则	1990年代

在9—17世纪、1990至今，333C型故事异文的搜集情况如何？以上工具书所录是否有所遗漏？如果能对这几个时段进行异文增补，则可弥补记录断代。

二是蒙古族异文记录的缺乏。艾氏索引主要以中南和华南地区的民间故事为基础，所列举的文本主要出自河南、湖南、江苏、浙江、安徽、四川、贵州、广西、广东、云南、福建、台湾，北部和西部地区仅列河北、山东、山西和甘肃。丁氏索引亦主要列举的中南和华南地区文本。祁氏索引中囊括了内蒙古、吉林、黑龙江、新疆、青海、宁夏、北京、陕西、辽宁等北部和西北部地区故事异文，包括满族、达斡尔族、朝鲜族、土族和东乡族异文[5]，金氏索引中新增北方的锡伯族、撒拉族、鄂伦春族的异文[6]。藏族文本在13世纪即有记录，汉族异文众多，根据蒙藏、蒙汉民族间密切的文化交流，则蒙古族亦可能流传此类型故事，而蒙古族异文的阙如亟须加以关注和补充。

三是中国333C型故事与ATU333型故事在叙事要素和情节结构有较多相似的情况下，如何确定同型故事在不同文化背景之下的文化意蕴与审美旨趣？林真美在《虎姑婆考》中曾指出此类型故事是西方狼和七只山羊型与小红帽型故事的复合型[7]，金氏索引反映出该故事类型与其他故事类型复合而成的故事有 17 则，复合情况有四种：

1. 333C＋210。即老虎外婆型与弱小联合克强敌型，共 8 则。

2. 333C＋1134/1145。即老虎外婆型与假药加重妖魔伤型/假眼药封妖魔眼型故事复合，共 5 则。

3. 333C＋433D，即老虎外婆与蛇郎君型结合，共 2 则。

4. 333C＋210＋433D。即老虎外婆型、弱小联合克强敌型和蛇郎君型故事的复合，共 2 则。[8]

其中以 333C＋210 型的复合文本最多，如果将第四种三个故事类型的复合也视为以 333C＋210 型为基础的复合型故事，则共有 10 则文本属此情况，且以河北、山东、辽宁和吉林等北方地区的文本为主，尤其以辽宁地区为多。

结构的差异往往是故事主题、价值等差异的反映或载体，但现有研究鲜少对此有所关注，中西方同型故事的比较研究多运用结构形态学、文化人类学及历史地理学的研究方法进行，呈现出重形式轻内容、重文化轻文学、重传播轻传承等故事学研究的弊端。鉴于笔者多年对该故事类型中国异文搜集和研究情况的关注，在对前两个问题作出回答的同时，在此不揣浅陋，通过对区域内民间故事的类型个案进行故事诗学的研究，“将其从文化人类学的功能、价值研究中解放出来，重建世代相承的日常生活中的故事审美经验，以诗学解读来唤醒、激活故事的当代文化阐释力和影响力，实现学科特性与时代命题的有效整合”[9]。只有充分理解和阐释世界范围内同型故事的本土异文，才能在此基础上比较中国的狼外婆故事与西方小红帽故事的异同，从而更自信地讲好中国故事，传承中国文化。

二、1907—2017 年间蒙古族 333C 型故事的异文与主题

日本人类学家鸟居君子(1881—1959)与丈夫鸟居龙藏(1870—1953)于 1907 年 6 月至 1908 年 12 月在内、外蒙古地区进行人类学调查后，曾撰写人类学著作《从土俗学看蒙古》(『土俗学上より観たる蒙古』)，记录在喀喇沁(harcin)蒙古族民间流传的 4 则民间故事：《吃人妖婆的故事》《吸血妖婆的故事》《白狐的故事》《断翅燕子的故事》(搜集时间为 1907 年 7 月 10、12、13、14 日)[10]。其中，《断翅燕子的故事》和《吃人妖婆的故事》由喀喇沁王府兴办的喇沁王府女子学堂学生讲述，《白狐的故事》由“贡王”的妹妹讲述，《吸血妖婆的故事》讲述人信息不详。这些喀喇沁蒙古族民间流传的故事内容记录完整，收集地、流传地和讲述者性别等信息较为完整，具有珍贵的民俗研究价值。其中《吃人妖婆的故事》与《吸血妖婆的故事》均属 333C 型故事的异文，填补了中国 333C 型故事 1900 年代初的记录空白和蒙古族故事异文的空白。

随着中国民间故事集成的后集成时代到来，类型索引需要根据不断出版的各类故事集而进行大幅增补。如 24 卷本《喀左・东蒙民间故事》的搜集时间主要集中在 1980 年代到 2010 年之后，是辽宁省喀喇沁左翼蒙古族自治县(以下简称“喀左”)境内流传的以蒙古族民间故事为主的蒙汉民族民间故事集，其中有 5 则 AT333C 型异文。因

此，从1907—2010年间，这一地区即有7则“狼外婆”异文：

(1)《吃人妖婆的故事》，喀喇沁王府女子学堂学生讲述(蒙古族)；鸟居君子1907年搜集。

故事前半部分与333C型情节大体同，后半部分是“尸变”故事，即被杀的妖婆尸体变成白菜，再由白菜变回食人妖，且专食孩童，货郎借助有魔力的戒指和镜子，最终杀死食人妖，恢复村庄的安全与平静。[11]

(2)《吸血妖婆的故事》，讲述人情况不详，鸟居君子1907年搜集。

333C型＋210型(弱小联合克强敌)，其中妖婆吃掉女孩们的母亲而欲继续吃掉女孩时，女孩们自卫并复仇[12]

(3)《毛森额莫格吃掉的五呼根》，金荣讲述(1918—?，女，蒙古族)，琴音1983年冬采录整理。

前半部分为333C型，结局：二姑娘和三姑娘将毛森额莫格吊至树上再摔死，将尸体埋在院内，坑里长出白菜，卖给货郎换成线；老人切白菜，白菜变肉，肉变成小姑娘消失，后又嫁给货郎。[13]

(4)《狼姥姥》，乌云其其格(1927—2003，女，蒙古族)，杨景龙1984年搜集。

前半部分是AT333C型主要情节，但结局是尸体被埋的地方长出白菜，姐妹们将白菜卖给货郎，货郎挑担回家时，听到白菜说话，切开白菜流血，故事戛然而止。[14]

(5)《吃人的狼阿嬷》，宝香(1940—　，女，蒙古族)，娜仁托雅2015年搜集。

333C＋尸体变白菜＋210：使狼阿嬷搬来铁锅，烧红烫死，扔入井内，长出白菜，用白菜换货郎的花线。货郎妻切白菜，白菜变成狼，吃掉妻，货郎逃。狼复仇吃掉老二。大姐哭泣，和鸡蛋、长虫、锥子、大木棒子、大猪头、大眼睛分享了肉汤，在它们的帮助下吃掉狼妖得太平。[15]

(6)《皮巴精》，高延云(1963—　，女，汉族)，侯志刚2015年搜集。

333C＋210，皮巴精听从逃到树上的姐妹俩的计谋，将煎饼铛子搬到树下，被烫伤后，威胁要收拾姐妹三人。三人向村里人求助，分别得到臭鸡蛋、锥子、王八、磨坨子、石磙子后，与乡亲们齐心协力打死皮巴精。[16]

(7)《老皮婆子》，马建友(1943—2007，男，汉族)，杨景龙 2007 年搜集。

> 333C，逃上树的姐妹俩让老皮婆子搬来煎饼铑子烧红后再踩爬上树，老皮婆子被烫死。二人将尸体埋到院子里后种上白菜，后长出特大白菜，说出韵语，切白菜时切出血。[17]

以上 5 则蒙古族异文填补了各类索引中蒙古族 333C 型异文阙如的空白。此前，笔者多方检索，仅得到艾厚国 1965 年曾于内蒙古鄂尔多斯百灵庙搜集到《拴拴、挂挂、磢磢、刷刷》[18]，其讲述人李明远的民族、性别、年龄等信息均不详。20 世纪初至今的蒙古族 333C 型故事的讲述内容结构稳定，故事的主题意蕴、故事讲述的诗学特征也十分鲜明。

中国"狼外婆"故事所具有的民俗寓意与叙事主题随着历史语境的变迁在不断发生转变，如清代的《虎媪》的道德训诫意义不在于告诫孩童莫轻信他人，而在于老虎"害人者终害己"终被同类所食，其类比成年人尤其是官场中人"害人终害己"。江帆以 1980 年前后搜集的异文为主要分析对象，指出中国的狼外婆是典型的带有启蒙性质、用于教养儿童的家庭故事类型：故事中姐妹姓名所具的看门守户寓意、家长出门前的叮嘱、孩子识别真假母亲、故事纵深阶段老虎精冒充母亲的种种骗术以及故事两种结局(轻信者被吃；警觉者自保并除害)等情节在民间育儿习俗中承担"主要是灌输'看家护宅'的安居观念，培养孩子树立以封闭型家族亲情关系为本位的民俗意识"[19]等功能，而喀左狼外婆故事在情节的复合、母题的变化与延伸、故事结局的变化方面，则显示了故事叙事主题的多元、发展和变化。

《虎媪》强调虎妖的食人特性，具有恐吓儿童的意味，在田海看来，"这故事不仅仅是一个'惊恐童话'，还具有第二层意义，即赞扬孩童移开控制他的绳索得以逃脱的机智，无论我们把绳索看成一根脐带还是一根用以控制的绳子。这不只是用来吓唬孩童的故事(我相信它过去是)，也可以被理解为劝告孩童要独立。更重要的是，事实上这一劝告是针对女孩的，这是鉴于男孩即便是在结婚以后，也通常会在他们母亲的影响范围之内，但女孩结婚后则会永远离家而去"[20]。将故事视作一种儿童独立的训诫与教育，与西方故事学界对小红帽的阐释更一致，虽然也部分适用于狼外婆，后者绝不仅止于赞扬儿童对控制的逃拒或针对女孩(中国异文中也有兄弟对抗狼外婆)，而是针对一般意义上的弱者。

鸟居君子搜集的异文中有 1 则已经是与 210 型故事的复合，1980 年后搜集到的 5 则中有 3 则为 333C 与 210 型的复合，可视为逐渐稳定的复合结构，故事的前半部分虽然强调看家护宅是抵御外敌(狼外婆)的基础性重要方法，但最终并未能真正成功守住家门，反而还要面临二次伤害，210 型故事所强调的"弱小团结胜强大"才是最终杀死食人妖而自保的重要路径。故而喀左地区的 333C＋210 型的复合性结构不仅在于强调看家护宅的安居观念，更进一步推进看家护宅并非安全的自我保护措施，当在关门闭户情况下仍然难免被入侵，那么被伤害者对侵略者的顽强反抗与奋力自保才是唯一的出路。结构上的稳定性反映了此类型故事主题上区别于小红帽的深刻意蕴，也是中国狼外婆区别于欧美流行的小红帽主题之所在。

斯蒂芬·斯万·琼斯(Steven Swann Jones)曾在对西方小红帽研究进行批判性回顾时指出："从我们熟悉的民间童话普遍存在的幸福结局(他们本质上是这种文类的定义性特征)来看……女主人公借小便以逃脱并有一个幸福结局的母题是口头传统中的真实组成部分似乎更合理(鉴于民间对低俗幽默的偏好，这比文学传统中的使用更为明显)，以女主人公的死亡作为故事突如其来的结局要么是文学改编，要么是不同种类的口头故事，道德训诫故事设计的就是为了教给人们一个明确的教训。"[21] 而诸多道德训诫中，最为普遍的即是认为小红帽是对女性"不要与陌生(男)人说话"的成长寓言和等待男性(猎人)救赎的规训童话。

喀左狼外婆故事意不在此：被吃掉的母亲/外婆及小弟/小妹几乎鲜少再复活过来，死里逃生的姐妹对食人妖的斗争、复仇已经是竭尽其力，但也只能在受到伤害后力求自保，并为自保而杀害食人妖，故事的结局多是终于逃出生天的幸存者再也无法恢复受到伤害前的家庭状态——哪怕那样的家庭状态也只是孤儿寡母，并不能称为完美幸福。因此，喀左异文的结局与西方童话通常以"他们从此幸福地永远生活在一起"作为结局相区别，前者多借助于韵语而非后者"猎人杀死食人狼"(格林兄弟版)的情节结束故事，中国童话故事的叙述重点并不在于将性别的差异和优劣、道德的训诫与教化通过童话深植于儿童的心灵，而是既揭露真实生活的残酷，又不忘趣味性地引导和培养听众面对困境的勇气。

世界范围内同型故事众多，类型只是处理部分情节结构，文化传统不同，则故事的主题文化蕴含迥异。喀左的 AT333C 型故事主题与西方同型故事的差异，只是民族文化传统在同类型的童话故事中差异鲜明的代表性个案。诸多经典的故事类型个案比较研究显示：中国古老的"灰姑娘"故事《叶限》绝不会如格林或佩罗笔下以"他们从此幸福生活到永远"结局，只留下失灵而不再产生财富的鱼骨、发生战乱的国家来让我们思考叶限是否能够真的仅仅依靠阶级的上升就永远幸福；中国的"蛤蟆丈夫"中，脱掉动物皮而变成人形的丈夫并不能如《青蛙王子》中的青蛙变身回王子后带着转变态度的公主"从此幸福地生活在一起"，而是不得不与烧掉蛙皮的妻子天人分隔……凡此种种，结构研究与历史地理研究均无法阐释或无暇关注中西方同型故事差异的形成原因，只有借助故事的诗学分析，尤其是叙事意义——文化的精神与价值观的差异在美学中的展现，才能够获知一二奥秘。

三、狼外婆故事日常生活审美化的诗学效用

故事必然反映日常生活，而具有生命力的故事得以传播和传承，必然是因其能将日常生活进行审美化的诗意表达，且蕴含着同一文化空间中人们在生活中总结出的生存智慧及价值观，映照同一生活社区内人们的文化认同与文化自觉。喀左地区蒙汉民族中长久流传的"狼外婆"故事，以细节上极其惊人的相似性既对日常生活进行戏拟和仿演，也以其审美化的诗意表达，消弭血腥、残酷和暴力化情节带来的儿童不宜的故事感受，从而有效传达人们的生存智慧与价值观。

1. 孤儿寡母家庭的苦难与危险：反复变形的食人妖

塔塔尔指出："正如童话故事的情节驶离真实进入幻想世界，对童话故事的解读也很容易偏离扎实的文本实体而飘向虚幻的观念想象。我们很容易忽略童话故事的写实开头段，而只关注更大的超自然片段的架构。"[22]喀左地区讲述狼外婆故事的故事家既有男性也有女性，既有蒙古族也有汉族，但所有的讲述都保持了与流传在中国各地的333C型故事一致的开头，即以孤儿寡母艰难的生活作为故事的开始。开头段写实性地呈现女性单亲家庭的存在：中国传统文化中的女性贞节观和母亲对子女的爱形成长期以来的一种社会现象，即女性失偶后再婚率远低于男性，她们多为了名节或子女的养育而选择不再嫁，民间甚至有"宁死当官的老子，不死叫花子娘"等俗语来表达母亲在子女养育中的重要性。孤儿寡母组成的独居家庭往往既面临生存的困境也面临社会交往的困境，食人妖正是各种困境的象征和隐喻。

变形是世界性文学母题，刘魁立就狗耕田故事与稻田浩二商榷时指出该故事类型中的幻化(或称幻变、变形——metamorphosis，即由一种物件幻变为另一种物件)的观念值得深入研究[23]。中国代表性民间故事类型如狗耕田、蛇郎与灰姑娘等，其变形母题具有共性：善的一方被杀死后，以不断变形的方式来帮助他人或者回到现实。这一类民间故事遵循善恶得报的伦理叙事原则，善的失败或者受伤害是暂时的，变形最终会使公平和正义得到伸张，它代表了人们对于善与美好的期许。狼外婆故事中的变形则与之相反，代表了人们对严酷社会现实的认识与反思：食人妖代表的是一切对于家庭、生命产生威胁、伤害并萦绕不去的恶势力、人物和现象，它们不以这种方式，就以那种方式对故事中的母亲、姐妹进行致命的伤害。食人妖作为一种未知力量，象征着无论是外出的母亲，还是守家的姐妹都有可能面临的带着伪装的危险，即便是看上去很友善的旅途同行人与家庭来访者。

喀左故事中食人妖变形有三至四次：初次在野外根据母亲的形态变形成中老年妇女；第二次变形成假母亲；第三次是尸体变形为白菜；第四次为部分文本中白菜重新变形为老妇人(货郎的母亲)并食人或变形为呼根(蒙语中的姑娘)嫁给货郎。食人妖以貌似亲切的单身妇人或假母亲、无害的可食之物、貌似孱弱的老年人一次次出现，象征着社会的险恶从来不是直接呈现而是以重重伪装、诱惑而存在的，而且是在各种熟悉之中做文章，绝类于长期以来存在的人贩子诱拐妇女、儿童的常见招式：装善良、扮亲人/熟人、扮老弱求助、送出伪装善意的食物等。

狼外婆故事以寡妇带着几个孩子独居的单亲家庭状态为故事的起始情节，不仅是故事设定，更是社会历史现实的文学性呈现，如《皮巴精》的讲述者高延云就有着孤儿寡母挣扎生活的现实遭遇：她的故事传承自母亲，而母亲祖上是从山东济南德州高家庄逃荒来到喀喇沁旗落户，高延云自幼丧父，母女几个相依为命[24]。孤儿寡母家庭构成是在医疗落后、战争频发而生存艰难的旧时光中的常见家庭模式：漫长农耕社会中，医疗技术的有限、贫穷、生计的艰难及意外，总会带来很多类似家庭，与父母双全的家庭相比，它们是更脆弱的社会组成单位，尤其是单身母亲不仅要面临养育的艰辛，还有来自社会各方面的质疑、污名和刁难。食人妖往往挑选的是势单力薄或年老体弱的老人、年幼无知的孩童下手，正是社会中各种恶势力下手的弱者。

食人妖三次变形吃掉野外的母亲、吃掉室内的幼弟/幼妹、吃掉货郎/其他孩子，象征着单亲家庭的三个阶段：单亲家庭中的母亲最易成为被伤害的对象；当母亲无法再保护子女时，幼子幼女往往生存力最弱，也最易成为被欺骗和伤害的对象；当家庭中的兄弟姐妹最终意识到伤害的必然来临时，团结自救成为唯一的生存出路，但自救并不意味着与外界的隔绝和孤立，适时寻求帮助才能不断成长并强大。

中国南方地区流传的狼外婆故事常与蛇郎故事复合，而喀左地区有4则文本有弱小联合战胜强大食人妖的复合故事，前者转向婚姻类故事，而后者则进一步通过食人妖的反复变形不断强化其恶，承载着喀左这一移民聚居区的蒙汉族民众对于生存艰难曲折的历史记忆。母题的重复叙述带来令人恐惧的听众效应，而在叙事中也就使杀死食人妖成为更加迫切的必然需求，从而推动狼外婆故事与210型故事的复合。

2. 生活器物的童话化：煎饼鏊子与杀死食人妖

在1980年后的喀左异文中食人妖初次被战胜的方式较为统一：在树下放烧红的煎饼铙子/鏊子/铁锅，将食人妖从树上吊起后丢下，烫死或烫伤食人妖。煎饼鏊子这一日常生活器具并未出现在1907年搜集的故事文本和此后《中国民间故事集成》的辽宁、吉林、黑龙江三省省卷本的333C型故事、辽宁著名汉族故事家谭振山讲述《老虎妈子》[25]、满族故事家李马氏讲述的故事《罴狐精》[26]中。但《中国民间故事集成·山东卷》中记载流传于泰安地区的《狼妖精》，情节与喀左地区的333C+210型复合型故事高度相似：第一次斗败狼妖精的方式即是三姐妹骗狼妖精搬出鏊子，拿出柴火烧红后放在树下，连摔加烙地将狼妖精斗走，从而转入姐妹们在货郎帮助下，用货郎给出的各种日常生活用具与生物，弱小联合杀死狼妖精[27]。

煎饼鏊子原本是山东人的饮食器具，明清时期，随着山东人闯关东而逐渐传播至东北三省，在喀左地区的众多故事讲述人中，金荣、乌云其其格、宝香、高延云等女性故事家的祖上均是从山东迁徙至喀左，有的祖上为汉族，为了生存而认旗入蒙。正是随着汉族人口的不断迁入，汉族的农耕生活方式逐渐影响了蒙古族的生产生活，煎饼鏊子的普遍使用与推广也就自然反映在故事的讲述中。因此，在1983年至2015年间搜集的故事文本中，煎饼鏊子或煎饼铙子已经是统一的杀妖工具。

将生活器物"童话化"地移置入民间故事的生活叙事，既承载着民众迁徙生活的历史文化记忆，也体现了该区域此故事类型的日常生活审美化带来的诗学效用：日常生活与民间故事相结合的诗学表达，不仅仅是故事反映生活，更是将故事前半部分食人妖血腥、残酷的食人过程与日常生活中充满食物香气的烹调过程结合起来，由因及果，极大地冲淡了食人妖血腥地杀食母亲、幼弟/幼妹带来的恐惧感，从而将故事从恐怖的惩戒性童话转向了令人愉悦的鼓励性童话。在这一诗性的讲述智慧中，与210型故事的复合就成为该地区333C型故事常见的结构形态，而杀死食人妖的方式也成为该故事从山东汉族传至辽宁蒙古族的重要佐证。

3. 童趣化表达的故事审美：白菜与韵语

艾伯华在《中国民间故事类型》中列举"故事结尾处的增添情节"中，有一类即"动物被埋了，从尸体里长出了许多白菜，卖给了小商贩，从白菜里钻出来7个女孩"[28]，进而转向蛇郎型故事的后半部分，其流传文本主要从满洲（满族故事）、福建、江苏、河北搜集。金荣华认为与蛇郎故事的复合主要出现在中国中南部，通常白菜并不直接与被吃掉的幼妹产生关联。百余年间，埋尸处长出白菜的母题一直在喀左地区得到良好传承，随后故事情节向两个方向发展：一是姐妹们砍下白菜准备食用时，切菜时切出血来；一是姐妹们用白菜与货郎交换，白菜再变形为食人妖。仅有一则文本中最小妹妹的灵魂借白菜复活，虽然也辗转嫁给货郎为妻，却与蛇郎故事无关。

喀左异文中有4则文本均出现了货郎换白菜，白菜说话的情节：如《毛森额莫格吃掉的五呼恨》白菜两次说话“货郎，货郎，前边挑着你的买卖，后边挑着你的奶奶”[29]；《狼姥姥》中货郎挑担回家时，听到白菜发出“货郎货郎，做个好买卖，后边挑着个祖奶奶”[30]的声音；《吃人的狼阿嬷》中白菜发出“货郎，货郎，你为佬要拿我换线”[31]的两次问话；以及《老皮婆子》中长出的特大白菜总叫唤“子拉拉，子拉拉，吃了你姐仨”[32]。故事通常在白菜发出的韵语后即以三言两语结束。食人妖变形为白菜，白菜换给货郎，白菜唱出韵语歌谣，在韵语余音中结束故事，反映了喀左狼外婆故事的童趣化审美。

白菜被货郎买走/换走后，在挑担上用韵语说出自己是老奶奶的身份或者威胁姐妹，其作用并不在于给故事一个更深远的意义，而是将故事由血腥、恐怖转向带着韵律的轻松、愉悦，从而最终消弭食人妖带来的不断失去母亲、弟妹等亲人的痛苦及给自身带来生命威胁的恐惧，使民间故事的审美在整体上达到一种温柔敦厚的诗教效果。狼外婆讲述血腥、残杀、复仇等颇为少儿不宜的故事历来被视为具有教育性的童话，喀左异文尤其具有童真童趣，也正是基于该异文的两个独特的日常生活化审美的介入：一是前述用煎饼鏊子杀死食人妖的戏剧化、嗅觉化和娱乐化；二是用北方冬季最常食用的白菜唱出节奏鲜明的类似童谣的韵语。从生活逻辑而非道德逻辑，将血腥与残暴的伤害性内容减弱至儿童可以接受的语言游戏，区别于小红帽以男性(猎人)对女性(女孩和外婆)的拯救来达到故事讲述的中和。

以韵语歌谣结束故事，形成声音对意义的反转或者情感的弥补，是中国民间故事，尤其是童话故事较为独特的诗性表达智慧，是故事形式与意义互补的重要手法，此处暂不详述。中国的333C型童话并未将生活结束苦难的希望寄托于外部力量的介入，而是依靠自身的勇气、智慧，从生活中汲取力量，勇敢直面痛苦，同时通过日常生活中常见的白菜和在生活中给人们带来欢乐的音乐性韵语歌谣，让故事给人们以真实又不失趣味的审美体验。

结语

继艾伯华、江帆、田海等中外学者运用田野调查、民俗学、历史文化学等方法的统计、调查和研究中国的333C型故事后，也有一些研究者从区域或民族文化的视角进行比较研究，部分研究方法侧重故事结构和叙事细节的比较阐释，注重故事的本土伦理生活传统，从而逐渐丰富地呈现此类型故事在不同地区的不同面相。故事类型作为故事学研究的基础工具，在诗学研究中承担着重要的功能。它能帮助研究者更集中、快速地探寻区域内的故事文本，为具体区域文化空间中探寻故事对于生活所具有的价值与意义提供文本基础。但只有结合故事诗学研究才能突破类型研究方法的局限性，在借其形的基础上，通过结合传承人研究、社会历史文化演变的研究，重点研究故事在叙事手法与细节方面的特性，来呈现特定地理文化空间中“这一个”故事所具有的文学之美、文化之美。王丹认为：“在民间故事讲述中，诗学内容、形式及手法提升了民间故事的文学性和审美性，也是民间故事传承人反映生活、表达观点、建构社会关系的途径。”[33]从食人妖死亡方式中煎饼鏊子的固定使用、变形为白菜的细节共性特征来看，喀左百年来流传的狼外婆并非蒙古族的本土创造，而是受到来自山东等地汉族移民的故事讲述与生活方式影响，逐渐形成具有鲜明特征的故事讲述细节和结构。该类型在蒙古族的传播中也留下了本民族文化嵌入的痕迹，如毛格森等称谓的使用、货郎与食人妖婆之间的斗争中扔出的戒指变成喷泉，镜子变大海等(鸟居君子《吃人妖婆的故事》)，这样的情节显然借自蒙古族著名的儿童成长仪式民间故事《金羊拐银羊拐》[34]。但最终民族传统的文化信仰随着生活方式的改变而逐渐淡化，形成类型上一致但细节上具有地域文化特色而非民族文化特性的故事叙事。在地域性的文化同化过程中，故事结构的趋同性也反映出更广阔视野里中华民族文化精神的内核。

地方文化生活的趋同性对于故事的影响较大，喀左狼外婆故事在细节讲述、结构选择等方面的特性分析，既是地方性的，也是代表性的，能够呈现更广阔空间中人们的审美、文化和精神。在长期的历史文化交融过程中，基于对生命、家庭、家人、社区的爱与重视，蒙汉民族共同选择、讲述和传承这一故事，表达人们共同的价值观和文化精神：对弱势群体的孤儿寡母、被伤害和威胁的姐妹们而言，“守家”固然是第一位的，但“走出去”既是家庭和社会交往的必然，也是面临危险的必然选择。当面临变幻无穷的外来危险时，勇敢自救、团结合作，才能共渡难关——这也正是“人不犯我，我不犯人，人若犯我，礼让三分，人再犯我，斩草除根”等俗语反映的中华民族普通民众面对侵略、苦难的态度。弱势家庭的脆弱性和面对危险的复杂性并不只能仅仅依靠“守门闭户”的消极防御，更需要有敢于反抗的决心与勇气，同胞之间合作互助和社区中弱小者之间的团结合作来反抗、消灭食人妖，唯其如此，才能够安全、持久地生存下去。这是喀左地区狼外婆故事所传达的精神，也是中国333C型故事蕴含的中华儿女不惧苦难、自强不息的民族文化精神：当强大狡猾的加害者冲破习惯于守门闭户地进行自我保护的弱者防护时，勇敢斗争是唯一的生存道路，血缘同胞的合作和地缘社区的联手合作更是弱小胜过强大的不二选择。

*本文系国家社会科学基金项目“蒙古族民间故事与汉族文学交融研究”(23BZW188)的阶段性研究成果。

注释：

[1] 田海：《讲故事：中国历史上的巫术与替罪》，赵凌云等译，上海：中西书局，2017年，第75、78页。

[2] W. Eberhard. *Studies in Taiwanese Folktales*, Orient Cultural Service, 1971, pp. 14-103.

[3] 祁连休：《中国古代民间故事类型研究》中，石家庄：河北教育出版社，2007年，第539～

548 页。

[4] 参见顾希佳:《中国古代民间故事长编·清代卷》,杭州:浙江大学出版社,2006 年,第 609 页。

[5] 参见丁乃通:《中国民间故事类型索引》,郑建威,等译,武汉:华中师范大学出版社,2008 年,第65～69 页。

[6] 金荣华:《民间故事类型索引》第 1 册,台北:中国口传文学学会,2014 年,第 294～297 页。

[7] 参见林真美:《虎姑婆考》,《首届台湾民间文学学术研讨会论文集》,台中:台湾地区磺溪文化学会,1997 年,第 125～126 页。

[8] 金荣华:《民间故事类型索引》第 1 册,台北:中国口传文学学会,2014 年,第 294～297 页。

[9] 孙正国:《故事诗学的学科语境及其理论建构》,《湖北大学学报》2023 年第 1 期,第 67 页。

[10] 鳥居きみ子著,土俗学上より観たる蒙古[昭和 6(1931)年六文館刊の復刻],东京:大空社,2010 年,第 88-92 页。特此感谢那木吉拉教授全文翻译并惠赐本文研究所据的 4 则故事文本。

[11] 鳥居きみ子著,土俗学上より観たる蒙古[昭和 6(1931)年六文館刊の復刻],东京:大空社,2010 年,第 93-96 页。特此感谢那木吉拉教授全文翻译并惠赐本文研究所据的 4 则故事文本。

[12] 鳥居きみ子著,土俗学上より観たる蒙古[昭和 6(1931)年六文館刊の復刻],东京:大空社,2010 年,第 97-103 页。特此感谢那木吉拉教授全文翻译并惠赐本文研究所据的 4 则故事文本。

[13]《喀左·东蒙民间故事》编委会编:《喀左·东蒙民间故事》7,沈阳:辽宁民族出版社,2008 年,第 103～110 页。

[14]《喀左·东蒙民间故事》编委会编:《喀左·东蒙民间故事》6,沈阳:辽宁民族出版社,2008 年,第 139～143 页。

[15]《喀左·东蒙民间故事》编委会编:《喀左·东蒙民间故事》17,沈阳:辽宁民族出版社,2018 年,第 81～88 页。

[16]《喀左·东蒙民间故事》编委会编:《喀左·东蒙民间故事》23,沈阳:辽宁民族出版社,2018 年,第 267～276 页。

[17]《喀左·东蒙民间故事》编委会编:《喀左·东蒙民间故事》12,沈阳:辽宁民族出版社,2008 年,第 286～289 页。

[18] 参见艾厚国收集整理:《鄂尔多斯民间故事》,呼和浩特:内蒙古人民出版社,1989 年,第 329～334 页。

[19] 江帆:《藏不住的尾巴——"狼外婆"故事解析》,刘守华等主编:《中国民间故事类型研究》,武汉:华中师范大学出版社,2002 年,第 106～110 页。

[20] 田海:《讲故事:中国历史上的巫术与替罪》,赵凌云,等译,上海:中西书局,2017 年,第 75 页,第 78 页。

[21] S. S. Jones, *On Analyzing Fairy Tales: "Little Red Riding Hood" Revisited*, Western Folklore, Vol. 46, No.2, Apr., 1987, pp. 97-106.

[22] [美]玛丽亚·塔塔尔:《嘘! 格林童话,门后的秘密》,吕宇珺译,南京:南京大学出版社,2022 年,第 73 页。

[23] 参见刘魁立,等著:《民间叙事的生命树》,北京:中国社会出版社,2010 年,第 20～21 页。

[24] 参见《喀左·东蒙民间故事》编委会编:《喀左·东蒙民间故事》23,沈阳:辽宁民族出版社,2018 年,第 267～276 页。

[25] 江帆采集整理:《谭振山故事精选》,沈阳:辽宁教育出版社,2011 年,第 68 页。

[26] 张其卓、董明整理:《满族三老人故事集》,沈阳:春风文艺出版社,1984 年,第 278 页。

[27] 参见中国民间文学集成全国编辑委员会、《中国民间故事集成·山东卷》编辑委员会:《中国民间故事集成·山东卷》,ISBN 中心,2007 年,第 618 页。该卷本收录的《狼妖精》中即为煎饼鏊子烫

杀狼妖精为333C＋210型故事。

[28] [德]艾伯华:《中国民间故事类型》,王燕生、周祖生译,北京:商务印书馆,1999年,第23页。

[29]《喀左·东蒙民间故事》编委会编:《喀左·东蒙民间故事》7,沈阳:辽宁民族出版社,2008年,第103～110页。

[30]《喀左·东蒙民间故事》编委会编:《喀左·东蒙民间故事》6,沈阳:辽宁民族出版社,2008年,第139～143页。

[31]《喀左·东蒙民间故事》编委会编:《喀左·东蒙民间故事》17,沈阳:辽宁民族出版社,2018年,第81～88页。

[32]《喀左·东蒙民间故事》编委会编:《喀左·东蒙民间故事》12,沈阳:辽宁民族出版社,2008年,第286～289页。

[33] 王丹:《民间故事的诗学实践研究——基于刘德方故事讲述的分析》,《民俗研究》,2023年第3期,第104页。

[34] 参见陈岗龙、乌日古木勒:《蒙古民间文学》,银川:宁夏出版社,2008年,第164～166页。

“命运之子”文学母题的故事诗学阐释

韩冰雪

（华中师范大学文学院，湖北武汉，430079）

内容摘要： 命运是永恒的世界文学对象，“命运之子”则是演述或书写人类命运的文学母题。古老文明的神话叙事多有“命运之子”的鲜明形象，具备命运之神的显著特征，他们关爱生命、确立秩序、维护正义、崇尚智慧、担当责任，造就人类的幸福命运。后世文学经典和民间传统的求好运故事（AT461），以“命运之子”文学母题为中心，反思人类困境从而超越困境，由此形成“解难题”诗学结构。这一结构具有强大的叙事功能和诗学价值：就诗性叙事而言，它开创了“认识命运—抗争命运—重建命运”的命运叙事类型，书写人类于困境中求自由的艰辛探索与浪漫主义情怀；就历史叙事而言，它贯穿口头传统、书面传统和融媒介形态，彰显了“命运之子”文学母题的历史线索与思想史价值。“命运之子”文学母题与“解难题”诗学结构的互文关系，开启了人类追寻生命意义的诗学篇章。

关键词： “命运之子”；“解难题”；互文关系；故事诗学；“诗-思-史”

一、问题的提出

考古学意义上的人类文化史，集中体现于食物、器物与居所、墓地的形态及其时空演变，人类学意义上则以原始部族的生产生活方式与祭祀仪式的传承发展为标志。当自我意识形成与叙事能力提升到一定阶段的时候，人类就开启了思考其发展困境的精神历程，这一历程的重要任务是对命运的追寻与反思，特别是关注命运的无常，执着思考如何突破命运的桎梏与压制，从感叹人类的渺小与自然的伟大，到坚信人类自身的力量可以改变命运，其悠久的历史和普遍的人性共识，折射了人类为幸福生活和好运道而艰苦奋斗的探索历程。可以说，一部人类文化史，就是一部人类与命运相生相克的关系史，命运也就成为世界文学的典型对象。古老文明都关注人类命运，塑造了神话世界拯救人类命运的“神”或神性“人”：炼石补天以拯救人类命运的中国始祖女娲，助人重生以呵护正义的古埃及始母神西伊斯，控诉罪恶以建立生态秩序的印度大地女神杜尔迦，偷食禁果以获取智慧的西方始祖亚当夏娃。世界早期神话塑造的这些与人类命运息息相关的“神”、神性“人”等形象，逐渐沉淀为“命运之子”母题，被后世文学不断复制、持续传承，内化为文化史记忆的“命运观念”，进而作为文化基因置入人类叙事传统之中。

从故事诗学的视角来讨论命运问题，必须从一个极为有趣且异文丰富的求好运故事(AT461)谈起，这也是后来提出“走向故事诗学”[1]的一个重要因素。20世纪80年代以来，著名故事学家刘守华持续追踪求好运故事，认为它是覆盖欧亚大陆、有两千多年生活史的世界故事类型，称其为“富于史诗魅力的民间故事”，堪称世界民间童话的经典之作。刘守华对此故事类型的百年学术史做系统梳理，不晚于20世纪初，已有国际学者对该型故事的构成、传播和演变之谜进行研究，揭示了故事源于印度《佛本生故事》的古老原型又传播世界各地的文化奥秘[2]。李丽丹认为，AT461型故事的研究方法不断发展，代表了中国故事学的文本研究历经“个案・对话・整体・诗学”的多重建构，逐渐形成故事诗学的研究范式。此文也对刘守华关于求好运故事研究范式转换研究的深入评述[3]。侯姝慧关注求好运故事类型在日本的流传与演化，在亚洲求好运型故事比较研究的基础上，从底边叙事与佛教文化的交融互生出发，讨论日本求好运故事的文化功能和社会价值[4]。以上研究均为求好运故事的整体性诗学探讨和文本解读，关于求好运故事类型的“解难题”母题的诗学分析相对较少。万建中针对“难题”作了主题学的细致分析。他摒弃了“母题”的叙事概念，将“难题”作为主题概念进行了形态功能和文化内涵的廓清与讨论。他指涉的“难题”是“出现在民间叙事文学中，由明确的出题者出给明确的答题者的运用普通人惯常的思考方式和认知能力所不能顺利完成的或违背常理的题目，其设置通常是出题者为了达到某种目的而刻意为之，为的是不让解题者完成，而答题者却通过智慧或超自然力顺利解答出了题目”[5]。该定义基于《中国民间文学集成》23个省卷本的152篇故事，涉及仙女报恩、忘恩负义、异类或穷汉娶妻、巧女解题、长辈虐待、小女婿对诗、长工地主斗智等类型[6]。其中，对异类或穷汉娶妻型故事(即求好运故事)进行了整体而深入的情节内涵分析，同时指出不同于生活故事的幻想故事在解答难题时的奇幻路径，并认为解难题是民间叙事文学的一棵常青树，但未对求好运故事的难题链设置和解答对策作深入阐释。

中国多种故事类型都涉及解难题的文学母题，解难题叙事具有历史性、混融性和幻想性。在“难题求婚”故事的叙事圈层研究方面，鹿忆鹿以南方少数民族的“难题求婚”故事为文本分析对象，阐释了南方少数民族地区在农耕经济状态下，长期存在“不落夫家”的婚姻习俗从而演替出考验问题，即难题求婚，其中蕴含了成人仪礼的文化因子[7]。日本学者伊藤清司认为羽衣传说最典型的形态也是解难题型，羽衣传说在中国广泛分布，不同民族面临的难题类型不同，有山地民族和平地民族之分，反映了不同民族各异的生产方式[8]。陈玉平以田螺姑娘型故事的孤儿角色来分析其背后的成年仪式内涵，认为难题只是部分故事叠加的情节，田螺姑娘型故事的孤儿总是在外力(天女、龙女、富家女儿、动物)的帮助下解难题[9]。上述学者都指明或默认了“难题求婚”背后的成人礼内涵。“难题求婚”型民间故事的人文研究，从其蕴涵人生仪礼价值的文化人类学探讨，延伸至男性文化与女性文化冲突以及婚姻择偶标准的深入思考。

丁乃通编撰的《中国民间故事类型索引》[10]将求好运故事被列为461A型，20世纪60年代之前记录的求好运故事异文有50篇。中国求好运故事为代表的民间叙事传统，以疾病、水源、贫穷、婚姻、自由为基础难题，不仅以三段式为叙事结构，也有打破叙事惯例的“二层次”“四层次”“六层次”结构形态，蕴含着强大的叙事动力。这些故事有一个核心母题，即，追问命运的人，也就是“命运之子”文学母题。正是因为这个追问者，所有难题才具有考验功能和历史实践意义，从而成为我们研究“命运之子”文学母题的目的所在。

二、“解难题”诗学结构的历史张力

求好运故事的“解难题”诗学结构，“问三不问四”是其核心情节，像游戏的通关设置一样将世俗生活与神圣生活的问题排列组合，构成“难题链”嵌套在求好运故事中，成为我们理解求好运故事诗学意义的关键结构。

（一）“解难题”形态

1. 哑女难题

求好运故事中，家庭富裕的年轻女孩，一直不会说话，却找不到解决办法，成为人生难题。哑女难题在所选的异文中一共出现了 32 次，是求好运故事中出现频率最高的一个难题。

哑女难题的代表性故事异文是《石祥生》[11]，这一故事由凌纯声、芮逸夫 1950 年整理的《湘西苗族调查报告》所记录。故事以穷汉子向阎王追问自己命运为主线，追寻途中，受接济穷汉子的员外委托，希望穷汉子代问其 18 岁女儿为何不能说话的原因，由此形成“哑女难题”。众多求好运故事中所涉及的哑女难题答案，较为普遍的答案是哑女遇到自己的意中人、心上人、丈夫、贵人等就会开口说话。也有异文答案是设定开口说话时间的情节，如等到 19 岁看见自己的丈夫才说话。也有看到亲人会说话的解答方式。

其中有两个异文的答案较为奇特。一个是去掉哑女嗓子里的老虎须才会说话。如《维吾尔族民间故事选》1980 年记录的异文《诚实的姑娘》[12]，讲述穷小伙有意娶巴依家女儿为妻，因聘礼受刁难，小伙去问圣人黑孜尔办法。途中遇见老妈妈托问其哑女如何才能开口说话的难题，后来礼拜寺的老人解答说：去掉哑女嗓子里的两根老虎胡须才能说话。另一个异文答案是需要去掉哑女耳朵里的小虫才能说话。

2. 生命有限性难题

生命有限性难题是指自然界动物、人类世界如何修炼成仙的民间幻想性难题，实际上这种幻想性难题更多指向的是自然生命的限度问题，是对生命的体验深度和生命时长的哲学追问。生命有限性难题包括龙王升天、蟒蛇成龙、乌龟成仙、白鼠成精、鲤鱼跃龙门、蛤蟆成仙、老水獭成人以及和尚成佛等修行问题。代表性异文是故事异文《旗里西天拜活佛》[13]。后妈要吃旗里的心，家里老黄狗替他一死，旗里亡命去往西天问活佛为啥后妈要吃他心。途中遇老头代问老和尚为啥修行多年不成佛；大白鼠为啥修行千年不成精。活佛回答：老和尚财宝太多压住了；白鼠耳朵里有宝珠拿出来成精。

民间叙事中有诸多关于老龙如何升天、鲤鱼如何跃过龙门、老龟如何成仙的口头讲述，以及蟒蛇、河螺如何变成龙等这些看似自然界跨物种式的超越难题。这些问题的回答丰富多样，其主线是去除体内某个部位所隐藏的宝物(珍珠、夜明珠、避风珠、避火珠、避水珠、玉带等)可以升天。故事异文《热令青巴》[14]讲述穷小伙娶国王女儿需要一盆金一盆银一件宝。穷小伙在喇嘛前问卦：老龙何以升天？回答是取走龙耳中宝物可以升天。又如，故事异文《王小二问福》[15]，讲述王小二代大蟒问为啥不能成龙？西天老爷爷回答说大蟒颌下去除两颗夜明珠就成龙。再如故事异文《但行算卦》[16]，王禅老祖给但行托梦去终南山算卦，问千年老龟如何成仙，指出将避火珠、避水珠、避风珠吐出即可成仙。求好运故事还有关于改造客观环境实现空间转换和时间转换的难题回答。异文《穷汉拜佛》[17]讲述穷汉去西天佛爷为啥这么穷，途中鲤鱼托问其为啥越不过龙门。佛爷回答：搬出龙门底下的金砖就越过去了。财富与理想之间的矛盾关系在此得到更为鲜明的体现。

3. 动植物生长繁衍难题

动植物生长繁衍难题是指民间叙事对动植物生命力的关注、忧虑与想象，动物类生长繁衍难题有：病狼、鳟鱼抬头、鹿抬头、天鹅脖子疼、黄鸭肝疼、鹿角脱落难、蟒蛇头疼、凤凰下蛋、雀蛋不出娃、羊毛长得太快等，植物类生长繁衍难题包括树木枯死(干涸)、树木只开花不结果或只结果不开花、柴达木长牧草等难题。论文选取的53则求好运故事中，动植物生长繁衍难题共出现38次之多，因此也是求好运故事异文的关键难题。

植物生长繁衍难题的解答方案，主要包括关联物、空间结构和生产知识等三种类型。首先，关联物方案。难题的解答思路在于寻找引发植物生长繁衍困境的外在关联物，发现并移除这些禁锢之物，从而化解其生长繁衍困境。故事异文的关联物有树根下的大蛇、黄金、银子、砖头、芭蕉扇、《万宝全书》、文房四宝。异文《取太阳的头发》[18]讲述牧童娶公主要求提供三根太阳的金头发的故事。牧童隐藏在太阳家中，太阳母亲揪了太阳3根头发，问太阳：果树为何枯死？太阳回答：除掉树根下的大蛇，果树就会活了。其次，空间互换方案。故事异文《石祥生》，讲述穷汉子代问桃树李树为何只开花不结果？阎王回答桃树李树互换位置即可结果。空间互换起到了关键作用。再次是选种与播种方案。异文《托诺依》讲述，托诺依找须弥山宝格达(活佛)问怎么找到幸福时，代问柴达木何时才能长出牧草？活佛回答说，从赛罕草原取回草籽，撒遍柴达木，就会长出牧草。解难题方法就是植物种子优选和全域播种的关键方法。

4. 水源难题

水是生命之源，追寻水源而生，是人类最基本的生存智慧，水源难题是人类最大的难题，主要包括水田干涸、井水(河水)干涸、泉水变质、无水源、干沟吃水困难等内容。论文所选取的求好运故事异文中出现了8次水源难题。从中国民间叙事智慧中，我们可以看到，民间传统对水源难题富有深邃的忧患意识，也积累了超越困境的应对智慧。

求好运故事关于水源难题的叙事文本，代表性异文有：《“株本”的来由》[19]讲述小牧童有幸获得可以娶公主的花环，但是国王还要求他取到三根太阳的头发。牧童去西边太阳家，途遇救助他的恩人面临井水干涸难题；《问麦瑟列》[20]讲述哈三去西方问圣人黑祖尔治疗母亲失明的方法，途中遇老农托问泉水变质难题；《十辈子穷问老祖》[21]讲述十辈子穷去问白毛老祖为啥穷人辈辈穷，途中遇到救助他的恩人代问寻找水源地的难题。

关于水源难题的解答，求好运故事总是将其归咎于异类原因，如青蛙、毒蛇破坏或堵住了水源。《“株本”的来由》异文中，太阳解答井水枯竭问题的根源是，井下有青蛙喝水，所以井水干涸；《问麦瑟列》异文中，圣人回答去除灵泉眼里的毒蛇，泉水就会变好。母亲喝灵泉水后眼睛复明，灵泉水倒进大河造福乡亲。有的故事也强调了生态因素对水源地的决定作用，如《十辈子穷问老祖》异文中，纺棉花老太太回答水源地就在村西大槐树下。

5. 自由难题

求好运故事想象的自由难题是摆渡难题，一位长期在江河两岸从事摆渡工作的船夫，人生大部分时间被控制在极其有限的空间中，而且船夫在单调、枯燥的两点一线的日常生活找不到人生意义，他渴求不再从事摆渡工作而希望有人来代替他的工作。

论文选取的故事异文中，摆渡者的自由难题虽然出现的次数不多，但仍是一个值得关注的难题，因为其哲学意蕴极为深厚。代表性故事文本有，《取太阳的头发》和《“株本”的来由》两篇异文。前者讲述牧童娶公主寻找三根太阳的金头发。牧童隐藏在太阳家中，太阳母亲问太阳谁来替代划船老翁，回答是把桨递给别人(浪荡国王)就可以不再摆渡了，后者讲述小牧童寻找三根太阳的头发时，牧童去西边太阳家，途遇船夫无人接替的问题。太阳母亲问太阳如何才能离开摆渡职业，太阳回答：船桨给了国王船夫工作就有人接替。

（二）诗性结构的历史张力

求好运故事在中国广泛流传，其传承史和流布地区说明，中华民族融合与地方文化互动的深刻关系。“解难题”的诗学结构体现了“解难题”母题的叙事性和人文性的双重价值，从“难题之‘难’”与“难题之‘解’”的形态与内涵中，可以见出“解难题”诗学结构及其历史张力，从化解难题的历史经验、人生智慧与文化选择中，建构起“解难题”与人类命运之间的深层关系。命运是永恒的世界文学对象，“命运之子”则是演述或书写人类命运的文学母题。古老文明的神话叙事多有“命运之子”的鲜明形象，具备命运之神的显著特征，他们关爱生命、确立秩序、维护正义、崇尚智慧、担当责任，造就人类的幸福命运。后世文学经典和民间传统的求好运故事(AT461)，以“命运之子”文学母题为中心，反思人类困境从而超越困境，由此形成“解难题”诗学结构。

回顾上述的五个难题，总体上可以归纳为两大类型，即，生命难题与生态难题。

就生命难题而言，哑女难题几乎出现在所有的命运难题之中，由此可知人的语言能力与心灵表达的内在关联。哑女难题的性别视角也值得深入探讨，青春女性缺失语言能力的情节，象征着女性的情感认同与话语权难题，哑女难题的答案超越了语言本身，以解除魔法的方式来重新获得语言能力，可能是原始社会以巫术来控制语言权力的古老记忆；生命有限性难题中，关于生命有限性的解答，民间叙事更多借用幻想性回答来超越生命限度。时间作为解难题的关键方法，蕴含着较明显的道家修炼思想；摆渡难题这一涉及人类自由的职业类难题，故事异文数量不多，解答方法如出一辙，而且故事情节也几乎一模一样。自由是人生的终极命题，对个体而言，最朴素的自由是行动自由。这一摆渡者的自由难题，象征着人的有限性与无法选择自由的困境。自由难题出在摆渡人身上，而摆脱摆渡困境的方法都是将船桨递给浪荡、暴力的国王，让他承受摆渡的苦闷成为下一个摆渡人。于是，职业难题变成了抗争与惩罚暴君的有效方法，个人自由的解难题于是延伸为处理更为宏大的社会阶级冲突问题，其叙事意义与历史张力由此见出深刻的哲理来。

就生态难题而言，主要包括动植物繁衍难题和水源难题。动植物繁衍难题故事所叙述的对象是传统社会人们熟悉且日常生活中多有关联的动植物，是小农经济生产方式在民间故事中的映射，反映了农业文明朴素的生态意识与环境共生观念。而水源难题不仅是农业社会生产生活的基本难题，更是全人类共同面临的生态难题。由此，求好运故事集中展现了人类面临水源难题的现实困顿与历史智慧。

求好运故事也有难题无法解答、无法超越的异文，揭示了无法解除困难的现实境遇。故事异文《流浪老人》[22]，讲述穷困老人找胡大要财富和幸福，途中遇金鱼，请代问如何解除脖子上的金项链重新当国王。梦中老人回答说，金鱼国王欺压百姓被胡大惩罚，不能得到帮助，必须受金项链魔法的控制。无法解答的难题结构是求好运故事中具有“反讽性”[23]美学意味的故事异文，故事所追求的解难题原来是无解之题，难题成为“绝题”，解难题于是成为“伪命题”，这一层意义的反讽主要发挥叙事动力的功能。更深层次的反讽意义则是不可解的难题背后的意义，即需要故事给出的另外一种民间社会最为真实的答案：底层民众对剥削阶层的坚决抵抗和不予包容的否定态度，这是人民记忆历史和评价历史的智慧表达，也是“解难题”诗学结构所呈现的历史张力的丰富性所在。

求好运故事“解难题”的诗学结构是历史结构，呈现了漫长而艰辛的人类生存发展的探索史，从中提炼出极为重要的生命难题和生态难题，同时又融入了人类历史实践中积累的丰富人生智慧，折射出传统社会义利并重的财富观、为政以德的政治观以及注重伦理关系的婚姻观。“但行好事，莫问前程”的民间信念，指引着“求好运”主人公通往幸福道路，也解除托问之人的苦难与困惑，体现了中国民间叙事“大团圆”结局的喜剧色彩[24]。在问题的解决中，主人公得到宝物或金银的馈赠从而实现命运转换，利他精神成为人类化解难题、超越困境的历史逻辑。

三、“命运之子”文学母题的诗学向度

求好运故事作为人类叙事传统的经典类型故事，承载着人类古老而醇厚的抗争命运、追求幸福的文化记忆，其“命运之子”文学母题与“解难题”诗学结构的深度互文关系，开启了人类在生活实践中追寻生命价值的诗学篇章[25]。可以说，命运之子的“求好运”之路本质上受人类共同利益的驱动，符合当今世界相互依存的国际权力观、共同利益观、可持续发展观和全球治理观，作为民间叙事逻辑也为建设人类命运共同体提供了基本的价值观基础，由此建构起人类相互依存、命运与共的世界意义。

“命运之子”之所以成为人类命运的代言人与探索者，既与他/她饱经风霜、跌宕坎坷、接受非凡考验的人生阅历有关，也与他/她信念执着、勇往直前、朴实善良的人生品格有关，还与他/她乐观进取、矢志追寻、感恩奉献的人生价值有关。求好运

故事塑造的“命运之子”角色，充满了探索、感恩、进取的现实主义精神，骨子里却是富于抗争、叛逆和自我发展的理想主义情怀，谱写了“命运之子”追寻命运而又助人解难的波澜壮阔的诗意人生。求好运故事类型中，民间视野的“命运之子”有一个叙事传统，即作为人类早期探索自然规律、建立社会秩序、担当文化使者的古老传统，一定程度上隐喻了人类的创造力与理想主义观念。如中国神话早期的创世神盘古、女娲，文明社会前夜、传疑时代的尧舜禹，先秦时期的屈原等，以集体主义的历史使命贯注于这些人物的文化建构中，成为中国命运之子注重伦理使命的鲜明特征，而弱化了抗争与自由个性的另一面。后世经典文学继承这一传统的文化英雄母题而逐渐精英化，突出这些人物推动时代变革的文化英雄身份。然而，求好运故事类型却延续了这一传统赋予人物担当苦难、敢于抗争的精神品质，大多数故事异文的主人公是世代贫穷的乞丐、举目无亲的孤儿，常被命名为“八代穷”或“九代穷”，他们虽是民间底层社会的代表，以贫穷、弱小、苦难为形象标识，但在底层苦难的锤炼考验之中，却保持了抗争本色，以“觉醒之问”向悲惨命运发起反击，质疑自己的贫穷宿命与坎坷身世，以反讽和自嘲的方式寻找命运之神从而反抗命运之神。弱者形象与英雄形象在“觉醒之问”的反击命运之时奇妙地融于一体，曾为弱者，转而为英雄，在荣格意义上的“英雄旅程”中，实现了弱者精神意义的“圣化”与社会认同的“强大”。

“命运之子”不仅是人类文明创造的英雄形象，也是人类文化史上普通民众的英雄主义群像，象征着人类在历史长河中坚韧卓绝的英雄意志、深沉浓郁的英雄情怀和勇往直前的英雄气概，英雄们从普通民众的日常生活与特殊事件中成长起来，在普通民众的支持、包容和认可下，为民众的共同利益开创英雄伟业，为社会生活建构伦理秩序。求好运故事继承了古老叙事传统的英雄母题，将其转换为饱受苦难考验的底层民间人物，从平凡朴实的困苦、艰辛与灾难中直面人生。尤为难得的是，以“九代穷”为代表的民间视野下的“命运之子”，在命运之神“问三不问四”的解答原则下，毅然决然地放弃自己的“命运之问”，为曾经帮助过他的三位恩人询问了“难题之惑”，后来因“急他人所急、感他人之恩”的可贵品质而意外获得自己的好运。从“帮助他人因而自己获得帮助”民间叙事逻辑中，源自人文传统的英雄情怀隐藏起来，隐含在打破日常生活秩序而敢于追问命运的“异域旅行”中，异域空间的陌生、遥远与危险，实质上就是英雄历险的基本模式。另外，“九代穷”为改命而肩负起追寻责任时，他就已经超越祖辈传承下来的“认命”与“守成”了，生活的意义不再是活着，而是追问“为什么如此活着”？人生的目标不再是继承八代传下来的穷困潦倒的乞丐人生，而是弄清楚为什么一定是穷困潦倒的乞丐人生？由此离开家乡的远行乞讨，不再是为了活下去的世代愿望，而是面向命运之神大胆反叛的“逐梦之旅”。因此，朝向远方的每一个新的乞讨、每一次新的相逢、每一声新的嘱托，都有了新的意义、新的力量和新的价值。他人的施舍也因为“九代穷”貌似不可能的逆天改命志向而不再是屈辱的象征，相反获得了他人格外的尊重，从而建立起敬仰意义上的信任关系，临行时委托代问命运之神一个新的问题。这些问题是远远超出“九代穷”经验认知的社会上层事实，它们只属于真正意义上的存在所关注的问题，而不是生存的直观问题。这些问题从他人的诚恳与赐福中得到证实，是他人真切的现实困境与心理困惑，是他人从“九代穷”破天荒的逆天改命行为中看到的人生意义，于是也彻底改变了上层社会对底层人物的鄙视与压制。可以说，逆天改命的觉醒与行动，正是“九代穷”由底层身份向社会平民身份的转型，也是民间社会英雄意识的自然赋予。

有学者系统讨论过“命运之子”的主体关系问题，认为“在中国命运之子故事中，命运之子、托问之人与解难之人三者共处在一个不可分割的关系体中。以命运之子为中心，解难之人与命运之子构成了帮助者与受助者的关系，命运之子又与托问之人构成互助的关系。跳出人物关系的框架探求故事的深层隐喻，不难发现，解难之人代表了位于上层的神的形象，命运之子代表了非凡的人即英雄的形象，托问之人代表了位于下层的常人的形象，而将三者串联在一起的则是未‘出场’的命运。对英雄和常人而言，他们命运与共，有共同的困境，也有共同的利益，他们是人类命运共同体的显现形式；而神则是命运共同体中的施惠者，他的存在显示出共同体的强大力量。在命运共同体中，三者实际上表现了人与自我、人与他者、人与世界的多元伦理关系”[26]。上述关于主体关系的讨论，对于“命运之子”的思考具有启发性。事实上，民间故事传统重述的“命运之子”文学母题，虽然关注的是底边社会[27]的可怜人物，但却有着更为深层而本质的命运反思，这些人物竟然以极为卑贱的身世迸发出了人性最为高贵的叩问之声：为什么我们的命运就是这样的，为什么我们不能改变这种命运?！这是人类进化史上具有本质意义的觉醒之问，也是人类文化史上持久的、内在的强大的生命能量。

结语

故事诗学关注的是“立人”，是人的情感与价值问题[28]。在此意义上的“命运之子”文学母题，必须从“解难题”诗学结构中找到它的艺术魅力。作为民间叙事逻辑中的惯用机制，一直是民间叙事系统的基础性母题，在民间故事的复合结构中发挥着强大的生产力作用。“求好运”故事以“难题链”的基本形态推动民间叙事的不断延伸，影响着民间叙事的基本结构。其叙事结构以“说单不说双”“问三不问四”的叙事惯制为逻辑起点，不断超越难题数量甚至打破叙事禁忌。民间叙事常态性的重复律作用，使得求好运故事结构稳定、形态多样，不同叙事主体、不同母题类型之间互相影响、重叠，构成了求好运故事“解难题”母题叙事多元的叙事圈层和嵌套秩序，形成了“解难题”母题的叙事逻辑。“解难题”诗学结构具有强大的叙事功能和诗学价值：就诗性叙事而言，它开创了“认识命运—抗争命运—重建命运”的命运叙事类型，书写人类于困境中求自由的艰辛探索与浪漫主义情怀；就历史叙事而言，它贯穿口头传统、书面传统和融媒介形态，彰显了“命运之子”文学母题的历史线索与思想史价值。

人文价值层面，求好运故事的难题内容，包罗广泛，呈现了中华民族历史实践中所面临的基本生存困境和无法超越的现实际遇，最主要的有物我双向的自然生命难题、社会伦理难题、人生价值难题和生态难题。在难题的思索与化解中，隐喻了中华民族发展过程中不断融合、不断探索、不断总结经验教训的艰难历程，以幻想性策略或符合自然规律的常识性操作凸显了中华民族解决难题、突破困境的智慧和创造力，以饱含乐观意识和进取精神的想象力，面向未来世界，追问命运前程，塑造命运共同体意识，传承中华先哲的兼爱互助思想和利他主义原则。

＊本文系中央高校基本科研业务费(人文社科类)项目"故事诗学与中国叙事话语体系建构研究"(CCNU24ZZ030)的阶段性研究成果。

注释：

[1] 刘守华：《走向故事诗学》，《湖北大学学报(哲学社会科学版)》2020年第5期，第102～110页。

[2] 参见刘守华：《千年故事百年追踪——一个难得的比较文学研究实例》，《外国文学研究》2000年第2期，第86～93页。

[3] 参见李丽丹：《刘守华与"故事诗学"评说——以AT461型故事研究为中心》，《外国文学研究》2016年第5期，第157～160页。

[4] 参见侯姝慧：《底边叙事与佛教弘传——日本"求好运"故事研究》，《中北大学学报(社会科学版)》2020年第2期，第74～79页。

[5] 万建中：《中国民间散文叙事文学的主题学研究》，北京：北京大学出版社，2009年，第97页。

[6] 参见万建中：《中国民间散文叙事文学的主题学研究》，北京：北京大学出版社，2009年，第105页。

[7] 参见马昌仪编：《中国神话文学论选萃》下，北京：中国广播电视出版社，1994年，第839～849页。

[8] 参见伊藤清司：《美丽天女的诞生——古代说话的起源》，东京：讲谈社，1973年，第137～138页。

[9] 参见陈玉平：《孤儿角色与成年仪式》，《民族文学研究》1996年第4期，第48～51页。

[10] 参见丁乃通：《中国民间故事索引》，长春：吉林人民出版社，1984年，第122页。

[11]参见凌纯生、芮逸夫：《湘西苗族调查报告》，北京：民族出版社，2003年，第241～245页。

[12] 参见刘发俊：《维吾尔族民间故事选》，上海：上海文艺出版社，1980年，第187～191页。

[13] 参见中国民间故事集成全国编辑委员会：《中国民间故事集成·辽宁卷》，北京：中国ISBN出版中心，1994年，第488～490页。

[14] 参见庄学本：《康藏民间故事集》，上海：时代书局，1940年，第27～28页。

[15] 参见中国民间故事集成全国编辑委员会：《中国民间故事集成·陕西卷》，北京：中国ISBN出版中心，1996年，第458～459页。

[16] 参见中国民间故事集成全国编辑委员会：《中国民间故事集成·山西卷》，北京：中国ISBN出版中心，1999年，第357～359页。

[17] 参见中国民间故事集成全国编辑委员会：《中国民间故事集成·山东卷》，北京：中国ISBN出版中心，2009年，第668-669页。

[18] 参见谷德明：《中国少数民族神话选》，兰州：西北民族学院研究所，1983年，第770～772页。

[19] 参见青海人民出版社编辑部：《民间故事选》，西宁：青海人民出版社，1959年，第50～55页。

[20] 参见中国民间故事集成全国编辑委员会：《中国民间故事集成·新疆卷》，北京：中国ISBN出版中心，2008年，第1225～1229页。

[21] 参见中国民间故事集成全国编辑委员会：《中国民间故事集成·河北卷》，北京：中国ISBN出版中心，2003年，460～464页。

[22] 参见中国民间故事集成全国编辑委员会：《中国民间故事集成·新疆卷》，北京：中国ISBN

出版中心，2008年，第1232～1233页。

[23] 参见陈安慧：《从哲学到美学的浪漫主义反讽》，《华中学术》2011年第2辑，第72～81页。

[24] 参见施爱东：《大团圆何以成为元结局》，《民族艺术》2021年第3期，第68～78页。

[25] 参见林继富：《故事诗学：人民生活的叙事实践》，《湖北大学学报（哲学社会科学版）》2023年第1期，第56～66页。

[26] 参见孙正国、李皓：《人类命运共同体：〈命运之子〉的关系建构》，《社会科学动态》2020年第5期，第86～89页。

[27] 参见乔健：《底边社会——一个对中国社会研究的新概念》，《西北民族研究》2002年第1期，第27～33页。

[28] 参见孙正国：《故事诗学的学科语境及其理论建构》，《湖北大学学报（哲学社会科学版）》2023年第1期，第67～76页。

【文化传承研究】

黄老学中君臣关系的身体譬喻及其文学意义

陈晓慧

（华中师范大学，湖北武汉，430079）

内容摘要： 君臣关系的文学书写，经历了从早期君臣关系的比兴讽喻，到身体譬喻，再到治身主题的三个阶段。战国以降，君臣关系的身体譬喻，则从“心君同构”，逐渐延伸出心与四肢、肱骨、五官、九窍、五脏六腑的精细对应譬喻。在此类文本中，生命体的构成和运作与君臣关系协调一致，既强调君臣一体，又突出君主虚静无为的中心性与臣属各司其职的功用性，具有黄老学特质。在黄老学视域下，此类身体譬喻体现了黄老学政治体系的思想建构，而在现实政治中，为应对复杂问题，身体譬喻则延伸为文本话语的治身与治国主题。治身所指既是形躯之身，亦是意识之身，强调君王要虚静无为，如此便能国泰民安、君王长寿。文本中的治身如治国的叙述模式，成为士人进谏的有效政治话语，体现了黄老学在新时代政治领域的强大影响力。文学、思想与政治，三者呈现出相互影响的多元关系。

关键词： 君臣关系；身体譬喻；“心君同构”；黄老学

战国时期的传世文献和出土文献都集中出现了以身体部位譬喻君臣关系的表达，如《管子》《荀子》《晏子春秋》《黄帝内经》以及清华简《心是谓中》等。梳理这些文献，我们会发现其大多与战国时期的黄老学密切相关[1]。黄老学的性质历来颇有争议，卿希泰将黄老学分为“与刑名法术结合的道德法术家”“与阴阳五行结合的阴阳数术家”“与养生之术结合的神仙方技家”三支[2]，可见其涵盖范围之广。“黄老”之名最早溯源至司马迁《史记·孟子荀卿列传》，载慎到、田骈、接子、环渊“皆学黄老道德之术”[3]。自20世纪70年代黄老帛书出土，个别学者倾向认为黄老学即黄老刑名，即与法家紧密关联的刑名思想[4]；或以为黄老学所关心重点不在帝王的统治之术，而在于人的养生，曹峰指出“生命以及精神的健全和保养是黄老学的基础乃至第一重要的事情”[5]。总体而言，黄老学兼具身与国两个面向[6]，但两者并不如传统研究所说的截然分立，而是互相涵盖，如以身体譬喻君臣关系就体现了两者交融的状态。至于不同时期呈现出不同的发展重心，只是时代需要使然。

本文并不试图对黄老学概念作详细的历史考索，而是着力于君臣关系的身体譬喻，点明黄老学身国不可分的特质，并以此追问为何要将生命体的构成和运作理路与君臣关系相譬喻，以及这一譬喻是否有所延伸，其文学意义何为。

一、早期君臣关系书写的比兴模式

君臣关系有广义与狭义之分。《说文解字》："君，尊也。从尹。发号，故从口。"[7]甲骨文的"尹"字像人手持杖之形，表示有权力指挥，故"尹"有治理之义。"臣，牵也。事君也。象屈服之形。"[8]甲骨文的"臣"字为竖目之形，其本义指奴隶或俘虏。因为奴隶不能抬头平视，所以又有臣服、屈服之义。故广义的君臣关系指的是具有统治能力的人与其臣服者之间的关系，即上与下的尊卑关系，而非专指君王和臣子的具体对象，本文取其广义。

早期君臣关系的书写，更侧重于比兴模式，多以动物、植物起兴或类比，以此表达不同关系类型。

在《诗经·大雅·卷阿》中，就有"凤凰于飞，翙翙其羽，亦集爰止。蔼蔼王多吉士，维君子使，媚于天子。凤凰于飞，翙翙其羽，亦傅于天。蔼蔼王多吉人，维君子命，媚于庶人"[9]。毛传云："成王之时，有凤皇之瑞。召公以为用贤所致，故陈之以戒王。"[10]这是从诗本事的角度来谈，更强调凤凰是现实中的祥瑞之兆，因臣仁士善而得此祥瑞，由此告诫成王多求贤纳士。而郑笺则将凤凰与众鸟同时点出："凤皇所在，众鸟慕而从之，故凤皇亦与之同止，兴贤者来仕之时，亦与众群士集于君朝。"[11]此言兴，而未言比，先言凤凰与众鸟，再引起贤者、群士与君朝，"得大贤而致群士，犹凤皇飞而来众鸟，王安得不求之乎?"郑笺重点转而变为对贤者的褒扬，而非告诫君王。毛传认为此诗是臣子以凤凰祥瑞来告诫君王，乃诗本事之下的以天象对君王进行教导的典型体现。而郑笺则突出贤者的重要性，因贤者带来群士，是儒家文化之中理想人格对政治的影响。相较之下，正义则更为完备，"凤凰于飞，翙翙其羽"是兴，为求贤之意；而"亦集爰止"，则是以之比喻贤者与群士共在王朝，"众鸟慕凤似群士慕贤，故以为喻"[12]。由此可见，《诗经》中君臣关系的书写以凤凰与众鸟此类动物的比兴模式呈现，其经解话语也随着君臣关系的转变而有所变化。

同是表现君臣相得之乐的篇章，《诗经·鲁颂·有駜》则以"振振鹭，鹭于下"来比拟，正义言："振振然而群飞者，洁白之鹭鸟也。此鹭鸟于是下而集止于其所，以喻洁白者众士也，此众士于是来而集止于君朝。既集君朝，与之燕乐，以鼓节之咽咽然，至于无算爵而醉，为君起舞，以尽其欢，于是君臣皆喜乐兮，是其相与之有道也。"[13]凤凰可比兴贤士，白鹭亦可，白鹭振振而飞，集于君朝，则与君同乐，故言君臣有道。

除以动物比兴外，君臣关系也常与植物联系在一起。如《越人歌》"山有木兮木有枝，心悦君兮君不知"[14]，此诗本事见于刘向《说苑》，是由庄辛说襄成君而引出来的一段鄂君子皙与舟子的美谈。舟子利用"山—木—枝"的相连性，与"心悦君—君不知"形成对照，在本应形成完美闭环的表达，即"心—悦君—君知"中，以"君不知"反向打破了情感的相连性，呈现为求君的断裂和未完成状态，由此强调对君臣相得的渴望。

又如《战国策·秦策三》[15]范雎引"《诗》曰：'木实繁者披其枝，披其枝者伤其心。大其都者危其国，尊其臣者卑其主。'"[16]从木繁—披枝—伤心，引申出大都—危国、尊臣—卑主，以植物类比君臣之间的对立关系。这种模式同样见于《韩非子·扬权》："为人君者，数披其木，毋使木枝扶疏；木枝扶疏，将塞公闾，私门将实，公庭将虚，主将壅围。数披其木，无使木枝外拒；木枝外拒，将逼主处。数披其木，毋使枝大本小，枝大本小，将不胜春风，不胜春风，枝将害心。"[17]木枝作为臣子的喻体，已是戕害君主的根源，因而《韩非子》多次强调"数披其木"，木枝扶疏、外拒、枝大本小，都会对君主造成严重的后果，于是便要常常削减、修整。比之《战国策》中的比喻，此处的表达将君臣之间的对立关系表现得更为明显和严重，甚至要常常采取行动限制臣子，君主本位的意识十分强烈。

而在《孟子》中，已发展至以片段的身体部分来比拟君臣关系，"君之视臣如手足，则臣视君如腹心；君之视臣如犬马，则臣视君如国人；君之视臣如土芥，则臣视君如寇仇"[18]，手足—腹心、犬马—国人、土芥—寇仇，以递减式的逻辑论述了君臣之间相对的关系。这不同于将得力臣子称作"腹心"的传统用法，如《诗经·周南·兔罝》"肃肃兔罝，施于中林。赳赳武夫，公侯腹心"[19]，以兔罝起兴，继而联想到威武雄健的武士。姚际恒《诗经通论》云："干城，好仇，腹心，人知一节深一节"[20]，可见腹心一词能体现出武士与公侯之间的密切联系。腹与心作为整体并称，是从统治者的视角将其作为高度亲密的臣子的比喻，而《孟子》中则是以不同的身体部位各自比喻君与臣，有了"关系"的层面。

从动植物的比兴到人体四肢的类比，早期君臣关系书写呈现出表达层面的序列性，体现出由彼至此取譬的特点。

二、"心君同构"的公共话语与黄老学特质

战国中后期，出现了系统化的人体与君臣关系的譬喻。如果说《孟子》只是以片段的身体来描述君臣关系，那么此阶段君臣关系的身体譬喻则系统地呈现了君臣关系与生命体之间的关联。这在该时段的传世文献与出土文献之中都有所体现，可见应属于当时的公共话语。程浩也注意到了这一点，他指出，清华简《心是谓中》通过拟人的方式强调了君主对臣子的统御权，是战国时期君臣间的人身依附关系的进一步极致化[21]。《心是谓中》所写应为君民关系，但无论是君臣还是君民，用系统化的身体来譬喻，确是强调了彼此之间的关系更加紧密化。

"心"终于得以从"腹心"的单纯复合词比喻中解脱出来，成为"君"的专有譬喻。刘畅将"心君同构"[22]作为一个原型范畴，以心与君的独一、至尊、全能、与道相通等共同特点来表明两者之间的同构，是为此一论题的奠基之作。心君互喻，在一定程度上证明了战国时期王权主义形成的合理性，点明了君王的中心地位。从《荀子·解蔽》"心者，形之君也，而神明之主也"[23]，到《淮南子·缪称训》"主者，国之心，心治则百节皆安，心扰则百节皆乱"[24]，无论是以心论君，还是以君论心，皆有此意。从孟子的君臣相对论到君主臣辅论，伴随君臣关系的变化，其间身体的譬喻方式也发生了

相应的变化。

"心君同构"成为公共话语，但与心相对应的其他身体部位却一直发生着细微的变化，分别指涉的关系范围和内涵也不一。

心与四肢、股肱的譬喻见于多处，在不同情况之下指涉特定的君臣关系与君民之道。《晏子春秋·内篇》载："寡人之有五子，犹心之有四支，心有四支故心得佚焉。今寡人有五子，故寡人得佚焉，岂不可哉？晏子对曰：'婴闻之与君言异，若乃心之有四支，而心得佚焉，可得令四支无心十有八日，不亦久乎？'公于是罢畋而归。"[25]"五子"即泰士、泰祝、行人、申田和晏子，为不同职能的官员。景公将自己与特定的臣子譬喻成心与四肢，因四肢完备，心得佚，由此说明自己不必亲力亲为，可令专职人员完成事务。而从晏子对景公的回应中，可以看出即使君不任专职，也必须处其位，强调臣子对君王的依附性之强。类似的还有《荀子·君道》："故天子不视而见，不听而聪，不虑而知，不动而功，块然独坐而天下从之如一体，如四胑之从心：夫是之谓大形。"[26]《晏子春秋》所指涉的仍是特定的君臣关系，而《荀子》中这一譬喻指涉的范围进一步扩大到君与天下。在同样以心与四肢的譬喻强调君臣关系时，譬喻都体现出君虚静无为而执一的黄老学特质。"黄老"一名虽在《史记》这一传世文献中才出现，《晏子春秋》《荀子》的学派归属亦有争议，但汉代黄老学"因循""无为"的政治观念——"不更张制度，是谓'因循'，不兴作事功，是谓'无为'"[27]——早在《晏子春秋》《荀子》中就已体现，落实于具体的君臣关系。

同是四肢、股肱的譬喻，清华简《治政之道》则呈现了另一种君臣关系的倾向，"夫四辅，譬之犹股肱，一肢不及，则不成人，皆知其于身之若是，而不戚其四辅之与是同"[28]，将"股肱"作为臣子的代称，且尤为点明此对身体完整度的重要性。"心"的缺席，不再强调中心的作用，而凸显"四辅"(祝、宗、史、师)的重要性，是为另一种儒家文化视域下士人的理想表达。相比于黄老学特质的君臣关系譬喻，这一类型在此时期并不常见。

身体譬喻也涵盖了心与五官、九窍和五脏六腑的人体内外比附。清华简《心是谓中》云："心，中，处身之中以君之，目、耳、口、踵(肢)四者为相，心是谓中。心所为美恶，复诃若影；心所出小大，因命若响。心欲见之，目故视之；心欲闻之，耳故听之；心欲道之，口故言之；心欲用之，踵(肢)故举之。心静毋有所至，百体四相莫不恬湛。为君者其监于此，以君民人。"[29]目、耳、口也被纳入譬喻的范围，成为心所役使的对象。四相随心而动，随心而静，强调心在四相运作过程中的决定性作用。相比于心与四肢的譬喻，四相与心的譬喻已涵盖"用"的问题，即这一系统如何运作。生命体运作的原则即心为主导，四相为追随，与君臣、君民关系运作的原理相一致。而具体的分工，则又引出各部分的职能。《管子·心术上》云："心之在体，君之位也。九窍之有职，官之分也……故曰：心术者，无为而能制窍者也，故曰君。"[30]一方面表明运作的原则是在以君为中心的基础之上，要求君王能够虚静无为；另一方面点明九窍如官员各有其分，各为其职，君王不应取代他们各自的功用，不应插手干预，总体呈现出君逸臣劳的黄老学特质。

《黄帝内经·素问·灵兰秘典论》更为细致地指明了各个部分对应的官位与职能：

“心者，君主之官也，神明出焉。肺者，相傅之官，治节出焉。肝者，将军之官，谋虑出焉。胆者，中正之官，决断出焉。膻中者，臣使之官，喜乐出焉。脾胃者，仓廪之官，五味出焉。大肠者，传道之官，变化出焉。小肠者，受盛之官，化物出焉。肾者，作强之官，伎巧出焉。三焦者，决渎之官，水道出焉。膀胱者，州都之官，津液藏焉，气化则能出矣。”[31]建构出完整的生命体与君臣关系的系统譬喻。生命体作为一个整体的运行理路与国家治理之重的君臣关系是一致的，只有整体的、系统的，而非割裂的、碎片化身体，才得以正常运行。君臣关系与生命体的运作一样，都需要各部分的协作，才能共同完成治理国家的重任。这更像是在王权主义形成之际，缓和君臣对立关系的权宜之计，起到安抚和慰藉的作用。在此阶段，除心之外，生命体其余部位的譬喻并不明显带有贵贱之分，而到了汉武帝时期，大一统王朝建立，董仲舒《春秋繁露》载：“官人上士，高清明而下重浊，若身之贵目而贱足也。”[32]相关的譬喻则已有高低之分。

在心与各生命体部分进行譬喻的交织变化过程中，不管是五官、九窍、五脏六腑，譬喻得越精确，臣子的职能就越明确，就越强调臣子的功用，而君王则在中心地位隐身，体现出虚静无为的特点。此时身体譬喻的修辞功能便达成——既以系统的身体譬喻强调君臣一体，又在功用的层面凸显出臣子职能分明的重要性，但君的中心地位仍不可缺席，反而虚静无为的君王更能衬托出臣子的有为与能干。这可能是当时普遍的话语策略，宗族血缘政治的败落，使得君臣之间天然的血缘纽带割裂，君臣之间亟须建立起更为有力的联系，由此缓解二者之间在大一统政权形成之际的强烈矛盾，也为忠君思想的延续做合理的注脚，身体譬喻就承担着这样的作用。

三、从身体譬喻到治身主题：政治现实的文学书写

身体譬喻以生命体的构成与运作书写君臣关系，以文学修辞的方式将君臣关系与生命运作理路的一致性表达出来。生命运行是系统的而非割裂的，碎片身体无法独立存在。在黄老学中，君臣之间最理想的状态便是君王不言自化，而臣子各司其职，君臣之间形成密不可分的默契整体。这种书写方式所体现出来的生命与政治之间的强关联，是政治理论的建构，但落于现实之际，出现了种种问题，因此也就从身体譬喻到疾病之喻，治身如治国成为重要的文学叙述模式。

治身主题是身体譬喻的延伸表达，是政治现实的文学书写。《吕氏春秋·贵直论·知化》[33]中伍子胥就曾以心腹之疾来譬喻越对吴的威胁，也将齐国譬喻为疥癣之病，借此劝谏吴王夫差不要进攻齐国。身体的疾病与国家政治的问题一样，需要治理，因而《吕氏春秋·审分览》言“夫治身与治国，一理之术也”[34]，点明了治身与治国的内在关联。早在《国语·晋语》中“上医医国，其次疾人，固医官也”[35]，两者兼备的人有着特定的职官和称谓——“医官”。职官体系中的医与政何时相分离，尚且难以考论，但可以知道医与政被用作共同的话语体系来使用。《鹖冠子·世贤》中有：“庞暖曰：‘王其忘乎？昔伊尹医殷，太公医周武王，百里医秦，申麃医郢，原季医晋，范蠡医越，管仲医齐，而五国霸。其善一也，然道不同数。’”[36]就是以“上医医国”的话语来形容对诸侯国有过重大贡献的人。接着他又以扁鹊的故事来说明医治疾

病的三种境界，即治理国家的三种境界：

> 暖曰："王独不闻魏文侯之问扁鹊耶？曰：'子昆弟三人其孰最善为医？'扁鹊曰：'长兄最善，中兄次之，扁鹊最为下。'魏文侯曰：'可得闻邪？'扁鹊曰：'长兄于病视神，未有形而除之，故名不出于家。中兄治病，其在毫毛，故名不出于闾。若扁鹊者，镵血脉，投毒药，副肌肤，闲而名出闻于诸侯。'魏文侯曰：'善。使管子行医术以扁鹊之道，曰桓公几能成其霸乎！'凡此者不病病，治之无名，使之无形，至功之成，其下谓之自然。故良医化之，拙医败之，虽幸不死，创伸股维。"(《鹖冠子·世贤》)[37]

医治疾病的最高境界是"未有形而除之"，在疾病尚未成形之际就将其去除，而治理国家的最高境界亦是如此，"治之无名，使之无形"。这则故事可与《韩非子·喻老》[38]中的扁鹊故事对读。《韩非子》引扁鹊之事为"天下之难事必作于易，天下之大事必作于细"作注解，蔡桓公有疾在腠理，扁鹊进谏而桓公不听，随之发展至肌肤、肠胃，最后病入骨髓，桓公因病未得到及时的治疗而去世，点明治理国家也应在问题发生的细微之处就着手处理，避免酿成大祸。而《鹖冠子》此篇除防微杜渐的治理思想之外，更强调治理的自然无为，不应过分以频繁纷杂的政令扰民，是为对老子治国化民思想的发挥，这与儒家直谏中的针砭之喻[39]就不一样。可见，同样都是医疗话语，依照不同的思想取向，所用譬喻也各不相同。

《战国策·医扁鹊见秦武王》亦是一例："医扁鹊见秦武王，武王示之病，扁鹊请除。左右曰：'君之病，在耳之前，目之下，除之未必已也，将使耳不聪，目不明。'君以告扁鹊。扁鹊怒而投其石：'君与知之者谋之，而与不知者败之，使此知秦国之政也，则君一举而亡国矣。'"[40]李伯聪以战国中期，"臣子将君主称为王而不称君"为理由，否定了此则故事的真实性[41]。缪文远也认为《战国策》多拟托之辞，因此抛开历史真假之论，此处是借扁鹊之口劝谏君王要用贤，是治身与治国结合的叙述模式。从另一层面来说，贤者的标准即"知"与"不知"，说明贤臣应是专职人员，与黄老学中臣子的各有职分如出一辙。

扁鹊是治身与治国主题的常见人物，司马迁撰有《扁鹊仓公列传》，详细记载了扁鹊的三段传奇医案。朱维铮从赞语和列传编排次序，论证了司马迁对扁鹊传的载写并非仅录其医案，而是借医疗写政事，表达治国应用良臣，如治病应见良医的观点[42]。此论有理，且有文中明证——"使圣人预知微，能使良医得蚤从事，则疾可已，身可活也。"[43]他还认为，桓宽《盐铁论》中，《轻重》《相刺》等篇治病与治国的说法来自司马迁《史记》，若顺着朱氏的思路再往上追问一层，则更是黄老学中治身如治国思想的发越。因《韩非子·喻老》篇已提及"夫事之祸福亦有腠理之地，故圣人蚤从事焉"[44]，司马迁的论述明显与之类似。这种政治话语一脉相承，发展至宣帝时期，《盐铁论》作为集合再次呈现：

> 文学曰："扁鹊抚息脉而知疾所由生，阳气盛，则损之而调阴，寒气盛，则

损之而调阳，是以气脉调和，而邪气无所留矣。夫拙医不知脉理之腠，血气之分，妄刺而无益于疾，伤肌肤而已矣。今欲损有余，补不足，富者愈富，贫者愈贫矣。严法任刑，欲以禁暴止奸，而奸犹不止，意者非扁鹊之用针石，故众人未得其职也。”(《盐铁论·轻重》)[45]

文学曰：“扁鹊攻于腠理，绝邪气，故痈疽不得成形。圣人从事于未然，故乱原无由生。是以砭石藏而不施，法令设而不用。断已然，凿已发者，凡人也。治未形，睹未萌者，君子也。”(《盐铁论·大论》)[46]

无论文学还是御史，在论述时都用到了扁鹊治病之喻，但文学者的说法更为完整，更具有代表性。从话语的历时性发展来看，所指涉的范围也更广：《轻重》篇所治之身，已不只是形躯之身，而是阴阳气化之身；医者也不仅是譬喻君王，而是整个统治群体；医患关系也不只指向君臣关系，而是整个统治群体与民众的关系。尽管范围和对象都有拓宽，《大论》篇中的“砭石藏而不施”“治未形”还是带有黄老学的特质。

此外，从臣子进谏的角度而言，治身常是治君王的身，而国是君王统治之下的国，如《管子·七主七臣》言“故一人之治乱在其心，一国之存亡在其主”[47]，治身与治国的结合能给君王带来更切身的体会。士人迎合君王的心理预期，将其作为进谏时常用的政治话语，显然奏效。如上文所提到《晏子春秋》，晏子说：“可得令四支无心十有八日，不亦久乎？”“公于是罢畋而归”[48]，便说明此一叙述模式起了作用。

但治身不仅意味着治理形躯之身的疾病，也意味着对精神、意识之身的涵养，由此达到养生长寿的效果。上文所提的《晏子春秋·内篇》《荀子·君道》都在另一层面说明了君王的虚静无为不仅意味着政治职能上的不干扰，也意味着对君王寡欲恬静的要求。同样，《吕氏春秋·季春纪·先己》也屡次点明“昔者先圣王，成其身而天下成，治其身而天下治”，君王要“勿身督听，利身平静，胜天顺性”，“顺性则聪明寿长，平静则业进乐乡，督听则奸塞不皇”[49]。君王不应该亲力亲为，反而是应该监督查听臣子办事，使自身得到保养，如此便可长寿。同样的论述还有《庄子·天道》：“静则无为，无为也，则任事者责矣。无为则俞俞，俞俞者忧患不能处，年寿长矣。”[50]在君王应虚静无为的论述中更加阐明了其对于年寿的益处，将政事与养生完美地结合在一起。治身与治国结合，凸显的是治身所带来的益处，即君王可得以养生长寿，这对汲汲于求长生之术的君王而言，无疑极具诱惑力。

因此，《七发》中吴客为楚太子开的最后一道药方，“将为太子奏方术之士有资略者，若庄周、魏牟、杨朱、墨翟、便蜎、詹何之伦，使之论天下之精微，理万物之是非。孔、老览观，孟子筹之，万不失一。此亦天下要言妙道也，太子岂欲闻之乎？”[51]要言妙道即养生与治政的结合大法，得此便可两全。过往学者从各种政治的角度来解读，正忽略了养生的一面。庄周、魏牟、杨朱一派，属黄老学之流，但文中列为方术之士，正说明两者之间存在共同点，即对养生长寿的追求。《汉书·艺文志》所载：“方技者，皆生生之具，王官之一守也。太古有岐伯、俞拊，中世有扁鹊、秦和，盖论病以及国，原诊以知政。”[52]方技者正是包含了治病养生和知政治国两方面的职能。

由此可见，治身一方面指治理疾病，另一方面也指令君王虚静无为，与治国结合在一起，成为臣士进谏的常用话语，同时也成为文学书写之常见模式，是为治政与求仙主题的另一参照。

结语

以“身体譬喻”观照君臣关系，相较于政治史和思想史中的君臣关系研究更微观，也是一种更为下沉的方式揭橥政治和思想背后的文学话语变迁。战国时期君臣关系的身体譬喻，最早以“心君同构”作为公共话语，逐渐延伸出心与四肢、肱骨、五官、九窍、五脏六腑的精细譬喻，其所指涉的范围也逐步扩大，完成生命体的构成及运作与君臣关系的勾连。

从早期君臣关系的比兴模式，到身体譬喻，再到治身主题，关于君臣关系的文学书写方式在不断地发展变化。但若置于黄老学视域之下，又能看到身体譬喻和治身主题中君臣关系书写所体现出来的思想倾向和书写特点具有相当的稳定性，是黄老学政治话语的延续和发展。不同的思想影响着政治话语的表达，如同样都是身体譬喻、治身主题，儒家的话语表达就与黄老学有所差异。文学、思想与政治，三者呈现出相互影响的多元关系。

* 本文系国家社科基金项目“公羊学视阈中的汉代察举奏议研究”(22BZW060)的阶段性研究成果。

注释：

[1] 参见白奚：《稷下学研究：中国古代的思想自由与百家争鸣》，武汉：崇文书局，2023 年，第 96～156 页；王葆玹：《黄老与老庄》，北京：中国人民大学出版社，2012 年，第 46～93 页；曹峰：《近年出土黄老思想文献研究》，北京：中国社会科学出版社，2015 年，第 410～441 页；田宝祥、白奚：《论庄子后学与黄老之学的思想交互——以〈庄子·天道〉诸篇为中心》，《齐鲁学刊》2020 年第 1 期，第 18～24 页。

[2] 参见卿希泰主编：《中国道教史》第 1 卷，成都：四川人民出版社，1996 年，第 81～85 页。

[3] (汉)司马迁：《史记》卷七十四，北京：中华书局，1959 年，第 2347 页。

[4] 参见汪春泓：《从黄老到老庄——汉代“老子”学论略》，《诸子学刊》2009 年第 1 期，第 113～133 页。

[5] 曹峰：《黄老道家研究的几个基本问题》，《四川大学学报(哲学社会科学版)》2021 年第 5 期，第 28～37 页。

[6] 参见陈鼓应：《关于先秦黄老学的研究》，丁原明：《黄老学论纲·序》，济南：山东大学出版社，1997 年，第 2 页。

[7] (汉)许慎撰，段玉裁注：《说文解字注》，北京：中华书局，2013 年，第 57 页。

[8] (汉)许慎撰，段玉裁注：《说文解字注》，北京：中华书局，2013 年，第 119 页。

[9] 李学勤主编：《十三经注疏·毛诗正义》，北京：北京大学出版社，1999 年，第 1133～1135 页。

[10] 李学勤主编：《十三经注疏·毛诗正义》，北京：北京大学出版社，1999 年，第 1133 页。

[11] 李学勤主编：《十三经注疏·毛诗正义》，北京：北京大学出版社，1999 年，第 1133 页。

[12] 李学勤主编：《十三经注疏·毛诗正义》，北京：北京大学出版社，1999 年，第 1134 页。

[13] 李学勤主编：《十三经注疏·毛诗正义》，北京：北京大学出版社，1999 年，第 1393 页。

[14] (汉)刘向撰,向宗鲁校证:《说苑校证》卷十一,北京:中华书局,1987年,第279页。

[15] 参见(汉)刘向集录,范祥雍笺证:《战国策笺证》卷五,上海:上海古籍出版社,2011年,第314～315页。

[16] 此句未必出于《诗》,无论从句式还是从表达方式看,都不似《诗经》,范家相《三家诗拾遗》言“疑皆古语,而称曰诗”有理。参见范家相撰,钱熙祚校:《三家诗拾遗》,北京:商务印书馆,1939年,第33页。

[17] (清)王先慎撰,钟哲点校:《韩非子集解》,北京:中华书局,2003年,第52页。

[18] (清)焦循:《孟子正义》,上海:上海书店出版社,1986年,第322页。

[19] 李学勤主编:《十三经注疏·毛诗正义》,北京:北京大学出版社,1999年,第50页。

[20] 林庆彰主编:《姚际恒著作集》第1册,台北:“中央研究院”中国文哲研究所,1994年,第34页。

[21] 参见程浩:《西周王臣附属初命王的观念与君臣彝伦的重建》,《史学月刊》2022年第8期,第29～43页。

[22] 刘畅:《心君同构——中国古代政治思想史的一种原型范畴分析》,天津:南开大学出版社,2009年,第96～126页。

[23] (清)王先谦撰,沈啸寰、王星贤点校:《荀子集解》,北京:中华书局,1988年,第397页。

[24] 何宁:《淮南子集释》,北京:中华书局,1998年,第705页。

[25] (明)凌稚隆评校:《晏子春秋》卷一,明吴兴凌澄初朱墨套印本,第27页。

[26] (清)王先谦撰,沈啸寰、王星贤点校:《荀子集解》,北京:中华书局,1988年,第239页。

[27] 刘晓东:《汉代黄老之学到老庄之学的演变》,《山东大学学报(人文社会科学版)》2002年第1期,第21～25页。

[28] 黄德宽主编:《清华大学藏战国竹简(玖)》,上海:中西书局,2019年,第132页。

[29] 李学勤主编:《清华大学藏战国竹简(捌)》,上海:中西书局,2018年,第149页。另可参考陈伟等人的研究成果,参见陈伟:《〈心是谓中〉“心君”章初步研读》,简帛网,2018年11月17日;陈民镇:《清华简(捌)读札》,清华大学出土文献研究与保护中心网站,2018年11月17日。

[30] 黎翔凤撰,梁运华整理:《管子校注》,北京:中华书局,2004年,第766～767页。

[31] 姚春鹏译注:《黄帝内经》,北京:中华书局,2022年,第86～87页。

[32] 苏舆撰,钟哲点校:《春秋繁露义证》卷第十七,北京:中华书局,2019年,第409页。

[33] 参见许维遹:《吕氏春秋集释》,北京:中华书局,2009年,第628页。

[34] 许维遹:《吕氏春秋集释》,北京:中华书局,2009年,第431页。

[35] (三国吴)韦昭注,徐元诰集解:《国语集解》,北京:中华书局,2019年,第460页。

[36] 黄怀信:《鹖冠子汇校集注》,北京:中华书局,2004年,第334～335页。

[37] 黄怀信:《鹖冠子汇校集注》,北京:中华书局,2004年,第335～339页。

[38] 参见(清)王先慎撰,钟哲点校:《韩非子集解》,北京:中华书局,2003年,第161页。

[39] 参见蔡文科:《针刺之喻与美刺之说——关于〈诗经〉阐释和中国早期的医疗话语》,《文学评论》2024年第1期,第114～122页。

[40] (汉)刘向集录,范祥雍笺证:《战国策笺证》卷四,上海:上海古籍出版社,2011年,第250页。

[41] 参见李伯聪:《扁鹊与扁鹊学派研究》,西安:陕西科学技术出版社,1990年,第74～79页。

[42] 参见朱维铮:《历史观念史:国病与身病——司马迁与扁鹊传奇》,《复旦学报(社会科学版)》2005年第2期,第9～18页。

[43] (汉)司马迁:《史记》卷一百五,北京:中华书局,1959年,第2793页。

[44] (清)王先慎撰,钟哲点校:《韩非子集解》,北京:中华书局,2003年,第161页。

[45]（汉）桓宽撰，王利器校注：《盐铁论校注》，天津：天津古籍出版社，1983年，第178页。
[46]（汉）桓宽撰，王利器校注：《盐铁论校注》，天津：天津古籍出版社，1983年，第620页。
[47]黎翔凤撰，梁运华整理：《管子校注》，北京：中华书局，2004年，第988页。
[48]（明）凌稚隆评校：《晏子春秋》卷一，明吴兴凌澄初朱墨套印本，第27页。
[49]许维遹：《吕氏春秋集释》，北京：中华书局，2009年，第70～71页。
[50]（清）郭庆藩撰，王孝鱼点校：《庄子集释》，北京：中华书局，1961年，第457页。
[51]费振刚等辑校：《全汉赋》，北京：北京大学出版社，1993年，第21页。
[52]（汉）班固撰，颜师古注：《汉书》，北京：中华书局，1962年，第6册，第1780页。

《论语》“后死者”的现代诠解与自我形式

丁茂远

（湖北美术学院艺术人文学院，武汉，430205）

内容摘要：《论语·子罕》中“后死者”一词，历来有两种解释：一作孔子自谓；二指孔子之后的人。由于研究者理解该词的历史参照不同，因此二者皆属自洽之论，但互为矛盾，仍待商榷。从形上视野与现代立场出发，“斯文传统”是宇宙生生之大德，其历史参照点不应以某一历史大人物为准，因此“后死者”可以是任何有感于斯文的“我”。此解能开阐重要历史概念的现代意义，打破文本与读者、历史与现代，乃至“大人物”与“小人物”之界限，激发主体精神与历史责任心，反思传统与自我的关系，从而更好地传承传统，重建文化。“我”想成为斯文传统中的“后死者”，还需立足“人”的实践，通过包括“为己”“省吾”与“毋我”等自我形式，在追求理想人性中，不断接近并反思“斯文”与“后死者”的现代价值。

关键词：《论语》；“后死者”；斯文传统；自我形式；理想人性

一、问题缘起：“后死者”与斯文传统

如何诠释《论语·子罕》中“后死者”一词，直接关系着如何理解儒家的斯文道脉，如何激发主体的历史自觉，从而更有效地创造性传承传统，重建文化。历代对“后死者”的注解，尚不统一，仍有讨论空间。为行文方便，先录原文：

> 子畏于匡，曰：“文王既没，文不在兹乎？天之将丧斯文也，后死者不得与于斯文也；天之未丧斯文也，匡人其如予何？”[1]

因为孔子长得像施暴于匡人的阳虎，在匡地被“拘”多日。危急之间，他说：“周文王死了以后，一切文化遗产不都在我这里吗？天若是要消灭这种文化，那我也不会掌握这些文化了；天若是不要消灭这种文化，那匡人将能把我怎么样呢？”[2]显然，只有深入把握“后死者”内涵，才能更好地承续“斯文”传统。同时，也只有兼顾文本义理与具体语境等多重因素，以更丰富的视角反思“斯文”传统，才有可能立足现代立场，激活“后死者”可能蕴藏的“微言大义”。在现代读者看来，“斯文”与“后死者”的微妙关系，的确存在着某种神秘的感应因素，这多少成为进一步理解儒家核心概念的阻碍。如周

有光所期望，只有尽可能地将传统核心概念（如“天人合一”）说清楚，儒学才有“存在价值”[3]。

本文将首先梳理两种“后死者”诠解的历史节点，再以现代自我与形上观念反思“斯文”传统，从而提出第三种解释。其次，依据包括《论语》等儒家经典，融通“后死者”与“现代自我”，提炼出“理想自我”的三重境界：为己、省吾与毋我。

二、“后死者”的三重诠解：历史节点与现代意识

（一）“后死者”的历史阐释

历代学者对“后死者”的理解，主要有两种。其一指“孔子自谓”，以周文王为参照。何晏《论语集解》引孔安国语：“文王既没，故孔子自谓后死者。言天将丧斯文也，本不当使我知之。今使我知之，未欲丧也。”[4]《刘氏正义》：“天将丧斯文，文当湮没，必不令夫子得之。后死者，夫子自谓后文王死也。后死者既与于斯文，是天未欲丧斯文可知。”[5]钱穆也认为“后死者”是“孔子自指”：“若天意欲丧斯文，不使复存于世，即不使我知之。斯文即道，与于斯文，即使己得此道。”[6]至于理由，他特别强调孔子信道笃诚所得天力，非由人为：“孔子临危，每发信天知命之言。盖孔子自信极深，认为己之道，即天所欲行于世之道。自谦又甚笃，认为己之得明于此道，非由己之知力，乃天意使之明。此乃孔子内心诚感其如此，所谓信道笃而自知明，非于危难之际所能伪为。”[7]总之，该说从孔子发此语的主体出发，以文王为历史先导，彰显孔子与斯文道统的感应关系，合乎天理文义。

其二作“孔子之后的人”，以孔子为参照。李泽厚认为：“‘后死者’是指孔子本人呢？还是指孔子之后的人？从后说。孔子以传道即保存、传递‘先王之道’自许，即今之所谓文化责任感、历史责任感是也。”[8]这源于他“从今天的现实出发”和“重意义的普遍性”的立场[9]。黄怀信从“死生有命以自谓”的天人关系，阐明己说：“斯文：己身所代表之文。后死者，谓己死以后之人。……此孔子言死生有命以自慰也。旧释后死者为孔子自谓，非是。”[10]董平的解释侧重“子畏于匡”的历史语境：“‘后死者’即是‘在我之后所死之人’，即是后人。今孔子畏于匡，若死，即为‘先死者’，而若‘我’先死，则‘后死者’不得与于斯文也，是‘斯文’传承将以中绝。”[11]此类观点，从不同角度，阐述“后死者”的具体语境与历史责任。

（二）评析二说诠解维度

概言之，二说皆有理，差异在诠解维度不同。第一种观点，承续古人：孔子在人生危困之际，自认为文王的“后死者”，以“死”明志。“斯文”之“文”，包涵天道典范，制度仪礼，是古人认知世界与自我的历史经验。孔子此时将自己与传统联系在一起，作夫子“自谓”，合情合理。而第二种理解，寄望未来：“后生可畏，焉知来者之不如今也？”[12]此处“后生”“来者”，即相当于“我之后的人”。当然，成为“后死者”，也暗含着历史的标准。

在本文评断两种诠释前，笔者先引入“子畏于匡”的“后续”——孔子与颜回对话所包含的“互相认定”作参考。所谓“子畏于匡，颜渊后。子曰：‘吾以女为死矣！’曰：‘子在，回何敢死？’”[13]钱穆释为：“颜渊失群后至，孔子疑其与匡人斗而死矣。此惊

喜交集之辞。”[14]为何“惊喜”？因为孔子对颜回的评价与期望极高，认为他“贤”[15]“好学”[16]、有“德性”[17]等，包含着“后死者”的品格。颜回早逝，孔子很悲痛：“噫！天丧予！天丧予！”[18]这个“噫”是语气词，此处连“后死者”的语境都未涉及，可见悲痛之重。因此，齐梦龙《语解》认为孔子“或可以传之回也”[19]，是允当的。这是孔子评价颜回，可对应第二说。再看颜回怎么答：“子在，回何敢死？”如果说孔子的话（“吾以女为死矣”）侧重事实，那么此时此地的颜回，早已将孔子视为“斯文”正统，以弟子身份表达追随“后死者”的敬虔与笃定，可对应第一说。细品此番对话，隐含着师徒传灯，心心相印，互为“认证”的自觉，兼通对上述“后死者”的不同理解。可知二说看似矛盾，此对话却存在着某种“互证互补”。

那么细察二说差异，源自对“死者”身份的“追认”：是文王还是孔子？由此引发不同的诠释立场：前者尊重“孔子自谓”的“圣人”原意，强调孔子与文王斯文传统的承袭关系；后者则以“孔子”为参照节点，借“历史自觉”照亮现代责任心。

（三）本文“后死者”的现代诠解

基于上述讨论，本文的问题是：若放开眼界，重审斯文传统，文王之前，不仅有齐梦龙《语解》认为的“羲黄尧舜禹汤”[20]，更有宇宙乾坤的天道本源，参赞化育的生生大德。因此，若融通现代意识与形上天道，则可在尊重历史经验的同时，跳出具体节点之争，融通二说，开阐“后死者”的现代意义。

因此，本文尝试提出现代诠解：“后死者”之“我”，可以是“孔子自谓”“孔子后人”，也可以指笔者之“我”，编者之“我”，读者之“我”，乃至任何有斯文自觉之“我”。也只有在此层面，“后死者”才会接续前人，激活现代主体意识。

这种诠解的文本依据与生命逻辑，源自“我”的此在体验，“人皆可以为尧舜”的主体精神。其一，从文字入手，此节有三个代词，特别醒目：兹、斯和予。“文不在兹”的“兹”，“斯文”的“斯”，字面上都可理解为“这”“此”，特别以指示代词强调“这个”传统[21]。但也有区别：前者紧承“文王既没”，凸显“当下”的历史传承；后者应和天道，强调传统的“此在”命运与个人体验，分属两个维度。不过，此时此地，历史也好，天运也罢，最后都指向“人”，彰扬了“予”——孔子将前二者都统揽于己身。这三重代词，层层递进，由古及今，从上到下，由外至内，聚焦于“我”。这看似危急错落之语，但若联系“道不远人”[22]“吾道一以贯之”[23]，却都包含着孔子融具天地古今于一身的性灵智慧。可以说，孔子困于匡，发“斯文”语，真是中国文化史上震撼人心的“大事件”。那种“匡人其如予何”中的责任、敬畏、悲怆、勇敢与自信，可谓惊心动魄，让人不得不见贤思齐，反求诸己。

其二，从儒家精神出发，孟子所谓“人皆可以为尧舜”[24]，正是意在鼓舞人人成为“后死者”。本文“后死者”的现代诠解，其实也承续了这种推崇人性潜能的传统。实际上，“尧舜”也是“后死者”的“先行者”，抑或“先行者”的“后死者”。“后死者”就和“兹”“斯”与“予”贯通，从而可理解为“我”或“我们”，包含孔子及其后人两种解释。由此，“我”/“予”可以包容过去的“文王”，当下的“孔子”，以及未来的“读者”。这种意义上，“我”已不仅仅是个代词，指孔子、颜渊、孟子这类具体的人，更是本体的“人”，可接纳任何想成为、能成为“后死者”的“我”。

此解的现代意义，就在于以更为包容与超越的视域，活化传统“他我”，激活现代“自我”，唤醒更多未来之“我”。本文依据历史文献、孔子的历史自觉与时代影响，立足现代立场，融合前辈理解，推阐“后死者”所包含的主体性、自觉性、开放性、具体性，乃至行动力，以打破读者与文本的界限，激发当代传统转化的可能。绝对的“我注六经”很难存在，重要的是借现代观念照亮古典概念。从某个角度看，传统的现代转化，需要发自普遍个体的声音。因为无论是“孔子自谓”，还是“孔子之后的人”，都多少会遮蔽“斯文”与读者间自由且隐秘的关联。而在宇宙天道之下，每个人都可能是“后死者”。因此，将“后死者”理解为“我”或“我们”，除了有文本依据和历史经验，更能启发当下与未来的读者，将自身代入语境，发掘潜在的自我。试想象，如果自觉的读者看到这儿：“天之将丧斯文也，后死者不得与于斯文”，是否可能会感应到仿佛有某物从天而降，醍醐灌顶，注入心头？整体上，“我”（我们）可以兼容“我注六经”与“六经注我”，打通学问与生命，凡人与圣者，立足当下，面向未来，寻求各种可能。

这种“后死者”之“我”的诠解价值，甚至可以跨越种族与肤色，吸引不同文化之“我”，共同探讨现代“斯文”的可能性。汉学家包弼德（Peter K. Bol）将其著作《斯文》译成“This Culture of Ours”，字面回译为“我们的这个文化”。这个表述除了保留了“斯”（this），正突出了主体“我们的”（ours）对“共同价值观”（common values）的自觉反思，恰恰包含着主体性。试想：若没有来自斯文传统的生命感召，很难想象包弼德有如此传神的译解。而这不正是中国传统的现代魅力吗？包氏问道：“这是谁的文化呢？对于这部书提到的那些著名人物来讲，它属于中国社会一个人数不多的精英群体，这个群体被称为‘士’，……他们是精英群体的分子，而不是‘庶’或‘民’中的成员。……然而，士的身份随时代而变化。……官位、家世和学识是确定士的整体身份的首要因素。”[25]现代语境中，这种官位与家世的重要性，远不及主体学识。而所谓学识，也不应限于学历文凭、种族肤色，不再有高低贵贱之分，本土海外之别，而应看重“我”的深察善感、身体力行——只要能够超越身份界限与“上古”权威，凭借自我的感悟，努力践行的人，都可以是现代意义的“士”，都可以是斯文传统的“后死者”。

因此，本文将“后死者”解释为任何可能之“我”的逻辑是，跳出“孔子自谓”的专指，基于“孔子后人”的自觉，将这种可能性“返还”给任何可以“弘道”之古今中外之“人”。其现代价值，可以激发当代“自我”：只要得此道心，开通主体视域，“后死者”可以是任何人。这当然也符合中国彰扬主体心性的传统：“人皆可以为尧舜”，就是“人皆可为‘后死者’”。

三、自我形式：“为己”“省吾”与“毋我”

上节从自我觉醒出发，开阐“后死者”的现代诠解与普遍价值，但如何成为“后死者”，则是践行路径问题。因为“后死者”不是他者颁发或追认的“荣誉奖项”，而是来自主体内心的文化自觉与切实体证。季羡林在悼念历史学家邓广铭时，强调了此“后死者”的责任感：“在这世界上其他语言中还没有碰到过。从表面上来看，这只是一个非常普通的词儿。但仔细一探究，却觉其含义深刻，令人回味无穷。对已死的人来说，每一个活着的人都是一个‘后死者’。可这个词儿里面蕴含着哀思、回忆，抚今追昔，还有责任、信托。”[26]钱理群借此亦有类似发挥：“‘先行者’对‘后死者’是有托付的，‘后死者’对‘先行者’有责任，有承担，就像‘托孤’。”[27]可见，这种历史责任的自觉，是可知可读可感的，是真真切切的，是群体共同构建起来的“共享场域”。一个人，只有深刻体会到在历史节点中自我的感召与责任，才有可能激发主体潜能，成为绵绵若存“历史链条”的一环。在传统的现代转化中，这种责任感超越了某种知识、身份乃至具体关系。进言之，无论是林毓生的“创造性转化”(creative transformation)，还是李泽厚的“转化性创造”(transformative creation)，具体践行都离不开“人”，离不开“肯定人的价值，寻求人的意义”[28]。这个“人”具体至个体自觉，就是“我”。

那么千千万万的“我”如何能成为“后死者”？这里不妨借用《论语》的三种自我形式：“为己”“省吾”与“毋我”，分别对应自我觉醒、自我批判与自我超越，阐发创造性转化主体的践行路径。简言之，三种自我形式，借助“斯文”等传统，从“为己”出发，在自我批判的实践中，经“省吾”到“无我”，发现并创造普遍意义，回应时代的存在问题。

(一)“为己”的自我觉醒

“为己”之学突出自我圆成，是创造性转化的主体与目的。所谓“古之学者为己，今之学者为人”[29]，较之“为人”，“为己”就是“我”的自觉。传统经验的当代价值，首在认识自我、提升自我，最终实现自我。具言之，“物格而后知至，知至而后意诚，意诚而后心正”[30]，是认识自我与世界；“志于道，据于德，依于仁，游于艺”[31]，是具体修养过程；“成己”“成物”[32]与“各正性命”[33]，则是基本目的。整个过程的责任、真诚、纯粹与偶然，包容着理性与感性，隐匿于自我与斯文“天道”的独特关系之间。在“养吾浩然之气”[34]的过程中，获得“忽不自知其入于圣贤之域”[35]的美妙体验。

可以说，这个“为己”的过程，是渐进的、无形的、独特的，但却扎扎实实，包含着切身体验的无数细节，从而在追寻自我之间，发现并积累各种可能，这本身就蕴含着所谓的“创造”。此时的“我”，就像一块吸铁石，不断吸附着周围的铁屑儿，并通过思考与体验的“高温”，融于己身，最终唤醒自我灵光。因为“人”一旦逐步接近真正的自己、理想的“人”，那么无论面对任何事物，都可能发现或创造意义。而“为己”的真诚与沉潜，会尽可能保证主体求知的广博邃密。也许正是源自这种“我”与天道的感应，自认为“后死者”的梁漱溟才有此语：“我不能死。我若死，天地将为之变色，历史将为之改辙，那是不可想象的，万不会有的事！”[36]这种被很多论者认为的“自大”之语，只有置于斯文道脉中，才能够理解其自我真诚与历史担当。总之，这种纯粹且自觉的生命状态，与知识互为生发，但又超越了知识。此时的传统之于“我”，是火种，是水源，是土壤，是无限的可能。任何自觉之“我”，会忽生感动，见贤思齐，反求诸己，正心诚意。

借助“为己”，“我”可以发掘“为人”之学的现代价值，更好地服务于公共启蒙与社会氛围。因为作为公众的“我们”，是由一个个“我”组成的。理想国中“我”的个体圆满，必然会追求建构整体社会的幸福。创造性转化的过程，虽需强调“为己”，但同样需要群体自觉与大众土壤。在这个过程中，“我”与“我们”互相激荡，那么每一个人都可能是潜在的“后死者”。

（二）“省吾”的自我批判

在“成己”的实践中，“省吾”是保证创造性转化方向的动力。“我”在追求自我圆成时，难免会有懒惰与局限，因此“曾子三问”尤为重要：“吾日三省吾身：为人谋而不忠乎？与朋友交而不信乎？传不习乎？”[37]除了这三者，当代读者还有更多自我批判的路径。一个常识是，在“斯文”之外，还需转益多师，吸收其他传统，互相参照，寻求自我圆成与创造性转化的不同可能，以免陷入一元论。鲁迅所谓“欲扬宗邦之真大，首在审己，亦必知人，比较既周，爰生自觉”[38]，比较中的“左右互搏”，可以让“我”拥有多重传统，从而丰富“自觉”的思想资源。

可视野一旦打开，也许会面临“选择障碍”，在“一”与“多”间无从下手，不知追随哪种传统。此时，应放缓脚步，不断反省，扪心自问：这真的是“我”想要的吗？再通过慢慢接触，由“培养转深沉”，倾听内心的声音。有时我们对某观念的接受，往往是不自觉地受大环境暗示，但内心真诚寻求“为己”的人，会在不断“省吾”中，敲碎被动接受观念的外壳，直击本心，以尽可能自由地选取有感应的思想，从而深入下去，慢慢摸索。这个过程除了学识与视野，还需保持“无可无不可”[39]的开放性。“我”可以是“后死者”，也可以不是“后死者”，这是“我”的自由。这并非抛弃传统学脉，反而是在尊重个性的基础上，寻求主体自觉与主动选择，才能更好地发挥“传统”，创造新的意义。

（三）“毋我”的自我超越

“毋我”是通过消除私欲，从自觉之“我”进入自由创造的无我之“我”，抵达普遍意义层面。如果说“我”是创造主体与基本目标，自我反省是具体保证与动力，那么“毋我”就是更高目标：消除“小我”私欲，接近“大我”的澄明。在《论语·子罕》“后死者”的前一节，编者安排了这句话：“子绝四——毋意，毋必，毋固，毋我。”[40]意思是说，孔子力避这四个毛病：不悬空揣测，不绝对肯定，不拘泥固执，不唯我独是[41]，这四者从不同角度完善着“我”。最终的“毋我”，可理解为放弃“私我”，才能成就“后死者”的“大我”，甚至是“无我”“忘我”。这当然不是放弃自我，而正是以“我”为导体，由古今中外间感知诸如“撕裂”的体验，整个时代的普遍问题，并在时代临界点中，给出自己的回答。比如，面对生存危机，思考人类历史走向何处，每个人都应尝试着给出自己的答案。即便这个答案并非理想，但思考的过程，已包含着自我创造的可能。

那么如何实现“无我”？除了孔子的“斯文在兹”，老子重“玄览”[42]，庄子推“以道观之”[43]，都主张借形上眼光，化一己之偏。这种无我，才是更高层次的“成己”。同时，也因消除“小我”，方能“成物”，乃至“成己”——解放自我，抛却压力，遵循天性，捕捉创造灵感。在自然率性中，面对本心；无意于创造间，偶得创造。整个过程，不存在标准答案。再进一步引申，这种观念也可理解为对未知宇宙赋予个体命运的敬畏，正所谓“道之将行也与？命也。道之将废也与？命也”[44]。有些个人事体无法超越时代与环境，但“我”却可以超越“小我”有所为。即便“小我”价值暂时不被肯定，但“大我”意义已被保存，埋在土中，待来日生根发芽。至于“小我”得失，则浑然不知，从而跳出束缚，成为真正的“后死者”，发现人类的意义。

结语

余英时曾提出：“中国传统中的基本价值与中心观念如何转化？这个问题太大，没有人能给予简单的答案。”[45]笔者结合本文“后死者”的讨论，试着给出粗略的回应：无论学理上如何讨论，创造性转换的主体都是人，都需要融通普遍的人与具体的人，关切人在生存细节中的过程意义。因为中国传统基本价值与中心观念的转化，都需依靠人，依靠“传统自我”与“现代自我”的有效对话，依靠“先行者”与“后死者”的自我学习与创造。在斯文传统的意义链条上，“后死者”为谁？本文的现代诠解是：既可以是“孔子自谓”“孔子后人”，也可以是笔者之“我”，编者之“我”，读者之“我”，还可以是任何有感于斯文传统，有历史责任感之“我”。这种诠解逻辑，源于原文“兹”“斯”“予”的此在体验，儒家“人皆可以为尧舜”的主体精神。其现在价值，能启发更多的“自我”，成为“后死者”与“先行者”。具体践行路径，还需提升主体自觉，借助“为己”“省吾”与“毋我”三重形式，从学理到行动，由个人至群体，接近理想自我。此“理想自我”，又称“理想人性”，承续斯文道脉的同时，更应立足现实，提升自我回应普遍的生存问题，以求打通历史之“大我”与现代之“小我”，将其化为自我创造的一部分，成为开辟新路的“先行者”，激发未来的“后死者”，促使“后死者”成为新的“先行者”，以此循环不息，生生不已。不仅如此，在人类意义的层面，还需反思“我”与“后死者”的现代关系：“我”为什么需要进入斯文传统？斯文传统如何才能启益主体成为“现代自我”，而非“传统他我”？至于何为“现代自我”？斯文传统的“后死者”，有何现代世界与未来世界的价值？这些可能都是接下来需要探讨的问题。

* 本文系湖北美术学院重大科研培育资助项目“生命视角下中国‘形式’美学传统的创造性转化研究”(22ZD05)、湖北美术学院科研启动经费“中国传统艺术‘形式’观念研究”(KYQDJ-2023-0018)的阶段性研究成果。

注释：

[1] (宋)朱熹：《四书章句集注》，北京：中华书局，2016 年，第 110 页。

[2] 杨伯峻：《论语译注》，北京：中华书局，2010 年，第 87 页。

[3] 周有光：《对话周有光》，北京：人民日报出版社，2014 年，第 308 页。

[4] 程树德撰，程俊英、蒋见元点校：《论语集释》，北京：中华书局，1990 年，第 579 页。

[5] 黄怀信：《论语汇校集释》，上海：上海古籍出版社，2008 年，第 765 页。

[6] 钱穆：《论语新解》，台北：联经出版事业股份有限公司，1998 年，第 313 页。

[7] 钱穆：《论语新解》，台北：联经出版事业股份有限公司，1998 年，第 313 页。

[8] 李泽厚：《论语今读》，北京：中华书局，2015 年，第 167 页。

[9] 参见李泽厚：《〈论语〉的生存智慧具有普遍性》，《李泽厚对话集 · 廿一世纪》二，北京：中华书局，2014 年，第 19 页。

[10] 黄怀信：《论语汇校集释》，上海：上海古籍出版社，2008 年，第 765 页。

[11] 董平：《孔子的“一贯之道”与心身秩序建构》，《孔子研究》2015 年第 5 期，第 44～56 页。

[12]（宋）朱熹：《四书章句集注》，北京：中华书局，2016年，第114页。

[13]（宋）朱熹：《四书章句集注》，北京：中华书局，2016年，第129页。此节编在《子罕》《论语》篇后面的《先进》篇，在《史记·孔子世家第十七》中，则出现在孔子"斯文"之语前。

[14] 钱穆：《论语新解》，台北：联经出版事业股份有限公司，1998年，第407页。

[15]（宋）朱熹：《四书章句集注》，北京：中华书局，2016年，第87页。

[16]（宋）朱熹：《四书章句集注》，北京：中华书局，2016年，第125页。

[17]（宋）朱熹：《四书章句集注》，北京：中华书局，2016年，第124页。

[18]（宋）朱熹：《四书章句集注》，北京：中华书局，2016年，第126页。

[19] 程树德撰，程俊英、蒋见元点校：《论语集释》，北京：中华书局，1990年，第758页。

[20] 程树德撰，程俊英、蒋见元点校：《论语集释》，北京：中华书局，1990年，第758页。

[21] 李零：《丧家狗：我读论语》，太原：山西人民出版社，2007年，第178页。

[22] 参见（宋）朱熹：《四书章句集注》，北京：中华书局，2016年，第23页。

[23]（宋）朱熹：《四书章句集注》，北京：中华书局，2016年，第72页。

[24]（宋）朱熹：《四书章句集注》，北京：中华书局，2016年，第345页。

[25]［美］包弼德：《斯文：唐宋思想的转型》，刘宁译，南京：江苏人民出版社，2017年，第4页。

[26] 季羡林：《悼念邓广铭先生》，《回忆中国学人及文化问题新思考》，北京：新世界出版社，2017年，第223页。

[27] 钱理群：《文学研究的承担》，《北京大学学报（哲学社会科学版）》2009年第1期，第137～141页。

[28] 林毓生：《中国人文的重建》，《中国传统的创造性转化》，北京：生活·读书·新知三联书店，1988年，第4页。

[29]（宋）朱熹：《四书章句集注》，北京：中华书局，2016年，第156页。

[30]（宋）朱熹：《四书章句集注》，北京：中华书局，2016年，第4页。

[31]（宋）朱熹：《四书章句集注》，北京：中华书局，2016年，第94页。

[32]（宋）朱熹：《四书章句集注》，北京：中华书局，2016年，第34页。

[33]（清）李道平撰，潘雨廷点校：《周易集解纂疏》，北京：中华书局，1994年，第37页。

[34]（宋）朱熹：《四书章句集注》，北京：中华书局，2016年，第232页。

[35]（宋）朱熹：《四书章句集注》，北京：中华书局，2016年，第94页。

[36] 梁漱溟：《深思与省悟》，北京：生活·读书·新知三联书店，2017年，第103页。

[37]（宋）朱熹撰：《四书章句集注》，北京：中华书局，2016年，第48页。

[38] 鲁迅：《摩罗诗力说》，《鲁迅全集》，北京：人民文学出版社，2005年，第67页。

[39]（宋）朱熹：《四书章句集注》，北京：中华书局，2016年，第187页。

[40]（宋）朱熹：《四书章句集注》，北京：中华书局，2016年，第109页。

[41] 参见杨伯峻：《论语译注》，北京：中华书局，2010年，第86页。

[42]（魏）王弼撰，楼宇烈校释：《老子道德经注校释》，北京：中华书局，2016年，第23页。

[43]（清）郭庆藩撰，王孝鱼整理：《庄子集释》，北京：中华书局，1961年，第577页。

[44]（宋）朱熹：《四书章句集注》，北京：中华书局，2016年，第159页。

[45] 余英时：《试论中国文化的重建问题》，《文史传统与文化重建》，北京：生活·读书·新知三联书店，2004年，第432页。

清中叶厦门湾文学复兴与云洲诗社考论

杨君玉

（闽南师范大学教育与心理学院，福建漳州，363000）

内容摘要：清中叶闽海风平，厦门港崛起为闽南的政治、经济、文化重镇。以黄日纪为代表的云洲诗社汇聚了来自厦门、泉州、漳州、金门、台湾等地的诗人，创作多以厦门的风景名胜和社会生活为题材，反映了清中期厦门港口贸易兴盛、闽台交流频繁、百姓生活秩序恢复等社会风貌及山水舆胜情况。云洲诗社活跃的唱酬活动与丰硕的创作实绩，实为清中叶环厦门湾文学兴盛的一个缩影，也是福建区域文学乃至清诗发展史上重要的一环。

关键词：清中期；闽南文学；厦门；诗社

一、清中叶环厦门湾文坛结社的背景

福建地处东南沿海，山多田少，沿海民众贩海为生，两宋以后地方经济、文化才得以快速发展。明初厉行海禁，给福建沿海民众的生活带来沉重的影响。为求生计民众不惜铤而走险，民间私人海上贸易不绝，尤以漳州为最。隆庆元年，明朝政府迫于现状，在漳州龙溪县析月港建县，是为海澄县。又应福建巡抚涂泽民之奏，允许海澄商人出洋经商，准许漳州月港“贩东西二洋”，海澄成为全国唯一合法外贸口岸。得惠于此，有明一代位于九龙江流域的漳州及九龙江出海口的厦门先后兴起，成为闽南经贸文化重镇。

明清之际，郑成功经营厦门、金门成为反清复明据点。清康熙二十二年台湾收复后，厦门成为渡台口岸。雍正五年福建海关设于厦门，为中国“通洋正口”之一。随着海澄月港的衰微，具有更好的自然地理条件和政治文化环境的厦门港发展迅猛，九龙江口经济重心逐渐转到厦门，一时商贾汇聚，文化随之繁荣，厦门逐渐成为闽南的政治、经济、文化重镇，群贤毕至，诗词创作蔚然成风。

清代厦门湾诗人结社活动，受到了明代以来福建地方诗社活动的影响。明代闽地文人有结社的传统，且诗社众多，分布各地。如明洪武年间的闽中诗社、明正德八年的鳌峰诗社、明嘉靖六年莆田逸老会、明嘉靖三十年泉州的温陵诗社、莆田的木兰吟社、明万历二十九年漳州的霞中社、明万历三十六年红云社等等。但是厦门诗人结社的并不多，有文献记载的，最早的是明末清初的海外几社。明末，原松江几社的徐孚远等人追随明鲁王投奔厦门郑成功，一同南下的还有卢若腾、陈士京等富有民族气节的明遗民诗人。这些南渡诗人对闽南地方文化影响深远，闽南文人多从游问学，还有部分社友随着郑成功的反清复明队伍东渡台湾。

清初叶厦门湾诗人结社活动，深受社会政治时局变动影响。顺治九年和顺治十七年，为了维护满人政权，消泯或平息明末反清余波，清政府两次下令禁止结社订盟，全面禁止文人结社活动。康熙、雍正两朝仍延续文化高压政策，除了江南文人略有零散、小规模结社外，全国范围内文人们谨言慎行，偶有雅集吟诗遣兴娱乐，未敢有大规模团体结社活动。直到清中叶乾隆时期，文化环境才相对宽松，文人结社日渐升温，志趣相投的文人或聚集悠游山水，或在官员文人家中诗酒唱和，交流探索诗艺，文化进一步繁荣。

薛起凤的《鹭江志》收录叶其苍《翼社谱序》，记载了厦门历史上的一个名为"翼社"的诗社，然而因为文献的缺失，关于翼社的相关记载并不多。现存文献记载的厦门历史上第一个有影响的诗社是黄日纪所组织的云洲诗社。

二、云洲诗社与"云洲八子"

关于云洲诗社的记载，主要来自黄日纪的《榕林汇咏》《嘉禾名胜记》、薛起凤的《鹭江志》、张锡麟的《池上草初集》《时斋唱和诗》、林遇青的《渔城诗草》以及《（道光）厦门志》。然而明确指称诗社名为"云洲"者，仅有《榕林汇咏》《（道光）厦门志》，其他文献皆含糊称"诗社"，或比作"莲社""白社"，故近现代文献多以"云洲诗社"称之。

（一）黄日纪与云洲诗社

《榕林汇咏》中三处提及云洲诗社。黄日纪作薛起凤小传，云："又与黄莲士诸人结云洲诗社，登临山水，倡和无虚日，岛中风雅称极盛焉。"[1]作林明琨小传，云："林明琨，字子美，同安人，云洲八子之一。"[2]作莫凤翔小传，云："在云洲诗社中亦铁中之铮铮者。"[3]

黄日纪（1718—?），字叶庵，号荔崖，祖籍龙溪县（今福建省漳州市）新岱，后迁居厦门。黄日纪家财颇丰，擅诗，工书。清乾隆十二年，黄日纪以生员赴京任内阁中书科中书，累官为兵部武选武库二司主事兼管督催所。乾隆二十八年，黄日纪丁忧期满后，因厌倦官场，并未返京再任，便邀文人墨客组云洲诗社，携弟子、友人纵情山水。薛起凤《嘉禾名胜记・序》云：

> 每至一处，饮酒吟诗，必穷日之力而后反。凡山之秀，水之清，台榭之曲折，木石之奇特，无不低徊留而不置。至于峭壁颓垣、荒烟蔓草之中，苔藓剥落之余，有题咏者，辄命录之，固知先生之意有在也。[4]

黄日纪还精心构筑榕林别墅。别墅中亭台楼阁设计精巧，清泉怪石幽映成趣，并有蔡新至周凯四十二人诗刻。黄日纪生性慷慨好施，榕林别墅也成为云洲诗社主要活动场地，名流墨客汇聚，欢宴觞咏不绝。黄日纪遂整理诸友吟咏榕林别墅诗篇成《榕林汇咏》。

然而在清代杨浚《冠悔堂诗钞》里，黄日纪与薛起凤等人所结诗社名称却是“瀛洲诗社”。《冠悔堂诗钞》卷八《己丑》记载：

> 风月婆娑感主宾，凤凰一梦百年身。不祧幸有名山业，大小榕林见海滨。
>
> 小注：黄荔崖驾部日纪，由诸生特用中书，升主事，建别墅于凤凰山麓。漳浦相国蔡文恭题曰：“榕林。”驾部与薛震湖孝廉起凤辈结瀛洲诗社。后园归其从子镜塘司训克明，予尝题句云：“樊川双鬓渐霜如，禅榻茶烟伴起居。绝好清音有山水，一灯重读选楼书。”[5]

杨浚(1830—1890)，字雪沧，号健公、冠悔道人，清咸丰二年举人，祖籍晋江，为福建著名藏书家。曾任内阁中书及国史、方略两馆校对官等职，亦应左宗棠之邀入福州正谊书局，编校重刊先贤遗书。晚年以教书育人为业，曾在漳州丹霞书院、漳州霞文书院、金门浯江书院、厦门紫阳书院等地讲学。

身为校对官，杨浚对文字的要求是极为严谨的，而且藏书丰富，应不乏关于黄日纪与诗社的文献资料，何至于弃易书写的“云”而取繁复的“瀛”，将“云洲诗社”作“瀛洲诗社”呢？带着疑问检视黄日纪等人的作品，发现仅《榕林汇咏》三处提及“云洲诗社”，此外不曾再见“云洲”，反而“瀛洲”频繁出现用以指称厦门。如黄日纪诗《送同僚陈中翰归省》云，“瀛洲草已绿，紫茸苞方吐”[6]；《咏柳絮》云，“草嫩瀛洲柳色新，柳花飘扬乱香尘”[7]；《乾隆戊子秋同江右谢饯郿温陵黄莲士同安薛震湖门人蔡弼卿集醉仙岩》云，“今日散仙同胜会，鹭洲端不让瀛洲”，该诗镌刻在厦门天界寺醴泉洞上方石壁；《戊子夏登衔山亭远眺》云，“缩得蓬瀛境，移来入座中”，该诗镌刻在厦门白鹿洞寺宛在洞前岩壁上；《丙戌春日同胡勉亭范昉之游荷庵》云，“邂逅相邀水寺游，飞尘不到小瀛洲”[8]；黄彬诗《踏云径》云，“客如仙侣登瀛岛，人恍天台度石桥”[9]；《游鼓浪屿》云，“昔闻鼓浪似瀛洲，渡海初来览胜游”[10]；《春夜荔崖先生招游榕林池馆》云，“对酒谈诗消静夜，不知身在小瀛洲”[11]；薛起凤《摩青阁望南太武》云，“方壶瀛洲推奇景，海中缥缈同斯形”[12]；谢于诚《酬黄荔崖见过并惠〈嘉禾名胜记〉》云，“乞假荣归第几秋，应从仙路向瀛洲”[13]。谢于诚，字饯郿，清代江西永丰人。

瀛洲自古便被认为是海外仙岛。李白诗云：“海客谈瀛洲，烟涛微茫信难求。”[14]厦门称鹭岛，也称鹭洲。与厦门同属同安县治的金门，旧称“浯洲”“仙洲”，那么厦门称“瀛洲”也不足为奇了。无独有偶，同时期的其他文献也有称厦门为瀛洲的。李友棠《侯鲭集》卷四《厦门四首》之一云，“净濑烟霞古，瀛洲接世间”[15]，以“瀛洲”称厦门。李友棠(1720—1798)，字召佰，号适园，临川荣山人，清代名臣李绂之孙。乾隆十年进士，乾隆二十年受命为巡台御史。曾任《三礼义疏》《续文献通考》两馆纂修官；又任《四库全书》副总裁，为我国文献整理做出了贡献。梁章钜《退庵诗存》卷三《送陈雪峰茂才荣瑞返鹭门》云：“讵似锦囊诗料足，羡君生世在瀛洲。”[16]诗后小注，曰：“公家厦门为山海殷富之区”，以“瀛洲”称厦门。梁章钜(1775—1849)，字闳中，晚号退庵居士等，祖籍福建长乐，是清代著名学者、诗文作家、书法家、书画鉴藏家。

厦门岛悬于海上，风光秀美，黄日纪等人登高望海，看那海天胜景，仿若仙岛瀛洲，是否可能因此组建“瀛洲诗社”呢？《榕林汇咏》因传抄求简，或方音相近，将“瀛洲”讹为“云洲”，《（道光）厦门志》实乃承袭《榕林汇咏》之讹。故本文提出一说，“云洲诗社”或为“瀛洲诗社”之误，清中期厦门影响最大的“瀛洲诗社”，正是以仙岛“瀛洲”代称厦门。

（二）“云洲八子”考辨

因为文献缺失，关于云洲诗社的代表人物“云洲八子”是哪八位也多有争议。

《（道光）厦门志》卷十三《列传》记载黄彬，云：

> 黄彬，字莲士，晋江人，寓厦卖书，笃志力学，不务外饰，处世接物一本于真，而内严外宽，胸中泾渭甚明，臧否不形于口，人以其坦易，无贤愚皆乐亲之。与张锡麟、薛起凤、林明瑅、莫凤翔、张承禄（二失名）结云洲诗社，号“云洲八子”。[17]

依此记载，“云洲八子”中的六人为黄彬、张锡麟、薛起凤、林明瑅、莫凤翔、张承禄，二失名。结合相关文献整理已明确的诗社代表成员情况如表 1。

表 1　云洲诗社代表成员情况表

姓　名	简明情况
黄　彬	字莲士，晋江人。笃志力学，处世接物真挚，内严外宽，人皆乐亲之。胸中泾渭甚明，臧否不形于口。
薛起凤	字飞三，号震湖，海澄人，迁居同安。乾隆三十年（1765）举人。豪爽重义气，通经术，多才干。
张锡麟	字尔芾，号池上翁，龙溪贡生。因屡试不第，遂放情山水，吟咏自娱。
林明瑅	字子美，同安人。博览宏通，沉静简默。中年坎坷，但为诗声调和平，无牢骚之态。
张承禄	字其在，同安人。黄日纪评其为“古之狷者”。迸绝世虑，任情适性。一介不取于人，纵四壁萧然，亦啸歌自乐。
莫凤翔	字子瑞，同安人。从晋江黄梦琳学诗。黄日纪评其诗直窥唐人阃奥。

那么失名的二人又是谁呢？

薛起凤《嘉禾名胜记·序》云：“岁癸未，邀诸同志为汗漫游，具壶觞作东道，八阅月而兴不衰。”[18]说明黄日纪是诗社活动倡议者，还是经费资助者。王国选《归田集·叙》云：“假归后，远避尘嚣，辟榕林别墅，引名流觞咏其中。尤好以三唐格律诱掖后进，游其门者，咸知遵正轨而无南辕北辙之误。”[19]林遇青《榕林别墅记》亦称：“鹭岛一时能诗之士，得自先生为多。”[20]黄日纪常以榕林别墅作为诗社活动场地，与文友们切磋诗艺。清末王步蟾《仲冬游榕林别墅》云“荔崖去后风流歇，牛耳骚坛孰主张”[21]，可见在厦门文人心中黄日纪的地位是崇高的。作为诗社的倡议者、组织者、诗艺指导者、场地提供者、经费资助者，黄日纪自然是诗社的成员，且当为“云洲八子”之首。

此外，在《(道光)厦门志》卷十三《列传》记载黄秉元，云：

> 黄秉元，字调叔，号春潭。龙溪诸生。提督仕简仲子。幼而警敏，读书日可寸许，过目不遗一字。诗文挥毫立就，而措词稳称，如经锤炼，小札尤楚楚有致，书法遒劲，饶有妩媚，其夙慧然也。时与云洲诗社。所著诗文号《春潭集》。[22]

在《(乾隆)龙溪县志》卷《规制》中记载：“(乾隆)三十九年甲午科(解元张纺)，黄秉元(府学改名晃，庚子进士)。”[23]在《(乾隆)龙溪县志》卷十三《选举》中“国朝进士”条目下记载：“(乾隆)四十五年，庚子恩科汪如洋榜，黄晃。”下有小注，云：“原名秉元，仕简子，内阁中书。”[24]

黄秉元出身名门，为平和忠勇王、福建提督军门一等海澄公之仲子，家世煊赫，自身又聪敏，文采出众，后改名黄晃，在乾隆四十五年得中进士。黄日纪祖籍龙溪，与黄秉元同乡又同宗。在《榕林汇咏》中有黄秉元诗《过访榕林别墅呈荔崖宗叔即次赠许象峰先生元韵》，黄秉元称黄日纪为“荔崖宗叔”。二人往来密切，黄秉元常参与云洲诗社的活动，黄日纪也对黄秉元的文才评价极高。本文推测黄秉元也是“云洲八子”之一。

三、云洲诗社的文学成就与影响

考察诗社的成就与影响，从诗社成员的作品情况与影响来思考。

(一) 云洲诗社的作品

据《(道光)厦门志》《榕林汇咏》等文献记载，“云洲八子”均有著作刊行，然现存世不多，整理如表2。

表2 “云洲八子”著作情况表

姓　名	作品	现存作品
黄日纪	《奚囊集》《内史集》《中枢集》《龙江集》《荔崖诗钞》《归田集》《嘉禾名胜记》《榕林汇咏》《榕林偶吹唱和集》《全闽诗俊》《挫鲛精时艺》《菜根清谭》《鷦栖琐缀》	《荔崖诗钞》《归田集》《嘉禾名胜记》《榕林汇咏》《全闽诗俊》；《金薯传习录》收黄日纪序
黄　彬	《草庵文集》《草庵诗集》《看山楼唱和诗》	已佚
薛起凤	编纂《鹭江志》，诗集《梧山草》，参修《同安县志》	诗集已佚；《鹭江志》存残卷，2020年鹭江出版社出版《鹭江志(整理本)》；参修的《同安县志》亦存

续表

姓　名	作品	现存作品
张锡麟	《池上草》《时斋倡和诗》《池上史论》	《池上草初集》存残卷、《时斋倡和诗》；《金薯传习录》存张锡麟《金薯诗》
林明璟	《应秋草》	已佚
张承禄	《孝子忠臣录》《善恶金鉴》《壁峰诗集》《隐林酒史》《唐诗汇韵》《壁峰诗话》	已佚
莫凤翔	《鹭门草》《碧山草堂诗钞》	已佚
黄秉元	《春潭集》	已佚

此外，“云洲八子”还有些诗歌散见于《(道光)厦门志》《鹭江志》《全闽诗录》等文献中。

黄日纪一生勤于著述，现存《荔崖诗钞》《归田集》为黄日纪个人诗歌集。《荔崖诗钞》二卷，存抄本一册，藏于福建省图书馆。《归田集》不分卷，存清乾隆三十二年刻本，藏于厦门市图书馆。

《嘉禾名胜记》二卷，存清乾隆三十二年刻本一册，藏于厦门市图书馆，是黄日纪编纂的歌咏厦门名胜古迹的诗歌总集，也是厦门现存最早的一部风景名胜诗集。《嘉禾名胜记》载述了厦门重要名胜古迹二十八处，反映了乾嘉盛世的社会风貌，让我们看到一个海港城市正在兴起的样貌，是研究古代厦门人文景观、史迹的重要文献。

《榕林汇咏》存清乾隆三十五年刻本四册，藏于上海市图书馆，是黄日纪编辑的二十七位挚友来访并题咏榕林别墅之作。沧海桑田，历经风雨与战乱，厦门大量文献毁佚，诗人风采飘零，诗集多已佚失。幸存的《榕林汇咏》以诗存景、以诗记事、以诗存人，再现清中期闽南名园胜景，也让清中期活跃在闽南的二十七位诗人得以留名。诗歌中还有不少反映社会风气、社会生活场景、闽台两地交流的诗句，对今人研究清中期的闽南，乃至福建文坛风貌、闽台人文交流颇有裨益。

2005年厦门市图书馆将《嘉禾名胜记》与民国江煦的《鹭江名胜诗钞》整理校注出版《嘉禾名胜记·鹭江名胜诗钞校注》。2020年厦门市图书馆汇《荔崖诗钞》《归田集》《榕林汇咏》于一册，校注出版《荔崖诗集》。

《全闽诗俊》存清乾隆三十三年刻本六册，藏于福建师范大学图书馆。另福建省图书馆藏卷一、三、六。《全闽诗俊》是现存的第一部闽人诗歌总集，是历代闽人诗选本，兼有诗话、诗歌批评性质。黄日纪整理福建自唐至清三百三十三位诗人的生平与作品，人各一传，并征引各家诗评，辑佚与校勘了历代闽人诗作。一部《全闽诗俊》既通观全闽，展现闽中诗风，又纵观闽诗历史，厘清闽诗沿革，为研究福建文学发展脉络与诗人群体提供了文献参考。而其中关于诗歌的品评诗话也丰富拓展了福建诗歌批评研究，对弘扬福建诗学起到推动的作用。此前闽中、兴化、泉州府都有文学总集，独漳郡无，出于对故土的眷念，黄日纪特别关注漳郡的诗人与诗歌，体现了此集的闽南区域特色，也弥补了漳郡一地文献缺失的遗憾。

黄彬诗集已佚。《看山楼唱和诗》收录黄彬寓厦时与友人的唱和作品。2020 年厦门鹭江出版社出版的《鹭江志(整理本)》存薛起凤《看山楼唱和诗序》与黄彬的《看山楼唱和诗记》，叙述了乾隆戊子年仲秋黄彬在好友陈允文的帮助下建五尺之楼，黄彬因喜唐诗“临街新起看山楼”，故以“看山”名楼。《看山楼唱和诗记》云：“诸同志尝相过从，谈笑言欢，或拈韵赋诗，或论文对酒，历寒暑无间。”[25]可见除榕林别墅外，看山楼也是云洲诗社的活动场所之一。

张锡麟《池上草初集》十二卷，为张锡麟之子张名扬根据父亲诗稿所辑，今存卷一至卷五，藏于厦门市图书馆。《池上草初集》中吟咏厦门风物之作尤多，倪邦良序评是集：“观《池上草》，集中皆清雅而和平，逍遥而晦适。嘲风月、吟莺花，饰山川之声容，抉古今之遗事，不搜奇以为意，不剔诡以为词，惟率吾真，盎然出之以自畅，其情绝无凄怆之音、愤惋之态。”[26]

张锡麟《时斋唱和诗》二卷，藏于厦门市图书馆，为张锡麟与友人唱和之诗集。黄彬、张继祖作序。何为“时斋”？黄彬序云：“池上先生结时斋于双池之滨，延名师为子侄辈肄业所。”[27]时斋是张锡麟所建供子侄辈读书之所。今厦门市同安区图书馆仍存张锡麟所撰《玉堂清课》一卷，清代胡浚注。

薛起凤主纂，黄名香、杨国春分修的《鹭江志》存残卷，2020 年鹭江出版社出版了《鹭江志(整理本)》。《鹭江志》记载了康乾时期厦门自然景观与政治经济文化概况，具独立地方志雏形，是鹭岛现存最早的地方志书。同时该志保存有不少本地诗人作品，特别是云洲诗社成员的作品。所附厦门《八景图诗》，生动地展现了厦门独到的人文特色与海天胜景。

林遇青《渔城诗草》四卷，藏于厦门市同安区图书馆。林遇青，字春三，一字希贤，清代同安庠生，年未三十而卒。著有《渔城诗集》四卷、《文集》二卷、《时艺》二卷。林遇青为黄日纪门生，常陪侍黄日纪参加诗社活动。黄日纪为林遇青《渔城诗草》所作序文以对话形式书写，论诗歌，谈做人，评学问。序中对林遇青评价极高，曰：“林君春三，年少力学，经史子集，锐志兼通。”[28]

厦门为花岗岩地貌，境内怪石嶙峋，为摩崖石刻提供了优越的自然条件，山中摩崖题刻琳琅满目。黄日纪是厦门留存摩崖石刻最多的题名作者，在厦门名胜古迹、榕林别墅万人石上留存十八方石刻。黄日纪的摩崖石刻大多是亲笔书写后着人勒刻于石的，书法大气，刻工精湛，具有很高的文学与书法艺术价值，是以诗歌和石刻艺术书写的地方志，是研究厦门风土人情、文化、宗教等方面极具价值的历史实物。此外，薛起凤、林遇青、廖飞鹏等人也留有诗刻。

(二) 云洲诗社的影响

沈德潜为黄日纪作《荔崖诗钞序》，云：

> 昔闽中诗派，开于林子羽，佐以高彦恢。闽人守而勿失，钱牧斋訾其过拘，然终为诗家正声，弗能诎也。后谢在杭、曹能始出新意变化之，斯为善学林、高者。今叶庵从林、高入，不从林、高出，视在杭、能始有同心焉，是亦闽中诗人

之杰出者也。[29]

沈德潜(1673—1769)，字碻士，号归愚，清代著名诗人、诗歌批评家，乾隆帝称其为“江南老名士”。沈德潜站在全国诗坛的高度评价闽地诗歌，品评黄日纪诗歌既承袭传统，又突破创新，指点黄日纪作诗为学之道当“本唐人而上溯当涂、汉京”，对其寄予厚望，序末更称赏黄日纪“闽中诗人之杰出者”，给予了比较高的评价。

因为月港与厦门港间的关联，清代厦门与龙溪海澄往来密切。黄日纪虽迁居厦门，但与龙溪黄氏宗亲来往密切，因此黄日纪的诗歌创作也受到明末漳州张燮、郑怀魁、黄道周等人的影响。然而追溯张燮等人的诗歌创作与霞中诗社的活动源流，很明显曾受到徐熥、曹学佺等闽中诗派诗风的启示与影响。黄日纪文学创作风格主要是在继承闽中诗派诗风的基础上创新与变革，顺应闽中诗风发展的大潮流，延续闽中诗派的文学创作方向，推崇除晚唐之外的三唐，也学宋，兼采各朝各家之长，奉行“诗以定情，文以载道”的诗家正统。黄日纪在诗社中的地位特殊，他的诗歌创作风格对云洲诗社的创作风格起主导作用。

黄日纪的交游广泛，以闽地为核心而不受限于此，与全国各地文人多有往来，在闽台文坛颇有影响力。黄日纪师从金坛于北野，在京宦游时得沈德潜、诸锦指导，又与漳浦蔡新、蓝应元、龙溪黄可润、闽县叶观国、江西谢于诚、释月松等人交好，与澎湖通判胡建伟、巡台御史白瀛、兴泉永道谭尚忠、水师提督倪鸿范、汀漳龙道单德谟、晋江倪邦良等闽台官绅往来密切。诗社众人也曾投身科举，与各地文人探讨诗艺，如薛起凤是乾隆三十年举人；黄秉元是乾隆四十五年进士；蓝应元是乾隆二十五年进士，官至礼部侍郎；廖飞鹏是乾隆十五年举人，次年进士，曾任汲县知县、汀州教授等职。在与各地文人深入研讨诗文技艺，交流分享治学理念后，黄日纪逐渐形成个人的文学创作风格与诗歌创作的理念，并影响了与之交游的文友。

自经明末清初的动乱，闽南文教事业备受打击。黄日纪热心地方文教事业，先后与廖飞鹏、张锡麟等友人共同捐建了漳州邺山书院、厦门玉屏书院、厦门天界寺、鼓浪屿日光岩、在京龙溪会馆等，为闽南地区文教事业复兴作出了重大贡献。张锡麟曾有《谒邺山讲堂》诗纪邺山书院之盛：“竟尔来能果，今朝造讲堂。先生俨如在，后学仰难忘。气节文丞相，师儒朱紫阳。芙蓉峡前水，洄溯听沧浪。”[30]厦门玉屏书院之兴建、兴办，让厦门文教风气焕然一新，促进了闽南文化的传承与文脉的延绵，黄日纪尤其功不可没。

从祖籍地溯源，黄日纪上承晚明漳郡张燮、黄道周文学的“千秋大业”，成为具有区域影响的诗人；从居住地考察，他承袭明清之际池浴德、池显方父子文脉，成为厦门重要的诗人和厦门第一个诗社的组织者，成为池浴德、池显方至道光年间周凯重建玉屏书院进程中的重要文化人物，对清代厦门文学、文化的发展起了承前启后的作用。将黄日纪置于乾嘉时期闽南诗坛及环厦门湾经济文化区域加以审视，其诗坛地位更显重要。

云洲诗社作为厦门文化史上影响深远的文学团体，集聚了厦门、漳州、泉州、台湾等地的诗人、名士，参与人数众多，创作成就不俗。其诗歌聚焦厦门的风景名胜和现实社会生活，反映了清政府收复台湾后厦门的复兴与两岸的文化交流，展现了清中叶封建社会的盛世风貌。这些诗歌无疑是清代福建文学的重要组成部分，也是全清诗不可或缺的一部分。

*本文系2021年国家社科基金重大项目“闽台海疆文学文献整理与研究(1602-1895)”(21&ZD272)的阶段性研究成果。

注释:

[1] (清)黄日纪、薛寒秋校注，厦门市图书馆编:《荔崖诗集》，厦门:厦门大学出版社，2020年，第172页。

[2] (清)黄日纪、薛寒秋校注，厦门市图书馆编:《荔崖诗集》，厦门:厦门大学出版社，2020年，第215页。

[3] (清)黄日纪、薛寒秋校注，厦门市图书馆编:《荔崖诗集》，厦门:厦门大学出版社，2020年，第217页。

[4] (清)黄日纪、(民国)江煦著，厦门图书馆校注:《嘉禾名胜记·鹭江名胜诗钞》，厦门:厦门大学出版社，2005年，第5页。

[5] (清)杨浚:《冠悔堂诗钞》卷八《己丑》，清光绪十八年刻本。

[6] (清)黄日纪、薛寒秋校注，厦门市图书馆编:《荔崖诗集》，厦门:厦门大学出版社，2020年，第18页。

[7] (清)黄日纪、薛寒秋校注，厦门市图书馆编:《荔崖诗集》，厦门:厦门大学出版社，2020年，第128页。

[8] (清)黄日纪、(民国)江煦著，厦门图书馆校注:《嘉禾名胜记·鹭江名胜诗钞》，厦门:厦门大学出版社，2005年，第100页。

[9] (清)黄日纪、薛寒秋校注，厦门市图书馆编:《荔崖诗集》，厦门:厦门大学出版社，2020年，第195页。

[10] (清)黄日纪、(民国)江煦著，厦门图书馆校注:《嘉禾名胜记·鹭江名胜诗钞》，厦门:厦门大学出版社，2005年，第132页。

[11] (清)黄日纪、薛寒秋校注，厦门市图书馆编:《荔崖诗集》，厦门:厦门大学出版社，2020年，第195页。

[12] (清)黄日纪、薛寒秋校注，厦门市图书馆编:《荔崖诗集》，厦门:厦门大学出版社，2020年，第180页。

[13] (清)黄日纪、薛寒秋校注，厦门市图书馆编:《荔崖诗集》，厦门:厦门大学出版社，2020年，第183页。

[14] (唐)李白:《李太白集》卷十三，宋刻本。

[15] (清)李友棠:《侯鲭集》卷四，清乾隆刻本。

[16] (清)梁章钜:《退庵诗存》卷三，清道光刻本。

[17] (清)周凯纂修:《(道光)厦门志》卷十三《列传》，清道光十九年刊本。

[18] (清)黄日纪、(民国)江煦著，厦门图书馆校注:《嘉禾名胜记·鹭江名胜诗钞》，厦门:厦门大学出版社，2005年，第5页。

[19] (清)黄日纪、薛寒秋校注，厦门市图书馆编:《荔崖诗集》，厦门:厦门大学出版社，2020年，第78页。

[20]（清）薛起凤主纂:《鹭江志(整理本)》,厦门:鹭江出版社,2020年,第164页。

[21]（清）黄日纪、(民国)江煦著,厦门图书馆校注:《嘉禾名胜记·鹭江名胜诗钞》,厦门:厦门大学出版社,2005年,第282页。

[22]（清）周凯纂修:《(道光)厦门志》卷十三《列传》,清道光十九年刊本。

[23]（清）吴宜燮修,(清)黄惠、(清)李畴纂:《(乾隆)龙溪县志》卷《规制》,清乾隆二十七年刻本。

[24]（清）吴宜燮修,(清)黄惠、(清)李畴纂:《(乾隆)龙溪县志》卷十三《选举》,清乾隆二十七年刻本。

[25]（清）薛起凤主纂:《鹭江志(整理本)》,厦门:鹭江出版社,2020年,第163页。

[26]（清）张锡麟:《池上草初集》,清乾隆三十三年(1768)时斋藏版。

[27]（清）张锡麟:《时斋唱和诗》,清乾隆三十三年(1768)时斋藏版。

[28]（清）林遇青:《渔城诗草》,清刻本。

[29]（清）黄日纪、薛寒秋校注,厦门市图书馆编:《荔崖诗集》,厦门:厦门大学出版社,2020年,第3页。

[30]（清）张锡麟:《池上草初集》,清刻本。

【海外汉学研究(译丛)】

文人们的偏爱

——中晚唐时期所见嗜好的热衷与个体的彰显

[日]谷口高志著

(早稻田大学教育系，日本东京，169-0051)

陈文辉译

(吉林外国语大学国际传媒学院，吉林长春，130000)

内容摘要：中晚唐时期的诗文作品开始频繁地出现对嗜好的描写。行为本身的有用无用、有害无害以及有为无为等都成为衡量的尺度，嗜好作为一种区别自己与他人的行为得到文人们的认可。个性的体现以及对世间价值观的否定和反抗是文人们笔下的嗜好所具有的意义和价值。在从以贵族为中心向着以文人官僚为中心转变的中晚唐社会中，文人们对嗜好的态度反映出新兴的文人官僚阶层与旧时的贵族阶级之间的价值观的对立，对嗜好的热衷其实就是中晚唐时期文人们社会自我定位的一种象征。

关键词：偏爱；嗜好；白居易；身份认同；社会定位

前言

唐代的文人，特别是中唐以后的文人们，极其热衷于追求日常生活中的乐趣——如诗歌创作、书画音乐鉴赏、饮酒、探访名胜、营造园林等。他们毫无顾忌地放纵着自己的爱好，沉迷于对各种喜好的经营[1]。正如中唐白居易的闲适诗所代表的那样，这些日常的经营被作为文学作品的主题在文人们之间盛行开来。中晚唐时，以讴歌兴趣、嗜好为题材的诗文开始大量出现。作为这些诗文作品的特征之一，尤其值得注意的一点就是，在表现方式上，诗人们经常把自己的嗜好作为一种偏爱、偏好，与一般嗜好进行区别[2]。例如，白居易在《山中独吟》中写道："人各有一癖，我癖在章句。万缘皆已消，此病独未去。"[3]诗中将自己对诗歌的爱好称为"癖"，将其定位为一种无法治愈的"病"。"癖"原是中医上对两肋间的块状物的称呼。这里指的是对特定的对象凝注异常的关心，导致喜好有所偏向的现象。沉迷于经营自己嗜好的中晚唐的文人们，都乐于使用这一称呼。像白居易这样，将自己的嗜好当作一种“癖好”(作为一种近乎病态的偏爱来进行表现)的诗作也愈来愈多。而虽然没有使用“癖”字，但表述主题依然是偏爱、偏好的作品，早在元结的《招陶别驾家阳华作》诗中就出现过。诗中明言“始知天下心，耽爱各有偏”，说的就是包括自己在内，各人都有自己的偏爱[4]。但是，正如《吕氏春秋・士容》所说，“士不偏不党”，即对某些事物表示出偏向，原本是“士”不应该有的行为，但中唐之后的文人们，依然积极地吟唱着自己嗜好的偏向性。

笔者曾在前稿(见注2)中，论述了“癖”字所代表的对偏爱、偏好的主张，是中晚唐文人们扭曲的自我意识的表现，诗人意图通过自己嗜好的异常性(即一种迷失正常的“病”，欠缺中庸的偏颇)来进行自我表现。本论文将尝试从与他人的关系这一观点出发，重新审视中晚唐时期出现的这种自我表现方式。“主张偏爱”就是客观看待自己的嗜好，在与普遍意义上的他人进行比较的同时，极力主张其特异性。在这一意义上，对嗜好的沉迷行为并不一定是唯以自己享乐为目的的自我完结，其中蕴含了对自己之外的他人的意识，是具有强烈的“对他性”的。拥有嗜好且沉迷其中，这一行为的“对他性”在中晚唐期间是如何发挥作用并发展开来的呢？它与文人们的自我意识又有着怎样的关系呢？本论文主要以中晚唐期间的诗文为例，针对以上问题，尝试对作为文人们个性象征的日常嗜好逐步为人们所认可的事实进行论述。

一、偏爱的共有与非共有——嗜好的对他性与社会性功能

本章节中首先要确认这样一种认知——通过可以与他人共有的对某种事物的偏爱、偏好，得以在文人之间形成一种关联。如白居易《喜裴涛使君携诗见访醉中戏赠》诗中的“共放诗狂同酒癖，与君别是一亲情”[5]。对白居易而言，“酒癖”“诗狂”不只属于他个人，而是能够与朋友分享的。共同的嗜好让友人之间的“亲情”变得更为深厚。这样的例子在吟咏“癖好”的中晚唐诗文中经常可以看到。柳宗元在《报崔黯秀才论为文书》中，就说到自己有固执于“辞”(即文辞)“书”(即书法)的“病癖”，且这一“病癖”亦为崔秀才共有[6]。晚唐陆龟蒙在赠皮日休的《袭美见题郊居十首因次韵酬之以伸荣谢 其十》诗中写道：“酒材经夏阙，诗债待秋征。只有君同癖，闲来对曲肱”，吟咏的是与友人诗酒“癖好”如出一辙的交情[7]。通过这些诗作，可以窥见“偏爱”所具有的增强文人之间连带感的作用。以诗酒为乐这件事虽然在唐代之前就普遍存在，而中晚唐的文人却是通过共有“癖好”的方式，孕育出了文人同道的意识。

“癖”具有一定的社交性。中唐元稹的诗作说明了这一点。他的《酬段丞与诸棋流会宿弊居见赠二十四韵》诗，吟咏了围棋爱好者们汇聚一堂彻夜对局的盛况。末尾的四句是“分作终身癖，兼从是事隳。此中无限兴，唯怕俗人知”[8]。元稹将自己热衷围棋的事称之为“癖”，而对这一嗜好的沉迷是他与诗题中的“棋流”(即围棋棋友们)共有的。这是在文人交流中吟唱自己的爱好癖。不过，需要注意的是，围棋的乐趣是作者只想与“棋流”们所共有的，“棋流”之外的“俗人”显然不在这个范畴内。这里元稹内心的对他意识有着两种截然不同的态度，即一面感受着与同道中人们享受围棋“无限兴”的喜悦，另一面又在忧虑和抗拒着“俗人”对这一乐趣的发现和分享。

在吟咏偏爱的中晚唐诗文中，表述自己的嗜好不想与“俗人”共有，或是不被他人

理解的作品很多。本文开篇白居易的《山中独吟》中写了自己对诗作的爱好癖，但又以“恐为世所嗤，故就无人处”结尾。嗜好的这种描写方法同样见于中唐姚合的《拾得古砚》诗。以“僻性爱古物，终岁求不获”开篇的这首诗作，首先将自己对“古物”的嗜好作为一种“癖性”进行了描述。然后在诗歌的末尾，对自己珍重古砚一事，吟作“大喜豪贵嫌，久长得保惜”[9]。在这里，世俗“豪贵”无法理解诗人的嗜好，对古砚表示嫌弃的态度，对作者而言却是一件值得庆幸的事情。

不仅是世间的俗人，甚至是文人们的家人，有时也会无法共有或理解诗人们的嗜好。比如，白居易《醉吟先生传》中有这样的内容：

> 性嗜酒、耽琴、淫诗。……妻孥弟侄虑其过也，或讥之不应，至于再三，乃曰：“凡人之性鲜得中，必有所偏好，吾非中者也。”[10]

白居易通过“妻孥弟侄”的指责，即“家人”这一家庭内的他人视角，强调了自身嗜好（嗜酒、耽琴、淫诗）无法被理解的事实，在此基础上，定义自己是中庸的缺失者。在这里，白居易将他人的视线收入自己的视野，通过将其内面化，来相对地展示自己的嗜好——即通过他人视角来描写耽溺于嗜好的自己。这可以说是一种本质上与元稹、姚合有着共通性的自我表现方式。另外，像《醉吟先生传》这样以家人的视角为媒介来描写自己嗜好的例子，还有中唐王建《闲居即事》的“妻愁耽酒僻，人怪考诗严”、晚唐皮日休《又寄次前韵》的“妻仍嫌酒癖，医只禁诗情”[11]。在这些诗句中，通过妻子、友人、医者等人的否定，间接地描绘了作者对诗酒的过度沉迷[12]。

如上所见，将他人视角内面化的特殊手法，正是中晚唐期间文人们嗜好描写的特征。文人们将俗人或家人的视角囊括进自己的诗文中，但实际上，俗人、家人都是以文人自身为中心的同心圆内的存在。文人们忠实地在自己所处的环境（世间和家庭）中，设定了不能共有嗜好的他人（俗人和妻子），通过他们的反应来描写不被理解的特立独行的自己，意图在世间、家庭的范围内，表现自己异于他人的风格。这一事实也可以说意味着文人们在嗜好这一行为中发现了它所具有的社会性功能——即可以明确自己在与他人关系中的定位。把“嗜好所具有的社会性功能”，与在本章节的开篇中所言及的“文人之间的嗜好的共有”放在一起探讨，会更加便于理解。正如以上所论述的，在文人们的意识中，嗜好有着对他的两面性：一方面是通过对同一嗜好的共有，与其他人形成志同道合的意识（即集团意识），从而得以确认自己的归属定位；另一方面，通过嗜好的不被共有，来明确自己与他人的距离，确认自己存在的特殊性。对中晚唐时期的文人们来说，对嗜好的倾倒，或许就是明确自己与他人距离的远近、对自己的存在性质进行分类的一种活动。也就是说，嗜好是被作为一种区别“沉溺其中的自我”与“没有沉溺其中的他人”的活动来认知的。

二、偏爱的有用性与无用性——借助嗜好的个体主张

关于自己和他人对于特定嗜好在认知上的差异，在中晚唐诗文中，有时会比上一章节列举的作品描述得更为具体。先来看一下中唐李约的《壁书飞白萧字赞》文。这篇

文章记述了作者得到了梁朝萧子云写在墙壁上的飞白书法中仅存的一个“萧”字的事情。

> 余少好图书，耽嗜奇古，虽志业不工，而性莫能迁。非不干求爵禄，心懵时事，自与名疏。非欲乖异时尚，养痾守独，所见遂僻。僻则僻矣，与夫酣湎声色，奔走权力者，俱亡羊也。亡则孰多。……知者相贺，比获兰亭之书。世情观之，未若野人之块。不阙于世，在世为无用之物，苟适于意，于余则有用而已多。[13]

李约说自己“好图书，耽嗜奇古……自与名疏”“养痾守独，所见遂僻”，从中可见，自身的嗜好在这里被作为了一种病态的偏爱。尤其值得关注的是文章中记述的他人对其得到飞白壁书的反应：一方面“知者相贺，比获兰亭之书”；而另一方面，却是“世情观之，未若野人之块”。但是，“苟适于意，于余则有用而已多”——只要自己中意，即为“心头好”，这里以与“对他的无用性”进行对比的方式，强调了“对己的有用性”；通过世间清醒的视线，强调了自己独特嗜好的存在。

作为李约的友人，白居易在《太湖石记》中，几乎是原封不动地引用了李约的这一发言。《太湖石记》记述了中唐时期骤然兴起的搜集奇石怪石的风潮，并谈到了友人牛僧孺对太湖石的嗜好。虽然文中没有将嗜好作为一种偏爱的表现，但这依然是一篇揭示中晚唐时期文人们趣味、嗜好意识的代表性作品。文章开篇是这样的内容：

> 古之达人，皆有所嗜。玄晏先生嗜书、嵇中散嗜琴、靖节先生嗜酒。今丞相奇章公嗜石。石无文无声、无臭无味，与三物不同，而公嗜之何也。众皆怪之，我独知之。昔故友李生名约有云：“苟适吾意，其用则多”。诚哉是言，适意而已。公之所嗜，可知之矣。[14]

文中首先将嗜好作为“达人”的条件进行了列举，叙述了皇甫谧嗜书籍、嵇康嗜琴、陶渊明嗜酒的事实。白居易意在将牛僧孺的怪石趣味定位于这些拥有固定嗜好的达人谱系的延长线上。然而，与昔日先贤所嗜好的对象不同，牛僧孺所嗜之石，“无文无声、无臭无味”，是缺乏实用性的存在。因此，牛僧孺的这一嗜好“众皆怪之”。文中白居易引用了李约的发言，通过与“对他的无用性”的对比方式，彰显嗜石“对己（即牛僧孺和白居易）的有用性”，对牛僧孺怪石趣味的意义进行了说明。

这样的对比，在晚唐张彦远《历代名画记》卷二中的《论鉴识收藏购求阅玩》文中也能够看到。张彦远这样记叙在妻子眼中沉迷书画的自己：

> 妻子僮仆切切嗤笑，或曰：“终日为无益之事，竟何补哉。”既而叹曰：“若复不为无益之事，则安能悦有涯之生。”是以爱好愈笃，近于成癖。[15]

被妻子讥笑嗜好无用的张彦远辩说着书画给自己有限人生带来的喜悦，极力宣扬嗜好对自己的有用性。

李约、白居易、张彦远之所以对自己与他人在嗜好认知的差异、有用无用的对比方面进行记叙，就是为了通过与他人价值观的区别化，来彰显自己嗜好的特性[16]。在这一主张的背后，透露出的是他们想要通过这种特异嗜好展示自己的个性或独创性的态度。换言之，这里蕴含的是通过基于自己个人“心性”的嗜好形态，来彰显自己异于他人的风格的意识。即愈被他人认为是无用无益的、与社会上的价值观距离越远的行为，就愈发能够成为个性和风格的证明。因此，对沉迷嗜好的自己表示不理解的他人的存在就非常必要。当然，在白居易等人的内心中，或许也存在着对无法理解自己的世俗的反抗，那些被认为是无用的书画、怪石上面，或许还包含着些许他们个人的投影。然而，应该注意的是，文人们通过兴趣、嗜好这些日常活动来表明自己对世间价值观的否定的做法，与其个性的宣扬是相联系的。为了进一步说明“嗜好＝个性”这种认知，接下来将对嗜好比较论的有关作品进行分析。

三、作为个性的嗜好——嗜好的个别性及其比较论

以“古之达人，皆有所嗜”开篇的《太湖石记》文中，列举了陶渊明等人各自的嗜好。白居易的发言中映射出这样一种认知：嗜好虽然是达人们普遍拥有的东西，但其种类各不相同且能够体现拥有者的个别性。在认可嗜好的普遍性和个别性的基础上，白居易将三位达人与牛僧孺的嗜好进行了比较。对嗜好的普遍性和个别性更为直接的描述，除了元结《招陶别驾家阳华作》的“始知天下心，耽爱各有偏”，白居易《山中独吟》的“人各有一癖，我癖在章句”之外，还有晚唐杜牧《春末题池州弄水亭》诗中的“偃须求五鼎，陶只爱吾庐。趣向人皆异，贤豪莫笑渠”[17]。像这样描述各人皆具有自己的嗜好的诗句，白居易的作品中特别多[18]，从中能够看到他对自身嗜好的高度自觉性。可以认为，认可嗜好的普遍性、将其作为各人的个性来看待的态度，是为主张偏爱的中晚唐文人们所广泛共有的，而白居易可以说是其中具有划时期意义的文人。

然而，在白居易的其他作品中，能看到他以与《太湖石记》中截然不同的方式展开的嗜好比较论。在第一部分《醉吟先生传》引文的后续中，白居易在对自己的家人申明“吾非中者”之后，将自己酒、琴、诗的嗜好与世俗沉迷于“货殖”(敛财)“博弈”(赌博)“药”(炼丹术)的好尚进行了比较。原文如下：

> 设不幸吾好利而货殖焉，以至于多藏润屋，贾祸危身，奈吾何。设不幸吾好博弈，一掷数万，倾财破产，以至于妻子冻馁，奈吾何。设不幸吾好药，损衣削食，炼铅烧汞，以至于无所成，有所误，奈吾何。今吾幸不好彼，而自适于杯觞讽咏之间。放则放矣，庸何伤乎。不犹愈于好彼三者乎。[19]

白居易再三地向家人解释着货殖、博弈、炼丹的“不幸”，以说明自己嗜好之“幸”。既无“伤”，又有何不可呢？——白居易以这种多少带点逆向意味的方式将自己的嗜好正当化了。《太湖石记》中，以“有用无用”的尺度衡量了嗜好的意义，这里却是以“有害无害”的尺度来比较自己与他人的嗜好，通过对后者的差别化来导出前者的优越性。

与此相似的对嗜好的态度，在李约的文中也能够看到。李约在叙述自己对书画的爱好时，将其与“声色”(音乐与女色)、“权力”(权势与货财)的好尚进行了比较，认为俱属于“亡羊”之列。李约并没有主张自己嗜好的无害性，但却和白居易一样，利用有害性这一尺度，将自己与世俗的嗜好作了比较。

通过自己与他人的比较将嗜好进行差别化的例子，元稹的《叙诗寄乐天书》一文更为明显[20]。在文中，元稹一边将自己投身诗歌创作的行为称为“病蔽”(“习惯性灵，遂成病蔽”)，一边对自己的文学经历和独自的诗论进行了说明。在文章的末尾，元稹如此评价自己的诗歌创作活动：“比夫格弈樗塞之戏，犹曰愈于饱食，仆所为不又愈于格弈樗塞之戏乎。”元稹的这一发言是基于《论语·阳货篇》中的“饱食终日，无所用心，难矣哉。不有博弈者乎？为之犹贤乎已”的内容而来的。元稹认为，无为徒食不如博弈，而投身诗歌创作却又强于博弈。当然，这里是有谦逊和戏谑成分在的，但是把诗歌创作活动放在与“饱食”“博弈”比较的延长线上，对照有为、无为的标准，探究这一活动的相对性的意义——这是元稹发言所值得注意的地方。在将某种嗜好与其他嗜好进行比较，确定其价值的时候，白居易侧重的是嗜好的有用性(《太湖石记》)和无害性(《醉吟先生传》)，李约注目的是其有害性，元稹强调的则是其有为性。他们运用各自不同的尺度来衡量自己与他人的嗜好，来肯定自己活动的相对优越性和正当性。他们的这一姿态，意味着中唐时期的文人们开始积极地摸索嗜好的意义和价值，去探求异于他人的自我身份认同(identity)。正因为如此，嗜好的意义、价值就成了与自身的身份认同有着直接关联的问题，所以文人们有意地运用“癖”“偏”“僻”等带有价值判断意义的语汇，意图给自己的行为赋予一定的意义。

另外，通过嗜好树立自身风格的意识，在另一位中唐时期的代表性文人——韩愈的《醉赠张秘书》诗中也能够看到。诗中描写了爱好文学的同道们召开的酒宴，诗人这样批判世俗的酒宴：“长安众富儿，盘馔罗膻荤。不解文字饮，惟能醉红裙。虽得一饷乐，有如聚飞蚊。”[21]“众富儿”只知道罗列大盘的“膻荤”，无法理解文人们“文字之饮”的乐趣。一味沉醉于席间“红裙”的俗人们，简直就像是一群嗡嗡嘤嘤上下乱飞的蚊蝇——韩愈将伴随着诗歌创作乐趣的同仁们的酒宴，与充斥着美食、妓女的世俗的酒宴进行了比较，强调文人们的文学好尚，比世俗的美食美色的好尚要优越得多。与白居易不同，韩愈在这里展开的是直接贬低世俗嗜好的具有攻击性的比较论。在与世俗保持距离、彰显个性的方法上面，白居易和韩愈存在着个性上的差别。值得注意的是，韩愈在主张自己与同道们的嗜好的优越性时，有意地列举了世俗的饮食、女色这些鄙俗的嗜好来作为比较的对象。即他亦采取了与前面论及的白居易、李约相通的对嗜好的认知——无所谓自己与他人、清雅与鄙俗的区别，将世间各种各样的行为罗列后再进行比较的态度。在中唐时期，除了文学、酒、音乐、书画等这些传统性的爱好，又新增了新奇的怪石情趣、通俗的赌博、女色、美食、敛财，甚至为了长生的炼丹术等，这些多样的行为被放到了同一个平面上，作为比较的对象开始进入人们的意识范畴。所谓的比较，是指在具有某种同质性、共通性的事物之间进行的行为。唐以前的文人们或许还没有产生将这些杂乱的活动放在同一个平面上来追究其优劣、竞争个性的设想。在这一意义上，《太平广记》卷二〇一“好尚”部分所收的下面这则有关中唐李德裕的逸事，就有着让人极其感兴趣的内容。

> 李德裕与同列款曲。或有征所好者，德裕言：己喜见未闻新书策。崔魏公铉好食新餘头，以为珍美。……杜豳公悰每早食饙饭干脯。崔侍中安潜好看斗牛。虽各有所美，而非近利。与夫牙筹金埒、钱癖谷堆，不其远乎。[22]

这则逸事的记述基于五代孙光宪的《北梦琐言》(现行本《北梦琐言》的卷四中收录了同一内容)，在李德裕的文集中是看不到的。但是，若是以本稿中所列举的诗文作品的视角来看的话，将其看作反映中晚唐时期风潮的资料应该是没有问题的。因为李德裕的发言明确地表明了其对嗜好活动存在着普遍性和个别性的认可态度。这里李德裕将包括饮食上的喜好在内的众多嗜好进行了同等的罗列，一边将其与世俗追求财富的嗜好进行差别化；一边认可其为各人身上的闪光点。当时文人们把各种各样的嗜好作为各人风格、个性来认知的意识，可以说在李德裕的这则逸事中极富象征性地体现了出来。

这种嗜好的认知方法实际与现代的认知是极其相近的。即便是在现代，兴趣、嗜好作为一种信息具有一定的识别个体的作用。本稿中以个体、个性等现代性概念为依据，对中晚唐时期的文人们在嗜好活动中意图探求这一社会功能的事实作了指摘。当然，近代中国之前的文人们显然还没有“个体”这一概念，而从主张偏爱的中晚唐的诗文中能够看出，那时的文人们至少已经对“个人风格”有了自觉性，并在积极地对其进行着探索。

那么，中晚唐时期为什么会出现这种意识的萌芽呢？将日常活动的兴趣、嗜好作为彰显个体的认知为何会在这一时期发生呢？笔者的拙见是这样的——在提倡嗜好的诗文作品中，大多都明确表现出了反抗或对抗俗人的意识。如爱好古物的姚合，对“豪贵”们的厌恶表示了喜悦；把贵重的飞白书收入囊中的李约，反复强调“世情”眼中的“无用”；韩愈对不解“文字之饮”的“众富儿”表示了自己的蔑视。虽然嗜好被作为个性的体现得到了认可，但与世俗嗜好之间存在的距离却始终是它的前提(这或许是与现代嗜好认知最大的不同点)。这里表面化了的文人与俗人的对立，不外是两者之间价值观的对立，进而也可以说是新兴的“文人官僚阶层”和旧时的“贵族富人阶层”之间的价值观的对立。文人官僚作为寒门出身的新兴势力，从正面与当时依然普遍看重家门、地位、财产的价值观发生了对峙，从而就产生了探索与之相异的新的价值观的必要。因此，作为拥有新的——无法用财力和权力衡量的——价值观的存在，他们过度地沉迷于那些不具备什么实际利益的嗜好(诗歌、书画、石头)，意图通过这种活动来确保自身的身份认同。中晚唐时期是文人趣味的萌芽期，但这时的文人倾倒于这些趣味性活动的本质原因，应该放在上面这样的文脉中去理解。在文人们尝试进行的嗜好的比较和差别化的背后，有着新兴势力和旧势力之间的阶级对立。在这一意义上，可以认为，对于文人官僚来说，沉迷于“无用的嗜好”这一行为，其实就是一种“社会定位的象征”(status symbol)。在十七、十八世纪的欧洲，贵族阶级喜欢喝巧克力热饮，而新兴的市民阶级更喜欢咖啡。像这样，因为阶层而形成的不同的嗜好对象，有时候会成为各阶层意识形态的“社会定位的象征”[23]。对偏好的志向，与中唐时期特有的情况——从以贵族为中心的社会逐步向以文人官僚为中心的社会转变——是有着密切关联的。彼时身处其中的文人们，就是通过聚焦日常生活中的趣味嗜好，发掘了这一行为的价值。

在言及嗜好的诗文中发掘不同阶级之间价值观的对立这一做法，或许多少有点极端。就本稿中所列举的作者来说，李约原本是王族的末裔，李德裕出身贵族，将这两人看作寒门出身的新兴势力的代表显然是不妥当的。同时这也可以说明，对于嗜好的沉溺，并不是新兴阶级所独有的现象。但是，白居易、元稹、韩愈这些通过科举走入仕途的中下层阶级出身的文人们，在中唐文学中起到重要作用的事实是无可厚非的。说得更为大胆透彻一点，在中唐时期，新兴文人阶层掀起的通过兴趣、嗜好的书写彰显个性的文学创作活动，引发了旧时的贵族富人阶层的共鸣与参与。据此，从这一时期诗文中对兴趣、嗜好的定位中，发掘新的文人阶层对新价值观的表现的做法，总体上来说是具有一定的可能性的。

＊本译文系吉林外国语大学2024年度校级重点项目“学术论著日译汉中‘潜在语义’的翻译策略研究”（JW2024ZDB008）的阶段性成果。原文刊于日本《九州中国学会报》2018年56号，第16～30页。针对此次翻译发表，著者就内容进行了一定的补充。

注释：

[1] 关于中晚唐时期沉迷于诗歌的风潮，详见日本学者冈田充博论文《中晚唐期に見られる詩文学への没頭的風潮について——詩人達の文学的自覚の問題を中心として》，《名古屋大学文学部研究论集》1980年第26期，第1～27页。

[2] 参见［日］谷口高志：《愛好という病——唐代における偏愛、偏好への志向》，《东方学》2013年第126辑，第35～52页。

[3]（唐）白居易著，朱金城笺校：《白居易集笺校》卷七，上海：上海古籍出版社，1988年，第407～408页。

[4] 参见（清）彭定求，等：《全唐诗》卷二四一，北京：中华书局，1960年，第2707页。

[5]（唐）白居易著，朱金城笺校：《白居易集笺校》卷三七，上海：上海古籍出版社，1988年，第2556页。

[6] 原文如下：“凡人好辞工书者，皆病癖也。吾不幸蚤得二病”“其卒与我何异，均之二病。”参见（唐）柳宗元：《柳宗元集》卷三四，北京：中华书局，2000年，第886～887页。

[7] 参见（清）彭定求，等：《全唐诗》卷六二二，北京：中华书局，1960年，第7162页。

[8]（唐）元稹：《元稹集》卷一一，北京：中华书局，1982年，第127页。

[9]（清）彭定求，等：《全唐诗》卷五〇二，北京：中华书局，1960年，第5708页。

[10]（唐）白居易著，朱金城笺校：《白居易集笺校》卷七〇，上海：上海古籍出版社，1988年，第3782～3785页。

[11]（清）彭定求，等：《全唐诗》，北京：中华书局，1960年，第3364、7059页。

[12] 包括白居易的《醉吟先生传》，这里列举的作品中妻子对饮酒行为的劝阻明显是在晋朝刘伶妻子谏酒的典故上展开的。事见《世说新语》任诞篇。

[13] (清)董诰,等:《全唐文》卷五一四,北京:中华书局,1983年,第5222~5223页。

[14] (唐)白居易著,朱金城笺校:《白居易集笺校》外集下,上海:上海古籍出版社,1988年,第3936~3939页。

[15] (唐)张彦远著,秦仲文、黄苗子点校:《历代名画记》,北京:人民美术出版社,1963年,第32~36页。

[16] 作为言及自己与世俗的好尚差异的例子,唐以前的《楚辞·离骚》中有"民生各有所乐兮,余独好修以为常",陶渊明的《答庞参军一首》中有"人之所宝,尚或未珍。不有同爱,云胡以亲"等。但是,这些例子中都没有将自己的好尚定位为"缺失中庸的异常行为",而且这时通过他人的视线展示自己的个性的意识还是相当薄弱的,与将嗜好作为自己个性之一来认知的中晚唐文人们之间有着一定的距离。

[17] (清)彭定求,等:《全唐诗》卷五二二,北京:中华书局,1960年,第5965页。

[18] 例如《截树》诗中有"人各有偏好,物莫能两全"句(《白居易集笺校》卷七,第394~395页),《双石》诗中有"人皆有所好,物各求其偶"句(《白居易集笺校》卷二一,第1423页)。此外,作为言及嗜好个别性的例子,曹植《与杨德祖书》中的"人各有好尚,兰茝荪蕙之芳,众人所好,而海畔有逐臭之夫"句,论及了文学好尚的差异。

[19] (唐)白居易著,朱金城笺校:《白居易集笺校》卷七〇,上海:上海古籍出版社,1988年,第3782~3785页。

[20] 参见(唐)元稹:《元稹集》卷三〇,北京:中华书局,1982年,第351~355页。

[21] (唐)韩愈著,钱仲联集释:《韩昌黎诗系年集释》卷四,上海:上海古籍出版社,1984年,第390~396页。

[22] (宋)李昉:《太平广记》卷二〇一,北京:中华书局,2003年,第1515页。

[23] [德]沃尔夫冈·希弗尔布施(Wolfgang Schivelbusch):《楽園·味覚·理性:嗜好品の歴史》,[日]福本义宪译,日本东京:法政大学出版社,1988年,第90~101页。

故应入枯槁

——苏轼的岭海谪居与佛道实践

[美]管佩达著

(华盛顿大学圣路易斯分校东亚语言与文化系，美国圣路易斯，63130)

左丹丹译

(湖北大学文学院，湖北武汉，430062)

内容摘要：惠州与儋州时期的苏轼依然挣扎于出世与入世、理想与现实之间，他既艳羡僧道的自在与超越，也通过佛道实践解决当下的身心困境。他认为儒释实质上是寻求“中道”的殊途同归，至理存于自性之中，无须对立、外求，同时他频繁的净土实践与外丹修行又反映出强烈的生命焦虑与现实羁绊。随着生命终点的到来，他感到愈加急切，也愈加沮丧，最终他全然放弃了对宁静与超越的追求，放弃了他热忱半生的佛道实践，以世俗凡人的身份坦然离去。

关键词：苏轼；惠州；儋州；佛道实践；三教关系

传统的评论家们常以苏轼《过大庾岭》一诗作为惠州时期开始的标志：

> 一念失垢污，身心洞清净。浩然天地间，惟我独也正。今日岭上行，身世永相忘。仙人拊我顶，结发受长生。[1]

此诗所反映的意愿与其说是整合，不如说是超越；与其说是住于世，不如说是出于世，即“身世永相忘”。这并不令人意外，苏轼在惠州的许多时间都花在道教实践上，而道教恰好提供了这种超越的路径。如果说杭州是“佛国”，那么惠州则为道教之都，其最著名的景点之一罗浮山即与道士葛洪(283—363)相关。葛洪是炼丹家，致力于肉体的长生不老。钟来因指出，苏轼原本的兴趣主要在内丹实践(一种心灵或意识的净化活动，苏轼所研读的《黄庭经》中有描述)及老庄哲学，如今却花费许多时间进行外丹修炼(与延长肉体生命有关的实践)[2]。1094 年苏轼到达惠州时，发现了一批传承葛洪精神的道士与修行者，他也积极地参与其中。尽管苏轼竭力追寻超越与长生，但在实践中他依然试图寻求适应现状的方法，正如他在刚抵达惠州时所作的《迁居》所述：

> 吾绍圣元年十月二日，至惠州，寓居合江楼。是月十八日，迁于嘉祐寺。二年三月十九日，复迁于合江楼。三年四月二十日，复归于嘉祐寺。时方卜筑白鹤峰之上，新居成，庶几其少安乎？
>
> 前年家水东，回首夕阳丽。去年家水西，湿面春雨细。东西两无择，缘尽我辄逝。今年复东徙，旧馆聊一憩。已买白鹤峰，规作终老计。长江在北户，雪浪舞吾砌。青山满墙头，鬖髿几云髻。虽惭《抱朴子》，金鼎陋蝉蜕。犹贤柳柳州，庙俎荐丹荔。吾生本无待，俯仰了此世。念念自成劫，尘尘各有际。下观生物息，相吹等蚊蚋。[3]

最后两句来自《庄子》第一篇：大鹏在前往南海途中越飞越高，直至“野马也，尘埃也，生物之以息相吹也。其视下也，亦若是则已矣”[4]。同样的意象也出现在佛教文本中，在《楞严经》里，琉璃光法王子讲述了自己以观察风力无依悟菩提心的过程，其中视角的转换使他看到“如是乃至，三千大千，一世界内所有众生，如一器中贮百蚊蚋，啾啾乱鸣，于分寸中鼓发狂闹”[5]。苏轼将这种扩展的空间视角与佛教的时空概念(就时间而言，九十刹那为一念，一念中一刹那，经九百生灭)并列，这三千世界在《华严经》中被描述为“一微尘映世界，一瞬间含永远”。苏轼并未利用这种宏大的宇宙视角来逃离甚至超越现实世界，事实上，他对死于流贬却依然为后人崇敬的柳宗元[6]，以及在《抱朴子》中将举形升虚者称作上士、先死后蜕者称为下士的葛洪均表达了自己的惭愧之心[7]。苏轼的目标更加保守和实际：这些时空视角使他能够更完全地欣赏自己所拥有的一切——青山满墙头与雪浪舞吾砌。

> 余尝寓居惠州嘉祐寺，纵步松风亭下，足力疲乏，思欲就床止息。仰望亭宇，尚在木末。意谓如何得到。良久忽曰：“此间有甚么歇不得处?”由是心若挂钩之鱼，忽得解脱。若人悟此，虽两阵相接，鼓声如雷霆，进则死敌，退则死法，当恁么时，也不妨熟歇。[8]

这一游记在某种程度上颇能代表苏轼的“精神困境”：他一直追求着极度崇高的超越，以及如《楞严经》等经典中描述的清净圆明的“至理”，但这些目标总是无法达到。不过，这种追求的失败并不只是因为缺乏兴趣与动机，而是主要因为目标本身的性质——即苏轼最喜爱的宗派与佛经，尤其是禅宗与《楞严经》所要求的“跳跃到至理”。当他意识到自己并不需要去获得“至理”，因为“至理”本身已在自性之中时，他感到了前所未有的解脱。

虽然苏轼参与了许多所谓的外丹实践，但关于整合的旧有观念依然不时地出现在这一时期的作品中，其中以写给道士吴子野(1100 年去世，苏轼数年前在京师曾见过他)的诗歌尤为明显。林语堂称吴子野为“怪人”，但对于苏轼而言，他已经达到了一种被许多人谈及却鲜有实现的逍遥状态。有趣的是，下面这首赠吴子野诗灵活地使用了佛教术语，这再次表明苏轼对这种明显的不一致并不在意。

> 予昔少年日，气盖里闾侠。自言似剧孟，叩门知缓急[9]。千金已散尽，白首空四壁。烈士叹暮年，老骥悲伏枥。妻孥真敝屣，脱弃何足惜。四大犹幻座，衣冠矧外物。一朝发无上，愿老灵山宅[10]。世事子如何，禅心久空寂。世间出世间，此道无两得。故应入枯槁，习气要除拂。丈夫生岂易，趣舍志匪石。当为狮子吼，佛法无南北。[11]

在作于徐州的《问养生》中，吴子野曾向苏轼介绍了两条养生之法——“和”与“安”，吴子野提到自己已达到“外轻内顺”，所谓“安则物之感我者轻，和则我之应物者顺”[12]。故而，生命的厚度并不取决于外在而是取决于自身——这是关于寓意于物而不留意于物的老观点。正如诗中所写“世间出世间，此得无两得”一样，对苏轼而言，佛与道虽然不同，但殊途终究同归。

苏轼很羡慕吴子野这类未曾出家却达到了与僧人同样境界的人。实际上，苏轼对这种无论在世间还是出世间皆能身心空寂的状态最为欣赏，因为这正是他所渴求的。在对吴子野身心“枯槁”而空寂的描述中，苏轼展现了他对于这一偏离何以形成的认识。在一首数年前作于杭州的诗作中，苏轼再现了几乎在所有主要的佛经中都会出现的一种理论：“若见法身，寤寐皆非。知其皆非，寤寐无为。遨游四方，斋则不迁。南北东西，法身本然。”[13]

苏轼还曾将另一首诗及绘有山河风景的精美枕屏赠送给吴子野。这幅枕屏能够囊括如此宏阔风物的原因之一是画师本人“千岩”在心中：

> 峨峨扇中山，绝壁信天剖。谁施大圆镜，衡霍入户牖。得之老月师，画者一醉叟。常疑若人胸，自有云梦薮[14]。千岩在掌握，用舍弹指久。低昂不自知，恨寄儿女手。短屏虽曲折，高枕谢奔走。出家非今日，法水洗无垢。浮游云释峤，宴坐柳生肘。忘怀紫翠间，相与到白首。[15]

苏轼的许多佛教友人都来惠州看望他，来自庐山的诗僧昙秀就是其中之一。在《赠昙秀》中，苏轼表达了对昙秀仅仅因为爱山水（而非因为流放）而四处自在云游的羡慕。尽管昙秀“栖乌何必恋山林”，但他可以来去自如（苏轼则恰恰相反）。多年前，苏轼曾对辩才大师的自由表达了同样的羡慕，如今他仍然觉得自己缺乏这种自由。

> 白云出山初无心，栖乌何必恋山林。道人偶爱山水故，纵步不知湖岭深。空岩已礼百千相，曹溪更欲瞻遗像。要知水味孰冷暖，始信梦时非幻妄。袖中忽出贝叶书，中有璧月缀星珠。人间胜绝略已遍，匡庐南岭并西湖。西湖北望三千里，大堤冉冉横秋水。诵师佳句说南屏，瘴云应逐秋风靡。胡为只作十日欢，杖策复寻归路难。留师笋蕨不足道，怅望荔子何时丹。[16]

另一位访客是苏州定慧院守钦长老的弟子卓契，他带来了钦长老的《拟寒山十颂》(寒山为唐初著名的白话诗人)[17]。苏轼颇为赞赏这些颂诗，认为它们“语有璨、忍之通，而诗无岛、可之寒”[18]。苏轼据此创作了次韵组诗八首，这些优秀的诗作展现了诗人成功地将禅宗与道教的思想、语言、传说与他此间所参观的名胜(尤其是罗浮山)相互整合的能力。第二首似乎用到了公案，但实际上并没有：罗浮山上的“铁桥石楼”是无门的佛塔，而“吠云千岁根”是一种根貌如犬的山杨树。

铁桥本无柱，石楼岂有门。舞空五色羽[19]，吠云千岁根[20]。松花酿仙酒，木客馈山飧。我醉君且去，陶云吾亦云。

在第三首诗中，苏轼描绘了自己默坐于蓬莱第七洞朱明洞中的情形，该洞也位于罗浮山上，曾是葛洪修行之处。据传从位于山顶的洞中可以在夜半看见日升，因此苏轼使用了日升于扶桑的传说。玉池也位于罗浮山，同时还可能指代一种吐纳冥想的道教实践。有效的实践可以在肉体上达到口中生津(玉池自生肥)、在精神上达到忘却自我(我不记吾谁)的状态。

罗浮高万仞，下看扶桑卑。默坐朱明洞，玉池自生肥。从来性坦率，醉语漏天机。相逢莫相问，我不记吾谁。

第四首诗引用了《楞严经》的相关内容：优波尼沙陀讲述了自己以不净观入道的过程，其中包括观想“白骨微尘，归于虚空”[21]。诗人再次感慨自己远未达到清净境界，尽管所学甚多，但他依然感受到了世界的“掣绁”。

幽人白骨观，大士甘露灭。根尘各清净，心境两奇绝。真源未纯熟，习气余陋劣。譬如已放鹰，中夜时掣绁。

在惠州时期，苏轼常进行或道或佛或二者兼修的冥想实践。在1096年(在惠州的最后一年)所作的铭文中，他再次试图从儒家的角度为自己的冥想实践加以辩白：

东坡居士问法于子由。子由报以佛语，曰：“本觉必明，无明明觉。”居士欣然有得于孔子之言曰：“《诗》三百，一言以蔽之，曰思无邪。”[22]夫有思皆邪也，无思则土木也，吾何自得道，其惟有思而无所思乎？于是幅巾危坐，终日不言，明目直视，而无所见，摄心正念，而无所觉。于是得道，乃名其斋曰思无邪，而铭之曰：

大患缘有身，无身则无病。廓然自圆明，镜镜非我镜。如以水洗水，二水同一净。浩然天地间，惟我独也正。[23]

前两句来自《道德经》第十三章，体现了苏轼惠州时期诗歌的强烈道教风格。苏轼在此企图在儒家格言内部，即思无邪与无所思之间寻找“中道”。他的办法是通过“摄心正念，元无所觉”达到“浩然天地间”的自由应对。这一观念在某种程度上代表了苏轼超越理想的核心。

我曾指出，与许多同时代的人一样，苏轼喜欢将哲学思想(如禅宗思想)与更为传统的宗教信仰(如净土信仰)结合起来。苏轼写给王朝云的一篇悼念疏文即体现了这一点。王朝云曾为灵慧的杭州歌女，后来陪伴苏轼二十余年。她的一生颇为艰辛，曾痛失爱子，又在主母去世后主理家事。美丽而多病的朝云在惠州时常常诵念佛经，1096年，朝云在诵读《金刚经》无常四偈后去世。在疏文中，苏轼写道：“轼以罪责，迁于炎荒。有侍妾王朝云，一生辛勤，万里随从。遭时之疫，遘病而亡。”[24]朝云在被葬于当地禅寺三日后，有一场风暴降临，“风雨之余，灵迹五踪，道路皆见”[25]：

> 是知佛慈之广大，不择众生之细微。敢荐丹诚，躬修法会。伏愿山中一草一木，皆被佛光；今夜少香少花，遍周法界。湖山安吉，坟墓永坚。接引亡魂，早生净土。不论幽显，凡在见闻。俱证无上之菩提，永脱三界之火宅。[26]

在惠州，苏轼继续自己在黄州时开始的一项工作。那时他刚开始抄写《金刚经》，不过在被召回京时，他只抄至第十五品，后又于奔波中遗失部分手稿。直到多年后到达惠州时，苏轼才最终抄完全本并将其献给当地一座寺院。

1079年，新党已完全掌握了政权，他们希望自己的旧党政敌们越贬越远，因此每况愈下的苏轼又被贬往最南端的海南岛。惠州太守方子容将贬谪的诰命交给苏轼，并试图用妻子沈氏的梦来安慰他。沈氏为僧伽(628—710)信徒，僧伽为印度或中亚人，在唐朝时来到中国，经过江淮，最后至泗州建寺。他屡显神异，曾现十一面观音形。苏轼对僧伽的熟悉显示宋代僧伽信仰的流行已经拓展至士人阶层[27]。二十多年前(1071年)，苏轼于前往密州途中，路经僧伽塔，作诗、文各一篇[28]。僧伽出现在沈氏梦中与她道别，自言七十二日后将与苏子瞻同行。方子容试图以此宽慰苏轼儋州之行实乃命中注定，不想苏轼感叹命定之事自己早已感知，不用依靠梦境来兆示，不过能与僧伽相伴而行倒令他十分高兴。

正如之前所提到的一样，苏轼在这最后一次贬谪中携带了阿弥陀佛像，当被问及缘由时，他答道若自己死在途中，这便是往生西方极乐的公据[29]。苏轼似乎对重返大陆不再抱有期待，他预感自己将死于儋州。他将余下的家人安置在惠州，与儿子苏过一同前往海南儋州。在途中，他经过金陵清凉广惠禅寺，为住寺长老写下了这首诗：

> 过淮入洛地多尘，举扇西风欲污人。但怪云山不改色，岂知江月解分身。安心有道年颜好，遇物无情句法新。送我长芦舟一叶，笑看雪浪满衣巾。[30]

苏轼对长老在风尘中不改其色的遗世之态表达了经典的赞叹。据王文诰所言，“江月解分身”一句源自《景德传灯录》“千江同一月，万户尽皆春”，芦叶长舟则是菩提达摩所喜爱的渡江方式。更重要的是，对于日渐衰老的诗人而言，只要“安心有道”，岁月便不再是一种负担，做到不动其心则能创造出“新”诗。这并不意味着诗人已经进入这一境界，他仍然在举扇挥赶尘污，安心与无情是他的理想状态。

在儋州，苏轼最初住在四面漏雨的官驿中，后来又被迫搬出，于城南自建住所。苏轼在接下来的数年中熟悉了当地黎人的语言、饮食与风俗。尽管孤独与艰辛不可避免，但天然的乐天知命以及佛道的吐纳冥想实践帮助他一直保持着知足常乐的心态。他在寄友人信中写道：

> 轼少时本欲逃窜山林，父兄不许，迫以婚宦，故汩没至今。南迁以来，便自处置生事，萧然无一物，大略似行脚僧也。[31]

此处的自我塑造源自适应恶劣环境的需要。虽然没有丝毫证据证明苏轼的父兄曾迫使他婚宦，但行脚僧的自我描述确实是苏轼所期待的。在写给好友参寥的书信中，他认为自己居于陋室、饮食粗粝的艰苦生活“大略只似灵隐天竺和尚退院后”。若说“行脚僧”的自述有一丝自我哀叹的话，那么也当有些许客观现实的叙述。

苏轼在海南的创作，虽并非产量最丰的时期，却展现了苏轼趋于宁静的心绪以及对无常命运的接受。下面这首诗描述了苏轼是如何在缺水的情况下享受“干浴”(一种道教的吐纳术)的。

> 理发千梳净，风晞胜汤沐。闭息万窍通，雾散名干浴。颓然语默丧，静见天地复[32]。时令具薪水，漫欲濯腰腹。陶匠不可求，盆斛何由足？老鸡卧粪土，振羽双瞑目。倦马(马加展)风沙，奋鬣一喷玉。垢净各殊性[33]，快惬聊自沃。云母透蜀纱，琉璃莹蕲竹。稍能梦中觉，渐使生处熟。《楞严》在床头，妙偈时仰读。返流归照性，独立遗所瞩。未知仰山禅[34]，已就季主卜。安心会自得，助长毋相督[35]。

据杜墨林(Heinrich Dumoulin)所说，宋朝的祖师禅与如来禅之间分歧明显，前者不重经典，后者(通常被认为是次一等的)则主参《楞严经》《楞伽经》等经典[36]。苏轼宣称，相对于费力的仰山禅，他更倾向于实际的“季主卜”，司马季主是汉代的卜者，曾于长安东市开设卜馆。

苏轼最初接触佛教是缘于悬挂家中的罗汉图，1098 年他曾提及儿时的回忆。在海南时，他恰巧得到一幅晚唐张玄(蜀人)所画的十八罗汉图：

> 轼谪居儋耳，得之民间。海南荒陋，不类人世。此画何自至哉！久逃空谷，如见师友，乃命过躬易其装标，设灯涂香果以礼之。[37]

苏轼后来将此画送给苏辙，苏辙又献给寺庙以供养父母亡魂。

1101年，在北归途中，苏轼于宝林寺(位于广东清远峡)见到一幅由著名蜀地诗僧、画家贯休所作的十八罗汉图，似与儿时家中悬挂的一般无二。苏轼创作了一组十八首赞颂以纪念这一事件。在更早以前为欧阳修所作的一篇疏文中(欧阳修将另一幅贯休所作的罗汉图装裱后献给寺庙以追荐亡女)[38]，苏轼如此评价贯休：

大觉现身，本无实相；应真随感，分化他方。指安养之归途，破阿鼻之疾苦。当五代末，有禅月大师，以诗句为佛事，以丹青为道场。[39]

组诗的第一首赞颂了宾度罗跋罗堕尊者，他的悟道境界“忘经与人”意味着在超然的视野中，超越了宗教与世俗的二元性：

白氎在膝，贝度在巾。目视超然，忘经与人。面颅百皱，不受刀箭。无心扫除，留此残雪。[40]

第二首颂诗似乎证实了吉川幸次郎的这一观点：宋代诗歌，尤其是苏轼的诗歌，与唐诗的区别在于对悲伤的超越，即使在已经敏锐感知到万物无常的情况下。它也反映了禅宗对于住世以及禅修“日常性”(以自发、愉悦、幽默而非顺从或苦行为特点)的强调。

耆年何老，粲然复少。我知其心，佛不妄笑。嗔喜虽幻，笑则非真。施此无忧，与无量人。

第五首称颂诺矩罗尊者的诗歌，强调如童子般不用有意区分高下轻重即能自在应对的能力(诺矩罗据说在120岁时皈依佛陀后，返老还童，法喜充满)。这令人不禁想起苏轼对于千手观音的赞颂：千手无一心，手手得其处。最后，诗人提到了“无住”，即人们应住于法喜之中，而非住于任何具体的地点。这一观念非常契合苏轼的需求，尤其是在贬谪时期。

善心为男，其室法喜。背痒谁爬？有木童子。高下适当，轻重得宜。使真童子，能如兹乎？

第三首赞颂诺迦跋梨堕阇尊者的诗作，主要讨论了语言的矛盾这一经常引起苏轼诗兴的主题。

扬眉注目，拊膝横拂。问此大士，为言为默？默如雷霆，言如墙壁。非言非默，百祖是式。

同样的主题还出现在第十六首赞颂注荼半托迦尊者的诗作中。注荼半托迦尊者通常被描绘成一位坐在枯树下，一手持扇一手结印的老者形象。

以口说法，法不可说。以手示人，手去法灭。生灭之中，自然真常。是故我法，不离声色。[41]

1100年，随着哲宗病逝，政治的钟摆再次回荡至旧党一方。苏轼被赦免归家，这令他倍感欣喜。他于该年六月动身，而这将会成为他最后的旅程。尽管途中常被各种险阻困扰，苏轼还是如往常一样一路拜访老友，停驻的第一站有1100年末到达的曹溪南华寺。苏轼于此时所作的两篇文章讨论了儒释关系，第一篇即应南华寺长老（长老本人在出家前为儒士）所写，作者赞同长老"宰官行世间法，沙门行出世间法，世间即出世间，等无有二"的观点[42]。

这一论点是对理学关于"出、入世间法判然有别"观点的直接驳斥。不过，苏轼并未止步于此，而是继续探讨了二者其他方面的相似之处。这一探讨先以佛教的观点，尤其是南宗禅的明心见性为开始：

学者以成佛为难乎？累土画沙，童子戏也，皆足以成佛[43]。以为易乎？受记得道，如菩萨大弟子，皆不任问疾。是义安在？方其迷乱颠倒流浪苦海之中，一念正真，万法皆具。及其勤苦功用，为山九仞之后，毫厘差失，千劫不复。呜呼，道固如是也，岂独佛乎！[44]

苏轼认为，大道如此简易，连孩童也能理解；大道又如此深奥，以至于即使是菩萨大弟子在与维摩诘探讨佛法时也不胜其任[45]。完全陷入颠倒妄想中的人们，只要有一丝对佛性（无心）的感悟，就能获得解悟。同样地，即使是多年甚至终身修行的人们，如果不能体悟佛性，那么之前的所有修行都将会失去意义。苏轼清楚地划分了外在状态——可以是完全迷惑的，也可以是清净无垢的，以及内在状态——本质所在。

苏轼随后引述了重要的儒家经典《中庸》（杜维明翻译为 *Centrality and Commonality*）。苏轼曾于四十年前的制科考试中作过一篇《中庸论》，这是他文集中唯一一篇长篇议论一部儒家经典的文章。虽然一直稳居于儒家经典之列，但《中庸》的独特之处在于对传统儒家思想相对形而上甚至宗教化的阐释，它也因此"构建了佛道与儒学之间的桥梁，并为佛道对儒学的影响作好了准备，理学运动即由此开创"[46]。因此，苏轼转向《中庸》中寻找佛儒二教的类比也不足为奇。

苏轼首先引用了子思对儒家之道的解释："夫妇之不肖，可以能行焉，及其至也，虽圣人亦有所不能焉。"[47]换句话说，道是容易的（如童子、夫妇之不肖也能行道），也是困难的（即使如圣人、菩萨也不能完全理解它）。其意义不止于此，杜维明曾指出：

首先，道无法用客观主义具体描述，建立一种能使所有人成圣的固定模式也是绝对不可能的。道既不能被有限的规则所决定，也不能被划分为线性发展中若

> 干分离的阶段。方式的多样性、规则与步骤的复杂性，使得即使是建构一种适用于任何想要成圣之人的普世行为模式这一企图本身也变得不切实际。[48]

苏轼似乎在暗示，既然道是深奥而神秘的，那么悟道的方式自然不止一种。事实上，要达到类似的目标，僧人的方式完全就是另外一种行为模式。因此，他接着写道，人们应当关注的不是行为本身，而是行为背后的动机，这次他抬出了孟子："孟子则以为圣人之道，始于不为穿窬[49]，而穿窬之恶，成于言不言。"[50]

苏轼提醒读者，孟子将偷盗邻居财物的小偷与出于某种隐秘的心思"可与言而不言"的"贤人君子"相提并论。尽管小偷与圣人之间（正如迷惑之人与菩萨之间）在表面上有着天壤之别，但二者之间的界限是不稳定的。苏轼详细探讨了这一问题：

> 人未有欲为穿窬者，虽穿窬亦不欲也。自其不欲为之心而求之，则穿窬足以为圣人。可以言而不言，不可以言而言，虽贤人君子有不能免也。因其不能免之过而遂之，则贤人君子有时而为盗。[51]

苏轼说的是，仅凭他们外在的"标签"和行为——程颐就是这样教导弟子对待佛教徒的，很容易区分小偷与圣人；但若从行为背后的动机判断，二者之间并没有太大的区别。因而，正如那些迷乱于苦海之中的人们一样，只要内心纯净而专一，小偷也能成道；正如佛菩萨一样，若心地有一丝杂念，圣人也会失道。苏轼似乎将佛教的"本心"与《中庸》的"中心"（杜维明定义为"存在的终极基础"）等同起来，"是二法者，相反而相为用。儒与释皆然"。

这种在定义"道"时将佛教囊括在内的鲜明意图让程颐、朱熹等人颇为不满。他们坚持认为，尽管多样性能够被容忍，但最终只能有一种正确的儒家之道。朱熹经常指责苏轼已经沦为佛教徒或道士，从这篇文章的口吻来看，朱熹的话倒也不无道理。

另一篇1101年的作品态度更为激进。在北归途中，苏轼参观了南京崇因禅院——他曾于数年前南迁海南时到访过此处，那时他对宗袭长老"自以衣钵"所造的观音像赞叹不已，并发愿："吾北归当复过此，而为之颂。"苏轼兑现了他的诺言，他于1101年写下了这首探讨儒释相似性的颂：

> 慈近乎仁，悲近乎义。忍近乎勇，忧近乎智。四者似之，而卒非是。有大圆觉，平等无二。无冤故仁，无亲故义。无人故勇，无我故智。彼四虽近，有作有止。此四本无，有取无匮。有二长者，皆乐檀施。其一大富，千金日费。其一甚贫，百钱而已。我说二人，等无有异。吁观世音，净圣大士。遍满空界，挈携天地。大解脱力，非我敢议。若其四无，我亦如此。[52]

张载等人非常忧心佛、儒表面上的相似性会误导人们相信它们实际上是一样的。在这首诗中，苏轼也认为二者其实并不相同。然而，他并没有像张载那样，强调儒家美德的首要地位。相反，他似乎在说明，所有这些美德，无论是儒家的还是佛教的，都不过是技巧手段，而非目的本身。

苏轼在1101年母亲忌日时所作的一篇跋文中感叹：在海南时，自己无法如往常一样为亲人斋僧供佛，如今想要重设斋荐，不过因阻风滞留，无法如期到达寺院，只好敬写《楞严经》中文殊师利法王所说《圜通偈》一篇以追怀。苏轼后来将此篇赠予庐山僧人。不久后，苏轼在虔州附近(今江西省)停驻一月有余。有趣的是，苏轼这一时期所作的许多诗歌都涉及二元性的问题，反映出《楞严经》的影响："耳如芭蕉，心如莲花，百节疏通，万窍玲珑。来时一，去时八万四千。此意出《楞严》，世未有知之者也。"[53]同样的意象也出现在这一时期创作的另一首诗中。苏轼用长标题交代了这首诗的写作背景：

君家有二镜，光景如湛卢。或长如芭蕉，或圆如芙蕖。飞电著子壁，明月入我庐。月下合三璧，日月跳明珠。问子是非我，我是非文殊。[54]

最后两句来自《楞严经》中佛陀回答文殊师利菩萨关于不二的疑问："见与见缘并所想相，如虚空花本无所有。此见及缘元是菩提妙净明体，云何于中有是非是？文殊，吾今问汝，如汝文殊，更有文殊是文殊者？为无文殊?"文殊答道："如是，世尊！我真文殊，无是文殊。何以故？若有是者，则二文殊。然我今日，非无文殊，于中实无是非二相。"[55]

苏轼大半生都在思考这些问题。随着生命终点的到来，他感到愈加急切，也愈加沮丧(这一点更值得注意)。写给虔州崇庆禅院惟湜长老的诗作即被一种忧郁与沮丧的气息笼罩，它们以佛道杂糅的语言表达了对此生永远无法获得安宁而日益加深的绝望。他研读了那么多佛经，实践了那么多道法，如今却全然放弃掌握它们的意愿，也全然放弃对"宁静"目标的追求。

从君觅数珠，老境仗消遣。未能转千佛，且从千佛转。儒生推变化，乾策数大衍。道士守玄牝，龙虎看舒卷。我老安能为，万劫付一喘。默坐阅尘界，往来八十反[56]。区区我所寄，蹙缩蚕在茧。适从海上回，蓬莱又清浅。[57]

第三、四句来自《景德传灯录》，六祖慧能对一位已念诵《法华经》三千次的僧人说道："心迷法华转，心悟转法华。"[58]苏轼在此表示自己仍未达到超越经典，意即超越如来禅的程度，他仍需外力帮助。同样地，他也未能掌握儒士或道士的技能。苏轼坦陈自己无法理解以上事物(诗中的语调是失落的，而非通常意义下的自谦)：他感到受困，以往那些急切超越的通道已对他关闭了。这种精神的无力感在这一时期的另一首诗中也有所展现：

代北初辞没马尘，江南来见卧云人。问禅不契前三语，施佛空留丈六身。老去山林徒梦想，雨余钟鼓更清新。会须一洗黄茅瘴，未用深藏白氎巾。[59]

这首诗表明，在苏轼所推崇的禅法中，他发现诸如诵经、布施，以及分析式的禅修(如来禅)之类更明确的宗教实践，比通过以心传心而非参悟经典达到顿悟的祖师禅更易于理解[60]。“前三语”源自《景德传灯录》中的一则公案：无著来到五台山后，问山上共有多少僧众？院主老者回答：“前三三，后三三。”无著一时语塞，不知如何对答。老者又道：“汝有执心在，不得宿。”无著于是转身离去[61]。

在此期间，苏轼还拜访了一位名为谢晋臣的方士。

> 属国新从海外归，君平且莫下帘帷。前生恐是卢行者，后学过呼韩退之。死后人传戒定慧，生时宿直斗牛箕。凭君为算行年看，便数生时到死时。[62]

苏轼再次宣称自己为六祖慧能转世，尽管后学认为他是韩愈的化身。韩愈曾在诗中感叹自己贬谪的命运是凶星作祟所致，苏轼亦有同感[63]。他还将谢晋臣比作汉代一位来自四川的方士、学者严君平(他“日得百钱，即闭户下帘”，专心于研读《老子》)。尽管由星宿决定的命运注定他的一生将在动荡不安中度过，但苏轼还是带着些许自嘲地预知后人会将他视作解脱之人(佛告阿难：“汝尝闻我毗荼耶中宣说修行三决定义，所谓摄心为戒，因戒生定，因定发慧，是则名三无漏学。”[64])最后，听天由命的诗人询问谢君自己还有多少寿年。无论谢君回答与否，他已时日无多了。离开虔州后，苏轼先后到达廉州与永州(在湖南，苏轼被调永州安置)，因为病重，他无法如愿回到眉山，只好改道至曾经安家的常州。苏轼的病情在路上不断加重，直至卧床不起。听闻此事，许多佛道友人纷纷写信探病，他们向苏轼推荐药方和咒语。杭州净因禅寺的维琳就曾寄给苏轼一首咒语以供祝祷。苏轼的这首回信可能是他的绝笔：

> 与君皆丙子，各已三万日。一日一千偈，电往那容诘。大患缘有身，无身则无疾。平生笑罗什，神咒真浪出。[65]

鸠摩罗什是伟大的天竺高僧、翻译家，据传他在濒死之时曾口诵各种神咒以延长生命，不过并无任何效果。相比之下，苏轼在最后时刻保持了自己的尊严，现实而平静地面对不可避免的身体衰败，既不痛苦也不恐惧。据说苏轼弥留之际，好友维琳长老在其耳边大声说：“端明宜勿忘西方！”苏轼喃喃回应说：“西方不无，但个里着力不得。”另一位好友也凑近他的耳朵说：“固先生平时履践至此，更须着力。”苏轼叹道：“着力即差。”另一种说法是，一位好友劝慰苏轼：你一生都在学佛，来生必有福报，因而应该感到高兴。苏轼只道：我不能确定。言罢离世[66]。苏轼在生死关头未能宣告他的宗教热忱，无疑令后代信仰净土的评论家们极度失望。悟开(？—1830)在1826年所作的《念佛百问》中问道：东坡何以不往生？答曰：东坡是大才子，以为必得圆妙之法，因而不甘于老实念佛，是典型的“弄巧成拙”[67]。这令我们不禁想起来自另一个完全不同的时空中的文学家亨利·梭罗，他在临终之际被叮嘱要与上帝和好，他的回答是：我不记得我们曾有过争吵。

*本文选译自 Beata Grant, Mount Lu Revisited: *Buddhism in the Life and Writing of Su Shih*, University of Hawaii Press 1994, Chapter 8 Like A Withered Tree。管佩达(Beata Grant),斯坦福大学博士,华盛顿大学圣路易斯分校东亚语言与文化系教授,研究方向包括佛教、中国宗教与文学、前现代中国女性文学与文化。本文为国家社科基金青年项目"元代文人的全真教书写研究"(23CZW020)的阶段性成果。

注释:

[1] [宋]苏轼著,孔凡礼点校:《过大庾岭》,《苏轼诗集》卷三十八,北京:中华书局,1982 年,第 2056～2057 页。

[2] 参见钟来因:《苏轼与道家道教》,台北:台湾学生书局,1990 年,第 157 页。

[3] [宋]苏轼著,孔凡礼点校:《迁居》,《苏轼诗集》卷四十,第 2194～2196 页。

[4] 葛瑞汉(A.C.Graham):《庄子》,伦敦:乔治爱伦爱文出版社,1981 年,第 43 页。

[5]《楞严经》卷五,《大正藏》,第 19 册,第 127 页下。

[6] 唐代散文家与诗人柳宗元在南方的柳州度过了人生的最后几年,他也因此被尊称为柳柳州。韩愈在为柳州罗池庙所作的碑记中,记叙了这座庙如何成为纪念柳宗元的神庙的历史,以及当地百姓在祭祀时供奉丹红荔枝的情形。

[7] 参见魏鲁南(James R.Ware):《公元 320 年中国的炼丹术、医学和宗教:葛洪的〈抱朴子·内篇〉》,剑桥:麻省理工学院出版社,1966 年,第 47 页。

[8] [宋]苏轼著,孔凡礼点校:《记游松风亭》,《苏轼文集》卷七十一,北京:中华书局,1986 年,第 2271 页。英译见 A. March, "Self and Landscape in Su Shih", *The Journal of the American Oriental Society*, 3, 1966。

[9] 剧孟,洛阳人,汉代游侠,以英勇与好赌闻名。见《史记·游侠列传》,[汉]司马迁著,《史记》第一百二十四卷,北京:中华书局,2011 年,第 2760 页。

[10] 灵山,或灵鹫山,为佛陀说法之地。据说《法华经》就是佛陀在灵鹫山演说的内容,故又名《鹫峰偈》。这里是说吴子野回归到一种修持与隐逸的生活。

[11] [宋]苏轼著,孔凡礼点校:《闻潮阳吴子野出家》,《苏轼诗集》卷四十七,第 2554～2555 页。

[12] [宋]苏轼著,孔凡礼点校:《问养生》,《苏轼文集》卷六十四,第 1982～1983 页。

[13] [宋]苏轼著,孔凡礼点校:《梦斋铭》,《苏轼文集》卷十九,第 575～576 页。

[14] 在汉代诗人司马相如的名赋《子虚赋》中,某人夸耀:楚有七泽,其中最小的云梦泽"方九百里,其中有山焉,其山则盘纡茀郁,隆崇嵂崒;岑崟参差,日月蔽亏;交错纠纷,上干青云"。见华兹生(Burton Watson):《中国辞赋》,纽约:哥伦比亚大学出版社,1971 年,第 31 页。

[15] [宋]苏轼著,孔凡礼点校:《吴子野将出家赠以扇山枕屏》,《苏轼诗集》卷三十六,第 1974～1975 页。同样的意象还出现在苏轼为惠州一座寺院壁画所题的诗作开头,传言壁画为一位蜀僧所作,描绘了一位仰面向天的醉僧:直视无前气吐虹,五湖三岛在胸中。参见[宋]苏轼著,孔凡礼点校:《惠州灵惠院,壁间画一仰面向天醉僧,云是蜀僧隐峦所作,题诗于其下》,《苏轼诗集》卷四十七,第 2558 页。

[16] [宋]苏轼著,孔凡礼点校:《赠昙秀》,《苏轼诗集》卷四十,第 2190～2191 页。

[17] 参见[宋]苏轼著,孔凡礼点校:《次韵定慧钦长老见寄八首》,《苏轼诗集》卷三十九,第 2114～2118 页。

[18] 苏轼不怎么喜欢贾岛的诗,认为它太"瘦"。见[宋]苏轼著,孔凡礼点校:《守钦》,《苏轼文

集》卷七十二，第2301页。

[19] 在另一首作于海南的诗歌中，苏轼描写了当地的一种五色雀。这种鸟常被视作与罗浮山有关。

[20]《续神仙传》："朱孺子……忽见岸侧有二花犬相趁，乃寻逐入枸杞丛下。归语玄真，俱往伺之。复见二犬戏跃，逼之，又入枸杞下。玄真与孺子共寻掘，乃得二枸杞根。形如花犬，坚若石。"见[明]冯梦龙评纂，孙大鹏点校：《太平广记钞》卷七，北京：崇文书局，2019年，第116页。

[21]《楞严经》卷五，《大正藏》，第19册，第125页下。

[22] 出自《论语·为政第二》：子曰："《诗》三百，一言以蔽之，曰'思无邪'"。见理雅各(James Legge)：《四书》，纽约：佳作再版公司，1966年，第135页。

[23] [宋]苏轼著，孔凡礼点校：《思无邪斋铭》，《苏轼文集》卷九十，第574～575页。

[24] [宋]苏轼著，孔凡礼点校：《惠州荐朝云疏》，《苏轼文集》卷六十二，第1909～1910页。

[25] 惠州东北二十里处是白水山，上有佛迹岩及佛迹院，当地的传说认为瀑布旁边的十多个大脚印是佛祖留下的。苏轼在写作时脑海里很可能浮现的是这一景观。

[26] [宋]苏轼著，孔凡礼点校：《惠州荐朝云疏》，《苏轼文集》卷六十二，第1909～1910页。

[27] 牧田谛亮：《中国近世佛教史研究》(东京：平乐寺书店，1957年)第一章讨论了宋代的僧伽信仰。

[28] [宋]苏轼著，孔凡礼点校：《泗州僧伽塔》，《苏轼诗集》卷六，第289～291页；《僧伽赞》，《苏轼文集》卷二十一，第619页。

[29]《佛祖统纪》卷四十六，《大正藏》第49册，第418页上。

[30] [宋]苏轼著，孔凡礼点校：《次旧韵赠清凉长老》，《苏轼诗集》卷四十五，第2456页。

[31] [宋]苏轼著，孔凡礼点校：《与王庠五首》，《苏轼文集》卷六十，第1820～1822页。

[32]《道德经》第十六章："归根曰静，静曰复命。"见朱之谦：《老子校释》，北京：中华书局，1984年，第66页。

[33]《维摩诘经》："垢净为二，见垢实性，则无净相，顺于灭相，是为入不二法门。"英译见瑟曼(Robert A.F. Thurman)：《维摩诘经》，帕克：宾夕法尼亚州立大学出版社，1976年，第74页。

[34] 仰山禅师(仰山慧寂，814—890)问香严："近日见处如何？"香严乃有偈曰："去年贫无卓锥之地，今年贫锥也无。"仰山曰："汝只得如来禅，未得祖师禅。"英译见张中元(Chang Chung-yuan)：《禅宗的原始教义》，纽约：丛树出版社，1982年，第215页。

[35] [宋]苏轼著，孔凡礼点校：《次韵子由浴罢》，《苏轼诗集》卷四十二，第2302～2303页。

[36] 杜墨林(Heinrich Dumoulin)著：《六祖后〈无门关〉影响下的禅宗发展史》，鲁思·富勒·佐佐木(Ruth Fuller Sasaki)译，纽约：美国第一禅堂，1953年，第18页。

[37] [宋]苏轼著，孔凡礼点校：《十八大阿罗汉颂》，《苏轼文集》卷二十，第587页。

[38] 译者注：实为欧阳修之子，礼部员外郎欧阳棐，苏轼作疏时任礼部尚书。

[39] [宋]苏轼著，孔凡礼点校：《装背罗汉荐欧阳妇疏》，《苏轼文集》卷六十二，第1909页。

[40] 在中国，宾度罗跋罗堕可能是其中最著名的罗汉，据说他曾在地狱里以砖石为食，因此面容憔悴；他还是斋堂的守护者。在457年被翻译成中文的佚名佛经《请宾头卢法》中，宾头卢倡导富人应该帮助穷人和老人。

[41] [宋]苏轼著，孔凡礼点校：《自海南归过清远峡宝林寺敬赞禅月所画十八大阿罗汉》，《苏轼文集》卷二十二，第626～630页。

[42] [宋]苏轼著，孔凡礼点校：《南华长老题名记》，《苏轼文集》卷十二，第393～394页。

[43]《法华经》："乃至童子戏，聚沙为佛塔，如是诸人等，皆已成佛道。"见霍维茨(Leon Hurvitz)译：《妙法莲华经》，纽约：哥伦比亚大学出版社，1976年，第38～41页。

[44] [宋]苏轼著,孔凡礼点校:《南华长老题名记》,《苏轼文集》卷十二,第 393~394 页。

[45] 虽然此处没有明确地提及《维摩诘经》,但我还是将"不任问疾"理解为《维摩诘经》中的典故。维摩居士擅以方便善巧讲演佛法,在经中维摩示疾,众亲友善知识(包括菩萨)前来探望,维摩便以身说法,尤其探讨了空性的问题。维摩的理解是如此地深奥,连那些善知识们也无法企及。

[46] 陈荣捷(Wing-tsit Chan):《中国哲学文献选编》,普林斯顿:普林斯顿大学出版社,1963 年,第 95 页。正如杜维明所指出的,《中庸》在宋初成为一部主要的经典,如司马光(1019—1086)等许多重要人物都为之作注。还有一批佛教徒也作《中庸》注,如自号中庸子的智圆(967—1022),以及苏轼的友人契嵩(1007—1072)。

[47] 英译见陈荣捷(Wing-tsit Chan):《中国哲学文献选编》,第 100 页。

[48] 英译见杜维明(Tu Wei-ming):《中庸》,奥尔巴尼:纽约州立大学出版社,1989 年,第 31~32 页。

[49] 字面上的意思是"凿洞和翻墙",见《孟子·尽心下》:"孟子曰:人皆有所不忍,达之于其所忍,仁也;人皆有所不为,达之于其所为,义也。人能充无欲害人之心,而仁不可胜用也;人能充无穿逾之心,而义不可胜用也。人能充无受尔汝之实,无所往而不为义也。士未可以言而言,是以言餂之也;可以言而不言,是以不言餂之也,是皆穿逾之类也。"见刘殿爵(D. C. Lau)译:《孟子》,纽约:企鹅书籍,1970 年,第 100 页。

[50] [宋]苏轼著,孔凡礼点校:《南华长老题名记》,《苏轼文集》卷十二,第 393~394 页。

[51] [宋]苏轼著,孔凡礼点校:《南华长老题名记》,《苏轼文集》卷十二,第 393~394 页。

[52] [宋]苏轼著,孔凡礼点校:《观世音菩萨颂》,《苏轼文集》卷二十,第 586 页。

[53] [宋]苏轼著,孔凡礼点校:《书赠邵道士》,《苏轼文集》卷六十六,第 2083 页。

[54] [宋]苏轼著,孔凡礼点校:《数日前,梦一僧出二镜求诗,僧以镜置日中,其影甚异,其一如芭蕉,其一如莲花,梦中与作诗》,《苏轼诗集》卷四十七,第 2532~2533 页。

[55]《楞严经》卷二,《大正藏》,第 19 册,第 112 页中。

[56] 劫是关于一个世界或宇宙起灭的时间。世界循环经历着成、住、坏、空四劫,其中每一劫包含二十小劫,因此一个完整的阶段,或一个大劫(mahākalpa)由八十小劫组成。

[57] [宋]苏轼著,孔凡礼点校:《乞数珠赠南禅湜老》,《苏轼诗集》卷四十五,第 2432~2433 页。

[58] 参见王文诰注,《苏轼诗集》卷四十五,第 2432~2433 页。

[59] [宋]苏轼著,孔凡礼点校:《赠清凉寺和长老》,《苏轼文集》卷三十七,第 2032~2033 页。

[60] 高楠顺次郎在《佛教哲学精义》,火奴鲁鲁:夏威夷大学出版社,1947 年,第 157~159 页中讨论了如来禅与祖师禅。

[61] 参见王文诰注:《苏轼文集》卷三十七,第 2032 页。

[62] [宋]苏轼著,孔凡礼点校:《赠虔州术士谢晋臣》,《苏轼诗集》卷四十五,第 2430 页。

[63]《三星行》,《全唐诗》第 10 册,北京:中华书局,1960 年,第 3798 页。

[64]《楞严经》卷六,《大正藏》第 19 册,第 131 页下。

[65] [宋]苏轼著,孔凡礼点校:《答径山琳长老》,《苏轼诗集》卷四十五,第 2459~2460 页。

[66] 东坡以建中靖国元年七月二十七日殁于常州,时钱济明侍其旁,白曰:"端明平生学佛,此日如何?"坡曰:"此语亦不受。"遂化。见[宋]释惠洪:《石门题跋》卷 2,津逮秘书本。

[67]《念佛百问》,《续藏经》第 69 册,第 363 页下。

明末清初的园林与幻象

[美]李惠仪(Wai-Yee Li)撰

(哈佛大学东亚系，美国马萨诸塞州，02138)

赵厚均、马千惠译

(华东师范大学中文系，上海，430079)

内容摘要：文章指出，园林与各种艺术形式、流派紧密相连，同时又具有非常实在的社会功能，有时甚至具有经济功能，文章对此进行了深思，探讨了表象与现实、主观投射与客观限制之间的界限。在探究了从明末到清初各种颂扬虚拟园林的叙述所蕴含的社会和政治意义后，文章又讨论了同时期真实园林中的幻象美学，处理了诸如微型化和透视法等问题。随着明清易代之际的政治动荡，关于园林与幻象的话语发生了变化，审美价值与伦理价值之间的张力加剧：尽管出现了关于轻浮和放纵的指责，但许多人仍重申了在废墟和毁灭之中，幻象作为记忆与怀旧之所在的必要性。

关键词：园林；虚构；幻象；梦境；明末清初

园林与主体性共生是中国传统的固有特征。园林植根于想象，由此为人们提供了心灵与精神的庇护所。事实上，“造园”一词本身就暗示了主观意识中的启示和变化，这一词汇与庄子所提出的“造物、造化”相呼应[1]。作为一种创造行为，园林建造与绘画、写作有紧密的内在联系。正如晚明学者祁彪佳所言：“如名手作画，不使一笔不灵；如名流作文，不使一语不韵。”[2]又如李渔在《闲情偶寄》“居室部”一集中，将他的戏剧创新与建筑设计进行了类比[3]。另有清代学者钱泳从结构层面阐述的园林与写作之间的类比关系：“造园如作诗文，必使曲折有法，前后呼应，最忌堆砌，最忌错杂，方称佳构。”[4]空间设计的美感只有恰当的人在场才得以发挥其全部魅力，钱泳补充道：“园既成矣，而又要主人之相配，位置之得宜，不可使庸夫俗子驻足其中，方称名园。”园林是审美视阈的客观对应物，然而其含义却远超物理意义中的完整园林。它的定义归根结底具有流动性和经验性——错误的拥有者或访客会抹杀其宣称的区别。钱泳以毫不掩饰的精英主义角度，观察到江南地区很多县的城隍庙在其辖区内都有精美的园林，但当地村民、商人和顽皮学生制造的混乱，以及说书与庸俗音乐的喧闹，使其相形见绌。

由于主观体验对一座园林有决定作用，因此它的美丽和壮观远不如所有者的精神修养来得重要。钱泳同乡李崧的园林并不宽敞，院内只有两三棵桂花树。但根据钱的叙述，李崧的园林因为他与朋友们的诗歌集会而声名鹊起，其中包括沈德潜，后来沈成为乾隆皇帝喜爱的宫廷诗人[5]。这种重视感知而非现实存在的推想在许多客观上简陋的园林雅集中随处可见，例如邵长衡的《东轩小池记》[6]。池塘只有大约五英尺宽，但他乐此不疲地欣赏着池中游鱼和漂浮的水生植物。当一位假想的对话者责备他没有欣赏大自然真正的奥妙时，他辩称：

> 大小虽殊，所为适者一也。余乌知渤澥之广，而勺水为隘；嵩华之高，而泉石为卑也哉？且夫衷有以自适，固无往而不浩然也。

这段话的逻辑和措辞与《庄子》中《逍遥游》《齐物论》两章不谋而合[7]。

对园林体验纬度的强调隐含着对所有权概念的挑战。钱泳由此认为："园亭不必自造。凡人之园亭，有一花一石者，吾来啸歌其中，即吾之园亭矣。"无论如何，无常的命运使永久所有权成为空想，这也是一个共同的主题。在钱泳之前的两个世纪，陈继儒就在《园史序》中详述了所有权的危险性和短暂性。对于一些高雅园林落入庸俗园主之手，陈深感惋惜，他问道："夫有之以为恨，讵若亡之以为快乎？"[8]

按照主观启示和难以捉摸的所有权逻辑，钱泳以对虚构园林的描述结束了对"造园"的讨论：

> 吴石林癖好园亭，而家奇贫，未能构筑，因撰《无是园记》，有《桃花源记》、《小园赋》风格。江片石题其后云："万想何难幻作真，区区丘壑岂堪论。那知心亦为形役，怜尔饥躯画饼人。"……余见前人有所谓"乌有园"、"心园"、"意园"者，皆石林之流亚也。

陶潜的《桃花源记》构想了一个隐秘而理想的世界，这个世界的富足与和谐建立在摆脱暴政和外在于历史的繁荣之上。相比之下，庾信所吟咏的"小园"的虚构意味不强，但就其象征意义而言，诗人怀念失去的南方故乡，并对北方周朝宫廷的羁留和强迫服役感到痛苦。他赞美这个乡村小园，称其为一个自由完整，但可望而不可即的空间。虽然我们无法了解吴石林更多的事迹，但所引用的两个先例——刘士龙的《乌有园》和戴名世的《意园记》，都是以虚构的形式创造和品味园林的典范，有关园林虚构书写的潮流可以说是从晚明开始的。

近期有关明代园林的学术研究强调了拥有和使用园林的社会经济意义。韩德玲(Joanna Handlin Smith)提醒人们注意，园林所有权是一种显性消费和社会竞争[9]。柯律格(Craig Clunas)指出了在园林建设和论述中从实用性、生产用途，再到追求富裕、奢侈以及自觉审美的转变(可追溯到1520年以后)[10]。这些作品纠正了关于中国园林的哲学基础和"本质"美学的普遍主张，并强调了园林是由不断变化的历史环境而定义的形成过程。然而，值得注意的是，正当园林逐渐融入文人生活的社会经济结构时，有关园林与幻象的讨论却势头强劲。这种论述表现为对虚构园林的描述，以及在真实园林记述中对梦境、遐想和感官错觉的关注。从某种程度上讲，人们可以将对主观投射的强调解释为对显性消费的反动或刻意回避。韩德玲和柯律格分别指出，显性消费与公共慈善或审美主义之间的平衡并不稳定。奢华可以被舍弃，也可以被艺术性地藏匿在幻觉美学的罗盘之中。邓肯(Duncan Campbell)指出，精雕细琢的建筑与质朴简约的理想之间的张力导致了“隐藏与揭示、惊奇与期待的自负”[11]。从另一个层面上讲，园林与幻觉之间的联系证明了一种空间自我定义，即重新思考与道德、社会和政治意义领域相关的美学，尤其是在明清鼎革的动荡背景下。

园林之幻象

刘士龙对乌有园的描述收录在晚明学者卫泳的《冰雪携》中[12]，他的叙述符合人们对晚明文学审美情感的普遍主张——对感知、想象、梦境、幻觉和记忆等各种表现形式的主观赞美，关注雅俗之别，乐于跨越和挑战生活与艺术、表现与现实之间的界限[13]。刘士龙首先分析了乌有园的悖论性：中国历史上最宏伟、最著名的园林“归于乌有矣，所据以传者，纸上园耳”。文字比建筑更长久，况且想象中的园林不受贫穷和其他现实因素的限制。

乌有园以百科全书式的包容性而闻名。园内外的山峦颇具“小有五岳”之感。尽管篇幅相对简洁，却模仿了诗歌节奏均衡和赋详尽铺排的风格。除了山峦、水道、植被、建筑以及它们所唤起的无限意境之外，园中还有一座四方庭院，专门提供美酒、名茶、歌舞表演。或许是为了平衡这种安排所暗示的感官上的放纵，另一座三重院落中则摆放着儒、道、佛的典籍。刘士龙写道：

> 园中之我，身常无病，心常无忧。园中之侣，机心不生，械事不作。供我指使者，无语不解，有意先承。非我气类者，望影知惭，闻声欲遁。皆吾之得全于吾园者也。

刘士龙想象他的读者“不以足而以目”漫游园林。尽管《乌有园记》中提到了有鉴赏力的读者和替代的访客，但归根结底，与其说《乌有园记》是在赞美一个想象中的共同体，不如说是作者自我创造的一面理想化镜子：这是一种直截了当的自我满足。

《乌有园记》描写了各种景观和文化点缀，而戴名世的《意园记》则通过分类描述进行抽象勾勒，强调了隐居者的适度享乐。“主人携书千卷，童子一人，琴一张，酒一瓮。其园无径，主人不知出，人不知入。”[14]文风刻意简洁、朴实，与幸福隐世的结局叙述相称：

> 其童子伐薪、采薇、捕鱼。主人以半日读书，以半日看花，弹琴饮酒，听鸟声、松声、水声，观太空，粲然而笑，怡然而睡，明日亦如之。岁几更欤，代几变败，不知也。避世者欤，避地者欤，不知也。主人失其姓，晦其名，何氏之民？曰无怀氏之民也。其园为何？曰意园也。

该宗族的始祖无怀，据说是一位古代统治者，曾主持过“风”和“山”的祭祀[15]。对其名字内涵的联想，以及陶潜在自传《五柳先生传》文末的引用，他成为简朴、和谐与自足理想的缩影。其中隐含的谱系确立了戴名世的隐居理想。由于资源有限，最终又丧命于灾祸，戴未能实现隐居园林这一难以企及的目标。与乌有园相对应的是他的“忧庵”，他将其描述为隐喻且无处不在的负担，而非实际居所：“五行之乖沴入吾之膏肓，阴阳之颠倒蛊吾之志虑，元气之败坏毒吾之肺肠。”[16]刻意宏大而抽象的消极术语掩盖了戴世名与时代脱节的真实感受；事实上，戴以强烈抨击社会弊病和官员腐败而闻名。他对“睡乡”和“醉乡”的赞美也体现了这种逃亡的紧迫感，这似乎是他所处时代的危险预兆[17]：在清代文字狱中，戴名世因其《南山集》被控煽动叛乱，随后被处死[18]。

尽管刘氏的乌有园和戴氏的意园似乎体现出相反的观点，即富足与节制，但这两座园林都以愿景的实现为前提，却又因其难以成真而使得愿望更加强烈。二者都表达出了占有欲，然而缺憾本身也可以被赞颂为反对占有，是道德和精神成就的标志，例如孙新斋[19]的“想园”和他儿子孙坦夫的“想想园”。尽管孙新斋官至高位，但因缺乏建园资金，他的朋友、画家兼文人官员陈涉江便为他创作了《想园图》，所有渴望园林的诗文都对愿望实现本身的概念不屑一顾[20]。王嗣槐认为：

> 一丘一壑，人所咄嗟而办者，至先生终其身须俟之。其志行之过人者，何如乎？人之一生，不能一日无想，先生为吾寄其想于恬淡寂寞之境，虽可以得而必不为苟得焉。况外此者，其不足役吾之心志焉。

在王氏看来，孙新斋选择“想园”这个名字是为了提醒那些被误导的人，他们的迟钝在文章开头已有所描述——包括被无常命运打败的园主、建造园林却无暇欣赏的官员[21]，以及那些力所不逮只能徒劳嫉妒的人。因此，孙氏的憧憬是自足或自我否定的，正如他的堂兄孙宗彝在《想园记》中暗示的那样：

> 或谓世间想生妄，妄又生想，释氏说非非想，想何为哉？吾兄之生平似绝无想焉者，而故以名其园。噫嘻！其可感也夫。[22]

根据王嗣槐的说法，孙新斋死于战争。他的儿子设法在混乱中继续保住这幅画，“罔敢失坠，又增其名曰想想园，志不忘也”。缺席印证了几代人共同的信念和亲情，以及儿子的孝义。诗人兼学者宋琬在其著作《想想园记》一文中引述了孙新斋的观念，他认为为后代留下财产是愚蠢的举动，但是不为后代留下任何东西看起来又是失败的。“吾盖有园焉，命之曰想，子孙贤，庶几能知吾意；子孙而不贤，庶得免于荒淫纵恣荡弃之为鹿场马厩也！”宋琬详细阐述了其中的道理：如果孙新斋留下一座真正的园林，那只不过供后代子孙的享乐之地，很可能逃不过明清鼎革时的动荡摧残，流传下来的只是一个名字以及有关精神或心灵拥有园林的文字。“惟其亡是，而蒙此言也，充孝子之心，盖有不能一日忘者。”[23]世代相传的理想，因为不拘于具体实例而变得无处不在。孙坦夫游历四方，每当遇到美景，他都会发出这样的感叹：“恨不令吾先人见之也!”宋琬总结道：“然则寓内之大，所见无非园者，而先生固未尝亡也!”父廉子孝是这些虚构园林永恒的主题[24]，政治动荡则使得孙新斋的园林愿景中蕴含的道德诉求更加悲怆。

尽管风格和视角各不相同，但刘士龙和戴名世都将想象中的园林作为明确的理想来呈现。即使孙氏父子的园林不再强调享乐，但园林作为道德和精神理想是毋庸置疑的。相比之下，其中隐含的疑问、争论和协商则是其他相类叙述的特点。例如，董说为虞圣民撰写的《志园记》[25]，比较了梦境开拓的视野和由意图决定的精神状态，并得出了不安的结论。赵红娟在对董说的研究中描述了他的“梦癖”：里面的别号有“幻影宗师”“梦乡太史”“梦道人”。董氏醉心佛学，与他对记录、分类和“选择”梦境的痴迷密不可分，这些都可以追溯到1643年的作品诸如《昭阳梦史》《梦乡志》《梦社约》(梦社规章)和《征梦篇》(征梦稿)，以及在1645年完成的两部曲《病游记》和《续病游记》[26]中均有体现。而他与父亲董斯张合著的短篇小说《西游补》，在主题和想象方面与董说的其他梦境写作皆有相似之处[27]。

一些认为梦境可以促发诗句或滋养虚构的想象力，或是梦可以像诗歌风格一样被诱导或选择的想法，与虚构园林相契合：二者都以主体的能动性和掌控力为前提，即使主体服从于幻想。在《志园记》中，董说首先讲述了他在几次“玄怪梦游”之后，于1643年写下《梦乡志》的经历。然而，一个场景切换迅速且不合逻辑的梦，让他确信记录与区分梦境是徒劳的；由此他暗示，接下来关于这座想象与描绘的园林所呈现的是一种较为稳定的另类现实。1644年，他的朋友虞圣民请董为志园作记介绍：“我园也，志而已，故名志园。依山结屋，环竹树，临清流。因出其图示余，图如其言也。余曰：‘异哉！此余所谓梦乡者也。’”与想园、想想园一样，虞的志园也是通过社交互动实现的。

董说接着将虞圣民的志园与刘麟的神楼作比。尽管官场上叱咤风云，刘麟却无力建造他梦寐以求的居所，他的朋友，著名画家文徵明为他绘制了《楼居图》(约1543年)和《神楼图》(约1553年)[28]。据说刘在审美沉思时发掘出虚拟现实，而关于这一主题的延伸，在他的朋友朱曰藩、杨慎的诗歌，以及董说的曾祖父董份的序中皆有体现[29]。诗歌、序言和题记都一致地赞扬这种美学替代法，认为这是刘麟的正直和卓越精神的明证。然而，董并没有按照虞圣民的要求阐述，而是让他等到自己创作出“梦楼”之后再创作。这是他梦见的一座石塔，他视其为理想的居所，并以描绘或叙述的形式呈现。

1645年，虞得到了一幅画作《桃花源》，要求董将其描述为他的“志园”，董再次拖延。1646年，虞另得到一幅吴憨僧的《岩居读书图》，并将其称为他的“新园”。董认为“志”就像梦境一样变化不定：

> 余乃笑曰：“此余所以记志园之不易也。”夫志犹梦也，溪山各异而园乌能图？执图以言志，我未见其合也。今圣民三更园矣，余又安知圣民异日之园必无胜于今日之园乎？虽然，此足以记志园矣。余家有石田沈先生《黄茅亭子》一幅，古木

苍藤，有人坐而观瀑。余甚珍之，此亦余之志园也。[30]

这个译作“intent”(志)的词汇，通常意味着野心、深思熟虑和道德志向，但在这里却像梦境一样短暂。董说的论述归根结底是通过图画表现来证实志园的不可能性。相比之下，对刘麟来说，欣赏理想居所的画作就足以让他神游。在董说和虞圣民的交流中，志为何会变得任性、武断、不定、短暂？审美调节本身的精神诉求是否受到质疑？明清鼎革时期的政治动荡，标志着董说文章中所记录事件的时间界限(1643—1647)构成了可能的解释背景：董说似乎在暗示明朝的崩溃是如此具有破坏性，以至于连想象中的逃离都充满了焦虑。

董说还写了一篇评序赞美其友人黄周星所虚构的将就园[31]，魏爱莲(Ellen Widmer)从清初忠君和避世的角度研究了黄周星的文集[32]。他们的友谊、相互影响和欣赏在著作中得到了充分显现[33]。二人在政治选择和审美情趣上有着共同之处：都是清朝统治下的明朝忠臣，热衷于描绘梦境和幻觉，探索虚实之界；都证明了虚构园林是文学群体中的一项集体事业。与董说一样，黄周星也引用了上文提到的文徵明为刘麟绘制(并创作)居所的故事[34]。而他们在一个方面有所不同：董说质疑志园的恒定性，黄周星则煞费苦心地通过描述神会仪式中神灵的干预，以及其他形式的幻想来证实他想象中的园林。不过，黄周星的这些夸张证词或许掩盖了如同董说那样的焦虑和自我怀疑。

黄氏的将就园“亦在世间，亦在世外，亦非世间，亦非世外”[35]，与我们之前的例子不同，它要求一定程度的细节和具体的可视化。黄称自己为“将就主人”，他带领读者进行了一次想象之旅，沿着小径、走廊、桥梁和水道规划出一条路线，让最壮观的景色展现在读者面前。园中山水和建筑皆有专名，如至乐湖、万松谷、挟仙(狎仙)台、一点亭、醉虹堤以及一些题词和楹联。最后，他参照对实际园林的叙述形式，用诗文详细介绍了一系列胜迹。“自非冲瀑出入，绝不知其为洞，故终古无问津者”，这种描述不免让人想起《西游记》中的水帘洞。黄为此撰写了一本重要的评注——《西游证道书》[36]。“无问津者”一句，与陶潜《桃花源记》的最后一句话相呼应，标志着理想化境界彻底脱离历史和世俗现实[37]。朴素的丰饶和乡村的和谐促使各行各业的蓬勃发展，人们恭敬勤勉、安居乐业。

然而，将就园不同于桃花源，以将园和就园为代表，分别颂扬享乐和精神修养，构成了将就园的两个部分。这两个园子被溪流环绕，由一条水道分隔开来，就像太极符号的中线；正如魏爱莲(Ellen Widmer)所指出的那样，这两个园子存在于两极互补之中[38]。黄周星如此解释道：

“将”者，言意之所至、若将有之也；“就”者，言随遇而安、可就则就也。故“将山”高、“就山”卑，正如俗谚所云：“将高就低”之义。且“将园”之中，其二斋曰：“日就”、“月将”；“就园”之中，其两峰曰：“日就”、“云将”。“将就”之中，又有“将就”焉，则主人之寓意可知矣。苟穷极两园之胜，虽什佰不为多，而主人自以德凉福薄，惟恐太奢侈以犯造物之忌，故每园仅节取其最胜，为目各十，以小诗记而传之，非敢言园也，亦云“将就”而已。此则吾园之始终也。[39]

根据黄的注释，这里译为“approximate”(将就)的术语结合了进取和接受的对照力量，尽管“就”和“将”一样，也有接近或靠近的意思。然而，“将就”作为折中或权宜之计的普遍意义，却被这些斋室和山峰冠冕堂皇的名称所掩盖。二斋的命名“日就”“月将”，如果以《诗经・周颂》中《敬之》一诗的典故来解读，就能更准确地理解为日有所得，月有所进。根据朱熹的说法，周成王回应了大臣们“敬”的训令，在《敬之》中表达了他勤学的愿景。同样，山峰命名为“日就”“云将”，也暗示了崇高品德和宏大的力量。在司马迁的《史记》中，圣人尧因“其仁如天”和“其知如神”而受到赞誉：“就之如日，望之如云。”“云将”一词，为了保持一致性，我译为“Approaching Clouds”，也可以指“Cloud General”，这在《庄子》和《楚辞》的用词中都是常见的拟人化比喻。总之，随着斋室和山峰名称中的风格变化，“将”和“就”这两个词蕴含着对美德的劝诫，并与崇高力量共鸣。由此可见，黄周星的叙述中交织着自嘲取乐和浮华夸张。

评论家强调了将就园的流动边界、游戏性、平衡性和连贯性[40]。然而，其中也存在着刻意的矛盾和隐藏的焦虑。“将就”表明了一种虚构的妥协，不足以代替真实的园林。不过，斋室和山峰的名称与正典暗合，意味着崇高的追求。只命名二十个景点，意在谦虚地恪守限制，这种克制也有种言有尽而意无穷的惊奇感。通过把“将”和“就”转化为对立的力量，黄周星辩称要抑制过度的野心，但同时他也创造了一个独立世界，从而产生自我对立。换句话说，内在差异有助于拓展园林，并取代园林与作者历史现实的关系。

互补性也包括了混合之义，这两座园林“分而实合，合而实分”[41]。将园有一汪大湖，就园相比之下有更多的山，但黄接着补充道，前者亦有山，就像后者亦有水。在此基础上，故“将”旷而“就”幽，“将”疏而“就”密，“将”风流而“就”古穆，“将”富贵而“就”高闲[42]。两座园林内的互补性极高。将园有两座楼：东为吞梦楼，西为忘天楼，“左丹右垩，以象阴阳之义”。两座楼中分别住着两位美人和四位侍女。除了敬拜花神祠阁以外，她们对于感官享受的强调也落实了将园的女性化特质[43]。然而，如上所述，园中也有一些斋室的命名象征着严谨的自我修养[44]。古老的藤蔓在它们之间架起了一座天然桥梁，因此“且关吕二帝师，亦得不时往还”[45]，地形、视角和名称皆暗示了就园中能体验到的层次感，从就园宁静的桃花潭眺望将园峰飞泻而下的瀑布，令人心旷神怡。两座园林都有以道教或佛教乌托邦命名的地标，如华胥堂和郁越堂[46]。此外，还有刻意的倒置：当将园被温柔乡所包围，而就园意味着道德建设和宗教启蒙的标志时，“趋高容下”的原则如何适用[47]？这些错综复杂的对立、层次和反转之网，展现出了一个变化无穷，充满可能的世界。

将就园经始作 1670 年，于 1674 年完成[48]。为何木板印刷双面十四页的一篇短文要花四年时间才能写成？超越写作或想象的，是终其一生的渴望：“求之数十年而后得之。”[49]黄通过宗教和互文参照框架肯定了虚构园林的现实性。他讲述了文昌先生(文神)如何通过扶乩来请他呈现对将就园的描述，以供深入细读[50]。文昌深信不疑，按照黄周星的计划，在昆仑山上修建了这座园林。这里将成为众神的世间别业，黄最终在此担任司文郎一职。1676年，在另一次扶乩中，黄得知将就园已经建成，他奉文昌之命写下了纪念铭文[51]。在黄的剧本《人天乐》中，将就园再次成为实现解脱的载体。剧中主人公轩辕载是作者理想化的替身[52]，以高尚的诚实与慷慨证明了自我价值。轩辕还通过对将就园的描述赢得了世人认可，将就园同样是由神灵建造的，并在剧终时成为轩辕及其家人升天的居所。吕洞宾在黄的文章中被一座神龛供奉，他是轩辕黄帝的解救者，并被认为是该剧的作者之一。

诸神在鉴赏黄周星的虚构园林时，对其现实性提出要求，令其更名，关羽祠更名为玉皇祠，吕洞宾祠改为供奉道教至高无上的三清神。在黄氏的原著中，祀奉关羽并"配以历代义节诸公如张许文谢之属"[53]。张巡、许远二人是安禄山叛乱时为保卫唐朝而牺牲的烈士。文天祥、谢翱则是宋朝著名的忠臣。吕洞宾将道教的超凡脱俗与广博的同情心、社会政治关怀结合在一起，但众神要求用道教至高无上的三清神来取代他。由此，诸神似乎摒除了将就园中的英雄主义，这或许暗示着进一步的疏离，以促使人们与现实世界割裂。在黄自杀前不久撰写的组诗《解脱吟》中，他将超越与绝望的形象结合在一起。众神为他建造了将就园，"好去昆仑山顶上，大开天眼看中原"[54]。尽管设定的飞升不会被忽视，这或许只是一厢情愿的妄想："但能脱却红尘去，莫问神仙与鬼仙。"因此，对将就园实现的憧憬注定植根于绝望之中。1680年，黄试图自溺，被救出两次后，最终饿死了自己[55]。他的偶像是屈原，一位政治上忠诚，需要为另类现实辩护，且设想出完全脱离于政治领域的另一世界之人。

幻想之园林

有时真正园林的主人和虚构园林的创造者一样，会反复强调可变性这一主题，以拉开与占有概念的距离。陆树声在他的《适园记》中玩弄"适"字的多义性(机会、容易、舒适、适合、到位)，描述了他如何"适有之(一块被贱卖的土地)"。这是他"寄耳目之适"的地方，也是"物各有以自适"的地方："而我与物之所共适，非一属于己，可专而有之，则余于是将不有超然而自适者乎？"[56]康范生在《偶园记》中记述自己向来不愿修饰园林[57]。他描述了园中各种建筑的壮丽景色，这些建筑的名字如诗如画，但他声称这些建筑"名号仅存，风雨粗蔽"，他效仿"不凝滞于物"的贤哲，贬低那些痴迷于园林、无用享乐和肆意放纵的人，"余之为是园也，庶几弗为吾累也。偶然而园之，亦姑偶然而记之云尔"。

康范生没有详细说明他是如何创造这个园林的，因此很难判断该说法的虚实。然而，即使有证据表明他的刻意而为，虚假的占有论依然存在。吴应箕在《暂园记》中写道："予偶念至而园成，园成而复念园可不必有也，故曰暂也。"[58]在一个多世纪的时间里，暂园所覆盖的区域一直归吴氏家族四代人拥有，从未易手[59]。吴氏在描述自己如何建造暂园的同时，也急于补充道，无论是家族的命运，还是自己作为士大夫的抱负和成就，都不应与一座园林的沧桑变化联系在一起。

相对地，很少有园主对短暂而虚幻的占有不满，但几乎所有园主都提到了现实与这种表象之间的流动界限。虽然虚构的园林不具备超越图像和语言表述的现实性，但现实中的真实园林的确是通过绘画和文字来决定的。题额和对联不仅为园林建筑和时尚视角增添了光彩，而且整体场景或方位的设计都会考虑到特定的诗句。园林中的社交聚会经常会作诗赋文，有时还会作为庆祝园林或聚会的选集出版。这些特定的诗文奠定了园林的声誉，有时甚至成为园林形成的一部分[60]。曹淑娟在对祁彪佳及其园林寓山的研究中敏锐地注意到，约两百名文人创作了近千首关于寓山的作品(大多是诗歌)，将寓山定义为一个文学空间[61]。

园林画与山水画通常没有明显区别，将画师与园林联系在一起的传统由来已久，如王维的辋川、倪瓒的清閟阁、徐渭的青藤书屋、石涛的片石山房。晚明的新生事物是关于园林创作者如何更加自觉地从绘画中获取模型和灵感。计成为他 1631 年所著的《园冶》作序时写道："不佞少以绘名，性好搜奇，最喜关仝、荆浩笔意，每宗之。"他声称自己因展示园林设计学识而闻名只是一个巧合。而他的目标始终是在园林中实现画意[62]。

计成的作品中有郑元勋在扬州的影园，该园由艺术家兼官员董其昌命名，因为"地盖在柳影、水影、山影之间"[63]。为《园冶》题词的郑是一位学者兼画家，他的朋友茅元仪在《影园记》中论述了绘画和园林的统一："故画者物之权也，园者画之见诸行事也。"[64]绘画和园林既是现实的秩序，也是现实的重构，园林使绘画创造的美学幻觉成为可触可感的生活现实。

尤其是假山设计者，由于绘画和叠石之间的关联，他们从工匠转变为艺术家(无论是自我认知还是他人评价)。正是在这种背景下，十七世纪的假山设计师，如张南垣、张然和张南阳，开始被尊为艺术家[65]。在黄宗羲写的传记中，张南垣阐明了绘画与假山之间的同源性："画之皴涩向背，独不可通之为叠石乎？画之起伏波折，独不可通之为堆土乎？"张的创作过程被描述为深思熟虑且得心应手，让人联想到《庄子》中的"技艺寓言"，而"技艺寓言"已成为中国传统审美创作的原型[66]。他置身于乱石堆的包围中，先是勘查现场，想象成果，然后一边与顾客、游客聊天，一边不经意地向工人下达命令[67]。陈继儒将张的画风与元代画家黄公望、吴镇的画风相提并论。黄宗羲称赞张南垣的创作具有"荆浩之自然，关仝之古淡，元章(米芾)之变化，云林(倪瓒)之洒脱"，他补充道，通过张的作品，"皆可身入其中也"[68]。张南垣继承了绘画中的缄默美学。他摒弃了耗费巨资搬运巨大奇石的做法，转而青睐于在低丘上错落有致地排布石头以产生的动感——"石脉"，目的是创造一种错觉，使园林只是广阔景观的一角，"若似乎奇峰绝嶂，累累乎墙外"[69]。

从这个意义上说，张南垣与其同时代稍长的张南阳有所不同，后者以"芥子纳须弥"而闻名[70]，即在幻觉游戏中打造微型化景观，但也声称要超越虚实对立。关于这种逻辑的例子，我们可以看看著名诗人、学者兼官员王世贞的弇山园中一处石崖(可能是张南阳所造)[71]。根据王对园林的描述，这座假山"世之目真山巧者，曰：'似假'，目假之浑成者，曰：'似真'，此壁不知作何目也"[72]。因此，微型化作为崇高的艺术，充当了跨越虚实边界的审美媒介。

微型化还借鉴了园林作品中关于想象力改造更广泛的论述。唐代诗人白居易将园林表述为他对大自然壮观的痴迷："凡所止，虽一日二日，辄覆篑土为台，聚拳石为山，环斗水为池，其喜山水病癖如此。"[73]

这已成为园林作品中常见的说法。陈继儒在《陆宫保适园序》中叙述自己的观察，一座园林并不局限于它实际的大小，而是“以目与足所到为界”：“先生(陆树声)以我适园，而不以园适我，故杖履所至，虽撤土卷石，宛若五岳砺而五湖带焉。”[74]文震亨在《长物志》中这样表述：“一峰则太华千寻，一勺则江湖万里。”[75]

类似的游戏无处不在，且并不局限于那些希望虚构出宏大景观的简朴园林，即使是大型园林的主人，也需要这种游戏来宣扬立足于微观和宏观世界统一的精神共鸣。明末北京最壮观的园林之一被称为“勺园”，它的广阔水域让人觉得是“海淀一勺”[76]。壶天、瓶隐、袖海是园林中的景点名称。建立在有限的和围墙基础上的园林(如园、囿的图像所示)，在微观化中实现了有限范围内的无限。

如果微观化是隐喻的浓缩，那么因借原则从自然或其他语境中充当转喻的延伸。计成在《园冶》中，阐述了借景的原理，目录分为远借、邻借、仰借、俯借、应时而借[77]。像张南垣的假山一样，园外世界与园林相得益彰，助长了园林壮观的幻觉；同时，对内外世界关系的强调奠定了园林的基础，免除了自我欺骗的潜在指责。

无论是隐喻的凝结还是转喻的延伸，都阐述了幻觉之乐，这是园林作品中的一种标准主题。他们强调弯曲的小桥、蜿蜒的通道、假山、植被和门洞如何阻挡视线或框定的视角，以在相对狭小的空间中营造变幻的曲径通幽之感。因此，“迷路”在园林作品中常被热切地形容为上乘之作的象征[78]。出于同样的原因，人们也关注池塘、湖泊和溪流如何通过反射和赋予动感来打造流水形态——这在前面提到的勺园、影园和寓园，以及冒襄建于1650年的水绘园中都有鲜明的体现[79]。

此外，对船只的提及也无处不在，它的实用功能与视角操控作用相辅相成。园林中有船，还在于它们通过交织的文学和哲学典故唤起了自由、自发性以及政治上的脱离。形似船只的水边建筑给人以漂浮在水面上的错觉，也有一些真正的船承担着园林的象征意义和社会功能。汪汝谦称他的游船为“不系园”，与《庄子》中象征自由的不系之舟暗合[80]。

从明末到清初，园林一直是戏剧表演的重要场所。就连据说禁止在不系园中进行戏剧演出的汪汝谦[81]，也几乎可以肯定有歌妓曾在他的船上唱歌和表演[82]。可以确定的是，汪在不系园的宾客中有名妓，如王微和柳如是。在园林中，戏剧幻象助长了浪漫的幻觉。许多浪漫主义戏剧都将园林作为恋人相会的场景，无论是在梦中还是在现实中；此外，实际园林中的表演者往往是歌妓，即文人观众的欲望对象。一些戏剧鉴赏家对园林有独到的见解，例如祁彪佳、张岱和李渔。戏剧和园林依赖于幻觉和感知操纵而发展繁盛，两者都结合了个人想象力和社交享乐。

幻觉的概念在实际园林创作中占有重要地位。郑元勋将他的影园叙述为梦境成真，讲述了二十年前，他的母亲梦见自己来到一个正在修建园林的地方，询问后被告知那是她的小儿子(郑元勋)的。郑写道：

因述其语，知非偶然，予即不为此，不可得也。然则玄宰先生题以“影”者，安知非以梦幻示予，予亦恍然寻其谁昔之梦而已。夫世人争取其真而遗幻，今以园与田宅较之，则园幻；以灌园与建功立名较之，则灌园幻。人即乐为园，亦务

> 先其田宅、功名，未有田无尺寸、宅不加拓、功名无所建立，而先有其园者；有之，是自薄其身而骛其志也。然有母不遑养，有书不遑读，有怡情适性之具不遑领，灌园累之乎？抑田宅、功名累之乎？我不敢知，虽然，亦各听于天而已。梦固示之，性复成之，即不以真让，而以幻处，夫孰与我？[83]

郑元勋的言辞中既有歉意，也有自我辩解。他承认在获得世俗功名之前开辟园林[84]。似乎颠倒了轻重缓急——从某种意义上来说这只是一种错觉，因为它证实了自我追求满足和违抗社会期待的倾向。同时，梦境和幻觉证实了他的主观臆想是命中注定的(郑母的梦为预兆)[85]。郑的园林还得到了一位同时代著名画家兼学者官员的认可，称其为美学盛景，为其命名并题字。为了反击可能的潜在指责和自我放纵，郑声称，灌园与世俗功名不同，让他有时间履行孝道、学习和陶冶情操。孝道则是一个隐性插曲：据郑的说法，母亲敦促他从患病和妻子去世的忧郁中抽身。因此，他暗示母亲的愿望为建造园林提供了动力。

尽管园名传达出梦幻的意境，但郑元勋对其园林的阐述却是详尽具体的。相比之下，他的朋友茅元仪的描述则从游客的角度出发，叙述经历的惊喜、神秘和启示。最后，他对"影"的含义进行了反思：影并不意味着比现实更不真实的东西，相反，它标志着主观的阐释从而赋予"占有"以意义。在探讨园林的命名意涵时，郑问道："安知其非梦影乎?"茅回答说："夫大地、山河孰非梦影哉?""私"(私人的，个人的，自私的)通常具有否定的含义，这意味着自我如何从自然中获取秘密，以及如何通过感知和审美创造在世上占据一席之地[86]。茅接着描述了他如何未能欣赏到扬州的一处景点：玉勾洞天，但郑的这幅画"疑鬼疑神，如幻如蜃，吾焉知其非玉勾之影耶"，暗示园林体现了同样的想象力，影园中玉勾草堂和郑的画作一样，笼罩在神秘的光环中，"似远而近，似乱而整"。在这种情况下，"影"类似于至味，甚至近似于真理。

梦境和幻觉将看似偶然的事物变为必然。祁彪佳描述了他在1635年至1637年期间，依赖对梦境幻象的痴迷建造寓山的过程[87]。1635年，他在朝廷斗争中成为牺牲品，结束了十年的仕宦生涯回到家乡山阴。一开始，他只计划了一个朴素的疗养园地。随着时间的推移，他逐渐采纳了朋友们提出的改进建议："某亭某榭，果有不可无者"，"每至路穷径险，则极虑穷思，形诸梦寐，便有别之境地，若为天开，以故兴愈鼓，趣亦愈浓"。祁称自己对世俗琐碎越发不关心，只在晚上处理事务，白天则花在计划和建造园林上。即使资金告急，他仍然继续不吝地花费在园林上，"以故两年以来，囊中如洗，予亦病而愈，愈而复病。此开园之痴癖也"。祁彪佳和他的朋友们写了大量关于寓山的文章。祁自己撰写的《寓山注》描述了寓山的四十九个景点。此处的"注"也有训诂的意思，祁认为寓意山是蕴含深意的创作，需要像典籍一样释经注释。

梦的启发总是见微知著而非浮夸戏剧的。祁彪佳在一个梦中意识到自己在反复背诵杜甫的诗句："沙上草阁柳新暗，城边野池莲欲红。""新"和"欲"这两个词呈现出在沉思时静止状态下的深度和微妙变化。第二天，祁"偶然间"发现了园林中的一处景致："半崖半水，是可以阁矣。岂此地生面将开，杜老梦中告我乎?"这就是"溪山草"，其意境让祁彪佳联想到宋元时期的画作《溪山高隐图》。

梦境和幻觉是寓山园林美学的基础，它以“藏高于卑，取远若近”而引人注目[88]。“远阁”指挥着“大观”的千变万化，其中“态以远生，意以远韵”。远景有助于美学沉思，因为园林中的景色就像一幅幅画作，让祁彪佳卧游其中，这是赏景时的常态[89]。同时，幻觉也可以是感性的。祁彪佳有时会用女性之美的隐喻来描绘山水，这让人联想到袁宏道，在《孤峰玉女台》中，难以捉摸的女神幻象在向人们招手[90]。在幻觉之乐中还可以窥见佛教的超度性，正如祁在《浮影台》中所暗示的那样，“上下于烟波雪浪之间，环视千柄芙蓉，又似莲座庄严，为众香涌出”[91]。

幻觉美学在祁彪佳对园林名胜之一的“宛转环”的描述中尤为突出：

> 昔季女有宛转环。丹崖白水，宛然在焉，握之而寝，则梦游其间，即有名山大川之胜，珍木、奇禽、琼楼、瑶室，心有所思，随念辄见，一名曰：“华胥环。”[92]异哉！人安得斯环而日握之哉！请以余园之北廊仿佛焉。“归云”一寀，短扉侧入，亦犹卢生才跳入枕中时也。自此步步在樱桃林，漱香含影，不觉亭台豁目，共诧黑甜乡，乃有庄严法海矣。入吾山者，夹云披藓，恒苦足不能供目，兹才一举步，趾已及“远阁”之巅，是壶公之缩地也。堤边桥畔，谓足尽东南岩岫之美，及此层层旷朗，面目忽换，意是蓬瀛幻出，是又愚公之移山也。虽谓斯环日在吾握可也。夫梦诚幻矣，然何者是真？吾山之寓，寓于觉，亦寓于梦，能解梦觉皆寓，安知梦非觉、觉非梦也！环、可也，不必环、可也。[93]

除了津津乐道于神迹和出人意料的启示，祁彪佳还将这种体验神化，大量引用魔幻世界、神仙道教和脱俗佛教。他思考了跨越梦境与清醒之界的哲学意义，详细阐述了园林的名字，这个名字取自他家旁边的寓山。“寓”字的主要含义(栖息、居住、归属)暗示着无常，“栖息”有别于“待”，然而像“寓言”这样的复合词(寓意于言)，现代汉语译为比喻或托寓，或寓意(赋予意义)，提醒我们，“寓”作为人类表达和交流的基本要素，体现了意义的可能性。应对无常的解药不是永恒不变的本质，而是承认和接受不同的存在状态。

人只介于在梦境与清醒中，意味着二者无优劣之分，这让人想起佛教和道教的著作。廖肇亨指出，晚明僧侣对梦作了广泛的记载[94]。在传统中最有名的梦境里，庄周梦见自己变成了蝴蝶，梦醒后他问自己是庄周梦蝶还是蝶梦庄周，他的结论是“周与蝴蝶，则必有分矣。此之谓物化”[95]。论述存在状态之间的差异和行为的慎思，同样还渴望着“觉悟”，也由此让我们得以看清“觉悟”的真面目：一个似乎无法回避的无休止演变[96]。与此逻辑相类，在祁彪佳的论述中，超越梦境和清醒状态相对化的是一种反思性推理，认识到我们“栖息”于梦境和清醒中的短暂性和不稳定性。寓山中的幻觉游戏应该产生这种更高层的意识，是一种含蓄的承诺。

幻觉在形成哲学思考方面的工具性作用，将后者纳入一个包含对立面的变动过程。超越是一种“否定之路”——持续不断的否定性过程。连接寓山内两个建筑物的一条走廊称为“回云之旅”。祁彪佳解释为“余园有佳石名冷云[97]，恐其无心而出岫，负主人烟霞之趣，故于寄焉归之。然究之归亦寄耳”[98]。这里，祁彪佳隐含了陶潜的代表作《归去来兮辞》中的“云无心以出岫，鸟倦飞而知还”，陶渊明的归隐被认为是终极宿命与崇高的超脱世俗，而祁彪佳则认为“然究之归亦寄耳”，他没有回到最终的静止状态，而是肯定了流动性：园林不会让他退出公众生活，而是将他与社会、政治问题相联系，同时又超越这些问题。“寄”的理念与“寓”一样，包含了时间性和不可避免的变化。

这是一种培育资质的推理方式，它鼓励人们乐于接受对立面。“约室”是为了纪念祁氏祖先的节欲之心，将园林命名为“密”和“澹”。不过这种自我修正也促使了更开阔的视野：“约其名而奢其实”。据说读易居是观赏水中奇石的最佳场所，由于流水的净化作用，甚至“顽者始灵”[99]。同时，这个斋室也是思考“盈虚消息之道”的地方。与唐朝宰相李德裕不同，祁彪佳宣称他有一种哲学上的超脱，这使他能够接受园林易主，甚至是园林最终毁掉，而李则希望自己的平泉山庄永恒不变，并嘱咐子孙一定要防止它毁于一旦[100]。祁为自己超越这种占有的痴迷感到自豪，并得出结论：“主人于是微有窥焉者，故所乐在此不在彼”[101]。这篇文章故意含糊其词：哲学理解的乐趣是取代、改变抑或满足于单纯赏石的乐趣？

从某种意义上说，专注于梦境和幻觉是一种两全其美的做法：既能享受快乐，又能从哲学或宗教角度超越快乐，宣称万事万物不过是一场梦——通过承认感官体验的不实性或欺骗性，就可以坦白内在差距，从而证明感官享受的合理性。例如，四负堂理应提醒人们园林建筑的浮夸本质，然而祁彪佳的自省似乎并不深刻[102]。“四负堂”一名也可能是为了与“八求楼”并称，八求楼是纪念宋代学者郑樵“八法求书”的楼阁。祁彪佳的朋友金如玉指责他痴迷于寓山。金如玉提出的四负：祁“负君”，不为国家效力；“负父”，没有以父亲为榜样；“负己”，没有善用自己的才能和操守；“负友”，没有及时向朋友提出谏言。祁彪佳接受了批评，认为完全有理，但他仍旧一意孤行。因其执迷不悟，“则所谓负友者仍在予，不在先生。名其堂四负，志予之益其过也”[103]。祁彪佳承认“四负”，也就承认了自己的道德意识标准，这亦是寓山的基础。所谓完满是需要包含自我否定的。

余论：幻觉与覆灭

1642年，影园中的黄牡丹盛开，郑元勋为此举办了一次诗会，九百首被隐去作者姓名的诗交由钱谦益评判，广东诗人黎遂球获得了“牡丹状元”的称号。四年后，黎死于反清斗争。1645年，郑元勋本人也惨死，当时他试图促成与叛军首领高杰(此人不够忠诚地加入了弘光朝廷)的谈判，结果被认为出卖高杰的扬州居民杀害[104]。影园的缩微版直到18世纪时仍然存在，李斗在《扬州画舫录》中对其进行了描述。

与影园一样，寓山似乎也是政治激情回溯性地弥补美学痴迷的典范。1645年弘光朝灭亡后，祁彪佳在寓山湖中自尽，留下了一封作为明朝殉道者的遗书[105]。明朝灭亡后，寓山成为一个政治气息更浓的场所，因为祁的儿子祁理孙和祁班孙利用寓山为魏耕和屈大均等忠于明朝的逃亡者提供避难所。寓山还成为以祁彪佳的妻子商景兰为首的女性文学团体的活动场所[106]。钱泳曾在18世纪末或19世纪初到过这里，据他说，祁的后人仍保留着这处地产，并在家庙中供奉着祁的画像[107]。

郑元勋和祁彪佳的殉难，使他们的在幻象措辞中蕴含的预先道歉以及对快乐的焦虑得以彰显，可以说，他们的死证明了审美情感与道德政治行动的融合。就寓山而言，它与清初时期复明思想的联系进一步显示出一种救赎性的政治转向。不过这种暗合早在王朝危机前就出现了，韩德玲(Smith)记录了祁彪佳如何参与各种慈善活动[108]；赵园指出，祁在日记中经常将造园、赈灾或地方防匪的事宜并列[109]；影园中的牡丹会也是志同道合的复社成员彼此巩固政治联系的契机[110]。

关于明清鼎革时期名园被毁的记载不胜枚举[111]，黄宗羲回顾了大臣倪元璐的园林如何在明亡后化为废墟，感叹倪元璐对园林的痴迷是“通人之蔽”。黄宗羲描述了倪元璐如何将最好的墨汁与朱砂混合，用于粉刷他庄园的窗棂和墙壁——以至于不断给老师提供名贵墨水的学生，奇怪老师为何写得如此多，当他发现这种肆意浪费时，感到非常不知所措。虽然黄宗羲在批判中对倪的忠诚和殉道精神给予了充分肯定，但他仍然认为审美痴迷与道德原则之间存在鸿沟[112]。

园林总是不断地兴建和再造。诗人李雯对顾其蕴在清朝征服后的明代园林废墟上修建的宝树园赞不绝口[113]。作为前复社成员，顾其蕴退出了政治舞台，并保持着以园林为标志的自由——对于感慨自己妥协受辱，出仕二朝的李雯来说，这样的自由无疑是诱人的。如果说倪元璐的园林覆灭或许象征审美执念在政治动荡中的悲惨命运，那么宝树园则展现了一个更有希望的愿景，即在历史巨变中，个人的自由和正直仍能得以延续。

如果园林中的幻觉美学很可能会招致自我享乐的指责，那么它也是梦想、记忆或幻想的交织，在这些梦境中，人们可以找回失落的世界，或逃离被征服后的世界所造成的异化现实。例如，冒襄在16世纪50年代建造了水绘园，并在园中举行文学集会和戏剧表演，显示自己不仅是现实政治体的忠实拥护者，也是晚明浪漫主义审美情怀的忠实拥护者。明朝灭亡后，张岱来到破旧的快园居住，这个名字的讽刺意味不言而喻[114]。张还记得他和祖父曾参观快园的鼎盛时期，祖父称：“别有天地非人间”[115]，于是他将其名为“琅嬛福地”——张岱在此引用的是晋代诗人兼学者张华对一个藏有晦涩古文书籍的神奇石窟的赐名[116]。琅嬛没有被历史湮没，而是不断地向我们召唤。张岱在《陶庵梦忆》中深情地回忆如砎园、水镜园和不二斋等园林，沉浸在书本和脱离尘世的幸福中，无不让人想起琅嬛[117]。在《陶庵梦忆》的结尾，张岱描述了他的琅嬛之梦：在那里，无瑕的美感与他对晦涩古书的透彻领悟相结合。醒来后，他将这个梦境想象为一座理想的园林，尽管范围不大，但万事俱备，包括他的坟墓[118]。琅嬛体现了记忆、梦境和想象力的流动边界。

从这个意义上说，冒襄建造的园林、张岱记忆中的园林或黄周星想象中的园林，作为对明朝覆灭的回应有着共同之处，尽管清初的现实园林与想象中的园林在功能上有所不同。例如，冒襄不时与清朝官员交往，又同时为明朝忠臣提供庇护，将对明亡的缅怀与对新秩序的适应结合在一起。回忆和幻想中的园林则免去了这种妥协。

在清代的真实与虚构园林中，幻觉美学依然存在。最著名的虚构例子自然是曹雪芹的《红楼梦》，其中的大观园让主人公贾宝玉想起了梦游太虚幻境的场景[119]。透过梦境、记忆和私人神话，大观园如迷宫一般，充满了镜子、倒影、视觉技巧和出其不意的视角转换——反映了现实园林的乐趣，甚至体现了虚实之间的辩证关系。园林的确是主观意识投射的空间，而主观投射又与写作和阅读体验密不可分，因此园林总是爱情的理想场所。以上这些方面，《红楼梦》都让人联想到晚明美学。但是，如果说大观园是以歌颂有关爱与美的具体细节来虚构的，那么它也是一个以失去和覆灭为前提的不稳定境界。作者不仅因为家族衰败和没落经历而激发了创作小说的动机，还将审美幻觉与其他意义范畴之间的可疑矛盾转化为小说中反复出现的关注点。当薛宝钗和贾探春试图通过改造大观园以充分利用其资源时[120]，她们感性的冲动导致了冲突和不被接纳的扰乱——仿佛暗示着美丽与实用不可调和，这种对立一直徘徊在明清过渡时期园林著作的边缘。可见《红楼梦》不仅得益于明末美学，也归功于这种美学在王朝覆灭后的命运。

* 本文原载《哈佛亚洲研究杂志》，第 72 卷，第 2 期，哈佛燕京学社 2012 年 12 月，第 295～336 页。

注释：

[1] 关于造物和造化的术语，参见钱穆：《庄子纂笺》，香港：东南印务出版社，1955 年，第 54～59、62、262、278 页。陈植将“造园”一词的使用追溯到陶宗仪的一首诗，并指出其他用于造园的动词包括治、作、葺、结、建、筑。见陈植：《中国造园文集》，北京：中国建筑工业出版社，1988 年，第 182～184 页。

[2] （明）祁彪佳：《祁彪佳集·寓山注》，上海：中华书局，1960 年，第 151 页。《寓山注》的注解版载于陈植、张公弛：《中国历代名园记选注》，合肥：安徽科学技术出版社，1983 年，第 259～295 页；赵厚均、杨鉴生：《中国历代园林图文精选》卷 3，上海：同济大学出版社，2005，第 234～257 页。

[3] 参见（明）李渔：《李渔全集》二十卷，杭州：浙江古籍出版社，1991 年，第 156～157 页。

[4] （清）钱泳：《履园丛话》卷 20，台北：文海书局，第 546 页。钱经常描述园林在易手后如何改变性质；例如，著名画家石涛的片石山房因其奇妙的假山而闻名，但被中介买下后变成了酒楼戏院，变得“俗不可耐”（《履园丛话》卷 20，第 532 页）。

[5] （清）钱泳：《履园丛话》卷 20，台北：文海书局，第 545～546 页。

[6] （清）吴翌凤：《清朝文征》，长春：吉林人民出版社，1998 年，第 649 页。

[7] 有关此类言语的呼应，参见《庄子纂笺》，香港：东南印务出版社，1955 年，第 2～3、9～10 页。《庄子》中的一种观点主张更绝对的超越。因此，在渴望“觉醒”的同时，梦境和清醒状态具有同等效力。同样，在《逍遥游》中，大鹏的飞行比斥鴳的飞行更有意义，尽管斥鴳认为两者都代表了“飞之至”（《庄子纂笺》，第 3 页）。

[8] （明）陈继儒：《园史序》，摘自卫泳编：《冰雪携》，上海：中央书局，1935 年。

[9] ［美］韩德玲（Joanna Handlin Smith）：《祁彪佳社会世界中的园林：晚明江南的财富与价值观》，《亚洲研究》1992 年 2 月，第 55～81 页。

[10] ［英］柯律格（Craig Clunas）：《中国明代的园林文化》，达勒姆：杜克大学出版社，1996 年。

[11] ［新西兰］邓肯（Duncan Campbell）：《郑元勋的〈影园自记〉》，《园林与设计景观史研究》2009 年，第 271 页。

[12] (明)刘士龙:《乌有园记》,《冰雪携》第104~107页。关于刘士龙知之甚少。龙膺为刘的《醉溪斋集》和《狂言》写了序言,并认为其创造了奇幻的风格。参见《龙膺集》,长沙:湖南人民出版社,2008年,第43~44页。

[13] 参见吴承学、李光摩:《晚明文学思潮研究》,武汉:湖北教育出版社,2001年;李惠仪:《结界与解脱:中国文学中的爱情与幻觉》,普林斯顿:普林斯顿大学出版社,1993年,第47~48页;高化岚(Philip Kafalas):《清澄的梦:怀旧与张岱的明朝回忆》,诺沃克:东桥(Eastbridge),2007年;[美]袁书菲(Sophie Volpp)《世俗的舞台:十七世纪中国戏剧》,剑桥:哈佛大学亚洲中心,2011年。

[14] (清)戴名世:《意园记》,王树民编:《戴名世集》卷14,北京:中华书局,2000年,第386页。

[15] (西汉)司马迁著,裴骃、张守节、司马贞注:《史记三家注》卷28,台北:乐天出版社,1974年,1361页。

[16] (清)戴名世:《忧庵记》,王树民编:《戴名世集》卷14,北京:中华书局,2000年,第388页。

[17] (清)戴名世:《睡乡记》《醉乡记》,《戴名世集》卷14,北京:中华书局,2000年,第387~388页。

[18] 有关戴名世的研究,参看何冠彪:《戴名世研究》,香港:香港大学中文系,1987年;[法]戴廷杰(Pierre-Henri Durand),《书信与权力:帝制中国的文学审判》,巴黎:社会科学高等研究院出版社,1992年;戴廷杰:《戴名世年谱》,北京:中华书局,2004年。

[19] 这里的年表参见王猷定贺孙六十寿文,收录于《四照堂文集》,《四库未收书辑刊》第5辑第27卷,北京:北京出版社,1997年,第5b~8a页。根据吴琦的引用——(明)陈子龙著,施蛰存、马祖熙编:《陈子龙诗集》,上海:上海古籍出版社,1983年,第259页,孙新斋的名为"鼎",但笔者坚持使用"新斋",因为这似乎是最常用的名字。

[20] (明)龚鼎孳在想园作诗三首,见陈敏杰编:《龚鼎孳诗》,《清名家诗丛刊》,扬州:广陵书社,2006年,第597~598页。龚的诗是与陈涉江,宋之绳、陈阶六所写的诗歌相唱和。

[21] 据一则轶事记载,米万钟(1595年进士)在北京郊区建造了富丽堂皇的勺园,但他无暇游览,于是把园中景色画在他城内住所的灯笼上。这些"米家灯"在明末的北京非常有名。参见蒋一葵:《长安客话》,引自谢国桢《瓜蒂庵小品》,北京:北京出版社,1998年,第166~167页。陈之遴从未在他花费巨资购置并重建的拙政园中居住过。参见(明)吴伟业著,李学颖编:《吴梅村全集·咏拙政园山茶花序》第1卷,上海:上海古籍出版社,1990年,第262~263页。

[22] (清)孙宗彝:《爱日堂文集·想园记》,《四库未收书辑刊》第7辑第22册,第4b~5a页。奇怪的是,孙宗彝没有提到园林是虚构的。

[23] (清)宋琬著,辛鸿义、赵家斌校笺:《想想园记》,《宋琬全集》,济南:齐鲁书社,2003年,第61~62页。宋还写了两首关于园林的曲词,见《宋琬全集》,第835页。根据宋琬的说法,孙坦夫记下了父亲的话,并让人创作了这幅画。王嗣槐声称,孙坦夫只是重命名了他父亲的园林画作而已。

[24] 据孙枝蔚称,吴伟业也曾写过一篇《想想园记》,但在吴现存的著作中却找不到这篇文章。余怀、吴绮、郭士璟、孙志伟和韩裴等人的词中都有咏园的诗句。参见南京大学中国语言文学系全清词编纂研究室编:《全清词·顺康卷》,北京:中华书局,2002年,第1253、1743~1744、2071、2159~2160、8811页。

[25] (明)董说:《丰草庵文集·七耀篇》,《清代诗文集汇编》71册,上海:上海古籍出版社,2009年,第20a~22b页。从董对虞的诗中,可以推断出后者在明朝灭亡后以明遗民的身份生活。

[26] 参见赵红娟:《明遗民董说研究》,上海:上海古籍出版社,2006年,第190~204页;[美]司徒琳(Lynn Struve)《另一世界:董说的"梦乡"与晚明佛教》,在"世变下的中国知识分子与文化"国际学术研讨会上发表的论文,台湾"中央大学",2012年3月。

[27] 赵氏追溯了这些相似之处，并将其作为董说是小说作者的证据，参见《明遗民董说研究》，第394～413页。关于明末清初时期对梦的兴趣，另见司徒琳：《烈士的自我挣扎：黄春耀日记中的回忆、梦想和执念》，哈佛亚洲研究（HJAS）第69卷第2期，2009年，第343～394页；司徒琳《明亡时期的梦境与自我探索：1642—1646年的〈薛谐孟笔记〉》，通报，第93辑，2007年，第159～192页；[美]石听泉（Richard Strassberg），《游魂：陈士元的梦境百科全书》，伯克利：加利福尼亚大学出版社，2008年；[德]郎宓榭（Michael Lackner），《中国梦林：从明代〈梦林玄解〉透视中国传统思想》，法兰克福：Lang，1985年。

[28] 参见（清）陈田（1849—1921）：《赠刘麟》，《明诗纪事》，上海：上海古籍出版社，1993年，第1227～1228页；王家诚：《明四家传》，台北：台北故宫博物院，1999年，第266～267、359～360页。

[29] 朱曰藩和杨慎的诗在《明诗纪事》第1227～1228页中被引用。

[30]《志园记》，董说：《丰草庵文集》，《清代诗文集汇编》71册，上海：上海古籍出版社，2009年，第22a～22b页。

[31] 参见黄周星：《将就园记》，《夏为堂别集》，《清代诗文集汇编》第37辑，上海：上海古籍出版社，2009年，第1a～14b页。在1688年版的《将就园记》之前，有一张黄周星的肖像和三张地图（将就园，将园，就园）。“将就园记”在各种选集中都可以找到，包括张潮《昭代丛书》（1697年）和黄承增《广虞初新志》（1803年）。董说在序言中使用了他众多绰号之一：“漏霜释南潜”。参见《夏为堂别集》，《清代诗文集汇编》第37辑，上海：上海古籍出版社，2009年，第1a～2b页。

[32] 参见[美]魏爱莲：（Ellen Widmer）：《世界之间：黄周星的幻想园林》，[荷]伊维德（Wilt Idema）、[美]李惠仪、魏爱莲（Ellen Widmer）编：《清初文学中的创伤与超越》，剑桥：哈佛大学亚洲中心，2006年，第249～281页。

[33] [美]魏爱莲（Ellen Widmer）：《世界之间：黄周星的幻想园林》，[荷]伊维德（Wilt Idema）、[美]李惠仪、魏爱莲（Ellen Widmer）编：《清初文学中的创伤与超越》，剑桥：哈佛大学亚洲中心，2006年，第165～167。张瑜玲：《黄周星及其戏曲著作研究》，桃园：台湾“中央大学”硕士学位论文，第24～25页。

[34]（明）黄周星：《仙乩纪略》，《夏为堂别集》，《清代诗文集汇编》第37辑，上海：上海古籍出版社，2009年，第1a～4b页。

[35]《将就园记》，《夏为堂别集》，《清代诗文集汇编》第37辑，上海：上海古籍出版社，2009年，第1a～1b页。

[36]《西游证道书》由汪象旭、黄周星评述，于1653年首次出版，是清代小说中最受欢迎的版本之一。

[37]“问津”一词最早出现在《论语》第18章第6条目。[澳]冯仕达（Stanislaus Fung）认为，将就园（冯译为“Make-Do Garden”）与桃花源的“顺序”相反，大概由于这不是一篇到达理想世界然后又失败的记述，而是一篇从局内人的角度描述理想世界，对局外人而言是如何不可逾越的记述。参见冯仕达：《将就园笔记》，《乌托邦研究》第9卷第1期，1998年，第142～148页。

[38] [美]魏爱莲（Widmer）：《世界之间：黄周星的幻想园林》，《清初文学中的创伤与超越》，剑桥：哈佛大学亚洲中心，2006年，第271～272页。魏爱莲借用了[美]浦安迪（Andrew Plaks）著作《红楼梦的原型与寓言》中的术语（普林斯顿：普林斯顿大学出版社，1976年）。

[39]《将就园记》，《清代诗文集汇编》第37辑，上海：上海古籍出版社，2009年，第7a～7b页。

[40] [澳]冯仕达（Stanislaus Fung）得出这样的结论：“黄周星有一座园林是将就（make-do）的。”接纳的精神意味着它“令人信服而绝不反驳”。见冯仕达：《将就园笔记》，《清代诗文集汇编》第37辑，上海：上海古籍出版社，2009年，第147页。毛文芳认为，阴柔的将园和阳刚的就园是与园林有关欲

望理念的顶点,而黄宗羲则以游戏的方式解构了园林的现实。见毛文芳:《物、性别、观看——明末清初文化书写新探》,台北:学生书局,2000 年,第 266～280 页。魏爱莲强调了将园和就园作为互补的对立面,是黄周星乌托邦式想象逃离的理想之地。见[美]魏爱莲(Widmer):《世界之间:黄周星的幻想园林》,《清初文学中的创伤与超越》,剑桥:哈佛大学亚洲中心,2006 年,第 249～281 页。

[41]《将就园记》,《清代诗文集汇编》第 37 辑,上海:上海古籍出版社,2009 年,第 6b 页。

[42]《将就园记》,《清代诗文集汇编》第 37 辑,上海:上海古籍出版社,2009 年,第 6b 页。

[43] 参见毛文芳,《物、性别、观看——明末清初文化书写新探》,台北:学生书局,2000 年,第 270～271 页。然而,在最后的铭文中,黄将将园与"乾"联系在一起,将就园与"坤"联系在一起。见《园铭》,《夏为堂别集》,《清代诗文集汇编》第 37 辑,上海:上海古籍出版社,2009 年,第 2b 页。

[44] 斋室名称和塔名也形成了有趣的对比。"吞梦"和"忘天"的遐想为日就和月将的坚定目标所抵消。

[45]《将就园记》,《清代诗文集汇编》第 37 辑,上海:上海古籍出版社,2009 年,第 13a 页。

[46] 在《列子》(卷二)中,黄帝梦想进入华胥之境,即道家无为而治的境界。正如魏爱莲(Ellen Widmer)所指出的,"郁越"指的是"郁单越周"(或"北俱庐州"),是黄在《郁单越颂》和戏剧《人天乐》中描绘的佛教乌托邦。见[美]魏爱莲(Widmer):《世界之间:黄周星的幻想园林》,《清初文学中的创伤与超越》,剑桥:哈佛大学亚洲中心,2006 年,第 258～260 页。

[47]《将就园记》,《清代诗文集汇编》第 37 辑,上海:上海古籍出版社,2009 年,第 10b 页。

[48]《仙乩纪略》,《夏为堂别集》,《清代诗文集汇编》第 37 辑,上海:上海古籍出版社,2009 年,第 1a 页。

[49]《将就园记》,《清代诗文集汇编》第 37 辑,上海:上海古籍出版社,2009 年,第 1b 页。

[50] 黄对精神书写的兴趣是那个时代的典型特征。例如,张凤翼(约 17 世纪初,勿与同名的苏州剧作家混淆)出版了一本关于乐志园的诗集,并将精神写作放在了开头。见张凤翼:《乐志园记》,李青唐编:《明代散文精解》,杭州:杭州出版社,2007 年,第 211～214 页。

[51] (明)黄周星:《园铭》,《夏为堂别集》,《清代诗文集汇编》第 37 辑,上海:上海古籍出版社,2009 年,第 1a～2b 页。

[52] 黄帝的轩辕可能与黄字呼应。通过《诗经》中《文王》篇目中的"载周"可知,载意味着黄周星被周家收养之后才回归本姓黄。关于黄的生平,见魏爱莲,《世界之间:黄周星的幻想园林》,《清初文学中的创伤与超越》,剑桥:哈佛大学亚洲中心,2006 年,第 251～252 页;张瑜玲:《黄周星及其戏曲著作研究》,桃园:"中央大学"硕士学位论文,第 17～20 页。

[53]《将就园记》,《清代诗文集汇编》第 37 辑,上海:上海古籍出版社,2009 年,第 12b 页。

[54] (明)黄周星:《解脱吟十二首・其三》,《夏为堂别集》,《清代诗文集汇编》第 37 辑,上海:上海古籍出版社,2009 年,第 4b 页。

[55] (明)叶梦珠:《阅世编》,上海:上海古籍出版社,1981 年,第 104～108 页。

[56] (明)陆树声:《诗苑集》,刘大杰编:《明人小品选》,上海:上海古籍出版社,1995 年,第 180～181 页,此处作者的姓名为陆宗伯。

[57] (明)康范生:《偶园记》,《明人小品选》,刘大杰编,上海:上海古籍出版社,1995 年,第 168～170 页。在明末时期,康与东林社和复社人物有联系,明朝灭亡之后参与过抗清抵抗。他在《仿指南路》(明代译本丛书)、《虎口余生记外十一种》(边大绶著,北京:北京古籍出版社,2002 年,第 315～327 页)中记载了保卫甘州的失败尝试。

[58] 参见(明)吴应箕:《暂园记》,陈植、张公弛:《中国历代名园记选注》,合肥:安徽科学技术出版社,1983 年,第 309～310 页;《楼山堂集》卷十八,《续修四库全书》第 1388 册,第 20b～21a 页。吴应

箕于1645年抗清抵抗运动中去世。

[59] 吴应箕云："予生在别宅，此屋（暂园内）已出易，万历戊午，不戒于火，复赎此屋居之。"参阅陈植、张公弛：《中国历代名园记选注》，合肥：安徽科学技术出版社，1983年，第309页。

[60] 也就是说，主人对园林的看法可能会随朋友的创作而改变。[美]韩德玲（Smith）认为祁彪佳"从局外人的角度欣赏自己的园林"。见[美]韩德玲（Joanna Handlin Smith）：《祁彪佳社会世界中的园林：晚明江南的财富与价值观》，《亚洲研究》1992年2月，第65页。

[61] 参见曹淑娟：《流变中的书写：祁彪佳与寓山园林论述》，台北：里仁书局，2006年，第11页，第153～272页。我一直遵循邓肯（Duncan Campbell）将"Yushan"翻译为"Allegory Mountain"的说法。尽管"allegory"一词暗含了系统对应关系（表象和意义之间），并不适用于祁彪佳对寓山的叙述，但寓山包含了多层可能意义及意图与表达之间的关系，令人回味，这在一定程度上证明了其翻译的合理性。

[62] （明）计成：《园冶序》，黄长美编：《园冶》，香港：天苑书屋，1987年，第18～19页。

[63] （明）郑元勋《影园自记》，陈植、张公弛：《中国历代名园记选注》，合肥：安徽科学技术出版社，1983年，第220～227页。

[64] 茅元仪的叙述收录在崇祯年间郑元勋编纂出版的文集中。参见（明）郑元勋：《媚幽阁文娱二集》，《四库禁毁书丛刊》集部第172册，北京：北京出版社，1997年，第81b～84b页。茅元仪可能暗指《史记》中孔子对历史写作的表述："吾欲载之空言，不如见之于行事之深切著明也。"参见《史记三家注》卷130，台北：乐天出版社，1974年，第3297页。

[65] 张南垣（原名涟），张然父亲，黄宗羲、吴伟业、谈迁、戴名世和阮葵生等都对其进行了记载。谈迁的叙述已散佚，参见谢国桢：《张南垣父子事辑》，《明清笔记谈丛》，上海：上海书店出版社，2004年，第215～223页。

[66] 即使是琐碎或看似微不足道的任务，如果以凝神的方式来执行，也会成为道的自发表现，葛瑞汉（AC Graham）称它们为"特殊的技艺故事"。见[英]葛瑞汉（AC Graham）：《庄子内篇》，伦敦：Unwin平装本，1981年，第6页，有关这些技巧与美学思想之间的关系，参见徐复观：《中国艺术精神》，台北：学生书局，1981年，第44～143页。

[67] 关于张南阳，在陈所蕴《张山人传》中也有类似的描述。见陈从周：《园林丛谈》，上海：上海文化出版社，1985年，第116～118页。

[68] （明）黄宗羲：《张南垣传》，《黄宗羲全集》，杭州：浙江古籍出版社，2002年，第585～587页。

[69] （明）吴伟业著，李学颖编：《张南垣传》，上海：上海古籍出版社，1990年，第1060页。（译者注：此句见《吴梅村全集》第1059页）

[70] 参见（明）陈所蕴：《啸台记》，《竹素堂集》卷17，陈从周：《园林丛谈》，上海：上海文化出版社，1985年，第117页。陈描述了张如何在他的小园林中创造出奇幻多样的景观。

[71] （明）王世贞著，衣学领、王稼句编：《弇山园记》，《苏州历代园林文钞》，上海：三联书店，2008年，第241～248页。根据《列子》《淮南子》《山海经》和《穆天子传》等文献，弇山是仙人居住的西部遥远的山脉。王在书中的第一部分（第241～242页）中详细介绍了这些关联。他对道教非常感兴趣（尤其是在晚年），并尊昙阳子为师，这是王氏太仓本地同僚、明朝官员王锡爵之女的道教头衔。在他叙述的第四部分中，王提到他的"先师昙阳子"在园林里住过一段时间。

[72] （明）王世贞，衣学领、王稼句编：《弇山园记》，《苏州历代园林文钞》，上海：三联书店，2008年，第245页。

[73] （唐）白居易：《草堂记》，顾学颉编：《白居易集》，北京：中华书局，1996年，第933～935页。杨晓山讨论过中唐诗歌中的微型池塘。见杨晓山：《私人领域的变形：唐宋诗中的园林与玩好》，剑桥：

哈佛大学亚洲中心,2003年,第67～72页。

[74] (明)陈继儒:《陈眉公集·陆宫保适园序》,《续修四库全书》卷七第1380册,第20b～22a页。带砺山河,本指漫长的岁月。

[75] (明)文震亨:《长物志》卷3。

[76] 参见(明)孙国光:《游勺园记》,郑元勋:《媚幽阁文娱》,上海:上海杂志,1936年,第213～215页,陈植、张公弛:《中国历代名园记选注》,合肥:安徽科学技术出版社,1983年,第239～243页。

[77] (明)计成著,黄长美编:《园冶》,香港:天苑书屋,1987年,第242～243页。

[78] 例如祁彪佳在天镜园中的叙述。见《越中园亭记》,《祁彪佳集》,上海:中华书局,1960年,第196页;(明)祁彪佳:《烂柯山房》,《祁彪佳集·寓山注》,上海:中华书局,1960年,第161页。

[79] 陈维崧在叙述冒襄的园林时,把"绘"字解释为意味着"会"与"绘画"。目前尚不清楚陈如何得出谐音联想之外的第一个含义的。参见陈维崧:《水绘园记》,陈植、张公弛:《中国历代名园记选注》,合肥:安徽科学技术出版社,1983年,第308～311页。

[80] 汪的小船叫"雨丝风片",汪的园林,见[美]韩德玲(Joanna Handlin Smith):《祁彪佳社会世界中的园林:晚明江南的财富与价值观》,《亚洲研究》1992年2月;曹淑娟:《园舟与舟园:汪汝谦湖舫身份的转换与局限》,《(台湾)清华大学学报》2006年6月,第197～235页。

[81] 俳优作剧是黄汝亨九忌的一种。见《不系园约》,《不系园集》,(明)汪汝谦:《丛书集成续编》,上海:上海书店,1994年,第953～960页。

[82] 张岱描述了一个在不系园的欢乐聚会,那里有绘画、唱歌、戏剧表演和剑舞。见张岱著,淮茗编:《陶庵梦忆》,北京:中华书局,2008年,第65页。

[83] (明)郑元勋:《影园自记》,陈植、张公弛:《中国历代名园记选注》,合肥:安徽科学技术出版社,1983年,第220～227页。

[84] 暗示他缺乏远见或默默无闻,有些言辞夸张。的确,1634年建造影园时,郑还没有任职(1643年中进士),然而,他出生于扬州的一个富裕显赫的家庭,并因其慷慨和文学艺术才华而广受尊敬。

[85] 其他作家声称他们的梦想和园林之间存在联系。例如,沈括(1031—1395),曾写过他频繁地梦见一个地方,并把它变成了自己的园林。参见沈括著,孙小力编:《梦溪自记》,《咫尺山林》,上海:东方出版中心,1999年,第59～62页。郑在这里实现他母亲的梦想(而非自己的梦想)的事实增强了孝顺的基本主张。

[86] 这里"私"这个词的使用与该叙述的开头相呼应,茅元仪声称天地拒绝向除了画家之外的所有人透露其秘密(字面意思是将其品质视为"私其有")。

[87] 关于建造寓山的过程,参见曹淑娟:《流变中的书写:祁彪佳与寓山园林论述》,台北:里仁书局,2006年,第55～92页;毛文芳:《物、性别、观看——明末清初文化书写新探》,台北:学生书局,2000年,第162～188页。

[88] (明)祁彪佳:《让鸥池》,《祁彪佳集·寓山注》,上海:中华书局,1960年,第153页。

[89] (明)祁彪佳:《烂柯山房》,《祁彪佳集·寓山注》,上海:中华书局,1960年,第161～162页,这个名字意味着通往另一个现实。它暗指樵夫被神仙下棋迷住的故事。当游戏结束回到世俗时,数百年已经过去,他的斧头已经腐烂。卧游的视觉之旅将游客(尤其是女性)变成了审美奇观的一部分,让人沉思。见(明)祁彪佳:《寓山仕女游春曲》,《祁彪佳集》,上海:中华书局,1960年,第222～223页。

[90] (明)祁彪佳:《祁彪佳集》,上海:中华书局,1960年,第158页。

[91] (明)祁彪佳:《祁彪佳集》,上海:中华书局,1960年,第153页。

[92] 关于“宛转环”(被认定为琥珀手镯)的记载出现在宋代杂文《真率笔记》中(刘文英、曹田玉：《梦与中国文化》,北京：人民出版社,2003年,第410页),“华胥环”一词在《列子》中可见,黄帝在梦境中进入华胥。

[93] (明)祁彪佳:《祁彪佳集》,上海:中华书局,1960年,第167～168页。

[94] 廖肇亨:《中边、诗禅、梦戏:明末清初佛教文化论述的呈现与开展》,台北:允晨文化,2008年,第435～466页。

[95]《庄子》第2章,《齐物论》,《庄子纂笺》,第23页。

[96] 祁彪佳关于梦与醒的论述与《齐物论》中的这段话相呼应:“梦饮酒者,旦而哭泣;梦哭泣者,旦而田猎。方其梦也,不知其梦也。梦之中又占其梦焉,觉而后知其梦也。且有大觉而后知此其大梦也,而愚者自以为觉,窃窃然知之……丘也,与女皆梦也;予谓女梦,亦梦也。是其言也,其名为吊诡。”

[97] 祁彪佳在《寓山注》中记载的“冷云石”,祁彪佳将其描述为“形似半月,欲落而未落”,(明)祁彪佳:《祁彪佳集·寓山注》,上海:中华书局,1960年,第155页。

[98] (明)祁彪佳:《祁彪佳集·寓山注》,上海:中华书局,1960年,第166～167页。

[99] 这里的“顽者”似乎主要是指岩石,但也可以指人类观看者。无知觉的岩石(顽石)通过浸入水中而获得精神品质,观赏者则可以从奇观中获得精神上的熏陶。

[100] 李德裕:《平泉山居戒子孙记》,《咫尺山林》,上海:东方出版中心,1999年,第42～46页。

[101] (明)祁彪佳:《祁彪佳集·寓山注》,上海:中华书局,1960年,第152页。

[102] [美]韩德玲(Joanna Handlin Smith)指出,节俭的理想足以让祁彪佳重视金如玉的告诫,并将其写入日记,而讽刺的是,日记中还提到了四负堂中的奢侈娱乐;参见[美]韩德玲(Joanna Handlin Smith):《祁彪佳社会世界中的园林:晚明江南的财富与价值观》,《亚洲研究》1992年2月,第60～61页。

[103] (明)祁彪佳:《祁彪佳集·寓山注》,上海:中华书局,1960年,第168～169页。

[104]《(康熙)扬州府志》;(清)崔华、(清)张万寿:《四库全书存目丛书》第215册;李斗:《扬州画舫录》第8章,北京:中华书局,2001年,第177～179页。

[105] (明)祁彪佳:《遗言》,《祁彪佳集》,上海:中华书局,1960年,第221～222页。

[106] [美]高彦颐(Dorothy Ko):《闺塾师》,斯坦福:斯坦福大学出版社,1994年;曹淑娟:《流变中的书写:祁彪佳与寓山园林论述》,台北:里仁书局,2006年,第273～324页。

[107] (清)钱泳:《履园丛话》,台北:文海书局,第545页。

[108] 祁彪佳是他所在社团的慈善活动的负责人,例如饥荒救济,医疗救济,埋葬穷人以及建造弃婴之家。参见[美]韩德玲(Joanna Handlin Smith):《善行的艺术:明末中国的慈善事业》,伯克利:加利福尼亚大学出版社,2009年,第109～120、159～217、220～247、262～271页。

[109] 赵园:《想象与叙述》,北京:人民文学出版社,2009年,第60～63页。

[110]《黄牡丹诗会:明末清初文人点描》,《东方学刊》,2000年,第33～46页。

[111] (明)叶梦珠《阅世编》卷十,上海:上海古籍出版社,1981年,第208～219页。

[112] (明)黄宗羲:《思旧录》,《黄宗羲全集》第一卷,杭州:浙江古籍出版社,2002年,第345～346页。同样,黄宗羲回想起另一位明朝烈士范景文(1587—1644)的音乐品味和艺术敏感性,他得出的结论是:“由是知节义一途,非拘谨小儒所能尽也。”见(明)黄宗羲:《张南垣传》,《黄宗羲全集》第一卷,杭州:浙江古籍出版社,2002年,第344～345页。

[113] (明)李雯:《宝树园记》,陈植、张公弛:《中国历代名园记选注》,合肥:安徽科学技术出版社,1983年,第241～242页。

[114] (明)张岱:《快园记》,夏咸淳:《张岱诗文集》,上海:上海古籍出版社,1991年,第181～

183 页。

[115] 此句可追溯至李白《山中答问》，见高步瀛：《唐宋诗举要》，台北：宏业书局，1987 年，第 800 页。

[116] (明)张岱：《琅嬛福地记》，夏咸淳：《张岱诗文集》，上海：上海古籍出版社，1991 年，第 148～149 页。

[117] (明)张岱著，淮茗编：《陶庵梦忆》第十二卷，北京：中华书局，2008 年，第 35～36 页。

[118] (明)张岱：《琅嬛福地》，《陶庵梦忆》，第 163～164 页。

[119] 俞平伯、王惜时：《红楼梦八十回校本》第 17 回，香港：中华书局，1985 年，第 169～170 页。

[120] 俞平伯、王惜时：《红楼梦八十回校本》第 17 回，香港：中华书局，1985 年，第 56、58、50 页。

《华中学术》来稿注意事项

《华中学术》为华中师范大学文学院发表学术论文的园地以及开展学科建设和学术交流的平台，由文学研究所主持，欢迎学界同仁赐稿。有关事项说明如下：

一、所有来稿请遵守学术规范和学术道德，请勿一稿两投。因编辑人员全为兼职，人手有限，所有来稿均不退稿，请自留底稿。来稿若两个月内未接到用稿通知，可自行处理。

二、一般稿件篇幅以一万五千字以内为宜，特别约稿可在两万字左右。请将稿件请直接发至本刊投稿邮箱：huazhongxueshu@163.com，不必再另寄纸质文本。如果有特殊字符（古文字、国际音标等），请同时附上 PDF 格式文件。

三、稿件首页包括题目、作者、作者单位、论文摘要、关键词；结尾处写明作者通讯处（包括邮编、作者地址、电话号码、电子邮箱等）。

四、来稿采用尾注。具体引文注释格式举例如下：

甲、中文非连续出版物

（一）普通图书

（1）专著

标注顺序：责任者/书名/出版地/出版者/出版年/页码（连续页码之间用波浪线连接）。注意：注释中的中文字体一般使用宋体，下同。例如：

[1] 张舜徽：《中国古代史籍校读法》，武汉：华中师范大学出版社，2004 年，第 52 页。

[2] 张三夕主编：《中国古典文献学》，武汉：华中师范大学出版社，2003 年，第 25～26 页。

外国人的中译本著作标注顺序：［国籍］/责任者/书名/译者/出版地/出版者/出版年/页码。例如：

[3]［德］黑格尔：《逻辑学》上卷，杨一之译，北京：商务印书馆，1976 年，第 30～35 页。

[4] 参见［德］恩格斯：《自然辩证法》，北京：人民出版社，1971 年，第 21 页。

（2）专著中析出文献

标注顺序：析出责任者/析出文献题名（或篇名）/原文献责任者（与析出责任者同为一人的，可不写）/原文献题名/出版地/出版者/出版年/页码。例如：

[1]［荷］杜威·佛克马：《走向新世界主义》，王宁、薛晓源编：《全球化与后殖民批评》，北京：中央编译出版社，1998 年，第 247～266 页。

[2] 范文澜：《论中国封建社会长期延续的原因》，《范文澜历史论文选集》，北

京：中国社会科学出版社，1979年，第41页。

[3] 章太炎：《俱分进化论》，《章太炎全集》四，上海：上海人民出版社，1985年，第391页。

（二）古籍

(1) 古代出版的古籍一般应标注朝代名/责任者/书名/卷次/版本，或责任者/篇名/书名/卷次/版本。例如：

[1]（晋）慧远：《沙门不敬王者论》，《弘明集》卷五，碛砂藏本。

[2]（宋）杨时：《陆少卿墓志铭》，《龟山集》卷三十四，《四库全书》本。

[3]（宋）王应麟：《考史》，《困学纪闻》卷十一，清嘉庆十八年扫叶山房刊本。

(2) 现代出版的标点本或校注本古籍应标注责任者/篇名/书名/全集名/卷次/出版地/出版者/出版年/页码。例如：

[1]（清）钱大昕：《汉书王子侯误字》，《十驾斋养新余录》卷中，《钱大昕全集》第7册，南京：江苏古籍出版社，1997年，第574页。

[2]（清）张廷玉，等：《明史·艺文志序》，《明史》卷九十六，北京：中华书局，1974年，第2344页。

(3) 地方志前一般应标明编修或刊刻年代。例如：

[1]（明）正德《建昌府志》卷十五，上海：上海古籍书店，据天一阁明正德刻本影印，1964年。

乙、中文连续出版物

（一）期刊

标注顺序：责任者/篇名/期刊名/年期/页码。例如：

[1] 李炳海：《〈离骚〉抒情主人公的配饰意象》，《华中师范大学学报》2008年第5期，第94～99页。

（二）报纸

标注顺序：责任者/篇名/报纸名/出版年月日/版面数。例如：

[1] 邢宇浩：《文津阁〈四库全书〉刊行》，《光明日报》2005年12月23日，第1版。

[2] 孙钦善：《魏建功先生与古典文献学专业》，《中华读书报》2001年6月20日，第11版。

丙、外文文献

（一）专著

标注顺序：责任者/书名（斜体，实词首字母大写）/出版地/出版者/出版年/页码（单页码标注如：p. 6；连续页码标注如：pp. 123-126）。注意：注释中的外文一般使用 Times New Roman 字体，下同。例如：

[1] J. J. Phillips, *Handbook of Training Evaluation and Measurement Methods*, Houston, TX: Gulf Publishing, 1991, p. 10.

[2] R. J. Montgomery, *Examinations: An Account of Their Evolution as Administrative Devices in England*, London: Longmans Press, 1965, pp. 17-43.

（二）期刊

标注顺序：责任者/篇名（加引号，正体，实词首字母大写）/期刊名（斜体，实词首字母大写）/年期（期在前，年在后），例如：

［1］J. H. Greehaus，“Sources of Conflict between Work and Family Roles”，*Academy of Management Review*，10，1985.

（三）专著中析出文献

标注顺序：析出责任者/析出文献题名（或篇名，加引号，正体，实词首字母大写）/in/原文献责任者/原文献题名（斜体，实词首字母大写）/出版地/出版者/出版年/页码，例如：

［1］L. Weinstein，M. N. Swertz，“Pathogenic Properties of Invading Microorganism”，in W. A. Sodeman，Jr. W. A. Sodeman，*Pathologic Physiology：Mechanisms of Disease*，Philadelphia：Saunders，1974，pp. 745-772.

丁、参考文献及带有说明意思的注释体例

例如：

［1］参见《上海总商会概况》，上海总商会1928年编印本。

［2］参见陈晋：《文人毛泽东》，上海：上海人民出版社，2005年。这些“读报诗”主要是有感而发的政论，如：“遍找全球侵略者，惟余此地一孤家。”“人人尽说西方好，独惜神州出蠢虫。”“新闻多多寻常出，独有今年出得殊。”主题与同时期写作且公开发表的《七律·和郭沫若同志》《卜算子·咏梅》《七律·冬云》等一致，但情露意粗，毛本人不愿正式公开发表。

戊、电子文献

除注明上述要求的各项内容外，还应加引用日期、获取和访问路径。例如：

［1］聂震宁：《文化软实力与文化硬实力》。［2008年10月14日］http://www.sinobook.com.cn/press/newsdetail.cfm?iCntno=6967。

己、专利文献

有通过纸质文本获取和通过其他路径获取两种。应写明专利申请者或所有者、专利题名、专利号、公告日期或公开日期、引用日期、获取和访问路径。例如：

［1］姜锡洲：《一种温热外敷药制备方案》，中国，88105607.3，1989年7月26日。

［2］西安电子科技大学：《光折变自适应光外差探测方法》，中国，01128777.2，2002年3月6日。［2002年5月28日］http://211.152.9.47/sipoasp/zljs/hyjs-ys-new.asp?recid=01128777.2&leixin=0。

庚、转引文献及其他注意事项

凡引文不是出自原文献，或找不到原文献而是通过他人论著转引，均须注明转引出处，不能把转引文献当作原始文献来引用。例如：

［1］《中国古籍善本书总目》收录善本标准，转引自程千帆、徐有富：《校雠广义》（版本编）第2版，济南：齐鲁书社，1998年，第289～290页。

凡只通过中文译文来引用的外文文献，须注明中文译文的出处，不得直接注明引自外文文献。

［2］丁韪良：《古代中国的外交》，转引自汪晖：《现代中国思想的兴起》上卷第二部《帝国与国家》，北京：生活·读书·新知三联书店，2015 年，第 711～712 页。

凡同一文献在一篇文章中不同地方引用，不采用合注，例如：

［1］、［5］张舜徽：《中国古代史籍校读法》，武汉：华中师范大学出版社，2004 年，第 52 页；第 43 页。

应采用分注，以便校对，例如：

［1］张舜徽：《中国古代史籍校读法》，武汉：华中师范大学出版社，2004 年，第 52 页。

…………

［5］张舜徽：《中国古代史籍校读法》，武汉：华中师范大学出版社，2004 年，第 43 页。

《华中学术》编辑部

2025 年 6 月